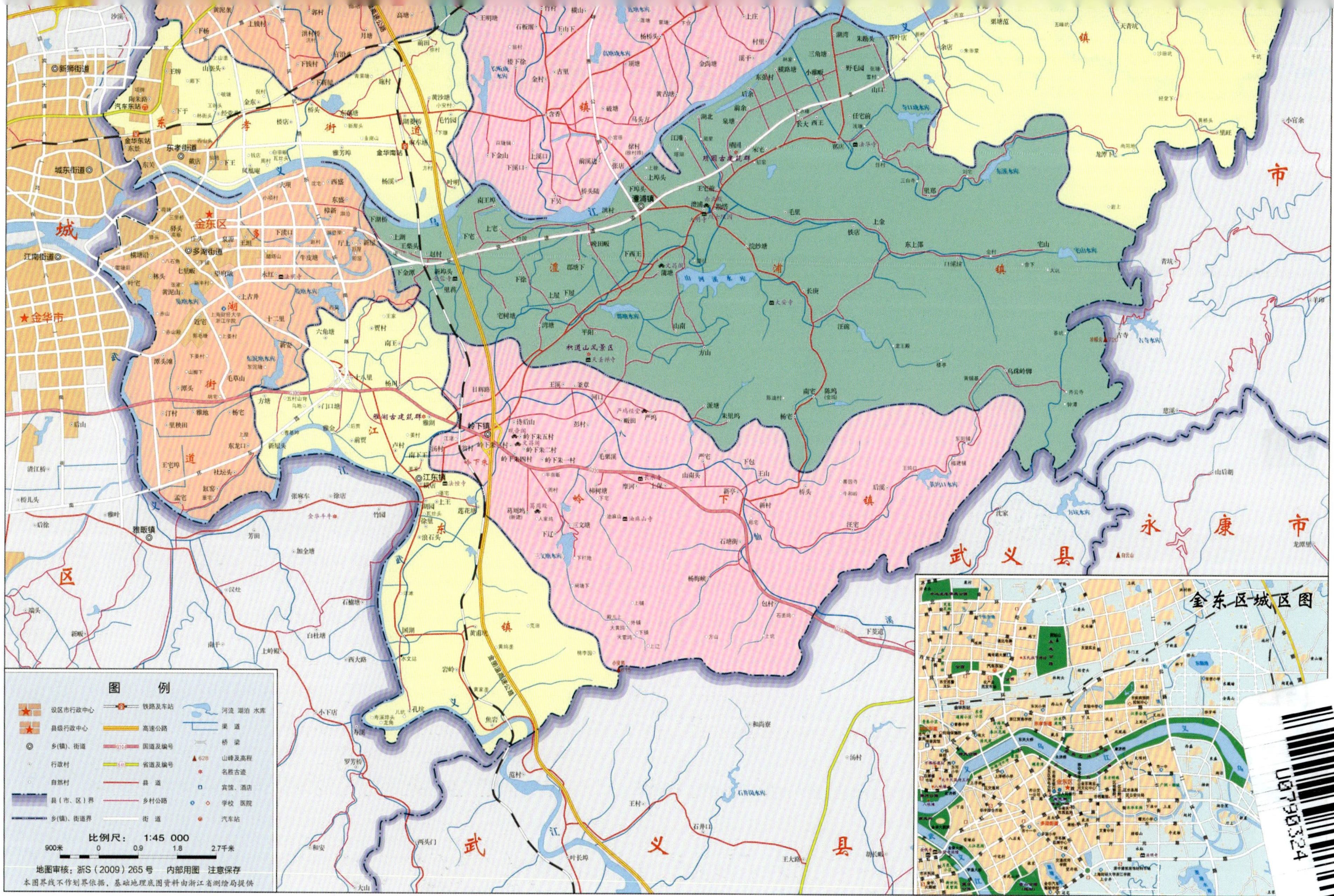
金东区城区图
金华市
金东区
城
区
武义县
永康市
东孝街道
多湖街道
江东镇
岭下镇
傅村镇
澧浦镇
曹宅镇
孝顺镇
塘雅镇
源东乡
赤松镇
图例
设区市行政中心
县级行政中心
乡(镇)、街道
行政村
自然村
县（市、区）界
乡(镇)、街道界
铁路及车站
高速公路
国道及编号
省道及编号
县道
乡村公路
街道
河流 湖泊 水库
渠道
桥梁
山峰及高程
名胜古迹
宾馆、酒店
学校 医院
汽车站
比例尺： 1:45 000
900米 0 0.9 1.8 2.7千米
地图审核：浙S（2009）265号 内部用图 注意保存
本图界线不作划界依据，基础地理底图资料由浙江省测绘局提供

金东年鉴

(2014)

中国共产党金华市金东区委员会
金华市金东区人民政府　主办

金华市金东区地方志编纂委员会　编

方志出版社
Publishing House of Local Records

图书在版编目(CIP)数据

金东年鉴.2014 / 金华市金东区地方志编纂委员会编.
--北京:方志出版社,2016.6
ISBN 978-7-5144-1978-8

Ⅰ.①金… Ⅱ.①金… Ⅲ.①区(城市)—金华市—2014—
年鉴 Ⅳ.①Z525.53

中国版本图书馆CIP数据核字(2016)第076100号

金东年鉴(2014)

编　　者:金华市金东区地方志编纂委员会
责任编辑:陈　效　宁　芳
出 版 人:冀祥德
出 版 者:方志出版社
　　地址　北京市朝阳区潘家园东里9号(国家方志馆4层)
　　邮编　100021
　　网址　http://www.fzph.org
发　　行:方志出版社发行中心
　　电话　(010)67110500
经　　销:各地新华书店
印　　刷:金华日报商务彩印有限公司
开　　本:889×1194　1/16
印　　张:26
字　　数:769千字
版　　次:2016年6月第1版　2016年6月第1次印刷
印　　数:001-800册

ISBN 978-7-5144-1978-8　**定价**:200.00元

金华市金东区地方志编纂委员会

《金东年鉴(2014)》编辑部

编辑说明

一、《金东年鉴》是由中共金东区委员会、金东区人民政府主办，金东区地方志编纂委员会组织实施的综合性年鉴。全书以马列主义、毛泽东思想、邓小平理论、"三个代表"重要思想和科学发展观为指导，旨在全面、真实地反映全区年度经济和社会各项事业的发展面貌，具有政府公报性质，是集资料、信息、知识于一体的地方权威性资料工具书。金东区地方志办公室具体负责《金东年鉴》的编纂。

二、《金东年鉴(2014)》上限为2013年1月1日，下限为2013年12月31日。先由区属各部门单位和区域内市属单位落实专人撰写，提供原始资料，经区地方志办公室编辑人员整理、修改、汇编，将修改稿发回各单位审阅，定稿后再反馈回区地方志办公室总纂，最后由地方志编纂委员会审定付梓。

三、《金东年鉴(2014)》采用分类法编排，以类目、分目、条目三个层次为统领纵贯全书。正文设特载、人物、组织机构负责人、大事记、区情概览、中国共产党金东区委、金东区人大常委会、金东区人民政府、政协金东区委员会、纪检监察、民主党派工商联、人民团体、政法武装、社会事务、经济开发区、农林水利、工业、商贸、旅游业、财政税务、经济管理和监督、金融保险、城乡建设环境保护、交通供电通讯、教育文化体育、科学技术、医疗卫生、街道镇乡、金东区2013年国民经济和社会发展统计公报、中共金东区委、区人民政府重要文件目录等33个类目。为便于检索，卷末附要目索引和表格索引。

四、本年鉴文字、称谓、数字、计量单位、纪年等均按国家有关规定书写。所用数据以统计部门提供为准，统计部门没有的，则以职能部门提供的数字为准。因财政税务、金融保险、城乡建设环境保护等单位由市属部门统一管理，这些部门的相关资料，重点记述发生在区域内的状况为主。

五、编纂本年鉴因时间紧，任务重，人手少，难免有疏漏和错误之处，谨请谅解并不吝赐教。

《金东年鉴》编辑部

2015年12月

5月22日，省委常委、省军区政委王新海(前一)到金东检查指导人民武装工作(人武部供稿)

8月6日，副省长龚正(右一)到赤松山口冯村检查民主法治建设(司法局供稿)

9月11日,副省长郑继伟(右一)到金东区调研基层医疗工作(卫生局供稿)

9月17日,省政协副主席陈小平(左三)到金东区考察民主党派工作(统战部供稿)

8月20日，中共金华市委书记徐加爱（前左一）在金东区调研居家养老工作（民政局供稿）

9月13日，市委副书记、市长暨军民（左二）走访公共财政服务中心（财政局供稿）

8月12日，区委书记郑余良(左一)在乡镇检查和指导工作(区委办供稿)

9月5日，区委副书记、区长施美红(右一)在曹宅小学调研(教育局供稿)

4月16日，区人大常委会主任赵庆(右二)视察西溪清水河道(区人大供稿)

4月17日，金东区政协主席楼科进(前中)在江东视察大棚蔬菜种植(区政协供稿)

2012年12月26日,区委三届三次全体(扩大)会议暨区政府第二次全体会议召开(邵勤旦/摄)

1月14—17日,金东区第三届人民代表大会第二次会议召开(胡赣昌/摄)

1月14—17日，金东区政协三届二次会议召开（邵勤旦/摄）

2月18日，中共金东区纪委三届三次全体会议召开（纪委供稿）

施光南广场全景

金东新区城防工程

金东新城远眺(邵勤旦 /摄)

330国道十八里立交桥(交通局供稿)

赤松镇山口冯村居家养老服务中心(民政局供稿)

农村居家养老

按照“保基本、广覆盖、可持续”的思路，以农村居家养老服务中心为主要载体和服务平台，探索统分结合的新型农村养老模式，建成农村居家养老中心226家，服务覆盖全区2/3以上农村老人。省、市先后在金东区召开现场会推广金东经验，央视新闻联播、新华社动态清样等国内主流媒体进行了报道。

青年志愿者为居家养老服务中心送医、送餐(江东镇供稿)

长庚居家服务养老中心：老人老有所乐(民政局供稿)

12月17日，人民日报、新华社等媒体再“聚”居家养老(包涵 邵勤旦/摄)

文化礼堂建设

按照“文化礼堂，精神家园”定位，科学规划建设布局，有效整合文化资源，深入挖掘地方特色，共建成农村文化礼堂16家。此项工作得到了省委常委、宣传部长葛慧君的批示肯定：“作风扎实，富有特色”。新华社、中新社、浙江日报等都对这项工作作了专题的报道。

崭新明亮的长庚文化礼堂内(澧浦镇供稿)

塘雅镇前蒋村成人礼(塘雅镇供稿)

澧浦镇下宅文化礼堂开蒙授笔礼(组织部供稿)

充满田园气息的平阳至山南段样板绿道

美丽乡村创建

积极推进美丽乡村建设，累计投入资金3.07亿元，建成省重点培育示范中心村3个；完成农户卫生改厕4.7万户；新建各类污水池3000余个，新置垃圾房338座，新增绿化苗木42万株。是年，金东区荣获2013年度省"美丽乡村创建先进县（市、区）"。澧浦镇凭借生态环境优美、绿色产业发达等优势，荣获浙江省十大"最美乡镇"。

风景如画的蒲塘
美丽乡村一景

晚霞夕照的毛里村
美丽乡村风景

韵味十足的山南村
美丽乡村一景

（本页照片由澧浦镇供稿）

"三改一拆"工作

金东区把"三改一拆"工作作为重点工作来落实，结合"四边三化"、水环境整治和美丽乡村建设统筹安排，克难攻坚、强力推进。自3月份启动以来，全区共拆除违法建筑面积84.85万平方米、改造旧住宅区7.9万平方米、改造旧厂区面积7.1万平方米、改造城中村面积27万平方米，为金东2014年"无违建区"创建打下了坚实的基础。

3月10日，王坦溪下渎口村段河道整治项目开工(傅燕辉 申春 许卫红 陈艳/摄)

12月27日，区相关部门对产能落后的砖窑进行强制拆除(杨晨微 张圣芳/摄)

塘雅镇拆除违建厂房(国土局供稿)

3月28日，金东经济开发区首批百亿工业项目开工(经济开发区供稿)

12月12日，横塘沿社区安置房建设现场会(多湖街道供稿)

10月18日，第十一届中国苗木交易会在仙桥花木城隆重开幕(邵勤旦/摄)

3月13日，金东区第四届农民文化艺术节开幕(邵勤旦/摄)

金东经济开发区华丰公司厂房

浙江金轮机电实业有限公司

6月15日,金轮机电实业有限公司工人正在抓紧生产(申春/摄)

8月20日,金美电动工具公司工作人员赶制角磨机外贸订单(邵勤旦/摄)

孝顺镇祥里葡萄基地(孝顺镇供稿)

傅村镇溪口村马铃薯基地(欧阳冰/摄)

11月25日,鞋塘办事处上下季村造地改田现场(邵勤旦 郑玲/摄)

7月19日,新型收割机首次在东下叶村亮相(杨晨微/摄)

杭长客运专线金东段塘雅特大桥施工现场(邵勤旦 李旭/摄)

金温铁路扩能工程(包涵/摄)

4月27日,曹塘澧公路跨铁路桥T型梁架设完成(邵勤旦 龙杰/摄)

8月12日，全市女兵体检工作在金东举行（包涵/摄）

9月10日，金东区举行欢送新兵仪式（区人武部供稿）

区人武部官兵在进行军事技能考核（区人武部供稿）

4月24日，交警下乡办理摩托车年检(邵勤旦 陈伟强/摄)

曹宅镇公共财政服务平台(财政局供稿)

3月13日，金华市邀请市、区农科部门专家到江东镇开展“五送”下乡活动。(记者 邵勤旦 文/摄)

3月15月，工商部门检查食品安全（黄飞亚 周淑莲 欧阳冰/摄）

8月15日，食品药品监督管理人员在进行食品检测（市场局供稿）

药店GSP现场认证（市场局供稿）

5月12日，由金东区人民政府承办的省第二次体育大会健美操比赛(邵勤旦/摄)

10月24日，金东区第十三届中小学生运动会开赛(邵卫能 黄志强 /摄)

7月16日，金华道情培训班在孝顺和风书社开班(邵勤旦／摄)

“生育文化”长廊亮相新亭(陈壮道／摄)

11 月 16 日—17 日，实验小学参加金华“汉字听写大会”比赛(文体局供稿)

5 月 29 日，“交行”爱心春蕾班举行签约授牌仪式(张宁 陈壮道/摄)

3月22日，金东开展“世界防治结核病日”宣传(邵勤旦/摄)

7月11日，卫生局组织医务人员义诊咨询(卫生局供稿)

10月11日,德国市长(中)到金东考察访问(邵勤旦/摄)

8月19,绿道迎到山地自行车世锦赛冠军艾伦(左一)(邵勤旦/摄)

世界各国朋友在澧浦镇锁园村载歌载舞(邵勤旦/摄)

外国贵宾艾伦与中国农妇(澧浦镇供稿)

11月20日，区机关趣味运动会(傅燕辉 邵勤旦/摄)

3月8日，“三八”妇女节女子趣味运动会(邵勤旦/摄)

4月14日，区第三届演武大会(申春/摄)

赤松佛手

酥饼制作

源东白桃品尝会

赤松馒头

岭下镇坡阳古街(陈业 /摄)

源东乡洞井村“溪峦环秀”民居精美砖雕(胡赣昌/摄)

艾青故居正厅(傅村镇供稿)

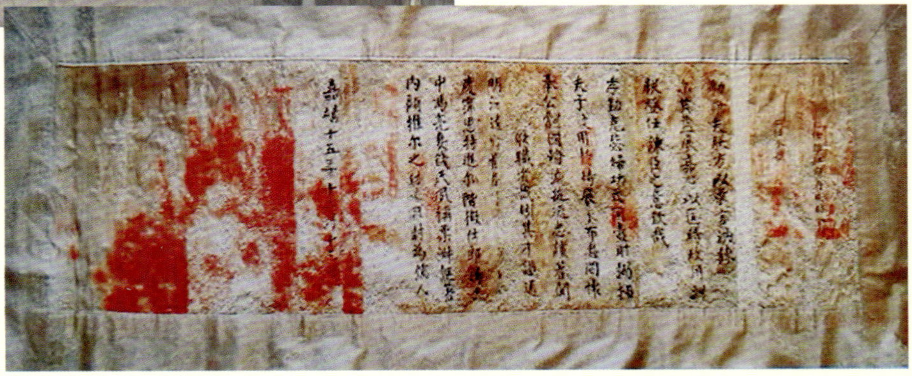

山口冯村民间保存了400多年的圣旨(邵勤旦 /摄)

目 录

特 辑

专 辑

大事记

区情概览

中国共产党金华市金东区委员会

金华市金东区人民代表大会常委会

金华市金东区人民政府

中国人民政治协商会议金华市金东区委员会

中国共产党金华市金东区纪律检查委员会

民主党派工商联

群团组织

法　治

人民武装

社会事务

浙江金东经济开发区

工　业

农林　水利

商 贸

交　通

城乡建设

旅　游

财政　税务　审计

经济管理与监督

国土 规划 环保

教育　文化　体育

科学技术

卫生　计生

供电　通讯

金融　保险

街道　镇乡

名 录

附 录

Content

抢抓机遇谋发展 苦干实干促崛起 努力开创金东大开发大建设大发展新局面

——在区委三届三次全体(扩大)会议暨区政府第二次全体会议上的报告

中共金华市金东区委书记 郑余良

(2012年12月26日)

这次大会的主要任务是认真学习贯彻中共十八大和省委、市委全会以及全省经济工作会议精神,回顾总结2012年工作,研究部署2013年和今后一个时期的工作任务,审议通过《中共金东区委关于认真学习贯彻中共十八大精神,全面加快"两富"现代化金东建设的决定(审议稿)》,动员全区党员干部群众振奋精神、抢抓机遇,攻坚克难、务实工作,努力开创金东大开发、大建设、大发展的新局面。

下面,我代表区委区政府讲四个问题。

一、2012年工作回顾

2012年,是本届党委政府的开局之年。今年以来,宏观经济形势严峻,经济下滑态势明显,发展任务重,稳定难度大,工作要求高。一年来,我们在市委市政府的正确领导下,按照中央、省市委的决策部署,围绕区第三次党代会确定的目标任务,以作风建设为抓手,坚定信心,迎难而上,全区经济社会实现平稳健康发展。主要工作成效体现在以下九个方面。

(一)经济发展保持追赶态势

预计全区实现生产总值125.8亿元,同比增长9.6%;规上工业产值141亿元,增长21%;财政总收入12.2亿元,其中地方财政收入4.8亿元,分别增长14.3%和19.1%;全社会固定资产投资90.5亿元,增长31%;全社会消费品零售总额77.6亿元,增长18.1%;农村居民人均纯收入13091元,增长14%。其中最能反映区域经济情况的几项硬指标,全社会用电量、工业用电量、规上工业用电量三项指标增幅均列全市第一;自营出口增长20%以上,列全市第二;财政收入增幅列全市上游,绝大多数指标都在中上水平。预计实现工业总产值300亿元,顺利达成第一个"三年翻番"目标。

(二)合力推进金义都市新区建设

年初,市委从全局战略高度作出了规划建设金义都市新区的重大决策。对于金东而言,是重大历史机遇。区委区政府顺应市委决策要求,及时调整工作思路、重点和布局,统一思想、消除疑虑、凝聚共识、合力共建。全面控制抢种抢建,专项整治违章建房。充实孝顺、傅村、鞋塘的班子力量。注重加强与都市区管委会工作的沟通衔接,六个部门的主要负责人兼任都市新区相应工作部的副部长。目前,金义都市新区完成了总体规划编制和土地利用规划调整,基本完成了金港大道、金山大道改建和西南工业园区景观工程,2万余亩征迁工作有序推进,投融资和招商形势良好,首批工业和现代服务业项目正式签约,总投资超过300亿元。

(三)干部作风建设成效明显

今年是换届之年,年初两个月区委集中精力抓换届,圆满召开了区党代会、区"两会"以及乡镇人代会，顺利完成了区乡两级班子换届、机关部门班子调整。换届选举风清气正，班子建设得到加强。树立了实绩实干用人导向，干部群众心齐气顺，确立了今后五年的发展目标方向，营造了加快赶超崛起的氛围。换届之后，以“三解三促”（了解村情民意、促进干群关系融洽；破解发展难题、促进干部作风转变；化解基层矛盾、促进基层发展稳定）为总载体，着力解决干部队伍中存在的“守(墨守成规)、拖(办事拖拉)、滑(攻坚不力)、混(得过且过)、怨(怨天尤人)”等问题，用近4个月时间，开展集中性作风建设活动。通过实施“六大行动”，既抓学习讨论，又抓制度建设；既抓正反典型，又抓难题攻坚，虚实结合，以虚促实，有效破解了一批突出难题。下半年，继续深化作风建设活动，开展百日大会战，由区领导带头，负责解决“四个一”（一项重点项目攻坚，一家闲置低效企业清闲促产，一件重点信访难题包案化解，一个一星村整转提升）。所有乡镇部门局级“两富”指导员联村加包案，发了积极作用。全区各级干部的工作观念、作风、激情、能力得到提升，态度、责任、干劲、纪律得到增强。

（四）难题项目攻坚有效突破

今年是我区承担国家、省市重点建设项目任务最重的一年，也是工作成效最大的一年，全年累计完成征地9600亩，拆迁40多万平方米。其中涉及国家、省市重点工程16项，仅杭长客专、金温两条铁路就需征地3000多亩，拆迁30多万平方米，西气东输等三条输油输气管道征(借)地1500多亩。江东区块低丘缓坡开发试点3000亩，以及一批历年遗留的征迁难题都得到了有效突破。横塘沿征迁扫尾一周完成，商业中心遗留户全面拆除，二手车市场、东孝街道中轴线地块、澧浦110千伏变电所等全部突破。11月，备受各方关注的万达广场、新城区城市综合体、江东低丘缓坡综合开发项目开工，投资总额近200亿元。金武公路一期、曹塘澧公路(除跨铁立交外)完工。澧浦苗木市场、汽配城二期建成开业。今年工作的最大亮点是能够把重点工作抓牢抓出成效，最大收获是一改以往征迁工作中的韧劲不足、久拖不决，能够善始善终、善作善成。

（五）产业基础不断夯实

重视招商引资，引进超亿元项目35个，预计到位外资3000万美元，内资36亿元，完成婺商回归资金超10亿元。继续抓好项目落地，30个重点工业项目竣工投产13个，20个重点技改项目竣工投产15个。坚持清闲促产，完成了2.7万亩工业用地核查，开展了500家低效企业联合整治，消化转而未供土地1380亩，收回闲置低效用地232亩，盘活存量土地177亩，新增税收800多万元。通过省知识产权示范区创建验收，被评为全省科技考核先进区。加强农业“两区”建设，曹塘澧生猪主导产业示范区等通过省级验收，创建市级现代农业示范基地10个，新增设施农业4800亩。和丰禽业、绿丰水产合作社被评为全国示范性农民合作社。全面完成全国小型农田水利重点县三年建设任务，完成重点山塘整治项目113个，投资超亿元，被列为全国中小河流治理重点县，可争取资金近3亿元。浙中建材市场等五大专业市场总成交额165亿元。中外运一期投运，信息软件创业园被授予国家电子商务示范基地。

（六）美丽乡村建设深入推进

立足在全市率先完成“整区整治”的基础优势，突出重点抓亮点，编制完成美丽乡村建设“1+4”规划，启动了美丽乡村南北“两带”和30个“两富”示范村建设，整合便民服务、居家养老、一事一议等各类公共服务资源，集中政策资金要素，努力打造“美丽乡村的典型、基层组织的先进、社区服务的示范、现代农业的样板”。扎实推进生态金东建设，创建省级生态乡镇4个，澧浦镇创建为国家级生态镇和省级森林城镇。完成中央农村环境连片整治村27个。

（七）民生事业不断改善

扎实推进义务教育均衡区创建，新增省标准化学校13所。全面完成医改三年重点任务，血防塑布温药灭螺法在全省推广。设立区新闻传媒中心，创刊《今日金东》，外宣工作成效明显。“大手拉小手，精神共富有”活动列入全省首届思想文化创新工程。金东图书馆和数字影院项目建成，8所乡镇综合文化站大楼投入使用。新建居家养老照料服务中心(便民食堂)6家，实现农家书屋、村邮站全覆盖。在全省率先将农村计生服务纳入村级便民服务中心。

（八）社会保持和谐稳定

重视和加强信访维稳工作，区委常委会10多次进行专题研究,区领导全面领衔包案,深化“网格化管理、组团式服务”,细分网格822个,7个镇级社会管理服务中心投入运行。设立全市首家区级矛盾调处中心,完善区、镇、村三级调处平台。推行“两代表一委员”“坐诊出诊会诊”模式,参与社会管理。重视部门信访维稳功能发挥,对特殊利益群体实行归口办理。圆满完成十八大安保任务,实现了“零进京”目标,被评为全市信访维稳工作特别优秀奖。加强社会治安综合治理,公安分局开展了“东部扫雷”行动,法院、检察院充分发挥职能作用,促进了社会风气好转。高度重视安全生产、食品药品安全、防灾防疫等工作,安全态势平稳。

(九)党的建设不断加强

全面落实基层组织建设年活动,深入开展“五星争创”活动,顺利完成“4567”晋位升级目标(40%以上四星级基层党组织、50%以上三星级基层党组织、60%以上二星级基层党组织和70%以上一星级党组织实现晋位升级),通过“五星”帮“一星”、领导联“一星”,26个后进村得到有效整转。实施年轻干部“三重一专项”活动,选派60名年轻干部到重点村、重点项目、重点企业挂职。试行了乡镇事业干部“三推三比全程差额”选拔。在全省率先开展“党员公益日”活动。狠抓两新党建“双强双覆盖”,重点培育了30个双强示范两新党组织。加强党风廉政建设,开展村级便民服务中心和村务监督委员会规范化建设,制定实施《村干部问责办法》,建立“全盘扫描+重点督查”巡察机制,大力开展“庸懒散乱”专项治理。深化行政服务事项跟踪回访和涉农、涉企岗位公述民评活动,对政府重点投资项目派驻廉政监察员,解决了一批群众反映强烈的突出问题。人大、政协充分发挥作用、积极履行职能,统战、人武、群团等各项工作取得了新进步。

同志们,今年的成绩来之不易,这是上级党委、政府正确领导,区四套班子和衷共济,各级各部门积极有为,全区广大党员干部群众克难奋进、共同努力的结果。在此,我代表区委区政府,向大家表示衷心的感谢!

在充分肯定成绩的同时,我们也要十分清醒地看到存在的问题和不足:经济综合实力不强,产业层次不高,面临扩量与提质的双重任务;区位优势日益凸显,面临开发建设任务繁重和维护社会稳定的双重压力;部分干部仍存有甘于落后、自我满足、因循守旧的意识观念,善作善成、精品意识有待进一步增强;村级班子教育管理还有待改进和加强。这些问题需要我们在今后的工作中高度重视,切实加以解决。

二、“两富”现代化金东的奋斗目标和主要任务

省委、市委相继出台了推进“两富”现代化浙江和加快“两富”现代化都市区建设的决定。区委认真贯彻中共十八大和省委、市委全会精神,广泛征求了区委委员(候补委员)和各方意见,起草了加快建设“两富”现代化金东的决定,提交本次全会审议。下面,我按照区委常委会讨论研究的意见,就《决定(审议稿)》简要讲三点意见。

(一)加快“两富”现代化金东建设的重大意义

加快“两富”现代化金东建设,既是贯彻落实中共十八大和省委、市委全会精神的具体行动,也是加快金东经济社会发展的客观需要,更是推动金东赶超崛起的重要引擎。以“两富”现代化金东建设为载体,有利于进一步落实区第三次党代会的战略举措,明晰今后一个阶段的工作目标、思路和重点,有利于进一步统一思想,凝聚各方力量,提升战略地位,加快赶超崛起。

(二)加快“两富”现代化金东建设的目标要求

总体目标是到2020年左右,基本建成“两富”现代化金东。具体分三步走:第一步,全力做好2013年工作,全面完成区委区政府确定的年度目标任务。第二步,到2015年全面超额完成“十二五”规划确定的目标任务,全区生产总值超170亿元,财政总收入超18亿元,农村居民人均纯收入达到20000元左右,主要指标增幅高于省市平均水平。第三步,到2020年超额完成“四个翻番”目标,实现全区生产总值、人均生产总值、城镇居民人均可支配收入、农村居民人均纯收入比2010年翻一番多,翻番时间提前两至三年,基本建成“两富”现代化金东。

翻快一点、多翻一点,既是省委和市委的要求,也是金东加快赶超崛起的需要。基于金东优越的区位交通条件,丰富的低丘缓坡资源,以及金义都市新区的开发建设和市区城市向东的重大发展机遇,我们一定能够提前完成“三步走”的奋斗目标。

（三）加快“两富”现代化金东建设的战略重点和主要任务

战略重点主要六个方面：

1.拓展“三大平台”，聚合黄金主轴。三大平台是指金义都市新区、金东新城区与江东工业区。金义都市新区立足“田园智城、都市新区”定位，围绕“一年打基础、三年求突破、五年见成效、十年立新城”的阶段要求，打造成为高新产业集聚、金融商务繁荣、科教文卫发达、生态环境优美的都市新区。金东新城区按照中心城市副中心的目标定位，作为金东新型城市化的主平台，打造成为优质生活区、精品城市标杆区。江东工业区块按照工业转型升级示范园定位，作为金东新型工业化的主平台，打造成为金东工业经济新的增长极。

2.提升“三大板块”，打造宜居新城。三大板块是指金东新城区核心商务板块、市场集群板块、南站货运枢纽板块。以多湖中央商务区、新城区中轴线商务楼宇和婺江两岸商业房产等为重点，着力完善商业功能，丰满城市形象，打响“住在金东”品牌；以建材、汽配、苗木等专业市场为重点，打造浙中专业市场群；以南站货运枢纽区为重点，大力发展铁路物流枢纽基地。

3.立足“三宜并举”，建设美丽乡村。三宜是指宜居、宜业、宜游。以提升群众生活品质为根本，联动推进生态人居、生态环境、生态经济、生态文化建设，促进生活空间自然舒适宜居，生产空间集约高效宜业，生态空间山清水秀宜游，努力打造成为“希望田野、美丽乡村”。

4.坚持“三产协同”，加快金东崛起。三产是指现代农业、现代工业和现代服务业。立足金东产业区情实际，以转型升级为主线，量质并举，好快并重，做大总量，提升质量，形成一、二、三产结构合理、协同发展的格局，为加快金东赶超崛起提供强有力的产业支撑。

5.激活“三个动力”，增强发展后劲。三个动力是指改革创新、招商引资、招才引智。把改革创新精神贯彻到现代化建设各个环节，积极探索建设科学规范、运行有效的制度体系，不断增强赶超发展体制活力；切实加大招商引资力度，加快集聚高端项目、优质资本、先进管理，不断增强金东发展潜力；切实加大招才引智力度，注重引进和培养创新人才，努力提高自主创新能力，不断增强内生发展动力。

6.注重“三个联动”，共促“两富”金东。三个联动是指新型工贸联动、新型产城联动、新型城乡联动。发挥市场、物流等优势，加快推进“商贸兴区”战略，促进先进制造业与现代服务业互动发展；以产业为支撑，以城市为载体，促进城市与产业融合发展；加大城乡统筹力度，构建“以工促农、以城带乡、工农互惠、城乡一体”的新型工农关系、城乡关系。

《决定》还明确了六个方面的主要任务，即加快构建现代创新体系、现代产业体系、现代城乡体系、现代文化发展体系、现代社会公共服务体系、现代生态体系。

这六个方面的战略重点和“六大体系”的主要任务，既贯彻落实了中央和省市委的精神，又充分考虑了金东的实际；既与区第三次党代会精神一脉相承，又根据时间段的不同作了充实完善。既体现了统筹兼顾、全面发展的要求，又突出了今后一段时期的工作重点。

三、2013年目标要求和工作重点

2013年，是深入贯彻落实中共十八大精神的第一年。根据中央经济工作会议的判断，明年国际经济形势依然错综复杂、充满变数。世界经济将延续低速增长态势，主要经济体需求疲软，保护主义明显抬头，西方大国对外转嫁困难意图明显。同时，美国“财政悬崖”如何结局，欧债危机问题发酵到何种程度，新技术革命能否提供复苏的动力，依然存在很大的不确定性。但我国发展仍处于重要战略机遇期的基本判断没有变。我们面临的机遇，不再是简单纳入全球分工体系、扩大出口、加快投资的传统机遇，而是倒逼我们扩大内需、提高创新能力、促进经济发展方式转变的新机遇。

就金东而言，当前机遇与挑战并存，机遇大于挑战。金义都市新区的开发建设，集聚4万多亩土地指标在金东，接近过去十年开发总量的两倍；市区城市建设向东发展，多湖中央商务区加快建设，将加速推动金东和主城区的融合。这将进一步凸显金东的区域战略地位，为加速崛起提供强大的推力。今后几年,金东将成为开发建设的主战场,全面进入大开发、大建设、大发展的阶段。为此,我们不能按照原有的思想、模式、观念来想问题,精神状态要更加饱满,工作作风要更加扎实,只有这样,才能适应和保障新一轮的大开发、大建设、大发展。

2013年及今后一个时期工作的指导思想是:深入学习和全面贯彻中共十八大精神,坚持以邓小平理论、"三个代表"重要思想、科学发展观为指导,深入实施省委"八八战略"和"两创"总战略,紧紧围绕"百姓富裕、浙中崛起"总目标,坚持"稳中求进、赶超发展"总基调,抓住金义都市新区开发建设和市区城市向东发展的历史性机遇,以提高经济增长质量和效益为中心,坚持抓重点出亮点,坚持抓难题求突破,振奋精神,顺势而为,攻坚克难,务实工作,着力推进大开发、大建设、大发展,着力推进经济、政治、文化、社会、生态文明建设和党的建设,全面加快金东赶超崛起。

按照这一指导思想,2013年全区经济社会发展的工作目标是:地区生产总值增长11%左右;财政总收入和区级财政收入分别增长15%以上;固定资产投资增长40%以上;社会消费品零售总额增长15%以上;外贸进出口增长15%以上;城乡居民人均收入增长15%以上。

新的一年,我们要着力抓好以下五个方面的工作

(一)扩总量、促转型,以大产业推进大开发大建设大发展

1.坚持"工业强区"战略,实现"三年再翻番"目标。今后三年是金东工业大发展、大提速的三年。这是基于近些年引进的一大批项目投产的良好基础,基于都市新区开发建设的综合因素,更是基于江东大平台的增量补充。今年140多亿的规上工业产值,三年之后完全可以再翻番,力争实现"三年增两倍"。要坚定工业强区不动摇,坚持量质并举,按照既有工作思路,大力发展实体经济,突出主导产业培育,在加快江东区块开发建设同时,狠抓项目落地、清闲促产、招商引资、企业技改四篇文章,工业投入增长40%以上,规上工业产值增长20%以上。为此,项目工作力度必须加大,现场协调必须加强,推进效率必须提高,对40个重点工业项目,要一改以往上半年抓得不紧,年底突击攻坚的工作状态,逐一明确时序节点和完成时限,年初公示,每月考核。进一步加大清闲促产力度,这是提升存量空间的有效举措。要坚持不懈抓,核心要清出产能,清出效益,清出公平,进一步实施低效企业联合评估,切实抓好个转企、小微企业上规模的文章,严查开而不建、建而不产的项目,严查占耗资源、无税收无贡献的项目。坚定不移实施招商引资"一号工程",强化乡镇部门的主体责任,将任务分解到乡镇部门,形成全员合力招商氛围。争取全年引进超亿元项目30个以上、浙(婺)商回归项目10个以上,实到内资50亿元以上,外资3000万美元以上。强化科技创新,大力推进企业技术改造,实施好40个重点企业技改项目,以技改提质量、增效益、促转型。要立足金东现有产业基础,坚持引进一批,培育一批,加快电动工具、工量具、塑棉制品等传统优势产业改造升级,促进先进装备制造、汽摩配、新能源、新材料等主导产业壮大规模。

2.落实"商贸兴区"战略,大力发展现代服务业。"商贸兴区"战略实施的力度要再加强,声势要再加大,措施要再落实,重点抓好专业市场、现代物流、信息产业等。高度重视市场群建设,加快汽配城三期、澧浦苗木城二期、农批市场迁建一期、再生资源交易市场等项目建设,完成二手车市场扩建,促进各专业市场在空间上集聚,资源上整合,形成集群效应。大力发展现代物流,重点抓好中外运二期、金华南站货运堆场、烟草专卖物流基地、邮政速递等项目建设。大力培育信息产业,加快金东信息软件创业园二期建设,改造提升新区原工业孵化区,加强对重点骨干企业扶持,争创省级现代服务业集聚示范区。重视旅游开发,加快培育城郊休闲游、文化故里特色游、现代农业观光游,推动旅游业出亮点,创特色,求突破。

(二)聚合力、拓空间,以大平台支撑大开发大建设大发展

1.合力推进金义都市新区建设。建设金义都市新区,最终受益在金东,得益在群众。都市新区早一日建成,金东就早一日崛起,金东百姓就早一日受益。服务于都市新区开发建设,金东全体干部义不容辞、职责所在,必须主动作为,该管的事,该抓

的工作,大胆抓,大胆管,不推不放。工作越主动,就是对都市新区建设越支持。不要以体制为由,畏畏缩缩,为偷懒和不负责任找借口。与都市新区工作有交叉重复不可避免,要多衔接,多沟通,一切以有利于工作开展为原则,不搞"两张皮"。新一年,金义都市新区的重点是启动实施核心区块的基础设施建设、满塘湖景观和集镇都市化改造工程,完成金港大道、金山大道和东华街的改造提升,引进落地一批产业和文化项目。孝顺、傅村镇和鞋塘办事处要主动履行职能,全力承担好都市新区开发建设所需的征地拆迁重任。同时要抓好社会民生事业的发展,切实维护社会稳定,落实好区委区政府的各项要求。

2.拓展提升新城区。新城区通过近几年抓基础设施建设,抓遗留问题处理,抓债务消减化解,制约发展的难题障碍基本突破,特别是多湖中央商务区、商业中心区块、江北中轴线区块的开工,预示着新城区进入了大建设、大提升的新阶段。这三个区块是新城区开发建设的命脉,是重点的重点,核心的核心。新一年项目建设要提速,区块形象要显现,城市品位要提升。要主动服务万达广场项目建设,打造金华商业新中心、城市新地标,引领带动多湖中央商务区开发,使这一区块尽快成为黄金商业带、市区新热点。加快推进新城区城市综合体、江北中轴线商业房产等项目建设,着力弥补新城区商业短板,完善城市功能,丰满城市形象,集聚商气人气。继续推进义乌江两岸景观提升工程,为精品宜居增色添彩。新城区和赤松、东孝、多湖一镇两街道必须把精品意识贯穿到每一个项目,保持精心做事的工作态度,精益求精的细节追求,把每一条街道、每一幢楼宇、每一处绿化都做到精品。城市要建更要管,要理顺体制,增强力量,严格遵循规划,严禁违章搭建,严管卫生秩序,以精细管理出精品市容。

3.加快推进江东区块开发建设。江东区块是金东新型工业化的主战场、主平台。要按照"试点中的试点"要求,围绕三年全面建成目标,务实谋划、超常推进,设施配套要加快,企业入园要加快,项目建设要加快,效益显现要加快。坚持适度超前、梯度推进,着力完善水、电、排污、道路等基础设施。加强项目协调服务,加快首批入园企业建设,力争明年年内全部建成投产。更加重视招商引资工作,务实求实选商,以装备制造业、汽摩配等为产业导向,主攻永康等实体制造业。力争通过三年努力,在这一区块达到50到80亿的产值,3到5个亿的税收,建成一个产业层次高,企业实力强,园区效益好的工业开发示范园,成为我市低丘缓坡试点工作的样板。

(三)增投资、强后劲,以大项目带动大开发大建设大发展

推进大开发大建设大发展,最终落实在项目。要把工作的着力点放在项目上,政策向项目集中,资源向项目汇聚,精力向项目倾斜,人员向项目组阁,以大项目大建设,带动大投入大发展。今后三年全区初步列入市区建设发展三年行动计划重点项目编排有四大类47个项目,三年总投资336亿元,每年投资超一百亿元。2013年安排重点项目40项。在项目的推进上,要体现"万达速度",50万方体量工程,十八个月完成;在项目的管理上,要学习"万达精度",整个项目细化到318个时间节点,每个节点都有具体责任人;在项目的考核上,要借鉴"万达力度",连续2个或是累计3个时间节点没完成,责任人调岗、降级或辞退。要加快推进各项重点工程,建立全面承诺,全程督查,全年考核机制,组建重大项目指挥部,"定领导、定项目、定责任、定时间",实现早开工、早建成、早投产。积极配合做好杭长客专、金温扩能等国家、省市重点工程,及时协调解决推进难题。抓好金武公路、金外初中、石泄变、塘雅变等40项重点项目建设。要千方百计争取大项目,做精做细前期工作,加强衔接申报,争取有更多项目列入省重点,获取更多的政策和资金支持。

(四)抓重点、强统筹,以大提升推动大开发大建设大发展

以创建省美丽乡村先进区为目标,以现代农业示范园、50个"两富"示范村(社区)和美丽乡村"两带"建设为重点,强化政策倾斜,加大资金投入,集中精力资源,从根本上、整体上、区域上提升金东乡村风貌。精心抓好50个"两富"示范村建设,深入挖掘这些村的自然、人文、产业、建筑特点,全方位发挥村庄的个性和亮点,进一步整合便民服务、居家

养老、精神文化等公共服务资源，培育一批美丽乡村的典型、基层组织的先进、社区服务的示范、现代农业的样板。加快美丽乡村风景线建设，以精品村为节点，以景观带为轴线，串点成线，连线成片，整体推进。扎实推进"四边三化"行动，与国家中小河流治理重点县建设相结合，与美丽乡村建设相互补充，相互促进，联动创建。更加重视长效管理机制建设。着重解决好农村垃圾处理问题，全面提升清洁工程，让"自然、朴素、清洁"成为美丽乡村的第一感观。重视解决"污水治理"的实效性问题，区农办等部门要专题研究，体现绩效。全面启动全国中小河流治理重点县建设，完成杨卜山水闸除险加固工程和8.3千米东阳江干堤加固治理。要加快推进城镇化，加大中心镇、特色镇培育力度，有序推进集镇整治，改善环境面貌，提升管理水平，增强集聚功能。

要坚持美化环境与促进增收的有机统一，把生态富民贯穿到美丽乡村建设全过程，实现美丽乡村与现代农业的联动发展。把"两区"建设作为展示区域美丽乡村特色的重点打造，加快多湖、江东万亩城郊型蔬菜基地建设，通过农业综合开发项目，提升基础设施水平，完善农业服务配套，建成效益农业示范园区。加快曹宅千亩盆景园建设，拉长盆景产业链，形成统一品牌，提高附加值。综合提升寨春农业观光园，打造集综合服务、旅游观光为一体的农业休闲旅游综合项目。

（五）重惠民、强服务，以大稳定保障大开发大建设大发展

保障民生是开发建设应有之意。良好的民生保障也会形成助推开发建设的正能量。要以实施被征地农民保障、医疗服务"一卡通"、城乡公交配套、滨江公园改造、农贸市场和电气化村建设等十件民生实事为重点，努力解决一批人民群众最关心、最直接、最现实的利益问题，让群众得到更多实惠。坚持教育优先发展，稳步推进学校布局调整，启动鞋塘初中迁建工程，全面完成学前教育三年行动计划，完成省义务教育均衡发展区创建，启动省教育现代化区创建工作。深化医药卫生体制改革，改造提升曹宅、东孝社区卫生服务中心。大力弘扬和积极培育社会主义核心价值观，深入开展"种文化"活动，积极创建特色文化示范村，不断丰富人民群众文化生活。推进"三优"促进工程，稳定低生育水平。进一步加强社会保障体系，多方关爱老年人、残疾人和困难群体。围绕创建省级生态区目标，大力推进节能减排，加快淘汰落后产能。实施金华江流域"531"污染防治，启动金东污水处理厂二期建设。扎实推进省级森林城镇建设，争创省级森林城市。

保持社会和谐稳定，是大开发、大建设、大发展的基础。深化"网格化管理，组团式服务"，促进责任落实，增强服务实效。重视信访维稳工作，强化乡镇属地管理，部门归口办理，区领导领衔包案、下访接访，力量下沉，形成合力，着力提高初信初访办结率，提高信访积案有效化解率，把矛盾问题"发现在基层，化解在当地，消灭在萌芽"。深化平安建设，加强社会综治基层基础规范化建设，进一步健全打防控体系，严厉打击各类严重刑事犯罪，整治突出治安问题，整肃社会风气。加强安全生产监管和产品质量特别是食品药品质量安全监管，落实安全生产"一岗双责"，推动安全监管"关口前移、重心下移"。

四、全面提升党建科学化水平

以加强执政能力、先进性和纯洁性建设为主线，以作风建设为重点，全面加强和改进党的建设，为推进大开发大建设大发展提供坚强的组织保证。

1.深入学习贯彻中共十八大精神。十八大精神思想深刻、内涵丰富，学习宣传贯彻中共十八大精神，是全区当前和今后一个时期首要的政治任务。要通过组织宣讲、中心组学习、周一夜学、金东大讲堂等形式，让十八大精神进基层、进社区、进农村、进企业。党员干部要不断加强学习、加深理解，学深学透、入脑入心。用十八大精神来指导实践、推动工作。在举什么旗帜、走什么道路的重大问题上保持清醒坚定。要有奋发有为的精神状态，坚持解放思想、改革开放、凝聚力量、攻坚克难。要立足国情实际和思想工作实际来把握，对来自各方的多元取向，社会的各种纷扰，不片面理解，不盲目跟风，始终保持清醒的头脑，保持理性与客观。

2.深入开展群众路线教育实践活动。今年要在全党深入开展以"为民务实清廉"为主要内容的党的群众路线教育实践活动,这是我们党提高执政能力、保持先进性纯洁性的重大举措。群众的生活风向标,就是我们工作的风向标;群众生活的幸福指数,就是我们工作的成效指数;群众生活的满意度,就是对我们工作的满意度。我们要牢固树立宗旨意识,以群众的呼声为行动指针,以群众的诉求为工作要求,以群众的愿望为工作的努力方向,走入群众,深入群众,融入群众,体会百姓生活的喜忧,把握群众的思想脉搏,帮助群众办实事、办好事。要开展群众路线教育活动,与干部作风建设结合,与为群众办实事办好事结合,与加强村级班子教育管理结合,与促进村级经济发展结合,与维护社会稳定化解信访难题结合,创新活动载体,丰富活动内涵,虚实结合,全员参与,突出实效,着眼长效。进一步完善乡镇(街道)干部驻村制度,健全机关干部直接联系服务群众机制,对口帮扶机制,使活动取得实效长效。

3.**大兴苦干实干的工作作风**。实干兴邦、空谈误国。我们的许多工作,不缺要求,不缺思路,缺的是认真、缺的是坚持。要增强执行力、落实力、攻坚力,把工作做完成,做了结,做圆满,做完美。多亲力亲为,多深入具体,多现场协调,决不能在层层开会上兜圈子。要以实绩实干为用人导向,进一步完善干部综合考核评价体系,更加注重工作价值、工作能力、工作绩效评价。要围绕重点工作、重点工程等中心任务,选拔专项"负责人""指挥长"。要重心下移、靠前指挥,机关要支持乡镇,所有干部都下基层,去重点,赴一线。推行领导干部作风追踪评价制度,用群众满意度客观评价干部作风。加强"两富"局级指导员的专项管理和"退二线"干部管理,更好地发挥作用。

4.**深化服务型基层党组织建设**。坚持民主集中制,保障党员主体地位和民主权利。开展新一轮"五星争创"活动。全面推广党员"三日三岗"活动,探索建立党员创先争优的长效机制。深化党代表"三诊"制,积极探索乡镇党代会常任制。加强乡镇基层队伍建设。加强对村级组织换届工作的领导和指导,严肃换届选举纪律,规范换届选举程序,真正把想干事、能干事、干净干事的人选进村级班子。落实村干部创业承诺和问责制度,强化考核。深化"双百双培养"工程,激励和推动村干部干事创业。探索推广村级集体经济发展多种模式,增强经济薄弱村的"造血"功能。

5、**深入推进党风廉政建设**。坚持标本兼治、综合治理、惩防并举、注重预防的方针,严格执行党风廉政建设责任制。深入实施"阳光工程",推进权力运行公开化、规范化。完善权力运行监督机制,加强领导干部的经济责任审计。深化行政审批制度改革,提高机关效能。继续开展并深化巡察工作,乡镇干部作风纪律、村干部履职表现作为重点。推进村级"三务"信息公开平台建设,全面开展农村集体经济"除险加固"工程,充分发挥村务监督委员会和村级便民服务中心作用。加大查办违纪违法案件工作力度,努力实现"干部清正、政府清廉、政治清明"。

同志们,大开发、大建设、大发展的阶段已经到来,能否抓住机遇,能否承担起重任,这是对金东全体干部的考验。全区广大党员干部群众,一定要以更加坚定的信心,更加饱满的精神,更加昂扬的斗志,更加扎实的工作,全面开创大开发、大建设、大发展的新局面!

政府工作报告

（2013年1月14日在金华市金东区第三届人民代表大会第二次会议）

金华市金东区人民政府区长 施美红

各位代表：

现在，我代表区人民政府向大会作政府工作报告，请予审议，并请参加大会的区政协委员和其他列席人员提出意见。

一、2012年工作回顾

2012年是本届政府开局之年。年初以来，宏观经济形势复杂严峻，发展与稳定任务艰巨。在市委、市政府和区委的正确领导下，区政府牢牢把握“稳中求进，赶超发展”总基调，坚定不移实施“工业强区、商贸兴区、城乡统筹、开放带动”四大战略，坚定信心，迎难而上，经济社会平稳健康发展，较好地完成了区三届人大一次会议确定的各项目标任务。预计全年实现生产总值125.8亿元，同比增长9.6%；规模以上工业产值152.5亿元，增长18.5%；全社会固定资产投资86.2亿元，增长30.6%；公共财政预算收入和区级公共财政预算收入分别达12.3亿元和4.98亿元，增长15.5%和22.5%；全社会消费品零售总额80.3亿元，增长22.2%；农村居民人均纯收入12988元，增长13.1%；计划生育率97.1%；人口自然增长率1.4‰；城镇登记失业率控制在1.76%；万元地区生产总值能耗下降率、化学需氧量、二氧化硫、氨氮、氮氧化物削减率完成上级考核目标。外贸进出口、实际利用外资、规上工业用电量、全社会消费品零售总额增速、省市重点项目投资完成率等指标位居全市前列。

产业基础不断夯实。工业经济扩量提质，预计实现工业投资46.5亿元，增长32%；工业总产值300亿元，增长17%，顺利实现工业经济首个“三年翻番”目标。着力推进项目落地，30个重点工业项目和20个重点技改项目分别竣工投产14个和16个，南博锂电池、强广剑减震器等一批大项目建成投产，双泰车业纯电动汽车成功下线。加大招商引资力度，完善招商引资考核奖励机制，实行全员招商，预计全年实际引进内资39亿元、外资3100万美元，其中浙(婺)商回归投资18亿元。深化清闲促产工作，完善清闲促产政策，开展工业用地产出情况核查，消化转而未供土地1380亩，收回闲置低效用地232亩，盘活存量建设用地177亩，完成近500家低效企业联合评估整治，新增税收800多万元。加强节能减排工作，开展了电镀行业整治提升“零点行动”。现代农业扎实推进。完成4000亩粮食功能区建设，启动6000亩标准农田地力提升项目。创建省级主导产业示范区1个、特色农业精品园2个、市级现代农业示范基地15个，新增设施农业4800亩。和丰禽业、绿丰水产合作社被评为全国示范性农民专业合作社。现代服务业加速发展，预计服务业增加值比重达到34.7%。五大专业市场交易额超过165亿元，澧浦苗木城一期、汽配城二期建成营运，二手车市场完成扩建，农批市场迁建完成选址。中外运一期运营，邮政速递项目开工，申通、中通、圆通物流项目签约。完善信息产业发展政策，信息软件创业园创建为国家电子商务示范基地，园区税收超1600万元。启动大佛寺景区、赤松洞殿下景群等改造提升工程，完成编制《金东区绿道建设规划》，预计实现旅游收入1.78亿元，增长7.2%。

都市新区启动建设。去年，市委市政府从全局战略高度作出了规划建设金义都市新区的重大决策，对于金东而言，是赶超发展的重大历史机遇。全区及时召开各类会议，引导统一广大干部群众思想，消除疑虑，凝聚共识，合力共建。加强与都市新区管委会工作的沟通衔接，统筹安排各项工作。全面控制抢种抢建，专项整治违法建房。目前，金义都市新区完成了总体规划编制和土地利用规划调整，基本完成西南精品工业园区、杭金衢高速鞋塘互通口等景观工程。金港大道优化提升、金山大道改建、东华街延伸工程顺利推进。孝顺镇、傅村镇和鞋塘办事处镇村全体干部，精诚团结，奋力攻坚，有序推进2万多亩低丘缓坡征地工作，其中首批7750亩已农转用报批，引进阿里巴巴等一批现代工业和服务业项目,为大开发大建设大发展奠定了坚实的基础。

城乡建设加速融合。借力多湖中央商务区块开发建设,加快新城区基础配套和功能提升。横塘沿、王坦、江北中轴线等一批遗留多年的征迁难题得到有效突破。完成艾青文化公园、建筑艺术公园和二环路"三化"提档改造,城市面貌明显改观。扎实推进宾虹路、东市街、康济街等延伸工程政策处理。金华万达广场和商业中心·紫金湾两大城市综合体开工建设,加速了新城区融入主城区的步伐。加大集镇改造力度,完成曹宅集镇环境整治试点工作。美丽乡村建设深入推进,编制完成美丽乡村建设总体规划和第二轮村庄布局调整规划等子规划,全面启动南北景观带提升改造工程和30个"两富"示范村建设。投入财政资金1200万元,加强农村基础设施长效管理,被评为省农村饮用水工程长效管理达标区。加强生态建设,澧浦创建为国家级生态镇,江东、岭下、塘雅创建为省级生态镇,完成中央农村环境连片整治村27个。

重点工程有序推进。全区30项重点工程除个别项目因都市新区规划调整等原因没有开工外,其余项目达到年初确定的目标。杭长客专、金温扩能、输油输气管道等国家、省市重点项目扎实推进,金武公路一期完工,二期路基完成60%。除铁路立交外,曹塘澧公路基本建成。电力设施建设加快推进,澧浦变完成主体工程,50个10千伏及以下配网工程建成投运。完成15座水库除险加固工程、全国小型农田水利重点县三年建设工程,被列为全国中小河流治理重点县,三年累计可争取上级补助资金2亿多元,为整个小流域整治和农村水环境改善打下了良好基础。深入推进土地节约集约利用,全力做好建设用地保障,全年上报各类农转用1.2万亩。大力实施"百万造地"工程,立项造地3535.6亩,连续十三年实现耕地占补平衡。保持高压态势,积极开展土地卫片执法检查整改工作,拆除各类违法建筑10万多平方米。全面启动江东低丘缓坡综合开发利用试点,规划、征迁、招商同步推进,强力攻坚,基本完成首期2600亩土地征迁,引进亿元以上投资项目10个。

发展活力明显增强。各项改革有序推进。政府机构改革方案实施到位,编制完成机关部门"三定"方案,全面推行事业单位绩效工资制度。建立农村集体资金、资产、资源管理体系,推动农村集体"三资"管理的制度化、规范化。推行农村法律顾问制度,建立全市首家社会矛盾纠纷调解中心,引导群众依法依规表达各种利益诉求。开展部门和乡镇预算编制改革,进一步提高了预算编制的科学性和规范性。全面启动国库集中支付和公务卡制度改革,规范了财政资金拨付渠道。全面完成医改三年重点任务,基层医疗机构全部实行国家基本药物制度。自主创新力度加大,新增授权专利940项、发明专利24项,认定省级以上科技项目24项、各类科技型企业14家、高新企业技术研发中心3家,创建为省知识产权示范区,列为省专利权质押融资试点区,被评为全省党政领导科技进步目标责任制考核优秀单位。引进海内外高层次人才取得新突破,1人成功列入浙江省"千人计划"和"国家千人计划"。对外开放取得新成效。加大对外贸企业的政策扶持力度,支持企业开拓国际市场。预计全年完成进出口总额7.9亿美元,增长19.7%,其中自营出口7.75亿美元,增长21.1%。

社会事业持续发展。新增财力88%用于民生支出。义务教育阶段学校实行"零择校"招生,创建省标准化学校13所、省三级以上幼儿园20所,启动金外金东初中建设项目。人民医院迁建项目落户金东,金华第二中医院升格为二级乙等中医院,46家新建社区卫生服务站投入运行。建立区新闻传媒中心,创刊《今日金东》,新建金东图书馆、数字影院,8所新建乡镇综合文化站通过省等级验收。新增省市级文化示范村6个、小康体育村100个。民生保障力度不断加大。城乡居民社会养老保险和医疗保险参保率均达到98%。实现农家书屋、村邮站行政村全覆盖。充分就业社区(村)创建、困难群众"安居工程"、居家养老服务照料中心、村级便民服务中心建设等一揽子惠民利民工程继续走在前列,被评为全省民政工作先进区。平安建设扎实推进。深化"网格化管理,组团式服务",推行"两代表一委员坐诊出诊会诊"模式,积极发挥"两富"局级指导员、退二线干部等作用,一批信访突出问题得到有效化解,圆满完成十八大安保任务,被评为全市信访维稳工作特别优秀单位。扎实开展"东部扫雷"、"打非治违"、出租房消防安全整治、食品药品安全百日整治等专项行动,社会保持和谐稳定。

政府效能不断提高。2012年是我区近年来承担国家、省市重点项目最多、征迁任务最重的一年,也是工作成效最大的一年。通过深入开展作风建设"六大行动",持续攻坚,善做善成,积极破解征迁难题,全年累计完成征地9600亩,拆迁40多万平方米,有效地保障了重点区块和重点项目建设。全面推行依法行政,自觉接受人大法律监督、区政协民主监督和社会监督,人大代表建议意见、政协委员提案办结率100%。修订完善政府工作议事规则,健全科学民主决策制度。创新行政审批服务方式,规范清理行政审批事项356项。加大了对部门和乡镇(街道)考核力度,对14项主要经济社会指标实行按月按季考核通报。加强行政监督和审计监督力度,建立重点项目廉政监察员队伍,进一步强化了公共投资项目和公共资金监管,从源头上防治腐败。

一年来,机关事务、民族宗教、外事侨务、台湾事务、人民武装、红十字会、工青妇、地方志、档案、文联、残联等工作也都取得了新成绩。

各位代表,2012年形势较为复杂,困难超过预期,成绩来之不易。这是市委、市政府和区委正确领导的结果,是区人大、区政协有效监督和大力支持的结果,是各镇乡(街道)、各部门和全区人民和衷共济、共同努力的结果。在此,我谨代表区人民政府,向各位代表、各位委员,向全区干部群众,向一直关心支持金东发展的社会各界致以崇高的敬意和衷心的感谢!

在肯定成绩的同时,我们也清醒地认识到,我区经济社会发展仍然存在着不少困难和问题:经济综合实力不强,主导产业不突出,土地产出水平较低,扩总量、调结构任务仍然非常艰巨;开发建设任务繁重,社会不稳定因素增多,协调各方面利益、维护社会和谐稳定压力加大;少数公务人员能力不足、效率不高,政府效能建设需要继续加强;部分村集体经济较为薄弱,村级班子战斗力有待提高;新的体制下,如何理顺关系,更加有效地开展工作,需要我们不断地探索和创新。我们将始终保持清醒头脑,增强忧患意识和使命意识,深入分析问题存在的原因,采取有效举措认真加以解决。

二、2013年主要目标和总体要求

2013年,是全面贯彻落实十八大精神的开局之年,是市区加快建设与发展三年行动计划启动之年,也是实施"两富"现代化金东"三步走"战略部署的第一年。从宏观环境看,国际经济形势依然错综复杂、充满变数,世界经济已由危机前的快速发展期进入深度转型调整期,全球仍处于应对金融危机的状态之中,真正走出危机仍需时日;我国发展中不平衡不协调不可持续问题依然突出,面临需求持续增长动力不足、创新驱动能力不足、持续增长后劲不足"三大压力",但是我国发展仍处于重要战略机遇期的基本判断没有变,具备扩大内需、提高创新能力、促进经济发展方式转变的新机遇,经济社会发展基本面长期趋好态势不会改变。金东作为后发地区,交通区位、生态环境、低丘缓坡等战略性资源优势明显,多点支撑的发展大平台初具雏形,承接产业转移、引进大企业大项目条件日趋完备,发展战略性新兴产业、改造提升传统产业的空间很大。特别是都市新区规划建设,市区城市建设向东发展,为我们提供了千载难逢的发展机遇。我们必须自觉承担起历史赋予的神圣使命,不为困难所阻、不为风险所惧、不为干扰所惑,顺势而为,乘势而上,心无旁骛,锐意进取,推动新一轮大开发大建设大发展。

2013年政府工作的总体要求:深入学习和全面贯彻落实中共十八大精神,坚持以邓小平理论、"三个代表"重要思想、科学发展观为指导,深入实施省委"八八战略"和"两创"总战略,紧紧围绕"百姓富裕、浙中崛起"总目标,坚持"稳中求进、赶超发展"总基调,抓住金义都市新区开发建设和市区城市向东发展的历史性机遇,以提高经济增长质量和效益为中心,坚持抓重点出亮点,坚持抓难题求突破,振奋精神,顺势而为,攻坚克难,务实工作,着力推进大开发、大建设、大发展,着力推进经济、政治、文化、社会、生态文明建设,全面加快金东赶超崛起,为早日实现"四个翻番"目标夯实基础。

建议2013年全区国民经济和社会发展主要预期目标为:地区生产总值增长10%左右;规模以上工业产值增长15%以上;公共财政预算收入和区级公

共财政预算收入分别增长12%以上;固定资产投资增长30%以上;社会消费品零售总额增长15%以上;进出口总额增长15%以上;农村居民人均纯收入增长14%以上;人口自然增长率控制在4‰以内;城镇登记失业率控制在3.5%以内;万元地区生产总值能耗下降率、化学需氧量、二氧化硫、氨氮、氮氧化物削减率完成上级考核目标。总的考虑是:把握当前发展有利时机,保持赶超发展态势,引导各方面把工作着力点放在加快经济发展,调优经济结构,提高发展质量和效益上来,放在改善生态、保障民生、促进社会和谐上来。

围绕今年政府工作的总体要求和主要目标,要扎实做好以下五方面工作。

(一)打造三大平台,拓展发展空间,努力推进产城联动发展

合力推进都市新区建设。金义都市新区平台在金东,受益在金东,最终得益的是金东的人民。都市新区早一日建成,金东就早一日崛起,金东百姓就早一日受益。服务于都市新区开发建设,金东全体干部义不容辞、职责所在。按照“三年求突破”的工作目标和“田园智城·都市新区”的功能定位,今年都市新区确立的重点任务是加强配套,完善功能,强化保障,突破瓶颈,高质量、快节奏地拉开大框架,推进大项目,促进大开发。全年总投资达到60亿元,力争达到80亿元。根据都市新区总体规划,加快控制性详细规划,综合交通、休闲旅游、地下空间利用等专项规划的编制、论证与组织实施。启动满塘湖景观改造、集镇都市化改造、高新产业园基础配套建设等工程,全面完成金港大道、金山大道和东华街的改造提升,做好金义中线和塘源线项目前期,积极引进建设一批教育医疗、文化休闲、高档房产等功能项目,切实提升核心区承载力和竞争力。加快项目落地,争取21个高新技术产业园工业项目和金满湖文化创意园等一批现代服务业项目开工建设,迅速形成产业集聚新优势。

加快推进新城区建设。紧紧抓住市区城市建设向东契机,坚持接轨市区,融入发展,加快推进多湖中央商务区、商业中心区块和江北中轴线区块“三大板块”一体化发展,引导公共设施、城市功能向核心区块和关键节点集聚,着力打造精品城市标杆区。按照“西接、东进、南延、北提升”的城市发展思路,修编完善新城区规划,积极拓展城市发展空间,拉大城市发展框架。加强基础设施建设,按照市区实施“三江六岸”景观整治工程要求,突出精心规划、精品建设、精细管理,继续做好艾青文化公园和建筑艺术公园“三化”提升,实施好公园道路修缮、堤顶4000米游步道、项村段城防工程、丽泽公园等建设项目,把滨江景观带打造成展示金东形象的“城市客厅”。全面实施“道路畅通优化”工程,配合做好宾虹路和丹溪路东延、东市街和电大路南延等道路建设,争取康济街、大堰河街、中轴线等续建道路建成通车。围绕市区“五城同创”目标,创新城市管理模式,改进城市综合执法,切实解决城市管理突出问题。积极稳妥解决旧村改造遗留问题,抓好庄头社区公寓式安置新模式的试点,认真落实好“村改居”后续工作,完善新城区社区布局,提高社区服务水平。

全力推进江东区块建设。把江东区块作为金东新型工业化的主战场、主平台来谋划和推进。围绕三年全面建成目标,采用“台地工业、坡地村镇”开发模式,加快基础设施配套、招商引资和项目落地工作。基本完成园区道路、管网建设和杆线迁移,完成二期征地,并做好土地报批出让等后续工作。强化项目协调服务,力争首批入园企业基本建成,后续企业全面开工,尽快形成园区整体形象。强化招商工作,继续引进20个以上成长性较好的企业。力争通过三年努力,这一区块达到50亿元以上产值、3亿元以上税收,建成一个产业层次高、企业实力强、园区效益好的工业转型升级示范园。

(二)推进工业强区,突出转型升级,全面提升工业经济质量和效益

加快主导产业培育。从金东产业基础、现有优势、发展前景出发,按照走新型工业化道路要求,科学编制产业培育发展规划,积极推动先进装备制造业、汽摩配、新能源、新材料等主导产业向规模化方向发展,加快改造提升电动工具、工量具、塑棉制品等传统优势产业,培育形成具有金东特色的产业集群。继续抓好项目落地,坚持领导牵头抓总、进度挂图督办、现场协调推进等行之有效的做法,推动引进项目早落地、早开工、早投产,全年安排重点项目40项，完成工业投资70亿元。全力推进宏远特种车辆、众达汽车传动轴、蓝也特种薄膜、宝韵LED照明等一批大项目开工建设。继续抓好招商引资，创新招商途径和方法，坚持推动引资、引技、引智有机结合，加大对世界500强、国内100强、央企大集团和科技创新型企业引进力度，不断优化引资结构。深入实施“浙(婺)商回归工程”，建立健全浙(婺)商回乡投资和民间投资重大项目绿色通道。力争全年引进超亿元项目30个以上，实到内资70亿元以上，其中浙(婺)商回归项目10个以上，实到资金20亿元以上。继续抓好清闲促产。强化“以亩产论英雄”理念，结合土地节约集约利用，进一步完善清闲促产相关政策，规范低效企业出租厂房管理，继续开展低效企业联合评估整治，加快对“批而未供、供而未用”闲置低效土地的消化利用，促进闲置低效用地“腾笼换鸟”“二次开发”，切实提高土地产出率。支持龙头骨干企业做强做大，关注中小企业发展，推动个体工商户转企业、小微企业上规模，积极培育一批成长性较好的小精尖企业，新增规模以上企业30家，规模以上产值达到176亿元。制订出台相关政策，扶持建筑企业做强做大，争取建筑业产值三年翻番，到2015年达到100亿元，税收超5亿元，促使建筑业成为我区经济重要增长点。

注重创新引领驱动。进一步发挥科技在工业转型中的重要支撑作用，优化科技创新环境，增强政策的导向性。积极培育创新型企业，鼓励企业建立省级以上研发中心，承担重大科技项目，加快提升企业自主创新能力，新认定高新技术企业研发中心3家、科技型企业3家，市级以上高新技术企业增加到40家。全面推进“机器换人”，支持企业加大技术改造力度，确保技改投资不断增长，全年安排市区重点技改项目40项。加强产学研用协同创新，引导企业与大院名校的合作，开展关键共性技术联合攻关，加快科技成果的推广应用，全年实施产学研项目10个以上。加强知识产权保护和利用，用好用足省知识产权示范区相关政策，开展中小企业知识产权托管服务和专利权质押融资试点工作。大力实施“海外英才引进计划”，积极培育引进行业领军人才和创新团队，加强人才用房保障和人才平台建设，积极构建人才高地。

强化发展要素保障。抓好低丘缓坡建设用地开发，大力开展垦造耕地、农村土地综合整治等工作，通过区内造地、区外调剂，实现建设用地占补平衡。按照省市部署，实施“三改一拆”工程，继续推进违法建筑整治。加快电力项目建设，实施“四新三扩两储备”工程，争取澧浦变、塘雅变和石泄变投运，燕尾变开工建设，雅湖变、赤松变、坦寺变启动扩容，做好楼店变和履湖变建设前期工作。积极破解资金要素制约，加大向上争取项目资金力度，加强与金融机构对接，开展银企合作，缓解企业资金紧张。积极推进节能减排工作，继续实施能源消费总量和能耗强度“双控”制度，严格实行空间、总量、项目“三位一体”环境准入制度，坚决淘汰重污染高能耗落后产能，鼓励发展循环经济，开展印染、造纸、制革、化工四大行业整治。

(三)强化商贸兴区，坚持工贸联动，积极培育壮大现代服务业

努力打造新城区核心商圈。坚定不移地将“商贸兴区”战略落实到具体行动中，围绕打造“金华新商圈、城市新中心、娱乐购物新热点”的目标，完善商业网点布局规划，加强政策引导，切实提高商业集聚能力。主动服务多湖中央商务区块开发，推动金华万达广场、建筑业总部、金融中心等项目建设，使这一区块尽快产生形象和效益。加快推进商业中心·紫金湾城市综合体、中轴线保集外滩等新城区龙头项目建设，着力提高新城区商业服务功能，迅速集聚人气商气。抓好一批重点商业地块出让，积极引进新的商业业态，大力发展特色楼宇经济，着力构建集大型超市、高端购物中心、星级酒店、特色街区、高档写字楼等业态于一体的城市核心商圈。

大力发展专业市场和物流业。启动实施汽配城三期、澧浦苗木城二期、农批市场迁建一期、再生资源交易市场等项目，确保二手车市场扩建项目投入运行，积极推动实体市场向网上市场拓展，培育壮大中国苗交会、汽车汽配展销会等会展经济，全力打造区域性的汽摩配、农产品批发、建材家居、花卉苗木等专业市场集群。以金华国际物流园区建设为龙头，发挥“无水港”和保税仓库国际物流平台作用，积极引进和培育现代物流骨干企业，全力服务好“三通一城”(申通、圆通、中通和金义电子商务新城)、金华南站货运枢纽、邮政速递、烟草专卖物流基地、中外运二期、康恩贝物流等项目建设,积极发展第三方物流,真正实现“物畅其流”,推动特色产业、专业市场与物流业互促共荣、融合发展。

加快发展信息服务业。将信息服务业作为金东新兴支柱产业来培育,加强政策扶持,拓展发展空间。提升改造信息软件创业园,加快广润翰城创业园二期建设,争取引进20家以上成长性较好的信息服务企业,大力扶持银泰电子、银海纺织、银付通等现有信息服务企业做强做大,争取园区交易额超10亿元。提升改造新城区工业孵化区,注重规划引领,创新建设模式,着力打造以电子商务、服务外包、文化创意和社会信息服务等为重点的产业链完整的金东科创园,争创省级现代服务业集聚示范区。

(四)坚持统筹发展,突出重点特色,全力打造美丽金东

大力发展都市农业。坚持以工业化理念经营农业、产业化理念提升农业、合作化模式发展农业,推动传统农业向都市观光农业转型。加快现代农业示范园区建设。以傅村上荷塘农业综合园区为核心,通过引进农业新型业态,完善农业服务配套,着力打造集综合服务、旅游观光为一体的万亩都市农业休闲园区;以江东、多湖城郊蔬菜基地为核心,通过实施农业综合开发项目,加快城郊蔬菜服务中心、蔬菜新品种展示中心、分级包装中心建设,着力打造规模连片、设施先进的万亩浙中“菜篮子”基地;以曹宅树桩盆景园为核心,通过引进经营主体,提升基础设施水平,着力打造集盆景制作、造型展示等为一体的万亩特色树桩盆景园。稳定粮食生产,重视培育水果、蔬菜、花卉苗木、畜禽等传统特色产业,提高主导产业经营的盈利能力和市场竞争力。加快现代农业经营主体培育,推动土地向龙头企业、专业合作社和种养大户等经营主体集中,新流转土地5000亩,培育市级以上农业龙头企业2家、示范专业合作社3家。重视农产品品牌建设,加强农产品质量安全监管。全面启动全国中小河流治理重点县建设,开工建设澧浦、曹宅、源东、岭下四个项目区,完成杨卜山水闸除险加固工程和8.3千米东阳江干堤加固治理。

建设生态宜居城镇。按照中央推进新型城镇化的要求,努力提高城镇经营、开发建设、管理治理能力。适时调整完善城镇各项规划,优化城镇空间布局和发展格局。加快城镇基础设施建设,按照实际需要和财力可能,集中力量谋划实施一批基础设施、产业发展和民生实事项目。确保金武公路、曹塘澧公路全线通车,全面完成曹宅、低田、鞋塘等3家农贸市场提升改造和傅村生猪家禽屠宰中心建设。启动金东污水处理厂二期建设,争取曹宅污水厂正式运行。完善推动中心镇、特色镇经济发展的政策措施,引导各镇乡(街道)利用自身资源禀赋和区位交通优势,积极培育新型城镇经济业态,改造提升集镇工业功能区,努力培育新的经济增长点,有序引导农村人口向中心镇和中心村集聚,加快推进农民市民化进程。加快推进集镇环境整治,在曹宅集镇改造试点基础上,突出整治重点,创新管理模式,完善服务功能,改善环境面貌,规范提升集镇管理水平,努力打造一批功能配套、管理规范、生态宜居的小城镇。

全面建设美丽乡村。围绕创建省级美丽乡村先进区目标,强化政策倾斜,发掘亮点特色,打造精品节点,努力构建村点出彩、沿线美丽、面上洁净的美丽乡村新格局。加快南北两条美丽乡村风景带主题化改造,做好沿线道路绿化、田园风光和基础配套提升等工作,初步建成环积道山景区20千米休闲绿道,打造具有金东特色的乡村慢生活休闲体验区。分类推进重点村环境改造和个性化培育,实行农村公益事业“一事一议”财政奖补,进一步完善村庄绿化养护、卫生保洁等长效管理机制,完成1个省级农房改造示范村创建,5个历史文化村、5个示范中心村、12个精品村、24个秀美村建设,争取全区30%行政村达到洁美村标准。加快农村社区建设。推行车客、下范、山口冯等“一片多村”大社区便民服务中心模式,精心抓好30个“两富”示范村和20个市级农村示范社区建设,努力打造美丽乡村的典型和样板。加大生态创建力度,深入实施“811”生态文明建设推进行动、金华江流域“351”污染防治行动,大力实施清洁水源、清洁土壤、清洁空气和“四边三化”专项行动,完成平原绿化5000亩、四边

绿化4000亩，创建省级生态区、省级森林城市。强化政策扶持和项目开发，加大对道仙文化、名人故居、自然景观等旅游资源的挖掘和利用，大力发展来料加工等产业，探索发展集体物业等途径，培育壮大村集体经济，促进农民增收，实现美村与富民同步。

（五）加强民生保障，创新社会管理，切实提高群众幸福感

统筹推进社会事业。进一步加大教育投入，加强教师队伍建设，继续实施名师名校长工程，稳步推进学校布局调整，全面完成学前教育三年行动计划，新创建标准化学校6所、省等级幼儿园6所，启动鞋塘初中迁建工程，开工建设金外金东初中，通过省义务教育均衡发展区验收，启动省教育现代化区创建工作。不断深化医药卫生体制改革，完善医疗机构网点布局和功能，注重专科特色发展，全面推行医疗服务"一卡通"。大力开展社会主义核心价值教育，深入开展公民道德建设。加强"种文化"活动，充分发挥文化馆、文化站、文化活动中心等文化阵地的作用，积极开展文化下乡活动，重视文化遗产的传承、保护和利用，加快文化产业发展，新建省、市文化示范村5个、乡村大舞台2个。广泛开展全民健身活动，组织参加和承办好省二体会有关比赛项目。进一步完善食品药品安全责任体系，创建省级食品安全示范区。推进"三优"促进工程，提高出生人口素质，计划生育率95%以上。

完善提高社会保障。加强农村劳动力技能培训，切实提高农村劳动力就业创业能力。健全城乡居民医疗保险信息系统，加强定点医疗结算管理，城乡居民养老保险和医疗保险参保率95%以上。提高被征地农民基本生活保障，做到"即征即保"。防范处置企业拖欠工资行为，创建"无欠薪金东"。加强物价监管，保持物价基本稳定。多方关爱老年人、残疾人和困难群体，加强慈善公益事业，规划、布点、建设居家养老服务照料中心100个以上，建成困难群众"安居工程"120家、扶贫基地3家。完善村庄布局规划，有序解决农民建房难问题。扎实做好人民武装、拥军优属、妇女儿童、外事侨台、民族宗教、工商联、档案等各项工作。

加强和创新社会管理。把握新形势下群众工作的新特点，完善区领导领衔包案、"两代表一委员三诊"等制度，深化"网格化管理，组团式服务"模式，实施流动人口服务管理、学校及周边综合治理等社会管理项目，努力把矛盾问题发现在基层、化解在当地、消灭在萌芽。完善虚拟社会动态管控机制，切实提高网上舆情监测、研判和引导能力。完善立体化社会治安防控体系，严密防范和依法打击各类违法犯罪活动。依法开展村级组织换届活动，加强村级班子教育管理，有序推进农村离任干部审计。加强乡镇财政机构建设，提高乡镇财政公共服务能力。强化安全生产责任，深化食品药品、消防安全整治等专项活动，着力消除安全隐患，杜绝重特大事故发生，力争实现平安金东"九连冠"。

三、切实加强政府自身建设

各位代表，发展的重任、竞争的态势、人民的期盼，对政府自身建设提出了更新更高的要求，我们必须切实强化政府自身建设，全面提升行政能力，努力建设人民满意政府，为大开发大建设大发展提供保障。

强化争先意识，提升开拓创新能力。能够顺应时代要求，担当起引领发展的重任，是对政府施政能力的重大考验。面对当前错综复杂、快速变化的宏观形势，不进则退、慢进也是退的竞争态势，我们将进一步解放思想、提升境界，拉高标杆、凝聚共识，激发起不甘落后的斗志和争先进位的精气神，始终保持勤于学习的精神状态，始终保持敢于创新的精神状态，始终保持勇于争先的精神状态，继续大胆探索实践，积极创新发展思路和政策举措。开展区长集中下乡镇现场办公活动，努力破解经济社会发展中的重点难点问题，增强工作的前瞻性、针对性和有效性，不断推动赶超发展取得新成效。

强化务实意识，提升克难攻坚能力。空谈误国，实干兴邦。要着力克服夸夸其谈，重布置轻落实，重一般督查、轻重点督查和现场督查的不良风气，大力倡导亲力亲为、立说立行、雷厉风行的实干精神，把政府承诺的每一件事、每个项目都落到实处，干一件成一件。要全面落实中央改进工作作风的八项规定，结合金东实际，明确提出具体要求，坚决克服形式主义、官僚主义等群众反映强烈问题，坚决纠正和查处精神懈怠、执行不力、推诿扯皮等

行为，确保政令畅通。加大对重点工作和难点问题的攻坚力度，推行重大项目指挥长制度，完善重点工作重点工程督查考核制度。对于征地、拆迁等问题，要不为定势所困，不为视野所限，不为困难所惧，实施阳光征迁，强化组织协调，建立符合大开发大建设大发展要求的工作推进机制。

强化服务意识，提升依法行政能力。自觉接受区人大的工作监督、法律监督和区政协的民主监督，主动听取意见建议，积极办理人大代表建议、意见和政协委员提案。加强公务人员教育管理，提高公务人员服务意识和水平。深化“进村入企”等为民服务活动，坚持民生优先，心系群众冷暖，情牵百姓喜忧，更加重视弱势群体生产生活，更加重视群众合理合法诉求，更加重视维护社会公平正义。深化行政审批制度改革，继续清理和规范行政审批事项，全面开展审批前置条件的清理削减工作，尽量简化审批程序，为企业投资发展创造更加便利的服务环境。整合各类服务资源，加大乡镇公共服务平台和村级便民服务中心建设，打造政务服务“大超市”。开展行政执法规范化建设，努力提升法制服务和保障水平。推行政务公开，加快电子政务建设，不断提高政府工作的透明度。

强化廉政意识，提升拒腐防变能力。廉能生威立德。严格落实党风廉政建设责任制，加强干部党风廉政教育，提升干部队伍作风形象。规范权力运行，保持惩治腐败高压态势，开展工程建设领域突出问题专项治理，完善政府采购与招投标、经营性土地使用权出让、干部离任经济责任审计等制度，深化重点乡镇、重点项目巡察工作，严肃查处违法违纪案件。积极推进金东廉政警示教育网络平台和村级“三务”信息公开平台建设，全面实施农村集体经济“除险加固”工程。正视公务员规范津补贴和事业单位绩效工资改革后带来的各种问题，积极探索管理新方法。牢固树立过紧日子的思想，深入推进节约型机关建设，严格控制行政支出，坚决反对奢侈浪费，把有限的资金用在经济社会发展和群众最需要的地方。

各位代表，有梦想就有希望，有信心才有力量。让我们在市委市政府和区委的坚强领导下，牢记使命，不负重托，奋力拼搏，携手共进，在金东新一轮大开发大建设大发展的热潮中建功立业，为开创金东经济社会赶超发展新局面、谱写全区人民美好生活新篇章而努力奋斗！

2013年金东区重点建设项目

2013年金东区重点建设项目

表1

序号	项目名称	建设规模及内容	项目地址	建设性质	起止年限	总投资	2013年投资计划	2013年形象进度
	合计(40个)					3917205	662590	
一	政府投资项目(20个)					1015348	153590	
(一)	交通类(2个)					39685	9840	
1	金华市十八里至武义公路(金东段)	金东段长10.4千米,二级公路标准,路基宽度12米	江东	续建	2011—2013	16685	4840	完工,建成通车
2	东华街(甬金高速傅村互通至金义南线连接公路)	道路长8.74千米,路基宽26米	都市区	续建	2010—2014	23000	5000	完成甬金高速路口至府前路段建设
(二)	基础设施(10个)					835493	110750	
3	金东区汽车产业园基础设施建设	项目道路工程用地45.8公顷,拆建农户安置用地6.6667公顷。土地平整,道路建设,给排水,消防,通信,供热,供气等公用设施	都市区	续建	2012—2014	45693	10000	完成工程进度50%
4	金山大道改建工程	北起金港大道,南至浙赣铁路涵洞处,全长4084米,路宽59米	都市区	续建	2012—2013	36320	15000	项目基本完工
5	金义都市新区核心区基础设施	打造高新制造集聚、金融商务繁荣、科技文卫发达、城市功能完善、生态环境优美的国际化现代核心城区	都市区	新建	2013—2023	520000	25000	项目开工建设
6	金东区满塘水库扩容及景观工程	扩容至1平方千米	都市区	新建	2013—2016	50000	10000	完成前期规划报批,项目开工建设

续表1

序号	项目名称	建设规模及内容	项目地址	建设性质	起止年限	总投资	2013年投资计划	2013年形象进度
7	金港大道改造工程	西起金山大道，东至金华至义乌交界处，线路全长7245米，80米宽路面的修复和两侧15米绿化带建设	都市区	续建	2012—2014	30750	15750	完工
8	金东新城区道路及配套基础设施建设	新城区东兴路、中轴线、艾青路污水干管等道路及配套设施建设	新城区	续建	2010—2015	25390	3000	完成中轴线、横四路、北山路等道路及配套设施建设
9	江东低丘缓坡综合利用开发项目	完成2.7平方千米基础配套设施建设	江东	新建	2012—2015	60000	20000	完成9条道路及基础设施建设
10	澧浦污水处理工程	污水管网长23.03千米，建成一级B标准	澧浦	续建	2012—2013	4340	2000	基本完成
11	多湖横塘沿安置小区建设项目	规划占地面积78280平方米，总建筑面积约210000平方米	新城区	新建	2013—2015	55000	7000	完成地下室及主体二层
12	新城区“三化”环境综合整治工程	新城区丽泽公园及工业区块等“三化”综合整治	新城区	续建	2012—2013	8000	3000	完工
(三)	农田水利(5个)					115590	29000	
13	金东区土地开发整理及农村土地综合整治项目	续建土地整理3700亩，新建垦造耕地3500亩，开展农村土地综合整治新增耕地续建180亩，新建100亩	相关乡镇	续建	2011—2014	28000	10000	完成续建土地整理2700亩，新建垦造耕地2000亩，完成农村土地综合整治新增耕地200亩
14	金华市金东区金华江治理工程	东阳江干堤加固25.5千米	相关乡镇	新建	2013—2015	38500	6000	完成夏宅堤5.5km、澧浦堤(洪村—南王埠)2.5km等主体工程
15	全国中小河流治理重点县	整治河道189千米	相关乡镇	新建	2013—2016	28790	6000	争取开工建设澧浦、曹宅、岭下、源东等4个项目区建设
16	金东区水库、山塘和水闸除险加固工程	羊尖山、葛鱼塘两座水库除险加固工程；山塘整治加固16座；杨卜山水闸除险加固工程	相关乡镇	新建	2013—2014	7500	6500	基本完成羊尖山和葛鱼塘水库除险加固主体工程；完成山塘整治16座；完成杨卜山水闸除险加固工程
17	金华金东区城市防洪工程	防洪堤全长2.28千米，按50年一遇的标准设计	新城区	续建	2008—2015	12800	500	完成项村段
(四)	社会事业(3个)					24580	4000	
18	金华外国语学校(初中部)迁建工程	80亩、36个班，22000平方米	新城区	新建	2013—2014	10000	2000	开工建设
19	金东区鞋塘初中迁建工程	100亩、25000平方米、48个班	都市区	新建	2013—2014	10000	1000	开工建设
20	金东区中心粮库建设工程	建筑面积9700平方米，库容2万吨	塘雅	新建	2013—2015	4580	1000	开工建设

续表1

序号	项目名称	建设规模及内容	项目地址	建设性质	起止年限	总投资	2013年投资计划	2013年形象进度
二	社会投资项目(20个)					2901857	509000	
(五)	能源(2个)					26248	15400	
21	金东区输变电工程	110千伏石泄输变电工程、220kV塘雅输变电工程,扩建110千伏雅湖、赤松,坦寺三个变电所。	相关乡镇	续建	2012—2014	21248	10400	石泄变主变2×5万千伏安,110千伏进线2回,10千伏出线24回;塘雅变安装24万千伏A主变1台,220千伏进线3回,110千伏出线4回,35千伏出线2回,完成扩建雅湖、赤松,坦寺三个变电所
22	金东区10千伏及以下电网建设	新建及改造10千伏线路18条,22个农村低压电网改造	相关乡镇	新建	2013	5000	5000	完工
(六)	服务业(15个)					2191609	323600	
23	中国移动金华分公司3G研发大楼(生产调度中心)	总面积32125平方米。其中:通信调度楼12层面积16403平方米、IDC机房7层8470平方米、原辅助用房扩建1066平方米、地下室6186平方米	新城区	续建	2012—2013	18000	8000	完工
24	浙江人寿保险公司省档案中心(金华馆)	用地20亩,建筑面积2万平方米	新城区	续建	2012—2013	11600	4600	完工
25	金华市苗木生态示范区	用地1260亩,建设世界盆景生态园、现代容器苗木生产示范区、进口品种引进生产示范区、珍稀树种生产示范区等六区;现代花卉交易中心及配套设施等	澧浦	新建	2013—2016	21700	2000	开工建设
26	金华烟草专卖物流基地建设项目	总占地面积60亩,总建筑面积49649平方米,设计运营能力年卷烟购销量32万箱,最大存储量26956箱	江东	新建	2013—2015	21000	2000	开工建设
27	金华邮政速递物流电子商务邮件处理中心	总用地80亩,建设商务办公等配套用房6000平方米,邮件集散处理区10000平方米,电子商务仓储区24000平方米	都市区	续建	2012—2014	22419	5000	项目开工建设,完成工程进度30%
28	金东商业中心·紫金湾	建设宾馆、商场、商务办公楼及高档住宅等,总建筑面积60万平方米	新城区	续建	2012—2016	513890	63000	开工建设
29	金华市万达广场	占地9万平方米,地上商业41万平方米,地下10万平方米	新城区	续建	2012—2016	480000	150000	北区主体结构全面完成,南区块开工建设
30	金东新城保集外滩小区及商业街	建设外滩住宅小区,建筑面积295082平方米	新城区	新建	2013—2016	190000	48000	地下车库完成,土建完成6层

续表1

序号	项目名称	建设规模及内容	项目地址	建设性质	起止年限	总投资	2013年投资计划	2013年形象进度
31	浙中文化创意科技园	建设动感影院和高科技剧场、展示中心等10万平方米	都市区	新建	2013—2015	48000	6000	项目完成前期开工建设
32	金华汽配城三期	金华汽配城三期总建筑面积约30万平方米，包括仓储、物流、汽修、汽配、五金机电、电气等用房	新城区	新建	2013—2016	100000	2000	落实用地、完成前期审批
33	康恩贝物流营销基地	大型现代化物流营销中心	都市区	新建	2013—2017	50000	4000	落实用地，完成前期审批
34	金义都市总部经济区	建设总部大楼	都市区	新建	2013—2018	600000	20000	落实用地，完成前期审批
35	申通快递及电子商务	打造电子商务与快递一体的无形销售市场	都市区	新建	2013—2016	50000	3000	落实用地，完成前期审批
36	圆通快递及电子商务	打造电子商务与快递一体的无形销售市场	都市区	新建	2013—2016	45000	4000	落实用地，完成前期审批
37	金华市再生资源交易市场	用地150亩，建筑面积9.5万平方米，建成“五区一中心”	新城区	新建	2013—2015	20000	2000	落实用地，完成前期审批
（七）	工业产业(3个)					684000	170000	
38	金东区江东区块先进装备制造业基地	总用地2000亩，每亩投资强度300万元，拟引进40家以上汽车关键零部件，新能源，新材料，节能环保等先进装备制造业企业	江东	新建	2013—2015	600000	150000	15家企业开工建设
39	金华双泰高档电动休闲车项目	一期用地100亩，投资3.4亿元，新建生产及配套用房82000平方米	都市区	续建	2012—2014	34000	15000	完成工程进度80%，开始试生产
40	浙江开尔新材料股份有限公司绿色节能搪瓷幕墙材料项目	年产350万平方米绿色节能搪瓷幕墙材料	都市区	新建	2013—2016	50000	5000	项目开工建设

2013年金东区民生十件实事

2013年金东区民生十件实事

表2

序号	项目名称	内 容	分管领导	牵头部门	配合部门
1	乡镇(街道)公共服务平台建设	整合乡镇便民服务中心、村级代理中心、社会服务管理中心、村三资管理、民政救济、社保、惠农补贴等涉农资源,全面推进乡镇公共服务平台建设	王瑞海 邱银泉	财政局	政法委、监察局、人社局、民政局、农林局、市场局、审计局
2	提高被征地农民生活保障水平	完善被征地农民基本生活保障政策,健全养老保险互转机制,提高保障待遇标准	邱银泉	人社局	财政局、国土分局、有关乡镇
3	城乡公交配套	优化城乡公交线路,完善站点布局,增加营运车辆,建设港湾式停靠站,便利群众出行	邱银泉 曹文蔚	交通局	新区重点办、有关乡镇
4	滨江公园景观改造	完善艾青文化公园、儿童公园、建筑艺术公园的服务管理设施。完成丽泽公园建设和东关大桥至康济桥4000米堤顶游步道改造	曹文蔚	新区重点办	多湖街道、东孝街道
5	电气化村全覆盖	全面完成行政村配电柜、配电变压器、架空(电缆)线路、户联线路和照明表箱的改造提升工作,实现电气化村全覆盖	王建国	金东供电局	有关乡镇
6	学前教育惠民行动	加大学前教育投入,建立幼儿园生均教育经费补助机制和学前教育资助制度,等级幼儿园招生覆盖面达到85%以上,规范办园行为和收费标准,提升幼儿园办园水平,加强幼儿园教师队伍建设	朱茂丹	教育局	财政局、人社局、有关乡镇
7	医疗服务"一卡通"	启动医疗保障卡,实现市区范围医院及区内公办村级社区卫生服务机构就医、结算、报销"一卡通"	朱茂丹	卫生局	各镇乡(街道)
8	城乡社区建设	规划、布点、建设城乡社区居家养老服务照料中心100个以上,调整城市社区布局,完善城市社区功能,创建宜居社区	王建中	民政局	有关乡镇
9	休闲绿道建设	完善积道山景区旅游配套基础设施,完成大本营和20千米绿道,加快休闲旅游业发展,打造市区慢生活体验区	王建中	旅游局	农办、交通局、水务局、孝顺镇、澧浦镇、岭下镇
10	农贸市场改造	完成曹宅、低田、鞋塘等3家农贸市场提升改造和傅村生猪家禽屠宰中心建设	楼琅坚	金东工商分局	孝顺镇、曹宅镇、傅村镇、鞋塘办事处

大事记

1月

3日—4日夜里，全区出现持续48小时的降雪天气，气温明显下降。截至5日8时，全区大部分平原地区积雪深度有5—9厘米，部分山区10—16厘米。

10日 中共金华市委书记陈一新、市委副书记陶诚华分别带队走访慰问金东区部分困难群众、困难党员。市领导钟关华、张建明、温暖、丁国玉、王国强、蔡健、林丹军、邵国强、傅路红、刘净非、许章才，区领导郑余良、施美红等陪同走访。

10日 金华市委常委、常务副市长金中梁一行到金东参加2012年金东区推进“惩防体系”建设和落实党风廉政建设责任制检查情况反馈会，区委常委、人大常委会主任、政协主席、区政府副区长、法检两长、区纪委副书记、两办主任等参加了会议。

14日—17日 金东区三届人大二次会议区行政中心大会堂召开。会议以举手表决方式通过《关于金东区政府工作报告的决议》《关于金东区2012年国民经济和社会发展计划执行情况及2013年国民经济和社会发展计划的决议》《关于金东区2012年预算执行情况和2013年政府收支预算的决议》《关于金东区人大常委会工作报告的决议》《关于金东区人民法院工作报告的决议》《关于金东区人民检察院工作报告的决议》。

17日 由省农办副主任严杰率领的省新农村建设考核组来金东区复检新农村建设工作。

23日 为方便群众举报党员、干部违纪违法问题，区纪委开通了网上举报投诉平台，引导网民依法依规信访和实名举报。

25日 中共浙江金厦控股集团有限公司委员会正式成立。

31日 在浙江省十二届人大一次会议第三次全体会议上，区实验小学校长方青当选为浙江省出席第十二届全国人民代表大会代表，这是她继成为第十一届全国人大代表后再度当选。

2月

2日 召开共青团金东区第四次代表大会。

3日 召开金东区第三次妇女代表大会。

16日 金华市人大常委会主任领导黄锦朝、市委常委、常务副市长金中梁、副市长蔡健来金东区开展“深化双服务、助推开门红”活动。区领导郑余良、施美红、赵庆、邱银泉、胡杰、王建中陪同走访。

22日 全区召开推进“五城四边三化”行动动员大会。

28日 全市关心下一代工作经验交流会在金东区召开。

3月

5日—7日 省委办公厅副巡视员厉佛灯为组长带队来金东开展“摸察实情、服务开局”调研活动。

6日—7日 省委办公厅“摸察实情、服务开局”调研组来金东区调研相关工作。区委书记郑余良、区委副书记王瑞海陪同调研。

12日 以省商务厅副厅长韩杰为组长的省、市“双服务”调研组来金东开展调研活动。

12日—22日 区委书记郑余良，区委副书记、区长施美红分别率队赴杭州、上海、北京、南京以及湖北、山东等地招商。

13日—14日 区第四届农民文化艺术节在施光

南音乐广场举行。

15日 金东区第三届源东桃花节隆重举行开游仪式。

18日 全区2013年重点建设项目计划已出台。该计划共安排建设项目40个,比去年增加10个,增幅33.33%,总投资391.72亿元,年度计划投资66.26亿元。

19日 中共金华市委书记陈一新一行到金东赤松镇山口冯村开展联村帮户活动,区委书记郑余良陪同。

25日 金华市委副书记、市长徐加爱到金东新城区中小企业创业中心(孵化区)旧厂区改造现场调研"三改一拆"工作,区领导郑余良、施美红、曹文蔚及相关部门负责人陪同调研。

25日 金华市委副书记陶诚华带领市有关部门负责人到金东区江东镇、曹宅镇,开展联村帮户调研活动。市委副秘书长、农办主任祝维伟,区委书记郑余良、区委副书记王瑞海陪同调研。

29日 金华市委常委、常务副市长金中梁到金东检查和推进"三改一拆"工作。

4月

3日 金华市人大常委会副主任钱世茂,副秘书长、城建环保工委主任张志明,市旅游局局长朱红等一行到金东,就金东区旅游业发展情况开展调研活动。

9日 浙江省2012年能源"双控"目标责任制考核组来金东区考核节能降耗工作。

10日 浙江省委常委、组织部长蔡奇对金东区"深化党员公益日制度 着力打造党员先锋形象"有关做法作出重要批示:金东区党员公益日制度设得好!党员先进性体现在带头办公益上。

11日 省环保厅考核验收组到金东,对2011、2012年度农村环境连片整治项目进行现场验收。

12日 在省委、省政府召开的全省建设"平安浙江"会议上,金东区再次被命名为"浙江省平安县(市、区)",这也是金东区连续八年获得该项殊荣。

13日 中共金华市金东区委书记郑余良,到浙江南博电源科技有限公司调研企业创新发展,看望慰问了国家"千人计划"专家卢文博士。

17日 金华市委常委、宣传部长何杏仁带领市有关部门负责人,到金东检查国家卫生城市复审迎检工作情况。

19日 世界酒店巨子——洲际酒店集团,正式携旗下皇冠假日酒店,签约金东区紫金湾项目。

22日 金华市委副书记、市长徐加爱,副市长蔡健,市政府秘书长祝伦根到江东调研蔬菜基地建设工作。区委副书记、区长施美红,市、区相关部门负责人陪同调研。

27日 浙江省国土资源厅陈铁雄厅长,在金东区听取全市国土资源工作汇报。

5月

9日 中共金华市委书记陈一新带领市有关部门负责人到金东区,调研"三农"工作。市领导钟关华、蔡健,区领导郑余良、施美红、王建中参加调研。

10日 金东区出台《金华市金东区城乡居民社会养老保险经办业务管理规程》《金华市金东区城乡居民社会养老保险经办风险防范和控制实施细则》和《金华市金东区城乡居民社会养老保险业务操作流程》三个规范性文件。从参保登记、保险费收缴、个人账户管理、待遇支付、制度衔接、保险关系转移接续、统计管理、稽核与内控等方面的管理程序和风险防范控制工作进行了完善规范。

14日 金华市人大常委会主任黄锦朝带领有关部门负责人,到孝顺镇方村开展联村帮户活动。区人大常委会主任赵庆、副主任刘勤陪同走访。

15日 位于曹宅镇的金东区中医院举行揭牌仪式,这标志着金东区首家区级等级公立医院成立。

16日 由副厅长张国斌带领的省国土资源厅调研组,到金东调研国土资源管理工作。区领导郑余良、施美红、胡杰参加相关活动。

22日 浙江省委常委、省军区政委王新海到金东检查指导人民武装工作。金华军分区司令员徐学清、政委杨龙溪,区委书记郑余良,区委常委、人武部长朱俊强陪同检查。

28日 金东区人民政府与人民音乐家施光南的夫人洪如丁女士签订捐赠协议书。洪如丁及其女儿愿意将施光南1000多首创作手稿及其生前使用过的斯坦威钢琴捐赠给金东区。

29日 金东召开“三改一拆”暨高耗能、高污染行业专项整治工作会议。

30日 由副厅长苏长聪带领的省民政厅调研组，到金东调研居家养老照料中心建设工作。副市长蔡健，市民政局局长夏刚，副区长王建中陪同调研。

6月

1日 耶鲁大学建筑学院院长罗伯特·斯特恩到金东参加城市发展规划论坛。

3日 浙江省委宣传部常务副部长胡坚率省调研指导组，到金东调研农村文化礼堂建设工作。市委常委、宣传部长何杏仁，区领导郑余良、羊代平陪同调研。

6日 金华市人大常委会主任黄锦朝带领部分市人大代表，对金东区“农业”两区建设进行了视察。副市长蔡健，市有关部门负责人吴立钢、吴国平，区领导赵庆、王建中陪同视察。

9日 金东区举办“城市向东”发展论坛，市委常委、常务副市长金中梁，区委书记郑余良，区委副书记、区长施美红，区人大常委会主任赵庆，区政协主席楼科进，区委副书记王瑞海等区四套班子领导出席论坛。

13日—14日 全省大学生“村官”工作现场推进会在金华市区召开。省委组织部副部长姚志文带领40多名与会人员来到金东区江东镇，现场观摩金东大学生“村官”“成长档案”陈列室，并实地察看全市首批大学生“村官”创业实践基地——雪地靴加工基地。

17日—21日 由正厅级巡视专员孙建华任组长的省委第四巡视组对金东区开展了为期一周的回访检查。

26日 金东区召开“生态金东”建设会议，传达贯彻省、市生态建设会议及全市水环境综合治理工作紧急会议精神，总结回顾全区2012年生态环保工作，部署落实2013年“生态金东”建设各项任务。

7月

9日 中央电视台《新闻联播》以《金华:探索农村居家养老新模式》为题，对金东区探索创新“统分结合”模式，建设农村居家养老服务中心，解决农村老人养老问题进行了报道。

19日 国土资源部规划司副司长杨真贵在省国土资源厅副厅长张国斌，市委书记徐加爱，市委常委、秘书长钟关华等领导陪同下，到金东区检查评估低丘缓坡开发利用试点工作。区委书记郑余良，区委副书记、区长施美红陪同检查并参加汇报会。

23日 金华市委常委、宣传部长何杏仁来金东调研农村文化礼堂建设工作。

30日 全区首个劳模信息数据档案库已于日前建成，收录了包括国家、省、市、区各级劳动模范共计60位劳模的个人信息。

受副热带高压控制，7月1日到8月18日全市出现了近60年最严重的高温热浪少雨天气，高温日数、强度等多项气象要素破历史纪录。35℃以上高温日数44天(2003年39天)，37℃以上高温日数30天。5—7月，金东区降水量仅为373毫米，与历史同期相比减少3—4成，7月1日出梅至今，全区降雨量仅为29毫米，全区22座小(一)型水库蓄水量仅占计划蓄水量的77%，我区部分地方已出现轻重不一的旱情。据统计，到8月7日全区受旱面积1276.66公顷，直接经济损失1292.2万元，死亡牲畜498头，死亡家禽类1.28万羽，直接经济损失115万元,受灾较重的主要出现在靠提水灌溉的山坡地；付村、源东、曹宅部分村庄发生饮用水困难，涉及29个村1.75万人。

8月

5日 由省委组织部副部长、人力社保厅厅长吴顺江，省卫生厅厅长杨敬带队的调研组到金东，调研基层医疗卫生机构绩效工资实施情况。

6日 浙江省委常委、常务副省长龚正，省政府副秘书长夏海伟、省委政法委副书记刘树枝，省司法厅厅长赵光君、副厅长陈钟等一行到赤松镇山口冯村检查“六五”普法工作开展情况。市领导何杏仁、刘净非，区领导施美红、羊代平，市、区相关部门负责人陪同检查。

7日 金东区召开第三次经济普查领导小组会议，部署推进第三次全区经济普查有关工作。

7日 浙江省妇联党组书记、主席劳红武率调研组到金东调研妇联工作。市领导金中梁，市妇联主席陈雷红，区领导郑余良、施美红，区妇联相关负责人陪同调研。

8日 金华市委常委、组织部长温暖到金东调研基层党建工作。

12日 中共金华市金东区委书记郑余良深入塘雅、曹宅、源东等乡镇，检查指导基层防旱抗旱工作。副区长王建中，区农林、水务、供电、财政等部门负责人陪同检查。

12日—14日 浙江省审计厅督查组到金东区检查指导政府性债务审计工作。

15日 浙江省民政厅厅长尚清到金东区调研居家养老服务工作。市民政局局长夏刚、区委书记郑余良陪同调研。

同日 浙江省林业厅厅长林云举带领调研组来金东调研林业工作。副市长蔡健、市政府副秘书长陈峰齐，区领导施美红、胡杰、王建中等陪同调研。

同日 浙江省委政法委副书记朱贤良到金东区赤松镇山口冯村、金华一中督查平安建设工作。

19日 金华市人大常委会组织部分人大代表，到金东区视察"三改一拆"工作。

20日 中共金华市委书记徐加爱到金东区调研居家养老工作。

20日 浙江省旅游局赵金勇局长赴金东区走亲连心活动，区长施美红、副区长王建中陪同。

9月

2日 中共金华市金东区委书记郑余良到曹宅镇、源东乡，实地调研水环境治理工作。郑余良强调铁腕治水，以"治水"推动环境改善，推动生态建设，推动经济转型升级。

11日 浙江省副省长郑继伟率队到金东区调研基层医疗机构绩效工资问题并督查食品安全"强网清源"行动开展情况。副市长林丹军，市相关部门负责人，区领导郑余良、施美红、朱茂丹、楼琅坚陪同调研。

同日 金华市委副书记陶诚华带领市农办、农业、水利、环保等部门负责人到金东调研"三农"工作。

13日 浙江省妇联主席劳红武一行到曹宅镇，调研村级组织换届试点工作。市委组织部副部长、"两新"工委书记姚激扬，市妇联主席陈雷红，区领导陈峰齐、楼伟民陪同调研。

同日 全市乡镇财政建设现场推进会在金东区召开。市委副书记、代市长暨军民，省财政厅副厅长王广兵，市政府秘书长祝伦根，各县（市、区）政府、金华经济技术开发区管委会主要领导，市财政局等有关部门及各县（市、区）财政局主要负责人参加了会议。

16日 中共金华市金东区区委书记郑余良先后到塘雅镇、曹宅镇调研村级组织换届试点工作。

17日 浙江省政协副主席陈小平来金东区考察民主党派工作。

同日 由省委组织部宣传信息处、省村级组织换届工作领导小组办公室、新华社浙江分社、浙江在线及《共产党员》杂志等媒体记者组成的记者团来金东区参观考察村级组织换届试点工作。

20日 首届"浙江最美乡村"活动获奖名单揭晓，澧浦镇荣获最美乡镇，成为全市唯一获此殊荣的乡镇。

22日 金东区区委副书记、区长施美红，到江东区块检查项目进展情况工作，副区长王建国陪同。

23日 金华市委副书记、代市长暨军民带领市相关部门负责人来到金东区，实地调研指导水环境综合治理工作。副市长蔡健、张伟亚，市政府秘书长祝伦根，区领导郑余良、施美红陪同调研。

23日 金东区中央财政小型农田水利重点县建设通过省水利厅、省财政厅专家组验收。金东区作为省首批中央财政小型农田水利重点县之一。

25日 由金东区人民政府执行承办、区教育（文体）局协办的浙江省第二次体育大会羽毛球比赛在金华一中羽毛球馆圆满落幕。

27—29日 2013年秋季浙中购物节暨金华市第十届汽车展销会于在施光南音乐广场举行。

27日 全市新型农村养老模式现场推进会在金东区召开。市委书记徐加爱强调，做好养老工作事关经济社会发展全局，全市各级各部门要站在积极应对老龄化挑战、促进经济社会可持续发展的战略高度，努力建设农村居家养老服务全国示范点，为民生优先、赶超发展提供良好保障。

30日 浙江省委宣传部公布了全省宣传思想文

化“三贴近”优秀百案名单，区委宣传部推出的志愿服务“四全”新模式名列其中。

10月

据中央电视台10月1日《新闻联播》报道，9月30日 习近平等中央领导到北京中关村开展第九次集体学习。大北农集团董事长、金东籍博士邵根伙作为农业科技创新领域的领军人物向中央领导汇报了农业生物技术的前沿发展与大北农最新科技创新成果。

12日 金东区文体局被评为“2012年度全国群众体育工作先进单位”。

13日 中共金华市委书记徐加爱到金东区调研村级组织换届试点工作。市委常委、组织部长温暖参加调研，区领导郑余良、陈峰齐、姚激扬、楼伟民陪同调研。

14日 曹塘澧公路正式建成通车。该工程为省重点工程，采用一级公路技术标准设计，双向四车道，路基宽24.5米，途经曹宅、塘雅、澧浦三个镇，投资总概算17446.62万元。曹塘澧公路建成通车，改善了金东区南北向交通环境，有效推动沿线乡镇经济发展。

15日 以丽水市委书记、市人大常委会主任王永康，金华市人大常委会党组书记、主任黄锦朝，台州市人大常委会党组书记、主任薛少仙为召集人的十二届全国人大代表浙江中心组第四代表小组，到金东区调研居家养老服务和美丽乡村建设成果。

18日 第十一届中国苗木交易会在仙桥花木城隆重开幕，澧浦苗木城首届金华花木采购节同期举行。省人大常委会副主任程渭山宣布开幕。

22日 在省民政厅组织开展的“百名干部进百院，走亲解困连万心”专项活动中，金东区城乡社区居家养老服务中心获评十大“贴心民政”服务品牌。

23日 由昆明市委副书记黄云波带领的昆明市党政代表团，到金东区考察美丽乡村建设和居家养老服务工作。

24日 团省委副书记苗伟伦到金东区督查调研“双网互动”团建工作。

30日 浙江省林业厅副厅长俞坚专程到金东，对我区森林消防队员进行慰问。

31日 全东区举行曹塘澧公路工程交工验收会，标志着全区纵贯南北的一条交通大动脉正式建成通车。

11月

6日 金华市副市长蔡健带领市水利渔业部门主要负责人到金东区调研水环境综合整治工作。

7日 由浙江省司法厅副厅长陈钟带队的省村级组织换届督导组到金东区检查指导。

8日 浙江省环保厅厅长徐震到金东区调研水环境综合整治工作。市领导徐加爱、张伟亚，区领导郑余良、施美红、胡杰、钟术清陪同调研。

11日 浙江省水利厅厅长陈川到金东区调研水利工作。副市长蔡健，区领导郑余良、施美红、王建中，市、区水务部门主要负责人陪同调研。

12日 全省农村居家养老服务工作推进会在金东区召开。省民政厅厅长尚清，省民政厅党组成员杨援宁、方金土出席会议；市委副书记、代市长暨军民在会上致辞，副市长张伟亚，市政府秘书长祝伦根，区领导郑余良、钟术清、王建中参加会议。

16日 金东区举办跨境电子商务贸易及国际eBay电子商务业务对接会。39家汽摩配企业进行了项目对接。eBay在全球已拥有超过3亿注册用户。

19日 金华市人大常委会副主任林一心带领调研组到金东区，开展基层人大规范化建设和市人大常委会2014年工作思路调研。

21日 浙江省“深化千万工程、建设美丽乡村”现场会21日在温州市举行。金东区被评为2013年度浙江省美丽乡村创建先进县(市、区)。

26日 金华市委副书记、代市长暨军民到金东区，调研基层卫生事业改革和发展情况。市领导林丹军、张伟亚，区领导郑余良、施美红等陪同调研。

12月

11日 新华社浙江分社社长朱国贤到金东区澧浦镇，就农村居家养老和文化礼堂建设工作进行考察。

12日 副市长张伟亚带领市环保局、水利局、农业局负责人到金东区调研水环境综合治理工作。

13日 全区召开8890便民服务平台工作会议。

区委常委、常务副区长曹文蔚参加会议。8890便民服务平台由市政府于今年10月底开通。截至12月11日 转金东区办理件503件，占全市交办件的12.7%，办结436件，办结率86.7%，满意度达93.3%。

14日 河南省焦作市市委组织部考察团到金东区考察大学生“村官”管理工作。

17日 由人民日报、新华社、浙江日报、浙江卫视等15家媒体组成的“走基层·改革浙江行”采访团，先后到澧浦镇琐元、洪村、下宅等村居家养老服务中心，深入体验金东老人的幸福晚年生活。

28日 金东区区委副书记、区长施美红，副区长楼琅坚参加浙商回归百亿投资项目暨中国·金义电子商务新城、万地广场、都市新社区、满塘湖景观改造等项目开工仪式。

31日 金东区召开区委三届五次全体(扩大)会议暨区政府第四次全体会议。区委书记郑余良作工作报告。区委副书记、区长施美红主持会议。会议深入贯彻落实中共十八大，十八届二中、三中全会精神，认真落实省委和市委全会的工作部署，总结今年工作，部署明年任务，动员全区党员干部以改革创新的精神，攻坚克难的韧劲，再接再厉，苦干实干，全面加快金东大开发、大建设、大发展。

(俞解人　方文涛)

区情概览

地　理

【位置面积】金华市金东区位于金华市区东部，因地处金华城区之东得名。地理位置介于北纬28° 59'31.68"—29° 18'32.75",东经119° 38'55.11 "—119° 56'40.6"之间。东与义乌市为邻，南与武义县相交；西与婺城区毗连，北与兰溪市接壤。辖区东西最大距离28.5千米，南北最大距离34.5千米，总面积为661.8平方千米。其中陆地616.5平方千米，占93.1%；水域45.3平方千米，占6.9%。区人民政府驻多湖街道光南路836号，距金华市政府驻地3.6千米。

【地形地貌】金东区地处金衢盆地中段，地势南北高，中部低。北部为龙门山脉南支金华山系(又名长山)延绵，海拔多在500米以上，往南渐降为低岗浅丘。南部为仙霞岭余脉延伸，自南至北降为低山浅丘和溪谷平原相间地形。义乌江和武义江沿岸及其支流下游为冲积平原，整体形成南北两山对峙，中部丘陵平原相间的走廊式地形。境内最高峰白兰山位于龙门山脉的金华山，海拔1069米，最低点位于义乌江和武义江汇合的三江口，海拔38米。境域内以义乌江为中轴，向两侧呈阶梯式对称分布，根据绝对和相对高度、坡度分为山地丘陵、缓坡岗地和沿岸带状冲积小平原三种类型。

山地丘陵，海拔150米，相对高度50米，坡度25度以上的山地和丘陵，区境内约计面积近300平方千米。

金华山俗称北山，又名长山，延绵于区域北部的赤松、曹宅、源东等乡镇的全部与北部。金华山北连龙门山脉，金华山南坡，自兰溪市灵洞乡洞源至金东区源东乡洞井，伸展着一条长25千米，宽约1千米的石灰岩带。金华山西起兰溪城北兰江东岸，东走兰溪市、婺城区的九龙山(海拔1245.2米)、大盘山(1312米)至区境内，在境内经武坪山(亦称玉壶山)、双尖(1017米)、螺师尖、猴狲尖、紫袍岩。卜刀岗，至太阳岭(大坟头325米)，再经磨刀坑、玉鼻尖、小风门、石冠山，大风门，至金东区、义乌市界上的双尖(822.1米)出区境，至兰溪、义乌、浦江三市县交界处，北与龙门山相连，以上为金华山主干脉。金华山南临金衢盆地，山势陡峻。在区境内大致走向如下。大盘山分二支，一南偏西走于通元溪与赤松溪之间5.5千米，经洪头山，至墩公岭，分一支沿山下吴水库东岸走，经石水井凉亭，至宝石洞南散落为平岗；一折东南伸至赤松镇山口冯水库西北为赤松山。过姚垅散为平岗低丘。一东南走2千米，至白兰山(1068.7米)，分支走于赤松溪与其支流玉泉溪之间5.25千米，至山口冯水库东岸的卧羊岗。一走于玉泉溪和西派溪之间，尽于虎头岩。自武坪山东南走3千米至双尖头，分二支：一南转东南走于西派溪与芗溪支流玉壶溪之间4.5千米，经里湖坑，至鹤岩山，与九里山背、金泥垄等低岗相连；一东南走于芗溪支流玉壶溪与西坦溪之间1.75千米，至金竹平。分支：沿大溪垅东南伸，尽于小溪珑水与玉壶溪汇合口，一东南走3千米，经姜山，至大岩尖，于曹宅西南散落为低岗。自双尖东南走于芗溪支流坦溪与东坦溪之间5千米，经皇升斗，尽于放生塘水库。自猴狲尖南偏东走于芗溪支流东坦溪与岩后水之间4千米，经岩后伏而复起为西岩(大佛寺220

米)。东南伸,过东岩寺尖,尽于红旗水库。自双尖东南走岩后水和东溪之间4.5千米,经横道尖,尽于麻堰水库西南。自玉鼻尖分二支、一西南走3千米,至尖岭南,分支:沿芗溪上游东溪东岸南走4.5千米,经象鼻尖,尽于白渡村。一沿孝顺溪支流金坞水西岸走5千米,过太平岗而尽、一沿孝顺溪支流毛坪溪西岸走4千米,没于王安山。自金东义乌界上的双尖分三支:一西南走3.5千米,经白殿尖,折南至白路尖而尽;一南走2.5千米,经青尖,尽于山下施北;一沿金东、义乌界上东南走1.5千米,至青头尖分支,东南走至丁阳岭,又分为二:折西南转东南几伏几起的马鞍山、芋立尖;复东南走至笔架山,自青头岩复沿金东义乌界上走3.25千米,尽于溪口水库北。

东山是义乌江以南,武义县以北,义乌市以西,武义江以东诸山的俗称。主要分布于江东、岭下、澧浦和孝顺镇的南部,海拔多在500米左右,是典型的低山丘陵。分东西两干支入境:西干支,自武义龙潭坑入区界,走于武义江与其支流八仙溪之间。自金东、武义两县界上的上马尖沿界上西走4.5千米,经大凹坑,至小安岗入县境,分三支,一自小安岗西伸3千米至焦岩,尽于武义江岸;一自小安岗西北伸,经牧羊岗,没于莲塘村;支干自小安岗北走:2.25千米,至慧明岩(559米)。分支西北伸,尽于三文塘;东北伸的,尽于新亭。干支自慧明岩北走3千米,没于八仙溪及其支流毛栗溪汇合处。东干支,自义乌市高寿尖西1.5千米处入区境。分支西南伸,经六角尖出区界。干支转北沿金东、义乌区界走7.5千米,经齐云岗出区界,至义乌八宝山。北折西走2千米,至两县界上的葛仙公尖北,没于义乌冲积平原。自干支分三支。一自义乌古寺岭西南走3.5千米,至里郑坑。分支西南伸于齐云溪与后溪之间5.5千米。经乌岩背、老虎闸,过平岭坑尽于郑宅。干支西走1.5千米至鹿角尖,又分为二:一西南转西走于八仙溪支流后溪与山河溪之间7.25千米,经茅草塘,过分水岭至严坞西北伏而复起为积道山。一自鹿角尖西伸于山河溪和西溪之间6千米,过长庚散落于低岗。一自义乌市青坑西伸于西溪与东溪之间8.25千米,经虎天山、背山头,经朱下岭,于灵岳山与王姆山一线以北没于沿江平原。一自义乌市八宝山西伸于东溪与白溪之间8.5千米,经官余岭、和尚头、西岭与双尖,于余店北没于义乌江南岸。

缓坡岗地,海拔60—150米,坡度15—25度的缓坡岗地,约计面积300多平方千米。位于山口冯、山口、曹宅、溪口水库一线以南,金东区义乌市以西,义乌江以北,包括东孝、赤松、曹宅、塘雅、孝顺、傅村等乡镇的全部或大部地区。多呈北南走向,由溪谷、低岗相间地貌构成。

沿江带状冲积小平原海拔50米以下,横向相对坡度小于10米,主要由河流冲积而成,面积约80多平方千米。主要分布在义乌江沿岸和武义江横店以下沿岸,及其支流航慈溪、孝顺溪、芗溪、八仙溪中下游的低田、孝顺、鞋塘、含香。塘雅、二仙桥、江东、多湖等地附近有1—3千米带状或小片冲积平原。

【水系】区境内江河属钱塘江水系。有钱塘支流金华江上源义乌江和武义江。

义乌江亦称东阳江、东港、义乌港,古称乌伤溪。源出磐安县龙鸟尖,经东阳、义乌两市后,在孝顺镇的低田村东入区境。蜿蜒西南流过孝顺镇的江沿、金轮、流入塘雅镇的含香,澧浦镇的灵岳诸乡间,穿澧香桥,转向西流,经多湖镇和东孝镇。过宏济桥,流入婺洲公园与燕尾洲(亦称八咏滩)之间,至通济桥,武义江自南来汇。义乌江自低田入境,河床宽300—360米,水深1—6米,比降0.36‰。沿岸有2—3千米带状冲积平原。汇入义乌江,长度在20千米以上溪流有:

航慈溪:源出义乌县黄山乡鹅毛尖。一名东溪。又名艮溪、根溪。经黄山、上溪、吴店,至斯村有西溪汇入。航慈溪全厂31.5千米,在县界和县境内23千米。集雨面积131平方千米,县境内26平方千米。

西溪:源出义乌市龙头背,经仇宅、萧皇塘至沿华,沿金华、义乌市界南流,西纳来自青头尖之水。过溪口水库,称潜溪。沿傅村乡边境东南流,穿金义桥,至斯村汇入东溪。始称航慈溪。东南折西南流,至低田乡莘村入县境,北纳傅村水。于月潭东汇入义乌江。

孝顺溪:又名小双溪。源出源东乡竹马尖,名紫溪。南流经上京、后施至王安，西纳毛坪水。复南流至梅村西北，有来自王鼻尖之舍坞水汇入。自此称双溪。折东南流入洞源水库，于库区有源出青头尖之西溪，于雅高汇合后注入。出水库名小溪。经吴宅口至鞋塘，西纳葛鱼塘来之水。复东南流过石泄，西有源于潘村西南的石泄溪，经王浬源水库汇入。至大湖沿，东有源于两头塘之水，经畈田洪汇入。至金村，有源于九里岗之水汇入。自此名倒流溪。转南流穿孝顺镇。出义济桥。始名孝顺溪。至江沿乡严店汇入义乌江。孝顺溪长22千米，集雨面积150平方千米。洞源水库以下比降1.3‰。

东溪：源出义乌市青坑，北流经官余入县境。复北流至黄桥头，东有出自义乌市上陈岭之水来会。折西流，经龙潭下，过东溪水库，至郑店，这西北流，经西王、小雅畈，于灵岳乡横路塘汇入义乌江。东溪全长21.5千米，县境内18.5千米。集雨面积32平方千米，县境内26平方千米，比降东溪水库以下3.3‰。

芗溪：源出源东乡太阳岭，名东溪。南流经阳郑、洞井，入麻堰水库。出水库转东南流，过潘村至官田乡曹公(以上亦称横溪)，折西南流，至桥西。有源出寺后坪北之岩后水，经山下洪、黄金畈注入。复习南流，至塘雅乡河溪村，西有坦溪汇入。

坦溪：坦溪有东西两源。东坦溪出螺蛳尖，经千人安，至曹宅村东。沿途纳铁堰、红旗、长山垄、放生塘诸水库之水。前流至梅西塘与源出双龙乡葡萄岩，经曹宅村西，南流之西坦溪汇合，称坦溪。又名四客溪。折东南流，至河溪村。汇入东溪(仍名坦溪，亦名和溪)。转南流，至含香乡石板堰，西有源自双尖头之玉壶溪。沿途纳小溪垄、东垄、长塘、横塘诸水库之水，经石桥、小黄村、竹溪塘来汇。复前溪，过含香始名芗溪，至下吴入义乌江。干流长26千米，集雨面积120平方千米，麻堰水库一下比降3‰。

赤松溪：又名仙桥溪。源出大盘山，东南流至洞殿下，有源出盘前之水来汇。折南流，经马管入山口冯水库。于库区西有来自滴水岩亭之水和赤松涧注入。出水库折东南流，过二仙桥，至岩塘村南。北有源自白上坑之玉泉溪，经西余、桥里方，纳石垄塘、翻身塘诸山塘水库之水后汇入。前流至官沿头，有西派溪分支注入。折西南流，经桥头至东孝乡瓦灶头入义乌江。

西派溪：源出武平山，东南流经湖坑、大源，过山横桥水库，转南流，经山口、石牌、下潘，至官沿头(古称官堰)，分支入赤松溪，一支南流入东藕塘。经项店于雅芳埠入义乌江。

武义江亦称永康江、永康溪、武义港。源出武义县千丈岩，经缙云、永康两县，复入武义县，于江东镇焦岩村东2千米入县境。曲折西流，过国湖电站大坝，至寿溪村。折东北转北流，穿国湖渡槽、横店桥至横店。转西北这西南流，至雅畈镇东湄乡间，穿孟宅桥。转北流过苏孟，于城南洪坞桥，经金钱寺，至燕尾洲与义乌江汇合。武义江自交岩南入县境，至此长25千米，河床宽100—300米，水深2—3米，国湖以下比降0.65‰横店以下江水几分几合，沿岸平原渐见，梅溪口以下两岸平原连片，进入三江平原。是全县粮食、油菜、棉花、蚕桑重要产地。长度在20千米以上汇入的溪流有：

八仙溪：一名松溪、又称崇溪、八素溪。源出义乌，永康两县界上之大寒尖(925.5米)。西流经方坑水库，至沈家。北有源于师古岭之水，经齐云寺来汇。西南转西北流，经下茭道，过王路头入县境。西北转北流，经石塘至新亭，有源出里郑坑之后溪，经乌珠岭脚，穿黄坞口水库，过后溪，汪宅汇入。折西流至严村，北有源出茅草塘之南宅溪，经桥头汇入。西转北流，至岭下乡毛栗溪村，南有愿自上辽之毛栗溪，过三文塘水库汇入。北转西流，经下章、石辉路，出松溪桥，折西南流入江东乡，穿八素桥于横店北入武义江。八仙溪全厂28千米，县境内17千米，集雨面积128平方千米，县境内91平方千米，平均比降5‰。

(俞解人)

气　候

2013年度金东区气候特点为气温偏高，雨量、雨日偏少，日照基本正常。光、温、水特点为气温偏高，雨量、雨日偏少，日照偏多。

表3　2013.1—2013.12年度气候资料

表3

	积温	积温距平	平均气温	气温距平	雨量	雨量距平	雨日	雨日距平	日照时数	日照距平	最高温度	日期	最低温度	日期
金东	6856.9	351.3	18.7	1.0	1217.1	—228.6	136	—19.2	1888.0	64.3	41.5	8/9	—3.3	12/28

【气温】全年平均气温为18.7℃，年极端最高气温41.5℃，出现在8月上半月。年极端最低气温—3.30℃，出现在12月28日。

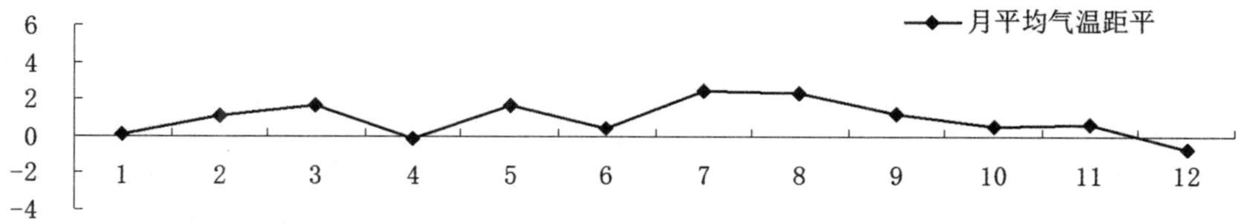

图1　金东2013年各月平均气温距平图　单位：℃

【降水】年降水量1217.1毫米。从各月分布看，1.5、7、9月雨量偏少，10、12月雨量偏多。

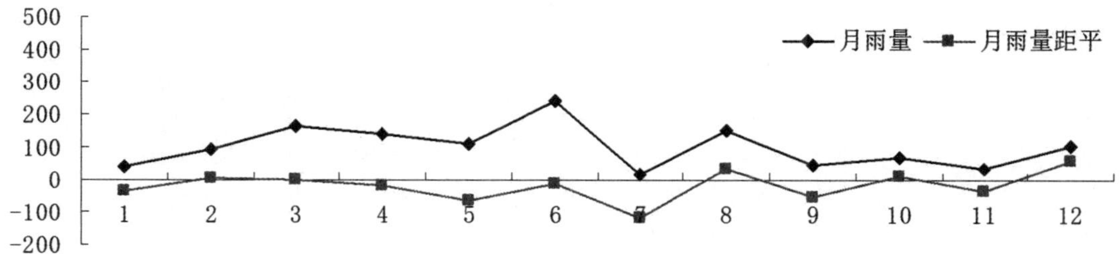

图2　金东2013年各月雨量与月雨量距平图　单位：毫米

【日照】全年总日照时数1888.0小时，从各月分布情况看，2.6月偏少，3、7月偏多，其他各月日照为正常或正常略少、正常略多范围。

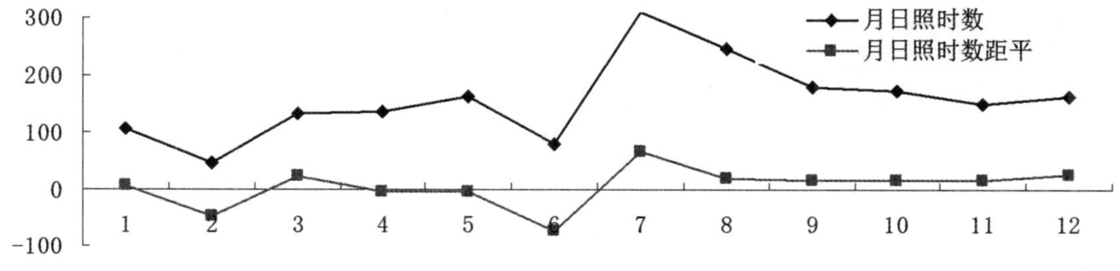

图3　金东2013年各月日照时数与月日照时数距平图　单位：小时

【**重大天气气候事件**】2013年1月3—5日降雪过程：1月上旬出现连续低温阴雨(雪)，旬平均气温显著偏低，金东区偏低4.4℃，尤其是在冷空气和西南暖湿气流共同影响，1月3日早晨至4日夜里金东区出现持续48小时的降雪天气，气温明显下降。5日8时，大部平原地区积雪深度有5—9cm，部分山区10—16cm，农作物受灾情况较严重。

60年一遇的高温酷热少雨天气干旱严重。受副热带高压控制，7月1日到8月18日金东区出现了近60年最严重的高温热浪少雨天气，高温日数、强度等多项气象要素破历史纪录。全区最高气温41.5℃，期间35℃以上高温日数44天，破同期历史记录(2003年39天)，37℃以上高温日数30天，破同期历史记录(2003年29天)。

"潭美"和"菲特"台风降水丰沛，对我市影响利大于弊。今年第12号热带风暴"潭美"于8月18日11时在西北太平洋洋面上生成，20日22时加强为台风。受12号台风"潭美"影响，全市普遍出现大到暴雨，局部大暴雨，过程雨量西北部30—60毫米，东部南部60—100毫米，其中东部局部达100—200毫米，过程最大风力6—8级。降水集中在21日夜里到22日。全区雨量54.8毫米。过程最大风力7—9级。

今年第23号热带风暴"菲特"于9月30日20时在菲律宾以东洋面生成，于7日1时登陆，登陆时强度为强台风，近中心最大风力42米/秒(14级)，中心气压955百帕。金东区自10月5日夜里开始受"菲特"外围环流影响，出现阵雨，6日夜里至7日白天，全区普降暴雨，截至8日08时，全区平均面雨量113.1毫米。"菲特"带来的充沛降水缓解了9月下旬至10月上旬的旱情，但同时也给农业带来一定的损失。

12月上旬遭遇最强雾霾，空气污染严重。12月上旬中期4—8日金东区出现持续雾霾天气。我区空气质量指数多数达到重度污染，部分出现严重污染。12月7日，金东区24小时PM2.5浓度从5日的33微克/立方米上升至457微克/立方米，成了雾霾的重灾区。

12月罕见暴雨刷新历史纪录。12月15—18日前期受高空槽、地面倒槽和冷空气共同影响，我区出现了一次明显的降水和降温天气过程，全区面雨量106.4毫米，金东区大部分地区均达到暴雨，创12月中旬单日最大降水值。(方文涛)

水　情

2013年金东区年降水量1217.1毫米。与历年同期比，偏少1—2成。从各月的分布情况看，1.5、7、9月雨量偏少，10、12月雨量偏多，全年总雨日127天。全区于6月6日入梅，7月1日出梅，梅雨期25天；期间主要有3次明显降水天气过程，分别出现在6月6—7日，11—14日、26—29日；梅雨期间除了3次系统性降水天气过程外，6月21—24日，局地强对流天气频发，短时降雨强度大。

梅雨期间，全区平均累计雨量为155.9毫米。义乌江、武义江上游自动站中，有几个站累积雨量超过300毫米或超过200毫米，其余基本在100—200毫米之间。整个梅雨期间没有明显灾情出现。

(方文涛)

政区沿革

春秋时属越国地。战国末年为楚所灭，遂为楚国地。秦王政二十五年置会稽郡(郡治在今江苏省苏州)和属县乌伤(县治在今义乌)，金华属乌伤县。东汉顺帝永建四年(129)，分浙江(钱塘江)以西为吴郡，以东为会稽郡，郡治在会稽(今绍兴市)，乌伤县隶属会稽郡。东汉献帝初平三年(192)，析乌伤西南地置长山县，此为金华建县之始。三国(吴)宝鼎元年(266)，分会稽郡，立东阳郡，东阳郡治在长山县，此为金华设郡府建置之始。南朝(宋、齐、梁、陈)陈天嘉三年，东阳郡改名金华郡。隋开皇九年(589)置吴州，长山更名吴宁，取吴地宁静之意。开皇十二年改吴宁为东阳县，以地处长山之阳，瀫水(即衢江)之东得名。开皇十八年改东阳为金华县，长山又名金华山，以山名县，此为金华名县之始。唐武德四年(621)改东阳郡为婺州，分金华县为金华县、长山县(县治在孝顺)，金华县、长山县隶属婺州。八年废长山县并入金华县。垂拱四年(688)改金华县为金山县。神龙元年(705)复名金华县。五代(吴越)后晋天福四年(939)婺州改称婺州武胜军，金华县隶属吴越国婺州武胜军。宋淳化元年(990)改称婺州保宁军，金华县隶属婺州保宁军。元至元十三年(1276)改称婺州路，金华县隶属婺州路。至正十八年(1358)，朱元璋取婺州，改名宁越府，至正二十年，改宁越府为金华府，金华县隶属宁越府和金华府。明成化七年(1471)，分金华、兰溪、龙游、遂昌四县边境之地置汤溪县，金华县隶属金华府。清代沿用府、县制，金华县隶属金华府。

1912年"中华民国"成立，废分府，实行省、县两级制，金华县直属浙江省。1914年置金华道，道治兰溪(后移衢州)，金华县隶属金华道。1927年废道，金华县直属浙江省。1928年浙江省推行"村里闾邻制地方自治"，金华县设121乡、19镇、2095闾、10390邻，分别隶属东、南、西、东南、东北5个自治区。1932年5月，设浙江省县政督察专员办事处第八区，办事处驻金华，金华县属第八区。1934年，乡镇以下改称保甲，10户为甲，10保为乡或镇。1935年8月，设行政督察专员兰溪区(公署驻地兰溪)，金华县属行政督察兰溪区。1936年2月，改设浙江省行政督察四区，公署驻金华，金华县属浙江省行政督察四区。1938年，全县设10镇、42乡、547保。分属个6乡镇联合办事处，1942年5月，日本侵略军占领金华，县政府初迁安地、再迁高儒、瀛头等地，时全县有40个乡镇、409保。县政府抗战胜利后回城。1943年全县改设6区、40乡镇。1946年全县缩编为1镇24乡。1947年10月浙江省行政督察四区改称行政督察五区，公署驻衢州。1948年4月，改称浙江省行政督察三区，公署驻金华。1948年8月改称浙江省行政督察八区，公署驻义乌，其间金华县分别隶属行政督察五区、三区、八区。

1949年5月金华解放。10日，成立金华市军事管制委员会，18日，成立金华县人民政府，隶属浙江省第八行政区，全县设5镇25乡。10月10日，第八行政区改名金华专区，公署驻地金华县。10月20日，析金华县城区成立金华市(县级)，金华县府一度曾迁旌孝乡(今东孝街道)雅芳埠，时全县设9区24乡。1950年3月，划乡建政，下设行政村，全县改为8区58乡，385行政村。5月，撤销金华市并入金华县。1951年5月15日，全县划为8区62乡。同年7月20日，复设金华市。1955年11月撤区并乡，全县由原来的9区63乡，并为5区23乡，另设县直属乡7个，共30乡。1956年4月，金华县再次撤区并乡，全县改设9直属乡、3区、14乡、2镇。其中县直属有乾西乡、城湖乡、多湖乡、东孝乡、安狮乡、仙桥乡、滨湖乡、长山乡、镇江乡，孝顺区有孝顺镇、义浦乡、傅村乡、鞋塘乡、源东乡、岩屏乡、塘雅乡、双岩乡、双溪乡，澧浦区有澧浦镇、岭下乡、西溪乡、东湖乡，安地区有安地乡、外畈乡、雅畈乡。9月，孝顺区划分为孝顺、塘雅两区，塘雅、双岩、双溪、岩屏4乡划归塘雅区，安狮乡分为安狮、新狮2乡。仙桥乡分为仙桥、山桥两乡。11月，设城关区，辖镇江、滨湖、长山3乡。12月，岭下乡分为岭下、江东2乡。1957年3月，恢复雅畈区、仙桥区、秋滨乡。1958年2月21日，撤销中共金华市委，归中共金华县委领导，保留金华市人民委员会，市仍为一级行政机关。同年9月5日，撤销原汤溪县并入金华县。10月，以区为单位建立人民公社，全县设九峰，罗埠、中戴、曙光、城关、双龙、塘雅、孝顺、雅畈、澧浦、郊区11个人民公社。1959年，全县设10个人民公社，分别为双龙、郊区、罗埠、琅琊、九峰，临江、雅畈、澧浦、孝顺、塘雅。1960年1月，撤销龙游县建置，原龙游县湖镇公社6管理区划归金华县。1961年9月，调整人民公社规模，恢复区级建置，全县设10区、67公社。其中孝顺区8公社，塘雅区6公社，罗店区7公社，澧浦区7公社，雅畈区7公社，临江区5公社，九峰区8公社，琅琊区6公社，罗埠区5公社，湖镇区5公社，县直属3公社。1962年12月22日，撤销金华市(县级)并入金华县，设城关镇，受金华县管辖。并新增罗店区北山公社，琅琊区大岩公社。1967年11月30月至1981年4月，金华县人民政府改称金华县革命委员会。1968年4月，改金华专署为金华地区，行政公署驻金华，金华县隶属金华地区。1981年4月，金华县改称金华市(县级)，恢复人民政府建置。同年3月，新置山坑区，辖原汤溪区山坑、塔石、岭上、莘畈和湖镇区社阳公社。琅琊区更名沙畈区,辖原琅琊区溪口、高儒、兰贝、大岩和原雅畈区箬阳公社。原琅琊区古方公社划归临江区,开化公社划归汤溪区。双龙公社从罗店区划出,归双龙风景区管委会管辖。1979年9月10日,国务院决定恢复金华市,未实施。1981年1月14日,国务院国函字7号文件批准撤销金华县,并入金华市,下辖3个街道,69个公社。1982年12月,塘雅区更名曹宅区,临江区更名白龙桥区,沙畈区更名琅琊区。1983年9月,恢复龙游县建置,湖镇区重归龙游县管辖。同年10月,实行政社分设,公社、大队复名乡、村。1984年3月,高儒乡分为高儒,山脚2乡。6月,义浦乡更名低田乡,西溪乡更名长庚乡,兰贝乡更名石道畈乡,开化乡更名蒋堂乡,清湖乡更名苏孟乡,溪口乡更名银溪乡,塔石乡更名塔源乡,全县设10区、64乡、1镇、3街道。1985年2月,经省民政厅批准,汤溪、孝顺、琅琊为建制镇,全区设10区、62乡、3镇、3街道,辖1135个行政村,2218个自然村。1985年5月15日,国务院下发〔1985〕国函字68号《国务院关于同意浙江省撤销金华地区实行市管县给浙江省人民政府的批复》,6月22日,浙江省人民政府转发国务院上述文件。文件批准,撤销金华地区,金华市升为地级市,原县级金华县地域分设婺城区和郊区。7月26日,中共金华市委宣布将金华城西和近郊13个乡划给婺城区。撤销郊区复置金华县。12月,浙江省人民政府发文成立金华县,县人民政府驻地婺城区。全县辖9区、3镇、49乡。2000年12月30日,根据国务院国函〔2000〕138号文件,撤销金华县,成立金华市金东区。金东区辖原金华县孝顺、傅村、塘雅、曹宅、赤松、澧浦、岭下、江东、源东和原金华市婺城区仙桥、多湖、东孝12个乡镇。区人民政府驻多湖镇。2002年,东孝、多湖改置街道,赤松、仙桥合并为赤松镇。

(俞解人)

行政区划

金东区设东孝、多湖2个街道,孝顺、傅村、塘雅、曹宅、赤松、澧浦、岭下、江东8个镇,源东乡1个乡。截至2013年底,全区共有乡级政区11个,下设508个村(居)民委员会,3501个村(居)民小组。

2013年金东区乡、镇、街道所辖行政村

表4

乡镇	驻地	下辖行政村名称
东孝街道	金瓯路381号	东关、东景、戴店、下王、王牌、陶朱路、前田、施村、黄沙塘、毛竹园、湖菱桥、麻车塘、叶明、杨溪、雅芳埠、东藕塘、桥头、楼店、凤凰庵、金东、山垄头、经堂头、下于等6个社区居民委员会,17个村民委员会
多湖街道	望府街917号	七里畈、新屋、厅上、东盛、西盛、樟新、牛皮塘、下渎口、大项、永红、十二里、新安、王坦、上古井、望府墩、泉源、庄头、驿头、横塘沿、叶宅、林头、黄泥山、近宅、潭头滩、毛草山、潭头、汀村、杨宅、雅地、里秧田、东龙口、社坛头、缸窑、王宅埠、孟宅等11个社区居委会,24个村民委员会
孝顺镇	后项金山大道1号	市基、后项、横街、洋湖塘、中街、下街、余宅、满塘、童新、大湖沿、金三村、寺后周、新建、雅璜、安里、横塘余、谷塘、李村、莘村、陈桥、低田、塔江山、浦口、施古井、月潭、后店、前后俞、东上叶、东下叶、叶西畈、金江沿、夏宅、祥里、让一村、让二村、南仓、范村、邵宅、下马、中一、中二、中三、傅皮、白溪、天青坑、龙潭下、里旺、塘湖、栗塘范、下范、下江沿、余店、新叶店、溪边金、徐店、孔宅、朱村、堰头、紫江塘、塘南、马腰孔、刘下金、杨堡、洞门、官塘、金八寨、严店、松树湖、王畈、谷盘桥、方村、车客、井头坞、青龙头、仁村、胡思、杨大龙、东王宅、余村、石塔头、塘里、盛村、叶家、上明堂、后楼下、上市基、金家、前楼下、林塘下、上季、杨村、东张店、车门塘、上下王、大堰河、白沙畈、畈田洪一村、畈田洪二村、畈田洪三村、王家、曹村、胡塘、支家、石泄、张宅、前屋、黄泥塘、张家、后田、大头畈、上大路、山头下、张下陈、吴宅口、山早115个村民委员会

续表4

乡镇	驻地	下辖行政村名称
傅村镇	傅村府前街1号	向阳、傅村一村、傅村二村、傅村三村、艮溪口、江沿山、上姜、水阁、上柳家、下柳家、田塘背、畈田蒋、西周、石狮塘、双溪、杨家、凤塘、后祖、下溪、苍头、深塘坞、上何、寿昌市、上沈、大路沈、徐家、后畈、上叶家、东石塘、六石、祝家村、东后徐、洪塘畈、何家、后傅35个村民委员会
曹宅镇	曹宅村金汇路288号	曹宅、黄金岭、寺畈、前庄、龙山一村、龙山二村、白渡、潘村中心村、前王、下山、横溪、东桑园、下张、毛头山、上留庄、曹公、七宝塘、新安、宅口、上沙塘、东京、金南山、桥西、桥下、溪头、东山、朱大塘、大溪滩、西京、梅西塘山王、金仁塘、枧头、杜宅、黄金畈、春塘、杜店、金溪、六大山、山下洪、岩后、千人安、姜山、横腊、胡宅、包宅、五石堰、午塘头、大黄村、杨高畈、西林、安村、滕家岭、小黄村、花厅、上目宋、前婆桥、东前路、雅里、红珠山、百合塘、上明路、黄鹤山63个村民委员会
塘雅镇	塘雅村镇前街17号	塘一村、塘二村、塘三村、塘四村、鲜景、砖塘、新店、施塘头、羊尖山、五渠塘、中梅村、小王村、河溪、雅河、横塘、对头山、竹溪塘、王明塘、楼下徐、石板堰、竹村、金村、古里、王山下、横山、顶塘、杨桥头、寺前、前进、龙源、前蒋、红星、上庄、村里、溪干、金尚塘、黄古塘、马头方、徐村埠、破塘、张店、前溪边、桥头陆、下吴、含香、上溪口、下溪口、下金山48个村民委员会
赤松镇	仙桥村仙镇街24号	仙桥、桥东、桥里方、石桥、大源、上汪、西余、北山口、上项村、石下、岗上、石耕背、东塘、王宅、山口冯、钟头、双门、石牌、西前路、下陈、棉塘、高塘村、月塘、官沿头、下新屋、下钱村、洪村桥、上钱村、郭村、下潘村、岩塘、下塔山、潘村、中联、下牌塘、尘不染、新屋头、黄泥垄、双塘、下杨40个村民委员会
澧浦镇	澧浦村	澧浦、湖湾、朱𡍪头、三角塘、野毛园、小雅畈、山口、任宅前、郑店、里郑、宅山、口溪坑、东上邵、上金、铁店、毛里、浣纱塘、长庚、汪碗、乌珠岭下、𡍪塔、杨宗宅、南宅、金坞、朱里坞、派塘、方山、山南、平阳、蒲塘、横路塘、东张村、后余、西王、长大、前余、泉塘、宋宅、琐园、湖北、江滩、王宅前、上埠头、下埠头、洪村、下西王、晚田畈、郡塘下、下屋、上屋、湾塘、择树塘、下徐、上宅、下宅、南王埠、里蒋、新埠头、赵村、王柴头、下金潭、上湖、下湖桥63个村民委员会
岭下镇	岭下朱村诗翁东路28号	岭下朱一村、岭下朱二村、岭下朱三村、岭下朱四村、岭下朱五村、后溪、汪宅、桥头、下包、王山、新村、包村、杨梅峡、石塘街、新亭、严宅、山南头、上保、摩诃、严坞、畈田、毛栗溪、河口、彭村、釜章村、王溪、诗后山、日辉路、翁村、汤村、葛周坞、柿树塘、三文塘、下辽34个村民委员会
江东镇	横店村	横店、贾村、南王、杨川、十八里、六角塘、门口塘、方塘、新屋村、雅金、前贾、卢村、雅湖、南下王、上王、莲花塘、徐里、浪石头、湖园、黄甫坑、国湖、岩岭、焦岩、孔坑24个村民委员会
源东乡	山下施村府前街80号	山下施、双尖、上京、后施、白路头、东前施、丁村、丁阳岭、长塘徐、大路、两头塘、沈店、雅高、施堰头、新梅村、王安、邢村、西店、东叶村、长塘、陈坞、止方、尖岭脚、阳郑、大塘、洞井、分水冈、半垄28个村民委员会

（方文涛）

人　口

【人口及变化情况】2013年末，辖区总户数为127946户，总人口318385人，其中男性人口160221人，占总人口的50.3%；女性158164人，占49.7%。全区农业户口283813人，非农户口34161人。平均每户家庭人口2.49人。

2013年，全区出生3529人，人口出生率为10.3‰，人口出生数比上年下降了0.7‰。死亡1973人，人口死亡率为6.2‰，比上年下降了0.3‰。出生与死亡两抵，人口数增加1556人，人口自然增长率4.1‰，比上年上升了0.4‰。

2013年，迁入3419人，迁入率1.07‰，迁出2036人，迁出率0.64‰。迁入迁出两抵，增加1382人，全区总迁涉率为1.7‰。

【流动人口及其变化情况】截至2013年12月底，全区流动人口总量达16.83万人，比上年增加2.91万人，增长幅度达20.88 %。其中男性10.19万人，占60.55 %;女性6.14万人,占39.45 %。

统计资料显示,流动人口以年度流动为主要形式:居住一个月至半年的4.88万人,占30%;居住半年以上的11.9万人,占70 %,相当数量的流动人口在本地有相对稳定的工作环境和收入,生活状态相对稳定。

流动人口的流动区域:省内流动人口2.58万人,占总量的 15.33 %;省外暂住人口14.25万人,占总量的84.67 %。暂住人口主要集中在傅村镇和孝顺镇,分别为3.68万人和4.28万人,占暂住人口总量的21.87 %和25.43%。

流动人口以务工、经商、服务、务农等经济形流动人口为主。统计资料显示:务工人员13.1万人,占77.84 %;经商人员0.15 万人,占0.89%;服务人员0.06万人,占0.36 %;务农人员0.02万人,占0.12 %。四类经济形流动人口占全区暂住人口的79.2%,其他流动人口3.5万人,占总量的20.8 %。

(谢芬兰)

资 源

【水资源】金东区区境内江河属钱塘江流域,东阳江(或称义乌江)从区域内东西贯穿,武义江从区境以西流过。两条江的总流域面积661平方千米。域内集雨面积在50平方千米以上的江河有7条。

2013年,全区水资源总量为5.4842亿立方米,较多年平均值增加6.7%,其中地下水量为1.0483亿立方米,占水资源点量的19.1%,全区人均水资源占有量1663.4立方米。

全区总供水量1.3734亿立方米,其中地表水供水量1.2752亿立方米,占92.89%。总用水量1.3734亿立方米,其中农田灌溉用水量0.7479亿立方米,占54.5%。全区农田灌溉亩均用水量37.5立方米,城个居民人均综合用水量148.1立方米,万元工业增加值用水量40.7立方米。

全区总耗水量0.8792亿立方米,综合耗水率64%,其中农田灌溉耗水量0.5766亿立方米,占65.6%。全区平均水资源利用率为26.5%。

2013年,金东区境内江河、水库共设水质监测站点6个,监测断面总长99.4千米。全年期,属地表水III类的河长13.5千米,占评价总河长的13.6%,属地表水IV类的河长30.1千米,占评价总河长的30.3%,属地表水V类的河长16.0千米,占评价总河长的16.1%,属地表水劣V类的河长39.8千米,占评价总河长的40%。

东阳江水质,境内共设监测断面3个,评价河长55.8千米。义乌金东交界低田断面劣V类水质,杨卜山至南王埠断面为劣五类、五类,主要超标项目为氨氮。

武义江水质,境内共设监测断面3个,评价河长43.6千米。江东河到对家地断面为III类、IV类水质,物价金东交界叶长埠断面为IV类水质,主要超标项目为氨氮。

(沈良兴)

【土地资源】

2013年,全区土地面积6.58万公顷,2013年通过土地开发23.27公顷,土地复耕0公顷,其他原因增加0.1公顷,共比上年增加23.37公顷;同时因为基建占地等,年内减少耕地118.66公顷,两者相抵,净减少耕地95.29公顷。2013年,全区耕地1.91万公顷,占土地总面积的29.02%,其中水田1.64万公顷,旱地0.27万公顷。人均耕地为0.056公顷。园地面积0.99万公顷,占土地总面积的15.10%,林地面积1.95万顷,占土地总面积的29.64%,全区森林覆盖率45.37%;城镇及工矿用地8206.90公顷,交通运输用地2559.13公顷,水域或水利设施用地4888.94公顷,其中,国家所有土地5813.18公顷,集体所有土地60002.39公顷,与2012年底相比,国家所有土地增加168.97公顷,集体所有土地减少168.97公顷。

(陈璐)

【矿产资源】境内已探明地下有萤石矿、石灰石、黄铁矿、建筑材料用凝灰岩、砖瓦用(泥)页岩、建筑材料用灰岩等。

萤石矿,分布于岭下镇杨梅峡,地质储量32万吨。

石灰石,分布于曹宅镇岩后,地质储量197万吨,含氧化钙52.04%—53.33%;赤松镇里湖坑,估计远景地质储量2000万吨,目前处于停止开采状态。

黄铁矿,分布于曹宅镇横腊一带,含硫10%—

17.3%，具有一定规模。

建筑材料用凝灰岩，主要分布金华北山一带，地质储量2055.89千立方米，2011年末有7家矿山企业开采，开采量35.6万吨。

砖瓦用（泥）页岩，地质储量591.36千立方米，全区各乡镇均有分布，现有27家矿山企业开采（含市直），年开采量86.93万吨；建筑材料用灰岩，地质储量1262.65千立方米，有4家矿山企业开采，年开采量34万吨。

【生物资源】金东区属亚热带季风气候，四季分明，年温适中，雨量丰富，故适合各种动植物生存。

动物资源：野生资源种类繁多，主要野生动物有鱼类，有5目9科36种；两栖类，有2目6科16种；爬行类，有3目8科28种；鸟类，有15目37科125种；兽等，有8目21科59种；其中列入国家一级保护的有金钱豹（1961年曹宅锣鼓洞，60年代含香活佛殿曾发现）、云豹、黑鹿、白颈长尾雉4种；二类保护动物有穿山甲、鬓羚（即苏门羚），1973年2月13日岭下镇沺麻山曾捕获一只，后送上海西郊动物园鸳鸯、虎纹蛙等26种。境内畜牧业历史悠久，主要畜牧业种类有牛、羊、猪、狗、兔、鸡、鸭、鹅、蜜蜂等。主要经济鱼类有草鱼、鲢鱼、鲤鱼、鲫鱼，以及泥鳅、黄鳝、鲶鱼、甲鱼、河蟹、河蚌、虾、螺等水生动物共30多个品种。随着经济的发展，全区近年来，先后从外地引进了杜洛克猪、伊沙鸡、梅花鹿、伊沙鸡等几十个优良品种。

植物资源：区境内属中亚热带常绿阔叶林植被区域，可划分为阔叶林、针叶林、灌木。草丛4个植被型组。常绿阔叶林、常绿落叶阔叶林混交林、落叶阔叶林、竹林、暖性针叶林、温性针叶林、常绿落叶针叶混交林、落叶阔叶灌丛、草丛等9个植被型和18个群系。

域内植被分布主要为：北山丘陵山地以马尾松、木荷、青冈、苦槠、石栎、白栎、茅栗组成的阔叶林和以马尾松、木荷、锥栗织成的针阔混交林为主；灌丛有檵木、杜鹃、胡枝子、白檀、算盘子、紫薇等。东山（俗称南山）丘陵山地以常绿落叶阔叶林、马尾松林、杉木林、毛竹林、常绿落叶阔叶林混交林、灌丛、草丛。主要树种有马尾松、杉木、木荷、青冈、苦槠、白栎、樟树、枫香、化香、茅栗等。

区域内野生植物丰富，其中木本植物，有80科429种，草本植物，有63科354种。列入国家和省级重点保护的有水杉、银杏、金钱松、福建柏、鹅掌楸、香果树、浙江楠、半枫荷、花榈木、杜仲、凹叶厚朴、青檀等。

缓坡岗地和沿江带状冲积小平原多为经济林或水果林。农田、水路、铁路、公路 两旁，以防护林为主，植以水杉、池杉、杨柳、泡桐等。区域内农作物品种资源丰富，具有较高经济价值的野生纤维、淀科糖类以及各种药材数百种。粮食作物有水稻、青类、豆类、薯类以及高粱、小米等近400个品种。经济作物有棉花、油料、甘蔗、蔬菜、茶叶、水果、蚕桑、花卉等共70多个种类400多个品种。金华“赤松牌佛手”是省级名牌产品，佛手盆景曾被选送北京中华世纪坛。源东白桃、婺州蜜梨（产地江东）、江东草莓、岭下毛芋、塘雅藤稔葡萄等均为地方优良品种。

【旅游资源】境内有省级风景名胜区有大佛寺风景区，赤松山风景区、浙中桃花源生态旅游区和积道山风景旅游区。省级历史文化保护区有傅村镇山头下村古村落和曹宅镇曹宅村历史文化街，江东镇雅湖风水村古建筑群和澧浦镇琐园古建筑群游。浙中桃花源生态休闲区，孝顺镇白溪福和养生庄园，傅村镇九里岗农业休闲观光园。傅村镇畈田蒋村和赤松镇山口冯村被评为省级特色旅游村。风情民俗旅游资源有孝顺镇“二月二”闹龙灯，大佛寺“三月三”庙会，东紫岩庙九月十六保稻节，国际黄大仙文化旅游节，源东白桃节，上汪杨梅节。

（方文涛）

组织机构及其负责人名单

书　记　郑余良

副书记　施美红(女)　陈峰齐

常　委　丁丰田　胡　杰　姚激扬(兼职)
朱俊强　曹文蔚　羊代平(女)
盛　锋　宋炳坚(挂职)　楼伟民
曹一勤(女)　钟术清　黄　斌

委　员(按姓氏笔画排序)
王希凌　王建中　王建国
方兴木　池献洪　吴春禄
何　斌　金正锋　赵　庆
胡则鸣　郭文洁　韩金钢
章宏军　楼科进　楼琅坚
潘业龙　魏剑斌

候补委员
王和元　叶春成　陈　倩(女)
杜华庆　傅　榕(女)　傅得统

区委工作部门

办公室
主　任　陆品能(—2013年8月)
李剑辉(2013年8月—)

组织部
部　长　张远平(—2013年5月)
楼伟民(2013年5月—)

宣传部
部　长　羊代平(女)(—2013年12月)
曹一勤(女)(2013年12月—)

统战部
部　长　胡则鸣

政法委
书　记　陈峰齐(2013年9月—)

农业和农村工作办公室
主　任　傅得芳

信访局
局　长　金　坚

机要保密局
局　长　吴　飞

610办公室
主　任　曹秋水

督查室
主　任　乔家友

台湾工作办公室
主　任　楼　栋

党史研究室
主　任　张　勇

区直属机关工作委员会
书　记　周青梅(女)

老干部局
局　长　池献洪

区委"两新"工委
书　记　吴开勇

区招才局
局　长　池献洪(—2013年3月)
徐　琰(女)(2013年6月—)

文明办
主　任　陈献军

新闻传媒中心
主　任　曹　波

侨务办公室
主　任　卢龙高

民族宗教局
局　长　邵　俊

中国共产党金华市金东区纪律检查委员会

书　记　丁丰田

副书记　金正锋　张　斌(—2013年11月)
陈可追(2013年11月—)

常　委　章桂宣(女)　孙　杰　袁旭东　盛华新

委　员(按姓氏笔画排序)
朱　勇　李剑辉　吴一平
张　斌　张志连　陈云星
陈增平　邵志凤　金锦明
周青梅(女)　蒋善强

监察局
局　长　金正锋

金华市金东区人民代表大会常务委员会

主　任　赵　庆

副主任　刘　勤　金艳秀(女)　张文星
王荣法　黄锡新　傅惠斌

常　委(按姓氏笔画排序)
傅延际　徐　灵　傅得瑶
叶荣芳　张跃建　蒋明棋
金余根　池献洪　傅得统
陈　倩(女)　傅　榕(女)　方锦华
孙伟华　金纪春　施金仙(女)
蒋光武

办公室
主　任　傅延际

法工委
主　任　徐　灵

财经工委
主　任　傅得瑶

教科文卫工委
主　任　叶荣芳

农业与农村工委
主　任　蒋明棋

城建环保工委
主　任　金余根

代表工委
主　任　张跃建

金东区人民武装部
部　长　朱俊强
政　委　徐允伟

金东区人民法院
院　长　魏剑斌
副院长　张明庆　蒋善强　傅丽花(女)
戴晓麟

金东区人民检察院

检察长 章宏军

副检察长 余志军　应　波

金　磊(2013年11月—)

施徐彬(2013年11月—)

金华市金东区人民政府

区　长 施美红(女)

副区长 曹文蔚　钟术清　宋炳坚(挂职)

王建国　朱茂丹(女)　王建中

楼琅坚　顾凯锋(挂职)(2013年7月—)

区政府工作部门

办公室

主　任 李玉明(—2013年11月)

叶春成(2013年11月—)

外事办

主　任 沈利群(女)(2013年8月—)

法制办

主　任 庄凌飞(2013年8月—)

城管办

主　任 唐　云

应急办

主　任 童作勇(2013年6月—)

发展和改革局

局　长 郑小平

经济商务局

局　长 李春瑞

教育局

局　长 郭文洁

卫生局

局　长 朱国武

科学技术局

局　长 徐双弟

金东公安分局

局　长 潘之江(—2013年11月)

黄　斌(2013年11月—)

政　委 叶根祥

民政局

局　长 邵理能(2013年11月—)

财政局

局　长 吴一平

司法局

局　长 吴建忠

人力资源和社会保障局

局　长 李剑辉(—2013年8月)

张志连(2013年8月—)

住房和城乡建设局

局　长 吴春禄

交通运输局

局　长 韩金钢

农林局

局　长 叶　龙

水务局

局　长 叶春成(—2013年11月)

张　斌(2013年11月—)

人口和计划生育局
局　长　张春跃

审计局
局　长　陈增平

统计局
局　长　蒋舜跃

安全生产监督管理局
局　长　庄建新

食品药品监督管理局
局　长　孔美华

行政服务中心
主　任　金锦明

机关事务管理局
局　长　刘　俊(2013年11月—)

供销合作社
主　任　方允献

经济合作交流办公室(招商局)
主　任(局　长)　李　芬(女)(2013年11月—)

市场发展管理局
局　长　潘根鑫

城市管理行政执法局金东分局
局　长　金益卫

物价局
局　长　徐志平

文体局
局　长　王秀鸾(女)

老龄委办
主　任　方旭平

机构编制委员会办公室
主　任　金　昱

旅游局
局　长　刘俊鸿

公路段
副段长　傅　磊

农机总站
站　长　李创丰

畜牧兽医局
局　长　陈　明

中国人民政治协商会议
金华市金东区委员会

主　席　楼科进

副主席　胡则鸣　谭爱平　傅丽花(女)
辛永良　张有钢　施文进

秘书长　张克诚

常　委(按姓氏笔画排序)
王丽华(女)　卢龙高　叶锦余
包小鸳(女)　朱　进　朱炳跃
刘忠庆　孙黎明　杜春雷
吴　华　吴国鸣　余志军
余美鸳(女)　张一为　张海峰
张新明　陆晓红(女)　周小芬(女)
胡　苑(女)　柳叶春(女)　俞志辉
贾林荣　钱美芳(女)　徐宏明
韩长洪　释昌乐

办公室
主　任　张克诚

专工委办
主　任　刘汝平

提案办
主　任　郭新芳(女)(2013年11月—)

学习文史办
主　任　黄　宁(女)

民主党派和工商联

中国国民党革命委员会金华市委员会金东区总支
主　委　王丽华(女)

中国民主同盟会金华市委员会金东区总支
主　委　孙黎明

中国民主建国会金华市委员会金东区总支
主　委　孙伟华

中国民主促进会金华市委员会金东区总支
主　委　钱美芳(女)

中国农工民主党金华市委员会金东区总支
主　委　张新明

九三学社金华市金东区基层委员会
主　委　傅丽花(女)

金华市金东区工商联
主　席　辛永良

群团组织

区总工会
主　席　傅得统

团区委
书　记　傅　榕(女)

区妇联
主　席　陈　倩(女)

区残联
理事长　俞金棋

区科协
主　席　陈秀红(女)

区文联
主　席　陈妙花(女，2013年11月—)

区红十字会
专职副会长　金根明

新区重点办

主　任　曹文蔚

副主任　吴春禄　　金艳秀(女，兼)郭　玕

金东经济开发区管委会

主　任　胡　杰

副主任　周以利　　金　辉　　方兴木

乡镇 街道

多湖街道

书　记　王和元(—2013年8月)
　　　　　曹　斌(2013年8月—)
主　任　胡根顺(—2013年8月)
　　　　　戴向阳(2013年8月—)

东孝街道

书　记　方道立
主　任　王乐寒

孝顺镇

书　记　潘业龙
镇　长　夏志坚

傅村镇

书　记　方兴木
镇　长　李振水(—2013年8月)
　　　　　陈卫强(2013年8月—　提名人选)

源东乡

书　记　周　斌(—2013年8月)
　　　　　李振水(2013年8月—)
乡　长　徐　琰(女)(—2013年11月)
　　　　　鲍　鹏(2013年11月—)

曹宅镇

书　记　何　斌
镇　长　徐根生

赤松镇

书　记　韩金钢
镇　长　何建军(—2013年11月)
　　　　　朱　勇(2013年11月—　提名人选)

塘雅镇

书　记　曹群燕
镇　长　王新永

澧浦镇

书　记　张卫平
镇　长　徐　赞

岭下镇

书　记　盛　锋
镇　长　余卫群

江东镇

书　记　曹秋水(—2013年8月)
　　　　　周　斌(2013年8月—)
镇　长　吴谊林

鞋塘办事处

书　记　张锦根
主　任　何志义(2013年8月—)

垂直管理部门

市工商行政管理局金东分局

局　长　傅之平

市质量技术监督局金东分局

局　长　潘钢刚

市国家税务局金东分局

局　长　童华德

市地方税务局江北分局

局　长　程晓明

市地方税务局孝顺分局

局　长　汪国强

市国土资源局金东分局

局　长　蒋跃明

市规划局金东分局
局　长　王海林

市环境保护局金东分局
局　长　金新春

金东消防大队
大队长　李　胜

市交巡警支队直属二大队
大队长　王　政

市公积金管理中心金东管理部
主　任　沈国星

金融 保险

中国银行金东支行
行　长　石文俭

中国工商银行金东支行
行　长　寿　增

中国农业银行金东支行
行　长　虞浩然

中国建设银行金东支行
行　长　陈　平

金华银行金东支行
行　长　邵玉荣

中国人保金华市金东支公司
总经理　吴俊翔

中国人寿金东支公司
经　理　沈锦东

供电 电信 移动通信

金东供电局
局　长　卢德银

中国电信金华分公司金东分局
局　长　黄　江

中国移动金东分公司
总经理　谢水清

中国共产党金华市金东区委员会

综　述

2013年，中国共产党金华市金东区委员会围绕“干好一三五、实现四翻番”的总体目标，坚持“抓重点出亮点、抓难题求突破、正作风提效能”的工作要求，克服人员少、事权小、财力弱的困难，努力争先进位、赶超发展，经济社会呈现良好的发展态势。

经济发展保持赶超态势。预计全区实现地区生产总值140亿元，同比增长10%；规上工业产值164亿元，增长8.9%；财政总收入16亿元，其中区级财政收入6.42亿元，分别增长29.7%和28.9%；全社会固定资产投资112亿元，增长30%；全社会消费品零售总额93亿元，增长18%；外贸进出口总额10.3亿美元，增长15%；农村居民人均纯收入14398元，增长12%。

全区列入市级考核通报的十三大项经济指标中，除亩产税收、每万度用电税收、工业投资和规上工业增加值增幅，在各县市排名相对比较靠后，其余九大项指标均高于全市平均水平。其中财政收入、固定资产投资、服务业投资、外贸出口、社会消费品零售总额、用电量等增幅一直处在全市前三，尤其是财政收入、用电量、外贸出口增幅，在去年全市领先的基础上继续保持高位增长。作为衡量一个地区经济发展最主要最综合的指标，财政收入全年预计增长30%左右，每月皆超全市平均水平20个百分点，增长幅度一直保持全市第一；作为反映当下企业生产状况的重要指标，工业用电量增长22%左右，增长幅度全市第一，遥遥领先；作为体现今后发展潜力的主要指标，招商引资总额全市第一，固定资产投资总量全市第五。金东用十年时间，财政收入从一亿到十亿；用三年时间，从十亿到二十亿；呈现了活动的赶超态势。

三大平台加快开发建设。合力共建金义都市新区，强化三个支持、两个助推、一个维护，孝顺、傅村、鞋塘完成征地1706.67公顷，曹宅、塘雅低丘缓坡范围713.33公顷征地进展顺利。2000多公顷土地农转用已完成报批，征地已基本完成，这意味着未来有个很大的发展空间和余地。金东新城区多湖中央商务区、商业中心、江北中轴线三大区块开发建设全面推进，万达广场、紫金湾、保集外滩等项目形象显现。多湖中央商务区三路一街进展顺利，大堰河街（光南路至李渔路段）打通多年梗阻，金外初中、项村城防工程开工建设。江东区块征迁扫尾、基础设施建设、入园企业落地同步推进，10月份开展了“奋战两个月、开发出成果”攻坚行动，政策处理遗留问题基本扫清，基础设施“10路1总管”基本建成，17家企业进场施工。

重点工作、重点项目扎实推进。坚持铁腕治水，编制治水三年行动计划方案，10月份开展“三整治”行动，以源东为重点治理畜禽养殖污染，全区共拆除猪舍32.9万平方米，处置存栏生猪、奶牛11.4万头；关停制砂加工点81家；取缔关停小电镀、小印（漂）染等“六小”（关闭小蓄电池、小电镀、小化工、小印染、小造纸、无证小作坊）加工点276家。推进“三改一拆”（旧住宅区、旧厂区、城中村改造和拆除违法建筑）行动，拆除违法建筑76.38万平方米，完成市下达任务168.9%。新增规上工业企业30家，完成“个转企”506家。今年全区共安排各类重点项目49

个,年度计划投资额78.26亿元,是去年的3.5倍,其中省“411”(万亿产业转型升级工程、万亿基础设施完善工程、万亿统筹城乡建设工程、万亿公共服务提升工程;建设1000个以上省重大项目,一个是指带动全社会固定资产投资超过10万亿元)项目年度计划投资额占到全市约1/3,省、市重点项目年度计划投资额居全市第三。省、市重点项目开工率100%,分别完成投资37.1亿元和60.76亿元,为年计划的186%和196%。杭长客专、金温扩能、浙北一福州特高压、金丽温输气管道等国家、省市重点项目稳步实施,金武公路、曹塘澧公路建成通车,澧浦变投运,塘雅变完成主体工程。完成垦造耕地301.33公顷。

省美丽乡村先进区成功创建。基本建成南北两线景观带和50个“两富”示范村,创建为省美丽乡村先进区,连续六年获省“千村示范、万村整治”先进单位,澧浦镇被评为省首届十大最美乡镇。扎实推进农业“两区”建设,创建省级主导产业示范区2个,省级特色农业精品园1个,市级现代农业示范基地15个。源东白桃栽培标准化示范基地通过国家验收,寨春农业成为国家供销总社优质蔬果基地。全国小型农田水利重点县建设通过省级验收,全国中小河流治理重点县澧浦、岭下、源东、曹宅四个项目区开工建设,完成杨卜山水闸除险加固工程,完成独流入海金华江治理3.7千米。

产业发展基础进一步夯实。引进超亿元项目40个,实际利用外资3450万美元,引进内资48亿元,浙(婺)商回归投资31亿元。40个重点工业项目和49个重点技改项目分别竣工投产12个、38个。整治低效企业100家,增加税收3880万元,消化转而未供土地127公顷,盘活存量建设用地49.47公顷。信息软件创业园一期税收超2000万;二期全面完成招商,新引进企业27家,浙江卫宇科技北斗星导航项目、立思辰云计算平台应用项目等“国千人才”投资项目落户园区,被评为省服务业集聚示范区。浙中建材市场进入全国商品市场百强,二手车市场建成营业,六大专业市场总成交额172.1亿元,增长13.4%。开展省专利权质押融资试点工作,授信总额全省第二。

居家养老等民生实事取得实效。按照“保基本、广覆盖、可持续”的思路,探索统分结合的新型农村养老模式,建成农村居家养老中心226家,服务覆盖全区2/3以上农村老人。这项工作干部群众一致好评,上级领导充分肯定,社会力量积极参与。省、市先后在全区召开现场会推广金东经验,央视新闻联播、新华社动态清样、报刊文摘等国内主流媒体进行了报道,省外10多个代表团前来考察学习。扎实办好城乡公交配套、农贸市场改造、电气化村全覆盖、被征地农民保障等十件民生实事。全面完成学前教育三年行动计划,开展教育现代化区和义务教育发展均衡区创建。重视文化品牌建设,新建文化礼堂16家。社区医疗服务“一卡通”乡镇全覆盖。城乡居民基本医疗保险率98.7%。开展“无欠薪”金东建设,案件数下降30%以上。

社会保持和谐稳定。开展政法干警组团服务活动,重点打击一批违法犯罪行为,解决一批遗留问题,化解一批重大矛盾纠纷和信访问题。公检法联合,开展打击“强迫交易、强揽工程”专项行动,打击涉嫌敲诈勒索、污染环境、抢种抢建等犯罪行为15起,对41人采取刑事强制措施。深化“两代表一委员”“三诊”模式,规范信访程序,加强初信初访办理,信访到期办结率100%。高度重视安全生产、食品药品安全、消防安全等工作,全区安全态势平稳。

作风建设成效明显。深化“三解三促” (了解村情民意,促进干群关系融洽;破解发展难题,促进干部作风转变;化解基层矛盾,促进基层发展稳定) ,开展“双百双千”(开展百名干部联百村破难题、百名局长进百企助发展、千名党员帮千户解民困、千名代表(委员))活动,百名干部联百村破百题,百名局长进百企助发展,千名党员帮千户解民困,千名代表(委员)进千家疏民意。10月中旬,开展“践行群众路线、全员一线攻坚”活动,组织全区2/3以上的机关干部下基层进一线,支持乡镇共同推进重点工作。全区广大党员干部全员下基层,知民情、解民忧,破难题、强服务。严格执行中央“八项规定”和省委“六个严禁”(严禁用公款搞相互走访、送礼、宴请等拜年活动;严禁向上级部门赠送土特产;严禁违反规定收送礼品、礼金、有价证券、支付凭证和商业预付卡;严禁滥发钱物,讲排场、比阔气,搞铺张浪费;严禁超标准接待;严禁组织和参与赌博活动),规范公务接待和公车管理,压缩一般性经费和"三公"经费支出。重申有关纪律规定,加强对上下班纪律、工作日禁酒、酒局牌局等情况检查。

村级组织换届平稳有序。圆满完成曹宅镇、塘雅镇村级组织换届试点工作,其中曹宅镇是省试点镇,也是省委组织部直接联系点,试点中提出的"选出好班子、绘出好蓝图、换出好风气"成为全省村级组织换届工作总目标。全区面上村级组织换届工作平稳有序,严肃选风选纪,严厉打击贿选,换届风气明显好转,配强"双强"型村级班子,对规模大、选情复杂,或有重点工作任务承担的村,由区领导或部门领导担任换届指导员全程指导,整个换届总体圆满、顺利。

基层党建创新推进。积极探索区域化党建模式,成立了赤松镇景区党委等一批区域化、产业化、行业化党组织,基层服务型党组织建设走在全市前列,全市基层服务型党组织建设现场会在金东区召开。加强干部队伍建设,出台干部管理"5+1"系列文件,探索干部能上能下机制。认真开展"全科干部、全心服务"活动,周一夜学、驻夜值班、在村考勤等形成长效机制。加强党员教育管理,实施"四个一批"(违纪党员查处一批,不合格党员处置一批,不称职干部辞职一批,违法犯罪行为打击一批)专项行动,开展低星级党员教育整转工作,深化"党员公益日"制度,发挥农村党员的先锋模范作用。加强人才工作,引进省千人才1人,市双龙计划5人,评选区第三批拔尖人才10名,首届乡土名家10名。乡镇公共财政服务平台在全省率先实现全覆盖。农村集体经济"除险加固"工程取得实效。

重要会议

【区委三届三次全体(扩大)会议暨区政府第二次全体会议举行】2012年12月26日上午,金东区召开区委三届三次全体(扩大)会议暨区政府第二次全体会议。区委书记郑余良作工作报告。区委副书记、区长施美红主持会议。会议深入学习贯彻中共十八大和省委、市委全会以及全省经济工作会议精神,回顾总结今年工作,研究部署明年和今后一个时期的工作任务,审议通过《中共金东区委关于认真学习贯彻中共十八大精神,全面加快"两富"现代化金东建设的决定》,动员全区党员干部振奋精神、抢抓机遇,攻坚克难、务实工作,努力开创金东大开发、大建设、大发展的新局面。区领导赵庆、楼科进、王瑞海、丁丰田、邱银泉、胡杰、朱俊强、张远平、潘之江、曹文蔚、羊代平、盛峰、宋炳坚、王建国、朱茂丹、王建中、楼琅坚出席会议并在主席台就座。

【区委三届四次全体(扩大)会议暨区政府第三次全体会议】

2013年7月29日上午,金东区召开区委三届四次全体(扩大)会议暨区政府第三次全体会议。区委书记郑余良作工作报告。区委副书记、区长施美红主持会议。会议深入贯彻落实省委十三届三次和市委六届五次全会精神,总结上半年工作,部署下半年任务,推进创新驱动发展,动员全区上下进一步解放思想,再接再厉、苦干实干、创新创业,坚定不移推进大开发、大建设、大发展。区领导赵庆、楼科进、王瑞海、丁丰田、邱银泉、胡杰、朱俊强、潘之江、曹文蔚、羊代平、盛锋、宋炳坚、楼伟民、王建国、朱茂丹、王建中、楼琅坚、顾凯锋、甘露出席会议并在主席台就座。参加会议的还有区委委员、候补委员,区政府全体组成人员,区纪委委员,区人大、政协常委,部分市、区党代表;各镇乡(街道)、区机关各部门(单位)班子成员,金东新区重点办、金东经济开发区管委会班子成员,各金融单位负责人;曾担任地方副处以上实职的离退休干部;各镇乡(街道)大学生"村官"代表。

【区委三届五次全体(扩大)会议暨区政府第四次全体会议】2013年12月31日上午,金东区召开区委三届五次全体(扩大)会议暨区政府第四次全体会议。区委书记郑余良作工作报告。区委副书记、区长施美红主持会议。会议深入贯彻落实中共十八大,十八届二中、三中全会精神,认真落实省委和市委全会的工作部署,总结今年工作,部署明年任务,动员全区党员干部以改革创新的精神,攻坚克难的韧劲,再接再厉,苦干实干,全面加快金东大开发、大建设、大发展。区领导赵庆、楼科进、陈峰齐、丁丰田、胡杰、朱俊强、羊代平、盛锋、宋炳坚、楼伟民、钟术清、黄斌、王建国、朱茂丹、王建中、楼琅坚出席会议并在主席台就座。参加会议的还有:区委委员、候补委员,区政府全体组成人员,区机关部门纪委委员,部分市、区党代表,区人大、政协常委;各镇乡(街道)、区机关各部门单位、金东新区重点项目建设办公室、金东经济开发区管委会全体干部;省市垂直单位班子成员,各金融单位负责人;曾担任地方副处以上实职的离退休干部;各镇乡(街道)行政村书记、主任,大学生"村官"代表。

2月20日上午,金东区召开全区干部大会。区委书记郑余良作工作报告,区委副书记、区长施美红主持会议。大会贯彻落实上级有关会议和区委三届三次全体(扩大)会议暨区政府第二次全体会议精神,总结去年工作,部署今年重点工作任务,动员全区上下抓重点出亮点,抓难题求突破,正作风提效能,以扎实的工作推动金东大开发、大建设、大发展。会议表彰了2012年度先进单位;镇乡(街道)代表签订了党风廉政建设等责任书;有关部门、乡镇、村等代表进行了表态发言。区领导赵庆、楼科进、王瑞海、丁丰田、胡杰、朱俊强、张远平、潘之江、曹文蔚、羊代平、盛锋、宋炳坚出席会议并在主席台就坐。其他区四套班子领导,人武部政委,法、检两长;金东新区重点办、金东经济开发区管委会班子成员;各镇乡(街道)、鞋塘办事处、区机关各部门单位班子成员;各行政村(社区)书记;全体退二线干部参加了会议。

12月3日下午,金东区召开区委常委会议,传达学习省委十三届四次全会精神,研究部署贯彻落实工作。区委书记郑余良主持会议并讲话,区人大常委会主任赵庆、区政协主席楼科进列席会议。郑余良传达省委十三届四次全会精神,并就金东区学习贯彻工作提出要求。会议认为,省委十三届四次全会,是在全省上下认真学习贯彻中共十八届三中全会精神时召开的一次十分重要的会议。会议研究部署浙江省全面深化改革工作,议题重大、意义深远。全会的报告和省委的决定,主题突出、内涵丰富,目标明确、措施扎实,贯彻了十八届三中全会精神、省委"八八战略"和干好"一三五"、实现"四翻番"要求,体现了干在实处、走在前列的工作要求,对于我们进一步凝聚共识、明确目标、坚定信心,扎实推进全面深化改革,具有很强的指导性和实践性。

重要政事

【开展"双百双千"活动】继续深化"三解三促",开展"双百双千"活动,推动干部下基层、转作风,知民情、解民忧,破难题、强服务。一是百名干部联百村破百题。包括"两富"局级指导员联村和乡镇干部联村,使全区506个村每个村都有干部联系。重点做好四项工作,即走遍联系村每个农户,化解矛盾推动工作,帮助加强村级班子建设,助推村级集体经济发展。二是百名局长进百企助发展。以区领导、部门局长为主,具体负责"五个一":一家规模以上企业,一家服务业、建筑业企业,一家清闲促产企业,一个"个转企"项目,一家"小上规"企业。三是千名党员帮千户解民困。以在职机关党员干部为主,近2000名党员每人联系一个困难户,实行结对帮扶,开展走访慰问,努力帮助解决实际困难。同时,输血与造血相结合,多方途径帮助其发展经济、脱贫致富。四是千名代表(委员)进千家疏民意。是年,为拓宽党代表、人大代表和政协委员服务群众、常态化履职的平台和渠道,发挥他们在掌握民情、化解矛盾、疏导情绪等方面的独特优势,创新了"两代表一委员""坐诊、出诊、会诊"模式。今年深化这一模式,组织区、镇两级党代表、人大代表和政协委员,进村入户摸民情,反映民意强沟通,宣讲政策疏民意,协助党委、政府化解疑难矛盾、推进重点工作,凝聚发挥社会正能量。自活动开展以来,全区各级党员干部全员下基层,共走访农户1.3万户,走访企业521家,结对困难农户2000多户,帮助村企解决问题500多起,化解矛盾纠纷280起,党群、干群关系得到了密切,干部的观念作风得到了转变,攻坚破难能力进一步增强,工作和服务的效能进一步提升。

【农村居家养老金东模式】金东区按照"保基本、广覆盖、可持续"的思路,以农村居家养老服务中心为主要载体和服务平台,探索统分结合的新型农村养老模式,建成农村居家养老中心226家,服务覆盖全区2/3以上农村老人。省、市先后在金东区召开现场会推广金东经验，央视新闻联播、新华社动态清样等国内主流媒体进行了报道。

金东区农村居家养老服务中心

“保基本”体现政府承担养老“兜底责任”，解决绝大多数农村老人的日常就餐、文化娱乐、健康体检等最基本最迫切的需求；“全覆盖”是实现农村居家养老中心建设的“全覆盖”，让绝大多数农村老人在家门口享受养老服务；“可持续”是在资金投入上注重“低成本”，运行机制常态化、制度化，实现持久健康运行。在服务上，采取“白天统一照料、晚上分散居住”相结合模式；在运营上，实行“中心较大村统一布点、边缘较小村分餐配送”相结合模式。每个“基本版”养老中心必备三项基础功能，即就餐洗衣、医疗保健、文化娱乐，实用面积在200平方米以上，可直接保障老人20名以上。

农村养老金东模式经费投入少。充分利用村庄闲置资源，通过改建和修缮闲置校舍、村庄旧办公楼等，周边环境结合美丽乡村建设进行整治，每家养老中心的建设成本控制在10—20万元之间。人均建设投入方面，养老中心与敬老院的比例大致为1∶20。采取“四个一点”方法筹集资金，即政府财政出一点、上级部门补一点、社区集体筹一点、社会爱心助一点。区财政向每家服务中心补助建设经费10万元，每年补助运行经费3—5万元。这项工作得到了社会各界的大力支持，养老中心成为慈善事业的新平台，成为可持续发展的强大动力。

农村养老金东模式投入少、覆盖广，符合农村老人不离家、不离亲的传统观念，政府可承受，群众受欢迎，惠而不费解决面大量广的农村养老问题，可成为中国式养老的主要途径，有利于改善和提升地方党委政府的形象，有利于农村各项事业顺利开展，抓好最后一千米落实，促进农村社会的和谐稳定。

【乡镇公共财政服务平台建设】金东区自2012年12月启动乡镇公共财政服务平台建设以来，认真抓好组织实施，因地制宜加以推进，目前区辖12个乡镇（街道）、办事处全部建成了乡镇公共财政服务平台，成为全省首个全覆盖县市区。

金东区通过有效整合乡镇已有各类服务中心资源，以加强乡镇财政资金管理为主线，将村级财务代理、乡镇财务核算、民政救济、社会保险、惠农补贴等与财政资金支付相关的涉农服务事项统一纳入服务平台，实行一站式服务。同时，积极借助广电、移动、电信等媒体，方便农民群众知晓和查询。建成了一个服务场所完备、管理制度公开、标志标识统一、工作人员到位、信息网络通畅的乡镇公共服务平台基本框架，实现了服务环境优化、办事流程规范、涉农信息公开、群众查询便捷、资金监管严密的乡镇公共财政服务新模式。

【金东区文化礼堂建成全省“样本”】金东区文化礼堂建设突出“精神回归”为重点，与美丽乡村建设、居家养老服务、文化示范村创建相结合，整合资源，分类建堂，以点带面，全力打造金东区农民“安放心灵的场所，追逐梦想的家园”。源东乡东叶村依托施复亮故居和军民文化广场，打出光南故里和军民融合两张牌。曹宅镇龙一村将市级文物保护单位龙山张氏宗祠内用多种字体写成的20副楹联融合到建设中去。澧浦镇口溪村凸显苗木特色，在文化礼堂内建设苗木介绍长廊。江东镇国湖村邀请浙师大美术学院学生志愿者，制作了多幅宣传孝亲敬老的主题墙画。

金东区年初计划建成12家农村文化礼堂，实际完成农村文化礼堂建设16家，完成率为133%。在建成的农村文化礼堂中相继开展了开蒙礼、敬老礼、成人礼和祈福礼等礼仪活动。金东区文化礼堂建设工作得到了省委常委、宣传部部长葛慧君的批示肯定：“作风扎实，富有特色”。新华社、中新社、《金华日报》等都对这项工作作了专题的报道。据不完全统计，截至2013年12月，省、市、区共计刊登了30多篇文章，其中相关金东区农村文化礼堂的报

省委宣传部常务副部长胡坚(右二)视察长庚村文化礼堂建设

道共有4个整版。12月31日浙江卫视“到最美乡村寻访文化礼堂”栏目播放孝顺镇下范村的文化礼堂建设情况。

(邱伟迎)

区委办公室工作

【概述】2013年,区委办公室在区委的正确领导下,贯彻落实中共十八大、十八届三中全会精神,发扬求真务实、团结奋进的工作作风,紧紧围绕区委的中心工作、重点工作,按照“认真、高效、协调、服务”的工作思路,充分发挥参谋助手、综合协调、督促检查的职能,圆满完成了领导交办的各项工作任务。全年共对接拟定各种会议通知、活动方案147个,接收办理上级来文650件,电传987件,下发区委、区委办文件152个,会议纪要14个,起草领导讲话、报告等文稿150件,区委办党支部被区直机关工委评为五星级基层党组织。

(吴飞)

秘书工作

【概述】围绕区委中心工作,强化服务意识,发挥参谋助手作用。做到常规工作严谨细致,公文运转高效规范,会务工作细之又细。全年共对接拟定各种会议通知、活动方案147个,办理各种会务160余场,接收办理上级来文650件,电传96件。做好接访工作,对所以来宾和来访人员做到礼貌热情,根据具体情况与相关领导和单位联系。对突发的上访事件,坚持顾全大局,耐心细致地劝解疏导,并及时向领导反映情况,防止矛盾激化。认真及时做好领导批示件的办理,按照领导批示要求及时转送相关领导和责任单位,会同区委区政府督查室做好跟踪和反馈工作。

(朱胜军)

信息工作

【概述】2013年,基层信息工作围绕省、市、区委领导关注的重点、工作中的难点和群众反映的热点问题,收集情况、反映信息。一是努力挖掘深层次、综合性信息。充分利用现有的信息网络和渠道,深入调研,定期向重点部门约稿,把信息服务放在全区工作的重点和难点上,放在区委领导关注的焦点上。二是开发系统性、整体性信息。自觉从全局出发,及时掌握领导的工作思路,把握当下区委工作的重点,全面、客观地反映全区经济及社会情况,做到报送信息不片面、不遗漏,为领导统揽大局、科学决策、指导工作提供系统全面的材料。三是注重对信息员业务指导。定期不定期下发信息报送要点,积极引导信息员密切关注形势发展变化,及时、准确了解信息工作需求重点,为信息工作把好脉。

2013年,共向省、市报送信息550余篇(条),被省、市采用信息80篇(条),其中省级信息刊物采用28篇,市级信息刊物采用62篇,获省市领导批示共4个;全年共编发《金东信息》104期,其中,《普刊》33期、《工作情况交流》8期、《专报》15期、《紧急情况快报》42期、《业务通讯》6期。

(李映雪)

调研工作

【概述】调研工作根据区委工作意图和部署,坚持贴近中心工作、贴近全区实际、贴近区委决策和为中心工作服务、为领导决策服务、为基层群众服务的工作思路，主动深入基层一线开展调查研究，完成领导安排的各项任务。全年完成调研材料10多篇，多篇调研成果得到区领导肯定，并转化为领导讲话内容及政策文件精神。围绕经济社会发展的重点、热点，及时为领导决策提供参考，发挥较好的参谋助手作用。紧扣转型升级发展主题，突出服务决策的参谋职能，强化针对性、时效性，为领导决策提供快捷服务。截至年底，各单位（部门）上报调研文章156篇，多篇文章得到区委、区政府主要领导批示，其中市级《金华通讯》采用6篇，《金华日报》理论版刊登4篇。

（黄　睿）

督查工作

【概述】2013年，立足“推动落实的尖兵、领导决策的参谋、联系群众的桥梁和干部作风的表率”职能定位，紧紧围绕全区中心工作和区委、区政府重大决策、重点工作部署，进一步完善督查工作制度，充分发挥“协调、服务、促进、参谋”作用，努力做好督查和督办工作，着重对杭长客专、江东低丘缓坡开发建设、“双百双千”实践活动、“三改一拆”、重大项目百日攻坚、居家养老照料中心、省市区411重点项目、部门（乡镇）重点亮点工作、水环境综合治理、812垦造耕地等重点工作推进情况，进行了督促检查，并以跟踪督查、通报反馈为抓手，切实提升督查实效，有力地促进了区委、区政府各项决策的落实。

全年共发出《督查通报》34期，《督查专报》5期，《督查通知书》3份。严格执行“及时交办、专人负责、逐件反馈、及时专报、定期核查”办理模式，认真办理领导批示件、交办件，第一时间把领导批示精神落实到实处，并按时反馈办理结果。同时根据市政府的要求承办8890群众诉求业务，在人员少，任务重的情况下，克服困难，加班加点认真办理每一项诉求，共受理374件，办结362件，满意率98.7%。

（乔家友）

机要保密工作

【概述】2013年，机要保密工作在市委机要局和市保密局的领导下，按照保密、优质、高效的密码通信要求，紧紧围绕区委、区政府工作重心，认真贯彻执行全省密码工作会议精神。区委机要保密局严格按照《保密法》等有关法律法规，不断加大保密宣传教育、监督管理和技术防范力度，加强对涉密人员的管理，努力提高保密工作规范化水平，促进了办公室各项工作的顺利开展。按照省委机要局的要求和协调，进一步做好省涉密传输主干网、涉密机房和涉密视频会议系统市到区延伸工程，完成对两个视频会议系统的改造，为本区机要级视频会议提供服务。

在省委机要局和市委机要局的指导下，配合完成对涉密视频会议系统的多次调试，并在初步使用时及时发现问题，积极寻求解决方式。同时加强对机密文件、材料的管理。机关的文件起草、打字、复印、信息系统保密管理均由专人负责。凡属机密文件、材料一律由办公室保管，不得任意交他人代收代转。全面执行《国家秘密载体保密管理规定》，密件文件在收发、传递、使用、保管和清退等各个环节做到登记明确、手续清楚。

保密工作是办公室日常工作的关键部分，本单位对秘密载体的管理使用和涉密计算机以及网络进行了严格管理。对涉密计算机实行物理隔离，做到“涉密信息不上网、上网信息不涉密”。结合省市网络安全检查，定期开展保密工作检查，重点检查办公网络保密防范、涉密文件管理及计算机信息系统安全等落实情况，并对检查发现问题及时整改，防患未然。同时，加强对各种U盘和光盘等涉密介质的保密管理，防止存储的秘密信息失泄。没有发现涉密信息的计算机上互联网，凡上互联网的计算机均没有存放涉密信息。按照国家保密局的要求，及时完成本区保密普查数据的统计上报。

工作中认真学习《保密法》和《保密法实施办法》，切实开展好保密工作的教育与宣传。积极开展形式多样的保密宣传教育活动，将保密知识纳入日常理论学习内容之中,积极选派保密干部参加省市组织的保密知识培训,时刻提醒干部绷紧保密这根弦。及时传达贯彻省、市、县保密工作会议精神,按照工作要求落实措施,对重点涉密人员进行经常性的保密教育。通过宣传教育,使全体干部的保密意识明确提高,政治责任感进一步增强。本年度,全区没有发生泄密事件和违反保密法规的现象。下一步要继续按照中央和省市有关保密工作的要求,进一步贯彻落实《保密法》,增强做好保密工作的责任感和紧迫感,认清形势,提高认识,不断查找工作中漏洞,完善各项保密制度,推动全区保密工作再上新台阶。

(何巧芳　舒冲芝)

党史研究

【概述】2013年,深入学习宣传贯彻中共十八大和习近平同志一系列重要讲话精神,牢牢把握"以史鉴今、资政育人"根本任务,继续深入贯彻落实中发〔2010〕10号和全国、全省党史工作会议精神,强化党史资政,推进党史学习宣传教育,加大《中国共产党金东历史》(第二卷)编撰力度,各项工作取得了实效。

【贯彻落实中央、省市党史工作会议精神】深入学习习近平总书记的系列讲话,继续抓好《中共中央关于加强和改进新形势下党史工作的意见》(中发〔2010〕10号)、《中共浙江省委贯彻落实〈中共中央关于加强和改进新形势下党史工作的意见〉的实施意见》(浙委〔2010〕77号)、《中共金华市委关于加强和改进新形势下党史工作的实施细则》(市委〔2011〕13号)等文件精神的落实。进一步明确区委副书记分管党史工作,落实了党史工作机构、办公室、人员、经费等重大问题。9月,根据省委党史研究室开展专项督查的要求,对文件的贯彻落实情况进行了自查,并接受了市委党史研究室的督查,受到了督查组的肯定。

【《中国共产党金东历史》(第二卷)编写工作】正式着手《中共金东党史》第二卷编写工作,确定了编写提纲、落实了人员到义乌等兄弟县市进行交流学习。8月9日召开了推进会,探讨解决编写问题。在编写过程中,根据档案资料,及时修订编写提纲,体现金东特色。12月底,完成第一编前四章和第五章前二节的编写任务,约10万字。

【党史胜迹保护开发】在普查革命遗址的基础上,根据省委党史研究室《关于申报浙江省革命遗址保护专项经费的通知》精神,做好2013—2014年重点几处革命遗址保护经费的申报工作,并作了落实。2013年,申报源东乡东叶村施存统、施光南故居修缮保护项目;5月,省委党史研究室宣教处处长带队到实地进行了调研。

【党史资政工作】做好第一批"金华市党史教育基地"评选工作。3月,"孝顺革命烈士陵园"被市委党史研究室评为第一批金华市党史教育基地,并授予了铜牌;做好推荐金华红色旅游精品线路和红色景点工作。金东区钱兆鹏烈士墓,施复亮、施光南故居,艾青故居,孝顺烈士陵园等4景点,古子城—三江六岸—钱兆鹏烈士墓、双龙景区—孝顺烈士陵园、艾青故居·大堰河之墓—施复亮、施光南故居等3条线路被市委党史研究室、市旅游局分别评选为金华红色旅游景点和红色旅游精品线路。

【日机炸毁孝顺镇惨案专题】根据省委党史研究室要求,完成专题《日机炸毁金华孝顺镇惨案》资料、图片的收集和综述的编写,入选省委党史研究室编辑出版的《日军侵略浙江罪行专题集》。

【党史研究室和区地方志办公室合署办公】12月31日,区机构编制委员会发文《关于金东区委党史研究室和区地方志办公室机构合署办公的批复》(金东编〔2013〕25号),同意区委党史研究室和区地方志办合署办公,合署后机构名称为"金华市金东区史志办公室",为区委、区政府主管金东党史、地方志的工作机构,一套班子。保留"中共金华市金东区委党史研究室"牌子和印章,同时,"金华市金东区地方志办公室"更名为"金华市金东区人民政府地方志办公室"。合署后内设党史科、志鉴科2个职能科室,核定事业编制4名,部门领导职数2名,中层领导职数2名。

(张　勇)

档案工作

【概述】档案工作按照省平安办、省档案局关于开展2013年度建设“平安浙江”档案安全监管工作的要求和金华市档案局2013年各县(市、区)档案工作考核办法的通知精神,结合金东整体档案工作实际,提高自身业务水平,组织开展各项档案工作。

为确保全区档案工作规范管理,区两办下发了金区委办〔2012〕82号文件,设立金华市金东区档案科。强化管理,推进档案与电子文件登记备份工作。区委下发《做好全区档案数字化工作的通知》,明确各乡镇、街道和机关单位完成此项工作的时间、内容和经费,保证工作落到实处。除公安、检察院由于条线上要求不同没有完成数据备份,其他单位基本完成室藏档案和2011年度档案的登记和数据备份工作。

加强金东区范围重点建设项目档案安全监管,推进重要民生领域电子业务数据的登记备份,加大指导、监督与检查力度。探索农村档案信息共享和推进规范化数字档案室创建工作。金东区档案科依托金华市档案网这个平台,建立农村档案信息共享专题,并与金东农林信息网链接,实现农村技术、文件政策、农业信息动态网络共享。金东区源东乡、东孝街道、赤松镇、质监分局已列入规范化数字档案室。

(姜琦)

组织工作

【概述】2013年,区委出台了《关于推进基层服务型党组织建设的实施意见》,坚持以“服务功能强、服务能力强、服务机制优、服务业绩优”为总目标,初步形成了基层服务型党组织建设的“金东模式”,从创新组织设置开始,打破各自为阵的单位党建模式。采取“上提下分”的办法,建立了15个区域化党组织,11个产业党组织,一批行业化党组织和一批功能化党小组。打造“四型”队伍,即“全科”型乡镇干部队伍、“双强”型村干部队伍、“先锋”型党员队伍和“三诊”型两代表一委员队伍,实施低星级党员“五定整转法”。2013年,全区126名“低星级”党员已完成整转115人,整转率达到91.2%。建立贴近需求、长效管用的服务平台,让群众及时方便地享受到服务。在机关建立“双百双千”实践平台,开展“践行群众路线、全员一线攻坚”集中行动;在区域性党组织建立60个党群服务中心平台,打造20分钟便民服务圈;在农村建立165家服务居家养老平台,机关干部和农村党员均纳入服务队伍;在新兴媒体,建立网络党建服务平台。建立民主开放、群众参与的考评体系,把服务好坏的评价权交给群众。将群众满意作为重要指标,强化党建责任制,建立基层党建专项述职、乡镇党建特色工作汇报等7项制度。人民论坛、浙江日报、浙江在线、浙江电视台等主流媒体进行了相关报道。

【低星级党员“五定整转法”】推行以“科学定标准、联动定对象、分类定措施、整转定期限、考核定退留”为主要内容的警示型党员“五定整转法”,达到教育一批、转化一批、警示一批的目的。科学制定警示型党员“党性意识不强、作用发挥不佳、作风形象不良、法纪观念不强、群众满意度不高”5大类17条具体认定标准。因人因事分类处置,针对党性观念不强的党员,开设党性教育课,实行“五星”带“低星”,安排专人“1+1”结对帮扶;对参加组织活动不积极的党员,开展网上每旬点对点学习,组织每月面对面思想汇报;针对作风不佳、自律不强的党员,通过约谈整改,警示谈话促进整转;针对作用发挥不理想的党员,组织认领公益岗位,及时安排参加居家养老服务、重点项目攻坚、党员公益日、矛盾纠纷调处等活动;针对整改不力、违法违纪、严重阻挠中心工作等问题严重的党员,将其党组织关系转入到乡镇党校支部,开展为期6个月的集中教育,强化教育整转实效。2013年,全区共126名“低星级”党员接受教育转化,完成整转115人,整转率达到91.2%。

【两新组织党建工作】扩覆盖,力促组建形式多样化,大力提高两新组织党组织单建率,进一步提升“覆盖扩网”成果,全区两新组织已单建党支部243家,其中固定从业人员80人以上非公企业144

家,全部单独建立党组织。构建立体覆盖组织网络,在两新组织中组建区域化党委6个、行业化党委2个,产业化党委2个,设立132个功能化党小组;抓队伍,力促工作队伍优质化,建立两新工委实体化运作机制,完善区委两新工委联席会议、两新党建双重管理等制度,整合单位力量联动推进两新组织建设。全面落实流动党员同等化管理,按照“亮明身份、编入组织、一视同仁、发挥作用”的原则,全面掌握566名流动党员的基本情况。强化党务工作者和出资人队伍建设,共推选32名企业中层以上党员为党务干部,其中7位企业主担任党组织书记。组建创二代协会,组织新生代出资人开展“忆家史、谋传承、求创新”主题活动;力促活动载体特色化,有序推进“千企千村五星联创”活动,全区共有104家企业与104个行政村结对联创。深入开展青春(巾帼)党建工作,积极打造青春(巾帼)公益先锋“攻坚、和谐、关爱、接力、评星”五大行动。着力推进两新组织示范点培育,积极打造3条红色线路,建设6个党群服务中心;强保障,力促工作机制长效化。建立党员联系服务职工制度,每名党员负责联系10—30名员工,谈心交心、听取诉求、化解矛盾。推行新“三会一课”(政治理论学习会、党员献计献策会、党组织与经营管理层沟通协商会和技术创新课)制度,集中解决企业发展难题和职工反映强烈的问题。深化两新组织党员“五星管理”制度,强化两新组织中的党员和优秀青年职工的培养锻炼,评选两新组织党员模范先锋。

【选拔干部坚持德才兼备】2013年,组织部提高选人用人公信度。坚持德才兼备、以德为先的用人导向,严格遵守《干部任用条例》有关规定,根据“两富”金东发展需要,突出“三个注重”高标准选拔干部。注重以德为先,坚持优先提拔使用政治坚定、善谋全局、敢于担当、克难攻坚的干部。注重工作实绩,坚持把工作实绩,作为衡量干部德才的重要标准和选拔任用的重要条件,对长期在艰苦环境下工作的干部,予以重点推荐。注重群众公认,坚持把民主推荐、民主评议、民主测评结果作为确定考察人选、选拔任用干部的重要依据,真正把群众公认度高的干部及时推荐到领导岗位。2013年来,区委共研究讨论干部3批次,调整干部130余人次。

【建设“三型”干部队伍】着力培养“狮子型”干部,把“有激情、敢担当、能碰硬、善奉献”作为“狮子型”干部的标准,通过“看才、寻才、练才、育才、促才”的“五才工作法”,确定76名“狮子型”干部人选,选派113名干部参与“三改一拆”“四边三化”“双清行动”等重点任务,选派区机关7名年轻干部到乡镇重要岗位挂职,选派30名年轻干部到重点工程项目组锻炼,以“一线攻坚”“实战业绩”倒逼干部成长为“狮子型”干部;加强乡镇“全科型”队伍建设,建立了“全科干部、全心服务”活动长效机制,完善乡镇干部“夜学夜访夜办”、师徒帮带、项目指挥长等制度,探索形成了“三个在村”和“五张清单”等工作法,实行“限时办结”工作制,组织了全科知识测试、民情比武和“全科之星”评选。出台《金东区镇乡(街道)考核奖发放办法》和《金东区领导干部绩效评价办法》,努力营造重一线、重基层的导向;关心爱护“老黄牛型”干部。对那些爱岗敬业、脚踏实地、默默无闻、任劳任怨的“老黄牛型”干部,组织高看一眼、厚爱一点、关心一些,积极倡导“为民服务、尽心尽力、勤政务实、尽职尽责”,争当干事创业“老黄牛型”干部的导向。

【处置不胜任干部】出台《关于不胜任现职领导干部处理的若干意见》,对干部“下”的标准认定、程序方式、后续出路进行了全程规范,坚决把那些无所事事、不称职、不作为的干部调整下去。明确“五类”认定标准,结合工作需要和群众意见,确定“有令不行、工作不力、作风不实、考评不佳、为政不廉”五类认定标准,为领导干部“能下”提供了依据。根据干部存在问题的轻重程度、影响范围等不同,分类采取交流、降职、辞职、免职4种处理方式。对“下”去的干部,做耐心细致的思想工作,强化后期跟踪管理。2013年以来,全区共有10名干部被认定为不胜任现职领导干部,其中免职6名、降职4名。

【提升干部攻坚克难能力】建立重点项目“指挥长”制度,通过“挂牌招办”的形式,让领导干部担任项目“指挥长”,自行挑选人员组成专门工作组,倒排工作计划,全力推进。引入“双向比选”摘牌机制,实行“指挥长选干部”与“干部选项目”相结合,合理配置干部力量,激发工作积极性。建立完善的考核体系,通过召开项目督查现场会,综合情况汇报、实地考察、群众测评等形式,对摘牌干部的工作实绩、工作能力、领导水平进行专项考察,结果作为干部考核评价的重要依据,表现优秀的,及时提拔重用。2013年以来,共选派重点项目"指挥长"125名,干部群众公认、表现优秀并被提拔重用的4人。

【干部教育培训】完善全区干部教育联络员制度,建立了57个部门(单位)干部教育联络员队伍,推进市管干部和区管干部的网络教育学习。全年组织开展"金东大讲堂""周一夜学"等50次,参加学习干部约37620人次。全年选派各级领导干部参加培训18批次、588人次。完成区管领导干部轮训班2批次,选派学员351人,完成乡镇班子成员全科先锋培训班3批次,选派学员116人,完成区中青班培训1批次,选派学员30人。区中青班培训探索"双百分制考核"和"微博直播学习模式",并组织区管后备干部参与为期近一个月的社会实践和"三整治"、居家养老等项目的实战锻炼,取得明显的社会效果。

【村级组织换届】围绕"选出好班子、绘就好蓝图、换出好风气"的总目标,圆满完成村级组织换届工作。严把候选人(自荐人)资格审查关,强化党委把关作用;大力推进"能人治村",努力打造"服务能力强、带富能力强"的"双强型"村干部;深化依事选人"四步工作法",变"选什么人当干部"为"选什么人干事业";成立换届指导组和观察团,强化换届全过程指导监督;同步推进服务型党组织建设;有效规范竞职行为,以高压态势打击和防范贿选等违法违纪行为。试点中共查处3起贿选案件,5人被取消参选资格,1人被宣布当选无效,1人被行政拘留,18名党员受到党纪处分和组织处理。

村级组织换届(邵勤旦 通讯员 郑玲/摄)

【干部监督管理】严格执行干部工作有关规定,开展了全区贯彻执行干部工作政策法规情况专项自查,推进中层领导干部选拔任用检查,实施干部"带病提拔"和破格提拔责任追究集中倒查,重新修订《关于进一步规范中层领导干部选拔任用工作的意见》,出台《金东区中层领导干部选拔任用全程监督办法》。开展领导干部履职尽责"节点监督"。年初公开领导干部年度履职重点任务,年中按时间节点公开工作完成进度,平时细化"日办周办工作计划",落实"周结月结履责点评",年末公开通报年度履职尽责评议结果,做到履职尽责干部说得上、群众说了算。加强领导干部日常监督管理。开展干部激励(关爱)谈话351人次、沟通(反馈)谈话173人次、提醒(警示)谈话54人次、诫勉谈话19人次。认真抓好14个单位17位领导干部的领导干部经济责任离任审计工作。完善干部监督"阳光网络",健全18957912382干部监督手机短信举报平台、12380举报网站等"四位一体"综合网络,实现社会监督网络全覆盖。

【健全党管人才机制】加强组织领导,健全党管人才体制机制,出台《关于进一步加强党管人才工作的实施意见》《2013年人才工作要点》《区委、区政府领导联系重点高层次人才制度》等制度,夯实人才工作体制,构建区、镇、企三级人才工作领导体系。建立专项会议制度,由区委常委专项听取人才工作汇报,召集成员单位开展项目评审分析,分阶段分重点部署落实人才工作。成立招才局并实行集中办公,明确10项基本工作职责,完成"机构、人员、经费、场地"四到位。实行人才目标责任考核机制,将人才工作直接考核到局、办、站、组等工作机构网第一线。

【高层次人才引进和本土人才开发】以"千人计划"为目标,大力实施招才引智内引外联三大工作法,全力招引高层次人才落户金东创新创业。成立招商招才、引才协调和跟踪服务三大功能团,采取"领导带团、部门组团、项目分团"的"团战"模式,打造"三维引才网"。实行"部门定责分管、乡镇联合分片"的分工机制,在全区范围内开展人才摸排工作,做到规上企业全部排摸、重点企业家全心走访,高层次人才信息全面掌握。发动乡镇人才工作站职能，以同乡联络、同校联络、同学联络、同年联络等方式，对金东籍在外高层次人才进行专项摸底，专人联络、专项对接、以情引才。2013年，共申报“双龙计划”人才和团队15个、省千人计划人选4人，其中入选省千专家1名、双龙计划项目6个，柔性引进国千专家4人。同时，将乡土名家选拔作为年度重点工作，以选好一批“从乡土成长、对乡土有用、在乡土发热、为乡土出力”的“草根人才”为目标，开展第三批拔尖人才评选和首届区乡土名家的评选，今年共选出17名拔尖人才和10名乡土名家。

【营造人才发展环境】开辟人才落地“高速公路”，为高层次人才来金考察、选址落户、创办企业提供“专项通道”，简化流程，专人协调，全程代办，确保“人才+项目+企业”落地生根。稳步推进人才用房建设，协调解决了地块内开闭所搬迁、公共设施配套用房等关键、节点问题，确保年底进场施工。做好国千专家服务工作，并确定了由区委书记为组长的人才服务联系小组，开展了20余次“一事一议”专项服务。切实营造人才工作氛围，通过将入企宣讲、媒体报道、设立户外广告牌、编印工作手册等形式，加大人才工作宣传力度。

【助推大学生“村官”成长成才】深化大学生“村官”“成长档案”制度，在江东镇设立了大学生“村官”“成长档案”陈列室，被列入全省大学生“村官”工作现场推进会参观点之一；完善考核办法，出台《金东区大学生“村官”量化积分考核办法(试行)》，要求每位大学生“村官”每月在村不少于20天，走访联系户不少于20户，代办事项不少于6件，并采取“日常考评+节点考核”的办法量化工作绩效；推进有序流动，举办了大学生“村官”素质强化培训班，帮助大学生“村官”提升综合素质。积极协调国土、环保等部门，定向大学生“村官”招录工作人员11人。开展第2批“百名村官服务企业百日行”活动，组织30名大学生“村官”到企业中锻炼。全区自2006年以来招录的8批298名大学生“村官”，已有122人考入各级公职人员，10人进入企业工作，2人自主创业。开展大学生“村官”服务季“十个一”活动，要求大学生“村官”进村开展“民情大走访、公益便民大服务、换届选情调研、参与实事重点项目”等十项活动，并全面推行服务手记，建立联村干部和大学生“村官”“一对一”帮扶制度，引导帮助大学生“村官”加强实践锻炼、熟悉村况民情、参与村级组织换届，共有31名大学生“村官”进入村“两委”班子，其中2人当选为村党支部书记。

【践行群众路线】开展“双百双千”实践活动，牵头抓好百名干部联百村破百题、千名党员帮千户解民困、千名代表(委员)进千家疏民意三项活动推进，组工干部定向联系困难户或专业户20户，累计下基层230余次，走访基层党员干部群众970余人，帮助解决各类难题33件。开展部机关干部“增强党性、增进工作、向先进地学、向老组工学、体验式返乡走亲、体验式蹲点调研”的“双增双学双体验”活动，在村级组织换届试点工作中，每名组工干部“一人一村”蹲点换届重点难点村，全程指导参与做好换届工作，并形成18篇蹲点调研文章。结合“党员公益日”开展服务农村居家养老中心活动，共有36人次前往联系村的居家养老中心送服务，捐赠米油等必需品计4000余元。推进在职党员到社区报到制度，组工干部到各自所在社区认领。各类岗位47个，开展各类服务130余次。

【信息宣传工作】注重组织工作前瞻性问题研究，提高组织工作的透明度和公开性。加强信息宣传工作力度，全年上报信息80篇，被中央、省、市组织部及党委部门采用信息27篇，在各级新闻媒体刊播宣传稿件32篇。重视涉组涉干网络舆情的监测与应对，发表原创网评92篇，对各类网络舆情发帖、引导13200多次。管好用好“金东先锋”“金东党建”“金东人才”“金东两新党建”等官方微博，及时发布动态信息，开展在线互动交流、微博直播等活动，“金东先锋”“金东远教”均进入全省同类微博30强。

(王建东)

宣传工作

【概述】2013年，金东区宣传思想文化工作围绕中心、服务大局，亮点纷呈。理论武装深入拓展，舆论宣传稳步推进，文化软实力不断提升，文明创建迈上新台阶，进一步营造了加快发展、风正气顺的良好氛围，有力推动了全区经济社会各项事业持续健康发展。

【学习型党组织建设】2013年，组织区委理论中心组学习10余次。组织“金东大讲堂”8期，邀请知名专家学者，如军事学博士、国防大学教授李莉作了“世界军事形势和中国国家安全”讲座，浙江大学教授陈昆福作了“孙子兵法与领导艺术”的专题讲座等，使金东大讲堂逐渐成为传播先进思想文化的主阵地。编印《金东学习》刊物，为各单位提供参考借鉴的学习平台。坚持“周一夜学”制度，通过督查和动态跟踪，促进学习的规范化和长效化。

【舆论宣传取得突破】2013年，在《浙江日报》上刊登报道27篇，在《金华日报》上刊登报道144篇。其中，围绕区委、区政府“居家养老中心建设”这一重点工作，开展了3次“大型媒体采风”活动，层次之高、影响力之广，引起各方的广泛关注。中央电视台《新闻联播》《新华社内参》《半月谈》《浙江领导参考》《国内动态清样》，《新华每日电讯》《报刊文摘》分别对金东区居家养老进行了宣传，中央、省、市等50多家媒体刊出报道120多篇(版)。宣传信息工作取得飞跃，向省委宣传部、市委宣传部上报信息100多条，采用40多条；获得省委常委、宣传部长批示2条，信息得分在全省90个(县、市、区)中名列第三，全市名列第二。

【文化礼堂成群众精神家园】按照“文化礼堂，精神家园”的定位，科学规划建设布局，有效整合文化资源，深入挖掘地方特色，全年共建成农村文化礼堂15家。丰富礼堂活动内容，开展了重阳敬老礼、国庆成人礼、新年祈福礼、七岁开蒙礼等礼仪活动。与“中国梦”教育相结合，开展了“一月一梦”系列追梦活动。此项工作得到了省委常委、宣传部部长葛慧君的批示肯定：“作风扎实，富有特色”。同时也得到了市委常委、宣传部部长何杏仁的批示肯定：“金东区文化礼堂建设细、实、精、快，值得各县(市、区)借鉴”。新华社、中新社、浙江日报等都对这项工作作了专题报道。成都龙泉驿区、慈溪市，金华各县市等相继前来金东区考察，学习借鉴文化礼堂建设经验。成功举办了第四届农民文化艺术节，组织了“乡镇婺剧联谊赛”“金东好声音”等比赛活动。

孝顺镇下范村文化礼堂七岁开蒙礼

【“四”全志愿服务新模式】全区组建了助老帮困、卫生健康、文化艺术等6支专业志愿服务队，在12个镇乡(街道)、办事处建立了18个志愿服务示范基地，志愿者人数超800人，服务范围覆盖全区411个行政村。相继开展“千名志愿者走进文化礼堂建设村”“红色爱心志愿者服务居家养老”“院区携手、共育春苗”等活动。“志愿服务领域全方位、志愿服务空间全覆盖、志愿服务平台全天候、志愿服务活动全参与”。“四全”志愿服务新模式被列入2013年度浙江省宣传思想文化工作“三贴近”(贴近实际、贴近生活、贴近群众)优秀百例、全市宣传思想工作五年回眸十大亮点之一、2013年度金华市宣传思想文化工作创新奖。

【举办“城市向东”发展论坛】6月9日，金东区举办“城市向东”发展论坛，各界精英代表近500人聚焦金东，就加快推进金东发展及区域经济等议题进行深入探讨。市委常委、常务副市长金中梁，区委书记郑余良，区委副书记、区长施美红，区人大常委会主任赵庆，区政协主席楼科进，区委副书记王瑞海等区四套班子领导出席论坛。郑余良在致辞中指出，金东具备良好的区位优势、交通优势、聚合优势，是“城市向东”发展的基础和优势。当前，金东已进入大开发、大建设、大发展的新阶段，“城市向东”核心在于重心向东，商业向东，创业向东，宜居向东，金东将变乡土为热土，变后起为崛起，变潜力为活力。他表示，城市向东是金东必须承担的历史使命，需要的是一种脚踏实地的精神，是默默无闻、一茬接着一茬的埋头苦干。全区上下要凝心聚力，抢抓机遇，全力以赴推动历史向前、城市向东、生活向上。施美红就“金东新城区的未来发展”等相关问题回答现场记者的提问。她指出，金东将全力加快多湖中央商务区和新城区核心区块建设，加大网络经济和市场集群发展培育力度，完善城市基础设施和生活设施配套，促进商气人气集聚，打造宜居宜业宜游精品新城。

（盛彦妮）

精神文明建设

【概述】2013年，区文明办以弘扬社会主义核心价值体系为根本，坚持“围绕中心、服务大局、贴近实际、贴近生活、贴近群众、改革创新”总要求，以提高公民思想道德素质为核心，不断深化、加强公民思想道德建设，扎实开展群众性精神文明创建活动。

为提高群众文明素质和社会文明程度，根据群众性精神文明主题教育活动的需要，不断深化拓展品牌内涵，丰富活动形式，着力打造金东区宣传思想文化工作金名片。开展群众性精神文明创建活动，注重对各类文明单位的创建指导，做好各级文明单位、文明村镇、文明社区的申报和复评、升级工作。全区新创建市级文明 单位8家、市级文明村18家、市级文明社区3家、区级文明单位6家、区级文明村22家。

【未成年人“双普”系列活动】继续深化“院村携手，共育春苗”暑期活动，并进一步扩大覆盖范围，提升工作质量。继续强化中小学生文明礼仪教育，会同区教育局、团区委、区关工委精心组织未成年人“双普”系列活动和在校园里组织开展《文明礼仪手册》传递活动。

【“春泥计划”活动】全区有411个“春泥计划”实施村，新增211个，加强与高校联系，7月初启动2013年金东区“春泥计划”暑期活动，有600多名师生到金东区参加“春泥计划”。

【“我们的节日”系列活动】3月4日，结合“学习雷锋日”，在孝顺镇商业广场举办“大手拉小手 最美在金东——学习雷锋精神建设善美家园”的宣传教育活动。在现场通过“最美主角说最美，新闻主角说新闻”的形式，向观众讲述了区先进典型的感人事迹。以本土的语言、通俗的说法评说践行社会主义核心价值观，以最贴近百姓的语言活泼生动的推进善美家园建设。

【“孝亲敬老礼”仪式】重阳节前夕的10月12日，在源东乡东叶村新建的农村文化礼堂，村民们共同观摩了由五世同堂的樊金清一家展示的传统孝亲敬老礼仪，庆祝其祖母沈招娣的104岁高寿。台上，沈招娣老人的60多位子孙，按辈分向老人家鞠躬行礼。台下，受邀的36位村里耄耋老人品尝着寿星儿孙精心准备的寿果，分享着沈招娣老人子孙满堂的天伦之乐。敬老礼仪仪式体验让村民更加孝敬长辈，也增强了村庄大家庭的归属感。

源东乡东叶村文化礼堂重阳敬老礼活动

【国家卫生城市复审迎检】以服务和改善民生为宗旨，以国家卫生城市复审迎检工作为重点，坚持贴近社区、贴近生活、贴近群众的原则，大力加强社会公德、职业道德、家庭美德和个人品德建设，每季都组织全区干部职工深入社区，开展“社区环境卫生大整治”活动，以活动推进社区共建工作，着力营造祥和洁净的人居环境。

（李　欢）

新闻传媒

【概述】新闻传媒中心(以下简称中心)在区委、区政府的领导下，牢牢把握“弘扬主旋律，打好主动战”的新闻宣传工作主基调，紧紧围绕区委、区政府中心工作，以“双百双千”活动为载体，以新闻战线

“走转改”活动落实为抓手，强化新闻策划，突出栏目经营，注重新闻深度，重视事业发展，不断提升宣传报道工作水平，推动办刊质量的提升和事业发展，有效地锻炼了队伍，为推动全区经济社会赶超发展、维护社会和谐稳定营造了良好的舆论氛围。

中心根据区委区政府中心工作、重大事项和重大决策，把准节奏，先后推出了“双百双千”活动专栏、“全科干部、全心服务”专栏、“三改一拆”行动专栏、“小上规”、“个转企”专栏、国卫复审专栏、农村文化礼堂建设专栏、省教育现代化区创建专栏、“践行群众路线、全员一线攻坚”专栏、全区村级组织换届专题、一把手谈治水、金东治水等专栏，还开辟了探索居家养老服务长效管理专题，聚焦居家养老、关注百姓民生等专栏，采编“密切联系群众、深化‘双百双千’、力促作风转变”系列报道、“抓治水 促转型 护民生”系列报道等，积极为全区中心工作和重点工作呐与喊。

中心不断加强与浙江日报社、金华日报社等外媒开展“点对点”对接，有针对性地邀请并配合相关外媒记者到全区各地采集新闻点，外宣工作实现了新突破，文章数量和质量均保持稳中有升。5月31日，中心承办了以“相约金东，感受幸福”为主题的“金东村居养老百村行”大型媒体采风活动。活动吸引了市内外17家媒体近30名记者参加，外宣文章在中国新闻网、浙江日报、金华日报等主流媒体上纷纷刊出，扩大了金东居家养老事业在省内外的知名度和美誉度。12月17日，中心再次成功承办了新闻媒体聚焦金东居家养老大型采访活动。当日，由人民日报、新华社、浙江日报、浙江卫视等15家媒体组成的“走基层·改革浙江行”采访团，先后来到澧浦镇琐园、洪村、下宅等农村居家养老服务中心，深入体验金东老人的幸福晚年生活，较好展示了居家养老事业“金东模式”的崭新形象。全方位的外宣形成了较强的报道冲击力，对金东区的赶超发展起到了很好的宣传报道效果。

【强化管理培训】提升采编人员业务能力，丰富评报活动等业务提升载体，以多种形式打造一支素质较高、能力突出的采编人员队伍。坚持和完善每周一次的评报活动，增加美文赏读、交叉评报、编辑说版面等内容。举办了为期两天的2013年度通讯员培训班，全区近80名通讯员参加。创新模式，对采编人员进行分责管理，设立了要闻部、专刊部、社会部和资讯部等四个业务部门。另外，中心进行版面创新，推出了理论专版两期；加强与乡镇、部门合作，推出了计生、环保、曹宅等专版；与区文联合作，定期推出副刊，为全区文学爱好者提供一个交流的新平台。

【落实互联网责任】较好地完成了突发事件的新闻媒体应对。主动与驻金媒体做好日常联络沟通。对发生在区内的突发事件，及时、主动与外媒沟通，配合相关部门，坚持正面引导，缓解舆论压力。

【8件新闻作品获好新闻奖】《今日金东》选送的8件新闻作品获浙江省县市区域报好新闻奖：通讯《周增余：甘为“礼俗”一生守候》获一等奖；消息《谁言乡间无雅士 源东农民会写诗》、通讯《一切为了还原绿水青山》、系列报道《聚焦居家养老 关注百姓民生》、摄影《一场特殊的集体婚礼》获二等奖；消息《金东大地绽放“最美之花”》、消息《区人大推动代表一线“治水”》、版面《好一个农民大舞台》获三等奖。

【承办大型媒体采风活动】5月31日，中心承办了以“相约金东，感受幸福”为主题的“金东村居养老百村行”大型媒体采风活动。活动吸引了市内外17家媒体近30名记者参加，外宣文章在中国新闻网、浙江日报、金华日报等主流媒体上纷纷刊出，扩大了金东居家养老事业在省内外的知名度和美誉度。

【联合举办首届魅力警校夏令营】8月6日，中心联合区平安办、团区委、区青少年宫和新闻传媒中心联合举办的金东区首届魅力警校夏令营正式在金华警校开营。来自全区中小学的优秀学生代表、留守儿童代表、外来民工子女代表等37名学生参加了为期六天的警校夏令营活动。

【联合举办三对三篮球挑战赛】10月1日至31日期间，为丰富群众业余文化生活，增强健身意识，以良好的精神风貌投入金东大开发、大建设、大发展新格局，中心联合团区委、区文体局举行了金东区首届“金华移动光宽带杯”三对三街头篮球挑战赛，全区共有36支队伍参加。

（黄　园）

统一战线工作

【概述】2013年，金东区统一战线工作认真贯彻省、市委《关于加强县级统战工作的实施意见》，紧紧围绕金东“大开发、大建设、大发展”的历史机遇和区委、区政府的中心工作，以主动工作争地位、优质服务聚力量、探索创新谋突破，努力实现构建大统战工作新格局，充分调动和发挥统一战线的优势，开创了统战工作新局面。

党外代表人士队伍建设有序推进。区委把加强新形势下党外代表人士队伍建设列为统战工作的重要议事日程，以人大、政协、政府和各人民团体中的党外干部及各条战线中的党外知识分子作为党外代表人士队伍建设的重点，建立了由区委统战部、组织部共同参与的党外干部发现、选拔、培养、使用的工作机制，成立了加强党外代表人士队伍建设工作领导小组并明确了相关的职责，为加强党外代表人士队伍建设奠定了基础。全区目前现有副科级以上党外领导干部17人，其中人大、政府、政协、法院、检察院均已安排了党外副职，20个政府工作部门中，已有8个部门安排了党外副职，部门新增一名党外正职，乡镇政府两名党外副职。5月底，上报了区直机关无党派人士、回国留学人员等5类187人基本信息，市级党外代表人士后备人选45名，完善了区党外代表人士后备人选基本信息库，上报了1名厅级后备党外干部人选基本情况。

【经济统战工作】为贯彻落实中发〔2010〕16号、浙委〔2011〕51号和浙统发〔2012〕31号文件精神，区委专门召开2次书记办公会议进行专题研究，工商联机构由挂牌改为单设，2月份起实行独立运行，建立了由区委副书记牵头、区政府副区长具体联系的工作机制。一年来，区委统战部、区工商联统一部署，积极引导发动全区各基层商会和广大非公经济人士参与区居家养老照料中心建设。从3月份开始，各基层商会积极响应号召，全面启动了捐助工作，按所在镇乡(街道)进行宣传发动，积极联系企业参与助建，先后有500余家非公企业捐款1056万元，占居家养老中心建设资金投入的一半，长期结对33家，有力支持了全区民生工程的推进，基本实现了助建工作的“全覆盖”。

【民族宗教工作】通过调查摸底，加强了与外来少数民族人员联系，宣传了少数民族的政策，全年为少数民族子女入学、升学更改民族身份4人。按照上级要求，先后组织开展了宗教政策法规学习月活动，举办了全区佛教界骨干培训班、全区基督教界如何防止邪教渗透专题讲座等。一年来，区爱国宗教团体、场所积极参与社会公益事业，先后开展了孝顺孝德之星评选、助学、“宗教慈善周”等活动，捐赠款物共计40余万元。年内上报和谐寺观教堂4处，三星级场所3处。

【港澳海外统战】据调查统计，全区有金东籍海外人士265人，归侨侨眷、海外侨胞侨属(含港澳)560人，分布在美、英、法、日、加、澳、意、德、新等21个国家和地区。

3月中旬，统战部胡则鸣部长赴港参加香港金华同乡联谊会第四届理事就职典礼活动，7月上旬，统战部副部长、区侨办主任卢龙高赴港参加香港浙江同乡会十五周年庆典联谊活动。

12月18日，顺利召开了金东区第二次归侨侨眷代表大会，全区80名归侨侨眷代表参加会议，选出了区侨联第二届委员会委员39名。瑞典归国华侨、瑞典华人工商会联合总会主席、瑞中发展委员会会长、温商科技集团有限公司金华东方外国语学校董事长王积峰当选为区侨联第二届委员会主席，卢龙高、陈 振、郑建胜、金俐君、柳高青、楼胜之等6名同志当选为副主席，蓝文新当选为秘书长。区委书记郑余良、区政协主席楼科进、区委常委、组织部部长楼伟民、区人大副主任金艳秀、区政府副区长楼琅坚、区政协副主席施文进、金东经济开发区副主任金辉参加开幕式并与全体代表合影，区委副书记陈峰齐在开幕式上讲话，政协副主席、区委统战部长胡则鸣在闭幕式上讲话。

3月份从美国西雅图引进金华市首位国家“千人计划”创新人才卢文博士加盟金东区浙江南博电源科技有限公司。

【统战机关作风建设】推进“三型”统战机关建设，大力开展统战机关作风建设，自身建设有了明显提升。按照区委要求，积极开展了“双百双千”活动，部5名班子成员作为“两富”局级指导员重点联系江东镇的5个行政村，共到村指导30余次，平均每人在20户以上。协调并解决相关问题5个，给帮扶结对的困难户捐款5700元及生活用品。注重发挥统一战线的特殊优势，积极开展杭长专线、低丘缓坡开发等重点工程拆迁户的思想转化工作，成功拆迁10余户。在完善机关人员、财务、车辆等内部机制管理的基础上，进一步建立并完善了“统战工作岗位目标、统战工作调研信息、党风廉政建设”等考核机制，促进了各项工作的完成。

【集体学习宗教政策法规】3月25日，金东区委统战部利用周一集体学习时机，组织全体机关干部，认真学习了国家宗教局等十部委下发的《关于处理涉及佛教寺庙、道教宫观管理有关问题的意见》和相关的宗教政策法规，并就如何贯彻落实意见进行了研究。《意见》对一些地方存在的严重违反党的宗教政策和国家法律法规的现象，提出了指导性、权威性的处理意见和解决办法。《意见》的出台，对全面贯彻党的宗教信仰自由政策，尊重和保护公民的宗教信仰自由权利，维护佛、道教界的合法权益，尊重信教群众的宗教感情，促进佛、道教自身建设，都具有十分重要的现实意义。通过学习，进一步增强了宗教主管部门依法管理宗教事务的责任感和自觉性，将按上级要求，不断加大专项综合治理的力度，进一步加强爱国宗教团体的自身建设，以积极创建和谐寺观教堂为抓手，切实维护宗教领域的和谐稳定。区政协副主席、区委统战部部长胡则鸣参加学习。

【关爱黄埔老人安享晚年】4月16日是黄埔军校建校89周年纪念日。金东区黄埔军校同学会于15日在曹宅镇老家饭店举办了纪念黄埔军校建校89周年纪念活动。区黄埔同学及黄埔同学二代、三代共20余人欢聚一堂。区委统战部、区台办和曹宅镇党委相关领导参加了活动。全区现有的3位黄埔老兵亲临现场，年龄最大的为96岁、最小的为91岁。现年96岁的会长邢承谟为黄埔17期学员，91岁的周立钊还讲述了当年随中国远征军赴缅甸三个多月经历。区黄埔同学会自2001年成立以来连续12年不间断组织这样的纪念活动。在2013年的“双百双千”活动中，区委统战部结合统战工作实际，对黄埔同学和黄埔后人进行了大走访，了解到孝顺镇金有田老人因证件丢失，没有享受到国家的相关政策，区委统战部主动联系，在多方努力下，取得了相关的证明材料，区委统战部为老人送去了1000元的慰问金，并在民政部门争取到每年6000多元的生活补助费，从而让黄埔老人能够安享晚年。虽然黄埔军校诞生年代距离我们已越来越远，但黄埔精神给师生们留下深刻烙印，黄埔同学会“发扬黄埔精神，联系同学感情，促进祖国统一，致力振兴中华”的宗旨仍具有广泛的号召力和不朽的生命力。

【部署基层统战工作】4月27日，金东区委统战部专题部署基层统战工作。各镇(乡)街道、鞋塘办事处统战委员参加会议并汇报交流了近期的工作。区政协副主席、区委统战部部长胡则鸣参加会议。会上，胡则鸣对做好今年的基层统战工作提出了三点希望和要求：要进一步提高对统战工作的认识，不断增强做好新形势下基层统战工作的紧迫感和责任意识；要学会“弹钢琴”，增强统战工作的实效性。基层统战委员事务繁重，对统战工作要合理安排，统筹兼顾，在统战中促进发展，在发展中促进统战，努力为加快金东崛起凝心聚力；要积极创新，努力开创基层统战工作新局面。要求统战机关和基层统战委员要发扬民主，集思广益，积极听取各方面统战成员的意见和建议，不断创新工作方法，提高做好基层统战工作的科学化水平，进一步增强抓好统战工作的主动性、创造性。

【全区民主党派座谈会召开】5月10日，金东区召开全区民主党派参政议政、民主党派监督工作座谈会。区6个民主党派、工商联、知联会负责人集聚一堂，就“对口联系制度意见”落实情况及民主党派参政议政、民主监督工作先后交流发言。会议由区政协副主席、区委统战部部长胡则鸣主持，区领导楼科进、傅丽花、张有刚、施文进出席。楼科进主席对进一步落实好“对口联系制度意见”和提高民主党派民主监督能力和水平提出了希望和要求：要加强研究和探索。民主党派要积极争取对口联系领导和机关部门的支持，主动联系和沟通，在对口联系中发挥更大作用；要发挥好平台作用。民主党派的民主监督要发挥好在政协工作的平台作用，在民主监督方面，要形式多样、讲究实效、宁精勿多、宁缺毋滥，在监督中帮助解决问题，做到敢于监督、善于监督，进一步探索民主党派民主监督的有效途径和方法；要加强学习，不断提高自身素质。民主党派是参政议政的主力军，是民主监督的重要力量，民主党派要在自己的领域里成为行家里手、成为专家，在专业上树立权威，进一步提高民主党派民主监督的能力、水平。

【省政协领导考察民主党派工作】9月17日，省政协副主席陈小平到金东区考察民主党派工作。陈小平先后到施复亮故居、浙江普莱得电器有限公司和浙江百隆塑料制品有限公司参观考察，并听取了民建金东总支部的工作汇报。他高度肯定了民建金东总支部的工作，认为金东民建总支部工作富有特色，基层组织发展良好，走在全省前列。陈小平要求：进一步加强会员教育，丰富教育形式，增强信念，把握正确的政治方向；抓好会员发展工作，建设结构合理、素质优良的会员队伍；不断提高参政议政水平，注重调研、多献良策，实现工作常态化；继续提升社会服务能力，打造“民建牌”，提高社会影响力。

（杨贤平）

民族宗教工作

【概述】2013年，全区有土家、畲、苗等少数民族成分29个，人数886人。全区有佛教、基督教、道教三大教派。全区有经合法登记的佛教场所26处、道教场所3处、基督教堂18个（其中农村小庙小庵158处，基督教非法聚会点25个）。三大教派信教群众30000余人（基督教信徒在册登记的有1856人），约占全区人口的9%。先后成立了区佛教协会、区基督教协两会宗教团体。

【“佛、孝”文化书画交流活动】4月3日，金东区书法家协会、金东区书法家协会孝顺分会、义乌书法家协会佛堂分会的50余名书画爱好者齐聚孝顺镇龙盘古寺，开展“佛、孝”文化书画交流活动。书画交流活动在千年古寺龙盘寺举行颇有深意，佛教所弘扬的“孝”文化乃孝顺“孝文化”题中之意，佛堂的来历与一千多年前由当地百姓纪念禅宗祖师达摩法师有着很深的渊源。活动以“中国梦”为主题，围绕“佛、孝”文化展示了百余幅孝顺和佛堂书法爱好者的书画作品，活动既满足了基层农村群众的精神文化需求，也为进一步传承“佛”文化，弘扬“孝文化”起到了积极作用。

【宗教界骨干培训】为提高宗教界人士法律意识和自身素质，不断把和谐寺观教堂创建活动引向深入，确保宗教和睦与社会和谐。7月2日—3日，区民宗局举办了“争创星级场所、促进教风建设”为主题的宗教界政策法规培训班，全区25个宗教场所负责人及宗教教职人员共62人参加了培训。

培训围绕宗教政策法规、宗教场所安全、宗教教义教规、宗教场所档案制作与管理邀请了省民宗委、市佛协、区消防大队等相关领导进行了专题授课，收到了预期效果。

【宗教场所安全大检查】7月8日至11日，金东区在全区宗教场所开展全面安全大检查活动。此次活动旨在认真贯彻全国和全省安全生产大检查电视电话精神，结合省、市民宗部门关于做好宗教场所安全工作的要求，区委、区政府专门下发了《关于在全区宗教场所中开展安全大检查的通知》，做到了多部门联动、全面排查、限期整改，确保全区宗教活动场所安全有序。此次安全大检查活动采用场所认真自查，区多部门联动全面排查，区民宗局重点督查。区民宗局检查出部分场所灭火器过期、少数场所存在电线乱拉乱接、食品卫生措施不规范、基督教堂夏季过礼拜缺乏防暑措施等现象进行了重点督查，分别提出要求，限期整改。

【“宗教慈善周”活动】9月27日，区民宗局、区佛教协会组织全区佛教场所负责人及信教群众200余人，在区佛教居士林开展2013年“宗教慈善周”活动。本次活动组织开展了主题为“情系困难群体·祈祷平安金东”诵经法会，200余信众一起诵经祈祷平安金东。诵经法会结束后，组织参与活动的法师信众一起开展了慈善捐款活动，共筹集善款12.3万元，慈善款将全部捐助给金东区范围内的困难群体。

（邵　俊）

政法及综治

【**概述**】2013年，制定并出台了《金东区重大决策社会稳定风险评估实施细则》，全区已完成风险评估28项。开展不稳定因素排查化解稳控活动，将重大不安定因素化解于始发阶段，消除群体性事件隐患。扎实推进综合治理工作，创新开展政法干警组团服务平安建设和重大项目活动。抓好区矛盾纠纷联合调处中心、镇乡（街道）社会服务管理中心、村（社区）社会服务管理站三级平台建设，构建“大调解”新格局，一年来政法各部门和各类调解组织共调解矛盾纠纷6745起。

着力抓好元旦、春节、各级“两会”、“6·4”、“8·1”、“10·1”等重点敏感时段的社会稳定工作，建立值班制度及区有关领导和相关部门领导定期例会制度。分析研判维稳信息，及时处置重大涉稳问题。全面开展矛盾纠纷、信访问题的排查化解和重点人员的稳控工作。及时掌握转业士官、下岗志愿兵、企业军转干等特殊利益群体的活动情况，对各个群体的重点对象落实“五包”责任，层层落实化解和稳控责任，保证社会政治大局稳定。

【**社会风险评估**】2013年，全区把风险评估工作纳入党委政府、部门综合考评和平安、综治、维稳工作年度考核或专项考核内容。制定并出台了重大决策社会风险评估实施细则，全区完成风险评估28项，其中25项同意实施，3项暂缓实施（澧浦镇苗木生态园二期建设，公交公司38亩征地问题，泉源村二期安置工程）。

对排查出的不稳定问题隐患，实行领导包案，主要领导亲自约谈，分管领导全程参与，机关部门协作联动、内外衔接，各乡镇（街道）全力化解。先后化解了贵州省务川县死者李素的十余名亲友到多湖街道集体访事件，处置了金华市“两参”群体策划组织的“7·20”全国性联谊活动，平稳处置了“金恩堂”教会冲突。

【**安全隐患排查**】2013年，全区共检查各类企业、建筑工地、学校等1875家，发现隐患720处，已整改675处，限期整改45处。开展“矿山、危险化学品、烟花爆竹安全”专项整治活动，共排查矿山、危化、烟花爆竹生产经营单位214家，发现安全隐患152处，已整改146处。开展了药械市场专项整治。共检查单位152家，立案查处9家。全力抓好学生交通安全保障、强化校园安保队伍建设、校园三防建设等工作，实现了全区所有中小学校、幼儿园保安全覆盖，持证上岗率达100%。开展中小学幼儿园的安全隐患排查整治工作，共查出隐患245处，已整改97处，列入整改计划145处。

【**执法办案风险机制建设**】2013年，政法各部门共对1164件各类刑事、民事、行政案件进行了风险评估，并做了相应有效的预防化解工作。对涉法涉诉信访重点人员及涉法案件所引发不稳定因素进行全面排查，共排查出涉法涉诉信访重点案件20件，并进行了交办，年底已办结10件。继续开展案件评查活动，集中评查了3个案件，写出了评查报告，向政法各部门进行了通报，政法各部门按规定进行了整改。加强涉稳案件协调工作，先后对金华市美斓箱包厂欠薪强制执行一案、广利恒小额贷款有限公司解散后申请强制执行纠纷案等7起问题进行了协调，取得了良好的法律效果与社会效果。做好日常涉法涉诉信访工作，委机关共受理涉法信访案18件，结案13件。司法救助11件，救助金额16.1万元。

【**政法干警组团服务**】开展区政法干警组团服务乡镇（街道）平安建设和重点项目活动。开展依法打击各类阻碍、破坏经济社会发展的、非法买卖土地、违法抢种抢建、阻挠施工以及向企业强拿强要、妨碍生产经营等违法犯罪行为，破获强揽工程、强迫交易等案件8起，对涉嫌敲诈勒索的19人依法采取了刑事强制措施，涉案金额达300余万元。5月14日，政法干警江东服务小组组织公、检、法干警和镇、村干部对江东镇一宗违法用地进行了依法强制拆除，共清理违法用地5.33余公顷，拆除400余平方米的违法建筑，起到了“拆除一宗、影响警示一片”的效果。参与、指导重大疑难矛盾纠纷的化解和群体性事件的处置，第一批交办的40件重大疑难问题，已有10件重大问题得到化解，8件重大问题得到实质性进展。各服务小组共到乡镇（街道）、村（社区）、重点项目走访工作179次，新排查发现问题80件，其中即时化解38件。

民警与人大代表共同深入基层指导群防群治工作

（滕招根/摄）

【践行发展"枫桥经验"】2013年，区委政法委"三个结合"践行发展"枫桥经验"，保一方平安，成绩显著。主要做法为：与平安创建工作相结合。2013年是金东区争创"平安金东"九连冠的活动年，区委政法委以纪念"枫桥经验"50周年为契机，创新社会管理模式，坚持"发动和依靠群众，坚持矛盾不上交，就地解决"，坚决维护群众合法权益，依靠群众促进全区经济社会发展，维护社会和谐稳定。与政法干警组团服务活动相结合。以年初开展的区政法干警组团服务活动为载体，组织政法干警下基层，到镇乡（街道）、村（社区）、企业、重点项目中去，与群众面对面、心连心，改进作风、清扫"四风"，着力化解重大疑难矛盾纠纷，保障全区镇乡（街道）平安建设及重点项目建设。与农村基层组织换届选举活动相结合。抓住换届契机，针对农村情况复杂、诸多矛盾相互交织、农村社会稳定形势严峻等现状，进一步加大农村矛盾纠纷摸排化解力度，加强农村涉稳信息收集分析研判工作，及时消除农村不稳定问题，为村级组织换届活动营造和谐稳定的选举氛围。

【省委政法委领导督查平安建设工作】8月15日，省委政法委副书记朱贤良到金东区赤松镇山口冯村、金华一中督查平安建设工作。市委政法委副书记朱飞，区有关部门负责人陪同督查。朱贤良先后参观了山口冯村社会综治调解室、农村法律顾问室、居家养老服务中心，详细了解了山口冯村平安创建工作落实情况和"网格化管理、组团式服务"在基层的运行情况。朱贤良充分肯定了山口冯村平安创建工作所取得的成绩。他强调，要把平安创建工作落到实处，在认真总结已有经验的基础上，积极推广山口冯村的平安创建模式，并加大宣传力度，营造良好的舆论氛围。

【"平安家庭"评选挂牌活动】11月27日，金东区率先在全市开展"平安家庭"进行评选挂牌，全区11.27万户达到平安家庭的标准，达标率为98%。对被评为平安家庭的，张挂区平安办、区妇联统一制作的"平安家庭"门牌，树立了人民群众的荣誉感，以家庭的平安促进全区的平安，以小平安促进大平安，创建人民群众更满意的平安。"平安家庭"评选挂牌活动实施动态管理，不是一评定终身。

【联系群众化解矛盾纠纷】自金东区"双百双千"活动以来，区委政法委结合工作实际，以"五个一"为工作重点，以帮助解决实际问题为目标，密切联系群众，帮助基层化解矛盾纠纷，不断推动实践活动深入开展。区委政法委机关5名党员干部积极对5个联系村开展了矛盾纠纷排查、创业承诺回头看、强化班子建设、访贫问苦、为村里办实事等活动。共排查出矛盾纠纷6件，化解3件，稳控1件。在"访贫问苦"大走访活动中，机关党员干部自掏腰包为所帮扶贫困户送去慰问金。以村两委成员、老党员、致富带头人为重点，共走访135人次，贫困户10人次，发放慰问金3000元。

（陈云星）

信访工作

【概况】2013年，全区信访工作围绕区委区政府中心工作和社会和谐稳定大局，把解决人民群众实际需求作为一切工作的出发点和落脚点，积极推进信访工作程序化、制度化、规范化建设，认真开展矛盾纠纷排查调处活动，落实区领导接访下访和领导包案制度，着力化解信访积案，一批信访突出问题得到有效解决，信访形势有所好转，有序规范信访新秩序逐渐形成，做好全国"两会"等重要敏感时期的信访稳定工作，全年未发生影响社会稳定的信访群众性事件。信访反映的问题主要集中在征地拆迁、安置补偿、旧村改造、农村建房、村务财务、涉法涉诉以及特殊群体等方面。

【区领导接访下访】区委、区政府将每月15日定为“区领导信访接待日”，由区领导带队在区信访局参加接访。对群众反映的诉求，能现场解决答复的现场解决答复；不能现场解决答复的，签批分管领导或转交责任单位限期解决答复；情况复杂的，经接访领导批示，落实分管领导包案解决。各镇乡（街道）、部门单位主要领导同步安排接访工作。2013年，区领导共接待群众55批148人次，批示交办52件，办结率100%。

【领导包案化解重大疑难信访件】按照一件重大疑难信访件、一名包案领导、一个化解工作小组、一次协调会办、一套化解方案、一项稳控措施、一个解决期限、一份协调纪要、与信访人见面反馈一次的“九个一要求”，采取领导包案、会商协调、救助补偿等方法，2013年，落实领导包案信访件25件，化解10件，基本达成化解意向3件，引导上访人走信访复查复核或法律程序7件。

【“三诊”化解矛盾纠纷】全区12个镇乡（街道）全面建立“两代表一委员”工作室。上午轮流“坐诊”接待群众，解答疑问，调解纠纷；下午到所联系的经济薄弱村或基层组织建设薄弱村“出诊”，帮助解决实际问题；每月或每季结合“坐诊”“出诊”收集情况进行“会诊”，集中研究一时难以解决的问题。2013年，通过“坐诊、出诊、会诊”，调处矛盾纠纷143起，解决信访问题35件，在信访维稳工作中发挥了重要作用。

【全国信访信息系统联通到乡镇】全国信访信息系统是信访投诉受理、业务处理、信息传输的信息网络平台，根据省市要求，通过公开招投标，各乡镇和区机关信访工作主要部门全部配备了计算机、打印机、扫描仪、二代身份证识别器等信访设备，全面完成全国信访信息系统联通工作。举办信访培训班，提高了信访干部队伍的业务水平。

（李金仙）

对台工作

【概述】金东区台办按照上级台办的统一部署，在区委区政府领导下，努力推动金台交流交往，加强对台宣传，服务台胞台属台企，加强自身建设，各项工作取得新成效。

【涉台宣传】全区各镇乡（街道）通过座谈会、茶话会等形式开展对台宣传工作，各台属利用春节、中秋等传统佳节向岛内亲人寄送明信片和贺年卡。春节前夕，区台办、台联会走访慰问了在金东的困难台胞台属，送去了慰问品和慰问金。坚持为特困的定居台胞按月发放生活补贴。

【对台交流】全年接待回金东探亲祭祖的台胞18人次，接待台湾参访团两个并进行深入的交流。组织金东台属赴台探亲旅游15人次，通过交流，增进了彼此的了解。举办了“看金东、知台湾、共筑中国梦”海峡两岸青少年书信往来交流活动，取得了良好的交流效果。

全年共接待来访台胞台属45人次，为台胞台属协助解决房产经济纠纷、子女入学、生产生活等实际困难3起。定期或不定期走访台资台属企业，听取对政府工作的意见建议，了解生产经营过程中存在的困难，认真协助解决。

【台联会工作】根据省委对台工作要求，区台办、台联于1月28日召开了区台联工作会议，对乡镇基层分会全面布置了任务，要求各基层分会扩大交流，做好台胞台商的接待工作，服务台胞台属企业，积极参政议政，加强台联会组织建设。区台联会坚持定期召开会议，学习交流有关政策和工作。2013年，在市台办的指导下，区台办会同区关心下一代工作委员会及区教育局开展了“看金东.知台湾.共筑中国梦”海峡两岸青少年书信往来交流活动，通过活动，使金东区的中小学生和台湾的学生取得联系，增进友谊。

【涉台突发事件处理】按照“早发现、早预防、早解决”的要求，区台办充分发挥职能作用，前移工作阵地，主动关心、定期走访台资企业，及时了解掌握台商遇到的困难和问题，主动开展工作，力争将投诉化解在基层。2013年4月，旅台同胞陈周薇莉女士因和傅村的陈加友存在房产纠纷，请求台办协调.区台办得知消息后，立即会同市台办前往傅村了解情况，耐心细致地做双方的工作.通过协调，双方最终达成一致，圆满地解决了这起涉台矛盾纠纷。

（楼　栋）

侨办工作

【概述】金东区归国华侨联合会(以下简称区侨联)经区委同意于2005年12月成立,侨联的基本职能是"群众工作、参政议政、维护侨益、海外联谊"。2013年12月18日,召开了区第二次归侨侨眷代表大会,市侨联主席蓝根有,区委书记郑余良,区政协主席楼科进,区委常委、组织部长楼伟民,区人大常委会副主任金艳秀、副区长楼琅坚、区政协副主席、统战部长胡则鸣、区政协副主席施文进出席了会议,区委副书记陈峰齐在开幕式上作了讲话。大会回顾总结了区侨联自成立以来,在积极参政议政、依法维护侨益、调解群众工作、拓展海外联谊渠道和招商引资、招才引智,创办东方外国语学院、华侨学校等方面所取得的成绩,审议通过了区侨联第一届委员会工作报告,选举产生了区侨联第二届委员会委员39名,其中常委20名。瑞典华人工商会联合总会主席、金华东方外国语学校董事长王积峰当选为区侨联第二届委员会主席,卢龙高、楼胜之、郑建胜、柳高青、陈 振、金俐君等6人当选为副主席,蓝文新当选为秘书长。

【侨情调查】为进一步摸清归侨侨眷、海外侨胞(侨属)底数,掌握实情,充实完善侨情资料库,结合今年的侨联换届工作,区委统战部从3月初开始,开展了为期两个多月的侨情调查工作。区侨办先后二次在基层统战委员工作会议上就全区开展侨情调查工作进行了专门的部署。3月,做到了分时间、分步骤在全区范围内进行侨情普查,对本地归侨、侨眷和侨属、未入户返乡侨胞、归国留学人员和出国留学人员、出国劳务人员的基本情况进行全面准确的调查登记。对调查进度慢、情况不全面的乡镇街道,区侨办主动上门督促指导,对部分重点的侨属做到了上门走访调查登记。经过排查和摸底汇总,现辖区内共有金东籍海外人士265人,归侨侨眷、海外侨胞侨属(含港澳和留学生亲属)560人,分布在美、英、法、日、加、澳、意、德等21个国家和地区,区内现有侨资侨商企业41家。

【省侨办领导到金东走亲连心活动】7月30日,省侨办副主任陈安一行4人到傅村镇走访慰问海外归国创新人才、浙江南博电源科技有限公司副董事长兼研究院院长卢文博士。陈安一行听取了该公司董事长陈庆武对企业创业情况、企业引进海归创业创新人员及其团队的情况介绍,仔细了解了卢文博士在国外国内的科技研究成果和归国创业后的工作、生活和身体情况,并送上慰问品。陈安表示,侨办是海外华侨华人专业人士回归后的"家",省市侨办会尽最大努力做好服务,积极帮助解决遇到的各种困难和问题,让好政策发挥应有的效应。同时,希望当地政府和企业为卢文博士营造更优更好的创业创新环境,也希望卢文博士能充分发挥自己的才智,为祖国新能源产业创新发展多作贡献。

【海外侨领投资的金华东方外国语学校成立】4月18日,由著名侨领——瑞典华人工商会联合总会主席、瑞典籍归国华侨、温商集团有限公司董事局主席王积锋先生投资的金华东方外国语学校成立。市人大常委会副主任丁国玉、市外侨办主任章宏及市、区有关部门领导参加揭牌仪式。 金华东方外国语学校前身是金华比德弗国际学校,地处金东区澧浦镇积道山风景区,校园占地面积8公顷,建筑面积3万平方米。新成立的学校成为金华外国语学校的结对帮扶学校。

(卢龙高)

农村工作

【概述】2013年,根据《金华市金东区美丽乡村建设实施意见》(金区政办〔2012〕37号)和《金华市金东区美丽乡村项目建设培育计划》(金区政办〔2012〕39号)文件要求,结合"12510"项目实施计划和省级美丽乡村先进县创建目标,安排美丽乡村建设项目村202个,其中示范性中心村5个、优秀历史文化村落5个、精品村11个、秀美村30个、洁美村151个,太阳能垃圾减量化处理设施8个,散落历史建筑修复项目5个。省美丽乡村先进区考核组对金东区美丽乡村建设工作进行实地考核,高度赞扬金东区美丽乡村建设力度和成效。

【中心村培育建设】全区完成35个中心村村庄

规划编制工作，确定并启动赤松镇山口冯村、澧浦镇长庚村2个省级重点培育示范中心村，塘雅镇前蒋村、源东乡东叶村、鞋塘办事处畈田洪村3个省级示范中心村一般村的建设工作，为整合资源，突出重点，形成特色，结合美丽乡村建设，启动孝顺镇溪边金村、澧浦镇下宅村、塘雅镇前蒋村、源东乡东叶村、曹宅镇小黄村村5个市级示范中心村建设。目前，8个示范中心村建设工作开展顺利，已基本完成建设任务，等待上级部门组织验收。

【农村生活污水调研活动】完成全区491个行政村的农村生活污水治理情况调查统计工作，入户率达80%以上的有165个行政村，入户率50%—80%的有194个行政村，入户率50%以下的有69个行政村，未开展生活污水治理的有63个行政村。全区行政村农村生活污水治理项目实施率87.17%，自然村实施率79.02%，入户率59.38%。确立了“户集、村收、镇运、区处理”的工作机制，结合农村环境综合整治和“双清”行动，全年安排1155万元资金着重从农村生活垃圾清运、农村卫生保洁、农村标准化垃圾房建设三方面深化农村基础设施长效管理机制，通过“乡村大扫除”“绿化大修整”“杂物大整理”等活动，清理陈年垃圾点576个，垃圾2606吨，新建农村标准化垃圾房148个，标准化公厕61座，新增绿化面积10万平方米。

【打造美丽乡村】结合“双百双千”工作的深入开展。采取“部门联动、项目整合、资源共享”的措施，将农村住房改造与美丽乡村建设、农村社区服务中心建设、居家养老服务中心建设、“三改一拆”、下山脱贫、旅游开发等各项工作有机结合，通盘考虑，统筹安排，资金拼盘，项目实施实现了一个盘子、一张图纸、一把尺子，着力打造了一批美丽乡村的典型。市住房改造考核组对已完成农村住房改造的孝顺镇上范村等8个村进行考核验收。

【制定“山区经济发展规划”】委托金华市规划设计院制定了《金东区2013—2017年山区经济发展规划》，《规划》涉及省山区经济发展专项资金扶持重点项目6类18个，包括生态环境建设、休闲旅游、低丘缓坡开发、特色产业、农民居农养老及直接为生产服务的基础设施建设。

【低收入农户认定工作】经群众公议公推、农户

在美丽乡村建设中跨越腾飞的黄鹤山村（欧阳冰/摄）

自愿申请、村内公示及入户调查等程序，全区认定低收入农户19986户、26841人，确定低收入农户集中村50个。通过深入走访调研，了解掌握金东区农民人均纯收入现状，农民收入的结构、特点、原因、问题以及制约当前农民增收的主要因素，提出推进农民增收的政策措施。

【山区群众下山搬迁工作】山区群众下山搬迁工作是2013年市政府工作实事项目，目前已基本完成了山区群众下山搬迁59户140人，包括孝顺镇让二村千坑自然村12户34人和龙潭下村岩上自然村47户106人。

【扶贫开发项目建设】根据有关规定，审核上报市级扶贫开发项目11个：江东镇门口塘村子村外湖塘下畈水渠改造、源东乡俩头塘村新建设地到鸭山背机耕路、孝顺镇里量村龙坛头林业道路、孝顺镇洞门村到官塘山机耕路、赤松镇官沿头要水渠建设、塘雅镇顶塘村农田机耕路建设、曹宅金溪村水渠引洪工程、东桑园村机耕路建设、澧浦镇任宅前村机耕路拓宽、东孝街道前田村水利渠道建设和鞋塘办上下王村渠道及配电房建设。争取市级扶贫资金100多万元，目前各工程建设基本完成，准备迎接市级验收。

【农民培训计划项目】经乡镇申报，区级初审，市级核定，确定了2013年农民培训项目计划，共实施劳动力培训3818人，其中农村实用人才培训1568人，农村转移就业技能培训2200人，创业培训50人，主要涉及苗木种植、农村财会、育婴员、平面设计、电工等28个工种专业。将培训内容与金东区中心工作紧密结合，针对居家养老工作服务中心建设的

深入开展，开展了4个班期共178人的居家养老服务人员的培训，针对源东乡大量猪圈拆除引发的农民产业转型问题，我们组织了4个班期200人次的真菌培养人员培训，助推了水环境治理工作的开展。

【农家乐休闲旅游业】至2013年9月底，全区新增省级农家乐特色村1个，省级农家乐特色点1个，市级农家乐特点3个，三星级农家乐经营户10个。共接待游客130.3万人次，营业收入3880万元，游客购物收入1080万元，分别较2012年度提高了15.1%，15.1%，15.5%。初步形成了四个农家乐休闲旅游特色区块，即以“游休闲绿道、看美丽乡村”为主题的积道山农家乐休闲旅游区，以“赏万亩桃园、访名人故里”为主题的源东、傅村休闲旅游区，以挖掘黄大仙文化内涵赤松休闲旅游区和以生态、休闲、健身为主题的龙潭下、白溪湾农家乐休闲旅游区，四区块各具主题特色、优势互补、一区一品。以项目建设为抓手，充分挖掘特色产业优势、生态环境优势、农耕文化优势、民情风俗优势和休闲养生优势，重点培育扶持一批特色鲜明、经营状况好、带动作用强的农家乐。2013年度，金东区申报了“绿道休闲驿站建设”等市级农家乐提升项目10个，“佛园农家乐”等认定项目11个，申报省级农家乐精品村1个(源东乡丁阳岭村)，省级特色村1个(孝顺镇龙潭下村)，省级特色点1个(上荷塘休闲农庄)。

【区农家乐协会成立】加强了对农家乐工作的行业指导，承办了浙江省农家乐工作现场会。与浙江省农家乐网站签订战略协作伙伴协议书，将全区农家乐情况在省农家乐网站上推荐宣传。有8个农家乐特色村(点)在《浙江农家乐》杂志上推荐发表。组织参加了华东农交会、到农家乐过大年等活动。高度重视省农家乐创意大赛，上报参赛作品15件。参加了第六届金华市名茶推介暨“清茗酬知音”万人品茶大会，制作了宣传展版，发放宣传折页5000余册，极大提高了金东区农家乐休闲旅游工作的知名度。用省农办严杰副主任的话说：“金东农家乐风声水起”。

【农村工作指导员工作制度】全区12个镇乡(街道)均已建立农村工作指导员制度，共下派农村工作指导员694人，其中市级指导员10名(挂职干部3名)，区级指导员12人，乡镇(街道)选派672人，共计派驻508个行政村(居)。主要做法是将指导员的驻村工作与美丽乡村创建任务相结合，充分发挥优势，在掌握村情民意的基础上，从所驻村的实际出发，帮助村级组织理清美丽乡村建设发展思路、明确发展重点、制定发展规划，切实帮助所驻村进一步理清发展思路，深入细致地做好思想工作。充分利用指导员对市区机关各部门人头较熟，各方面信息灵通，熟悉办事程序优势，积极在包装项目、引进资金上牵线搭桥，为美丽乡村创建提供扎实的保障。

【结对帮助低收入农户增收】深入开展调查研究的基础上找准本村的优势和特色，立足市场需求，以增加农民收入为核心，在劳动力素质培训、提供致富信息、技术支持等方面，为村民出点子、多想办法。在促进低收入农户增收上下功夫，通过帮助结对，“一户一策一干部”制度，做到观念创新到户、谋划思路到户、科技支援到户、项目牵引到户，扎扎实实为低收入农户办实事、破难题、谋出路。紧密结合当地实际，积极探索发展壮大村级集体经济的多种实现途径，切实把富民与强村相结合。

【第六批省农家乐特色村】3月4日，源东乡丁阳岭村、万豪山庄成功入选第六批省农家乐特色村点。2012年以来，金东区把农家乐休闲旅游业与美丽乡村建设有机结合，通过打造美丽乡村风景线来完善农家乐的基础设施配套，增进了各农家乐村、点资源共享。同时积极对农家乐特色村、点进行文化挖掘和景观打造，提升品位和档次。2013年底，金东区已成功创建省级农家乐特色村2个，市级农家乐特村2个；省级农家乐特色点3个，市级农家乐特色点13个；省四星级农家乐两家。

(商夏丽)

老干部工作

【概述】金东区以学习宣传贯彻中共十八大精神为主线，以老干部“思想凝聚、待遇保障、精神富有、作用发挥”为目标，以离退休干部“两项建设”为重点，抓保障、强支部、抓服务、求创新，不断夯实老干部工作基础，有力促进了老干部工作服务金东大开发、大建设、大发展的能力和水平。截至2013年12月底，全区有离退休干部27人，其中县处级和享受县处级9人。全区80周岁以上老干部23人，约占总数的85%，75周岁以上老干部27人，约占总数的100%。

【组织学习】全年召开报告会5场，举办读书会1次，专题辅导16场，组织就近学习考察3次，组织老干部学习中共十八大、十八届三中全会精神、新党章、省市“两富”战略目标等内容，让老干部们第一时间了解中央、省、市、区委的重要决策和文件精神，第一时间知晓经济社会发展形势。今年以来为老干部免费订阅了《金华日报》《浙江老年报》《共产党员》《中国老年》《今日金东》等报刊杂志300余份，针对离休干部“双高期”特点，区委老干部局创新学习方式，将读书班集中学习改为“送学上门”，收集了中共十八大原文、中央领导重要讲话、离休干部相关政策等，汇编成册送到老干部手中。

【创先争优】认真开展以创建“五好”离退休干部党支部和“五带头”离退休党员为主要内容的“八婺先锋”创先争优活动，进一步加强离退休干部党支部建设。在6月底前全面完成了13个区直机关和乡镇（街道）机关离退休干部党支部换届工作，新任机关离退休干部党支部书记平均年龄下降3岁半，一批相对年纪轻，身体健康，具有一定党务工作经验，群众威信高的老同志充实到离退休干部党支部班子。上半年组织8名离退休干部党支部书记参加市委老干部局组织的市直机关离退休干部党支部书记学习会。认真开展浙江省“最美老干部”、金华市“五好”离退休干部党支部和优秀离退休干部党员的评选推荐工作，退休干部季巧莲被评为浙江省“最美老干部”，已退休的原区人力社保局局长余寿林同志被评为浙江省优秀离退休干部党员；金东区人民法院离退休老干部党支部、离休干部王文轩分别被评为金华市第三批“五好”离退休干部党支部和优秀离退休干部党员。

【文化体育】2013年1月8日，区机关老年体协挂牌成立，投资25万元建成了200平方米的区机关老年体协、离退休干部活动中心、东华家园文化活动中心共用的活动室，新添置了羽毛球、气排球等活动器材，为离退休干部提供老有所乐，老有所学的场所。全年组织40多名老干部到江东区块、多湖中央商务区担任指导员，参与区“三改一拆”“两富”示范村创建和居家养老服务中心建设，当好督导员，主动帮助党委政府协调利益关系，处理社会矛盾24起。下半年开展了丰富多彩、小型多样、寓教于乐的文娱健身活动，7月，在全区老干部中开展了书画摄影作品比赛，征集选送了20余幅书画、摄影作品参加全市老干部书画摄影作品展，其中一幅选送到省里展出。8月8日，开展了“全民健身日”活动。9—11月，举办了金东区大型太极拳展示会、老年人乒乓球赛和气排球邀请赛等。孝顺镇、澧浦镇、赤松镇及区法院、区教育局等单位还坚持每月组织老干部开展一次集体活动，包括举办健康知识讲座，举行扑克、象棋比赛等，受到了老干部的欢迎。

【落实政策与慰问活动】认真落实老干部读文件、听报告、参加重要会议和重大活动的政治待遇，坚持组织老干部参加区“两会”等重要会议和重大活动。今年5月下旬，区委常委、组织部长楼伟民到任后，第一时间上门走访老干部，通报组织工作情况，认真听取意见建议。今年重阳节前夕，区委召开了庆祝老人节老干部会议，区四套班子一把手出席会议并与老干部们共进午餐，还组织老干部们参观了农村居家养老服务中心。严格抓好老干部“三个保障机制”，行政性质和全额拨款的事业性质离休干部“两费”纳入财政统一安排，对不是全额拨款的事业离休干部和企业离休干部“两费”都已进入社保建立统筹。积极做好生活特殊困难离休干部帮扶工作。对参加革命时间早、家庭收入低、体弱多病、长期身患重病，生活不能自理、配偶无固定收入等9户离休干部家庭给予重点照顾，9月初，组织了29名离休干部到广福医院参加健康体检。坚持重大节日、高温期间、重病住院、有困难、有思想问题及时走访慰问老干部的“五必访”制度，全年共走访老干部100余人次，并及时掌握老干部就医住院情况，到医院、家中探望慰问生病（住院）老干部39人次。

【老干部居家养老就近服务】2013年，金东区委、区政府在全区建成了226个农村居家养老服务中心，为农村老年人提供就餐、洗衣等日常生活护理和休闲、娱乐设施。区委老干部局主动对接，将居住在农村的离休干部和年龄较大的50多名老干部全部纳入居家养老服务中心的服务对象，老干部在服务中心可以享受到同等化服务。

【办好老年大学】金华市老年大学孝顺分校现有学员548名，自2010年12月进行了学校领导班子换届后，提出了"增进知识，陶冶情操，丰富生活，促进健康，服务社会"的办学宗旨，明确了"用集体智慧成就卓越，用中国文化浸润校园，用雷锋精神凝聚力量，用规范创新管理学校"的办学思路，率先把学校的资金管理统一到孝顺镇财务核算中心，改革了新学员报名办法，对学员进行校规校纪和安全责任的教育，重新制定学员外出活动有关规定等相关制度，学校的教育教学管理逐渐步入更加规范的运行轨道。2013年5月15日，本着既隆重又简朴的原则，成功举办建校20周年庆典，受到了各级领导和学员的一致好评。

由于校舍破旧狭小，无法适应办学需要，自2012年以来，先后争取到金东区委区政府、金义都市新区管委会、孝顺镇政府以及社会善心人士的大力支持，多方募集资金60万元左右，改造了校舍，新建了厕所，新盖一个300平方米的大钢棚，铺上了塑胶地板，并置办了现代化的音响设备、电脑教室，宣传橱窗，让学校的普教大班人人有座位，个个能听清，7个专业班都有了专门的教室。办公室、会议室等装修一新，老年大学办学条件大为改观。

【老干部作风建设】围绕服务区委"推动赶超发展、加快金东崛起"中心工作，大力推进领导班子和领导干部以及离退休干部党支部党员干部队伍作风建设，不断提高老干部工作科学化水平和满意度，为实现"赶超发展、金东崛起"提供坚强的组织保证。坚持每月专题学习和参加区委组织部机关工作会议制度，加强对国家、省、市有关老干部的政策文件的学习，做到工作一月一集中汇报，进一步有效提高老干部工作业务水平。建立定期例会制加强交流沟通，明确一名分管领导具体联系本单位的离休干部，重视加强老干部信访工作，对重点信访案件实行领导包案、限期结案。完善深入基层调查研究制度，广泛听取和及时向上级反映老干部的意见建议，切实为老干部办实事。

(张 宁)

关心下一代工作

【概述】2013年，围绕加强青少年思想道德建设这一目标，按照"急党政所急，想青少年所需，尽关工委所能"的工作方针，充分发挥"五老"(老干部、老战士、老专家、老教师、老模范)优势和作用，深入开展社会主义核心价值体系教育，大力为青少年办实事做好事，为促进青少年健康成长作出了积极努力。

【"五老"队伍建设】在区关工委组成人员进行调整的基础上，根据人事变动和工作需要，要求各乡镇(街道)重新明确关工委工作的分管领导和责任人。金东区教育系统关工委及各校关心下一代领导小组也相应进行了调整，确保各项工作顺利衔接、有序开展。加强"五老"队伍建设。对全区"五老"人员队伍和"五老"网吧义务监督员队伍进行了调整，下发通知对各乡镇(街道)、鞋塘办事处辖区内"五老"人员重新摸底统计，把有愿望、有能力、身体健康的"五老"人员吸纳到关心下一代"五老"队伍，并在"五老"人员中确定3至5名网吧义务监督员，共明确"五老"骨干人员482人，网吧义务监督员52名。

【青少年爱国主义教育】借全市"学雷锋365我们在行动"活动现场会在金东区召开的契机，联合区文明办、教育系统等在全区中小学生中广泛开展"学雷锋好榜样、争做最美小公民"主题教育活动，通过学雷锋活动周、主题征文、"六个一"、"寻找最美金东人"等载体，倡导文明新风，匡正道德示范。全区20余位"最美"新闻主角和孝德少年代表讲述自己的事迹，传递社会正能量，推进善美家园建设。以清明节、"五四"青年节等节假日为载体，以革命传统报告会、爱国主义演讲比赛、"听爷爷讲过去"宣讲、参观横店国防科技馆等方式强化青少年革命传统、爱国主义教育。全年全区共举办报告会46场次，受教育人数达2.6万人。

【"城乡手拉手"结对帮扶活动】根据市关工委

的统一部署，3月底在全区启动了“城乡手拉手、精神共富有”结对帮扶活动，首批在曙光小学、源东乡中心小学、岭下小学间开展，共有128名学生结成64个对子。在首批结对的基础上，我们结合实际，拓展结对范围，通过教育共同体学校结对，结对本校贫困生、外来民工子女、留守儿童等方式深化手拉手活动，全年结对家庭共有146个。

【组织社会力量帮困助学】组织发动各级关工委积极联系协调，通过各种渠道动员组织社会力量加入帮困助学队伍，开展了“关心桥”“圆梦微心愿”“春蕾助学”等形式多样的帮困助学活动。一年来，全区各级关工委通过各种形式帮困助学百余万元。

【联合举办关爱夏令营等活动】针对暑期外来务工人员子女和留守儿童较多的情况，金东区关工委联合团区委共同举办了“金金、东东相约‘小候鸟’”和“金金、东东相约‘迁徙鸟’”两期关爱夏令营。积极开展科普知识宣讲活动。充分发挥关工委成员单位、职能部门作用，开展面向青少年的科普宣传活动。在金东区实验小学开展了为期5天的以“科技创新·美好生活·共筑中国梦”为主题的2013首届科技活动周，塘雅镇关工委注重打造“青”字品牌，联合团委建立塘雅朝阳青年创业论坛，成立塘果青年创业理事会，现有创业青年10人，带动当地就业约736人，有力助推青年创业创新。

（张　宁）

区直属机关党建

【概述】2013年，区直机关工委紧扣区委区政府决策部署，围绕“服务中心，建设队伍”两大核心任务，以保持党的先进性、纯洁性建设为主线，深入开展以“服务发展，提升机关党组织的战斗力；服务基层，提升机关党建的影响力；服务党员，提升机关党的凝聚力”为主要内容的“三服务三提升”服务型机关党组织建设，不断深化机关党的思想、组织、作风、反腐倡廉和制度建设，夯实区直机关党的工作基础，为推动金东区大开发大建设大发展提供有力的政治组织保证。

【“千名党员帮千户解民困”活动】按照区委“双百双千”作风建设部署，在区直各机关部门、单位开展“千名党员帮千户解民困”活动，全区1200余名机关党员干部一人一户联系结对困难户、专业户、重点户，共为困难户捐献慰问金21万余元，帮助农户解读惠农政策、指导子女就业、争取项目补助、解决生活困难、推销农产品等实事202件。

【助推农村居家养老工作】第一时间建立区直机关党组织和党员联系服务农村居家养老服务中心制度，全区40余个机关部门、单位的112个党组织定点联系200多家居家养老服务中心，通过点对点联系、一对一指导、心贴心服务，定期开展“送政策、送文化、送关爱、送健康、送服务”活动，累计开展服务150余次，赠送酱米油盐等生活物资5万余吨，并引领带动乡镇（街道）、农村党员形成了区、镇、村三级党员联动服务居家养老工作机制，助推全区上下形成了关爱老人、服务老人的浓厚氛围。

【开展在职党员进社区活动】1268名机关党员干部根据职业特点、部门优势和个体专长，全部进社区报到并认领志愿服务项目，开展“党员公益日”活动1250余次，党员认领志愿服务项目1267个，开展志愿奉献5000余人次，在“五城四边三化”、迎接创卫复审等活动中，区直机关各机关党组织先后组织1385人次的党员干部到共建社区开展卫生清洁、水环境治理等公益服务活动，树立了良好的党员形象。

【村级组织换届工作】区直机关各部门、各单位全力配合村级组织换届工作，216名机关党员干部组成72个换届攻坚组，由区领导带队，进驻72个选情相对复杂的换届重点村全程蹲点、包干负责。“两富”局级指导员把换届工作作为重点任务，沉到一线，全程做好换届指导工作，为换届工作顺利进行提供了有力支持。

【机关党建规范化建设】完成机关党组织换届选举工作，党务干部在年龄、文化、知识结构上有了较大改善。加强乡镇（街道）机关党委建设，在曹宅镇先行试点的基础上，按照统一模式、统一程序、统一步骤的“三统一”原则，在全区各乡镇（街道）全面推进机关党委建设工作，9个乡镇（街道）建立了机关党委和机关纪委。此项工作得到了市直机关工委的充分肯定并在全市机关党建现场会上作交流发言。首次实行机关部门党组(党委)书记党建工作专项述职,区法院、区发改局作为代表向区委常委、区委党建工作领导小组进行口头脱稿述职,有力地推动了全区机关党建工作取得新进步。深化机关党建理论研究,撰写的调研文章《紧扣“三服务”推进“三提升”,金东区机关服务型党组织建设的思考和实践》获全省机关党建理论研究二等奖。

【党员教育管理服务工作】扎实做好党员教育、管理、服务等日常工作,规范新发展党员报批手续,实行发展党员预审制度,入党积极分子群众推优制度,注重发展党员质量。加强党员人文关爱,组织开展了机关趣味运动会、乒乓球比赛等丰富多彩的文体活动,有力促进了机关党员干部的身心健康,营造了健康向上、充满活力的机关氛围。

(李蕾俊)

金华市金东区人民代表大会常委会

综　述

2013年，金东区人大依法召开常委会会议9次、主任会议18次，听取和审议专项工作报告15个，依法作出决议决定13个，组织执法检查2次，开展视察活动6次，完成重点课题调研4项，

服务全区工作大局，加强计划审查监督。常委会听取和审议了区政府关于2013年上半年国民经济和社会发展计划执行情况和下半年工作措施、“十二五”规划纲要中期评估情况等多个报告，并就加快重点工程建设等4个方面提出了意见，就主要经济指标等10个方面进行了专题询问。深化财政审查监督。建立人代会财政预算审查委员会，重点加强政府全口径预算决算审查监督工作，加大对重点资金专项审计发现问题的督促整改力度，推动建立长效管理机制。助推经济良好运行。听取和审议了清闲促产工作情况、江东区块工业平台建设情况等报告，开展了重点工程建设、旅游业发展等视察，促进进一步加强统筹、加快进度、保证质量、提高绩效。

关注民生保障和改善，着力推动水环境治理。上下联动开展对《浙江省饮用水水源保护条例》的执法检查，依法作出《关于加强水环境综合治理的决定》；开展代表“四员三联”(治水宣传员、巡查员、联络员和监督员，联系重点河溪，重点排污单位、重点治污项目)活动，建立55个代表小组，分别联系推动重点河溪、水库和60个水环境治理项目。持续关注“三农”问题。听取和审议区政府关于贯彻落实2013年中央一号文件和三个万亩农业示范园建设、中小河流治理重点区建设和防汛防旱工作、“三改一拆”工作等相关情况汇报，开展“812”土地整治工作、美丽乡村建设等视察活动，在多个方面提出了意见建议。促进社会事业协调发展。围绕养老、教育、计生、食品安全等方面，组织听取和审议区政府相关工作情况报告，广泛开展了相关视察调研和跟踪检查活动，区人大代表累计捐款捐物200余万元。

推进民主法治建设，推进法律法规贯彻实施。听取区政府关于“六五”普法规划实施情况的汇报，强化对交通、消防、安全生产等法律法规贯彻实施情况的监督检查，加强对村级组织换届选举工作的监督指导，对区政府报送的13份规范性文件进行了备案审查，并与市人大联动开展了刑事诉讼法执法检查。推进公正司法。听取和审议了区法院关于民间借贷纠纷案件审判工作情况的报告，对区检察院反渎职侵权工作进行专题审议，重视和支持行政执法与刑事司法相衔接机制的完善，促进联席会议制度和信息共享平台建设。推进人事任免和人大信访工作。坚持党管干部与依法行使人事任免权的有机统一，规范人事任免程序，一年来任免国家机关工作人员62名；同时注重加强人大信访，做好接访、督办工作，信访问题得到依法妥善处理。

加强代表履职保障，力促代表履职平台有效运行。规范代表接待选民制度，定期组织代表组活动，强化代表履职登记和考评，推进“双百双千”活动深入开展。一年来，全区代表固定联系选民2300多人次，接待选民1400多人次，帮助解决困难和问题400多个；联系贫困户230户，捐款捐物80万元；联系“一府两院”单位部门35个，开展活动28次。

加强和改进代表建议工作。把做好代表建议工作向抓办前、办中、办后“三头”延伸，办前抓建议质量，办中抓建议督办，办后抓建议落实，进一步提高了代表真正满意率、问题解决率，区三届人大二次会议109件代表建议得到了较好落实。优化代表履职服务。认真做好人大代表履职服务平台的用户注册、推广应用工作，以乡镇为单位组织代表培训，坚持主任接待代表日、常委会组成人员联系代表、代表列席常委会会议等好的做法，同时建立代表依法辞职制度，接受10名领导干部代表因职务变动辞去代表职务并及时进行补选。

重要政事

【区三届人民代表大会二次会议】1月14日至1月17日，金东区第三届人民代表大会举行第二次会议。会议听取和审议了区长施美红所作的《金东区人民政府工作报告》；审查了区发展和改革局受区政府委托向大会提交的《关于金东区2013年国民经济和社会发展计划执行情况及2014年国民经济和社会发展计划草案的报告》，批准了2013年国民经济和社会发展计划执行情况的报告及2013年国民经济和社会发展计划；审查了区财政局受区政府委托向大会提交的《关于金东区2012年财政预算执行情况和2013年预算草案的报告》，批准了2012年财政预算执行情况的报告及2013年预算；听取和审议了区人大常委会主任赵庆所作的《金东区人大常委会工作报告》；听取和审议了区人民法院院长魏剑斌所作的《金东区人民法院工作报告》；听取和审议了区人民检察院代检察长丁成毅所作的《金东区人民检察院工作报告》。大会还专门建立财政预算审查委员会对预算报告和预算草案及区教育局、区农办、区民政局等5个部门单位的预算草案进行了审查。

【区三届人大常委会会议】区三届人大常委会第七次会议于1月8日举行。会议讨论了提交区三届人大二次会议审议的《金东区人民政府工作报告》《金东区2012年国民经济和社会发展计划执行情况及2013年国民经济和社会发展计划草案的报告》《金东区2012年预算执行情况和2013年政府收支预算草案的报告》《金东区人民法院工作报告》《金东区人民检察院工作报告》等5个报告的征求意见稿；讨论通过了区人大常委会工作报告稿；通过了《金东区人大常委会代表资格审查委员会关于代表资格审查情况的报告》；提出了区三届人大二次会议主席团名单(草案)；提出了区三届人大二次会议财政预算审查委员会名单(草案)；决定了列席区三届人大二次会议人员名单；讨论通过了2012年代表组工作和代表接待室工作先进单位、优秀代表建议、代表建议办理工作先进单位。

区三届人大常委会第八次会议于3月29日举行。会议审议通过了区人大常委会2013年重点工作安排；决定了重点办理的区三届人大二次会议代表建议；审议了区人民法院提请的人事任免议案。

区三届人大常委会第九次会议于4月28日举行。会议听取和审议了区检察院关于许可对区三届人大代表庄有成采取刑事强制措施的报告。经无记名投票表决，会议决定同意对区人大代表庄有成依法采取刑事强制措施，并暂时停止其执行代表职务。

区三届人大常委会第十次会议于5月30日举行。会议听取和审议了区政府关于江东区块工业平台建设情况的报告；听取和审议了区政府关于清闲促产工作情况的报告；听取和审议了区法院关于全区民间贷款类民商事案件审判工作情况的报告。

区三届人大常委会第十一次会议于7月30日举行。会议听取和审议了区政府关于2013年上一阶段计划、预算执行情况的报告；听取和审议了区政府关于人口和计划生育工作情况的报告；听取和审议了区政府关于代表建议意见办理情况的报告；审议了区人民政府提请的人事任免议案，经无记名投票表决，决定同意胡放辞去区人民政府副区长职务，决定任命顾凯锋为区人民政府副区长；审议了区人民法院提请的人事任免议案；审议了区人民检察院提请的人事任免议案；审议了代表资格审查委员会关于恢复张新进执行代表职务的报告，经会议表决，同意恢复张新进执行代表职务。

区三届人大常委会第十二次会议于9月23日举行。会议听取和审议了区政府关于2012年政府收支决算报告、2012年政府收支预算执行情况和其他财政收支情况的审计工作报告，审查批准了2012年区政府收支决算；听取和审议了区政府关于贯彻落实中央〔2013〕1号文件和3个万亩农业示范园建设情况的报告；听取了区政府关于《金东区水环境综合治理三年行动方案》的报告，审议通过了《金东区人大常委会关于加强水环境综合治理的决定》；听取和审议了区人民检察院关于反渎职工作情况的报告；审议通过了区人民政府提请的人事任免议案；审议通过了区人民检察院提请的人事任免议案；审议通过了主任会议提请的人事任免议案；审议通过了王建中等辞去金华市金东区第三届人民代表大会代表职务的报告。

区三届人大常委会第十三次会议于11月15日举行。会议听取和审议了区政府关于2013年民生十件实事办理情况的报告；听取和审议了区政府关于调整2013年政府收支预算的报告，批准了2013年政府收支预算调整方案；审议通过了区政府关于提请钟术清任职的议案；审议通过了区政府关于提请叶春成等职务任免的议案；审议通过了区人民检察院提请的人事任职议案。会议听取和审议了区政府关于"十二五"规划实施情况的中期评估报告，并就"十二五"规划中的主要经济指标、工业经济扩量提质、农村土地流转、省级教育现代化区创建、环境保护、安全生产等10个方面内容开展了专题询问。

区三届人大常委会第十四次会议于12月17日举行。会议讨论通过了《关于召开金华市金东区第三届人民代表大会第三次会议的决定(草案)》；审议通过了代表资格审查委员会《关于代表资格审查和变动情况的报告(草案)》；审议通过了区人民政府提请的黄斌等职务任免的议案；审议通过了区人民法院提请的李捍忠等职务任免的议案。

重要活动

【区人大和区政府召开工作沟通会】1月4日，区人大常委会和区政府召开工作沟通会，相互沟通、交流2012年工作完成情况和2013年工作思路。会上，主任赵庆通报了区人大常委会2012年工作及2013年重点工作安排；区长施美红通报了区政府2012年工作、2013年经济社会指标和重点工作安排情况；与会人员围绕重点、热点问题交流了2012年主要工作完成情况及2013年工作安排。

【部署饮用水水源保护执法检查】4月15日，省、市召开电视电话会议，就饮用水水源保护执法检查工作进行部署。根据省、市人大常委会统一部署，金东区执法检查分四个阶段进行。第一阶段为动员部署阶段：4月下旬，区人大常委会制订并下发执法检查实施方案。第二阶段为调查研究阶段：区人大常委会将听取区有关部门贯彻执行相关法律法规情况汇报，并组成调研组开展调查研究。第三阶段为执法检查阶段：赴孝顺、源东、曹宅、澧浦、岭下等开展重点检查。第四阶段为整改落实阶段：区人大常委会将执法检查情况形成书面材料，交由区政府研究办理，并抓好整改落实情况的跟踪监督。

【视察道路建设、管理和安全生产工作】4月19日，区人大常委会组织部分委员对区道路安全设施建设、管理和安全生产工作进行视察。视察组先后视察了曹宅镇绣水山庄建筑工地、赤松镇下灶线4K+900处、国道330张229K+500米处、岭下镇浙江丝芙特家具有限公司，听取了区政府关于道路设施建设、管理和安全生产工作情况的汇报。视察组充分肯定区政府及相关职能部门在道路设施建设、管理和安全生产工作等方面所做的工作及取得的成效，并就进一步做好道路设施建设和管理工作、安全生产工作提出了意见建议。

【召开"双百双千"活动推进会】4月11日，区人大常委会召开人大系统"双百双千"工作推进会。会议对前期"双百双千"活动开展情况进行了交流，并着重就"双百双千"活动下一步工作目标和措施进行了细化，提出了走访一批选民、提出不少于一条合理化建议、帮助困难户办一件实事、为选民做一件好事、化解一起矛盾纠纷、听取一次相关单位工作汇报或组织一次视察活动等六项活动要求。

【视察旅游业发展情况】5月23日，区人大常委会组织部分委员和代表对区旅游业发展情况进行了视察。通过实地视察金华锦林佛手观光园、曹宅大佛寺景区、傅村镇畈田蒋村，听取区政府关于旅游业发展情况的汇报，视察组对近年来金东区在旅游业发展方面所做的工作及取得的成绩予以肯定，同时就下一步工作开展提出了意见建议。

【视察美丽乡村建设工作】6月25日，区人大常委会组织部分委员和人大代表对区美丽乡村建设工作进行了视察。通过实地视察曹宅镇黄鹤山、午塘头、大黄村、杜宅等村村容村貌，听取区农办关于美丽乡村建设情况的汇报，视察组肯定了美丽乡村建设的进展及成效，并对相关工作提出了意见建议。

【视察重点建设项目实施情况】7月19日，区人大常委会组织部分委员和人大代表对全区重点建设项目实施情况进行视察。通过实地视察金武公路金东段、江东低丘缓坡综合开发利用试点项目、万达广场、金东商业中心紫金湾项目建设现场，听取区政府关于全区重点建设项目实施情况的汇报，视察组肯定了全区重点建设项目进展情况和所取得的成效，指出了当前项目实施中存在的困难与问题，并有针对性地提出了意见建议。

【推动水环境综合整治活动】为认真贯彻落实省、市人大常委会“关心母亲河溪，查找水污染源，恪尽代表职责”活动要求，贯彻执行金华市市人大常委会《关于加强金华江流域水环境综合整治的决定》，切实推动水环境综合整治工作，区人大常委会决定自9月起在全区各级人大代表中开展“四员三联”推动水环境综合整治活动。(“四员”，即宣传员、巡查员、联络员、监督员；“三联”，即人大代表要联系重点河溪、山塘、水库，联系污水排放重点单位，联系水环境整治工程项目。)

【“812”土地整治工程视察】8月28日，区人大常委会组织部分委员和人大代表对全区“812”土地整治工程进行视察。通过实地视察赤松镇下陈村、曹宅镇潘三村、傅村镇傅一村造地改田项目进展情况，听取金东国土分局负责人受区政府委托所作的关于“812”土地整治工程进展情况的汇报，视察组肯定了“812”土地整治工作取得的成绩，并提出了意见建议。

【区人大试水代表辞职制度】9月23日，金东区三届人大常委会第十二次会议接受王建中等10名人大代表辞去区三届人大代表职务，标志着区人大常委会在人大代表辞职制度方面作了积极有益的探索。

人大代表辞职制度的实施，较好地解决了人大代表终届制的弊端，保证了人大代表结构的合理、先进和广泛性，对于维护选民利益、保证人大代表整体结构合理性、提高人代会质量以及闭会期间各乡镇街道组织开展人大代表活动的正常化等等，都起到了积极作用。

(潘小刚)

金华市金东区人民政府

综　述

金东区辖8镇、1乡、2街道，共508个行政村，16个居委会，总面积661.8平方千米。2013年年底总户数127946户，总人口31.84万人，其中非农人口3.42万人。

2013年全区实现地区生产总值(GDP)141.50亿元，按可比价计算，较上年增长9.1%。其中：第一产业增加值13.75亿元，增长1.2%；第二产业增加值75.46亿元，增长8.3%；第三产业增加值52.29亿元，增长12.9%。按户籍人口计算，全区人均地区生产总值达到44642元(按年平均汇率折算为7209美元)，增长8.1%。第三产业比重稳步提高，三次产业结构比重调整为9.7∶55.3∶37。完成全社会固定资产投资104.40亿元，增长21.10%。实现社会消费品零售总额90.96亿元，增长15.37%。实现财政总收入15.69亿元，增长27.2%，其中区级财政收入6.17亿元，增长24%，财政收入和区级收入创近年来最好水平。全区城市居民人均可支配收入30482元，城市居民人均消费支出16353元。农村居民人均纯收入14270元，增长11%；农村居民人均生活消费支出12840元，增长7.8%。农村居民家庭恩格尔系数(居民家庭食品消费支出占生活消费支出的比重)为29.6%，比上年下降2.6个百分点。全区出生人口3529人，出生率10.3‰；死亡人口1973人，死亡率6.2‰；人口自然增长率4.1‰。

工业经济提质增效。完成工业增加值56.72亿元，增长9.2%，工业增加值占GDP比重40.1%，对GDP贡献率42.8%。全区215家规模以上工业企业实现工业总产值161.66亿元，增长10.1%；销售产值145.25亿元，增长7.5%。规模以上工业企业完成出口交货值58.24亿元，下降0.5%，占销售产值的比重为40.1%。全区产值超亿元的企业达45家。全区规模以上工业实现利税总额7.9亿元，增长4.3%，其中利润3.5亿元，增长2.5%。工业创新转型进一步加强。全社会科技活动经费支出2.47亿元，增长29.6%。全年规模以上工业企业新产品产值61.6亿元，增长27.2%，新产品产值率为38.1%，比上年提高3.5个百分点。建筑业平稳发展。全区完成建筑业总产值75.7亿元，增长16.1%。房屋施工面积309.8万平方米，增长7.6%；房屋竣工面积176.9万平方米，下降12.3%。资质以上建筑企业实现利润总额36820万元，增长29%；利税总额60585万元，增长7%。重点项目投资创历史新高。全年安排各类重点建设项目49个，年度投资计划78.16亿元，是2012年的3.5倍，其中“411”项目年度计划投资额约占全市1/3；省市重点项目投资完成率分别达到186%和198%，政府投资完成率达到138%。

农业发展稳中求进。实现农林牧渔业总产值25.81亿元，比上年增长5.2%，按可比价计算增长1.4%。农业增加值13.75亿元，按可比价计算增长1.2%。全区农作物总播种面积17313.33公顷，下降2%。其中粮食种植面积为5033.33公顷，产量2.93万吨，分别比上年下降4.8%和下降11.5%；果用瓜种植面积1360公顷，产量3.39万吨，下降1.4%和增长1.2%；油料播种面积1366.67公顷，产量0.32万吨，分别下降0.5%和与去年持平；蔬菜播种面积4546.67公顷，产量11.82万吨，增长0.7%和4.2%；花卉苗木种植面积4100公顷,增长1.2%。农业现代化建设进一步加强。创建省级主导产业示范区3个、特色农业精品园4个、市级现代农业示范基地45个,新增设施农业120公顷。年末拥有农业机械总动力252553千瓦,增长1.6%;全年化肥施用量(折纯)18653万吨,增长3%;农村用电量28979千瓦时,增长2.6%。全年完成绿化造林面积102.67公顷,迹地更新面积89.13公顷。幼林抚育作业面积300公顷;封山育林面积110946.67公顷。全年肉类总产量4.03万吨,增长13.8%,其中猪肉3.43万吨,增长17.5%。牛奶产量3.02万吨,增长2%。全年生猪出栏49.12万头,增长21.6%;家禽出栏326万羽,下降11.9%。

经济贸易稳步增长。实现社会消费品零售总额90.96亿元,增长15.4%。城乡消费市场同步增长,城镇消费品零售总额71.15亿元,增长15.3%;农村消费品零售总额19.81亿元,增长15.5%。分行业看,批发业7.82亿元,增长112.7%;零售业80.55亿元,增长10.3%;住宿餐饮业2.59亿元,增长19.3%。交易市场繁荣有序。2013年,全区共有成交额超亿元市场6个。其中,金华农产品批发市场实现成交额61.26亿元,增长13.9%;金华市汽车城成交额38.21亿元,下降1.4%;金华市浙中建筑装饰材料市场成交额46.58亿元,增长17.9%;金华市汽配城成交额25.7亿元,增长42.8%;金华澧浦苗木城成交额14.34亿元,增长33.4%;金华市二手车交易市场成交额8.53亿元,增长55.1%。对外贸易较快增长。2013年,全区完成外贸出口交货值98.92亿元,增长18.1%。完成外贸进出口总额10.73亿美元,增长23.8%。其中,自营出口10.52亿美元(含市场采购1.9亿美元),增长23.4%;进口2125万美元,增长46%。从出口产品看,传统及新兴出口产品增幅全面上升,机电产品、纺织品、箱包分别实现出口22883万美元、25176万美元和2347万美元,分别增长21.8%、31.7%和255.7%。从出口市场看,呈现“二高二稳”,对亚洲和新兴市场出口保持高增长,对亚洲、非洲、拉丁美洲和大洋洲分别出口32668万美元、13383万美元、9868万美元和2164万美元,分别增长30.7%、51.8%、24.8%、43%;对北美和欧洲出口增幅稳定,出口额19911万美元和27204万美元,分别增长7.6%和15.7%。

招商引资有序推进。全年审批外商投资项目3个,总投资额5155万美元。合同利用外资2467万元,下降31.2%;实际利用外资3418万元,增长11.1%。2013年,全区引进内资项目138个,其中工业项目130个,非工业项目8个。5000万元以上的项目65个,占引进内资项目比重达47.1%,其中1亿元以上项目39个,5亿元以上项目13个。当年实际到位资金42.58亿元,增长9.9%。全年新引进浙商回归项目27个,总投资275亿元,增长100%,实际到位浙(婺)商回归投资34.8亿元,增长127%。其中新引进重大产业项目22个,占新引进项目的81%,增长144.4%;重大科技人才项目5个,占新引进项目的19%,增长66.7%。新引进重大产业项目税收贡献额19600万元,浙商回归公益捐赠额7611万元。

城市建设更加完善。金东新城区建设全面提速,成为市区开发建设的热点和亮点。多湖中央商务区、商业中心、江北中轴线三大板块开发建设同步推进,金华万达广场、紫金湾、保集外滩等项目形象初显,“三江六岸”景观提升工程和“断头路”延伸工程稳步实施,城防堤顶4000米游步道建成投入使用,丽泽公园主体完工,丹溪路、东市街、电大街、大堰河街、东兴路等道路部分节点打通,横塘沿安置小区全面启动建设,顺利通过国家卫生城市复审。

交通事业稳步发展。完成交通建设投资5.13亿元。国省、县道建设项目完成投资5593.9万元,大中修工程完成投资7219万元,农村联网公路完成投资2241.2万元,安保工程完成投资331.3万元,病旧桥隧加固改造工程完成投资102万元。曹塘澧公路除跨杭金衢立交(列入杭金衢拓宽一起实施)外,其余工程已经全部完工,全线通车。金华至武义公路(金东区段)工程已经基本完工。投资3787万元,完成国道330线路面大中修工程5.417千米;投资1241万元,完成省道103线路面5.66千米的大修工程;投资2100万元,完成16条农村公路大中修工程26.83千米。投资102万元完成对梁梅西塘桥和金尚塘桥2座危桥的改造。投资312.7万元,完成对32条农村公路的安保工程(临水临崖),实施里程76.854千米,安装钢质波形护栏12154米。总投资1811.85万元,完成对公路“三化”整治,绿化面积

11.6035万平方米，。投入260多万元，在区内主要道路增设84个公交停靠站棚。全区等级公路达到1057.6千米。旅游业快速发展。全区全年共接待海内外游客145.6万人次，增长33.1%，实现旅游总收入1.97亿元，增长10.7%。其中接待国内旅游者144.85万人次，同比增长33.2%，实现国内旅游收入1.95亿元，同比增长10.3%，接待入境旅游者0.75万人次，同比增长8.8%。

环境保护初显成效。全年城市环境空气优良天数达到310天，空气质量优良率达到84.8%。主要河流水质有效改善，达到或优于三类水质标准的占10%，满足功能区要求的占10%；全区35个地表水交接断面，达到或者优于三类水质标准的断面占11.4%；2个出境断面，达到或者优于三类水质标准的断面占50%。全年实施减排项目40个，其中城镇污水处理厂项目1个，农村连片整治项目2个，工业结构调整减排项目8个，农业减排项目7个。在2012年的基础上，削减化学需氧量226吨，削减率为3.2%；氨氮20吨，削减率为2.8%；二氧化硫26吨，削减率为1.4%；氮氧化物8吨，削减率为0.8%，基本完成2013年度减排目标。全区共建成省级生态镇8个，市级生态村394个，市级森林村庄157个，累计建成生态公益林8573.33公顷，完成平原绿化扩面413.33公顷。深化美丽乡村建设，完成5个优秀历史文化村落、3个示范中心村、11个精品村、18个秀美村、114个洁美村和20千米样板绿道建设，连续六年获评省“千村示范、万村整治”先进单位，澧浦镇被评为全省首届十大最美乡镇。

水利建设稳步加强。2013年全区完成水库除险加固工程1座，山塘整治16座，新增固定式喷微灌面积168.67公顷，灌区渠道改造86.9千米，新增旱涝保收面积287公顷，扩大灌溉面积450.33公顷。金东区2013年度中小河流治理重点县建设4个项目片区均已开工建设，完成赤松、澧浦东溪、傅村3个项目区的审查；完成金东区金华江治理工程8.3千米；开展农村河道综合整治，完成万里清水河道整治33千米(亩)。实施农村饮水安全提升工程，总受益人口1.2万人。完成金东区省级百库洁水渔业产业示范区建设并通过验收和挂牌。完成东阳江流域管理站省级管理单位创建，成为全市首家。

教育事业均衡发展。2013年，全区拥有各级各类全日制学校51所，其中公办42所，民办9所，在校学生5.12万人。其中小学23所，在校学生22052人，小学适龄儿童入学率达到100%。初中18所，在校学生9799人，初中适龄少年入学率达到100%。初中毕业生升入高中段学校比例98.36%，升入优质高中占高中段招生比例达到89.54%。高中8所(含3所民办高中)，在校学生12434人。高等院校2所，在校学生6873人。全区学前儿童入园率超过99.4%。城乡免费义务教育全面实行，各级各类学校政府财政经费投入不断加大。

科技创新不断提升。全年全区列入市级以上科技项目58项，其中国家级3项、省级29项、市级26项；新到位省级以上科技资金140万元。新立市级科技计划项目26项，其中工业类9项、农业类14项、社会发展类1项，农业科技成果转化项目2项。列入2013年度评选市科学技术奖3项。新认定创新型企业13家，其中省级1家、市级2家、区级10家；高新技术企业8家，其中国家级1家、市级7家；省级科技型中小企业12家；农业科技企业4家，其中省级2家、市级2家；专利示范企业6家，其中省级2家、市级4家。申请专利1037件，增长13.7%，其中发明专利158件，增长143%；授权专利616件。全区新认定省级高新技术研发中心3家、市级2家，省级农业科技研发中心2家、市级2家。

文化事业繁荣有序。成功举办了全区第四届农民文化艺术节和乡镇婺剧联谊赛等大型文化活动；全年送戏下乡200余场，送电影3910场，培训农村文艺骨干10000多人次。新建孝顺镇南仓村等农村文化礼堂16个、孝顺镇下范村等浙江省五星四星级农家书屋6个、鞋塘办事处山早村等农家书屋电子阅览室11个；新创建塘雅镇前蒋村等省市级文化示范村5个。摄影美术书法作品有袁修广、潘志余、王芳等20余人次获得国家、省、市级最高奖项。“金华说书”“迎大蜡烛”等5个项目被评为市级第五批非遗项目。

体育事业全面发展。已创建省级体育强镇8个，市级体育强镇1个，国家级、省级青少年体育俱乐部4个，小康体育村432个。体育竞技比赛战果累累，金东区代表队参加“2013年全国气排球比赛”，勇夺男子中青年组全国冠军。区少体校组队参加浙江省青少年沙滩排球赛，一举夺得男子甲组金牌、男子乙组银牌、女子甲组第四名，男子乙组第五名的好成绩。嗒嗒球队代表金华市参加省二体会嗒嗒球比赛，夺得男团、女团两枚铜牌，女单第五名，女双第六名，男双第八名。成功举办浙江省第二次体育大会健美操、健身排舞、羽毛球三项赛事，提升金东体育知名度。

卫生事业健康发展。截至2013年年底，全区共设医疗卫生机构268家，其中疾控中心1家、卫生监督所1家、妇幼保健院1家、医院(社区卫生服务中心增挂)1家、社区卫生服务中心13家、社区卫生服务站60家、村卫生室191家，卫生服务网络进一步完善。全区实际开放床位数247张，拥有卫生技术人员646人。全区所有基层医疗机构全部实施国家基本药物制度，零差率销售药品直接让利就医群众累计约12294.20万元。全面开展参保城乡居民健康体检工作，60周岁以上老人体检率为80.5%，儿童100%，中小学生100%。城乡居民规范化电子健康档案建档率达90%。2013年，全区产妇数2417人，孕产妇系统管理率98.23%，住院分娩率100%，产前筛查率84.44%，婚检率100%，农村妇女住院分娩补助1976人，补助经费98.8万元，农村孕产妇住院分娩补助100%。

民生保障全面加强。2013年末，全区拥有各类社会福利单位11所，床位1304张，五保对象683人，已全部实行集中供养，其中在院667人，户院挂钩16人，集中供养率100%。城乡居民最低生活保障实现全覆盖，全区共有农村低保对象2822户、3881人，城镇低保对象112户、140人，全年发放低保救助金1225.56万元，发放困难群众物价补贴104.96万。对1448户、2033人低保边缘户发放救助金43.93万元。实施困难群众的“安居工程”，全年竣工189户，总建筑面积9278平方米，投入资金209.9万元。实施困难群众医疗救助1789人次，补助医疗费312.9万元。建成农村居家养老服务照料中心226家，实现一个乡镇全覆盖，服务覆盖全区2/3以上农村老人。全年城乡居民养老保险参保人数16.9万人，城乡居民医疗保险参保人数23.25万人，被征地农民基本生活保障参保人数4.5万人。失地农民保障得到加强，被征地农民参加基本生活保障的村达到165个(未含金东经济开发区)，参保人数2.04万人。累计发放养老金1566人，共计金额9335.58万元；发放生活补助1011人，共计金额3325.44万元。

重要会议

【区政府常务会议】2013年2月4日，召开第12次常务会议。会议讨论了《关于要求审批金东区劳动模范和模范集体的报告》《关于大力实施商贸兴区战略加快现代服务业发展的实施意见》、江东区块开发建设有关问题、金东区政府质量奖评审情况、关于开展金东区信通小额贷款股份有限公司试点工作的汇报、金东区2013年征迁工作计划、关于省道103线金东段(金义中线)改建工程项目的建议、区长集中下基层现场办公制度等8项议题。会议原则同意区总工会提交的候选名单，提交区委研究。会议讨论了《关于大力实施商贸兴区战略加快现代服务业发展的实施意见》，要求对《实施意见》进一步修改完善后提交区委研究。会议要求：1.江东镇政府要加快一期征迁扫尾工作，并尽快启动二期征地；2.指挥部、财政、国土、招商等单位部门要精心组织，认真做好土地报批、园区基础设施建设、二期项目招商等工作；3、由曹文蔚、宋炳坚副区长牵头，认真研究村集体留地开发模式，把握好面上的政策平衡，加强与金义都市新区相关政策的衔接，促进村级集体经济与平台建设融合发展，并形成专门方案提交区政府和区委研究。会议决定授予真爱时尚家居、万得福日用品、开尔新材等三家企业区政府质量奖，要求今后区政府质量奖评审工作进一步规范程序，从严控制数量，引导推动企业加快转型升级、提升内涵质量。会议原则同意上报开展信通小额贷款股份有限公司试点，要求区经商、工商等部门要认真总结广利恒小额贷款公司开办过程中的经验教训，重视对上沟通与对下指导服务，加强批后监管，确保公司规范运行，真正服务中小企业和地方经济发展。会议研究了金东区2013年征迁工作计划，要求提高土地征迁工作的计划性，精心谋划，细化目标，并抓紧研究制定阳光征迁政策和征迁工作考核奖励办法。会议原则同意关于省道03线金东段(金义中线)改建工程项目的建议,并要求进一步明确项目实施主体、资金拼盘方案和建设时序等问题,形成方案提交区委研究。会议原则同意区长集中下基层现场办公制度。

2013年2月16日,召开第13次常务会议。会议讨论了区政府2013年重点任务分解情况的汇报、区政府各线重点亮点工作安排情况的汇报、区会议中心改造方案等3项议题。会议原则同意区府办提交的《区政府2013年重点任务分解方案》,按照会议讨论意见修改完善后下发执行。会议要求,各线要按照可形象化、可量化、可考核、可总结原则,对重点亮点工作进行再研究,修改完善后提交区委研究。会议要求,区会议中心改造工程要细化方案,缩短工期,确保施工不影响正常办公。

2013年3月11日,召开第14次常务会议。会议讨论了《关于实施"富村五年计划"发展经济薄弱村集体经济的实施意见》《关于扶持建筑业快速健康发展的实施意见》《金东区全面推进居家养老服务照料中心建设的实施意见》《金东区开展"三改一拆"行动实施方案》、2013年金东区行政监察工作安排、《2013年金东区政府投资项目计划》、关于在金东儿童公园内建设金东乐园的问题、金义南线项目政府收购尾款支付问题等8项议题。会议原则同意《关于实施"富村五年计划"发展经济薄弱村集体经济的实施意见》,要求根据会议讨论意见修改完善后提交区委研究。会议原则同意《关于扶持建筑业快速健康发展的实施意见》《金东区全面推进居家养老服务照料中心建设的实施意见》《金东区开展"三改一拆"行动实施方案》《2013年金东区政府投资项目计划》,根据会议讨论意见修改完善后下发。会议同意2013年金东区行政监察工作安排。会议原则同意引进社会投资主体合作开发金东儿童公园。会议同意金义南线项目政府收购尾款支付问题市协调意见,尾款由市区两级共同承担。

2013年4月2日,召开第15次常务会议。会议讨论了《金东区服务业发展专项引导资金管理办法》(《金东区服务业重点企业认定管理办法》和《关于进一步加快发展商贸服务业的若干意见》)、《关于支持鼓励引导个体工商户转型升级为企业的实施意见》、金东区美丽乡村建设增补项目实施方案、关于市区城市管理执法体制调整情况的汇报、《关于化解基层医疗卫生机构债务的实施意见》、关于表彰2012年度招商引资工作先进单位的汇报、关于金东区与金义都市新区财政结算体制等有关事项等7个议题。会议原则同意《金东区服务业发展专项引导资金管理办法》(《金东区服务业重点企业认定管理办法》和《关于进一步加快发展商贸服务业的若干意见》),根据会议讨论意见修改完善后下发执行。会议原则同意《关于支持鼓励引导个体工商户转型升级为企业的实施意见》,根据会议讨论意见,并对照衔接市政府相关政策修改完善后下发执行。会议原则同意区农办提交的2013年度美丽乡村建设8个秀美村、1个洁美村、3条连接线的增补方案,要求财政局认真研究美丽乡村建设连接线、绿道、连村公路建设等原有政策间的衔接问题。会议听取了关于市区城市管理执法体制调整情况的汇报,明确由曹文蔚副区长牵头研究落实金东执法分局的办公场所、执法车辆等问题,要求区财政局要就金东执法分局预算编制基数、购车指标等问题加强与市财政局的对接沟通。会议原则同意《关于化解基层医疗卫生机构债务的实施意见》,根据会议讨论意见修改完善后上报。会议听取了关于表彰2012年度招商引资工作先进单位的汇报,根据会议讨论意见修改完善后提交区委研究。会议听取了关于金东区与金义都市新区财政结算体制等有关事项。

2013年4月15日,召开第16次常务会议。会议讨论了《关于规范企业出租厂房管理的实施意见》、《金东区河道保洁实施方案》《金东区专利专项资金管理暂行办法》、关于建设城区公办幼儿园有关事宜等4项议题。会议要求:1.由副区长王建国牵头,工商、税务、供电、人劳、国土等部门配合,结合会议讨论意见,进一步修改完善规范企业出租厂房管理的实施意见;2.各相关部门要明确自身职责,加大对企业出租厂房的规范管理和联合执法力度,营造公平公正的工业发展环境。会议原则同意《金东区河道保洁实施方案》与《金东区专利专项资金管理暂行办法》,根据会议讨论意见修改完善后下发执行。会议明确:1.关于公办幼儿园选址问题,由副区长曹文蔚副牵头,教育局负责组织有关专家进一步科学论证,协调提出意见,提交区委研究。2.关于公办幼儿园建设资金问题,要积极主动争取上级资金补助。3.关于教育中心迁建问题,由邱银泉常务副区长牵头作可行性研究。

2013年5月6日,召开第17次常务会议。会议研究了中小学幼儿园布局调整有关问题、专业市场建设推进工作情况的汇报、《关于鼓励校(院、所)企科技合作的奖励意见》、金东区保安服务有限公司改制相关事宜、财政工作有关情况汇报等5项议题。会议要求,区教育行政部门结合省教育均衡区和现代化区创建工作,做好与金义都市新区规划、多湖中央商务区块规划及市里相关规划的衔接,进一步细化完善全区中小学幼儿园布局规划,同意将修编后规划上报省级审批。会议要求,相关部门和乡镇(街道)认真做好规划选址方案落实、土地规划调整、企业安置、土地征用等工作,全力推进金华农产品批发市场迁建、金华汽配城扩容、再生资源交易市场建设等项目,努力打造专业市场集群。会议原则同意《关于鼓励校(院、所)企科技合作的奖励意见》,根据会议讨论意见修改完善后下发执行,要求科学合理设置科技合作成果验收等操作环节,确保政策资金效益最大化。会议原则同意将金东区保安服务有限公司整体移交给区国资部门,要求公安、财政等部门参照其他县(市区)做法,修改完善方案后提交区委研究。会议原则同意《2013年金东区政府投资项目预算》《2013年金东区政府性债务收支计划》,并就压缩2013年"三公"经费支出有关事项进行了研究,明确严格按照上级文件要求,采取有力措施,规范"三公"经费管理,加强监督考核,严格控制公务接待经费、因公出国(境)经费、公务车辆购置费及运行经费支出,把有限的财政经费用在刀刃上,用在民生事业上。

2013年5月27日,召开第18次常务会议。会议讨论了杭长客专、金温扩能铁路项目资本金出资情况汇报、《金东区印染造纸化工等行业整治提升实施方案》、《2013年金东区工贸企业安全生产标准化建设实施方案》、全区"打非治违"专项行动工作情况的汇报、区土地储备管理和融资有关工作的汇报、金东区政府2013年民生十件实事进展情况的汇报、金华市婚庆文化中心项目有关情况的汇报等7项议题。会议同意以金东区国有资产经营有限公司为杭长客专及金温扩能工程项目的投资主体,资金先由区财政暂借,待落实来源后再按规定程序报批列支,要求区财政局积极争取省、市资金支持,并做好资金的日常管理。会议原则同意《金东区印染造纸化工等行业整治提升实施方案》,根据会议讨论意见修改完善后下发,要求区环保分局等部门要按照省市要求,结合全区实际情况,进一步细化研究整治方案,制订落实政策措施,认真做好相关行业整治工作,促进经济和环境协调发展。会议原则同意《2013年金东区工贸企业安全生产标准化建设实施方案》。会议要求:1.打非治违工作应更到位,更有针对性。对前期已排查出来的问题,由区政府牵头,安监、工商、供电、消防等多部门联动,突出重点区域,组织专门力量,开展集中处置行动;2.要以乡镇(街道)为单位,开展地毯式的排查,进一步摸清底数;3.要结合"三改一拆"等行动,加大对违章厂房集中拆除力度。会议同意设立金东区土地储备中心,隶属金东国土分局,初定编制3人,开办资金1000万元,要求国土、财政等部门认真研究土地储备中心管理运行工作机制,编制、人事问题提交区委研究。会议要求各分管领导进一步抓好协调,按照时间进度要求,加快民生实事推进,争取尽快出成效。会议指出,利用闲置工业用地发展文化创意类产业,符合省市闲置工业土地"二次开发"的政策导向,华超建筑工程有限公司闲置工业厂房地理位置不甚理想,要与保集外滩婚庆主题商业街统筹考虑。

2013年6月19日,召开第19次常务会议。会议讨论了《关于加强农村社区卫生服务机构建设的意见》、关于金东区土地利用总体规划中期修改、"812"土地整治工程推进和阳光征迁政策等有关国土工作情况汇报、《2013年度金东区"三改一拆"行动违法建筑拆除工作考核办法》、关于调整金东新城区局部地块规划的情况汇报、关于解除金东区城市防洪堤(二期)工程合同经济补偿区块汇报、关于金东区扶贫重点村及低收入农户调查认定情况的汇报、多湖中央商务区块征迁及铁路南站区块征迁组织架构有关事宜等7项议题。会议原则同意《关于加强农村社区卫生服务机构建设的意见》、乡镇(街道)土地利用总体规划修编意见与征地拆迁阳光工程建设实施意见及工作考核办法、《2013年度金东区“三改一拆”行动违法建筑拆除工作考核办法》，根据会议讨论意见修改完善后提交区委研究。会议原则同意新区重点办对企业创业中心、首期控规E10地块、广润翰城西侧地块、仙桥区块景观大道等4个地块的规划调整方案，要求尽快报市政府批复。会议同意区水务局提交的补偿方案。会议原则同意区农办提交的扶贫重点村及低收入农户调查认定结果，要求区农办根据要求做好调查认定结果上报工作，在具体操作方面加强与区人社局等部门的衔接沟通。

2013年7月29日，召开区政府第20次常务会议。会议讨论了《金东区水环境综合治理三年行动方案》《金东区重大项目建设责任制考核办法》、金华建筑艺术公园(保集项目段)提档改造项目有关情况的汇报、金东区开展人才保障房建设有关情况的汇报、《金东区公立医院综合改革工作方案》等5项议题。会议原则同意《金东区水环境综合治理三年行动方案》，根据会议讨论意见修改完善后提交区委研究。会议原则同意《金东区重大项目建设责任制考核办法》，根据会议讨论意见修改完善后下发执行(试行一年)，要求重大项目做到日常考核与年终考核相结合，单项考核与综合考核相挂钩。会议原则同意新区重点办提出的提档改造方案，要求新区重点办认真组织专家对建筑艺术公园(保集项目段)提档改造项目规划方案进行评审，并做好与市区“三江六岸”景观改造工程建设指挥部、市规划局等相关部门的沟通衔接。会议原则同意《金东区公立医院综合改革工作方案》，根据会议讨论意见修改完善后下发执行，要求区公立医院综合改革领导小组加强对公立医院综合改革工作的组织和指导，卫生、财政、物价等部门密切配合，通力合作，抓紧制订公立医院综合改革相关配套政策，落实各项任务和举措，确保9月底前启动金东区中医院和妇幼保健院的综合改革工作。会议传达学习了中共中央办公厅关于对薄熙来涉嫌犯罪提起公诉的情况通报。

2013年9月3日，召开区政府第21次常务会议。会议讨论了《金东区预算绩效管理办法》、关于调整金东区工业用地土地出让金收入分配办法有关情况的汇报、关于金华市拂晓村镇开发建设有限公司股权转让方案的汇报、关于多湖、东孝街道新成立社区与部分社区行政区域调整情况的汇报、金东区水环境综合治理六大专项行动方案和水环境综合治理工作考核办法、《金东区印染产业转型升级专项规划(2013—2020年)》等6项议题。会议原则同意《金东区预算绩效管理办法》，根据会议讨论意见修改完善后下发执行，要求区财政部门加强业务培训，统筹科学推进，切实提高预算绩效管理成效。会议原则同意区财政局提交的关于调整金东区工业用地土地出让金收入分配的意见，明确从2013年7月1日起，全区工业用地土地出让金(市财政返还部分，扣除省市规定应提取的资金及各项代垫费用)，全部分配用于所在乡镇土地开发、城镇基础设施建设和化解政府性债务。会议原则同意多湖、东孝街道新成立社区与部分社区行政区域调整方案以及区环保局、农林局等部门提交的工业污染源治理、畜禽养殖污染综合治理、污水处理设施配套管网建设及运行管理、农村环境卫生综合治理、小流域综合治理和采砂制砂行业治理等六大专项行动方案和水环境综合治理工作考核办法，根据会议讨论意见修改完善后提交区委研究。会议原则同意《金东区印染产业转型升级专项规划(2013—2020年)》，根据会议讨论意见修改完善后下发。

2013年10月8日，召开区政府第22次常务会议。会议讨论了关于塘雅、曹宅试点范围征地工作情况汇报，全区禁养区畜禽养殖场关停拆除补偿、奖励等有关政策，国土分局、环保分局协管员招聘工作方案、区发改局关于金东区前三季度主要经济指标运行情况汇报、区监察局关于施金沅行政开除处分有关情况汇报等5项议题。会议原则同意按照阳光征迁要求，启动塘雅、曹宅两镇试点范围约711.87公顷土地征用工作，征迁工作计划及相关政策提交区委研究。会议原则同意区农林局提交的禁养区畜禽养殖场关停拆除补偿奖励政策与国土分局、环保分局协管员招聘工作方案，根据会议讨论意见修改后提交区委研究。会议同意给予原中共金华市金东区委区政府农业农村工作办公室党组成员、副主任施金沅行政开除处分。

2013年11月11日，召开区政府第23次常务会议。会议讨论了《金东区国民经济和社会发展第十二个五年规划纲要中期评估报告》、关于区中心粮库建设及孝顺粮站处置工作情况汇报、关于组建塘雅、澧浦、岭下等集镇行政执法中队有关情况的汇报、《关于金东区2013年政府收支预算调整(草案)的报告》、关于委派金华市东顺中石化经营有限责任公司董事会、监事会成员的情况汇报、关于给予原曹宅供销社和第二罐头厂职工补发失业救济金的情况汇报等6项议题。会议原则同意《金东区国民经济和社会发展第十二个五年规划纲要中期评估报告》,根据会议讨论意见修改完善后提请区人大常委会审议。会议原则同意区发改局提出的第一方案,通过处置孝顺粮站国有资产来弥补区中心粮库建设资金不足,并完善孝顺集镇功能。会议原则同意成立塘雅、澧浦、岭下等集镇行政执法中队。会议同意适度调整今年政府收支预算,提请区人大常委会审议。会议原则同意区国资办提出的委派方案,委派人员兼职不兼薪。会议原则同意区人社局提交的补发方案,按照实事求是、尊重历史、公平公正的原则,给予原曹宅供销社和第二罐头厂职工补发失业救济金,要求相关部门做好有关人员的思想工作,确保社会平稳。

2013年12月18日,召开区政府第24次常务会议。会议讨论了2014年经济社会发展主要指标计划、区重点项目计划、政府投资项目计划编制情况的汇报,2013年预算执行情况和2014年政府收支预算草案的报告、2014年政府工作报告和区政府2014年民生十大实事、2014年金东区重点工业和技改项目、金东区林地保护利用规划、杭金衢高速拓宽改造工程相关工作汇报,关于给予王忠、喻阳春同志个人记功的情况汇报等7项议题。会议听取了2014年经济社会发展主要指标计划、区重点项目计划、政府投资项目计划编制情况的汇报,原则同意区发改局提交的计划方案,根据会议讨论意见修改完善后提交区委研究。会议要求,根据会议讨论意见,对《政府工作报告》进一步修改完善,做好与计划报告和财政报告的衔接,并广泛征求吸收人大代表、政协委员以及社会各界的建议意见。会议指出,重点工业项目是金东工业转型升级的重要支撑和保障,要认真谋划,科学合理安排,全力服务推进,确保到年底真正“落地一批、开工一批、竣工一批、投产一批”。会议原则同意区农林局提交的规划方案。会议原则同意区农林局提交的林地保护利用规划。会议原则同意杭金衢高速(金东段)拓宽改造工程建设指挥部提出的《杭金衢高速(金东段)拓宽改造工程征迁工作实施办法》《杭金衢高速(金东段)拓宽改造工程农房征迁安置补偿若干规定》和建设领导小组指挥部人员调整方案,以区政府名义下文执行。会议同意给予王忠、喻阳春两位同志记个人三等功。

(邱 天)

重要政事

【省级规范化社区卫生服务中心创建】 自2007年起,金东区11个建制镇乡(街道)基层医疗卫生机构积极开展省级规范化社区卫生服务中心创建活动。截至2012年年底,11家镇乡(街道)基层医疗卫生机构先后获得省级规范化社区卫生服务中心荣誉称号,创建达标率、镇乡(街道)覆盖率均达100%。

【提高被征地农民基本生活保障待遇】 金东区自2013年1月1日起调整完善市区被征地农民基本生活保障政策,包括提高被征地农民月基本生活保障待遇,分基础保障金和个人账户保障金两部分,按个人账户保险金缴纳金额不同分成308元/月、366元/月、409元/月、538元/月四个档次,分别同比增长92.5%、63.4%、31.9%、15.9%。

【浙江省首个“雷锋小学”挂牌】 中华雷锋文化促进会、金华市关工委联合授予金东区曙光小学为

浙江省首个“雷锋小学”

"金华雷锋小学"。这是全国第29所"雷锋小学"。多年来，曙光小学坚持以"雷锋文化"哺育孩子健康成长为德育工作主线，积极开展校园学雷锋活动，推动雷锋精神薪火相传。

【"个转企"开启一站式服务】金东区创新工作机制，将行政审批改革与"个转企"相结合，推行"一站式"服务，个体户只需提出申请、备齐材料，其他手续由行政服务中心的常设机构负责办理。

【"商贸兴区"加快服务业发展】金东区出台政策重点发展商贸服务业、现代物流业、信息服务业等八大领域。区财政每年安排服务业发展引导资金不少于1500万元，目标到2015年，全区服务业增加值突破60亿元（年均增长11.6%），增加值占地区生产总值比重达到40%以上；全区生产性服务业增加值占服务业增加值比重达到50%以上；服务业重点企业达到30家。

【"万村千乡市场工程"构筑农村放心流通网】金东区共建成乡镇连锁超市25家，村级连锁便利店497家（476个行政村），行政村直营店24家，乡镇连锁超市覆盖率达100%，村级连锁便利店覆盖率达96.95%，基本形成以重点连锁经营企业为龙头、乡镇店为骨干、村级连锁便利店为基础的农村现代流通网。

【医疗服务"一卡通"乡镇全覆盖】2013年，金东区将医疗服务"一卡通"列入十大民生工程。医疗"一卡通"集就诊卡、新农合卡及银行卡于一身，病人持社会保障卡、就诊通用卡到市、区各医院就诊时，可享受"一站式"便捷医疗服务。

【推行基本医疗卫生免费项目】新医改实施以来，金东区加大卫生事业投入，推出了基本公共卫生服务、城乡居民健康体检、农村孕产妇住院分娩补助等15项卫生免费项目，全年预计让利群众1370万元，逐步实现"人人享有基本医疗卫生服务"的目标。

【城乡居民医保参保率位居全市首位】金东区2013年城乡居民医保征缴工作全面完成（除中小学生），参保人数为207240人，参保率达97.2%，居全市首位，其中10个乡（镇、街道）参保率在95%以上。

【行政指导服务地方特色产业】2013年以来，金东区将特色产业作为指导的重点对象，对全区苗木产业、物流、电子商务等多个行业开展行政指导，其中苗木行业行政指导81家，涉及营业执照相关事项71户，促成4家企业成功转型。

【央视新闻联播报道金东区居家养老模式】2013年以来，金东区在试点的基础上探索推广"统分结合"的新型农村养老模式，即采用"日间统一照料、夜间分散居住"形式，解决农村养老问题。该模式以农村居家养老服务中心为主要载体和服务平台，提供农村老年人最需要的日常饮食、文化娱乐、卫生保健三大服务功能。截至年底，已建成农村居家养老服务中心226家，实现一个乡村全覆盖，服务覆盖全区2/3以上农村老人。

5月31日，省内外媒体聚焦金东农村居家养老建设。（邵勤旦 胡赣昌/摄）

【区社会矛盾调解中心成立一年成效明显】金东区社会矛盾调解中心是金华市首家县（区）级社会矛盾调解中心，中心整合了矛盾纠纷调处、信访接待、法律服务三大职能，实行信访接待与调处化解统一受理、分流、督办。该中心共接待来电来访536人次，成功调处矛盾纠纷109件，办理援助案件216件，阻止群体性上访事件56起，458人。

【省级百库洁水渔业示范区实施"合作社+养殖户"经营模式】注册了"百库"牌商标，园区核心区占地70公顷，三室一库800平方米、配套鱼种塘20000平方米、暂养网箱2000平方米。投产后，有机鱼销量提升到270吨，价格提升100%，产值达800万元，带动周边水库养殖面积330.33公顷，水质达到Ⅱ类水标准。

【澧浦镇获评"浙江最美乡镇"荣誉称号】省新农村建设促进会、浙江广电集团联合举办首届"浙江最美乡村”评选活动。金东区澧浦镇凭借生态环境优美、绿色产业发达等优势,荣获十大“最美乡镇”。

【乡镇公共财政服务平台建设】2013年以来,金东区集合社保、农经、医保10余项密切百姓群众的事项,构成统一平台,创建“一个门进、一站式办理、一个平台操作”的乡镇公共财政服务新模式,职能服务延伸至村级财务代理、惠农补贴发放和民政救济等。2013年底,全区12个乡镇公共财政服务平台全部建成投入运行。

【获评2013年度省美丽乡村创建先进县(市、区)】2008年以来,金东区积极推进美丽乡村建设,累计投入资金3.07亿元,建成省重点培育示范中心村3个;完成农户卫生改厕4.7万户;新建各类污水池3000余个,新置垃圾房338座,新增绿化苗木42万株。全市唯一获评2013年度省美丽乡村创建先进县(市、区)。

(邱天)

法治政府建设

【概述】2013年,继续深化行政审批制度改革,清理和减少非行政许可18项,并在江东区块首期入驻的11家企业建设项目中积极探索建立重点投资项目模拟审批制度,提速率71.43%。全面推行行政规范性文件统一登记、统一编号、统一发布制度,对13件以区政府以及区政府办公室名义发布的行政规范性文件均按规定进行了合法性审查,并报市政府和区人大常委会备案。深化行政执法与刑事司法的衔接,在全区建立行政执法与刑事司法信息共享平台,实现了政府、行政执法部门、司法机关之间的信息共享。对全区16个行政执法部门开展了行政许可和行政处罚案卷评查,评查结果纳入依法行政和目标责任制考核。加强行政复议和行政诉讼工作,以区政府各部门和乡镇为被申请人的4起行政复议案件和4起为被告的行政诉讼案件均未发生被撤销和变更、确认违法的情形。出台了《加强行政机关合同管理工作的实施意见》,审查区政府签定的合同5份,提出审查意见20余条。建立了行政调解联席会议制度,建立专业行政调解队伍10支,并完善了相关工作规则。举办执法人员乡镇专业法和综合法律知识培训班各一期,分别有15人和34人参训。

9月9日,举办金东大讲堂“法治政府建设”

(许天英)

应急管理工作

【概述】2013年,区应急办按照省市有关应急管理工作的要求,进一步贯彻区委区政府关于加强平安金东建设的精神,进一步完善应急管理组织架构、健全应急管理制度,认真开展应急预案实战演练活动,构建起了比较完善的应急管理体系和工作机制,全区应急管理工作得到加强和提升。

【应急管理组织体系建设】按照“立足当前、着眼未来、重在实战,夯实基础”的工作方针,进一步强化应急管理工作组织领导。下发了《关于进一步加强应急管理工作的通知》。对加强应急指挥体系建设、加强应急联动、加快应急救援队伍建设整合、强化基层应急管理工作、加强应急保障等方面提出了具体要求。出台了2013年度应急管理考核办法实施细则,对各项应急管理工作任务要求进行了细化。5月16日,召开了全区应急管理工作会议,对应急管理工作进行了全面部署。按照“政府主导、部门协同、条块结合、全社会共同参与”的工作方针,进一步明确职责,理顺关系,加强与各责任单位的沟通协调,着力搞好上下、左右、内外的衔接配合,有效形成了协力同心、齐抓共管的应急管理工作局面。

【应急处置指挥系统建设】 根据省市的统一部署,金东区投入30万元,建立了高效、便捷的应急处置指挥系统,落实了相应的工作人员。建立了相关的管理制度。该系统的投入使用使应急管理工作科技水平得到提高。

【应急救援队伍建设】 充实扩大了以公安消防为主要力量的金东区综合应急救援队伍、建立了防汛抗旱、公共卫生、公共安全等8支专业救援队伍。

【应急预案修编】 完成12个预案的修编,新增6个预案的编制,初步完成金东区预案体系建设。加强预案演练,按照"统一安排、分项实施、突出重点、适应需求"的原则,共组织了防汛和防地质灾害演练、重大动物疫情、危化品泄露、电力应急处置演练等8次大型演练。

【应急示范乡镇建设】选择曹宅镇、孝顺镇开展应急示范镇建设,建立了应急管理组织、购置了应急管理装备、设立了应急工作人员、登记在册应急物质装备,组建了应急救援队伍。

(王庆军)

政务信息公开

【概述】 2013年,继续推进政务公开和政府信息公开制度化、规范化建设,初步建立了政务公开和政府信息公开工作年报制度、考核和社会评议制度、信息发布保密审查制度,依申请公开办理会审制。规范了政务公开和政府信息公开的成文、审核、签发、存档的工作流程,探索政府信息公开延伸到基层、中心社区、大型企业。公开内容实用化、公开载体多样化。出台了政务公开和政府信息公开考核办法。全面落实《政府信息公开条例》,保障人民群众知情权。认真做好政府信息公开主动公开工作,主动公开政府信息1865条,依法稳妥做好政府信息依申请公开工作,受理依申请公开12件,按信息公开工作要求按期给予答复。

(王庆军)

外事工作

【概述】2013年,金东区审核报批各类因公出国(境)团组12批14人次,其中因公出国考察培训6人次,因公赴港澳考察工作4人次,执行考察任务校长4人次。全区企业邀请外国人来华11批16人次。出国(境)经费支出比前一年下降50%,因公护照收缴率达100%。办理邀请外国人来华审核手续6批10人次。全年共组织走访了20余家涉外企业,为企业开展政策宣传、外事礼仪培训等方面的服务,同时积极为有需要的涉外企业人员办理APEC商务旅行卡。2013年,共接待来自美国、德国、韩国、瑞士、意大利等国家的外宾8批45人次。

【"千校结对"行动】2013年是"千校结对"行动计划实施的最后一年。根据市里布置的任务,金东区从2011年至2013年,三年内全区中小学校与国外学校新增结好学校共6对。认真指导已结对学校开展交流合作促进学校间开展实质性交流项目,力求学校交流有计划、有目的、有成果、有实效。促成结好学校之间以电邮、视频等方式积极开展相互沟通交流,为下一步的师生互访、课程共建、学科教学资源交流等深层次的交往做积极准备。与此同时,积极促成澧浦初中、孝顺小学、多湖小学、孝顺初中与日本、美国、加拿大等国家及香港等地区学校的交流合作和结对事宜,使金东区中小学对外交流工作迈上新台阶。

【德国迪恩市代表团到金东区考察】10月14日,德国迪恩市市长保尔·拉如率领代表团一行到金东区考察参观了建筑艺术公园和浙江美佳机电科技有限公司。此次访问进一步加深了双方相互了解,有效推动双方在更多领域、更高层次的交流与合作。德国北莱茵州迪恩市建市于1184年,面积85平方公里,人口近10万人,位于西欧的"心脏"部位。工业经济的主要行业有:汽车制造、机械制造、造纸、纺织、电子等。自2002年10月,金华市与迪恩市缔结友好城市以来,两市一直保持着紧密的友好合作关系,在经济、文化、教育、卫生等领域开展了交流与合作。

(沈利群)

志鉴修编

【概述】金华市金东区地方志办公室于2001年8月经金华市金东区机构编制委员会批准设立，为金东区人民政府办公室下属全额拨款事业单位。主要职能为组织、指导、督促和检查地方志工作；拟定地方志工作规划和编纂方案；组织编纂地方志书、地方综合年鉴；搜集、保存地方志文献和资料，组织整理旧志，推动方志理论研究；组织开发利用地方志资源。

【贯彻《国务院地方志工作条例》】在全区认真宣传贯彻《国务院地方志工作条例》，学习浙江省人民政府办公厅关于进一步加强地方志工作的意见(浙政办发〔2011〕91号)，落实第二轮修志工作。大力宣传修志工作的重要性和必要性，使全区各级单位依法修志的法律意识明显增强。

【征集地方史料和地情资料】根据《国务院地方志工作条例》，地方性综合志书每二十年修编一次，《金东区志》的编撰有待于第三轮修志。金东区地方志办公室认真做好《金东区志》的原始资料收集和整理工作，为未来志书编撰积累可信的第一手资料。

【各项编纂工作】认真完成《浙江年鉴》《金华年鉴》金东部分的编纂任务，受到省、市地方志办公室的好评。进一步完善了《金华市志》中金东区概况及民间信仰、姓氏及人口分布等资料。

【志书服务和交流】由金东区负责编撰的《金华县续志》已于2005年正式出版发行，金东区地方志办公室积极做好该志书的使用服务工作，并认真总结该志书因时间仓促等因素造成的谬误之处，为《金东区志》的编撰奠定坚实的基础。同时，积极开展与省内外各县(市、区)的地方志书及地方志书编撰工作交流，筹划建立金东区的地方志书库。

(吴　瓒)

城市管理

【概述】2013年，金东区全面落实城市管理工作。新城区主次街道清扫保洁200万平方米(除市环卫处保洁的一环以内主干道)，其中人工清扫140万平方米，机扫90万平方米，机械化清扫率占55%。人行道保洁50万平方米，道路洒水20万平方米。对主干道实施12—18小时保洁，背街小巷实施8—10小时保洁。在清扫保洁管理方面，制定《宜居社区考核评分标准》，保洁率达100%。完成了国家卫生城市复审考核。日清运垃圾80吨。用各种垃圾收集车实行巡回清运。居民区的垃圾实行定时定点投放，新城区的垃圾做到日产日清。全年安装果壳箱500只、垃圾箱300只，清理建筑垃圾1200多吨。购置了机扫车、洒水车等一批环卫设备。

(王中伟)

“三改一拆”工作

【概述】2013年以来，区委、区政府把“三改一拆”工作作为全区重点工作来落实，结合“四边三化”、水环境整治和美丽乡村建设统筹安排，克难攻坚、强力推进，取得了阶段性成果。自3月工作启动以来，金东区共拆除违法建筑面积84.85万平方米、改造旧住宅区7.9万平方米、改造旧厂区面积7.1万平方米、改造城中村面积27万平方米，分别完成市政府下达任务数的188%、150%、179%、138%，为金东2014年“无违建区”创建打下了坚实的基础。

【重点突破协调推进】重点围绕“主要交通干道两旁、土地卫片执法拍摄、影响重点工程和重点区块开发、群众反映强烈”四个方面的违建行为，以“六先拆”原则为依据，先后在金义快速路、二环路及高速公路沿线以及各集镇和重点村庄组织开展了各类集中性的拆违行动20余次，保障了金义都市新区、多湖中央商务区以及杭长客专、金温扩能工程等重点工程的顺利推进，有效整治了集镇秩序。

【监督倒逼强化动力】5月，全区提前完成了

2013年金东区“三改一拆”主要任务指标完成情况

表5

指标名称	项目		多湖	东孝	曹宅	赤松	塘雅	源东	澧浦	岭下	江东	孝顺	傅村	鞋塘	合计
拆除违法建筑	新任务数		26000	26000	30000	33000	33000	8000	32000	20000	24000	90000	83500	46500	452000
	累计数(平方米)		44071.6	48498.05	37230	36626.1	40218	145208.86	58695.26	21879.9	28994	95586	121585	97491.7	776084.47
	完成率(%)		170%	187%	124%	111%	122%	1815%	183%	109%	121%	106%	146%	210%	172%
旧住宅改造	拆迁	户数(户)	—	36	—	15	68	—	125	66	20	41	173	90	634
	改造	面积(平方米)	—	10854.18	—	1400	7794.04	—	14058.96	4230	1450	5100	22410	11973	79270.18
	累计	完成率(%)	—	542%	—	100%	156%	—	94%	114.32%	145%	166.70%	134.20%	239.50%	150%
旧厂区改造	拆迁	户数(户)	—	1	—	2	—	—	5	—	2	2	4	2	18
	改造	面积(平方米)	—	20000	—	10000	—	—	12249.1	—	9000	10160	6000	3320	70729.1
	累计	完成率%	—		—	100%	—	—	122.49%	—	180%	667%	200%		179%
城中村改造	拆迁	户数(户)	816	105	43	—	—	—	—	—	—	18	251	2	1235
	改造	面积(平方米)	164706	34377.46	4604.53	—	—	—	—	—	—	2700	39041	25000	270429
	累计	完成率(%)	131%	152.80%	143%	—	—	—	—	—	—	225%	100.60%	500%	138%

15.75万平方米的拆违任务,而市委、市政府将金东区拆违任务数由15万平方米增加至45万平方米。为此,全区积极应对,推出"一周一督查、一周一排名、一月一追责"的一整套监督倒逼机制,"三改一拆"办每周对各镇乡(街道)开展督查考核,将进展情况进行排名,并在《今日金东》上公示,连续三月排名末三位启动问责程序,镇乡(街道)主要领导由区主要领导进行约谈。

【拆治结合巩固成果】在依法拆违过程中注重统筹联动,突出整体实效,拆、改、建、转、治同步推进。结合水环境整治工作,开展采砂制砂行业专项整治行动,拆除违建砂场80余个,开展面源污染专项治理行动,拆除养殖场(户)1019家、33.9万平方米;结合集镇环境综合整治工作,拆除集镇范围内各类违章搭建,有效改善集镇环境面貌;结合高耗能高污染企业专项整治工作,拆除砖瓦厂10余座,累计关停整治"低小散"加工点313家。

(王欢)

塘雅镇"三改一拆"工作有序进行

电子政务

【概述】 2013年,金东区电子政务办公室以科学发展观为指导,紧紧围绕电子政务"十二五"发展规划目标,进一步加强队伍建设,规范网络结构,推进信息公开,加强统筹协调,提升应用水平,推动电子政务工作大步向前。

【完善制度建设加强日常管理】为符合电子政务发展需要,经区委、区政府和上级管理部门同意,确定了金东区电子政务办公室职能,并列入监督管理类单位。承担了更多区级电子政务工作标准规范和规划方案的制定、相关工作的指导、协调、建设、推进、管理和落实、督办、考核评价方面的工作。

建立了内网接入审批制度及使用人员详细信息备案登记制度。制定节假日期间应用系统及网络安全加强措施方案,实行重要数据备份及定期核查制、网站服务器管理员权限定期更换、安全设备(防火墙、IPS、日志服务器)专人定期检查等各项管理制度。

区政府办公室下发了关于加强网站信息更新工作的通知要求,将区政府门户网站(主站)板块内容保障进行分解,完善责任机制,确保责任落实到位。

【推进设施建设完善网络架构】投入60多万元对精密空调和UPS电源等部分机房辅助设备进行彻底更新,对所有超载机柜和走线不合理服务器进行重新编排调整。

根据国家电子政务内网和外网管理规范,加强政务网运维及安全管理,于4月和9月多次召集电信、移动等运营商,组织各大设备厂家共同商讨调整行政中心网络架构事宜。逐步调整行政中心网络架构,并加强对相关网站、服务器间访问策略的设置,提高安全等级,保障电子政务网络安全运行。

【加大监管力度推进信息公开】对全区50家(其中区政府部门29家,垂直管理部门9家,乡镇、街道12家)单位网站及信息公开内容更新情况进行了三次督查和通报。深入贯彻落实省、市、区关于深化"阳光工程"建设工作会议精神,集合技术力量全力做好"金东区阳光工程网"建设。

(姜　勤)

行政服务

【概述】 2013年,金东区行政服务中心紧紧围绕区委、区政府工作部署,以科学发展观为指导,以深入贯彻开展干部作风建设活动为契机,在服务提质上做文章,在审批提速上下功夫,在办事提效上想办法，进一步创优经济发展环境，不断规范公共资源交易，各项工作取得了一定的成效。2013年共受理各类行政审批事项64355件，办结64303件(含上期结转件)，承诺期内按时办结率达99.99%。公共资源交易中心2013年完成建设工程交易项目180项，交易金额5.84亿元，节约率9.88%；房地产项目16宗，交易金额18.32亿元，节约率5.89%；河道疏浚2项，拍卖价0.03亿元，增值率69.19%。行政服务中心被共青团浙江省委授予"浙江省青年文明号"，被市人民政府授予"金华市模范集体"，被市委宣传部评为"金华市思想政治工作先进单位"；区公共资源交易管委办被市公共资源交易管委办评为"2013年度公共资源交易信息化建设先进集体"。

【重点投资项目"模拟审批"制度】在江东区块建设项目中先行实施，着力解决企业在项目投资建设中遇到的审批难、耗时长等问题。在项目不具备审批条件的情况下，由项目业主提出模拟审批申请，做出相关承诺，并按要求准备报批资料。各职能部门进行实质性核查后出具模拟审批意见，模拟审批意见可作为其他部门进行模拟审批的依据。待法定前置条件具备后，再转换为正式审批。该方法解决了各审批事项之间互为前置、条件交叉、互相制约的问题，为同步办理所有事项的准备、编制、审查、审批等相关工作创造了条件。实行模拟审批后，用地规划许可证办理平均时限缩短至2个工作日，比法定时限提前18天，提速90%，比承诺时限提前5天，提速71.43%。

【公共资源交易建设】坚持市场监职能监督、执纪监督、场内监督"四位一体"，努力打造多层面、全方位、全过程的监管体系。不断完善公共资源交易服务程序和规则，努力使招标采购的整个操作过程在制度框架下规范运作。围绕建设工程招投标流程，进行再梳理、再优化，进一步规范交易申请、标书制作、信息发布、交易报名、资格审查、开标、评标、中标公示等各个环节操作流程，明确每一环节招标人(建设单位)、招标代理机构、投标人、评标专家及交易中心的工作任务和内容以及有关纪律规定，促进公共资源交易活动及其每个环节有法可依、有章可循。开展金东区招投标企业信用评价指导性标准和规范编制工作，积极稳妥地推进投标企业信用库建设等配套工作。通过诚信体系的应用，营造"有信者利、失信者损、无信者忧"的良好招投标氛围。

【省级示范服务中心创建】6月9日，金东区东孝街道行政服务中心被命名为省级示范镇乡(街道)行政服务中心，赤松镇山口冯村、曹宅镇曹宅村等12个村级便民服务中心被命名为省级示范村级(社区)便民服务中心，入选比例居全市前茅。在实现便民服务"全覆盖"的过程中，区纪委首先确定了45个基础较好、辐射带动能力较强的中心村(社区)开展示范创建，强化它们在便民服务网络中的支撑作用。在示范引领的作用下，全区村级便民服务中心规范服务设施，统一办公设备，明确办事制度，精细服务事项，"零距离""家门口"的服务模式，方便了群众办事，优化了农村基层经济社会发展环境。

【农村分户新规出台】自9月18日起，金东区农村分户有了新规定。以往分户必须出具《集体土地使用证》，现在村民持《金东区农村村民(居民)建房申请审批表》(需加盖公章)即可办理分户。新规规定：子女与父母分家后对原有住房进行分割的仍按原规定执行，即由国土部门对房产进行分割，凭办好的两本《集体土地使用证》复印件(经国土部门盖章)、村委会分户证明、分户双方居民身份证、户口簿等到公安机关办理分户手续。子女与父母分家后，子女未分得住房且符合建房条件的，由农户先行向国土部门报批建房，批准后取得《金东区农村村民(居民)建房申请审批表》，由村民持《金东区农村村民(居民)建房申请审批表》原件及复印件、村委会分户证明、原户主《集体土地使用证》原件及复印件、分户双方居民身份证、户口簿等到公安机关办理分户手续。

【省市"双服务"组来金东调研指导】10月28日，省市"双服务"专项行动第七服务组来到区行政服务中心调研指导。服务组一行在视察办事大厅和听取相关汇报后，对金东区行政审批制度改革、机制体制创新方面所取得的成绩表示充分肯定。

(陈晓玲)

后勤事务管理

【概述】2013年,区机关事务管理局紧紧围绕全区开展“双百双千”实践活动,以构建和谐、文明后勤为重点,以机关后勤窗口形象建设为载体,坚持廉洁、服务、节俭三项原则,着力提升员工队伍素质、服务保障水平和改革创新力度。

【“双百双千”实践活动】成立了“双百双千”活动领导小组,认真研究制定了工作计划,定期召开专题办公会议,研究联村、走访户困难解决方案,将“双百双千”活动中调查了解到的群众基本情况、反映的主要问题进行汇总,定期上报。5月初,局联村领导对后项村进行了走访,针对村两委反映无议事中心问题,及时帮助解决,送去办公桌椅、沙发、电脑等办公设备。4月,党员干部在领导小组带队下开展了走访慰问活动,分别为每个结对户送去1袋米和2壶油。在党员公益日,为泉源社区居家养老服务中心送去了10袋米和2箱油。第26个老人节来临前夕,局党支部组织党员到孝顺下范村居家养老中心开展走访慰问活动,为该村的老人们送去5000元慰问金。

【安全保卫】严格执行外来人员登记检查、询问制度和车辆进出停放制度。适时组织后勤人员检查保安执勤人员是否到位,大楼门厅、地下室、双控室以及其他重点要害部位有无安全隐患等情况。继续与公安分局、信访局建立了上访应急联动机制,明确各部门职责、分工协作,及时、有序、妥善处置群体性上访事件。在接待上访群众过程中能够做到有理有节、耐心细致,较好地履行了群访疏散职责,为创建平安和谐机关营造了良好的氛围。全年共接待上访群众283批1934人次。

【物业管理】坚持每天巡查制度,按月、按季对各类设施进行维护、保养。及时与相关部门签订了电梯、空调等维修保养合同,并制定了紧急状况下的各类应急预案,全年共完成各类维修任务700余次。针对区行政中心办公房紧张问题,完成食品药品监督管理局、区工商联、统战部办公室调整和协助区纪委办公用房隔建工程招投标工作。10月,分别召开部分单位和各镇乡(街道)办公用房清理和下阶段办公用房整改工作会议。在规定时间内把办公用房整改到位。3月,完成对行政中心一楼全彩电子屏幕招投标及安装工作。5月,对电梯、地下室配电房进行了大修,地下室配电房安装了应急电源,并完成UPS、精密空调的政府采购工作,确保了机关大院正常运转;迎接国家卫生城市复审和创建国家园林城市复审迎检工作,对大院绿化品种进行了科学布局,有序栽种,聘请专业的养护人员,负责每天机关大院的养护。对行政中心外围花坛砌石进行安装,对原院内四个水池进行绿化,有效改善了办公环境。卫生保洁方面,督查组开展定期或不定期卫生检查制度,发现问题及时解决,不留卫生死角;会场服务坚持高标准,努力做好各类会议服务保障工作。全年会议中心共接待各类会议881场次。

【服务保障】完成区两会、第四届农民文化艺术节、源东第三届桃花节、省二体会健美操比赛、城市向东论坛、婺剧促进会成立、商务部副部长到金东,省委巡视组来金东回访活动、省旅游局赵金勇局长来金东联心结亲活动、省考核组对金东区美丽乡村建设考核、全市新型农村居家养老模式现场推进会、全市乡镇财政建设推进现场会等各类后勤保障接待工作。接待过程中,严格执行中央八项规定,省、市区相关关于规范公务接待、厉行勤俭节约等各项要求,加强成本核算,厉行节约,严格执行预算,加强资金的监督和管理,建立了公务接待和购买大宗物品审批制度,完善内部监督制约机制,从源头上防止腐败问题的发生。

【饮食卫生安全】夏季高温季节,严把食品的进货关、原料贮存关、饭菜加工关及清扫关。经常开展自查性的检查,发现问题及时解决。特别是今年,联建楼二期工程开工涉及二食堂多次整改,及时与施工方协商,既不耽误施工又保证二食堂正常供餐。利用国庆七天长假时间对区机关2号食堂加工区域进行了粉刷、漂白。对食堂北侧沉淀池进行了硬化及烟道整改,保持食堂及周边环境整洁卫生。

【车辆行车安全】严格车辆编制、配置、调拨、报废标准和审批、监督程序,完成了对浙GS0016、浙

GS0017、浙GS0018车辆更新工作；完成公务用车定点维修、定点加油和定点保险工作，确保全区公务用车“三定”工作全面有效落实；深入推进公务用车专项治理，严格执行公务车辆非工作日公车定点停放制度；切实提高公务用车管理水平，实行“一车一帐、定期公开”制度。全年安全行驶59万公里。

【公共机构节能】成立了区公共机构节能领导小组，草拟了各项公共机构节能方面的规章制度。开展“践行节能低碳，建设美丽家园”节能宣传周活动，以绿色低碳的出行方式支持节能减排，定期上报能耗统计数据。完成全区公共机构节能名录库建设工作。

【基础设施建设】按照计划，上半年，完成对区人武部专武干部(学员)培训用房的建设、周边绿化及验收工作，7月完成区领导周转房分配及储藏室隔建工作。3月底完成对区机关食堂辅助设施建设工程改造的招投标，4月进场开工，严格控制建设规模和工程进度，先后多次召开专题协调会议，认真研究规划设计、功能布局、建设进度等重大事项，严格质量把关，厉行节约。9月完成整个工程土建工作并通过质量验收，召集四办主任对区机关食堂辅助设施工程装修、音响、电视电话系统安装召开论证会，确定装修方案，及完成装修工程招投标工作。

【住房货币化】对全区退休人员情况进行了摸底，具体了解清楚本人情况、家庭情况、住房情况。对全区住房货币化分配进行了初步测算，全年有100多人符合条件，现基本完成审查工作。本着对退休干部职工高度的责任心，在整个审核过程中，善始善终体现“准”与“细”两个字，对每一位对象的职级、工龄、标准、额度都做到“准”与“细”。确保年底前完成退休人员货币化的兑现。

【办公用房整改工作】10月17日和22日，金东区分别召开部分单位和各镇乡(街道)办公用房清理工作会议，就下阶段全区办公用房整改工作进行部署。全省大力清理整改党政机关和领导干部超标准使用办公用房，金东区按照上级部门要求，对全区范围内办公用房使用情况进行了摸底汇总。会议通报了部分单位办公用房超面积使用情况。会议要求，办公用房超面积使用单位负责人要提高政治敏锐性，严格按照标准，在规定时间内把办公用房整改到位。各镇乡(街道)、部门(单位)要核实上报使用面积，并准备好相关材料，接受上级部门检查。

(方艳秋)

中国人民政治协商会议金华市金东区委员会

综　述

2013年，是区三届政协创新奋进之年，区政协牢牢把握团结、民主两大主题，认真履行政治协商、民主监督、参政议政职能，注重“求真、求实、求新、求活”，围绕中心、服务大局、创新发展，较好地完成了三届一次会议确定的各项任务。

深入调研助推科学发展。紧紧围绕区第三次党代会提出的“聚合黄金主轴、打造宜居新城、建设美丽乡村、加快金东崛起”奋斗目标，坚持抓重点出亮点，努力提升专题调研质量，服务经济社会发展。重点选择了“征地拆迁”和“森林金东建设”两个专题，通过广泛深入的调查研究，形成了《关于我区征地拆迁工作的建议案》和《关于加快推进“森林金东”建设的建议案》。

攻坚破难参与重点建设。在开展“进村联户”“进百企解难题”等行动中，区政协领导和机关干部多次到联系村、联系户、联系企业蹲点调研，了解掌握情况，多方联系奔走，为村民、企业排忧解难。在“难题破解百日攻坚”行动中，区政协每位主席负责完成区委、区政府交办的“四个一”(对联系村每个农户全部走一遍，对联系村矛盾信访、重点工作推进情况全面排查一次，对联系村村级班子建设组织研究和分析一次，对联系村村级集体经济发展思路对策梳理一次)工作任务，做到“不分一线二线，不分份内份外”，深入具体，亲力亲为。在多湖机场区块横塘沿征迁攻坚行动中，政协领导牵头负责2个攻坚小组，与小组的各位成员一起，以“非常之态度、非常之作风、非常之能力、非常之办法”，在较短时间内完成了区委交办的任务。

进一步强化协商监督。充分运用全体会议、常委会议、主席会议、专题座谈会等多种形式进行讨论协商。政协三届一次全会上，委员们围绕全区经济、政治、文化和社会生活中的重大问题和人民群众关注的热点、难点问题开展协商讨论。主席会议、常委会议听取了区政府及有关部门关于政府机构改革、推进节约集约用地专项行动、江东区块低丘缓坡开发利用、财政部门预算分解、国土资源管理、教育事业发展、维护社会稳定、社会治安管理等情况的通报，并就相关议题进行了广泛协商，提出了许多建设性的意见建议。政协各专委会分别与21家政府职能部门开展对口协商10次。30多名政协委员受邀担任行政部门、司法机关的特邀监督员、人民陪审员和人民监督员，参与相关部门的政风行风评议工作。

进一步提高视察成效。在规范委员平时视察的同时，将委员重点视察与主席会议、常委会议协商议题相结合，以提高视察工作成效。相继组织委员对市场建设、农产品质量安全监管、防汛工作、村邮站建设、美丽乡村建设等工作进行了视察。每次视察前，先对相关情况进行调查研究，听取方方面面的意见，掌握第一手资料，做好前期准备工作，提高了视察建议的针对性和可操作性。全年各专工委组织委员视察50次，提交调研视察报告47篇。

进一步创新提案办理。通过建立“三责三审”(提案形成的组织责任、提案选题的指导责任、提案质量的把关责任，专工委初审、提案组复审、提案委员会终审)模式，着力在提高提案的质量和可办性上下功夫。该做法得到了区委、区政府主要领导的肯定以及提案承办单位的支持。《人民政协报》、全国政协网、浙江《联谊报》、《金华政协》等多家刊物、网站对此做法进行了报道。政协三届一次全会共收到提案217件，经审查“撤、并、转”提案114件，交部门办理123件，办复率100%，采纳率96.1%，满意率和基本满意率100%。

进一步关注社情民意。各镇乡（街道）委员通过“两代表一委员”接待室，了解民情、倾听民意、帮民解困，主动为党和政府分忧。采取主席约谈、走访农村、社区、企业等多种形式，广泛搜集社情民意，围绕人民群众迫切关心的稳定物价、教育公平、医疗卫生、环境保护、交通安全、社会治安、司法公正、政务公开等热点问题，委员反映社情民意170多件。编印《社情民意》8期。

加强联络联谊。通过定期走访党派团体和政协委员，举办各界人士中秋茶话会，召开各民主党派、工商联负责人座谈会等多种形式，增进了解，形成共识。开展了区政协领导与政协机关走访委员活动，通过了解掌握委员生产、工作、生活等情况，为委员排忧解难，增进团结，增强合力。

热心社会公益。组织全体委员为全区城乡社区居家养老服务照料中心建设捐款46万余元，积极助推全区居家养老工作，扩大了政协组织的影响力。开展“六下乡”服务，为群众送医、送法、送科技、送文化、送政策、送服务216人次。为民办实事做好事集体37件次，委员个人627件次，捐款341.3万元，献爱心、帮扶结对51对。其中孝顺工委发动委员为孝顺初中、小学捐款70多万元，塘雅工委组织委员为含香中心学校捐助价值4.6万元的课桌椅。

强化对外宣传。举办了为期一周的政协“庆国庆·迎十八大”华丰·开元机电杯书画摄影作品展，展出市、区书画名家、摄影家优秀书画作品116幅，摄影作品56幅，取得了良好的社会效益和宣传效果。《中国美术报》用半版篇幅对这次活动进行了宣传报道。全年在《今日金东》上刊登政协活动有关报道81次，国家、省、市级媒体上报道36次，编发《金东政协》16期。认真做好文史资料编纂工作，编辑出版了政协文史资料第十一辑《金东道情摊头集》。

注重理论学习。坚持把加强学习放在首要位置。按照建设学习型组织的要求，通过理论学习中心组、常委会议、主席会议、机关例会、外出考察，以及金东大讲堂、专题报告、干部网络课堂等各种主题鲜明、内容丰富、形式多样的学习载体，深入学习中国特色社会主义理论体系，省、市、区党代会重要精神；学习政协基本理论、基本知识和各地政协工作的生动实践；学习现代经济、管理、科技、文化等方面知识，以学立德、以学增才、以学明理。通过学习，把准政协工作方向。中共十八大召开以后，及时召开政协党组会议、主席会议、常委会议、专工委主任会议、机关例会进行专题学习，在全区政协组织中掀起学习十八大精神的热潮。

加强组织建设。4月，举办了专工委主任培训班，就委员组织管理、考核评比、社情民意、信息宣传等工作进行讨论部署，确保专工委工作规范有序开展。8月，组织新一届全体政协委员开展集中培训，请省、市有关领导讲授统战理论、提案撰写、经济形势分析及金义都市新区规划建设等内容。创新委员组织管理，建立了委员履职档案制度，给各专工委下发《履职档案》，给委员下发《履职手册》，对履职情况实行登记，年终集中进行考核评比，以此加强组织建设和队伍管理。

推进制度建设。以制度建设为抓手，推进政协机关制度化、规范化、程序化建设，着力提高工作绩效和水平，为履行政协职能提供优质高效的政务保障。对换届后的常委会工作规则、全体会议工作规则、专工委工作通则、提案工作规则、委员管理办法及财务管理、学习制度等一系列规章制度进行了一次总梳理，查漏补缺，修订完善，形成了较为完备的制度体系，使各项工作有章可循。

强化作风建设。认真组织开展干部作风建设活动，按照区委提出的“三解三促”和“六大任务”的工作部署，以思想教育、完善制度、强化督查、加强纪律为着力点，以转变作风为核心，以治庸治懒为重点，以破解难题为落脚点，结合自身实际，提出了“三多三少”具体要求，即“多务实少清谈、多思考少评论、多做事少牢骚”。以奋发有为的精神状态、求真务实的工作作风狠抓工作落实。

重要会议

【区政协三届二次会议】 2013年1月13日至16日在金东区行政中心西辅二楼会议室举行区政协三届二次会议，180名政协委员出席会议。在2012年里，区政协在中共金东区委的领导下，在区政府的支持和各方面的配合下，牢牢把握团结和民主两大主题，围绕中心、服务大局、关注民生、真情履职，注重“求真、求实、求新、求活”，加强自身建设，推动工作创新，较好地完成了区政协三届一次会议确定的各项工作任务，为促进全区经济发展、社会和谐稳定作出了积极贡献。大会审议并通过了楼科进所作的区政协三届常务委员会工作报告和张有钢所作的提案工作报告。列席了金东区第三届人民代表大会第二次会议第一次大会，听取并协商讨论了金东区政府工作报告、财政报告，金东区人民法院工作报告、金东区人民检察院工作报告。会议认为，《政府工作报告》对金东过去一年工作的回顾实事求是，对2013年政府工作安排具体，积极稳妥，措施有力，符合科学发展的要求和金东实际，是一个求真务实、催人奋进的报告。会议审议通过了政协金东区第三届委员会第二次会议关于常务委员会工作报告的决议，政协金东区第三届委员会第二次会议决议。举行了分组讨论、大会发言、大会表彰和委员联谊活动。会议期间共收到意见建议198件，其中团体提案28件。经审查，立案167件。

金华市委、市政协、市委统战部领导，金东区各套班子领导、区人民法院、区人民检察院、区人武部、金东经济开发区管委会的领导以及区政协部分老领导等参加会议开、闭幕会，分别参加了小组讨论、大会发言，听取委员的意见建议。

【区政协常务委员会会议】 2013年1月8日在今日大酒店召开区政协常务委员会会议，楼科进主席主持会议。会议审议通过了区政协三届四次常委会议议程、日程(草案)；讨论了金东区人民政府工作报告(征求意见稿)、金东区法院工作报告、金东区检察院工作报告(征求意见稿)；讨论决定了召开金东区政协三届二次会议时间；审议通过了政协第三届金华市金东区委员会第二次会议日程、议程(草案)、会议邀请领导和列席人员范围、各次大会执行主席及主持人名单和会议秘书长及副秘书长名单；会议还审议通过了政协第三届金华市金东区委员会常务委员会工作报告(草案)及报告人和关于提案工作情况的报告(草案)及报告人；并审议通过了表彰2012年度政协工作先进集体和先进个人、承办提案先进单位和优秀提案的决定，通过了有关人事事项。

区政协第5次会议(常务委员会会议)2013年1月15日晚上，在国贸景澜B楼5楼国贸厅召开，本次常委会议在金东区政协三届二次全会期间召开，楼科进主席主持会议。会议听取了各组召集人汇报讨论情况，审议通过了本次会议提案审查情况报告(草案)和区政协三届二次会议决议(草案)。

区政协第6次会议(常务委员会会议)2013年6月27日上午召开，楼科进主席主持会议。副区长楼琅坚应邀出席会议。审议通过了关于加快金东区网络经济发展的调研报告及建议案，会议还通过了有关人事任免事项。楼科进就结合学习贯彻习近平总书记近期重要讲话精神，对全体政协常委提出了相关要求。

区政协第7次会议(常务委员会会议)2013年9月26日下午召开，区政协主席楼科进主持会议。区委副书记陈峰齐、副区长顾凯锋应邀出席会议。审议通过了关于加快金东区旅游业发展的调研报告及建议案。还通过了有关人事任免事项。

区政协主席会议 2013年，区政协共召开10次主席会议(三届区政协第十一次至第二十次主席会议)。会议由三届区政协秘书长张克诚主持。会议主要研究区政协常委会议、全体会议的议题安排、区政协人事事项及其他重要的日常工作，并着重围绕金东区食品安全工作、农家乐产业发展、政府支出预算编制改革和细化情况、行政服务中心工作、金东新城区建设、区公安局开展严厉打击危害重点工程和重大项目建设违法犯罪行为活动情况、全区重点工程推进情况、金东区工业重大投资项目进展情况、居家养老服务照料中心建设情况、水环境综合整治工作情况和审计工作等经济社会发展的重点和社会普遍关注的热点难点问题进行专题视察、协商，提出了许多具有前瞻性、建设性的意见和建议。

重要政事

【调查研究建言献策】2013年，区政协围绕中共金东区委、区政府的中心工作和人民群众普遍关心的热点、难点问题，进行专题议政工作。精心选题、深入调研，分别形成了《关于加快我区网络经济发展的调研报告》和《关于加快我区旅游业发展的调研报告》及建议案。提出了要“强化组织领导、推进平台建设、重视招商引才、强化政策扶持”和“增强政府主导力，合力聚焦旅游经济发展；打造发展支点，实现旅游产业低位突破；加大要素保障，进一步挖掘旅游发展潜力”等对策建议，得到了区委、区政府的重视和采纳。

【选准热点问题开展民主监督】2013年，区政协对食品安全、“三改一拆”、农家乐产业、行政服务中心工作、新城区建设、居家养老服务中心建设、农业“三个万亩”提升工程、水环境整治工作情况等组织委员视察8次，提出视察意见建议39条。创新推行“提案预交办”和“背靠背评议”，继续推行“三责三审”和“双联双评”，提案工作合力进一步增强，形成了“党委重视、政府支持、政协主动、各方配合、社会关注”的良好工作格局。《实施婺商回归工程助推金东赶超发展》和《关于建立用工信息综合管理平台的建议》等2件重点提案得到区委书记的批示，催生建立了全市首个用工征信平台。30多名政协委员受邀担任特邀监督员、人民陪审员和人民监督员，推动了党风廉政、机关效能、纠风治乱、民主法治的建设。

【委员倾情服务民生民情】2013年，广大委员以强烈的社会责任感，奉献爱心、回报社会。通过扶贫济困、捐资助学、慈善救助、修桥铺路，开展送文化、卫生、科技、政策、法律、服务等，为群众排忧解难、雪中送炭。连续两年发动委员助推全区农村居家养老服务照料中心建设。2013年委员捐款314.2万元，人均1.75万元。区工商联发动各基层商会和广大非公经济人士捐款1056万元。各专工委、党派团体都组织开展了形式多样的结对助推活动。知联会、农工党同心服务“三送”下乡；民革、民盟、民建、民进、九三访贫问苦情暖百姓；爱国宗教团体、场所捐款捐物热心公益。一年来，委员爱心捐助累计达550.7万元，发放免费药品4万余元，开展义诊2000多人次，发放健康、科普宣传资料1.1万余册。

【创新提案工作】三届二次会议以来，区政协共征集意见建议198件。经审查，“撤、并、转”82件，交部门办理138件。提案中，委员提案170件，团体提案28件。立案率84.3%；提案100%得到办理和答复，对承办单位办理工作表示满意的118件，占85.5%；表示基本满意的20件，占14.5%。11月份，全省政协提案工作会议上，“三责三审”“双联双评”的做法，作为典型经验进行了书面交流。省政协副主席陈加元在会上充分肯定了金东区提案工作的创新做法。11月14日的省政协《联谊报》以“金东区政协提案发力，希望的田野上唱响青山绿水富民歌”为题，刊出金东区提案工作专版，开启全省县级政协专版先河，扩大了金东区提案工作的影响力。

【畅通反映社情民意渠道】2013年，作为政协履行职能的重要基础和关键环节反映社情民意工作得到有效开展，畅通社情民意信息反映渠道，全年共收到专门委员会和工作委员会及政协委员报送社情民意169篇，主要涉及食品安全、环境保护、“三改一拆”、教育公平、医疗卫生、公共管理等方面的诉求，区政协编发《社情民意》专刊16期，不少建议被采纳，促进了相关问题的有效解决。

【延伸政协工作触角】不断深化“两代表一委员工作室”平台建设，强化了规范指导，完善了工作流程。委员们积极主动为党委、政府出谋划策、分忧解难，自觉担当起民情调研员、政策宣讲员、矛盾调解员的职责。由于委员在群众中享有比较高的威信，群众很愿意把他们当成是调解矛盾的“老娘舅”、倾听心声的“贴心人”、关注冷暖的“知心人”，扶贫济困的“热心人”。一年来，委员参与“两代表一委员工作室”接待活动362次，受理群众反映问题165起，调处矛盾纠纷316起，构建了“365天，天天是委员”的履职长效机制。

【文史资料和宣传工作】区政协学习和文史办公室认真做好《金华风俗》文史资料编撰工作，介绍乡土风俗。4月,文史资料《十年回眸》被浙江省政协办公厅评为全省政协系统2008—2012年优秀文史资料图书三等奖。2013年,认真做好宣传报道政协的重要工作、重要活动,扩大政协的社会影响。全年共编发《金东政协》15期,及时反映工作动态。全年在国家、省、市、区级媒体上报道150多次,其中国家级2次、省级19次、市级47次。《人民政协报》刊发信息2则,《联谊报》整版报道了金东区以提案为抓手,推动水环境整治取得成效的经验做法。

【市政协领导到金东调研】4月18日下午,市政协副主席朱恒钱带领调研组到金东区,开展"加快推进小城镇建设"课题调研。曹宅、江东、赤松、岭下、澧浦、傅村、孝顺等7个镇相关负责人汇报了各自在小城镇建设过程中的特色亮点、问题困难与对策措施。市政协调研组一行就如何加快金东区小城镇建设工作提出了四点意见和建议:一是要突出乡镇特色,明确发展类型,强化产业支撑;二是要形成政府推动、多元投资、市场化运作的投融资新格局;三是要推进体制机制创新,建立健全政府管理机制;四是要深入实施项目带动战略,以项目抓机遇,以项目促进小城镇发展。

【温州市龙湾区政协到金东考察】9月23日下午,温州市龙湾区政协考察团来金东学习金东区农村居家养老服务照料中心建设工作,实地考察了澧浦镇晚田畈、下宅村居家养老中心建设情况,并进行了座谈交流。

(金再胜　申志贞)

中国共产党金华市金东区纪律检查委员会

综　述

2013年，区纪委共受理群众信访举报315件，立案查处各类违法违纪案件49件，其中大案19件，要案4件；处分党员干部49人，其中开除党籍19人，涉嫌犯罪移送司法机关处理2人。加大对村级组织换届选举中拉票、贿选行为的查处力度，共立案查处贿选案件13起，确保村级组织换届选举风清气正。创新巡察工作机制，开展“四个一批”专项行动，共对54名党员干部进行了警示谈话、党纪处分、移送司法机关等处理。开展农村集体经济“除险加固”工程，重点选取全区村集体经济30强村，通过审计监督、清产核资、吸收民意，分析查找村级财务运行、村级重大事项决策和村干部廉政风险防控等方面存在的问题和隐患，共整改纠正各类问题120多个，结算备用金外资金1.13亿元。加强对上下班纪律、工作日禁酒、酒局牌局、周一夜学制度执行情况以及乡镇值班住夜情况等进行明察暗访，全年共开展效能督查65次，查处违反规定行为28起。

重要会议

【区纪委三届三次全会】2月18日，中共金华市金东区第三届纪律检查委员会第三次全体（扩大）会议在区政府大会堂召开。区委书记郑余良出席会议并讲话，区委常委、纪委书记丁丰田主持会议并作工作报告。区纪委委员、各镇乡（街道）纪（工）委书记、区机关各单位相关领导共200人参加会议，区领导班子在主席台就座。会议回顾总结2012年党风廉政建设和反腐败工作的主要成效，研究部署2013年工作任务：深入学习贯彻中共十八大、十八届三中全会和习近平总书记系列重要讲话精神，按照十八届中央纪委三次全会、省纪委十三届三次全会、市纪委六届四次全会和区委三届五次全会的部署，坚持党要管党、从严治党，坚定不移严明纪律，坚定不移改进作风，坚定不移惩治腐败，以改革精神加强反腐败机制创新和制度保障，促使党员干部尤其是领导干部不想腐、不能腐、不敢腐，努力做到干部清正、政府清廉、政治清明，为加快“两富”现代化金东建设提供有力保障。会议表彰了2012年度全区纪检监察工作各项先进。

【召开主任集体谈话会】12月6日，区纪委监察局召开派驻监察室主任集体谈话会。区纪委副书记、监察局局长、金东开发区纪工委书记金正锋主持会议，区纪委常委、纪委书记丁丰田出席并讲话。会上，金正锋宣读了区监察局对相关派驻监察室主任的任职文件，丁丰田代表区纪委监察局对新任职同志进行了集体谈话。区纪委常委、区纪委书记丁丰田要求，作为新上任的同志，要认清形势任务，理顺关系明确职责。要处理好派驻（出）纪检监察组织与纪委监察局的关系，多请示、勤汇报、常沟通；处理好派驻（出）纪检监察组织与驻在部门的关系，明确监督与被监督的关系；要增强角色意识，勇于负责敢于监督。要强化监督意识，做到敢于监督，讲究监督方法，做到善于监督。要认真履行工作职责，重点抓好驻在部门党政领导班子、一般干部、重要岗位环节和行政审批改革等四个方面的监督检查工作;要加强学习锻炼,提升素质树立形象。要注重学习提高,努力提高业务水平,注重实践锻炼,不断增强履职能力,注重自律意识,树立纪检监察干部的良好形象。各派驻(出)纪检组长(纪工委书记)、区纪委有关同志参加了谈话会。

重要政事

【组织领导干部观看廉政婺剧《残月》】1月21日,区四套班子领导、“法检”两长及家属,各镇乡(街道)、部门(单位)领导班子成员及主要负责人家属,其他副科级以上领导干部等,共同观看了以反腐倡廉为题材的大型现代廉政婺剧《残月》。演出前,区委书记郑余良就廉政问题提出了四点要求:一要常想立身之本,既要有本事,还要守本分;二要常修为政之德,既要履好职,还要用好权;三要常思贪欲之害,既要会干事,还要不出事;四要常怀律己之心,既要重大节,还要慎小节。他强调,全区各级党委政府和全体领导干部要认真落实中央“八条规定”,自觉遵守省委提出的“六个严禁”要求。区领导要带头遵守,纪检监察机关要加强教育、管理和监督。各镇乡(街道)、区机关各部门要落实好反腐倡廉建设的各项任务,共同营造一个弘扬新风、廉洁正气的春节。

【强化农村基层党风建设】2013年以来,区纪委通过违纪党员查处一批、不合格党员处置一批、不称职干部辞职一批、违法犯罪行为打击一批的“四个一批”专项行动,强化农村基层党风,截止年底,已处置31人。专项行动主要做法:一是蹲点巡查,摸清四类情况组建4支巡察小组,对所有乡镇开展为期4个月的蹲点巡察,摸清基层党员干部履职承诺、执行《农村基层干部廉洁履行职责若干规定》、村监会和村便民服务中心运行、损害经济发展和群众利益等各类情况;明确重点,强化案件查办,将村两委成员列为重点巡察对象,通过信息收集和举报线索的研判,加大查办交办力度,及时打击违法行为,至9月30日,初步确定54名涉嫌违纪的对象,涉及村两委成员24人,其中村书记6人,村主任11人,其他村两委成员7人;严肃追责,转变干部作风。对不履行职责、闹不团结的村干部责令其辞去村书记职务;对阻碍省市重点工程推进的党员进行谈话教育及组织处理;对“三改一拆”重点对象以约谈、办教育班等,鼓励其自行拆除违章建筑。

【“四举措”确保建设项目高效廉洁】2013年,区纪委注重在建工程领域监管,至5月22日,已累计签订“廉政合同”163份,收缴履约保证金6150万元,开展各类检查160余次,发现和纠正问题90余个,核减不合理造价2119万元,核减率11.32%。签订“廉政合同”,中标施工、监理单位在签订合同前需签订《工程建设廉政合同》,并足额交纳履约保证金,工程建设全程廉政告知,关键人员全面作出承诺。突出“审查审计”,出台《金东区政府投资项目施工合同会审制度》,成立会审小组,对合同进行全面审查,会审通过后方能签订施工合同。审计人员提前介入、同步审计,严格控制突破限额的设计变更;实施“驻点督查”,从住建、财政、水务等部门中择优选聘21名廉政监察员,派驻到政府投资重点建设项目督查,对项目业主廉洁履职、工程建设质量、建造材料采购、配套工程招标采购等情况进行全程驻点督查;开展“专项巡察”,成立退二线干部巡查小组,建立“公开承诺+群众监督+定期暗访”工作机制,通过不定期明察暗访,对江东低丘缓坡开发、横塘沿安置小区建设等6项重点工程进行专项督查。

【“公述民评”活动】5月27日,新一轮“公述民评”活动启动,对象为农林、教育、食品药品监督管理局的涉农、涉企科室及下属基层站所(办事窗口)主要负责人。“公述民评”要求述评单位向服务对象、监管对象及其他相关人员报告自身履行职责、工作作风和廉洁自律等情况。民评代表在听取评议对象的述职述廉后,对有关问题进行提问,并作出评价。本次活动共召开12次述评大会,对民主评议对象共提出28条建议意见。

【部署党政机关会员卡专项清退活动】7月10日,区纪委召开专题会议,对全区党政机关开展会员卡专项清退活动进行部署。此次清退对象包括全区党的机关、人大机关、行政机关、政协机关、审判机关、检察机关和乡(镇)党委、人大、政府以及各民主党派、人民团体的在职干部职工。根据统一安排,全区党政机关干部职工在7月15日前,自行退回属于清退范围的会员卡。7月17日前，向本人所在单位作出“零持有”的报告。7月19日前，各部门（单位）汇总清退情况，形成工作报告，填写相关表格上报区纪委。会议要求，各单位、部门要精心组织，加强落实，确保人员全覆盖、清退不遗漏、监督无死角。全区各级纪检组织要加强监督检查，确保专项清退活动不折不扣落到实处，取得实效。在此前开展的纪检监察系统会员卡专项清退工作中，全区137名纪检监察干部、职工已完成了会员卡“零持有、零报告”工作。

【村务监督规范化建设】2013年，金东区着力推进村务监督委员会规范化建设，对相关人员分批次进行了业务培训。同时，建立乡镇每月一例会、每月一报表制度，并在各村（居）设立监督意见箱。以前监委会的工作只停留在集体支出发票的审核签字上，经过培训，如今社区里的每项建设从决策开始到工程完工验收、资金支付，甚至资金支付的比例，居监委都全程监督，并将结果在居委会公开栏予以公示。一张几十元数额的发票要有经手人、证明人、报账员、居监委主任、居委会党支部书记5个人的签字才能报销，1000元以上数额的还要有‘两委’成员的签字。如陶朱路社区的配电房建设，外包施工需15万元左右，后来在居监委监督下自己施工，只花了7万多元。村务监督委员会规范化建设以来，村（居）监委基本实现了对村级事务事前、事中、事后的全方位监督。从2009年成立至今，金东区已实现了村监委全覆盖，争创市级示范村（居）5个，区级示范村（居）20个。

制度建设

【概述】2013年，区纪委选取了全区农村集体经济前30强村，通过审计监督、清产核资、调查研究，分析查找农村集体经济运行中存在的问题和隐患，排除险情。领导小组成员通过下村调研、发放调查问卷、到各村召开座谈会等方式，了解各村在财务管理、重大事项决策和集体经济运行方面的情况。同时，抽调专业审计人员，对30个村的村级集体经济组织机构运行、制度执行以及“三资”管理、民主监督、档案印鉴管理等情况进行全面问诊，设计了18张表格，对村级货币资金、库存物资、债权债务、固定资产、在建工程、村级合同、集体资源等进行清理登记；建立资产资源备查簿、承包合同备查簿、债权债务备查簿对各村的资产资源情况进行分类登记备查。领导小组成员根据问诊情况，分析和查找各村存在的主要问题，通过集体会诊和统一梳理后，制定并下发整改意见书，要求各村在规定时间内进行整改。同时，进一步健全完善“三资”登记管理、招投标、定期清查、审核反馈、动态报告、审计通报等相关制度，以达到“除险”和“加固”的双重目的。通过实施该项工程，30个村的资产资源由原先的11760万元增至42500万元，净增加30740万元。一批历史遗留的呆账、坏账得到了处理，各村共落实整改农村“三资”管理方面存在的不规范问题200余个。

【村级便民服务和“三务”公开信息平台建设】2013年初，区纪委启动村级便民服务和“三务”公开信息平台建设。该平台可为数字电视用户提供本村(居)的党务、村务、财务等信息查询，部门服务、乡镇服务、村级服务等便民信息互动咨询，以及农事建议、产品供求、就业招聘、交通出行、安全自救、气象预报等生活信息查询的多种服务。各村（居）还可根据本村（居）民需要，添加个性化的服务信息。在此之前，便民服务和“三务”公开信息一般只是通过户外公告栏、电子信息屏等方式进行公布，群众知晓率不高。此次信息平台的全覆盖，实现了便民信息服务从“不出村”向“不出户”的根本性转变，最大限度地方便了群众办事，充分保障了群众知情权、参与权和监督权。为确保信息平台有序、规范、长效运行，区纪委还建立了信息审查机制，制定平台运行管理规范，强化了平台运行情况的监督检查。

【党员廉政教育打“地方牌”】2013年，区纪委监察局应时而为，依托各级各类廉政文化示范点，充分挖掘本土资源，活用巧用地方品牌，通过上本土党课、廉政文化“六进”、百廉馆展示等多种形式，大力开展丰富多彩、特色浓郁的党员廉政教育活动，增强了廉政教育的吸引力和实效性。金东将农村“两富”局级指导员讲本土党课作为“廉政教育精品工程”来抓，要求每名指导员为联系村村干部和全体党员至少上一次党课。目前，全区“两富”指导员已上本土党课112次。廉政文化“六进”是金东廉政教育的又一重要举措，全区成功创建4个省级廉政文化示范点。在示范点的带动下，廉政教育进机关、进社区、进学校、进农村、进企业、进家庭，营造了浓厚的氛围。

行政监察

【概述】全面履行政府行政监察职能，多次开展“三改一拆”行动专项督查，全面落实“零报告”制度，对党员干部自查自纠、“三不准”、“三带头”、违建问责、约谈等方面作了明确规定。认真开展水环境治理工作跟踪检查，共排查“四小企业”159家，已整治158家。会同检察院、工会、人社、公安分局对各乡镇安全生产责任制落实情况进行了专项检查，排查企业1837家，发现隐患2352条，当场整改2090条，查处了安全生产事故责任人3名，其中区管干部2名。围绕群众关注及民生项目开展专项检查，会同财政局、审计局对5所乡镇敬老院的工程建设管理情况进行了专项检查，对傅村镇敬老院工程建设存在突出问题这一情况向区委区政府作了监察专报，要求联合相关部门作进一步调查核实，追究相关人员责任。继续向重大建设项目、重点民生项目派驻廉政监察员，对4个政府投资重点项目实行跟踪问效，有效预防了工程建设领域违法违纪行为的发生。

【开通网络举报窗口】为畅通信访举报受理渠道，方便群众举报党员、干部违纪违法问题，2013年1月28日，区纪委、监察局在区政府门户网站(http://www.jindong.gov.cn/)开通了网上举报投诉平台。该平台设立了举报须知，引导网民依法依规信访和实名举报，并保证严格为网民保密。信访举报人登录网站后，点击“金东区纪委举报窗口”，按规定填写提交相关信息即可完成举报。区纪委对群众的反映和举报情况，严格按照纪检监察部门的规定，15个工作日作出举报受理意见。对于不予受理的案件，充分说明理由；对受理的案件，3个月内向反映人通报受理结果；对受理结果有异议的案件，群众可以通过案件复核程序，确保件件受理案件落地有声。

【作风效能建设】为深化机关作风效能建设，提高工作效率和服务水平，进一步优化经济发展环境，推进“双百双千”作风建设主题活动深入开展，金东区纪委监察局集中开展了作风效能建设明察暗访活动。明察暗访活动抽调市、区效能监督员组成两个明察暗访组，每组每周活动一次以上，重点检查全区各机关部门、各镇乡(街道)及其工作人员的工作纪律、在班在岗、办事效率、服务态度、勤政廉政及“四条禁令”执行情况，为确保明察暗访能发现实实在在的问题，此次活动预先不发通知，不提前向相关单位或个人透露检查工作安排情况。对明察暗访中发现的问题，区效能办将严格依照相关规定进行责任追究。

(胡芳颖)

民主党派 工商联

中国国民党革命委员会金华市金东区支部

【**概述**】中国国民党革命委员会(以下简称民革)是中国共产党领导的爱国统一战线中的民主党派,是由中国国民党民主派和其他爱国民主人士所创建、具有政治联盟特点、致力于建设有中国特色社会主义和祖国统一事业的政党。中国国民党革命委员会金华市金东区支部(以下简称民革金东支部)成立于2002年4月27日,现有党员23人。民革金东支部成立以来,始终高举中国特色社会主义伟大旗帜,努力实践“三个代表”重要思想,贯彻落实科学发展观,切实履行参政议政、民主监督的基本职能。在不断加强自身建设的同时,积极参政议政,目前党员中有全国人大代表1人,市政协委员1人,区政协委员5人。2008年,党员方青当选全国人大代表,2013年再度当选。

2013年,支部发展新党员一名,党员王丽华(支部主委)参加了2013年市委组织部组织的中青年干部培训班培训学习。一年来,支部认真组织党员学习中共十八届三中全会精神,学习全会公报和《中共中央关于全面深化改革若干重大问题的决定》,畅谈学习体会。全年支部组织各类学习教育、会议活动等10余次,2月份举办了“纪念孙中山先生巡视芜湖100周年暨纪念‘九二共识’20周年”书画展,3月份开展了“缅怀革命先烈清明节扫墓”活动等。通过学习教育活动,不断增强了支部的凝聚力,坚定了党员自觉接受中国共产党领导的政治信念。2013年,支部被民革金华市委会表彰为“先进基层组织”。

【**参政议政**】2013年,支部围绕区委、区政府的中心工作,积极为金东的各项事业的发展建言献策。8月11日,组织党员赴临安、青山湖科技城考察学习;9月2日组织部分党员与区政协领导联谊到温州泰顺企业考察参观。2013年,支部提案“拓展信息产业发展空间,助推商贸兴区战略实施”被区政府采纳,并被列为区政协重点提案。“统一招商政策,避免无序竞争”的建议被市二办采用,“国企三公经费公开迫在眉睫”建议被全国政协采用。党员沈岳明受到了民革中央的通报表彰。

【**清明节扫墓活动**】3月31日,民革金东支部全体党员前往汤溪九峰山革命烈士陵园开展清明节扫墓活动。在九峰山革命烈士陵园,全体党员向烈士陵墓敬献花圈并鞠躬致敬。在活动仪式上,支部副主委邵丽清向全体党员介绍了在烈士陵园中安息着的24位在辛亥革命、抗美援朝和对越自卫反击战中牺牲的英雄事迹,并向全体党员发出倡议,希望广大党员通过缅怀革命先烈,激励自己以更饱满的工作热情、更踏实的工作态度、更务实的工作作风投入到金东大开发、大建设、大发展之中。活动期间,支部还就经费使用情况向全体党员进行了通报,就今年主要工作进行了安排。

【**结对联系居家养老中心**】9月5日,民革金东支部联合巾帼文明示范岗——区财政国库支付中心人员到孝顺镇新叶店村居家养老中心看望老人。为90岁老人杨美林送上了生日蛋糕和鲜花,并为每个老人赠送了月饼,送去了民革党员和巾帼文明示范岗对老人的生日祝福和节日的问候。新叶店村居家养老中心现有生活的老人24人,年龄最大的

103岁，年龄最小的80岁。民革金东支部主委王丽华在与村支部书记及老人们座谈中表示，今年每个老人的生日都将会收到民革金东支部送上的生日蛋糕、鲜花和生日祝福。

【“伸出博爱之手”募捐活动】11月16日，民革金东支部开展“伸出博爱之手——为患病党员邢承谟募捐活动”，全体支部党员现场募集爱心善款10200元。民革金东支部老党员邢承谟已95岁高龄，是黄埔军校十七期毕业生，参加过保卫金华战役，前不久查出患心脏病需手术治疗，手术需自费1万余元。为减轻邢老负担，关爱支部困难党员，关爱抗战老兵，支部决定开展“伸出博爱之手——为患病党员邢承谟募捐活动”。随后，支部主委王丽华带领全体支部委员一同前往医院，将党员的爱心款送到老党员邢承谟手中。此次活动是按照民革浙江省委的要求，贯彻落实《民革中央关于开展伸出博爱之手——民革基层组织牵手困难群众活动的通知》文件精神，力所能及的开展扶贫帮困工作，伸出“博爱之手”，传递“博爱”精神。

（王丽华）

中国民主同盟金东区总支部

【概述】中国民主同盟（以下简称民盟）是中国共产党领导的爱国统一战线的组成部分。民盟金东总支部成立于2008年12月，下设三个支部，现有盟员42名。自成立以来，民盟金东总支部紧紧围绕区委、区政府的中心工作，突出重点，服务大局，深入调查研究，积极献计出力，切实履行参政党职能，各项工作均取得了可喜的成绩。

2013年，民盟金东区总支部有盟员42名，其中退休盟员6名，在职盟员36名，男盟员28名，女盟员14名，金华市拔尖人才1名，特级教师2名，高级职称占90%。拥有省人大代表1名，市人大常委1名，市政协委员3名（其中常委1名），区政协委员3名（其中常委1名）。总支部主委孙黎明、副主委方志强、郑守乾、委员孔小明、方立德，总支部下设三个支部。总支部设有金东民盟网站，网站阅读量已达5万多人次。2012—2013年度民盟金东区总支部被评为民盟浙江省级基层先进组织。盟员孙黎明被评为省级先进盟员和参政议政先进个人及金华市优秀政协委员等荣誉。王洋平、汪建群、张爱球、蔡隽被评为市级先进盟员。

【参政议政】民盟金东总支部组织全体盟员不断加强理论学习和专题调研，积极开展以献策献力为主体的各项参政议政工作。本年度共提交提（议）案和信息及社情民意达30多篇，其中市政协委员、区政协常委孙黎明撰写的提案《建立政协委派民主监督员制度，深化政协民主监督职能的建议》在区政协三届二次大会作大会发言；另一篇提案《发展婺文化，提升软实力》在市政协六届二次全会上作大会发言并被评为优秀大会发言。市人大常委斯克良提交议案《关于进一步加强金华城市空气质量监控体系建设的建议》、市政协常委郑守乾提交提案《关于养殖污水的科学利用与处理的几点建议》、市政协委员方志强提交提案《建议在金华市的主要媒体上发布金华市环境空气质量指数（AQI）》、区政协委员朱秀华提交提案《关于推进全区美丽乡村建设的建议》、区政协委员孔小明提交提案《关于加强新城区光南路交通基础设施建设的建议》、蔡隽提交了建议《关于解决金华市区停车难的建议》等。盟员孙黎明所提提案还有《不断提升城市精细化管理水平，推进精品城市建设》《关于提高市区治安协警待遇的建议》《关于前瞻性地做好市区八一大街南北高架通道规划的建议》《关于金婺大桥尽早改造的建议》《关于金东行政服务中心办事大厅门前道路设置停车泊位及减速标志的建议》《关于金东新城区工业园所有道路尽快设置路灯的建议》《关于江南宾虹路、李渔路由东往西左转弯到八一南街、双龙南街绿灯通行时间设置过短需增长时间的建议》《关于改善市区人力运营车车体形象的建议》等等；总支部反映的信息和社情民意得到各级政府领导和部门批复办理近20次，广受好评。

【社会服务】春节前夕，金东民盟总支部联合民盟浙江华夏书画学会金华分会在澧浦开展下乡写春联服务；5月，组织盟员开展金东区助建居家养老服务中心捐款活动，捐款达5万元。金华一中、艾青中学盟员开展名师义教活动3次；7名盟员受聘担任相关行业和部门特约监督员等10项工作，盟员孙黎明继续担任浙师大兼职教授和金职院专业带头人。盟员企业天地广告还出资30多万元设置户外公益广告6处。盟员汪健群被桐乡市高中骨干教师高级研修班聘为导师。

【调研考察】总支部组织了赴塘雅镇、江东镇、区教育局、金东居家养老中心建设、金东新农村建设、仙居景区建设等6次专题调研考察活动；参与市区政协及有关部门调研和座谈活动6次；参与市民盟开展调研活动4次。

【建功立业】盟员立足本职工作成绩显著，孙黎明被评为中国广告30年全国优秀策划人；蔡隽荣获“全国无偿献血奉献奖银奖”；王洋平荣获全国地理优质课一等奖，《谈谈“非典”地理知识入题的几点看法》发表于中国中文核心期刊《地理教学》2013年第2期；斯克良在《课程研究》刊物发表论文2篇；孔小明在《中学数学月刊》《中学数学杂志》上发表论文2篇；方立德被金华市十大优秀督学；张爱球完成金华社科联立项课题《如何以创业带动就业的研究》等。

【中国民主同盟金东区总支部第二次盟员大会】2013年12月28日，中国民主同盟金东区总支部第二次盟员大会召开。民盟金华市委会主委胡锦全，区领导陈峰齐、金艳秀、胡则鸣、傅丽花出席会议。会议听取和审议了民盟金东区第一届总支部委员会工作报告，选举产生了民盟金东区第二届总支部委员会，孙黎明当选为主任委员。陈峰齐就民盟金东总支未来工作提出了三点希望，一要加强理论学习，努力把握正确的政治方向；二要发挥自身优势，积极履行参政议政职能；三要强化自身建设，不断增强组织凝聚力和影响力。

【助建居家养老中心】7月4日，民盟金东总支部一班人在主委孙黎明的带领下到塘雅镇塘一村居家养老中心，开展助建村居养老结对共建活动。活动现场，在镇党委相关负责人的组织下，举行了隆重的授牌仪式，主委孙黎明并以个人的名义向该村老年协会捐款1万元。民盟市委会副主委斯克良，区政协副主席、区委统战部部长胡则鸣参加授牌仪式。此次民盟金东总支部与村居养老中心结对联系活动，为推动村居养老中心持续发展注入了新的活力，也促进了民主党派基层组织在关注民生和社会服务中发挥积极作用。如今，塘一村居家养老中心食堂门口“中国民主同盟金华市金东区总支部联系点”的牌子格外引人注目。

（孙黎明）

中国民主建国会
金华市金东区总支部

【概述】2013年，总支部围绕市委会的工作思路认真制定本年度的工作计划和学习教育方案，定期召开总支部扩大会议，组织开展总支部委员、各支部主委学习，坚持做到了总支部骨干每月集中学习一次，各支部会员每季集中学习一次。3月，总支部邀请市委党校教授开展十八大理论专题报告会；5月，开展了学习践行社会主义核心价值体系专题讲座，邀请原总支主任傅根勇为全体会员作先进事迹报告，介绍了其会务工作的特色和亮点，抒发了个人对民建组织的赤诚热爱之情；11月，总支召开扩大会议，学习中共十八届三中全会决定。通过学习教育，新老会员的思想觉悟进一步提高。全年发展新会员4名。9月17日下午，省政协副主席、民建浙江省委主委陈小平一行20余人在市人大常委会副主任、民建金华市委会主委丁国玉的陪同下到金东区民建会员企业考察调研，市委统战部常务副部长何蔓丝，区领导陈峰齐、朱茂丹、胡则鸣、辛永良陪同。

2013年11月，在民建浙江省委召开的全省基层组织工作会议上，民建金东总支二支部（孝顺支部）被民建浙江省委授予“2011—2013年度先进基层组织”。

【参政议政】总支部在“两会”前召开了参政议政工作会议，在深入基层，体察民情，调查研究基础上，对如何增强企业自主创新能力、加快推进经济改革、保护资源和环境、加快行政管理体制改革、重视公共安全以及完善医疗卫生改革、搞好文化建设等方面，提出了意见和建议。两会期间，总支部18位政协委员、2位人大代表、2位列席会员积极参加。在区人大三届二次会议上，会员中的人大代表提交议案2件。在区政协三届二次会议上，总支部提交了《关于加强金东区农村水环境治理和水资源保护的建议》团体提案及大会发言材料，会员中的政协委员共提交提案21件,其中有4件提案被评为重点提案。总支部的1名省人大代表、1名省政协委员,3名市政协委员分别在各级会议上提交了提案、议案。

【社会服务】2013年,总支部会员企业实现销售产值45亿元,占金东区18%左右,实现入库税金2.4亿元,已成为金东区域经济发展的主力,为金东区经济发展作出了应有的贡献。一年来,总支部的全体会员,秉承“致富思源”的优良传统,积极扶贫帮困。据统计,共向社会各界捐款达283多万元,仅孝顺支部在居家养老等民心工程上捐款就达80万元。会员李国平为金东区建设公共自行车绿道捐款3万元和自行车30辆。会员张国兵为曹宅大佛寺风景区捐款15万元。

【祭扫施复亮先生墓】3月31日,民建金东总支全体会员到施复亮的故乡——金华市金东区源东乡东叶村,祭扫施复亮先生墓。民建金华市委会副主委、金东区副区长朱茂丹参加活动。大家怀着崇敬的心情,步行走过“民建路”前往施复亮先生陵园。半山腰间,先辈墓碑前,苍松翠柏,气氛格外庄严肃穆。祭扫活动由朱茂丹主持,大家向先生敬献花圈、默哀、鞠躬,绕墓走一圈,表达深切的哀思和崇高的敬意。随后,大家视察了“民建路”停车场修缮情况,参观了金东区傅村镇上荷塘休闲农庄,活动期间还组织学习了全国“两会”精神。

(孙伟华)

中国民主促进会
金华市金东区支部

【概述】2013年,发展新会员4名。支部认真组织会员学习“习近平总书记在党的群众路线教育实践活动工作会议上的重要讲话”,学习贯彻中共十八大、十八届三中全会精神。两次组织新会员参加了市社会主义学院新会员培训班。支部作为民进浙江省委的现场教学点接待了市民革、民建、民盟、民进、农工党、九三学社6个民主党派新成员的培训教学,支部委员李献智在市基层组织工作研讨会上作现场教学汇报。组织会员企业参加了区工商联组织的温州苍南的学习考察,支部参加了在台州召开的民进浙江省基层组织建设专题研讨会,并提交了交流材料。支部被民进金华市委会表彰为基层建设先进单位。

【参政议政】2013年,民进金东支部认真履行基层民主党派职能,积极组织开展调查研究和参观考察学习活动。共组织并参加了区政协、区委统战部的调研、参观考察和各类座谈会10余次。其中3月份组织会员参观了会员王积峰创办的金华东方外国语学校(原比德弗国际学校);4月份组织会员到金义都市新区参观考察,了解新区的发展规划,参观了浙江真爱毛纺织有限公司,并听取了该公司的党建工作经验介绍;7月份和市直属一支部20余名会员到安徽黄山参观徽派古建筑等。一年来,共撰写并向区“两会”提交大会发言材料1份、团体提案1份、区政协委员提案4份、市政协委员提案2份。邵金生提交的“大力提升金东旅游品牌,促进经济社会和谐发展”被评为2012年度优秀提案,邵铁军被评为2012年度政协工作先进个人,邵金生被评为参政议政积极分子。

【考察调研】4月24日,民进金东支部到金义都市新区考察调研。考察组一行首先听取了金义都市新区建设及规划情况介绍。随后,在组织人事部部长周以利的陪同下参观了鞋塘区块的规划建设及真爱时尚家居有限公司。在座谈会上,支部主委钱美芳表示,民进金东支部今年将积极关注金义都市新区发展,努力为金义都市新区建设建言献策。民进金华市委会专职副主委吴瑞成,区政协副主席、区委统战部部长胡则鸣应邀参加。

【送温暖活动】看望了金东区的残奥会冠军杜剑平、低保户老人周增余,为他们送去了春节慰问品。重阳节前夕,和市医卫支部在多湖街道12里社区联合开展了关爱助建农村社区居家养老中心活动,为他们送去了大米550斤、食用油120斤、慰问金10000元,为100多名老人和当地村民免费义诊看病。活动当日,还组织会员看望了位于孝顺镇麻风村病人,并送去了大米、食用油和1000元慰问金。

(钱美芳)

中国农工民主党
金华市金东区支部

【概述】2013年吸收新党员2名。一年来，支部组织学习4次，认真学习了有关统一战线政策理论、中共十八大、十八届三中全会精神，回顾学习了《中国农工民主党党章》，提出围绕“构建黄金主轴、推进富民强区”的总体目标，较好地发挥了民主党派基层组织职能作用，为金东的经济社会发展作出了积极贡献。支部党员王艳俏于2013年7月，被浙江省农业厅授予浙江省农业推广贡献奖。

【参政议政】2013年，紧紧围绕区委、区政府的工作中心和工作重点，着重就群众普遍关注的民情、民意、民生等问题结合金东的实际进行了广泛深入调研。1月份，张新明、邢守卫、方建勋、陈翠桃参加了区政协三届二次全会，代表农工党金东支部向大会提交了集体提案1件，个人提案3件。大会期间，主委张新明代表本党派作了《出台扶持政策，促进全区建筑业可持续发展》的大会发言。一年来，向区政协报送社情民意3篇，支部向市委会、市政协、《金华政协》和省政协机关报《联谊报》社等报送了10多条社情民意和相关的信息报道。

【社会活动】支部连续9年开展了“送医、送药、送知识”三下乡义诊活动，得到了广泛好评。11月1日，支部联合市人民医院支部在赤松镇西余村举办了一次大型的义诊活动，让200多名当地村民受益，受到了当地百姓的欢迎。当日，市政协副主席、市委会主委傅路红亲自到现场为村民坐诊，支部还为该村居家养老中心老人们送上了价值3000余元的大米、鸡蛋和食用油，让老人们感受到了社会大家庭的温暖。

【农民工专场义诊活动】6月16日，由农工民主党金华中心医院支部与金东区政协孝顺工委联合举办的农民工专场义诊活动在孝顺镇卫生院举行。这也是近年来，两个基层组织合作举办的第十次义诊活动。上午7点，期待已久的务工人员涌入卫生院的几个诊室，10多位金华市中心医院的名医开始了一天忙碌的义诊。据悉，务工人员可在本次义诊活动中，获得一次全面的卫生医疗检查服务，包括B超、肝功能、血糖、心电图、尿常规等17项免费体检项目，还有中心医院的名医给出的分析诊断。自2007年以来，农工民主党金华中心医院支部和金东区政协孝顺工委长期合作，已经在孝顺镇开展了10次义诊活动，并向前来就诊和体检的群众，免费提供了价值5万多元的常规药品和医疗检查服务。这种由党派专家出力、政协组织出资，免费提供药品或医疗检查的模式，让前来看病检查的群众，切实感受到了民主党派和基础政协的关爱。

【“三下乡”大型医疗服务活动】11月1日，由农工民主党金东支部开展的“送医、送药、送知识”义诊活动在赤松镇西余村举行，此次活动是农工民主党金东支部连续八年组织开展的“三下乡”大型医疗服务活动。本次活动农工党市委会高度重视，组织了由市人民医院支部的“眼科、内科、妇科、心血管科、内分泌科”等十多个科室专家和金东支部党员组成的20余人参加的医疗服务队，为西余村居家养老中心的80岁以上老人及村民200余人进行了义诊和健康宣传，并赠送了价值5000余元的药品。市政协副主席、农工党市委会主委（著名心血管专家、金华广福医院常务副院长）傅路红亲自到现场坐诊，受到了当地百姓的高度评价。活动期间，傅路红还专程走访慰问了西余村居家养老中心的老人，与他们亲切交谈，详细询问老人们的生活和身体状况，并赠送了价值3000余元的大米、食用油及慰问品，为助推村居养老中心献上了一份爱心。

（张新民）

九三学社
金华市金东区基层委员会

【概述】九三学社金东区基层委员会于2013年12月31日成立，支社正式升格为基层委员会。基层委员会下设科技支社、文教支社、医卫支社，共有社员35人，目前入社平均年龄不到40岁，其中高级职称占60%以上，段松茵、庄凌飞、李倩等社员先后走到了单位领导岗位。一年来，积极组织选派优秀社员、骨干社员参加中央、省、市各级社会主义学院学习培训，其中，傅丽花、刘清清等二位社员参加了中央社会主义学院的学习，认真组织参加区委、区政协、区委统战部组织的学习会、通报会、座谈会10余次。

【参政议政】一年来，按照市、区的工作重点及社会上不同的热点、难点，深入基层调研，在市、区两级人大、政协全会上共提交大会发言2个、团体提案1件、个人议案、提案和意见建议10余件，内容涉及市场发展、城市交通、社会保障、医疗卫生教育等有关社会经济发展的各个方面。其中，由庄凌飞等社员撰写的《加大农村环境改造力度，提高农民生活质量》被选为市九三团体提案，《统筹安排，及早谋划，积极推进金义都市区核心区建设》《增加财力人力支持做好流动人口公共卫生工作》评为年度区政协优秀提案。段松茵的提案《金东区婚前免费体检的建议》在区政协大会上作了大会发言，《关于金东区网络建设的建议》《金义都市新区与各县市区协调发展的意见》《关于把幼儿教育纳入义务教育体系的意见》《进一步深化医改工作，助推基层医疗机构发展》分别提交到省、市，并产生积极影响。

【社会活动】组织金华名医（九三社员）带上医疗器材和药品分别到傅村、澧浦等乡镇开展送医赠药活动，累计受益群众200余人，送药价值近2000余元。积极参与助建区居家养老活动，开展送油送米，上门慰问。送科技下乡：郭新芳等社员2次请农林方面的专家到乡镇开展科技培训，科技咨询，并广泛开展了赠送科技图书、光盘、资料等丰富了活动的内容，在广大农村树立“学科学、用科技”的新风尚；送法下乡：组织本社的律师法官和法律工作社员在岭下开展送法下乡活动，进行法律宣传和咨询，让当地群众观看宣传展牌，学习相关知识，耐心地解答了老百姓咨询的一些法律问题，对咨询较多的离婚、相邻妨碍、交通事故等案件，社员还专门为当地群众印发常见案件诉讼指南。

【居家养老送温暖活动】10月24日，九三学社金东支社、区法院、区妇幼保健院联合开展居家养老送温暖活动。慰问组到澧浦镇长庚村居家养老服务中心，为老人们送上了大米、食用油等物品，并开展健康义诊活动。

（傅丽花）

金东区党外知识分子联谊会

【概述】党外知识分子联谊会（以下简称知联会）是由党外知识分子中有影响力、有代表性的高级知识分子成员组成，具有统战性、联谊性、知识性、进步性的社会团体，是党和政府联系党外知识分子的桥梁和纽带，是党外知识分子之家。金东区知联会于2009年5月成立，成立之初，共吸收会员45人，按照行业相近、类别相似的原则，建立了三个联谊小组，共有会员63人。

区知联会成立几年来，始终高举中国特色社会主义伟大旗帜，始终把握知联会的正确发展方向，牢固树立和践行社会主义核心价值体系，按照“合心、合智、合力”的目标要求，知联会会长人选由党外知识分子、在任的人大常委会副主任金艳秀担任，时任的区委副书记、组织部长、区政协副主席（统战部长）聘任为名誉会长，常务副会长由分管党外知识分子的统战部副部长兼任，其他的副会长大多由在职的科级干部兼任。

【突出思想建设】坚持理论联系实际，结合党外知识分子的思想、工作实际，按市委统战部的培训计划，组织会员分期分批到中央、省、市社会主义学院学习培训，提高他们的政治、业务素质和参政议政能力，已有32名会员参加各类培训班次。提高理事能力。积极组织、引导会员参与参观考察、业务交流、社会活动，在更高层面、更开放的视野上提出前瞻性、可操作性的建议，为党委政府科学决策、民主决策贡献力量，先后组织会员到北京、上海、江西瑞金等地学习考察，进行革命传统教育。

【积极参政议政】成立以来共有30余名会员结合工作并参加了10多个调研，积极撰写调研报告和提案、议案提交两会，先后有多个提案被区政协评为优秀提案。抓好政治和实职安排。统战、组织部门根据会员的特点进行筛选，既使党外干部政治、实职安排形成了长效机制，又为知联会工作增强了政治活力。本届有18名会员当选或安排为市、区人大代表、政协委员，10名会员在人大、政协、检察、监察、司法等部门单位担任领导职务（1名副处、1名正科、8名副科实职岗位)。

【开展公益活动】11月9日,金东区60多名党外知识分子联谊会成员,在曹宅集镇开展"同心服务,五送公益"免费服务。市委统战部副部长张志华,市知联会秘书长、党外处处长王恽英,区领导陈峰齐、楼伟民、金艳秀、胡则鸣等参加活动。继2012年"同心服务下江东"之后,2013年金东区党外知识分子联谊会又联合市知联会到曹宅镇送科技、送法律、送教育、送温暖、送医疗等,开展"同心服务,五送公益"活动。知联会成员们来到曹宅村居家养老服务中心,为老人们提供了生活服务,并送去了大米、食用油等慰问品。活动中,知联会成员还为村民发放了涉及法律、农技、健康等方面的宣传资料上千册,接受群众义诊100余人次,赠送了价值2000余元的常用药品,并为曹宅镇中心小学捐赠了价值8000元的书籍。

(刘瑜君)

11月9日,党外知识分子联谊会开展"同心服务,五送公益"免费服务

金东区工商业联合会

【概述】金东区工商业联合会成立于2001年8月,在区委统战部挂牌办公属正科级机构。2001年11月召开第一次会员代表大会。 2012年6月根据区委〔2012〕12号文件精神《区委区政府关于进一步加强新时期工商联工作的实施意见》决定区工商联机构单设。2013年1月,区工商联完成"一个设立、五个建立",与金东区总商会两块牌子、一套班子新建党组、机关支部和总商会党委,有行政编制3名,事业编制1名。

2013年,区工商联围绕中心工作,把握"两个健康"主题,打基础、抓重点、出亮点,开创了工商联工作新局面。其中,助建居家养老事业工作得到区委、区政府及主要领导、分管领导的充分肯定,也得到社会的一致好评;在贯彻中央、省、市、区党委《关于加强新时期工商联工作实施意见》在自身组织建设上得到了上级党委和职能部门的肯定。

【服务民生】农村居家养老服务中心建设是全区2013年的一项重点民生工程。工商联组织非公经济人士发扬乐善好施的"光彩事业"精神,发动各基层商会共捐资,到9月15日为止,全区各商会助建居家养老中心捐款认捐1075万元,到位资金970万元,其中进居家养老服务基金库有892.32万元,长期结对33家。5月31日,金东区村居养老中心大型媒体采风活动,全国、省、市、区18家新闻媒体对区工商联及有关商会、非公经济人士代表进行了采访宣传报道。在区工商联三届三次执委会上,颁发文件表彰了80名捐助居家养老事业先进分子,分别授予捐助居家养老事业"明星""之星""爱心人士"荣誉称号。

【助推企业转型升级】开展服务会员企业活动,走访调研,掌握企业情况,帮助协商解决实际困难和问题。拟发金区联〔2013〕8号文件《金东区工商联和基层商会服务会员企业走访活动方案》。针对区工商联换届后机关干部调整全新这一实际,区工商联全体机关干部到执委以上企业开展走访调研活动。从5月中旬到7月中旬,走访执委以上企业67家,了解企业基本情况和经营生产状况,听取企业家对各级政府及部门的意见建议50多条,梳理矛盾纠纷,涉及企业用地、用工难、融资难、职工子女就学、周边环境改善等问题,及时与政府和涉工部门,协调解决部分实际困难和问题。

【课题调研】参与市工商联年度重点调研课题《防止民营企业"行政化"管理现象调查研究》,走访企业60多家,发放问卷,深入了解企业内相关组织的作用和运行模式,并结合工商联职能,围绕民营企业减负减压,营造宽松创业环境,充分释放发展活力,提出机关部门在民营企业科学设置组织机构，实行分类管理的建议对策，完成课题调查问卷，召开有关层面座谈会，收集汇总一手信息资料，为党委政府提供决策参考。由区工商联组织发起的金华诚信投资公司，全年为中小微企业置换资金5亿元左右。利用重阳节，走访看望福布斯中国百富榜第85位的大北农科技股份有限公司董事长邵根伙在老家的老母等，为浙婺商回归做好基础性工作，邵根伙在世界浙商大会上已签订投资5亿回金东创办生态农业科技公司。

【参政议政】全区现有工商联会员任省、市、区三级“两代表”一委员的有86名，在2013年省、市区“两会”期间，向各级人大、政协上交提案77件，议案15件，体现了广大会员参政议政的积极热情。年初，区工商联紧紧围绕全区非公经济发展中存在的主要问题和热点问题走访企业，收集各种意见建议，由辛主席牵头形成团体提案《坚持工业强区，加快金东崛起》向区政协三届二次大会提交，交区经商局牵头办理，工商联跟踪落实。区经商局以提〔2013〕9号答复，已部分落实并计划年内全部落实。

【非公经济人士素质提升】根据省、市统战部、工商联关于全面开展“同心·送温暖”惠民活动的要求，春节前后，积极组织开展关爱帮扶“三老”的走访慰问活动，每个基层商会联系10户，每户慰问金500—1000元，据统计，全区共走访慰问“三老”困难户120户，慰问金10万多元。认真贯彻全国非公有制经济人士理想信念教育实践活动电视电话会议精神，落实市政府《关于开展非公有制经济人士理想信念教育实践活动的实施意见》的文件精神，结合金东实际出台《实施意见》加以贯彻，针对全区非公经济人士思想实际，精心谋划活动的具体内容和形式载体，活动内容突出针对性，力求创亮点，提出“三好一创”目标(即企业发展好、自身素质好、公众形象好，争创优秀中国特色社会主义建设者)，引导非公经济人士凝心聚力助推赶超发展。组织全区非公经济代表人士参加全省非公经济人士优秀事迹报告会，“开尔新材”老总邢翰学获“创新创业”先进奖，并参加表彰会受到省领导李强接见。全年增补安排省、市工商联执、常委3名，并与区委统战部一起考察推荐市“新一代优秀创业者”人选2名，市“光彩之星”人选1名，市党外人士后备人选(非公经济界)10名。推荐金华市第四届优秀中国特色社会主义事业建设者3名，全市工商联先进个人1名，在市工商联60周年总结大会上受表彰，复审或新推区拨尖人才3名、市个体劳动者创业之星3名。

【工商联组织建设】工商联履职能力建设有新抓手。按照上级文件要求和工商联工作部署，组织建设基本上达到“一个设立、五个建立”的要求。2月19日(正月初十)由区委副书记王瑞海牵头有关部门负责人召开区工商联机构单设协调会，明确了实施方案。3月8日，搬迁到金东工商分局大楼办公，理顺各项机关运行工作关系。在区委和组织部门重视下，新设工商联党组、党支部和总商会党委，现有人员行政编制3名、事业编制1名。班子成员逐步到位配齐配强，内设机构办公室主任聘任到位，机关党支部选出支部书记。内部各项管理制度逐步健全，坚持周一夜学制度、周一工作碰头会、月末工作总结部署会，推进学习型、服务型、创新型机关建设，努力提升工商联机关干部素质能力。开展基层商会组织建设活动，加强基层组织和队伍建设。根据《章程》要求和实际情况，全区8个基层商会已面临换届。5月中旬，在商会会长、秘书长会议上进行了换届工作专题部署，并组织到先行试点换届的傅村镇商会考察取经。5月份面上启动，并向有关镇、街道党工委和商会下发了《关于商会换届工作的实施意见》，对区内有关商会换届工作进行了总体部署和安排，目前已顺利换届商会4个。

【区工商联三届三次执委会议】9月5日，区工商联(总商会)三届三次执委会议召开。会议贯彻落实了区委三届四次全委扩大会议暨区政府第三次全体会议精神，回顾总结了今年1至8月份工作，研究部署了下一步工作。区领导王建国、王建中、胡则鸣、辛永良参加会议。区工商联主席辛永良做了题为“坚持两个健康，助推金东发展”的报告，王建国副区长通报了全区经济发展情况，王建中副区长介绍了全区居家养老中心建设情况。经区委领导同意，会议还表彰了2013年金东区非公有制企业人士助建居家养老事业先进个人。

【助建“居家养老”媒体采风座谈会】5月31日，在区委、区政府主办的“金东区居家养老百村行”大型媒体采风活动后，区工商联主动对接，邀请了浙江日报、中新社、中国经济时报等18家新闻媒体的30余名记者举行了金东区基层商会助建“居家养老”媒体采风座谈会。区委宣传部、区委统战部、区民政局等相关部门领导、部分商会负责人及企业家代表参加了座谈会。区委统战部副部长、区工商联党组书记徐宏明全面介绍了组织发动非公企业助建居家养老照料中心的基本情况、主要做法和成效。区基层商会负责人贾林荣、孙伟华、杨德帅、陈亦根、周小芬先后发言，各大媒体记者还与区相关部门领导及部分企业家进行了互动交流。5月底，全区非公企业助建居家养老中心1056万元，长期结对33家。此次活动向省内外各大新闻媒体展示了金东企业家致富思源、回报乡亲的良好形象，同时也向社会各界传寄了金东企业家积极践行社会主义核心价值体系的正能量。

【区工商联赴苍南学习考察】10月25日—27日，区工商联组织执委会正、副主席（会长）、基层商会会长、秘书长一行25人，赴苍南、平阳等地学习考察。区政协副主席、区委统战部部长胡则鸣参加考察活动。考察期间，金东、苍南工商联举办了工作经验交流会。苍南县委常委、县委统战部部长胡长虹代表苍南县致欢迎词，并希望金东—苍南两地工商联建立长期友好联系，区政协副主席、区委统战部部长介绍了金东的经济社会发展和统战工作情况，并向苍南县委统战部、工商联的接待安排表示感谢。双方工商联进行了工作交流。此次活动还安排考察了中国农民城龙港考察实体经济，并实地参观了中国新雅投资集团是浙江省最大的印刷工业企业。新雅投资集团的党建工作和企业文化建设特色鲜明，考察团成员深受启发。此次到温州模式发源地苍南学习考察活动，大家充分感受到温州苍南非公经济人士敢为天下先的创新创业精神，苍南县工商联、商会和企业的许多做法，对金东区都有学习借鉴作用。

（胡也可）

群团组织

金华市金东区总工会

【概述】2013年，金东区总工会围绕“建功一三五、立业四翻番、共圆中国梦”主题活动，大力实施职工经济技术创新工程，把提高职工技术素质、开展岗位技能竞赛作为职工经济技术创新工程的核心，充分发挥了工人阶级主力军作用。广泛开展“创争”活动，培育职工学习风尚。继续积极推进“创建学习型组织，争做知识型职工”活动，引导广大职工牢固树立终身学习理念，全面兴起“创争”热潮。积极开展以"当好主力军、建功‘十二五’、和谐奔小康"为主题的建功立业活动。组织选派电焊工和数控车工两个项目的选手参加全市职工职业技能大赛，获得电焊工团体第一的好成绩。强化企业安全文化建设。高度重视安全生产，积极参与安全卫生工作和事故调查处理。继续在企业重要岗位的职工中推行签订《企业职工安全生产责任书》，深入开展“安康杯”竞赛活动，提高职工安全生产的自我防范意识。推荐表彰了2个金华市“安康杯”竞赛活动先进集体，参与了6起安全生产事故的调查处理。大力弘扬先进示范作用。推荐评选了市劳动模范3名，市“金锤奖”1名，市职业技术带头人1名，市“工人先锋号”3个，省“工人先锋号”1个，全国“工人先锋号”1个。

【机制构建】面对职工队伍结构和就业形式的快速变化，按照主动、依法、科学维权的新要求，不断完善机制，创新工作载体，扎实做好帮困救助和保障工作，全面推进新时期劳动关系和谐企业建设，在全区营造了和谐稳定的劳动关系。加强民主管理和民主监督工作。大力完善了以职代会为载体的厂务公开制度，保护了职工群众的知情权、参与权，畅通利益诉求渠道，行使职工民主权力。全区有2家单位被市工会评为厂务公开工作先进集体；有3人荣获“市厂务公开工作先进”称号。进一步规范平等协商集体合同制度，帮助指导职工签订劳动合同。广泛开展“创建劳动关系和谐企业”活动，全区签订企业集体合同261份，有348家企业、1个工业园区参与创建，3家企业被评为市劳动关系和谐企业，有效促进了社会和谐稳定。加大源头参与和监督的检查力度。建立健全了以区人事劳动和社会保障局、区总工会、区经商局和工商联为成员单位的劳动关系四方协调会议制度。积极充分利用四方协商机制这一平台，将涉及职工劳动权益的一些切身问题递交四方协商联席会议讨论，并能够得到及时处理和解决。2013年以来，共解决了拖欠职工、农民工工资600余万元，得到了广大职工和农民工的好评和信赖。打造全区职工处处可读书、处处有书可读的良好局面。了解和掌握全区企业、职工文化建设状况，推进全区企业职工文化“八个有工程”建设，提升企业职工文化建设水平，开展12类培训项目的员工技能培训，培训人数多达5000余人，此外分别设立了企业黑板报、宣传窗、报刊栏等硬件设施，充分深化企业和谐劳动关系创建工作，保障职工、企业教学相长，筑建和谐劳动关系的“三部曲”，打造企业最好的“软福利”。结合“农民工文化家园”建设活动，开展书法、摄影、曲艺等多方面的切磋活动，丰富金东区群众工作生活环境，着力建设全区范围内职工书屋全覆盖，打造职工群众处处可读书、处处有书可读的大环境。金东区共有企业工会职工书屋、电子阅览室120个,“农民工文化家园”10家。

【基础建设】按照“哪里有企业,哪里有职工,哪里就要建立工会组织”的建会原则,创新思路,强化措施,着力构建“横向到边,纵向到底”的工会组织网络,把壮大组织队伍和加快规范化建设步伐作为今年工作的重要内容。基层工会组建步伐加快。以非公有制企业工会组建为重点,广泛深入开展宣传发动工作,采取多种方式方法,建立劳资协商平台,正确引导劳资双方达成共识,使业主能够同意成立工会组织,职工自愿加入工会组织。今年组建了9家镇乡(街道)总工会,完成了26家基层工会的组建工作。基层工会规范化建设的扶助力度加大。在巩固好行政、事业单位工会规范化建设的基础上,加大对乡镇工会、企业工会规范化建设经费投入力度,用于支持基层工会“职工之家”建设和开展职工文化体育活动。并加强对基层工会的指导工作力度,有力地促进了基层工会规范化建设。

【服务职工】帮扶作用进一步显现。扎实开展以帮扶困难职工群众为主体的“惠民行动”,努力为全区困难职工办实事、办好事、解难事。深入开展“送温暖”工程。2013年,为困难职工提供生活救助88人,共发放救助资金16万元。突出重点,认真开展职工医疗互助保障工作。建立全区统筹的在职职工住院医疗互助保障制度。2013年,全区共有5958人参加了职工住院医疗互助保险。深入开展金秋助学活动。9月,为切实帮助困难职工子女和农民工子女解决上学难问题,继续开展了金秋助学活动,资助学生13名,发放助学金2.3万元。

【依法治会】自身建设进一步加强。为了适应新形势对工会工作的新要求,总工会不断加强自身建设,从多方面入手,加大工会工作的规范化管理,工会在职工群众中的影响力和凝聚力进一步增强。加强机关作风建设。去年出台了《金东区总工会关于改进工作作风密切联系群众的实施意见》,严格遵守中央八项规定和区委作风建设有关规定,认真组织机关干部职工加强政治理论和业务知识学习,努力做到用科学的理论武装工会干部的头脑,使机关干部职工在行为实践上有明显的改观,工作作风有明显的转变,宗旨意识、服务意识明显增强;年初领导班子成员都进行了工作分工,落实了工作任务,使人人有目标、工作有重点、任务有时限,确保了阶段目标工作任务如期实现。加强工会干部队伍建设。通过各种方式方法,加强对全区工会干部的教育培训。对全区工会领导和干部220多人,进行了中国工会十六大精神和工会业务知识培训,提高了全区工会干部队伍的整体素质,强化了工会干部队伍能力建设。建立阳光工程网。开通了阳光工程网,将工会干部和工会重点工作放在网上,增加了工会工作的透明度。

【工会组建提升】2013年,区总工会始终坚持抓组建,最大限度的发展非公企业工会建设,不断扩大工会组织覆盖面,同步完善基层工会工作制度和工作机制,发挥基层工会作用。在工会组建工作机制上进行深化调整,以区域性、行业性、外资(台资)企业、劳务派遣公司、外来务工人员和劳务派遣工为重点,加大市场、商贸流通服务领域等三产服务业的工会组建力度。对行业特点明显、企业比较集中的行业,依托行业主管部门或行业协会,分级组建行业工会联合会;积极开展块状经济和产业集群、村(社、区)、专业协会(合作社)以及区域性、行业性工会组建,进一步规范产业工会工作、园区总工会建设工作,推进乡镇(街道)总工会工会建设,不断提升规范化建设水平,进一步增强了工会的凝聚力和影响力。组建了9家镇乡(街道)总工会,完成了50家基层工会的组建,新增工会会员5000人。

【建体系为农民工欠薪维权】2012年,区总工会共处理投诉举报劳动纠纷案件128件,同比下降16.4%,共为920余名劳动者追回补发被拖欠克扣的工资856.73万元。建立专项检查体系。建立“部门联动、乡镇协管”农民工工资支付专项检查体系,通过重点约谈、提前走访、提早宣传,引导企业自觉、按时、全额的支付职工工资;落实工资集体协商制度。定期开展全区工资集体协商工作推进情况,分月、分季度汇总,早发现、早介入、早处理,探索建立健全金东工资集体协商网。核查重大群体性欠薪隐患,对有欠薪隐患的提前介入,避免发生群体性事件;组织欠薪隐患排查。确定专人负责欠薪信息报告工作。春节临近,加大对多发的重点难点地带,如建筑施工、租赁厂房设备、家庭作坊式等劳动密集型企业的农民工欠薪排查。共检查用人单位608家、建筑工地46个。

【全区首个劳模信息数据库建成】7月30日,金东区首个劳模信息据档案库已于日前建成,收录了包括国家、省、市、区各级劳动模范共计60位劳模的个人信息。为进一步健全全区各级劳模档案,实现劳模管理网络化、信息化,全面掌握劳模的基本情况,区总工会于6月中旬开始筹建劳模信息数据档案库。根据劳模管理工作制度化、规范化、程序化的要求,在原有的劳模信息数据的基础上进一步完善信息,并将劳模生活中存在的主要困难进行了逐一梳理,建立劳模电子档案。数据库建成后,相关将对劳模信息数据采取动态反馈、增补与定期报送的形式,核准劳模认定和变更情况等信息,为全区范围内的劳模提供更好的服务。

【完善职工就业帮助制度】2013年,区总工会特色服务完善职工就业帮助制度。积极宣传再就业和创业政策,转变下岗失业人员的传统就业观,充分引导下岗失业人员清楚认识劳动技能培训的重要性;对有就业能力的特困职工家属及子女进行免费就业服务登记,并为其建立下岗失业人员求职登记电子档案,供应聘单位了解查询;免费为下岗失业人员进行职业介绍、求职咨询、政策咨询、就业指导等,根据不同年龄、性别、文化程度、兴趣爱好选择不同的工种类别,制定培训规划,提供技能培训;根据特困职工的求职实际,在职业介绍、技能培训、就业指导等方面优先照顾,不定期组织下岗失业人员及农民工进行免费劳动技能培训,设立多种班种,鼓励其多学、多会、多精。

【劳动关系和谐创建】2013年,区总工会通过加强对企业民主管理的工作指导,有效地引导职工依法有序理性地主张和争取利益,坚决保障职工合法权益,积极开展劳动关系和谐企业、和谐工业园区创建工作,全区有348家企业、1个工业园区参与创建,全年有3家企业被评为市劳动关系和谐企业,有效促进了社会和谐稳定。同时着力推进工资集体协商工作。深入开展职工劳动经济权益状况、农民工权益保障专题调研等,对改善职工劳动就业、收入分配、社会保障等权益状况提出政策建议,积极推进工资集体协商工作,推动建立区域性、行业性工资协商机制,工资集体协商工作覆盖面达90%。

【困难职工家庭情况调查摸底】为推进金东"送温暖"活动的深入开展,全面了解和掌握金东区困难职工家庭生活状况,健全困难职工档案,为工会日常帮扶和元旦春节送温暖工作提供可靠依据,11月初,金东区总工会在全区各基层工会中开展困难职工家庭情况调查摸底工作。此次调查摸底的申报对象为已建立工会组织单位中生活困难的职工人均月收入低于524元,经政府主管部门救助后生活仍然困难;扣除因患疾病支付医疗费、子女就学学费支出和重大意外事故、意外灾害损失外,人均月生活费低于786元的职工家庭,经职工申请、单位工会调查审核、区总工会职工维权帮扶中心复合确定,确定为困难职工家庭的纳入本级困难职工家庭档案库,区总工会主要针对因病致贫、因学致贫等方面进行分类规整。这次困难职工家庭情况调查摸底,把基础性救助与专项性救助相结合,进一步的强化困难职工的帮扶力度,整体提升了帮扶送温暖活动的效果。2013年度收到中央财政专项帮扶资金11.4万元;配套资金6万元,其中2014年两节送温暖资金2万元。福彩牵手专项资金0.9万元,共有资金 18.3万元。困难职工生活救助16万余元,金秋助学2万余元。

【组织"农民工真情送健康"免费体检】2013年,区总工会维护职工生命健康权,组织"农民工真情送健康"免费体检活动,持续与73051部队联合开展9个项目下企业免费送体检活动,并重点考虑从事着苦、脏、累、险的农民工健康体检。同时,结合"女职工安康团体重大疾病互助保险活动",与区妇幼保健院、区计生指导站联合开展下企业送医、送药、送健康活动,免费为女职工进行特殊疾病等检查,送上一份工会的真情关爱。

【为企业制作标识牌】区总工会开展免费为区内企业制作安全生产标识牌活动。截至12月9日目前,收到企业标识制作申请共2000余个,绘制了安全生产标识图近百种。

(叶剑)

共青团金华市金东区委员会

【概述】共青团金华市金东区委员会共有团委31个，团支部685个，共青团员21453名，专职团干17名。2013年，团区委紧紧围绕区委、区政府中心工作，以“双网互动”为统揽，以“效能建设年”“活力提升年”为主体，扎实推进各项重点工作。团区委荣获2013年度金华市共青团工作、青年工作优秀项目奖；金东区少工委被团省委和省少工委评为省级“优秀少工委”；团区委卢磊被团市委评为“优秀团干部”；赵萃被团省委评为“省共青团信息工作先进个人”、被区委组织部评为“组织工作先进个人”。

【青少年思想道德建设】广泛开展“我为核心价值观代言”活动，组织近150名优秀青年参加了代言活动。举办“共话核心价值观”交流分享活动，邀请各行各业优秀青年代表与区里团员青年分享成长经历，近300余名团员青年参加分享活动。组织开展“向先烈致敬 为信仰点赞”“走进美丽金东 争做金东好少年”“开学第一课”等主题教育活动，组织400名农民工子女参观了艾青故居、施光南故居、钱兆鹏烈士陵园等地，从热爱家乡入手，积极引导青少年爱集体、重孝义、敢担当。开展青少年网络清朗行动，在微博、微信和QQ群内开辟“青年好声音”板块，广泛传播内涵丰富、形式时尚的图片、文章、微视频、微访谈等网络文化作品，强化对社会主义核心价值观的宣传解读，开通了团区委微信公众号“金东青春联盟”，定期发送共青团相关新闻，已有粉丝近300余名。

【青年就业创业】不断完善金东区青年创业者协会建设，以协会为平台和阵地，充分发挥孵化器作用，联合成功企业建立各类青年就业创业基地，多方位服务青年就业创业。新建青年就业创业见习基地8个，网商创业实训基地5个，争取政策性补助资金60余万元。联合区农办、区商贸办、区网络局制定了《关于实施“两美金东·电商助力”扶持青年网络创业工程的实施意见》，通过启动青年电子商务培训、农村青年网上创业孵化和实施青年网上创业示范培育等三项服务青年电子商务创业工程，扎实服务好青年创业就业。

【少年队工作】积极探索青少年践行社会主义核心价值观有效途径，以“三爱”教育培养“美德好少年”。从珍爱自己入手，培养自护、自信、自强的阳光青少年。以争创雏鹰“自护”奖章活动为载体，组织青少年主动熟读平安童谣，认识安全标识，提出了1000余条平安家庭或平安校园建设的合理建议；实施“阳光少年”工程，开展阳光体育运动、阳光艺术、阳光健康心理等系列活动；开设励志小讲堂，以身边榜样、身边的故事，汇编《励志故事汇》，已开展小讲堂30余场，汇编励志故事50余篇。从关爱他人入手，培养会关心、懂感恩、乐助人的爱心青少年。开展“学雷锋”活动，让青少年懂得奉献友爱的重要意义；从热爱家乡入手，培养爱集体、重孝义、敢担当的有为青少年。开展“我是金东小主人”活动，开展“五水共治”爱水行动，组织活动90余次，制作环保宣传海报8000余张，发放倡议书2万余份，带动1万余户青少年家庭主动参与到治水一线，让青少年以主人翁的角度积极参与全区重点中心工作。活动已取得阶段性成效，涌现出了“孝顺娃娃”、快乐中队、“治水五娃”等一大批身边榜样。六一前夕，省委书记夏宝龙给东孝小学六年级“快乐中队”回信，在信中对“快乐中队”事迹给予了肯定，并鼓励他们继续努力。市委副书记陶诚华对此项工作进行了批示。

【志愿服务行动】积极参与“五水共治”志愿服务活动，共认领32个河段护理工作，组织1200余名志愿者清理绿化带、水源沟渠、路面的垃圾、牛皮癣及小广告等，并在河流沿线村进村入户发放“五水共治”倡议书6000张，标识保护母亲河宣传标语200余条，清理各类垃圾近千吨。开设“水情微报微信群”，征集身边的护水爱水小窍门300余个，并通过“随手拍”的方式曝光区域内的污染溪塘30余处。坚持和完善青年人服务农村居家养老机制，组建公益服务小分队，开展“情暖夕阳”志愿服务行动，活动在各级网络媒体刊登报到达13篇次，形成调研成果文章5篇，青年志愿者定期服务农村居家养老已成为志愿服务的样板平台、特色公益。开展“绿动金东 让垃圾分开旅行”志愿服务行动，组织机关、学校团组织、青年文明号重点围绕农村环境卫生整治和垃圾分类开展志愿服务活动。

【低收入家庭青少年关爱行动】深入实施"低收入家庭青少年关爱行动",广泛开展爱心助学、"爱心圆梦"等活动,全年共结对贫困大学生82人次,捐助金额32余万元。积极动员社会、学校、组织的力量,大力开展共青团关爱农民工子女志愿服务行动、留守儿童结对帮扶,共计帮扶低收入农户青少年24人次,关爱外来务工青少年120人次,捐助金额35余万元。

【共青团组织建设】认真开展党的群众路线教育实践活动。共发放群众路线"四风"问题意见征求表共计200余份,征得意见建议60多条,"我心中的群众观"表述语50条,形成问题整改清单6条,并明确责任人,限期进行了整改。大力开展"三联二帮"活动(每个班子成员联系一个基础薄弱的乡镇(街道)团(工)委、非公企业团组织、学校团组织和帮扶两名创业青年),乡镇(街道)团(工)委班子对辖区内的所有村级团组织、创业青年、低收入家庭青少年等走访10余次,认领"微心愿"28个。深化团组织创业承诺、团员先锋承诺为主要内容的"双承诺"活动,全面加强了基层团组织和团员队伍建设。开展"乡村好青年"评选活动,选树了130名基层品德优良的优秀青年典型。全面推进乡镇(街道)组织格局创新工作,积极把大学生"村官"、体制外的"好青年"、创二代充实进团干部队伍,为团干部队伍注入新鲜血液。举办团委书记、少先队辅导员培训班1期。全面推行"年初承诺、年中互评、年末述评"制度,全区乡镇(街道)、学校团委申报了近20项承诺事项。

【探索团建新模式】2013年以来,团区委探索团建新模式,通过单独建、联合建、挂靠建等形式,灵活设置小组,细化管理模式,有效加强对党(团)员青年的联系服务;搭建关爱平台,在"爱心助跑,圆梦大学"活动中,共为85名贫困大学生提供31万元助学资金,帮助企业结对外来务工子女100余名。组织开展"红领巾相约夕阳红"活动,在居家养老照料中心场所开展志愿服务;增强基层党团组织青春活力。开展"我为党旗添光彩""我在企业晒青春"等活动,评选"金东区优秀青年"20名,培育青年网商创业基地,提供创业培训、物流仓储、品牌包装等

团干部革命传统教育

服务,扶持一批青年网商,建立健全青年网络交流平台。

【"心灵书屋"公益行动】自9月份以来,团区委开展以为外来民工子女和贫困学生捐赠图书建设为主题的"心灵书屋"活动。通过线上和线下募集的方式,两个月累计收到各类儿童读物1.2万余册。

【2013年"爱心助跑圆梦大学"活动】9月4日,2013"爱心助跑圆梦大学"活动共募集到助学款31万元,结对帮扶了85名寒门学子。5月底,团区委发动基层团组织调查排摸,关注家境贫寒、品学兼优的应届高考生,从中挑选出了98名贫困学子,经过走访调查最终筛选出85名资助对象,争取到了1000元到8000元不等的爱心助学款。圆梦大学活动受到了社会各界的关注和大力支持,社会爱心人士和爱心基金捐助一直是募集助学款的主要来源,通过媒体宣传,有许多爱心人士与团区委主动联系。在结对帮扶过程中,团区委积极配合,做好联系工作,除了募集社会爱心人士的捐助,还通过其他途径,整合资源,为更多的贫困学子募集助学款。

【团省委领导到金东区调研团建工作】10月24日,团省委副书记苗伟伦到金东区督查调研"双网互动"团建工作。团市委副书记俞建辉,区委副书记陈峰齐陪同调研。调研组先后到金华亚虎工具有限公司、鞋塘办事处山早村和金义都市新区工业园区检查指导"双网互动"团建工作,并召开了座谈会。调研组充分肯定金东区"双网互动"团建工作所取得的成果,认为金东区抓"双网互动"工作认识到位、行动迅速,工作推进手段多样,并富有特色,同时就下一步工作提出了"五个抓"的要求,即抓督

查、抓质量、抓品牌、抓结合、抓宣传，力求让“双网互动”团建工作有效服务青年、凝聚青年。

（赵萃）

金华市金东区妇女联合会

【概况】至2013年底，全区有机关妇委会1个，乡镇（街道、办事处）妇联组织12个（8镇1乡2街道1办事处），村（社区）妇代会508个。2013年，区妇联顺利完成区、乡镇、村（社区）三级妇联组织换届工作，在赤松探索成立区域妇联组织。换届后，全区女村民代表3910人，占村民代表总数的34.3%；村级党组织女委员166人，女书记14人；村民委员会女委员516人，女主任13人，进一步增强妇女在村务管理中的话语权。全面启动“两新”妇女组织建设，全区建立妇女组织419个，其中单建妇女组织357个，联建妇女组织62个，覆盖到全区1434家“两新”组织，走在市妇联系统前列。

全区建有“妇女之家”508个，实现村（社区）全覆盖。2013年，区妇联被评为区级精神文明宣传思想先进单位。

【女性素质提升行动】面向农村妇女，开展“两癌”免费筛查活动，稳步提升筛查率，共有3674名妇女参加免费筛查。推进农村女党员、基层女干部科技素质培训工作，联合区委组织部对全区的女干部进行分批轮训。实施农民技能培训工程，联合区人劳局等部门加强对农村女青年、女种养能手、女科技示范户及来料加工户的培训，着力培养新型农民与来料加工经纪人。开展“春风送岗位活动”，在3月7日举办的就业援助行动上，推出4200余个就业岗位，其中女性岗位占一半以上，300余名女性与用人单位达成就业意向。举行新一轮“巾帼建功与双学双比”活动，引导全区女性主动参与巾帼示范岗、巾帼示范村、巾帼建功标兵创建活动。激励妇女积极投身农村文化礼堂建设，2013年，全区各级各界妇女组织共组织开展文化活动近200场次。

【巾帼维权服务工程】村（社区）“妇女之家”开设儿童维权站、姐妹谈心室、留守儿童之家，通过统一管理，把代表和维护妇女权益基本职能融入“平安金东”和“法治金东”建设总体格局，评选表彰出区级妇女儿童维权示范岗15个。举办妇女维权周活动，发放一批《婚姻法》《预防和制止家庭暴力条例》《未成年人保护法》和《“十二五”妇儿发展规划》等法规宣传手册。开展送法下乡和“六五”普法宣传教育活动，促进村级社区文明共建发展。举行以“反家庭暴力”为主要内容的“平安家庭”创建宣传月活动，深化“平安家庭”创建工作，创建率100%；评选表彰“平安家庭”示范村15个、示范户35户。进一步完善“妇女儿童维权服务站”和“12338”维权服务热线，为广大妇女儿童身心健康服务开辟“绿色通道”。坚持信访信息报告制，认真做好信访接待，一年来区妇联系统共接待来信来访73件187人次，每件都得到有效调处。

【巾帼关爱互助工程】全面提升妇女志愿服务能力，组织巾帼志愿服务者6000余名，分别设立巾帼法律维权类、爱心帮扶类、科技教育类、创业创新类、低碳环保类等巾帼志愿队613支，其中区级志愿队8支，镇级志愿队96支，村级志愿队509支。在工作中，区妇联以“妇女之家”作为巾帼志愿服务活动的组织者、推动者，发扬“奉献、友爱、互助、进步”志愿服务精神，开展各类巾帼志愿者活动，重点帮扶各村（社区）居家养老照料中心、困难家庭、留守流动妇女儿童、贫困单亲母亲；开展法律宣传咨询、家庭关系调适、美丽家园建设、群众文化等志愿服务活动。大力开展“暖冬”行动，走访慰问农村困难离任妇女主任、孤寡老人和各线优秀女性代表200余人次，为她们送上慰问金和慰问品，折合人民币6万余元。做好春蕾助学和关爱留守儿童、外来务工人员子女工作，健全春蕾生的跟踪档案，引导春蕾生开展感恩谢恩活动，共向社会筹集到位并发放春季春蕾助学款62350元，受助188人次，发放秋季春蕾助学款64050元，受助192人次。“六一”期间，相继组织了“爱心行动、春蕾行动、巾帼志愿行动、最美浙江人行动与阳光少儿五大行动”，全区各级领导走访慰问学校68所，捐款赠物达22.94万元，表彰了各级儿童工作先进集体16个，先进工作者50人，优秀儿童258人，刊播“六一”新闻专题篇达24篇，在全区营造了促进儿童健康成长的良好社会氛围。

【“三解三促、双百双千”实践活动】按照区委、区政府有关文件、会议精神,下发了《关于深化“进村企 访妇情 办实事 助发展”主题活动的通知》,重点抓好百名局长联百企助发展、千名党员帮千户解民困、百名干部联百村破百题活动。从4月下旬开始,相继走访了江东镇的金华市恒鑫塑粉有限公司、浙江兴博机械有限公司、金华市金东区亚叶车辆饰品厂与鞋塘办事处的金华市瑞彬针织有限公司,梳理出企业存在的困难及相关建议,并与相关部门、乡镇达成沟通意见。走访联系村联系户5批次,与联系户户主交心谈心,送去慰问食品与慰问金约5000元,解决了黄甫坑村困难户沈金寿到敬老院生活和六角塘村严伟力的户口落户问题,指导岩岭村脑瘫患者王兆铭进行康复训练。区妇联3名干部均担任“两富”局级指导员,到联系村开展“四个一”活动。共走访农户85户,梳理难题6个,破解难题5个。

【金东区第三次妇女代表大会召开】2月3日上午,金东区第三次妇女代表大会在区政府隆重召开,区委副书记、区长施美红出席会议并讲话,市妇联主席陈雷红到会致辞。区领导王瑞海、丁丰田、胡杰、朱俊强、张远平、羊代平、盛锋、赵庆、刘勤、金艳秀、朱茂丹、王建中、施文进等出席会议。兄弟县(市区)妇联主席及各镇乡街道党工委分管负责人,区妇联二届执委等应邀参加会议。会议应到正式代表120名,实到116名,听取和审议了区妇联第二届执行委员会工作报告,并选举产生了区妇联第三届执行委员会,按姓氏笔画为序排列为:王旭斌、王秀鸾、叶青、包小鸳、孙芳、李微、吴伟黎、吴金仙、余红霞、余美鸳、余艳阳 辛玉琴、沈利群、陈倩、施金仙、黄美巧、黄跃萱、章桂宣、舒美群。当天,召开第三届执行委员会第一次会议,选举产生了金东区妇联第三届执行委员会主席、副主席、常务委员,陈倩同志当选为主席,余美鸳、余红霞当选为副主席,王秀鸾、包小鸳、余红霞、余美鸳、余艳阳、沈利群、陈倩当选为常务委员。

【全区来料加工费发放连续超两亿】4月18日,全区来料加工工作会议召开。会议总结了去年来料加工工作,部署了2013年工作,并对2012年度来料加工先进集体和个人进行了表彰。会议还选举产生了区来料加工协会新一届理事会。2012年,全区508个行政村(社区)均开展了来料加工业务,继续保持全覆盖态势。来料加工产业档次有所提升,发展环境不断优化,行业稳步发展,规模继续扩大,经营理念逐步更新,同时注重向低收入农户、老年人、闲置妇女等群体延伸,日益成为全区城乡妇女的致富主业。2013年,全区创建区级来料加工特色村(点)60多个,来料加工的户数和加工人数分别达到3.9万户和4.8万人,加工经纪人数达890人;发放加工费2.3亿元,实现了连续5年超过2亿元。培育10人以上的集中加工点490个,部分经纪人组织能力水平较高,已形成较大加工规模,年发放加工费50万元以上有100多家,年发放加工费100万元以上有30多家。

金东区妇女来料加工大比武

【成立“交行”爱心春蕾班】5月29日,在金东实验中学举行签约授牌仪式,市妇联、交通银行金华分行、金东实验中学三方签订了“交行”爱心春蕾班管理协议,市妇联主席陈雷红和资助方代表共同授牌,并赠予首批春蕾助学款15000元。春蕾班首批春蕾生共有28名,多是学习成绩优异而又家庭贫困的孩子。

【推动巾帼志愿者活动】积极推动巾帼志愿者成为农村老人的“贴心囡”。2013年共有130支巾帼志愿者队伍914名巾帼志愿者经常性服务在全区130家村级居家养老照料中心岗位上。评比出区级最美巾帼志愿者15名。

【省妇联领导来金东区调研家长学校】11月27日,省妇联党组成员陈美云到金东调研家长学校工作,市妇联主席陈雷红、区委副书记陈峰齐陪同调研。近年来，区妇联和教育局积极合作，加强指导，不断规范家长学校建设工作。区妇联一手抓家长学校建设，一手抓家庭教育质量，在全区营造了积极健康的家庭教育氛围。11月底，全区共建立家长学校工作领导小组108个，组织开展家庭教育大讲堂2686场次，受益家长107440人。陈美云一行到区实验中学，了解了该校家长学校建设情况，并听取了学校关于创新“家长评价”模式的工作汇报。陈美云认为，“家长评价”模式调动了家长参与学校管理的主观能动性，帮助家长树立了正确的教育理念。她希望学校对“家长评价”模式不断补充和完善，让“家长评价”成为开启家校合作新模式的“金钥匙”。

（潘明英）

金华市金东区科学技术协会

【概述】2013年，金东区科学技术协会以普及科学知识、弘扬科学精神、提高全民科学素质为重点，认真履行“三服务一加强”(服务经济社会发展是方向，服务提高全民科技素质是基础，服务科技工作者是基点，加强自身建设是保证)工作职能，结合区科协工作实际，抓科普资源整合，求服务实效，开展了一系列工作。“科普使者”夜送科技服务巡回活动被评为2013年浙江省全国科普日优秀特色活动。

【金桥工程项目】全年组织实施“草莓无公害生产技术应用与推广”“白枇杷新品种引进及栽培技术示范推广”、物理消毒“臭氧”在畜禽生态养殖中的引进推广与应用等6项市金桥工程项目，国家基层科普惠民计划项目1项。

【科普示范基地】组织申报市科普示范基地4个：金东区塘雅镇天鹅畈蔬果科普示范基地、金华市金清蔬果专业合作社、金华程宏农业科技晚熟葡萄推广示范基地、金华市新希望农产品有限公司土鸡养殖科普示范基地。组织塘雅镇石板堰村和多湖街道缸窑村申报省科普示范村，组织东孝街道金东村和多湖街道东垅口村申报市科普示范村。

【全民科学素质纲要实施】进一步加强组织领导，7月组织召开成员单位会议部署全省十二五规划纲要实施中期检查和自查，10月，重新调整充实了领导小组成员单位，11月13日由省科协、省财政、团省委、气象学会有关领导专家组成的省全民科学素质行动计划实施工作督查调研组实地参观调研区科普教育基地——金东智能电力展示厅，得到各成员一致好评。

科普画廊。全年更新维修源东乡雅高村、曹宅镇杜宅村、孝顺镇塘湖村等科普画廊23个。

《全民科学生活方式》。2013年，金东区科协围绕素质教育，编印了《全民科学生活方式》2万册，免费分发到全区机关、乡镇、学校、企业、村等各部门各类人群。

【第七批市科技特派员入驻金东】4月9日，由市科技局从蔬菜、水果、水产等产业领域中选派的9名专家、教授，作为第七批市科技特派员到金东区农村开展有针对性的科技指导，开启新一轮科技对接帮扶活动。

【成立首个科学使者服务团】5月，成立金东区科学使者服务团，目的是充分发挥组团服务的协同创新作用，积极发展科技、科普服务志愿者，普及科学知识、传播科学思想和科学方法，培养青少年的科技创新精神和实践能力。服务团首批共有9名成员，由金职院教授胡繁荣担任团长。6月，服务团在源东乡尖岭脚村开展了首场大型科普宣传活动，金华日报、金华电视台、今日金东等多家媒体都作了报道。8月，组织开展一期水产养殖农函大培训，80名学员顺利通过考试，根据学员申请和条件颁发了淡水水生动物养殖工的初、中、高级职业技能资格证书。在9月全国科普日活动期间每名成员组织一场夜送科技服务巡回活动，总共12场服务活动。

【首届“科技活动周”活动】5月，科普宣传周期间在科普示范学校金东区实验小学举办了以“科技创新·美好生活 共筑中国梦”为主题的2013首届科技活动周，整个活动持续5天，涉及开展一次科普讲座、观看一部科普影视片、开展一次科普班队课、参观一次科普活动中心、赠送一批科普书籍五项内容。

【中科院老科学家送科普】9月24日—9月26日，中国著名两极探险科学家、科普作家位梦华，国家天文台研究员、国际天文联合会会员王俊杰，中科院电工研究所研究员、博士生导师金能强等老科学家分别为金东区利民民工子弟学校、金东区岭下初中和傅村初中，用幽默通俗的语言为孩子们开展了《南北两极与人类未来》《天文热点话题》《电、磁、磁浮列车》等科普讲座，为金东区青少年学生零距离地接触科学家，亲身聆听神奇的科学故事，感受科学无穷魅力创造了一个千载难逢的好机会，深受学校师生欢迎。

【两名特派员被评为“市突出贡献科技特派员”】9月10日，市蔬菜技术推广站派驻曹宅镇、赤松镇的科技特派员程炳林与市农业科学研究院源东乡科技特派员吴其伟在新一轮金华市突出贡献科技特派员评比活动中，获得“金华市突出贡献科技特派员”荣誉称号。8年来，科技特派员派驻金东共计50人次。其中，获全国优秀科技特派员1人次，省优秀科技特派员6人次，市优秀科技特派员16人次，2名特派员获“浙江省突出贡献科技特派员”荣誉称号，葡萄团队特派员于2012年获“省优秀团队特派员”称号。

【“科普使者”夜送科技服务巡回活动】12月24日，由区科协组织开展的金东“科普使者”夜送科技服务巡回活动，被中科协办公厅评为2013年全国科普日活动优秀特色活动。活动按科普主题分类，分别为全区12个镇乡(街道)、办事处送去了12场夜送科技服务巡回活动。

(方莹)

金华市金东区文学艺术界联合会

【概 述】金东区文学艺术界联合会(简称区文联)，是由区各文艺家协会组成的人民团体。2013年，在区委、区政府的正确领导和市文联的关心指导下，区文联积极履行组织、协调、服务下属文艺家协会的职能，团结带领全区文艺工作者坚持文艺工作的“二为”方向和“双百”方针，坚持“三抓一创”的工作目标，培养出了一批德艺双馨的文艺人才，创作了大量反映生活和时代的文艺精品。区文联现下设有10个文艺家协会：作家协会、美术家协会、书法家协会、戏剧家协会、摄影家协会、音乐家协会、舞蹈家协会、曲艺家协会、民间文艺家协会、诗词楹联学会。共有会员436名，其中国家级会员3名，省级会员25名，市级会员100名。2013年，获得国家、省、市级文艺奖项共28项，其中国家级奖项7项，省级奖项15项，切实推动了金东文化的繁荣发展，提高了金东知名度和美誉度。

送文化下乡活动。全年积极参与乡村大舞台活动；服务基层，进行“三送”活动：戏曲家协会送节目、书画家协会送作品、书法家协会送春联。

【组织“城市向东”系列活动】2013年，根据区委、区政府提出“城市向东”战略，区文联在区委宣传部的指导下，开展了“城市向东”系列活动。一是激情金东，区音协、舞协、曲协、戏协积极参与“城市向东·激情金东”文化艺术节活动；二是畅想金东，区作协、民协、诗学联合举办了“城市向东·畅想金东”长弓杯宋濂文学大奖赛，发现了游兆军、金丹涛等一批有潜力写作人才，并邀请市作协主席王槐荣为全区文学爱好者上课辅导；三是翰墨金东。区书协、美协举行了“城市向东·翰墨金东”恒飞杯书画作品展，在区府大厅展示了全区书画爱好者的成果；四是魅力金东，区摄协举办了以“城市向东·魅力金东”为主题的金东区美丽新城摄影大赛，是2013年全区质量水平最高的一次摄影大赛。

【金东艺术家成果斐然】2013年，区书协袁修广，获得了第三届“温泉杯”浙江省书法大赛银奖、浙江省第三届群星视觉艺术大赛银奖、浙江省首届职工文化艺术节书法美术大赛金奖，并3次入国展；区书协周颖、周元琦、吕松霖等人入省展。区摄协黄建松获得2013年春节文化摄影优秀作品大赛(国家级)优秀奖，陈壮道获得中国美丽茶园摄影大赛(国家级)优秀奖，王芳获得浙江省第三届群星视觉艺术大赛铜奖，徐勇获得浙江省第二届体育大会摄影大赛铜奖，黄建松、范月红、陈壮道、王芳均获得该赛优秀奖，杨梅清、黄建松、陈壮道获得市级摄影奖项6项。区美协金丰群画作3次获得全国最高奖，被评为金东区拔尖人才，郑慧媛画作1次获得全国最高奖，1次入国展，周卫阳入围全国新青年美术新人评选25强，方生洪、王芳的画作也均入国展。区戏剧家协会，傅云芳、盛英良参加省戏剧票友大赛获得二、三等奖。区曲艺家协会获得AA级社团，被评为社团组织先进单位，会长盛根旺《金华道情说唱艺术——国遗传承人朱顺根的说唱技巧略谈》获浙江省曲艺论坛论文二等奖，并在浙江省曲艺论文集刊登。在金华市首届曲艺小品大赛中，盛根旺创作的《三双布鞋》获创作银奖、表演铜奖，他创作的道情《快乐的死不着》获创作铜奖、组织优秀奖，胡云钱获表演银奖。傅得能演说故事《三双布鞋》获浙江省第二届故事大赛三等奖。

【金东区首届文学大赛揭晓】11月4日，“城市向东、畅想金东”——金东区首届文学大奖赛评选结果揭晓。本届大赛由区委宣传部、区文联主办，区作家协会承办，金华长弓清洁用品有限公司协办，共收到参赛作品50余篇。经专家集中评审，评出宋濂奖和宋濂奖提名奖10篇。评审会上，安徽省文联主席、《清明》杂志主编季宇，江西省作协副主席、《星火》杂志主编曾清生，浙江省作协副主席、杭州市作协主席嵇亦工，原《江南》杂志执行副主编谢鲁渤等名家对部分获奖作品还进行了“一对一”点评。

【区文联协会工作会议】12月13日，区文联协会工作会议召开。会上，各协会交流了今年的工作情况和明年的工作思路，并就如何围绕文化礼堂建设开展工作进行了交流。

【文联各协会活动】区曲艺家协会：以孝顺和风书社、曹宅北麓书院、江东岭下满江红书院、多湖戏剧大舞台为阵地，坚持每周有演出。同时，结合文化礼堂建设，不断创作排演新曲目，效果较好，得到了群众的一致好评，已成为全区一块亮丽的文化品牌。2013年，共送曲艺表演到文化礼堂20余场，举办“金华市第七次慈善年夜饭”“纪念毛主席题词‘向雷锋同志学习’50周年”“金华市非遗展馆开馆仪式”、“环境卫生综合整治演出”等演出10余场。4次受金华广播电视台邀请，拍摄录制《金华道勤》《老盛说新闻》《茶花村选举记》及对话农村文化嘉宾。3月25日，接待日本富山大学教授参观团到曹宅北麓书院观摩金华道勤。7月16日，在孝顺镇和风书社举行“温州大学生《金华道情》培训班”，由朱顺根、叶永生主教，共培训大学生25人，为期10天。9月18日，应邀孝顺镇司法所为矫正人员讲法律课。12月2日，区曲协、市曲协与市文广新局签订“金华道勤保护抢救工作合同”启动录音、

区诗词楹联学会：以采风、创作交流、授课为内容，坚持月月有活动。出版赤松吟萃3期，诗刊6期。

区作家协会：以文联机关刊物《八咏》文学季刊为阵地和平台，积极培养年轻作者，不断扩大作协队伍。通过举办长弓杯宋濂文学大奖赛新吸收作协成员6名，邀请市作协主席王槐荣为获奖作者进行专门辅导。

区戏剧家协会：2013年协会举办“金秋婺剧演唱会”和澧浦镇中秋晚会两场大型演出活动。组织筹建戏剧家协会演出队，定期排练，深入在塘雅、前蒋村文化礼堂演出，同时还结合“居家养老”在源东乡、山早村组织联欢活动。坚持定期在全区乡镇戏曲活动室为戏剧爱好者演唱戏曲，丰富群众业余生活。

区摄影家协会：2013年，共举办了四场摄影大赛，组织一次全区文化干部摄影培训班，邀请省文化馆视觉艺术中心老师来上课，并成立“三江摄影”艺术群体。

区美术家协会：2013年5月—9月，在区文化馆举办了短期室内植物写生培训班，有会长吴欧现场写生示范，参加培训的学生受益匪浅，都表示两月的培训比在家一年苦练要有效。8月15日，组织一批美术爱好者到澧浦镇蒲塘村写生，并经常性组织对外艺术交流、观摩画展等活动。与区书协一起举办恒飞杯书画作品展，展出优秀美术作品15幅。

区书法家协会：开办了金东区机关干部书法培训班，两周一次课，共20次课。举办恒飞杯书画作品展，通过比赛发掘了一批新人。全年协会积极参加各种比赛成绩喜人。

区舞蹈家协会：2013年，建立了一支由协会骨干组成的舞蹈队，积极参加区文化馆组织的送文化下乡、文化走亲等活动。协会每周一和周五，定期对舞蹈队进行培训，专门还在每周五面向全区舞蹈爱好者开设舞蹈基础培训，提高了全区舞蹈爱好者水平，为协会舞蹈队培养了一批优秀的预备队员。同时，协会不忘师资培养，2013年4月，推送协会骨干曹筱俊参加浙江省排舞培训班；5月，在金东区举办了多期排舞培训班，得到了全区广大舞蹈爱好者

的支持和喜爱。

区音乐家协会：全年分别组织到武义、永康、婺城和丽水“文化走亲”演出4场，开展音乐交流和辅导培训活动5次。协会朱献新、郑谭映，积极参加全区第四届农民文化艺术节各项组织和艺术指导活动；组织全区部分音乐教师、音乐骨干指导培训中小学生艺术学习，指导500多名学生暑期艺术考级活动；协会积极筹备金华市百姓好声音大赛和金东好声音大赛。

区民间文艺家协会：一是文化资料方面：出版《金东民间文化》两期，并改名为《婺风》；协助区政协编辑文史资料《金华民俗》；张根芳著《金华古言话》增订本再版；张根芳将多年搜集到的金华本地清代著名书法家、诗人郭宝琮的手抄本恢复原貌后出版。二是文化交流方面：为便于编辑《金华县文化志》，成立“金东区地方志文化研究会”；2013年6月，接待日本矶部祐子、松家裕子等三位教授考察金华道情，陪同观看区曲艺家协会道情演出，并在浙师大与他们进行交流；同月，邀请江苏省常州市地方文化研究会副会长耿建刚、常州机械职业学院社科部成员陈维新来金东文化交流，浙师大教授方如金、陈开勇，金华市社科族联主席吴远龙前来参加交流会；协会会员曹文进老师配合北京语言大学副研究员黄晓东，在金东搜集拍摄民间文化图片。

郑刚中文化研究会：2013年，被评为AAA级民间社团。2012年至2013年，总投资100多万元建设了郑刚中研究会办公场所一期工程。出版了郑刚中纪念邮票和郑刚中文化研究会纪念银币，制作了郑刚中故里行专题片，建立了郑刚中文化研究会会长办公会议制度每月16日召开办公会议制度，请浙江师范大学教授金华道教协会秘书长陈德松秘书长点校郑刚中著作四库全书收入周易窥余。

（潘志余　周玥）

金华市金东区残疾人联合会

【概述】2013年，金东区残疾人联合会辖12个乡镇(街道)、办事处残联，508个村(社区)残协，共有持证残疾人7583人。全区12个乡镇(街道)、办事处配备残疾人专职委员，各行政村(社区)全部建立村(社区)残协。全面落实市残联下达的残疾人共享小康工程各项任务指标，切实改善残疾人生活条件和发展环境。2013年，纳入基本生活保障工程残疾人894人，各级财政补助资金201.4万元。完成各项康复工程401例，医疗救助精神病患者372人，各级财政补助资金150.97万元纳入重度残疾人托安养工程残疾人527人，发放补助资金219.65万元。创建省级残障人阳光庇护中心一家。

【康复事业】残疾人康复服务能力得到提升。免费为白内障患者实施复明手术200人，验配助听器100台，验配助视器59台，安装假肢14条，贫困残疾人儿童抢救性康复项目28名，医疗救助精神病患者372人。开展浙江省万户残疾人“无障碍设施进家庭”项目，包括无障碍器具、相关环境设施改造以及与残疾人家庭无障碍化密切相关的其他辅助器具，以缓解、抵消或代偿因残疾带来的居家生活或活动障碍。2013年，完成22户残疾人无障碍进家庭项目，共投入资金9.95万元；45户“安居宜居行动”的残疾人进行了辅助器具适配工作；新建无障碍示范村4个。

【助学和就业】为178名残疾学生及贫困残疾人子女发放助学补助8.1万元。开展残疾人各类技能培训268人次，推荐就业58人。完成对163户种养业、工商户的扶持、贴息核查工作，发放补助资金73.6万元。新创省级扶贫基地2家，市级扶贫基地4家，区级扶贫基地3家，安置残疾人60名，辐射带动残疾人235名。

【扶贫和保障】发放各类贫困残疾人救助金13.35万元，慰问物资300份。认真、细致地开展无固定收入残疾人生活补贴发放工作，共补助残疾人对象981名，发放生活补贴174.24万元。开展贫困残疾人安居工程，补助对象64户，发放补助资金50.1万元。实施重度残疾人基本保险保障政策，参加城镇居民医疗保险残疾人1393人，参加城乡居民养老保险999人，保险经费全部由政府出资。

【宣传和文体】利用报刊、网络、电视等途径，宣传残疾人事业。全区设立户外残疾人公益广告300平米方以上，印制残疾人优惠政策宣传册2000册。利用全国助残日、盲人节、聋人节、国际残疾人日等残疾人重大节日，开展形式多样的扶残助残活动。邀请舞蹈老师为17名聋哑儿童，创作了以山区孩子对足球的憧憬和热爱为背景的舞蹈节目《圆梦》，参加第七届市残疾人艺术会演，并获得了一等奖。举办第一届残疾人体育运动联谊会。组织智残运动员参加了省特殊奥林匹克运动会，2名智残运动员获2银1铜。小将施旭程在荷兰世界轮椅和肢残运动会及全国残疾人射箭锦标赛上，分别获得两个第四及1金、1银的好成绩。

【维权和检查】残疾人来信来访专人负责，做到热情接待，认真办理，件件有回音，事事有着落。健全残疾人法律维权机制，进一步完善残疾人法律服务网络。全年共受理残疾人来信3件，来访60多次。积极与有关单位协调，做好了监测对象的信息核查工作，并将相关信息录入了残疾人社会保障系统。11月，顺利配合40名调查员开展对242名监测户的残疾人状况和小康实现程度监测入户调查登记及问卷填写工作。

【“国际残疾人日”助残系列活动】12月1日，在第22个“国际残疾人日”到来之际，为进一步强化“国际残疾人日”对构建和谐社会、扩大残疾人事业的积极影响，切实营造扶残助残、团结互助、平等友爱的良好社会环境，区残联举办庆祝第22个“国际残疾人日”助残系列活动。助残系列活动分别为：选送残疾人代表参加创业产品展销，并设点进行残疾人政策咨询。举办第一届残疾人体育运动联谊赛，共有50余名残疾人代表参加。开展困难残疾人走访慰问活动。共走访因病、因灾造成生活困难的残疾人40余名，发放补助资金4.1万元。

【康复项目惠及全区残疾人】2013年3月，区残联组织金华眼科医院、金华市德仁假肢厂和西门子助听器中心三家服务机构，到各乡镇政府和街道办事处开展康复项目需求对象筛查工作及村民健康义诊活动。全区有2611名村民参加了活动，现场发放宣传资料2900多份。共筛选出322名村民，列入2014年度免费享受残疾人康复工程项目；200名进行白内障复明手术；100名配戴助听器；22名安装下肢假肢。

【金东区残疾人联合会第三届主席团第二次会议】12月18日，区残联召开第三届主席团第二次会议。区领导陈峰齐、钟术清、王建中参加会议。会议总结了“十二五”中期及2013年全区残疾人工作，部署了2014年工作任务，选举产生了新一届主席团正副主席、执行理事会副理事长。2011—2013年，金东区创建67个村（社区）级残疾人康复站，建立无障碍示范村10个；新增纳入重度残疾人基本生活保障工程165名，重度残疾人托（安）养工程305名，人数达2522人次，完成十二五规划指标64.9%；全区盲、聋、弱智儿童少年义务教育阶段入学率达到90%；为残疾人提供就业岗位70多个，累计完成按比例安置就业残疾人350名，帮扶230名残疾人自主创业；全区506个村（社区）都建立了村（社区）级残疾人协会，并聘请专职委员负责区域残疾人工作。

【为残疾人培训果蔬种植技术】4月25日，在金东区江东镇雅金村金刚屯畈城郊蔬菜基地，金东区农林局工作人员为来自全省的60余名残疾人果蔬种植户，现场讲授苦瓜的病虫害防治、施肥、管理等技术。4月22日至4月25日期间，由金东区残联承办的全省残疾人特色果蔬技术培训班在金华市开班。

（王　祥　吴静怡）

金华市金东区红十字会

【概　述】2013年，金东区红十字会认真贯彻《中华人民共和国红十字会法》，积极开展救灾、救助活动；采取多种方式加大宣传力度，广泛动员社会各方力量，建立和拓宽救助资金来源渠道，提高红十字会救助实力，全年募集救灾救助捐款59000余元。用于救助贫困家庭和困难群众的总金额40000余元，救助困难家庭140余户。

【基层组织建设】区红十字会积极开展基层组织调研工作，针对新时期红十字会组织在镇乡、街道知晓率、知名度不高、红十字知识普及、人道主义救助活动以及民生实事应急救护培训和健康教育难以开展的实际情况，在区委的重视下，区红十字会于11月15日在全区镇乡、街道全面建立了基层红十字会组织，共有：多湖街道、东孝街道、孝顺镇、傅村镇、源东乡、曹宅镇、赤松镇、塘雅镇、澧浦镇、江东镇、鞋塘办事处11家基层红十字会挂牌成立，拓展了红十字会组织，拓宽了红十字事业的发展空间。截至2013年年底。成立了14家基层红十字会，实现了基层红十字会覆盖全区。

红十字志愿服务。区红十字会积极参与创卫活动，与住建局一起帮助戴店小区整治卫生。

【“双百双千”实践活动】为深化“三解三促”，区红十字会积极开展“双百双千”(百名干部联百村破百题、百名局长进百企助发展、千名党员帮千户解民困、千名代表(委员)进千家疏民意)、“四个一”实践活动，对联系村矛盾信访、重点工作推进情况全面排查，对联系村村级班子建设组织研究和分析，对联系村村级集体经济发展思路对策梳理，并与有关部门联系进行业务对接，破解难题。走访慰问困难户、困难党员等共13人，并送去慰问金、大米和食用油等价值10000余元的慰问物资，帮助缓解他们生活中的困难。走访慰问傅村镇山头下村的居家养老服务中心，送去大米、食用油等价值5400元的慰问物资。班子成员还深入走访了2个行政村，共走访农户120户，梳理出3个问题：建房、困难户生活保障、整体旧村改造，农户宅基地政策引起群体上访问题。为联系村东石塘村整体旧村改造和镇政府、规划、土管部门协调数十次，聘请专业技术人员起草报告和梳理思路、规划；召开两委会多次，统一思想，协调矛盾。

【组织“博爱送万家”活动】为了让困难群众过上一个温暖、幸福、祥和的春节，金东区红十字会启动了2013年“红十字博爱送万家”活动。1月30日，副区长朱茂丹带领区红十字会全体人员到澧浦镇和塘雅镇，为20户特困群众送上棉被、大米和金龙油及600元红包，共计价值19800元，为因病丧失劳动能力的弱势群体送去政府的温暖。

【组织“5·8”博爱周造血干细胞、人体器官捐献活动】组织江东镇小学、浙江交通技术学院开展“青少年自救互救知识竞赛”活动，共550余名学生踊跃参加竞赛活动，认真参加答题，并评选出一等奖6名，二等奖48名。同时，积极在镇乡集贸市场开展造血干细胞、人体器官捐献知识宣传活动，扩大红十字会的知名度和知晓率。4月21日，塘雅镇寺前村11岁的小女孩范夏蓝因病去逝，家人为其实现了眼角膜和遗体捐献。这是2013年全市范围内同时捐献眼角膜和遗体的首例。

【教师应急救护培训】8月23日，在金东区实验小学里，金华职业技术学院专业救护培训师为来自金东区的120余名小学班主任、体育老师和教师骨干进行应急救护培训。8月20日至25日，金东区红十字会在孝顺、曹宅、澧浦、多湖等4个培训点，就救护理论知识、现场救护知识等，对全区教育系统700多名教师进行了集中培训，考核通过后发放红十字救护员证。

(徐春梅　张恺悦)

法 治

公 安

【概述】金东公安分局有内设机构21个，下辖10个派出所。现有民警302人，协辅警414人，职工26人。其中局领导班子8人；党员民警255人，占82.79%；大专以上学历民警298人，占96.75%；基层派出所民警188人，占61.04%；一线实战单位民警（业务部门警力）268人，占总数的87.01%；机关综合部门民警40人，占12.99%。2013年6月20日，原有下属单位金东区保安服务有限公司完成了脱钩改制工作。

2013年，金东公安分局以打造“忠诚公安、民生公安、智慧公安、法治公安、纯洁公安”为目标，紧紧围绕党委政府中心工作和“两个坚持、四个确保、五个坚决防止”的总要求，深化“五化三治”（防范社会化、打击专业化、管理法制化、服务人性化、执法规范化，科学、民主、依法治警）建设，各项工作取得了明显成效。全年共接处警32851起，同比下降12.11%；各类刑事案件立案1938起，同比下降2.6%；破案1133起，同比下降4.7%，破案率为58.46%；采取刑事强制措施806人，与上年同比下降25.99%；移送审查起诉473人；受理各类行政（治安）案件3864起，查结1063起，行政拘留426人，罚款308人；治安调解567起，全区没有发生严重影响社会稳定的非正常上访和群体性事件，没有发生重大公共安全事故。2013年，分局获得全省执法优秀单位，全区党政机关岗位目标责任考核先进单位，缉枪治爆、“打四黑、除四害”两项行动均获得全市第三名的好成绩。全年共有16个集体、20名个人受到上级表彰奖励。

【打击“强揽工程、强迫交易”违法犯罪】2013年，金东分局从公安工作角度，明确了将打击“强揽工程、强迫交易、敲诈勒索”违法犯罪作为突破口，通过开展贯穿全年的专项行动，清除影响经济发展的障碍。坚持党委政府统筹领导，公检法联合行动打掉以庄某、余某、翁某等为首的“强揽工程、强迫交易、敲诈勒索”团伙5个，破获案件8起，打击处理人员23名，案值金额达300余万元。行动中涉案的有村书记3名、村主任1名、村副书记2名（其中区人大代表1名，区党代表1名），对试图在开发建设中借集体名义攫取个人利益的党员干部起到了强大的震慑作用，有力确保了多项重点工程的无障碍推进，得到了党委政府和辖区群众的一致肯定。市委书记徐加爱在相关会议上予以表扬。

【成立网侦工作室】2013年，金东分局深度开展网上信息应用技战法研究，抽调本局的省级网侦专家和刑侦大队骨干，成立网侦工作室，进一步提升网侦工作水平。通过网侦主侦的，已打掉“涉网”犯罪团伙5个，采取刑事强制措施26人，同比有大幅提升；通过网侦技术手段，抓获逃犯49名。特别是在侦办“6·6”傅某被诈骗案中，通过网侦技术成功锁定犯罪嫌疑人，经审讯深挖，将联系人、取款人、网站制作者、百度推广等整条网络诈骗利益链条连根拔起。

【建立代表委员民警“同巡诊”工作室】2013年，结合分局“1+1”双进驻社区警务机制，借助金东区推行建立的各镇乡（街道）“两代表一委员”（即党代表、人大代表、政协委员）工作室履职平台，探索实践代表委员民警“同巡诊”工作法。通过“坐诊”“出诊”“会诊”的三诊法，密切了民警与代表委员之间的沟通联系，通过学习、借鉴代表委员的群众工作方法和经验，提高了新时期基层民警群众工作能力。全年，“同巡诊”工作室已接待群众1600余次。收集意见或反映情况530余件，其中已办理或答复360余件，办结率为67.92%，已调处矛盾纠纷610余起。通过对“同巡诊”工作法的总结提炼，相继在《民主与法制时报》《平安时报》等国家级、省级主流刊物上发表专题报道，进一步扩大了影响力，逐步打响了“同巡诊”工作法的品牌。

【“反盗抢、禁黄赌”百日竞赛】1月1日至4月10日，金东分局组织开展“反盗抢、禁黄赌”百日竞赛。反盗抢方面：侵财案件警情同比下降29%，破获各类侵财案件244起，采取刑事强制措施109人，打掉盗抢犯罪团伙9个35人，系列性案件8串，挂牌督办的4起系列性案件全部告破，均超额完成既定目标任务。禁黄赌方面：共采取刑事强制措施33人，逮捕11人，移送审查起诉24人，同比均上升数倍，收缴赌资200余万元。

【百日“扫毒害保平安”整治行动】1月24日—5月2日，金东分局组织开展为期百日的“扫毒害保平安”专项行动。行动期间，抓获以张某某、何某为首的5名贩毒嫌疑人和15名吸毒嫌疑人；成功破获公安部“2013—82号”毒品目标案件，抓获林某某等涉毒违法犯罪人员36人，缴获毒品冰毒100余克，麻果40颗，收缴枪支8支；抓获以胡某某为首的吸贩毒团伙21人。1月初—12月底，金东分局开展打假专项行动。“打假”方面，破案29起，成功发起集群战役5起。

【“打侵财、重深挖、建机制、促满意”专项行动】2013年，金东分局开展了贯穿全年的“打侵财、重深挖、建机制、促满意”专项行动。共破获盗窃、“两抢”、诈骗、窝赃、敲诈勒索等案件446起，采取侵财人员强制措施224人，移送审查起诉194人，移送审查起诉系列性案件41串，摧毁团伙23个83人，抓获侵财类逃犯29名。

【优化刑事案件现场统勘】2013年，金东分局进一步挖掘现场勘查工作潜力，巩固和提升现场统勘工作成果，将视频资料一同纳入统勘要求，加大日常考核监督力度，提高现场勘察率和质量。在全年刑事发案明显下降的情况下，提取指纹、足迹、DNA的案件数与去年基本持平，入室盗窃案件现场勘查率达100%，指纹、DNA比中率同比分别上升5%、10%，通过现场勘验获取信息突破的案件75起。

【文明执勤】2013年，金东分局紧紧围绕金东区委、区政府关于“三改一拆”工作部署，遵循“态度坚决，头脑冷静，保障规范，处置稳妥”的目标定位，细化方案、坚守底线、文明执勤，局领导一线指挥。全年出动警力150余批次，3900余人次；完成76.4万平方米“拆违”工作现场保卫工作，期间未发生群体性事件。

【流动人口信息百日大排查】2013年年初，金东分局抓住“返工潮”“租赁潮”的关键时期，部署开展流动人口基础信息百日大排查。截至5月31日行动结束，全局共开展治安大清查86次，出动警力2691人次；累计登记流口110884人、出租房屋1001户，张贴房东联系牌6329张，打处前高危列管5人，查处房东/用工单位69起，调处矛盾纠纷268起；通过外口工作破案刑事案件20起，行政/治安案件15起，抓获逃犯8人，刑拘13人，行政拘留19人。全市一季度主要业务工作考核基础部分中的流动人口管理仅扣了一分，列全市第二。

【“二代证”指纹登记采集】2013年，金东分局组织到全市试点单位婺城分局参观学习，进行经验交流。学习后，迅速完成办证中心和七个户籍派出所的计算机、照相机和指纹采集仪等设备的采购、安装和调试工作，并定制、悬挂了工作流程、注意事项的牌匾，做到硬件过关、流程清楚、管理规范。落实专人到各个户籍派出所对窗口人员进行一对一现

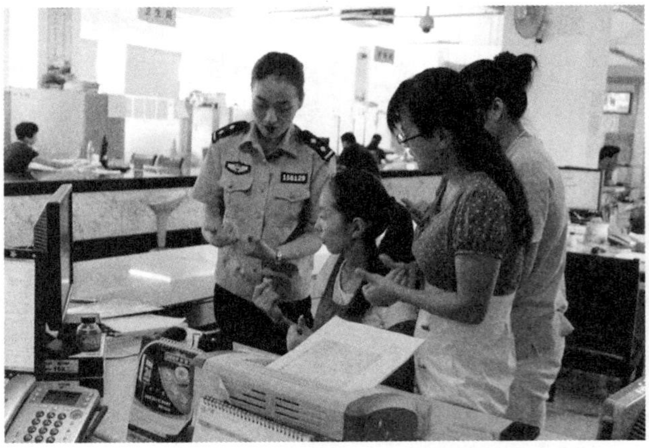

8月21日，公安分局办证中心启动二代身份证指纹登记

场培训，以点带面，全面推行。2013年，共采集指纹信息2574条。

【取保候审案件专项督察】2013年，根据公安部的统一部署，金东分局部署开展取保候审突出问题专项督察工作，分局党委高度重视，按照"一个一律、三个凡是"的工作要求，周密部署、全警联动、稳步推进。共清理取保候审案件611起，涉及取保候审人员870人，退还保证金20.8万元，并健全和完善了《金东公安分局取保候审保证金管理规定》、《金东公安分局取保候审执行工作规定》《金东公安分局办理取保候审案件操作规定》，确保取保候审工作更趋规范。

【实施专职法制员制度】2013年，金东分局在2012年从执法质量考评、提拔用人导向、执法过错追究、主体素质提升四个方面入手，大力实施"四必"工程的基础上，在各办案单位设置了9名专职法制员，负责执法监督、案件初审、执法档案审核、法制调研等公安法制工作，在执法审核环节又增加了一道关口，有力确保了案件质量。

【警种（部门）岗位业务能力竞赛活动】2013年，金东分局以备战全市、全省等警种（部门）岗位业务能力竞赛活动为抓手，紧紧结合上级和分局的《竞赛活动实施方案》，提前部署，确保每周进行一次集训、每月组织一次测试，每月开展一次督导检查，强力推进训练"时间、人员、场地、内容、效果"五落实。进一步强化各参赛部门和民警"争先创优"意识，努力克服工训矛盾，合理安排训练进度，全力以赴地做好警种比武的各项工作，以考促练、以练促学、以学促用，增强队伍"软实力"。

【民警合法权益保障】2013年，金东分局全力确保民警的合法权益，真正解决民警的后顾之忧，提高民警的工作积极性。全年，维权办共受理民警维权案件16起，及时处置16起，查处违法犯罪嫌疑人22人，其中13人被采取刑事强制措施，9人受到行政处罚。核查恶意投诉1起，向被投诉民警发放正名通知书1份，有效地压制了恶意投诉增多的势头。

【典型案例】侦破省督"6·6"网络诈骗案。2013年5月至6月，金东分局接到两名受害人报案：杨某、傅某分别在网上被人以办理无抵押贷款业务为名骗去人民币2300元、11280元。虽然金额不大，接报案后，分局立即展开网上侦查，历时3个月，辗转四个省市、成功摧毁了利用网络进行诈骗、制作诈骗网站、为诈骗网站非法百度推广的三个犯罪团伙，共抓获11名犯罪嫌疑人，查获涉案银行卡20余张、涉案电脑12台、硬盘等存储设备7个、3G上网卡6张，涉案诈骗网站3027个，涉案百度推广金额超7000余万元。给网络犯罪产业链予以有效的打击。

破获系列性盗窃、抢劫车内物品案。2012年年底，金东区傅村镇杭金衢高速与甬金高速交叉口发生多起盗窃、抢劫大货车车内物品案，该系列案涉案价值大、手段恶劣造成了巨大影响。2013年1月9日，金东分局通过前期的缜密侦查，在傅村镇傅三村一出租房抓获涉嫌盗窃、抢劫的犯罪嫌疑人潘思利（男，35岁），黄大铜（男，32岁），潘思凤（男，47岁），三人均为广西壮族自治区武宣县人。破获2010年以来发生在金东区傅村镇杭金衢高速与甬金高速交叉口盗窃、抢劫大货车车内物品案10余起，价值20余万元。

破获系列性盗窃企业办公场所案。2013年6月8日，分局抓获涉嫌盗窃企业办公室财物的犯罪嫌疑人田景万（男，42岁）、田江勇（男23岁）、田茂华（男，43岁），三人均为贵州省铜仁地区沿河土家族自治县思渠镇池江村金竹坝人，成功破获市局督办的系列盗窃案。破获2013年4月以来发生在金东区孝顺、曹宅、付村及兰溪等地，针对企业办公场所实施撬盗案件10余起，涉案价值30余万元。

破获"4.2"系列性网络诈骗案件。2013年4月2日，受害人郭新利到傅村所报案称：2013年3月27至4月1日期间，其被人通过虚拟中奖信息诈骗走人民币17508元，该案被市局列为挂牌督办案件。通过经侦（经济犯罪侦查），公安机关刑大（县级单位设立的刑警大队，下设技术中队），网监大队（公共信息网络安全监察大队），傅村派出所于4月底在海南抓获涉嫌网络诈骗的犯罪嫌疑人胡文良（男，25岁）、胡文华（男，28岁），二人均为海南省儋州市人。经查，该两人交代了利用虚拟中奖信息诈骗案件10余起，且案件涉及全国多个地区，涉案价值10余万元。

破获制售假冒白糖案。2013年5月，根据区工商部门移送的销售假冒注册商标白糖案件线索，金东公安分局开展深挖经营,成功发起集群战役。6月28日9时,根据公安部前指的统一指令,全国五个分战场同时实施集中收网行动,共有17名犯罪嫌疑人被采取强制措施。成功抓获孙彤彤(男,33岁,金华永康人),吴美芳(女,49岁,金华义乌人),倪剑波(男,48岁,江西广丰人)等3名犯罪嫌疑人,捣毁销售窝点2个,打掉销售犯罪团伙1个,查获假冒成品“中云”“英茂”等品牌白糖90吨。经查,2012年以来,犯罪嫌疑人孙彤彤将私自收购的白糖包装换成国内“中云”“英茂”等品牌白糖包装然后销售到江西、河南、江苏、浙江等地,销售假冒白糖三千多吨,涉案金额达一千五百多万元。

破获“7·22”销售假冒注册商标的商品案。2013年9月,金东分局在工作中发现假冒品牌汽车挡风玻璃线索,与杭州余杭警方合作,综合运用各种侦查手段,短时间内精准锁定售假窝点、售假网络及犯罪嫌疑人。9月24日,根据公安部前指的统一指令,金东分局出动30余名警力,实施集中收网行动,共抓获违法犯罪人员12人,其中刑拘3人,葛吉喜(男,32岁)、陈培龙(男,32岁)、葛其耐(男,31岁),三人均为浙江省天台县人,捣毁销售窝点2个,仓储窝点3个,打掉犯罪团伙1个。金华、余杭两地现场查获假冒“宝马”“奥迪”“路虎”“凌志”等国内外著名品牌挡风玻璃6000余块,涉案金额达3000万元。

(方瑞庆)

检　察

【概述】2013年,金东区人民检察院深入贯彻落实科学发展观,紧紧围绕全区工作大局,认真实践检察工作主题,坚决贯彻落实区三届人大二次会议决议,忠实履行宪法和法律赋予的职责,检察工作特色鲜明,队伍素能整体提升,为保障全面加快金东赶超崛起发挥了积极作用。全年共获32项区级以上先进集体和个人荣誉。

【批捕起诉】区人民检察院依法打击严重刑事犯罪,深入贯彻宽严相济刑事政策,有效推进矛盾化解,为金东赶超发展提供有力的司法保障。全年共依法批准逮捕254件390人,依法提起公诉389件619人;加强对逮捕必要性、羁押必要性的审查,不批准逮捕39件72人;加强刑事和解工作,对主观恶性不大、社会危害较小、犯罪情节较轻的初犯、偶犯,作出不起诉50件71人;加强对未成年人的权利保护,注重教育、感化和挽救,为29名涉案未成年人指定辩护人,对4名涉案未成年人依法作出不批准逮捕或相对不起诉处理。工作中严把案件质量关,做到实体与程序并重,办案效率与办案效果有机统一。所办案件批捕准确率、法定时限审结率、起诉案件有罪判决率均达100%。

【查办职务犯罪】2013年,区人民检察院共立案查办贪污贿赂犯罪案件8件10人,查办渎职侵权犯罪案件2件3人。其中,查办贪污贿赂大案5件7人,查办副科级以上领导干部4人。针对农村基层群众关心关注的涉农领域腐败问题,查办了国家工作人员在新农村建设过程中受贿案件3件3人,查办了村干部在土地征用过程中受贿百万元以上的案件2件4人,为涉农惠民政策落到实处提供了有力保障。针对媒体关注度高、群众反映强烈的市区东关大桥栏杆被风吹倒事件,着力查办事件背后的职务犯罪案件,对2名直接责任人员以玩忽职守罪立案侦查。

【职务犯罪预防】区人民检察院积极履行区预防职务犯罪工作领导小组办公室职责,推动全区预防工作的深入开展。认真做好个案预防、行业预防、专项预防,积极开展预防宣传、警示教育、预防调查,不断深化预防效果。全年共开展预防调查1次,发检察建议2份,开展职务犯罪案件分析9件,开展以“深入反腐败,大家来预防”为主题的职务犯罪警示宣传教育15次,发放宣传资料1500余份,受理行贿犯罪档案查询291次。

【诉讼监督】2013年,区人民检察院积极开展刑事诉讼监督和民事诉讼监督。全年监督立案1件7人,监督撤案3件5人,追诉10人。认真做好量刑建议工作,坚持检察长依法列席审判委员会制度,对确有错误的刑事判决裁定提起、提请抗诉2件,均已获得改判。做好监外执行人员和社区矫正检察工作,参加全区社区矫正工作联合执法检查4次,提出检察建议10人次,均得到有效执行。全年受理民事、行政申诉案件11件,经审查,建议提请抗诉2

件，开展矛盾纠纷调处4件，提请抗诉案件经再审改判2件，建议提请抗诉案件被省院采纳6件。积极开展民事、行政审判、执行监督，发检察建议各10件。积极探索行政执法监督新领域，重点对环境污染、食品卫生、公共安全等关系群众切身利益领域开展行政执法监督10件。

【合力服务助推全区发展大局】随着各项重点工程、项目建设的不断推进，征地难、拆迁难、开工难等现象成为当前发生群体性事件新的诱发点。2月22日，区人民检察院联合区人民法院、金东公安分局共同出台了《关于严厉打击危害重点工程和重大项目建设违法犯罪行为的通告》，提出了"五个严禁"，即严禁抢种抢建、严禁非法买卖土地、严禁强揽工程、严禁阻挠施工、严禁滥用职权。该《通告》既注重对征地、拆迁、建设过程中抢种抢建，非法占用耕地、林地等农用地，强揽工程，阻挠施工等违法犯罪行为的坚决打击，又注重严肃查办国家工作人员和其他受委托从事公务的人员在开发过程中充当"保护伞"，滥用职权、玩忽职守、侵吞公款、收受贿赂的行为。通过贯彻落实宽严相济的刑事政策，更好地达到惩治违法犯罪人员、打击违法犯罪活动和维护社会稳定的效果。

【开通治水举报绿色通道】9月，区人民检察院部署预防和查办"三整治"专项行动，开通举报绿色通道，设置举报电话0579—12309，开办网上接待室http://218.75.95.198/，重点受理在工业企业污染源整治，采砂、洗砂、制砂等行业整治，畜牧业污染整治，水环境整治中，相关国家工作人员涉嫌贪污、受贿、滥用职权、玩忽职守等行为，第一时间对举报控告内容进行调查取证、答复处理。举报内容和举报人的个人信息绝对保密，对举报有功人员按有关规定进行奖励。通过严厉打击破坏环境的刑事犯罪活动，铁腕治水，为整治工作保驾护航。

【业务应用系统上线准备】自全国检察机关统一业务应用系统工作部署以来，区人民检察院深入贯彻落实上级检察院的工作要求，以执法办案信息化促进执法规范化、管理科学化为目标，做好系统上线前的准备工作。由案管部门、技术部门根据实际情况准确完成包括组织机构、人员权限等在内的软件初始化配置：发动全员培训。除组织干警参加省院统一业务软件培训工作外，院内领导班子成员带头学习，各业务条线分科室集中学习，深化培训效果；抓紧做好案件管理中心建设，在现有办公用房的基础上，调整办公科室，确定案管用房，并进行装修改造。

【"慈善一日捐"活动】5月27日，金东区人民检察院积极响应区委、区政府号召，组织全体干警开展"慈善一日捐"活动。活动中，全体干警踊跃参与，纷纷奉献自己的爱心，几天内就募捐善款达5000余元，该笔款项将统一上交至区民政局，用于帮助社会弱势群体。此次募捐活动的开展，不仅发扬了区人民检察院重视慈善事业的传统，也增强了干警团结互助、服务困难群众的意识，起到了检察人积极履行社会责任、热心公益事业的先锋表率作用。

【走访居家养老服务中心】为弘扬爱老、尊老、敬老的优良传统，10月12日，区人民检察院组织人员来到塘雅镇横山村居家养老服务中心走访慰问，给这里的老人们送去近200公斤大米，5箱共100升食用油。同时，还给老人们送上重阳节的问候和祝福，为他们带去一份温暖和关爱。

【"文体健身竞赛月"活动】为了提高干警的身体文化素质，大力推进检察文化建设，营造和谐向上、健康文明的文化氛围，金东区人民检察院于4月份开展了"文体健身竞赛月"活动。本次活动持续一个月，活动项目多样、内容丰富，涵盖了球类赛、棋牌类赛、趣味类赛等三个大类的八个项目，全院干警职工积极踊跃报名参加比赛。比赛中，各位选手一展身手、奋力拼搏，赛出了成绩、赛出了风格、赛出了友谊，充分展示了检察人的精神风貌。此次竞赛月活动的开展增强了干警间的沟通和交流，丰富了检察文化生活，促进了区人民检察院文化建设的开展。

（何小林）

法 院

【概述】2013年，区人民法院充分发挥司法职能，大力助推金东赶超发展，各项工作取得新的进展。全年共受理各类案件6623件，办结6525件，同比分别上升5.83%和3.33%；办案法官人均结案数186.43件。主要办案质量、效率指标保持良好的态势。全年获得市级以上集体荣誉11项，个人荣誉19项，执行局被省高级人民法院荣记集体二等功。

【刑事审判】2013年，区人民法院坚持惩罚犯罪与保障人权并重，准确把握宽严相济刑事政策，受理各类刑事案件404件，审结408件，判处罪犯636人。依法严厉打击侵犯公民人身权利、民主权利和危害公共安全犯罪案件157件178人；依法严惩破坏社会主义市场经济秩序、侵犯财产以及妨害社会管理秩序犯罪案件245件437人；保持打击职务犯罪的高压态势，依法审结贪污贿赂和渎职犯罪案件6件21人。坚持依法从宽，对167名初犯、偶犯、从犯、未成年人犯等具有从轻情节的，依法判处缓刑。坚持惩罚、教育、挽救相结合方针，突出刑罚的教育功能，依法从轻、减轻判处未成年人犯罪案件31件40人，为失足青少年提供了改过自新的机会。扩大刑事案件指定辩护范围，共为47名被告人指定了辩护人。加强刑事附带民事诉讼调解、自诉案件和解等工作，促进涉案矛盾的化解。

【民商事审判】2013年，区人民法院受理各类民商事案件3893件，审结3794件，解决争议标的11.65亿元。其中审结婚姻家庭、继承案件319件，依法保护妇女、儿童、老人的合法权益；审结买卖合同、房地产开发经营合同、借款和建设工程合同等合同纠纷案件2055件；审结所有权及与所有权相关等权属、侵权纠纷及其他民事案件1420件。充分发挥调解和判决两种审判方式的作用和优势，加大调解力度，尽量运用调解方式解决纠纷，调解撤诉率达63.9%；对于不宜调解、调解不成的案件，及时依法作出裁判，充分发挥司法裁判的教育、评价、指引和示范功能。认真贯彻落实上级法院出台的小额诉讼程序适用、民事抗诉案件审查、执行担保等指导意见，确保新民诉法顺利实施。

【行政审判】2013年，区人民法院受理各类行政案件12件，审结10件。积极推动行政首长出庭应诉工作，行政机关负责人出庭应诉率达60%。审查非诉行政执行案件55件。加强与行政执法机关联系沟通，积极为行政决策提供法律服务，向区政府

10月22日，金东法院完成金华不锈钢带有限公司破产方案

发送行政审判白皮书，大力促进依法行政。做好相关案件的审理、执行工作，促进区域内重点工程项目顺利推进和实施。建立预防化解行政争议联席会议制度，实现行政与司法良性互动，提升预防和化解行政争议的能力。

【执行工作】2013年，区人民法院受理执行案件2247件，执结2244件，执结标的1.99亿元，民商事案件实际履行率位居全省基层法院前列。注重运用信息化等科技手段，与公安、国土、工商等部门建立被执行人财产和身份信息共享平台，健全网上“点对点”查控被执行人银行存款、车辆、房地产的执行新机制。与在浙58家商业银行建立了网上查询被执行人存款系统，与17家商业银行建立网上冻结被执行人银行存款工作机制。落实公布失信被执行人名单信息工作，促使被执行人自觉履行。加大对抗拒执行、逃避执行的惩治力度，每季度集中开展夜间执行整治行动，对拒不履行的被执行人采取司法拘留措施16人次。执行工作取得良好业绩。

【强化便民利民措施】2013年，区人民法院加强立案信访窗口标准化、规范化建设，打造“一站式、低成本”综合性诉讼服务平台，方便群众诉讼。扩大简易程序适用范围，全年简易程序适用率达86.5%。全面实行小额诉讼程序，190件案件通过小额诉讼程序实现一审终审，平均审理天数14.9天，有效提升司法救济的及时性和便利性。为及时调处交通事故案件，安排专职法官、专用法庭进行立案前审查、诉前调解工作，有效缩短办案周期，降低当事人的诉讼成本。尝试“公开透明、零佣金”的网

络司法拍卖，在淘宝网拍卖成交车辆、机器设备等拍品2件，总成交额为25.4万元。向生活困难的当事人、被害人发放司法救助金15.29万元。依法实行诉讼费缓、减、免，及时退还胜诉原告的预交诉讼费，全年累计退还诉讼费193.06万元。保障当事人的申诉权利，畅通申诉渠道，深入开展院领导接访、下访活动，院长采取重点约访、预约接访、上门走访、领导包案等方式，共接访160余人次，化解了一批信访积案。积极推动法治化解决涉诉上访难题，依法处置无理缠访闹访行为。

【稳妥处置涉企纠纷】2013年，区人民法院按照“甄别分类、区别对待、有扶有破”原则，坚持涉诉企业差异化司法处置。针对当前涉企案件呈现多发性、牵连性以及疑难复杂等特征，金东区人民法院重视涉企案件的处置问题，做到既依法办案又统筹考虑企业的实际，相关案件都能较为稳妥的处理，未因案件审理、执行不当导致企业资金链断裂、倒闭情况的发生。在办理涉及广利恒小额贷款股份有限公司清算系列执行案件（共52件）过程中，法院承受了巨大的维稳压力，通过省、市、区三级法院协调，紧紧依靠区委、区政府，加大案件协调化解力度，审理和执行工作得以顺利开展，现该系列案件执行已基本结束。

【促进重点工程建设】2013年，区人民法院联合区人民检察院、金东公安分局发布《关于严厉打击危害重点工程和重大项目建设违法犯罪行为的通告》，依法严厉打击在征地、拆迁、建设等过程中出现的违法犯罪行为。依法稳妥处理涉重点项目建设的房屋及土地征收等非诉行政案件，兼顾重点工程、城市化建设的公共利益需求与被征收人合法利益保护，不因迁就项目建设而损害民生民利，也不因个别钉子户的无理诉求而侵害公共利益。依法公正审理了钱基富诉金华市国土资源局土地行政处理纠纷一案，邀请部分区人大代表、政协委员旁听案件庭审，通过该案的审理，在查明事实、辨明是非的基础上，依法维护行政机关做出的具体行政行为。金东法院根据生效法律文书对责令钱基富户交出土地的行政处理决定进行了强制执行，执行过程做到程序合法、措施得当、执行果断，起到了强拆一户教育一片的社会效果，充分体现了法律的严肃性和强制性，有力地促进了全区重点项目的顺利推进。为服务全区大开发、大建设、大发展，金东法院根据区委统一部署，积极开展政法干警组团服务镇乡（街道）平安建设和重点项目活动，参与干警达127人次，通过有效工作对接，推动平安建设，助力重点项目顺利推进，营造良好社会环境，一批重大疑难纠纷得到化解。其中院主要领导担任指挥长的江东服务小组，在公安、检察以及镇政府等单位的大力配合支持下，依托执行案件平台对江东镇雅湖村一宗违法用地依法进行了强制执行，共清理违法用地53000余平方米，促进了江东镇低丘缓坡综合开发利用项目的顺利推进。

【推进阳光司法】2013年，区人民法院加强与新闻媒体沟通，创新宣传主题，推进阳光司法，满足社会公众的司法知情权，共在各级新闻媒体上发表各类稿件20余篇。深入开展“公众开放日”活动，共邀请社会各界人士380人次走进法院，零距离感受法院文化，增进人民群众对法院工作的理解、认同和支持。通过公众开放日、门户网站等途径，主动向社会公开法院特色工作、重点工作，扩大全媒体环境下法院新闻宣传的传播力和影响力。

【“司法公信力提升年”活动】2013年，区人民法院以贯彻中共十八大确立的建设司法公信目标为契机，着力提升司法公信，扎实开展“司法公信力提升年”活动。积极创新审判管理，统筹推进司法规范化建设，兼顾实体公正、程序公正，以公正高效的司法审判实现公信。加大立案、庭审、执行、听证、文书、档案等环节的公开力度，改造升级门户网站，在互联网站上开通审判流程公开、裁判文书公开、执行信息公开三大平台。强化案件流程管理，所有排期开庭案件在网上预告，向社会公开开庭信息，加大裁判文书上网公开力度，累计公布裁判文书1260篇，以公开透明的司法运作促进公信。充分发挥电子信息科技的智力作用，以高效的科技应用助推公信。继续完善立案信访文明窗口建设，探索诉前登记制度，提升诉讼服务水平，满足群众司法需求，以良好的司法服务赢得公信。

【司法廉洁建设】2013年，区人民法院坚持“教育、机制、查处”三管齐下的反腐基本思路，不断提升反腐倡廉综合效应。完善廉政风险防控预警机制,开展"家庭助廉"活动,实现事前、事中、事后和家庭的全时段廉政干预,尽早发现苗头性、倾向性问题,及时提醒纠正,防止小错酿成大错。深入开展司法廉洁教育,继续做好法官授职宣誓典礼和节假日前"廉洁司法教育日(周)活动"。通过每周一条廉政短信、每月一次集中学习、每季一次专项教育等形式,大力营造法院廉政文化氛围。坚持从严治院不动摇,做到有案必查、有腐必惩,始终对干警违法违纪保持零容忍。

【司法能力建设】2013年,区人民法院开展法官任前培训、业务培训和多岗位锻炼,不断完善法官培养模式。实行一对一青年法官培养导师制度,为青年法官成长做好"传帮带"。圆满完成第四轮中层干部竞争上岗和一般干部、职工双向选择工作,合理配置人员,法院干警的积极性、主动性得到提高。组织开展庭审观摩、法律文书评比,参加上级法院组织的各类比赛,多篇法学论文、裁判文书、司法建议获奖。按照"服务审判管理和服务法官办案并重"思路,强化信息技术开发应用,全院17个数字法庭实现开庭案件全程录音录像。

【"三进三促"活动】2013年,区人民法院根据市中院的统一部署,出台活动方案,充分运用司法手段积极服务园区企业发展,加大企业创新发展保护力度,推动产业转型升级;密切联系基层社区,健全法律服务网络,促进和谐社区建设;结合校园特点,通过开展形式多样、富有成效送法活动,提升青少年学生法律意识和素质,促进青少年健康成长。积极参与社会管理创新,扎实开展"三进三促"活动,为推进"两富"现代化都市区建设提供有力的司法保障。

【完成首次网络司法拍卖】8月15日,金东法院在淘宝网完成了首次网络司法拍卖。此次拍卖的拍品系一辆波罗1.6轿车,拍卖过程中,网民围观20654人次,设置开拍短信提醒28人,报名人数15人。拍卖时间为8月15日10时开始,整个竞价过程为12个小时,经过20次竞价,最终以8.4万元成交(起拍价5.8万),溢价44.82%,为买受人节省佣金4200元。此次网络司法拍卖,从公告到竞拍成功用时仅13天,极大地缩短了财产处置时间,提高了执行偿付率。浙江法院首推的"零佣金网络司法拍卖"是我国司法系统在司法执行方式上的重要改革,有利于打击案件执行中的违规违法现象,避免暗箱操作,保障当事人和人民群众的合法权益,捍卫司法公正的权威。这项改革除了让拍卖信息更透明、让公众参与更方便、让案件当事人更受益等现实意义之外,更大的意义在于体现了一种司法者与时俱进的工作智慧。

【省高级人民法院警务工作考核组到金东考核指导】10月15日,省高级人民法院警务工作考核组成员在市中院党组成员彭建文书记、法警支队吴宏根支队长的陪同下,对金东法院刑事审判法庭和被告人羁押室的标准化建设情况进行了考核检查,金东法院张明庆副院长陪同考核。警务工作考核组、市中院党组成员彭建文书记、法警支队吴宏根支队长对金东法院刑事审判法庭和被告人羁押室的标准化建设情况给予了充分的肯定,特别是对被告人羁押室的整体建设、院监控系统和法警大队的警队的警务台帐工作建设给予了很高的评价。

【省高级人民法院肯定金东法院醉驾犯罪量刑的研究报告】11月11日,省高级人民法院院长齐奇在《法院调研》第16期(总第23期)金东法院《关于醉驾犯罪量刑均衡问题的研究报告》上批示:有说服力,符合省高级人民法院进一步改进醉驾量刑的意图,谢剑斌、方林同志。两位法宫通过对金华地区醉驾犯罪的1098份刑事判决书进行分析,撰写报告。报告建议细化醉驾量刑规则,即参照经验数值调整确定适用缓刑及免于刑事处罚的比例;按照血液酒精含量不同设立量刑起点、基准刑,并根据不同情节适当调整刑期;尝试提出了新的罚金计算方法。

【区人民法院门户网站改造升级】11月29日,点开区人民法院门户网站,就会发现很多新现象:统计数据更全了,信息更新速度更快了,死链接和死检索现象不见了。各种信息的公布也更加丰富,不但有一些常规工作介绍,甚至连法院负责人的个人信息和活动信息也可以随时查阅。这一变化得益于最近实施的信息化改造和功能升级。网站更新后,栏目更齐全,内容更充实,信息更公开,有助于外界加深对法院工作的了解。

(方林)

司法行政

【概述】2013年，金东区司法局紧紧围绕平安金东、法治金东和过硬队伍“三项建设”，充分发挥司法行政职能优势，加强基层基础建设，提升队伍整体素质，创新工作理念方法，提高服务能力水平，为金东区大开发大建设大发展保驾护航，取得较好成效。

2013年，区司法局被表彰为全市二十佳“优秀学习型党组织”，荣获全市司法行政工作综合考评良好单位和司法行政工作创新奖、全市档案工作先进单位、区信访维稳工作先进单位。在建立区、镇、村三级调解组织网络的基础上，深化和加强镇乡（街道）、村（居）人民调解组织建设，对全区508个村（居）调解委员会建设情况开展调查和摸底，充实配齐配强调解主任和调解员队伍。进一步规范了规模较大的30多个村（居）调委会，融社区矫正、法律援助、法律顾问为一体的司法行政工作室建设。

【深化“大调解”工作机制】充分发挥社会矛盾调解中心职能作用，不断深化“大调解”工作机制，成功化解了多起我区多年的跨部门、跨乡镇的历史积案。我区“大调解”工作经验多次写入省、市关于“枫桥经验”的书籍和杂志内。强化警调、交调、诉调的衔接工作，积极筹建专门调委会，根据村级组织换届选举结果，适时调整充实特约人民调解员队伍，不断拓宽调解领域，在化解“三改一拆”、重点工程建设、环境“三整治”中的土地征用、拆迁安置、信访等方面的矛盾纠纷中发挥了重要作用，有效地将矛盾纠纷解决在基层、化解在萌芽状态。全年共排查受理社会矛盾纠纷3500起（其中疑难纠纷1425起），成功调处3427起，成功率98.116%，阻止群体性上访事件31，345人。区社会矛盾调解中心共受理90起，已成功调解81起，分流乡镇、街道（单位部门）4起，正在处理5起，成功实现“平安金东”九连冠。

【农村法律顾问制度】规范了工作流程、职责、纪律、重大事项报告、定期值班服务、台账等相关制度。完善了《农村法律顾问工作考核办法》，注重律师、法律工作者工作实绩考核，鼓励律师、基层法律工作者多“进村入户”走访，提高服务的主动性和实效。

在12个镇乡（街道）设立农村法律顾问工作室并组织律师定期值班，全年农村法律顾问共参加值班2306天，接待来人来电咨询2134次，开展法律宣传教育44场，制定修改村规民约、合同、协议等238份，提供法律意见和建议103条，调解各类矛盾纠纷230件，协助处理信访案件43件，提供法律援助11次，走访联系村957次，代理诉讼案件53件，处理其他涉法事务18件。

【司法服务村级组织换届工作】村级组织换届选举试点工作一启动，迅速成立法律服务村级组织换届选举工作领导小组和农村法律顾问观察团，制定《全区司法行政服务村级组织换届实施意见》。组织农村法律顾问和基层法律服务工作者开展《村民委员会组织法》《浙江省村民委员会选举办法》等法律宣传、提供法律咨询、进行现场监督、化解矛盾纠纷，对候选人（自荐人）资格进行了审查等。把法律服务贯穿村级组织换届选举工作全过程，确保村级组织换届工作依法公正进行。

【提供各类法律服务】2013年，全区共有5家律师事务所，31名执业律师，4家法律服务所，22名法律工作者。律师和法律服务工作者提供法律咨询1940人次，走访慰问困难群众3人，办理法律援助案件102件，协助处理涉法涉诉信访案件1件，调解纠纷135件。律师代理民事案件870件，刑事案件72件，业务收费721.37万元。法律工作者代理诉讼事务412件，业务收费70.33万元。在傅村镇建立法律顾问工作室作为试点，进一步深化农村法律顾问工作。农村法律顾问全年共接待法律咨询1299起，参加普法教育和宣传活动26场，成功调解各类纠纷193起，化解群体性事件28起，到市级以上上访事件5起，开展村务法律体检53个，修订完善村规民约、合同协议251份，代理各类诉讼23件，提供法律援助19件，走访联系村508家，企业26家，与4家企业签订了法律顾问合同，帮助规避企业运行和重大项目建设过程中的法律风险。积极参与金义都市区、杭长客专等重点工程涉农征迁政策制定，力求重点工程的顺利实施与维护农民的合法权益有机结合。对接重大事项风险评估机制，参与领导信访接待、重大矛盾纠纷及群体性事件调处。推行常态化企业“法律体检”和组团式专项经营机制。

【“六五”普法宣传】坚持法制宣传教育与法治实践相结合，不断深化普法依法治理活动，组织开展了青少年“法在心中”、网上知识竞赛、“以案说法”“六五”普法讲座和警示教育活动。分别邀请了浙江大学法学院教授和市“三改一拆”办到“金东大讲堂”进行《法治政府建设》《浙江省违法建筑处置规定》及“三改一拆”法律法规政策宣传。首次组织市管、区管领导干部和公务员网上法律知识考试，并以重大纪念日、活动日为契机，在各乡镇组织开展《浙江省违法建筑处置规定》《中华人民共和国环境保护法》、“3·8”“3·15”“浙江法制宣传日”“平安和谐”等法制宣传活动。创新普法载体，会用手机“二维码”扫描获取法律法规知识。“民主法治社区(村)”创建活动成果明显，申报的1个省级民主法治村和5个市级民主法治村均已通过考核验收。

【社区矫正管理】完善社区矫正管理工作流程，深化排查、帮教、监督三位一体工作方式，健全完善全员手机定位以及联合执法检查、风险评估、集中点验、组团帮教等无缝监管教育机制，实时做好跟踪考察、警示告知、短信提醒、网络帮教等工作，根据特殊对象不同情况，拓展公益劳动平台、组建专业帮教团队，强化考核奖惩力度，搭建心理帮困平台，将监管防范和日常教育有机结合，提升管理服务实效。同时，完成3名以上社区矫正人员的村、社区矫正帮教工作站建设，构建起村(社区)日常监管与社会资源的联动，夯实社区矫正管理基础。2013年，累计接收社区矫正人员218名，累计解除社区矫正人员147名，在册社区矫正人员350名，今年以来共对5名矫正人员撤销缓刑。全区实现了“社区矫正人员脱漏管率控制在1.5%以内，再犯罪率控制在0.5%以内”。

【新《中华人民共和国老年人权益保障法》宣传活动】金东区司法局围绕区委区政府重点实事——居家养老照料中心建设，充分发挥司法行政职能优势，以法律服务、法律援助为切入口开展系列活动，帮助老年人树立依法维权的意识，增进与子女之间、婆媳之间的亲情，得到了社会的公认。新《中华人民共和国老年人权益保障法》实施后，金东区司法局利用重阳节等时机，组织农村法律顾问、基层

6月25日，市矫正办检查金东区社区矫正工作

法律服务人员、司法所工作人员到居家养老中心开展《中华人民共和国老年人权益保障法》的宣传，为老年人讲解新的法律规定，如农历九月初九定为老年节，要求子女常回家看看等写入了法律。还通过以案说法、文艺演出等群众喜闻乐见的形式，加深了老年人对《中华人民共和国老年人权益保障法》的理解，切实维护老年人的合法权益。

【推出“手机二维码”法律宣传服务】9月18日，区司法局在全省率先推出手机“二维码”法律宣传服务。在区法律援助中心、社会矛盾调解中心法制宣传栏及乡镇(街道)、村、企业的公告栏等显眼处张贴“二维码”及操作方法，群众在法律服务中心或普法小册子上用手机扫描“二维码”，便可获取和查询200余条最新的法律。截至年底，共开设官方普法微博9个、普法网站10个、普法手机报265期。

【网上法律知识考试系统启用】10月30日，区司法局创新普法形式，首次启用领导干部和公务员网上法律知识考试系统。本次考试以“金东普法网”为平台，采用网上答题的方式，考试内容涉及宪法、行政诉讼法及“三改一拆”等法律法规。全区共有1044名区管领导干部和公务员参加网上法律知识考试，参考率100%，考试平均成绩在95分以上，充分反映领导干部和公务员在学法、知法、懂法、用法、守法的自觉性和积极性，为深入推进法制宣传教育和“六五”普法工作起了带头作用。

【农村法律顾问培训】11月9日，金东区召开农村法律顾问工作培训会，就新形势下如何做好农村法律顾问工作进行业务培训。区委副书记陈峰齐、市司法局副局长朱高瞻参加会议。农村法律顾问

制度实行以来，金东区已在全区508个行政村配备了农村法律顾问，覆盖率达100%。截至年底，农村法律顾问已走访联系村918次，开展村务体检53个，提供法律咨询1290人次，修订合同等法律文书316份，代理诉讼30件，化解群体性事件28起，化解到市级以上上访事件5起，配合调处纠纷193起，提供法律援助19件，开展法律宣传35场，受教育约1800人，为促进基层民主法治建设，农村社会和谐稳定，保障经济社会发展做出了贡献。

【青少年普法教育】2013年，区司法局立足构建学校、家庭、社会“三位一体”的青少年教育网络，通过开展法律知识讲座、观看法制教育影片、法律知识竞赛、法制黑板报等活动，有效预防未成年学生违法犯罪。共开展青少年法制讲座7场，法律知识竞赛2次，受教育学生2800人次。

【建立半小时法律援助服务圈】为了更好地为群众提供法律援助，整合资源，创新方式，2013年，金东区司法局在全区构建起了一个以区法律援助中心为核心，以各个镇乡（街道）、部分机关部门、社会团体为工作站和508个村（社区）为联络点的法律援助服务网络。每个法律援助需求者在正常状况下，都可以在半小时之内快速找到一家法律援助工作机构提出申请或求助。“半小时法律援助服务圈”已成为弱势群体维权的一条“绿色通道”，受助对象在家门口就能申请并获得法律援助，大大方便了当地群众。自今年以来，法律援助中心已受理案件73起，为105人提供了法律援助。

（王巧娟）

金华市公安局交警支队直属二大队

【概述】金华市交警支队直属二大队（以下简称大队）位于金华市婺城区环城北路399号，下设综合室、事故中队、处罚中心、非管所和直属中队、曹宅中队、江东中队、孝顺中队和澧浦中队五个路面中队，现有民警59人，正式职工8人，协警63人。

大队主要职责为金东区的道路交通秩序管理、预防和处理交通事故等，大队辖区面积661.8平方千米，管辖道路1057.61千米，其中国道330线18.535千米，省道03线30.8千米，县乡道路579.7千米，其他道路428.575千米。

2013年，二大队根据市局“五化三治”的总体部署，围绕“控事故、促畅通、创满意”的总体要求，紧紧抓住支队各项重点、中心工作，进一步创新机制、创新方法，不断提高交通管理和服务水平。

【交警队伍管理】以队伍精细化管理为抓手，狠抓内务秩序管理，通过民警“一日十守”、单位“一日十查”、政工干部“十必知”“十必谈”“十必访”，紧抓内务卫生、上下班考勤、着装规范、车辆管理等制度的落实，完善绩效考核机制。

【交警作风建设】大队与民警层层签订《直属二大队警车管理使用规定》《五条禁令责任状》《金华市公安局严守“三项纪律”保证书》，并组织全体民警向傅煜华同志学习，积极参加“学党章、明纪律、正作风、保廉洁”专题教育和“强作风，提正气，树形象”队伍教育整顿活动。

2013年，大队获得《平安时报交通周刊》新闻宣传工作先进单位三等奖、直属二大队孝顺中队被评为2013年度全市警务规范化先进中队、直属二大队孝顺中队被评为2013年度全市“优胜交警中队”并记集体三等功。3名民警荣立三等功，5名民警受到嘉奖，15名民警被市公安局表彰，1名民警被评为公安部“大排查、大教育、大整治”货车违法行为专项行动成绩突出个人。

【交通事故处理】2013年，大队辖区内共发生道路交通事故8316起，其中简易程序处理事故8186起，上报事故130起，非道路事故32起。在130起上报事故中，造成49人死亡，119人受伤，直接经济损失289382元，与去年同期相比事故起数、受伤人数及直接经济损失全部下降，分别下降1.5%、3.3%和1.4%，死亡人数与去年同期持平。

【违法行为查处与整治】2013年，大队共查处交通违法行为73714起，其中现场交通违法行为25954起（酒后驾驶479起，醉酒驾驶70起），非现场交通违法行为47760起,办理一般程序违法处理案卷3499起，简易程序违法处理案卷79614起。

【货车违法行为专项整治】根据《全市开展“大排查、大教育、大整治”货车违法行为专项行动实施方案》的要求，组织人员深入工业区、物流货运场站、建筑工地开展先期排摸,敦促企业开展自我排查,做好日常的车辆管理和驾驶员安全教育工作,并签订安全责任书。同时针对货车交通违法增多、频频引发交通事故的实际,日常管控与集中统一行动日相结合,以国道330线、省道03线、金义快速路、金义东线等主干道以及辖区建筑工地周边道路为重点区域,重点查处重型货车、挂车、危险化学品运输车超速、超载、强超强会及其他严重交通违法行为,城市道路工程运输车非法改装、无牌套牌遮挡污损号牌、闯红灯等严重交通违法行为,以及驾驶逾期未检验和已达报废标准的货车上道路行驶交通违法行为,切实加大整治力度。

【节假日交通保卫】大队根据制定的各项预案,通过加强领导,提前部署,广泛宣传,源头管理,严格路面管控,部门联动等工作措施,保证了辖区的交通环境安全、畅通、有序,为群众出行创造安全畅通的道路交通环境,顺利圆满完成了春运和节假日期间的交通安全保卫任务。今年,大队共承接70批次交通保卫任务。每次保卫任务,大队均高度重视,认真对待,事先研究制定保卫工作方案,安排足够的警力,全力以赴,圆满完成各级道路交通安全保卫任务,受到了有关领导的高度评价。

【摩托车送检下乡】4月24日至5月5日,二大队与支队检测中心密切配合,通力协作,圆满完成了摩托车送检下乡工作任务。通过前期的宣传动员和专项整治,在11天的时间里,二大队共计检测3877辆,超过任务数2156辆,完成目标数的225.28%。

区交警和区路政部门联合执法行动

【坚持人民调解机制】在坚持实行交通事故人民调解工作的基础上,为了方便需要事故调解的事故当事人,大队推出就近预约调解服务,规定在本大队的辖区发生的事故,当事人可以在本大队四个调解点就近预约调解。方便当事人的同时,积极争取及时化解事故当事人之间的矛盾,维护社会稳定。2013年,大队四个调解点共调解道路交通事故703起,涉及当事人1645人,涉及金额1200.85万元。

【外省籍车辆户籍化管理】大队的外省籍车辆及驾驶员管理办公室年初开始正式工作,并开展了相应的外省籍车辆及驾驶人排查、教育及整治工作,目前排查登记外省籍车辆281辆、驾驶人227人,全部录入外省籍车架管理系统。

(朱江英)

金华市公安局消防大队

【概述】金东区消防大队于2004年8月成立。大队现辖消防中队两支,并已协助建成政府专职队1支,农村义务消防队21支。其中,金东区消防中队营房于2004年8月建成并投入使用,营区占地面积1.6公顷,建筑面积5443平方米;孝顺中队于2011年7月建成并投入使用,营区占地面积1.33公顷,建筑面积6089平方米。大队现有人员69人,其中金东中队人员31名(干部9名,上士1名,中士3名,下士5名,上等兵7名,列兵3名,合同制3名),孝顺中队人员21名(干部2名,四级警士长1名,中士3名,下士2名,合同制13名),大队文职人员12名,外聘人员5名。大队级别为正营职,现有执勤消防车7辆,担负着金东区661.8平方千米以及周边11个乡镇(街道)的防火监督和灭火救援的处置任务。大队官兵曾先后参与扑救"6·15"浙江龙泉龙鑫化工有限公司爆炸火灾、"11·23"金丰塑业火灾,参加抗雪救灾、四川汶川抗震救灾等活动,以过硬作风保卫了人民群众的生命财产安全。2006—2009年,金东消防中队连续四年被省总队评为"基层建设先进中队";2007—2009年,部队战训、政工、执勤岗位练兵三项工作连续三年获得支队年度评比第一名;2008年10月,被团省委命名为省级青年文明号;2009年1月,金东消防中队被省消防总队评为全省消防部队三基工程建设先进中队,并荣记集体三等功;2012年被总队评为年度基层建设"标兵大队"。

【灭火救援】2013年，金东区消防大队共接警出动323起，其中火灾239起、抢险救援79起、社会救助5起，共计出动消防车562辆次，抢救被困人员22人，死亡0人，受伤0人，抢救财产价值1612.7万元，未发生一起亡人火灾。

【"五查两加强"专项行动】2013年，大队严格按照上级方案要求扎实开展消防安全重点领域"五查两加强"专项行动、违章搭建彩钢板临时建筑及人员密集场所门窗设置影响逃生灭火障碍物专项整治行动、"排查整治、强基促稳"专项行动，今年大队已检查单位1572家，出动监督检查2057人次，制发责令改正通知书959份，并将9家存在严重火灾隐患的单位列为市级、区级重大火灾隐患单位，受理投诉举报12个，下发行政处罚决定书92份，罚款40.3万元，查封9家，拘留6人。检查中，检查人员遵循"说理式"执法原则，坚持文明执法，规范执法，未与地方民众发生过矛盾纠纷。

【消防监督】2013年，大队已完成对全区112家消防安全重点单位、449家人员密集场所一般单位、689家非人员密集场所单位和298家一定规模个体工商户的四个能力达标验收工作，大大地提高了社会单位火灾防控水平。今年金东区开展了居住出租房消防安全综合整治工作。经过阶段的排查整治，共排查居住出租房户7050户，整改并通过验收6209户。大队积极配合各行业主管部门开展了对在建工程、公众聚集场所、合用场所、居住出租房、高层地下建筑、旅游景区等场所的消防安全检查。在村庄整治过程拆除违章建筑达5万余平方米，有效遏制火灾事故发生，取得了显著的成效。

【宣传教育】大队充分发挥主流媒体的舆论导向作用，积极开展微信、微博、暑期夏令营等宣传活动，以全力跟上信息时代的宣传步伐；协助支队举办了"认识火灾，学会逃生"的119宣传日活动。同时，大队还积极组织志愿者深入农村、社区、企业、家庭，为老弱病残及留守儿童带去消防安全知识。在全区范围开展了形式多样的消防宣传活动，受到驻地群众的普遍欢迎。大队每月刊发一期《金东消防报》，以免费的形式发放至辖区人民群众手中。全区已组建热心消防事业的各类志愿消防宣传队34支，共完成志愿者招募1500余人。2013年，全区共悬挂横幅、标语300余条。开展各类大型消防宣传活动40余场，受教育人数达2万余人。发放各类消防资料86000余份，营造消防知识宣传氛围。

【正规化建设】大队党委高度重视大队基础设施建设，科学规划发展，主动提请政府，全力完善孝顺消防站各项设施装备。主动到先进的兄弟大队学习观摩，认真研究，结合大队特点打造具有金东特色的警营文化，设计了廉政文化长廊、德园、便民服务大厅等，创造拴心留人环境。同时，大队党委继续推动建立和完善经费保障长效机制，进一步规范落实党委理财制度，充分发挥党委职能作用。同时，积极向地方政府、财政等职能部门多请示、多汇报，争取经费保障。2013年，大队正常业务经费预算指标达到了380万元，人均达到了9.3万元，其中干部、士官福利保障经费190万元，人均达到了4.6万元，合同制消防员经费76万元，人均达到了2.5万元。2013年，争取到器材装备专项经费570万元，用于提高部队战斗力。

【开通"消防知识小喇叭"】1月16日，金东消防大队联合金东区孝顺镇中心小学，正式开通首个"消防知识小喇叭"，通过校园广播传递消防知识，让消防知识播撒到校园的每个角落。金东区孝顺镇中心小学现有学生2000多名，"消防知识小喇叭"是开设在每天早上"眼保健操"后，每天一次，每次五分钟。成立首天，金东大队宣传人员给每个班级都发放了《消防安全知识二十条》并由金东消防大队的宣传人员进行"消防知识小广播"的第一次播报。随后的每天，都由消防志愿者志愿播报，如果当天没有消防志愿者有空余时间到场播报，那么消防志愿者将会提供录好的磁带，确保每日"消防知识小广播"的正常播放。

【首支消防志愿者"雷锋劝导队"上岗】3月5日，首支消防志愿者雷锋劝导队在金华金东区正式"上岗"。这支队伍代表着金东区全区有着"奉献、友爱、互助、进步"志愿精神的人们，他们一起争做现代雷锋，建设爱心城市。其中，"雷锋劝导队"的成员分别由学校学生、大队官兵、企事业单位工作人员等年龄不等、层次不同的100余名辖区群众组成。他们的身影出现在每个角落，社区、企业、学校，他们通过开展上门走访、消防志愿者隐患排查、宣传消防知识等活动，了解民需、解决民困。在活动时，“雷锋劝导队”现场发送消防安全知识手册，为群众讲授火灾预防、火场逃生、灭火器使用等技能，解答群众疑问。在企业，“雷锋劝导队”向企业员工细致地讲解了各类消防设施的原理、使用方法，以及日常养护，还与单位负责人就日常消防管理、培训、演练的开展及日常消防巡查的要点进行深入的讨论、交流。在农村，“雷锋劝导队”通过帮助查找和纠正居民家里存在的消防安全隐患和违法违规行为，提高居民的消防安全意识，号召和倡导居民由以往的被动监督查处火灾隐患向主动自我管理消防安全模式转变。活动的开展切实提高了企事业单位和辖区居民的火灾防控的自主性，从而营造了浓厚的消防安全氛围。

【消防安全检查】3月19日，区委常委、常务副区长邱银泉带领相关乡镇、部门负责人，对部分企业进行了消防安全检查。邱银泉要求，要高度重视消防安全工作；要加强消防安全工作的组织领导,各镇乡(街道)要负起消防安全主体责任，成立专门的工作小组，落实好人员；要加大投入，完善公共消防基础配套设施，督促企业将消防设施配备到位；要落实好消防安全各项工作措施,要加大排查整治力度；要大力开展消防安全宣传教育培训；要进行常态化监督检查，每月19日为“消防检查日”，各镇乡(街道)分管领导要带队开展消防监督检查。

【“校园119”消防志愿者服务队伍成立】3月25日，首支消防志愿者“校园119”服务队伍在金东区消防大队正式成立。“校园119”消防服务队伍不仅壮大了消防志愿者的队伍，还为提升中学生的消防知识水平，推动消防工作校园化发展进程，普及消防安全知识等方面发挥了积极的作用。这支队伍由浙江交通技师学院的学生组成，代表着金东区“活力、友爱、互助、奉献”精神的人们，他们活跃于校园的每个角落。当天，来自浙江交通技师学院的首个“校园”119消防志愿者服务队伍来到金东消防大队参加培训。培训中，了解了不同种类的消防车、消防器材的用途，感受了消防官兵们的训练和生活，目睹了消防官兵灭火救援的危险与辛苦。通过培训，更加坚定了他们做好消防志愿者的信念，志愿者们纷纷表示将用心为防火宣传工作尽自己的一份力量。

【首部消防“微电影”完成拍摄】5月14日，10余名浙江师范大学艺术系的师生到金东消防大队，与消防官兵共同完成首部消防“微电影”的拍摄工作。微电影的剧本由浙江师范大学艺术系的10余名师生共同执笔完成，内容主要以解读消防安全常识、展现消防卫士风采、反映警民共建、鱼水情深等内容的剧情短片为主线，发动广大群众以微电影的视角来关注消防、参与消防，在焦距与镜头的切换之间，广泛宣传普及《消防安全常识二十条》，加强全民消防安全宣传教育，提高公民消防安全意识和自救技能。为了让该部微电影更加切合实际，浙江师范大学的10余名师生在5月14日到金东大队参观并体验了消防生活，跟随官兵参观了中队宿舍、消防教育馆并试穿消防服、登消防车、抱水枪、与战士们一同出警，用摄像头真实记录了消防官兵真实

金东区首支“校园119”消防志愿者服务队伍成立

的生活状态、工作状态。

【“八一”警民联欢晚会】7月30日晚，金东消防大队联合金华移动公司金东分公司、维多利亚医疗整形医院开展了“八一”警民共建联欢晚会，晚会到场人数达200余人。大队战士表演的《消防服装秀》让在场所有观众从不同方面的了解了消防工作的复杂性、多样性和危险性。同时，消防官兵以一曲《nobody》跳出了消防官兵青春时尚的一面，引来了在场所有观众的阵阵掌声和喝彩。同时，大队官兵的相声《消防三句半》，以诙谐的言语、生动的表演，淋漓尽致地展现了消防官兵在火场上出生入死，在水与火的交锋、血与火的洗礼中，奏响青春华彩的乐章。维多利亚医疗整形医院为大家吹奏的萨克

斯、移动公司的女子独唱、孩子们带来的拉丁舞等节目表达对人民子弟兵的爱戴，也更加激励全体官兵以实际行动树立消防部队的良好形象，谱写了军民鱼水情深新篇章。

【消防大队连续送水解民急】8月，受连续高温、干旱天气的影响，金华市金东区傅村镇溪口村的1500名村民的生活用水严重告急、井水枯竭，群众面临着断水危险。金东消防大队孝顺中队的官兵得知这一消息后，在确保不影响执勤备战的情况下，立即调派一辆水罐车前往溪口村为村民解决用水难问题。每天傍晚6时许消防官兵都为村民送去15余吨水，解决了村民的燃眉之急，一车车清水、一丝丝深情，军民鱼水之情在村民与消防官兵之间互相传递，消防官兵用实际行动为民办实事、解民忧。

【火灾隐患排查整治】8月13日，全市召开彻查整改火灾隐患百日大会战暨消防安全大排查大整治推进视频会议。会议通报了近期火灾情况，并对下阶段的工作提出了要求。会后，金东区立即就相关工作进行了再部署。一要高度重视、明确责任，按照谁主管谁负责原则，各镇乡（街道）和相关部门（单位）要通力合作，统筹兼顾，突出重点，切实落实好火灾隐患排查工作。二要加大力度、处置有力，宁听骂声、不听哭声，“地毯式”彻查辖区范围内易燃、易爆场所，不留死角。三要强化监督、提高效能，将定期检查和随机抽查相结合，建立长效管理机制，确保整改效果。

【联合举办首届魅力夏令营】8月16日，由金东区平安办、团区委、公安分局、消防大队主办，区青少年宫承办的“平安暑假，平安成长”金东区首届魅力夏令营正式闭营。担任辅导员与教官身份的消防志愿者和小营员们，共同向家长展示了这6天的平安成长历程，闭幕仪式也代表着40名小营员即将告别“军营”生涯。经过6天的夏令营体验，孩子们切身感受了消防部队官兵的一日生活制度，认识了消防车、消防器材，学会了叠整整齐齐的“豆腐块”，掌握了消防安全知识，体验了消防官兵的“战斗服”以及疏散逃生演练，真正过了一把“消防瘾”。军事化的管理也锻炼了孩子们的意志力，培养了良好的生活习惯和学习习惯，对于孩子们今后的成长有着重要意义。

【消防培训基地授牌】10月19日，金东大队迎来“特别来宾”。金华市第一中学的十余名师生在陈家楠副校长、郑佳宁团委书记的带领下到金东大队参加授牌仪式。金东大队大队长李胜、指导员金铭枢及部分官兵出席仪式。在授牌仪式上，李胜大队长发表了讲话，强调消防培训基地的成立是大力普及消防知识，提高全民消防安全意识和自防自救能力的一项重要举措。随后，李胜大队长亲自授牌，代表着金一中师生消防培训基地正式成立。

（楼珊珊　吴姗姗）

人民武装

【概述】2013年，金东区人武部深入学习中共十八大精神，以军事斗争备为核心，牢抓思想政治理论学习，着力完善国防后备力量体系，加强安全管理规范，提高多样化军事任务能力。

【战备工作】牢抓常规战备不松懈，突出党委班子岗位练兵，坚持日做一题、周标一图、月写一文，落实每周两天的事训练和每天一小时的体能训练。在3月份开展的军分区 对抗观摩四个课目中，获得2个第一，1个第三的好成绩。合力抓好专武干部和民兵分队训练。4月，组织了全区专武干部训练考核，通过现役干部传帮带的方法，有效提高训练成绩。5月初，组织民兵应急连125人进行为期5天的强化训练，并向军地领导进行汇报表演，受到一致好评。另一方面，为了提升战备能力，根据新的战备法实施细则，2013年区人武部对战备库室按照“三室三库”标准进行重新规划和升级改造。先后投入40余万元，对作战值班室、作战数据库进行迁移和综合改造，完善功能区块划分和信息化系统的引接。对作战室、战备资料室、战备图库、和战备器材库2进行能够西画完善，并结合人武部实际开发了数据库管理软件，提高指挥效能。在5月召开的金华市战备规范化建设现场会上，以上建设成果受到了上级首长机关的好评。

【调整改革民兵组织】民兵整组工作突出抓好“四个转变”：由数量规模型向质量效能型转变、由直接参战为主向支援保障型作战为主、由以迎战建设为主向应急应战一体建设转变，努力提高以支援保障打赢信息化条件下局部战争为核心的多样化军事任务能力。本着压缩规模、优化结构的原则，合理对民兵队伍进行归类整组。民兵数量从2300人调整为520人；基干民兵队伍由原来作战队伍、勤务保障队伍、应急队伍和其他队伍四类调整为应急队伍、职员队伍和储备队伍三大类。人员编配上，增加了退役人员比例，其中，区属民兵应急连100%为退役人员。民兵训练内容中，与公安、消防、城建、人防、水利等部门协调联系，突出抢险救灾、维稳处突等训练。

【国防教育和宣传】年初，重新规范了国防教育领导成员单位职责，研究部署国防教育任务。主动与地方媒体衔接，形成重大节日和重要活动有专题报道、人武工作每周有要文报道、应急任务有及时报道的良好态势。充分利用广播、电视、报纸等宣传媒体，广泛深入开展以爱国主义、革命英雄主义、《兵役法》《征兵工作》《浙江省征兵工作条例》为重点的宣传教育。暑假与区委宣传部和区教育局联合举办了军事夏令营、少年军校等活动。年内组织了6个部门240余名机关干部过军事日。结合金东实际，出台《关于做好全区中小学生国防教育工作的意见》，成立区国防教育讲师团，依托区政府网站建设国防教育网页。

【兵役登记】6月，区、乡镇(街道)两级先后召开了兵役登记工作动员会，学习有关兵役登记的相关法律法规和文件，分析新形势，研究新问题，制定对策措施。之后，围绕《中华人民共和国兵役法》和兵役登记的相关条例开展形式多样的宣传活动。宣传车巡回全区12个乡镇(街道)，张贴了400余张画报、1200多条标语，展出30多期橱窗板报、20余条横幅，寄发《致应征青年一封信》2100余封。6月30日至7月7日，通过全区设立的21个兵役登记站，4808名适龄公民中，有3798名参加了兵役登记。

【征兵工作】针对兵役征集的新政策、新形势，2013年夏秋季征兵工作以提高新兵质量为核心，推进征兵改革规范征兵工作。首先，强化组织领导，加强互相协调。各级政府层层签订责任书，各乡镇(街道)党政领导参与征兵工作。区卫生局、公安局领导亲临一线指导体检、政审；人武部多次召集专武干部会议，解决征兵疑难问题。

【后勤管理】后勤管理以“财、物”管理为核心，以规范财务、有效利用，提升服务为重点。财务工作中落实党委管财制度，加强财务预算和监督，实施双主管联批手续，突出抓好资金安全和有效利用。认真落实经费和资产一体化管理制度，清查资产登记的基础上，编制资产限额标准，实现资产与经费管理一体化。严格制定落实车辆使用审批制度，加强驾驶员安全管理教育。严格落实军队空余房地产租赁管理规定。

【金华军分区领导到金东检查指导】3月29日，金华军分区政委杨龙溪到金东检查指导人民武装工作建设情况。区委常委、人武部部长朱俊强陪同检查。杨龙溪实地察看了区人武部营院、各办公场所及“人、车、枪、弹、密”等各项建设情况。杨龙溪对金东区近年来的人民武装工作给予了充分肯定。他指出，要进一步加强领导，重视做好民兵预备役的思想政治工作，确保政治上不出问题；要主动作为，加大对军民共建文化示范村的投入力度，加强军地联系，协调好各部门之间的关系，着力突出示范村的“文化”味，化“试点”为“亮点”，为地方经济社会发展做出更大贡献。

【省军区检查组到金东检查指导“军民共建”】4月7日，省军区政治部军转办主任郭宏林率检查组到金东区源东乡东叶村检查指导“军民共建文化示范村”建设情况。市军分区政治部主任戴克华、区人武部政委朱伟陪同检查。检查组实地察看了施光南故居、军民共建广场、便民服务中心等地。在听取了相关负责人的汇报后，检查组对金东区“军民共建文化示范村”的建设工作给予了充分肯定。对于下一步工作，检查组要求：要进一步加强领导，强化支撑保障，完善协作、考评机制；要以“军民共建、文化共享”为核心，明确建设目标，把准功能定位，整合资源，切实打造具有金东特色的军民共建文化示范村；要加大宣传力度，扩大军民共建文化的品牌知名度，壮大村级集体经济，增加农民收入，真正实现军民共建文化示范村的可持续发展。

【全市战备规范化建设现场会在金东区召开】5月10日，金华市军分区战备规范化建设现场观摩分析会在金东召开。省军区副司令员李大清，市军分区司令员徐学清、参谋长叶少军，区领导郑余良、朱俊强出席会议。2013年以来，区人武部注重规范战备设施、完善战备制度、正规战备秩序，着力提升战备工作水平，以“三室三库”为重点，先后投入40余万元对原有科室进行升级改造，同时推进信息化指挥手段应用，突出抓好战备规范化基础设施建设，狠抓制度落实，切实提高民兵应急力量战备执勤能力，建立健全针对应急分队的“四位一体管理”制度，开展可能遂行的训练任务。

【开展专题党日活动】7月21日，金东区人武部组织全体干部职工到傅村镇畈田蒋村艾青故居和孝顺镇烈士陵园开展专题党日活动。

【国防大学教授到金东授课】8月6日，“金东大讲堂”第31期开讲。本期大讲堂邀请了国防大学军事科技教研室副主任、军事学博士李莉教授，为全区干部做了题为“世界军事形势和中国国家安全”的专题讲座。李莉结合历史事件、军事活动、时政热点、各国国防政策和实力的对比等方面，全面分析了中共十八大以来中国军事形势的走向和面临的挑战，世界军事形势的现状和特点，并提出了如何应对新型国际军事形势发展、增强中国国防安全的一些建议和思考。整堂讲座深入浅出，通俗易懂，增强了全区机关干部的忧患意识、国防观念和爱国热情。

【区人武部与结对村“共创文明”】2013年以来，金东区通过开展“双千结对，共创文明”活动，区人武部、驻金部队视金东为第二故乡，与结对村互动频频。驻金某部为曹宅镇桥西村清理水渠淤泥，解决了300多亩农田的灌溉问题，军分区每年定期开展民兵应急训练，先后投入民兵300余人次参加金义都市新区重点工程建设，更在抗击台风、扑灭山林火灾中，发挥了突击作用。

（黄晓进）

社会事务

人才资源和社会保障

【概述】2013年以来，金东区人力资源和社会保障局在区委、区政府的正确领导下，在市人力社保部门的指导和帮助下，立足工作实际，坚持以科学发展观为统领，认真学习贯彻党的十八大会议精神，围绕“明思路、抓举措、重落实、转作风”的总体思路，深入开展干部作风建设活动，进一步加强干部队伍建设，紧扣中心，着眼长远，服务大局，扎实抓好全区人才、人事、劳动和社会保障工作目标任务落实，各项工作均取得了较好成效。全区人才队伍进一步发展壮大。人事管理水平进一步提升。就业服务能力进一步加强。社保体系建设进一步推进。2013年区人力社保局获得区农保处评为2013年度金华市“群众满意基层站所(服务窗口)”，浙江省人力资源和社会保障系统优质服务窗口。区医保处被市人力社保局评为“全市人力资源和社会保障系统优质服务窗口”。

人才资源与就业

【概述】2013年，区人力资源和社会保障局继续全面公开行政权力和公共服务事项，打造“阳光人社”品牌，除“阳光社保”外，“阳光政务”“阳光就业”“阳光监察”等服务组合拳也已推出。在“阳光人社”服务品牌的统揽下，区人社局的各项工作正在有条不紊地展开。2013年，区人社局共组织举办了两场大型招聘会，提供就业岗位数千个；完成充分就业社区(村)创建目标160个；开展职业技能鉴定4320人，发放初级国家职业资格证书2271本，专项能力证书1945本。城镇登记失业率1.76%，远低于全市年度失业率控制在4%之内的目标。

【人才人事管理】2013年，全区招考录用公务员28名，事业单位工作人员150名，安置营以下军转干11名，随军家属1名，选聘大学生“村官”15名。审核推荐申报国家“千人计划”2名，省“千人计划”1名，省突出贡献中青年专业人才1名，市“双龙计划”6名，市首席技能大师2名，市321专业技术人才第二层次人才培养对象2名，第三层次人才培养对象51名，新增婺星回归行动计划10名；组织183家企业参加全市人才交流大会12场，中高级人才封闭式洽谈会2场，引进人才520余名。接收大中专毕业生人事档案490份，人事代理302人，完成高、中、初级职称推荐确认411人，2799名事业干部增加一级薪级工资，人均月增资26.1元。1596名事业单位退休人员生活费作了调整，人均月增资671元。

3月7日，区人力资源招聘大会在金义都市新区举行
(邵勤旦 楼国松/摄)

【就业创业】2013年，城镇新增就业人数3136人，失业人员实现再就业521人，失业保险参保人数4396人，征缴失业保险基金280万元，完成企业用工备案登记3100人，工伤认定办结605件。新增劳动事务代理23人，办理改制企业退休68人，发放精简遗属生活补助88.08万元，企业社保补贴2.93万元，“4050”(指女40周岁、男50周岁以上的失业人员)社保补贴83.83万元，农民合同制工人一次性生活补助0.47万元。完成充分就业社区330个，覆盖率65%。审核拨付村级服务平台工作经费231.21万元。

【人力资源招聘会】3月7日，举办人力资源招聘会，72家企业提供各类就业岗位4203个，达成就业意向1003人；4月24日，组织23家企业参加浙江省技能人才校企合作金华分会场交流大会，有6家企业与高等院校签订合作协议。开展6个工种进城务工农村劳动者职业技能培训2064人，培训补贴1929人，开展15个工种职业技能鉴定4320人，发放初级职业资格证书2271本，专项能力证书1945本。

社会保障

【概述】2013年，区人社局统筹建立覆盖城乡的社会保障体系；组织实施失业保险、被征地农民基本生活保障、城乡居民社会养老保险、城乡居民社会医疗保险政策；制定社会保险基金管理监督制度，负责社会保险基金的预测预警，拟定应对措施；协助市有关部门做好养老、医疗、工伤、生育等社会保险实施工作。2013年全区60岁以上人员基础养老金发放率100%，16.9万名城乡居民进行了参保登记，参保率98.72%，迈向了“全民社保”，新增参保人员298人，40551名享受待遇人员领取养老金5502.61万元，办理1953年出生人员补缴3957人，老农保转居保339人，老农保退保1908人(退保金额250.75万元)，居保转社保380人。注销死亡人员1348人，发放丧葬补助215.54万元，新增被征地农民3978名，涉及行政村33个。新增生活补助人员1011，发放生活补助114.02万元。

【城乡居民医疗保险】2013年，全区城乡居民医疗保险参保人数23.25万，参保率98.7%，参保率居全市首位，5.6万人选择高标准(300元)缴费，增长率150%，基金征缴1.06亿，基金支出1.4亿。办理居民医保外地就医住院报销982件，全区城乡居民医保征缴由往年村集体统一代收代缴转变为银行代扣代缴为主导的缴费模式，银行代扣签约率达93.2%。为全区70周岁以上高龄人员4000余人上门采集信息服务，全区发的社会保障卡22.3万张，发卡率达96%。在15家卫生院设置1—2名特慢病初筛专家，特慢病通过率从90%提高至97%，累计办理特慢病患者认定5800人。

【“特慢病”种便民医保服务】区人社局着力做好30余种慢性病和7种特殊病的申报办理工作。开放权限受理点方便民众，参保者可自行选择辖区内的各社区卫生服务中心(站)、市级医疗机构、4家定点药店看病就医，参保患者凭社保卡到定点机构就诊现场结算支付；缩短办理时间为民众，在社区卫生服务中心设立受理点，每季度首月17日前进行汇总、初审、录入，经市专家组核准后，第一时间以电话短信、受理点上门服务等方式将病历本分发至申报者；开设特慢病重点人群库服务赢民心，多渠道宣传教育，节假日慰问生活较困难患者，加强对社区内常见病、慢性病的健康指导。截至年底：全区完成上述病种的认定审批2115人次，门诊补偿17290人次，补偿金额达341万元。

【社保基金风险防范】为构建更加阳光、更加透明、更加公开的养老保险基金管理、服务和监管体系，5月10日，金东区人力社保局制定出台了《金华市金东区城乡居民社会养老保险经办业务管理规程》《金华市金东区城乡居民社会养老保险经办风险防范和控制实施细则》和《金华市金东区城乡居民社会养老保险业务操作流程》三个规范性文件。从参保登记、保险费收缴、个人账户管理、待遇支付、制度衔接、保险关系转移接续、统计管理、稽核与内控等方面的管理程序和区、镇乡(街道)、村(社区)三级经办风险防范控制工作进行了完善规范，并制定了十大业务操流程，规范办理工作程序，完善基金管理制度，堵塞支付环节漏洞。实现了社会养老保险行政审批“七公开”，即政策依据公开、申报条件公开、申报资料公开、办事流程公开、办结时限公开、办理责任公开、投诉电话公开，以及经办服务“三到位”，即经办服务规程上墙到位、参保信息定期告知到位、待遇按时发放到位。

劳动保障执法和仲裁

【概述】2013年，区人社局建立了以“属地管理”为基础的劳动保障监察基本网格，对辖区内的监管对象开展全面、全程、全方位的“阳光式”监督管理。4月底，在全市范围内率先出台了《金东区企业欠薪预警分级处理暂行办法》，积极建立三级风险预警处理机制，开展工资支付、劳动合同、劳务派遣、劳动力市场等劳动用工专项检查。年内，该局共受理举报投诉劳动纠纷案件113件，已办结109件。为796名劳动者追回、补发被拖欠克扣的工资643.15万元，劳动争议仲裁办案效能也有显著提高。

【劳动保障监察】主动监察用人单位528家，接待劳动者咨询6154人次，纠正用人单位自定违法规定137项，共为1320名劳动者追回欠薪和赔偿金1041.3元，受理劳动者投诉163起，立案161件，结案率98.8%，其中10人以上的群体性案件22件。

【劳动争议仲裁】贯彻“预防为主、基层为主、调解为主”的工作方针，巩固和完善企业劳动争议调解制度。加强劳动争议仲裁机构实体化建设，积极探索简易办案程序，切实提高办案效率和质量。全年受理立案劳动争议仲裁案件152件，已结案152件，其中调解处理126件，调解率82%，处理标的271.6万元。

【劳动用工信息平台创建】2013年以来，区人社局为完善企业劳动用工信息管理，探索建立集用工备案、招聘信息、诚信记录于一体的劳动用工信息综合管理平台。自6月底平台建成以来，截至11月29日，已有26家企业注册入网，申报职工信息1041人，公布企业招工信息14条。

【农民工欠薪治理】12月30日，区人社局联合区建设局组成检查组，重点对使用农民工较多的建筑工地、加工制造、餐饮服务及其他中小型劳动密集型企业和个体户，开展为期2个月的农民工工资支付情况专项检查工作，确保农民工按时足额拿到工资。

2013年，区人社局不断加强农民工欠薪工作治理力度，建立健全解决拖欠农民工工资问题的工作机制，推动和谐劳动关系深入发展。主要做法：实现一个目标，全区劳动保障监察大队立案数、镇乡(街道)案件调解数和10人以上群体性事件数均比上年度下降10%，不发生影响较大的群体性恶性讨薪事件；推进“两网”建设，强化劳动保障监察基层网格化管理，及信息网络化建设。以建立镇乡(街道)劳动保障监察管理所为基础，按200家用人单位数量划分基层网格，对网格内企业的用工和工资支付情况实施动态管理和实时监控。建立网上劳动用工管理信息系统，探索企业和劳动者的劳动保障诚信体系建设；建立三级预警。对企业欠薪行为按拖欠金额、涉及人数等，设置黄、橙、红三级风险预警。对一般欠薪行为，对相关企业主进行约谈，要求企业制定发放计划，明确发放时间；对严重欠薪行为，发出限期改正指令书，责令其限期支付拖欠工资；对特别严重拖欠工资行为，除严格按照法律程序及时介入处置外，将其列入“劳动保障失信单位”，暂停其市场业务。对触犯“恶意欠薪罪”的，移送公安机关追究刑事责任。

机构编制

【概述】2013年，将区食品安全委员会办公室调整为区食品安全委员会的常设办事机构，挂靠区食品药品监督管理局。完善市区城市管理执法体制，金东区行政执法分局由市政府管理划转至金东区管理，实行以街道(乡镇)为管理单元的责任机制。在区直机关13个部门设立派驻监察室。在2012年度事业单位年检工作中，完成134个事业单位的年检工作，办理133个，注销1个，年检合格率100%。

【事业单位网上年检】2013年，金东区人社局以网上年检为契机，严把“四个关”，全面推进事业单位网上年检工作。指导服务到位。明确网上年检工作程序和工作要求并制定书面核准时间安排表，开通热线咨询电话、开展现场辅导和上门服务。信息公开到位。在网上公开年检工作相关材料规范填写样式，建立事业单位登记管理“一月一公告”制度，及时公告事业单位设立、变更、注销和年检情况。程序规范到位。按照既定工作流程依法有序开展年检工作，对登记情况有变的45个单位、50个项目，确保事业单位法人证书的准确、完整、真实。办理变动登记手续审核把关到位。从十个方面对事业单位网上提交的年检申请进行审查，对不符合规定的要求其补充完善，做好纸质材料的整理归档，确保纸质材料与网上提交材料相一致。截至4月22日，区属134个事业单位年检合格率达100%。

（林映红　袁修广）

民　政

【概述】2013年，区民政局以“四个民政”（现代民政、智慧民政、阳光民政、人本民政）建设为抓手，按照“以民为本、为民解困、为民服务”的宗旨要求，抓规范、打基础、强素质、优服务、保稳定，全面推进现代大民政建设，亮点工作突出创新，重点工作实现突破，常规工作富有特色，整体工作实现赶超发展。

2013年，区民政局荣获浙江省民政工作先进县（市、区），金华市县（市、区）民政工作考核优秀单位和民政政务信息工作先进集体，省老龄工作委员会办公室全省先进县（市、区）老龄办等荣誉称号，金东区岗位目标责任制考核先进单位和新农村建设先进单位。在省民政厅组织开展的“百名干部进百院，走亲解困连万心”专项活动中，金东区城乡社区居家养老服务中心获评“十大贴心民政”服务品牌。并被评为金华市民政系统2013年度“十佳创新工作”荣誉称号。

农村居家养老新模式

【概述】2013年以来，金东区以“保基本、广覆盖、可持续”为主要思路，采用统分结合模式推行农村居家养老服务中心建设。区民政局专门设立养老服务指导中心，统筹和指导全区居家养老服务工作；各镇乡（街道）负责推进本区域居家养老服务工作；各村（社区）建立居家养老服务照料中心，落实本村（社区）居家养老服务。农村居家养老服务照

11月12日，全省农村居家养老服务工作推进会在金东召开

料中心建设，为老年人提供生活照料、家政服务、医疗保健、精神慰藉和文化娱乐等全方位的养老服务，积极探索由“老有所养”向“老有善养”过渡，建成农村居家养老服务照料中心226家，实现一个乡镇全覆盖，服务覆盖全区2/3以上农村老人。这项工作受益老人满心欢喜，干部群众一致好评，上级领导充分肯定，社会力量积极参与。省、市先后在金东区召开现场会，“居家养老金东模式”在全省推广。央视新闻联播、新华社动态清样等国内主流媒体进行了报道，省外10多个代表团前来学习考察。

【全省农村居家养老服务推进会在金东召开】11月12日，全省农村居家养老服务工作推进会在金东区召开。省民政厅厅长尚清，省民政厅党组成员杨援宁、方金土出席会议；市委副书记、代市长暨军民在会上致辞，副市长张伟亚，市政府秘书长祝伦根，区领导郑余良。与会人员先到澧浦镇晚田畈、琐元、洪村、下宅等村，考察学习了金东区居家养老服务中心建设工作。尚清对金东区以统分结合模式，有效破解农村老年人生活照料难题给予充分肯定。他指出，金东经验体现了浙江特色，代表了农村居家养老服务基本方向，呈现出操作规范、覆盖面广、可学可鉴的特点和优势。区委书记郑余良代表金东区在会上作了典型经验介绍。金东区以“保基本、全覆盖、可持续”为总体思路和要求，全面推行统分结合的农村居家养老服务中心建设。在服务功能上，采取“日间统一照料、夜间分散居住”相结合的服务模式；在布局运营上，实行“中心较大村

统一布点、边缘较小村分餐配送”相结合的运营模式。在运行资金上，采取政府财政出一点、上级部门补一点、社区集体筹一点、社会爱心助一点的“四个一点”方法保障建设，以全员参与广泛凝聚共建合力。下一步，金东区将按照完善机制、扩大覆盖、走在前列的要求，学习借鉴先进做法，改进完善运行不足，继续抓好养老中心建设，实现养老服务的全覆盖。全省各地市及各县(市、区)民政部门负责人参加会议，6个县(市、区)在会上作了典型发言。

民生保障

【概述】2013年末，全区拥有各类社会福利单位11所，床位1304张，五保对象683人，已全部实行集中供养。其中在院667人，户院挂钩16人，集中供养率100%。落实低保政策，规范实施城乡低保工作，实现动态管理下的“应保尽保，应退尽退”，做到社会救助工作的公平、公正、公开。全区共有农村低保对象2822户3881人，城镇低保对象112户140人。实施困难群众的“安居工程”，全年竣工189户，总建筑面积9278平方米，投入资金209.9万元。实施困难群众医疗救助1789人次，补助医疗费312.9万元。

【城乡居民最低生活保障】落实低保政策，规范实施城乡低保工作，实现动态管理下的“应保尽保，应退尽退”，做到社会救助工作的公平、公正、公开。调整提高了城乡居民最低生活保障标准，全年共为2934户4021人发放低保救助金1225.56万元，发放困难群众物价补贴104.54万元。为493名贫困重度残疾人基本生活保障对象发放基本生活保障金196.4万元，其中2013年新增救助对象26人。

【五保对象集中供养】民政局积极探索，创新机制，不断推进社会化养老服务体系建设，完善以居家养老服务、养老机构集中供养与村级老年活动中心服务“三位一体”的服务网络体系化建设。增量提质，提升集中供养新水平。2013年，全区共有五保对象683人，其中在院667人，户院挂钩16人，集中供养率为100%。2013年，全区人均五保供养支出标准为8000元。全年完成了孝顺敬老院进院道路改造、澧浦敬老院设施改造、源东敬老院砌石护坡等3项改扩建工程，总投资335万元。

【水库移民政策落实】做好大中型水库移民后期扶持1654人99.24万元直补资金的发放工作。认真做好大中型水库移民后期扶持结余资金3个移民村项目的实施工作。实施《金东区解决小型水库移民困难问题实施方案》，确保24个解困项目的落实。

【养老补贴制度】2013年，对城乡低保家庭60周岁及以上失能失智的重度依赖者养老服务补贴，全年共为78名对象发放养老服务补贴55.02万元。澧浦、岭下、赤松、多湖、东孝和曹宅等6个乡镇(街道)1145名老人享受了城乡社区居家养老政府购买无偿帮助服务，支付资金65万元，提高了空巢老人的生活质量。

【高龄老人金补助】2013年重阳节，也是浙江省第26个“老人节”。为了让全区老年人过一个健康、快乐的节日，区财政局和民政局联合下拨了补助资金9万多元，用于全区90周岁以上高龄老人“老人节”一次性补助金的发放。至年底，全区有90至94周岁老人693人，每人可补助100元；95周岁以上老人有116人，补助金为每人200元。在“敬老月”期间，区财政局和民政局将不定期开展走访慰问活动，帮助高龄老人和困难老人排忧解难。

【慰问困难群众】切实为特困对象、农村老党员、优抚对象和低保对象解决实际困难，多项措施并举，把党和政府的温暖送到每一个困难群众心中，确保困难群众过一个欢乐、祥和、安定的春节。元旦、春节期间，全区共走访慰问了各类人员24505人次，发放各种慰问金710.67万元，让困难群众感受到党和政府的温暖，促进了社会的和谐和稳定。

基层组织建设

【概述】按照“区域党建、服务下延、网格管理、互帮共建”的要求，全年布点、完成建设35个村，其中市级农村示范社区22个，市民政局在金东区召开了现场会。多湖、东孝两个街道新设立了4个社区，一个社区行政区域进行了调整。向省争取到四个城市社区服务中心建设补助资金80万元。

【村民委员会换届选举】根据区委统一部署，全区第十届村民委员会进行换届选举。2013年，圆满完成曹宅镇、塘雅镇的第十届村委会换届选举试点工作。其中曹宅镇是省试点镇，也是省委组织部直接联系点，试点中提出的“选出好班子、绘出好蓝图、换出好风气”成为全省村级组织换届工作总目标。全区面上换届选举工作平稳有序，对72个重点村，由区级领导及农村工作经验丰富的部门领导担任换届指导员，严把候选人资格审查，严肃选风选纪，严厉打击贿选，换届风气明显好转，“双强”型村级班子建设得到加强。大力开展换届纪律政策宣传，编印换届政策读本1000本。

民政事务

【概述】2013年，区民政局，以“四个民政”建设为抓手，按照“以民为本、为民解困、为民服务”的宗旨要求，抓规范、打基础、强素质、优服务、保稳定，全面推进现代大民政建设。

【婚姻登记】认真贯彻落实民政部《婚姻登记工作暂行规范》，切实维护婚姻当事人合法权益，确保婚姻登记工作顺利进行。全年共办理结婚登记2915对，离婚登记719对，出具无婚姻登记证明3833份。定期向计生部门通报婚姻登记信息，开展免费婚检。依法办理收养登记。投入10多万元，对婚姻登记处进行装修，并添置了一批新设备，改善了婚姻登记处的软硬件设施，提高了服务质量和水平。

【殡葬改革】加大殡葬改革政策的宣传力度，倡导移风易俗、文明祭祀的新风尚，编制下发《殡葬改革和管理》宣传手册5500份，清明节期间发放“文明祭祀，平安清明”倡议书1100份。对现有乡村公益性墓地进行绿化覆盖，墓区的墓前、四周、道路两侧绿化率达到95%。

【地名事务管理】地名命名、地名标志设置等事务规范有序。全面完成《中华人民共和国政区大典》浙江卷金东篇词条的编纂工作，并通过省、市审核。开展平安边界建设创优活动和第三轮边界联合检查工作，按时完成县级界线联检任务。完成金兰平安边界创建协议书的牵头及金武、金婺线平安边界创建协议书签订工作。

【福利企业管理监督】加强对全区福利企业的监督管理，做好年检年审，残疾人合法权益得到有效保障。全区有福利企业22家，集中安置残疾职工711人。2013年，全区22家福利企业全年完成销售收入9.17亿元，实际退减免增值税3.2万元。

【民间社会组织培育监管】坚持培育、监管并重，切实转变服务方式，创新服务内容，为社会组织健康发展和逐步壮大提供宽松良好的行政环境。做好64个社会团体和101家民办非企业单位年检工作。新登记民办非企业单位6家。开展社会组织党建工作，成立社会组织服务中心，进一步完善社区社会组织备案制度，开展了一系列自律与诚信建设活动。

2013年度金东区民间社会团体名单

表6

登记证号	单位名称	法人代表	登记时间	业务分类	主管单位	办公地址
210001	金华市金东区个体劳动者协会	傅之平	2001	联合性	工商分局	工商局金东分局内
210002	金华市金东区民营发展联合会	傅之平	2001	联合性	工商分局	工商局金东分局内
210005	金华市金东区花卉苗木协会	郭新芳	2001	专业性	农林局	金华市光南路1379号
210006	金华市金东区基督教三自爱国运动委员会	傅宾通	2002	专业性	民宗局	傅村镇基督教会
210007	金华市金东区基督教协会	何根土	2002	专业性	民宗局	孝顺镇参山街30号

续表6

登记证号	单位名称	法人代表	登记时间	业务分类	主管单位	办公地址
210008	金华市金东区来料加工经纪人协会	陆晓红	2002	专业性	经贸局	光南路1339号
210010	金华市金东区燃气行业协会	王国平	2002	行业性	城建局	光南路1299号
210013	金华市金东区曲艺家协会	盛根旺	2002	专业性	文联	五一路新建巷42号
210014	金华市金东区城乡建设协会	方小亮	2002	行业性	城建局	光南路1299号
210016	金华市金东区环保协会	何 玲	2002	专业性	环保局	金华市环保大楼
210017	金华市金东区美术家协会	吴 鸥	2002	专业性	文联	五一路新建巷42号
210018	金华市金东区印刷行业协会	吴国鸣	2002	行业性	教文体局	金东区康济南街368号3楼335
210019	金华市金东区音乐家协会	朱献新	2002	专业性	文联	光南路836号六楼0624号
210020	金华市金东区作家协会	张金陆	2002	专业性	文联	康济街368号
210021	金华市金东区畜禽专业协会	季敬余	2002	专业性	农林局	金华市光南路1379号
210022	金华市金东区果蔬产业协会	施宏展	2002	专业性	农林局	金华市光南路1379号
210023	金华市金东区摄影家协会	杨梅清	2002	专业性	文联	五一路新建巷42号
210024	金华市金东区戏剧家协会	盛英良	2002	专业性	文联	金东区多湖街道婺剧大舞台
210025	金华市金东区民用爆炸物品管理协会	钱华芳	2002	专业性	公安分局	李渔路1996号
210027	金华市金东区老年人体育协会	叶锡才	2002	专业性	教文体局	五一路新建巷42号
210028	金华市金东区福利企业协会	洪鸿明	2002	联合性	民政局	光南路1379号412室
210031	金华市金东区佛教协会	释昌乐	2003	专业性	民宗局	金华商城西北区15幢一单元二楼
210032	金华市金东区质量协会	毛英	2003	专业性	技术监督局	宋濂路1098号
210033	金华市金东区武术协会	胡高龙	2003	专业性	教文体局	金华市曙光路161号锦佳苑2幢401室
210034	金华市金东区新型墙体材料行业协会	黄文臣	2004	行业性	经贸局	金华市光南路1339号
210035	金华市金东帕拉丁汽车运动协会	项庆	2004	专业性	流通办	金华汽车城郑州日产4S店
210036	金华市金东区施光南研究会	张根芳	2004	学术性	文联	施光南音乐广场展览厅
210037	金华市金东区医学会	章志忠	2004	学术性	卫生局	光南路836号六楼608室
210038	金东区青年志愿者协会	戴 翀	2004	联合性	团委	光南路836号十楼1004室
210060	金华市金东区高危行业安全技术协会	王小刚	2005	联合性	安监局	金华市康济南街368号
210061	金华市金东恒康老年协会	沈俊龙	2005	专业性	建设银行	金华市解放东路1号17楼1—3室
210062	金华市金东区众旺养殖专业协会	张 升	2006	专业性	农林局	孝顺镇洞源景区
210063	金华市金东区曹宅镇商会	贾林龙	2006	行业性	工商联	金东区曹宅镇政府
210064	金华市金东区孝顺镇商会	孙伟华	2006	行业性	工商联	金东区孝顺镇政府
210065	金华市金东区钥匙坯行业商会	柳维亮	2006	行业性	工商联	金东区傅村镇企业大楼
210066	金华市金东区傅村镇商会	杨德帅	2006	行业性	工商联	金东区傅村镇企业大楼
210067	金华市金东区澧浦镇商会	李双喜	2006	行业性	工商联	金东区澧浦镇政府

续表6

登记证号	单位名称	法人代表	登记时间	业务分类	主管单位	办公地址
210068	金华市金东区赤松镇商会	叶正栋	2006	行业性	工商联	金东区赤松镇政府
210069	金华市金东区多湖街道商会	蒋顺江	2006	行业性	工商联	金东区多湖街道办事处
210070	金华市金东区书法家协会	何俭强	2006	专业性	文联	金东区曙光小学内
210081	金华市金东区农民专业合作社联合会	华树芳	2007	联合性	农林局	金华市光南路1379号
210083	金华市金东区大成拳级(意拳)协会	倪保强	2008	专业性	教文体局	金华比德弗国际学校内
210084	金华市金东区江东镇商会	张志成	2007	行业性	工商联	江东镇政府
210085	金华市金东区塘雅镇商会	方允炉	2007	行业性	工商联	塘雅镇政府
210086	金华市金东区岭下镇商会	金纪春	2007	行业性	工商联	岭下镇金岭东路39号
210087	金华市金东区东孝街道商会	张勤业	2007	行业性	工商联	金华市金鸥路381号
210088	浙江金东经济开发区商会	叶智根	2008	行业性	工商联	浙江金东经济开发区管委会办公大楼
210089	金华市金东区足球协会	俞志辉	2008	专业性	教文体局	金华市开元路东方兰庭D8—3—502
210090	金华市金东区种养业农资协会	赵志林	2009	专业性	农林局	光南路1379号
210091	金华市金东区无党派知识分子联谊会	金艳秀	2009	学术性	统战部	光南路836号602室
210092	金华市金东区信息产业协会	吴 华	2010	专业性	招商局	金华市李渔路1111号八咏大厦
210093	金华市金东区郑刚中文化研究会	郑生余	2010	学术性	文联	金东区曹宅镇旅游大道7号
210094	金华市金东区老干部摄影家协会	郭加生	2011	专业性	老干部局	金华市亚峰路256号市老年大学内
210096	金华市金东区王氏“四世一品”文化研究会	王红晓	2012	学术性	文联	金华市金东区赤松镇王宅
210097	金华市金东区篮球协会	陈丰凯	2012	专业性	教育局	金华市金东区孝顺镇低田工业园区大凯饰品厂
210099	金华市金东区机关老年人体育协会	余寿林	2012	专业性	教育局	金东区东华家园9栋1楼
210100	金义都市新区温州苍南商会	陈亦根	2013	行业性	工商联	金东区金港大道天山龙城A区金港豪苑B幢102.103室
210101	金华市金东区婺剧促进会	楼科进	2013	专业性	教育局	金东区水务局大楼三楼
210102	金华市金东区农家乐协会	傅庆花	2013	行业性	区农办	金东区傅村镇上荷塘
210103	金华市金东区钻井行业协会	洪友生	2013	专业性	水务局	金东区多湖街道下溇口村A27幢1楼

军民共建

【概述】通过军地互访、军民联欢、军地联谊等多种形式,进一步密切了军政军民关系。通过科技拥军、法律拥军、行业拥军等多种活动,丰富和拓展军民共建的新内容,确保双拥工作社会化、经常化、制度化。春节、“八一”期间,走访慰问6个驻金东部队,送上慰问金20万元。“八一”期间,召开军政座谈会,加强军地情谊。积极开展省级双拥模范城(县、区)争创活动,双拥水平不断提高。

【退役士兵优抚安置】推进与经济社会发展相适应的城乡一体的退役士兵安置改革,接收2012年冬季退役士兵141人。发放一次性退役士兵补偿金176.6万元。培训自谋职业退役士兵59人,支出培训费40多万元。做好208户义务兵家属优待金的发放工作,全年共发放义务兵优待金500万元;及时、足额为1200户重点优抚对象发放抚恤金和临时“三难”生活补助款共60万元。为优抚对象解决住房、医疗等困难,补助医疗费用48万多元。

(程　辰)

老龄事业

【概述】2013年,金东区老龄事业围绕 “构建黄金主轴、推进富民强区”战略部署,全面贯彻“党政主导、社会参与、全民关怀”的老龄事业方针,“十二五”老龄事业规划实施迈出新步伐。积极开展基层老龄干部培训;第26个老人节庆祝活动丰富多彩;市、区领导及有关部门、乡镇(街道)开展了走访慰问、助老济困送温暖和丰富有益的老年文体活动。全区百岁老人达到了14名。澧浦镇政府和区民政局被省老龄委授予了“浙江省老龄工作先进集体”荣誉称号;区老龄办被省老龄办评为全省老龄工作先进县(市)、区老龄办;孝顺镇敬老院、澧浦镇敬老院等5个单位被省老龄委命名为浙江省第一届“敬老文明号”称号。

【老龄事业发展】2013年,“十二五”老龄事业规划实施迈出新步伐,积极开展基层老龄干部培训。第26个老人节庆祝活动丰富多彩,市、区领导及有关部门、乡镇(街道)开展了走访慰问、助老济困送温暖和丰富有益的老年文体活动。全区百岁老人达到了14名。

【老年人优待工作】4月1日,区民政局、老龄办召开了全区老龄事业座谈会,贯彻省、市老龄办主任会议精神,部署2013年老龄重点工作和老年人优待证制发和管理工作。到年底,全区12个镇、乡、街道和办事处,已完成全年申领老年优待证的制发登记,确保老年人及时享受优待政策。全区符合条件共制发老年优待证8164本,其中绿卡5597本,红卡2567本。

【老龄工作】4月7日,区民政局、老龄办召开了全区老龄工作座谈会,各镇乡(街道)分管老龄工作领导和老龄干部参加了会议。会议总结了2012年全区老龄工作,传达贯彻全市老龄办负责人座谈会精神,部署了今年全区开展“助老济困”送温暖等老龄重点工作,并具体布置了当前全区开展老年人优待证制发和管理业务工作,进一步开展为老年人办实事、做好事、解难事,让广大老年人共享经济社会发展成果。

【庆祝第26个老人节】10月11日,金东区召开庆祝省第26个老人节老干部座谈会。区领导郑余良、施美红、赵庆、楼科进、楼伟民与30余名离退休老干部欢聚一堂,共度重阳佳节,共承敬老美德,共话发展新篇。座谈会通报了金东区经济和社会发展情况以及组织工作情况,并向全体离退休老领导、老同志致以节日的祝贺和崇高敬意。座谈会之前,老干部

重阳节区领导慰问百岁老人(杨晨微 邵勤旦 /摄)

一行来到澧浦镇下宅村参观考察了农村居家养老和美丽乡村建设成果。重阳节前夕，相关区领导还来到赤松、塘雅、曹宅等镇乡(街道)、办事处，看望慰问百岁老人以及孤寡、空巢老人，在送上节日问候的同时，为老人们送去了慰问金与生活用品。

【农村老年电大】11月，区民政局和区财政局已下拨了2013年省级福利彩票公益金农村老年电大教学点项目补助资金4万元，对塘雅镇下吴村、孝顺镇老年大学等2个农村老年电大教学点给予扶持。全区15个农村老年电大教学点完成春、秋季老年电大招生学员970人，春、秋两季共征订教材970册。

(方旭平)

2013年度金东区百岁老人名单

表7

序号	姓名	性别	出生年月	年龄	详细地址	备注
1	季凤英	女	1912.11	101	金东区鞋塘办事处上明堂村	
2	徐秋妹	女	1911.09	102	金东区曹宅镇曹宅村	
3	金珍珠	女	1911.12	102	金东区曹宅镇岩后村	
4	沈姣弟	女	1910.12	103	金东区源东乡东叶村	
5	倪望桂	女	1913.08	100	金东区源东乡后施村	
6	施桂荷	女	1913.12	100	金东区源东乡雅高村	
7	朱玉钢	男	1911.03	102	金东区傅村镇后傅村	(已于2014年春节前11月病亡)
8	张春兰	女	1911.11	102	金东区傅村镇杨家村	
9	周凤芝	女	1913.12	100	金东区傅村镇杨家村	
10	范妹妹	女	1910.06	103	金东区孝顺镇中三村	
11	王棠女	女	1911.11	102	金东区孝顺镇新叶店村	
12	池桂玉	女	1912.08	101	金东区澧浦镇洪村村	
13	郑姣妹	女	1912.12	101	金东区澧浦镇郑店村	
14	金小奶	女	1912.12	101	金东区岭下镇坡阳居委会	
15	邵松弟	女	1913.02	100	金东区赤松镇潘村	

浙江金东经济开发区

【**概述**】浙江金东经济开发区(简称"金东开发区")原名金华金三角经济开发区,成立于2003年3月。2006年经省政府批准,更名为浙江金东经济开发区,并升格为省级开发区。开发区位于浙中城市群中心腹部,是连接金华、义乌两座城市的节点,也是金义都市新区和金华新兴产业集聚区的核心区域。开发区辖孝顺、傅村两镇和鞋塘办事处(简称"两镇一办"),管委会办公大楼位于"两镇一办"交界处。开发区近期规划面积50平方千米,远期规划面积275平方千米,未来将建成300万—500万人口规模的城市。

金东开发区地处"浙江之心",位于浙中城市群的中间地段,与金华市区和义乌的距离在20—30千米,与市内其他城市的直线距离也在50千米左右,有铁路3条,国道、省道、高速公路4条,交通十分便利。

2013年,金东开发区紧紧围绕"三年求突破"总体要求,以开展"项目品质推进年""干部素质提升年"活动为载体,大力实施"6、6、10"工程,紧盯目标,强化举措,狠抓落实,开发建设各项工作取得明显成效。预计全年实现工业总产值200亿元,其中,规上工业产值95亿元,增长20.5%;预计限额以上固定资产投资81.9亿元,增长162.5%,其中,工业投资40亿元服务业投资22.6亿元基础设施投资11.9亿元房地产投资7.4亿元;预计实现外贸出口总额6.26亿美元,增长36%;预计实现财政总收入5.1亿元,其中地方收入3.1亿元,增长17.5%,地方收入占财政收入的60.78%,比2012年占比58.53%提高2.25个百分点。

【**政策处理**】2013年,金东开发区内的低丘缓坡开发已完成征地2440公顷,完成农转用报批2236.3公顷,占报批总数的99.15%。完成报批32批次1701.3公顷,完成年度任务1000公顷的170.1%。超额完成市委、市政府下达的年度任务。金东开发区"两镇一办"完成造田造地207.07公顷,完成年度目标任务的104%。坚持建设高标准农田,积极推进建设占用耕地的耕作层土壤剥离再利用,切实提高垦造耕地质量的做法,得到省国土资源厅的高度评价与肯定。在市委主要领导协调下,金东开发区加强与兄弟县(市、区)联系,做好耕地指标调剂工作,全年累计调剂(含借用)指标440.17公顷。做好林地报批工作,已完成报批380.13公顷,完成320公顷年度任务的119%。

【**土地节约**】金东开发区率先出台规范工业用地转让制度,推行节约集约用地补充协议范本,优化土地资源配置。依照"强制淘汰一批、倒逼提升一批、适时关停一批、兼并重组一批"的原则,开展清闲促产,狠抓效益提升。开展工业项目用地节约集约利用专项行动,金东开发区联合经贸、国税、地税等多个部门对辖区842家供地企业进行逐个清理,重点对延期开竣工、低效用地和闲置用地等情况进行处置,共盘活工业用地30.73公顷。2013年金东开发区企业亩产税收预计提高10%。完成消化转而未供土地45.84公顷,占年度任务34公顷的135%;完成盘活存量建设用地21.62公顷,占13.33公顷年度任务的162%。

【**融资保障**】为保障金东开发区开发建设的顺利进行,金东开发区管委会不断强化融资工作,多渠道筹措资金，有力地保障了金东开发区的开发建设。金东开发区已成立注册资金本为30亿元、首期注资20亿元的金义都市金东开发区开发建设股份有限公司，作为金东开发区融资的母公司。按照“滚动开发、适度负债、注重效益”的原则，积极探索和推进政策性银行贷款、发行企业债券等额度大、期限长、成本低的融资项目。

【招商引资】金东开发区加强招商项目储备，提高招商引资的目的性、针对性。共梳理集聚平台、产业发展、基础设施、社会民生和生态环境等五大类76个项目，总投资544.5亿元。继续抓好在谈项目的跟踪、服务和对接。2013年，金东开发区在谈项目112个，总投资1321亿元。一年来，共签约引进项目15个，计划总投资307亿元，用地210.73公顷，其中，实际引进内资35.1亿元，完成年度任务的121%；实际利用外资2358万美元。加强招才引智，帮助骨干企业招引高层次人才10余名，尤其是协助浙江南博电源有限公司引进金东开发区首位“国千”人才卢文博士，完成省“千人计划”申报1人、“双龙计划”申报4人。

【项目建设】2013年，金东开发区列入省“411”9个重大项目、列入省重点的5个项目、列入市重点的9个项目也实现全部开工建设。列入省“411”的9个重大项目，全年预计完成投资38.4亿元，完成年度计划的268.5%。列入省重点的5个项目，全年预计完成投资7.05亿元，完成年度计划的171.9%。列入市重点的9个项目，全年预计完成投资9.67亿元，完成年度计划的146.5%。这些项目的开工建设，将为金东开发区的建设与发展增加新的活力，带动金东开发区电子商务、现代物流等产业的高速发展，有效地提升金东开发区的城市功能、城市品质和城市形象。

2013年，金东开发区在项目建设、落地上下足功夫，确定开工时间，倒排工作计划，落实责任和措施，推进引进项目早开工、早投产，进一步扩大有效投资。金东开发区在建105个新建工业项目，落地率100%，已开工项目96个，开工率91.4%，已投产项目87个，投产率82.9%。

2013年，金东开发区分别举行首批百亿工业项目开工（3月28日）、首批百亿现代服务业项目开工（6月7日）及浙商回归百亿投资项目开工（12月18日），总投资429亿元，像菜鸟·金义电子商务新城、金满湖·地心世界、万地广场、总部经济中心、高新产业区工业项目、都市新社区、满塘湖景观改造、地下共同沟及路网基础设施工程等八大项目全部开工建设。全力抓好“小上规”“个转企”和“四换三名”（腾笼换鸟、机器换人、空间换地、电商换市，名企、名品、名家）工作，2013年，共完成“小上规”34家、“个转企”145家，全面完成年度目标任务。

【规划编制】2013年，在全面完成金东开发区总体规划编制的基础上，加快编制各项控规和专项规划。一方面，注重控规与总规的衔接，同步开展金东开发区各重点区块的控规编制工作。六大区块控规编制基本完成。另一方面，深化细化各类专项规划。完成总部经济、路网框架、电力设施、生态低碳城市、田园系统、旅游、景观视觉系统、满塘滨水景观等8个专项规划编制。

【基础配套】加快推进“六纵四横”10条主干道建设，总长度81.7千米，总造价13.5亿元，建跨东阳江大桥2座。截止年底，10条主干道均已进场施工，其中，金义快速路城市化改造已基本完成，高新产业区块段正在抓紧灌木种植；东华街一期4千米主路面已建成通车，二期已进场施工，东华大桥完成设计并开工建设；金山大道大湖沿以北段全面建成，大湖沿以南主路面正抓紧施工；新城路金山大道以西段完成1千米建设，其余部分正进行地下管网施工；省道03线城市化改造金港大道以东段已完成地下管网施工，其余部分已放样，正在政策处理；正涵街正进行地下管网铺设，跨江大桥已完成设计；华金街已完成雨水管网铺设，正进行污水管网施工；法华街、广顺街及宏业路正进行地下管网施工。

【五水共治　三改一拆】把“三改一拆”作为推进金东开发区开发建设、强化金东开发区干部作风和提升金东开发区形象品位的重要工程，精心组织，周密部署，集中攻坚，强力推进，开创了“五心”（潜心摸底,用心谋划,耐心说服,齐心协力,暖心行动）工作法和违建典型旬报旬结制度，“拆”出了空间，“改”出了实效，为金东开发区社会的可持续发展、“六大区块”建设及重点工程项目的顺利推进提供了有力保障。上年金东开发区范围共拆除违法建筑314660余平方米,完成管委会下达年度任务数的143%、金华市下达年度任务数的210%,顺利平稳实现“全年任务三个月完成”的工作目标;旧厂区改造19480平方米旧住宅区改造39483平方米城中村改造66741平方米,分别完成年度任务数的649%、158%和148%。违法用地、违法建筑等势头得到有效遏制。坚持依法治水、科学治水、铁腕治水、全民治水,出实招、下大力、用狠劲,全面打响金东开发区水环境治理攻坚战。重拳出击,严厉打击“四小行业”。对“两镇一办”摸排发现的105家非法从事水晶、电镀、印(漂)染及废塑料加工等企业进行了关停取缔。

根据省政府2013年出台的《印染造纸化工行业整治提升工作方案》要求,金东开发区相关部门全力推进有关企业落实提标改造和中水回用、淘汰落后产能等工作任务,累计投入资金近5000万元。主抓印染行业提标的污水处理改建,造纸行业的产能调整等工作,完成洁灵家居、帅达毛纺等印染厂的整治验收任务,争取2014年完成造纸行业的整治验收任务。严格把关,积极做好项目环评能评审批。合理设置金东开发区环境准入条件,严格项目审批前现场查勘等程序,认真开展入园企业环保审批事项的跟踪指导、服务对接工作,杜绝高污染高能耗项目入园。金东开发区与金东区职能部门到企业现场能源评估49家,退回高耗低效企业9家。全面整顿非法采砂制砂点,对金东开发区范围内的34家采砂制砂点进行集中整治、拆除。根据调查摸底,金东开发区范围内共有畜牧养殖户580户,总面积20.7万平方米。到年底,已拆除140户,拆除面积579平方米。

【开发区基层队伍建设】2013年,金东开发区广大干部围绕“正风提效促落实、建设提速促发展”这一总体要求,敢于担当,勇于负责,善于破难,特别是在征地拆迁、政策处理、项目建设工作中,个个争当“狮子型”干部,冲在一线攻坚克难狠抓落实。始终按照“围绕中心抓党建、抓好党建促发展”的要求,高度重视基层党建工作,注重发挥党组织服务效能,实现基层党建与金东开发区发展互相促进。特别是通过强化基层党建工作,进一步加强和改进广大党员干部的工作作风,推动各项工作落实和金东开发区的加快发展。全力抓好村两委换届工作,2013年底前,“两镇一办”150个村的村两委换届已全面完成,475名村党组织班子成员中,女支委47名(上届32名),比上届增长3.2%,大学生“村官”7名,当选率18.4%;金东开发区150个村的村委会选举共选出500名村委会成员(150名村委会主任),其中女委员158名;平均年龄44.8岁,中共党员66名,大专以上学历13人,支委、村委交叉任职的6人,班子结构得到进一步优化。

【村党员干部宣传教育】通过手机短信、开会座谈、走访联系等方式,及时宣传金东开发区开发建设的最新进展,充分激发广大党员干部参与金东开发区开发建设的积极性;同时,要求村党员干部特别是村书记、村主任做到“三带头、三不准”,即带头签订征迁协议,不准拖工作后腿;带头做好亲戚朋友的思想工作,不准为他们说情、打招呼;带头支持开发建设,不准说和做不利于开发建设的话和事。通过正反两个方面,充分激发村党员干部的“正能量”,对金东开发区各项工作的开展特别是征地拆迁的快速推进,起到了很好的推动作用。高度重视非公企业党建工作,在下派26名非公企业党建工作指导员的基础上,扎实开展政企、村企结对共建活动。组织23名大学生到企业无薪挂职,共帮助7家企业开设党建微博、网上学习园地和人才工作站。如,真爱家居党支部,设立党员职工引导员,对新员工进行在岗一对一指导,使其尽快掌握技术,尽早投入生产,促进企业发展,开创以服务企业发展为目标、服务员工稳定为基础、服务党员表率为动力的“真爱党建工作法”“真爱家文化”两个品牌,实现了“党建强、发展强”的目标,在全市基层服务型党组织建设现场推进会暨四季度基层党建工作例会上得到了市委书记徐加爱的充分肯定。

【国际物流园监控信息一体化平台通过省验收】1月7日,金东国际物流园区监控信息一体化平台建设项目顺利通过省运输管理处验收。该平台是金华市唯一的物流电子监控信息一体化平台,于2012年初启动建设。建成之后,将使物流园区内的各个监控点、堆场、仓库以及外贸公司信息互通,货物可监控,节约成本的同时提高效率。监控平台,主要是针对园区内的几大货物堆场和物流公司，通过高清探头、显示屏等电子产品，对货物实行可视化监管。在无水港的一楼大厅内，有一块显示屏。该显示屏有46寸，由9块小显示屏组成，每一块显示屏都显示一个监控点。显示屏画面可任意放大缩小，几百米外集装箱上的标志、符号均清晰可见。截至2014年1月底，该平台已在无水港、尖峰保税仓库、圆通等5家物流公司安装第一批监控设备，共12个监控点。该监控信息平台的建立，填补了金东区物流行业无信息化平台的空白。

【区信息软件创业园公布为“第三批省现代服务业集聚示范区”】10月16日，省政府公布第三批省现代服务业集聚示范区名单，金东区信息软件创业园名列其中，成为全市4家入围单位之一。金东区信息软件创业园有60余家企业入驻，累计上缴税收4828万元。2013年1—8月，金东区信息软件创业园营业额达8.7亿元，同期相比增长41.3%；上缴税收1416万元，同期相比增长36.3%。现代服务业集聚示范区是服务业企业资源共享、集聚互动的重要平台，有利于拓展区域经济产业链和提升价值链，进一步强化城市功能和改善城市形象，推动经济转型升级。

金东区大型物流企业——无水港起步

【菜鸟网络科技有限公司落户金义都市区】10月15日，由菜鸟网络科技有限公司投资设立的金华市传云物联网技术有限公司在金义都市区正式成立。菜鸟网络科技有限公司由阿里集团牵头组建，旨在打造中国智能骨干网，以支撑年均10万亿元网购交易额，该公司将中国智能骨干网首个关键节点落户金义都市新区，项目总投资150亿元，每年可产生约600亿元网购交易额；运营十年后，每年可产生约1000亿元网购交易额，至少可吸引6万人在此工作、生活。金华市传云物联网技术有限公司注册资本1亿元，是“菜鸟网络”首个关键点“中国·金义电子商务新城”项目的主要部分，筹备之初就得到了市政府、金义都市新区管委会和其他相关部门的重视。该公司工作人员从北京赶到金义都市新区办理营业执照时，注册窗口的工作人员启动“重点项目绿色通道”，不到1小时就为其办好了营业执照。

【阿里巴巴区块征迁完成农房拆除】10月9日，阿里巴巴区块第一期所涉及的农房拆除工作全面完成。阿里巴巴区块第一期征地任务600亩，涉及支家、石泄、张宅3个行政村49户农户的房屋。征迁工作自8月16日开始，工作人员主动放弃休息时间，对问题进行再分析，对进行任务再细化，对责任进行再明确，一对一解决项目推进过程中遇到的征迁、拆迁、政策处理等问题，实行各个击破。在细致入微的工作面前，很多被拆迁户的思想受到了很大的触动，有的农户甚至还送上自家种的甘蔗慰问工作组成员。经过50余天的攻坚，阿里巴巴区块第一期征地涉及的房屋拆迁工作拆除面积达22325平方米。

（俞宗庆）

工业经济

【概述】2013年，面对国内外宏观经济发展环境，金东区坚定不移地实施“工业强区”的战略，以科学发展为主题，以结构调整为主线，以年初确定的年度工作为目标，政企合力，攻坚克难，通过优化企业发展环境、倒逼企业创新转型、加快重点项目推进、清理低效企业、“小上规”企业培育、拓展外贸市场、优化企业服务等一系列举措，推动工业经济平稳健康发展。

2013年，全区工业经济总量稳步增长，完成工业增加值56.72亿元，增长9.2%，工业增加值占GDP比重40.1%。全区233家规模以上工业企业实现规上工业总产值167.36亿元，同比增长11.16%，增速列全市第四位。市工作目标158亿元，完成105.92%；区工作目标176亿元，完成95.09%。规上工业增加值实现29.67亿元，同比增长8.5%，增速列全市第九位。市工作目标32亿元，完成92.72%。新产品产值实现61.63亿元，同比增长27.23%，增速列全市第五位。市工作目标59亿元，完成104.46%。工业投入实现55.87亿元，同比增长20.1%，增速列全市第六位。市工作目标57亿元，完成97.89%；区目标为70亿元，完成79.71%。引进内资实现48亿元，同比增长24.4%，总量列全市第一位。

2013年，规模以上工业企业新产品产值61.6亿元，增长27.2%。

【优化企业发展环境】确立领导联企制度，对各类型企业进行高密度走访，组织开展“百名局长联百企助发展”活动，全区186名领导干部对应联系558家企业，上门走访送政策、送服务，没有要求业主陪同，没有在企业就餐，没有增加企业负担，没有索要企业产品，在企业中树立了良好的形象。走访过程中，协调解决的问题、困难多达5类231项，汇总上报企业困难23件。

【重点工业和技改项目推进】1—12月，工业投资完成55.8亿元，同比增长20.1%，完成年计划的97.9%。列入第一批机器换人示范试点企业5家，上报第二批机器换人示范试点企业33家。40个重点工业项目和49个重点技改项目是全区2013年工业推进工作的主要抓手。40个重点工业项目中，在建项目14个，竣工投产项目12个，未开工项目14个，完成实际投资额11.24亿元；49个重点技改项目中，在建项目8个，竣工投产项目40个，未开工项目1个，技改投入7.54亿元。5个乡镇进行重点改造，分别是赤松镇1万平方米、澧浦镇1万平方米、江东镇0.5万平方米、孝顺镇1.5万平方米、傅村镇0.3万平方米，截至2013年12月底，全区累计完成旧厂房改造70729平方米，完成任务的117.9%，各镇乡（街道）也完成区政府下达的任务。全区还关停拆除6座黏土砖瓦窑，占地面积485.8亩，削减产能1.8亿块标砖。

【企业培训】结合全区实际，开展2次外贸业务培训，共200余家外贸企业400余人次参加培训；工业政策宣讲培训，共180余家209人次参加培训；企业统计员培训，共200余家209人次参加培训；来料加工业务培训，共80余人次经纪人参加培训；市场拓展、大客户销售培训，共160余家企业330多人次参加培训。组织企业经营管理者参加各种教育培训14期，其中专题讲座3期，共151人次参加，分别是智慧城市建设讲座1期，共30家企业40余人次参加；跨境电子商务讲座1期，共30家企业70余人次参加；“两化”（信息化和工业化）深度融合讲座1期，共38家企业41人次参加。短期适应性培训12期，共35家次企业360余人次参加。通过培训，促进企业经营管理人员适时更新知识、把握市场动态、了解政策导向。

【清理低效企业工作】2013年初，研究制定实施《金东区规范工业企业厂房出租管理行为的实施意见》。明确管理主体、承租条件、租金最低指导价和违规行为处置等内容，从源头上卡住关口，让厂房出租行为处于监管之下，该意见于7月1日起执行。制定全区低效企业清理工作的具体实施方案。8月份起，金东区对市里通报的及区里排摸的77家企业进行走访及数据核实，联合国税、地税分局等部门分5个工作组40余人开展整治。到2013年底，77家企业承诺或实际补缴税收1200余万。统一部署工业线开展“践行群众路线，全员一线攻坚”集中行动，对全区企业低效摸底进行专项部署。9月26日至10月底，42名机关涉企部门工作人员组成8个小组，对全区共1077宗工业用地进行全面走访，汇总情况为：(1)所供土地为拿地企业自用的，共878宗土地，约2.11万亩。经初步核算，亩产税收达到3万元以上的239家，3万元以下的有539家。(2)所供土地存在出租情况的，共256宗土地，约2800亩，共有承租企业503家（不含拿地自用企业）。(3)所供土地改变性质用途或存在特殊情况的，共415宗土地，约3426亩。

【节能降耗工作】2013年，全区共对203个固定资产投产项目进行节能评估和审查，累计新增综合能耗160275.6吨标准煤，累计新增装机容量93925千伏安，其中年综合能耗1000吨标准煤以上的项目33个。另有17个项目由于能耗水平、行业准入、现有效益等原因进行了否决。全区5家企业开展大规模节能技改，5个项目总投资额5350万元，节能量达1620吨标准煤。在12月底前，完成了对全区6座砖瓦窑的拆除工作，累计拆除轮窑140门，完成减少落后产能1.6亿标砖，腾出用能空间5420吨标准煤，腾出用地485.8亩。2013年，金东区于5月开始对全区开展小水晶、小电镀、印(漂)染、废塑料加工等生产经营“低、小、散”高耗能高污染行业进行专项整治，整个活动累计取缔“四小”企业158家。开展印染、化工、造纸等3个行业的整治工作，关停2家造纸行业企业，10家印染行业企业整治接近尾声，通过整治印染行业企业，年综合能耗累计下降1万多吨标准煤。

【“小上规”企业培育】“小上规”是稳增长和“促转型”重要支撑，推动“小上规”，也是市工业经济转型再发展的重大举措。2013年，金东区共完成“小上规”57家，净增32家，省里审核通过25家，完成市政府下达全年任务数的114%，金东区“小上规”工作深入开展，对金东区工业经济的发展起到了积极的推动作用。

纺织业

【概述】浙江虎跃包装材料有限公司、浙江中美日化有限公司、浙江真爱时尚家居有限公司、金华帅达毛纺织品有限公司、浙江奥锣拉机械有限公司、金华市双可日用品有限公司、金华市浩沙针织厂、金华索菲亚服饰有限公司、浙江美佳机电科技有限公司共9家企业，2013年实现工业总产值18.27亿元，金东区工业总产值161.66亿元，占比11.3%；比去年同期增长15.48%。销售产值17.21亿元，金东区行业总销售产值145.25亿元，占11.85%，比上年同期增长17.48%

【工序改进和设备更新】浙江真爱时尚家居用品有限公司是金东区重污染行业科技示范改革的标兵。公司于2013年11月，结合“五水共治”实施工作，开始推行清洁生产，投入450万元资金进行工序改进和设备更新。针对废水重复利用率不高这一难题，在二沉池后增加中水回用池、气浮池、石英砂过滤、催化氧化等，使废水利用率提高52.4%左右。在产量不变的情况下，预计可实现年节约染色用水176611吨，减少废水排放176611吨、新鲜取水量176611吨、污水处理176611吨、COD排放量7.8吨、氨氮排放量0.64吨。

【德国迪恩市市长保尔·拉如考察机电科技】

2013年10月11日上午,德国迪恩市市长保尔·拉如一行12人到岭下镇浙江美佳机电科技有限公司考察访问,并先后参观了该公司产品展示馆、生产车间。

【厂家简介】浙江真爱时尚家居有限公司。公司成立于2003年,由真爱集团有限公司投资控股,坐落在浙江金东经济开发区内。东与闻名遐迩的国际小商品城义乌接壤,前邻省道03线,背靠杭金衢、金甬高速,交通便利。公司总资产3亿元,占地面积160亩,建筑面积7万平方米,员工1200余人,其中中、高级管理、技术人员80余人,主要生产销售珊瑚毯。公司拥有先进的国产高速经编机24台,台湾生产的10—12色磁棒式平网自动印花机生产流水线6条,素染机5台,配套完善的后整理、成品加工等工艺设备和国际领先的深井曝气污水处理系统。产品80%以上远销美国、日本、俄罗斯、欧洲、南非等国家和地区,在国内建立了上海、北京、广州等办事处,拥有了一批长期稳定的客户群。企业荣获"浙江省重合同守信用单位""企业银行信誉等级AAA级""金华市高新技术企业""金华市科技型中小企业"等荣誉。2013年,实现工业总产值55059万元,主营业务收入35899万元,利润2271万元,缴纳税收1371万元。

浙江美佳机电科技有限公司。位于岭下镇工业园区内。组建于2006年11月。主要生产遮阳篷、卷帘门窗、户外休闲家具等产品。先后研发21个系列的新产品,拥有实用新型专利32项、外观专利152项。所有产品均通过GS、CE、CSA等国际权威标志认证,综合技术达到国内领先水平。2013年,上缴税款519余万元,2013年产值达13764万元,亩产值达278万元。

橡胶塑料制品业

【概述】金华洁灵家居用品有限公司、金华市万得福日用品有限公司、金华长弓清洁用品有限公司、金华市美居家业用品有限公司、金华汇源塑胶有限公司、浙江金华简佳塑业有限公司、浙江新风景塑胶有限公司、金华市双星工具有限公司共8家企业。2013年实现工业总产值20.5亿元,占金东区行业总产值的12.68%,同比增长9.86%。销售产值19.47亿元,占金东区行业总销售产值的13.4%,同比增长11.75%。

【长弓公司通过专利质押融资】长弓公司是金东有名的"专利大户",共有授权专利330多项。2011年,该公司研发成功国内首创的"可降解植物纤维新清洁材料系列产品",填补了同类产品可降解领域的空白,被列入浙江省2012年重大科技专项项目。该系列产品大批量投产后,企业面对的资金压力逐渐增大。2013年4月,通过专利质押融资这一途径,长弓公司以1个发明专利和12个实用新型专利,向建行金华分行申请专利权质押融资,贷款2000万元。资金到位后,全部用于生产的运转和科技项目的研发,为专利产品打开国内外市场赢得了宝贵时间。

【厂家简介】金华洁灵家居用品有限公司。致力于螺旋纺材家居用品领域的新型功能性材料与技术的研发与应用,主要从事高性能纤维螺旋纺材清洁用品、沐浴用品、家纺系列用品的制造,2013年,公司实现工业总产值23984万元。主营业务收入201779万元,利润243万元,上缴税收786万元,亩产值达170余万元。

金华市万得福日用品有限公司。成立于2004年9月,位于孝顺镇工业功能区,是一家集产品开发、生产加工及销售于一体的民营企业,公司主要生产高档塑料餐具(包括镀金、镀铝、镀铬),产品出

金华万得福日用品公司注塑车间"机械手"在操作(黄飞亚 欧阳冰/摄)

口美国、加拿大、以色列、意大利、法国等欧美发达国家。公司成立技术研发中心，每年开发多种新产品，云年投入研发经费近300万元。公司开发的“环保健康型餐具CS—5800系列”获得“金华市高新技术产品”称号，目前该项技术在国内仅此一家，产品在国际市场上占有36%的份额。2013年，产值19749万元，利润1144万元，上缴税收192.2万元，亩产值达246万元。

非金属矿物制品业

【概述】金华天马水泥粉磨有限公司、浙江金华金鹤建材有限公司、金华三联水泥实业有限公司、金华浙通混凝土有限公司、金华市方灏商品混凝土有限公司、金华市龙鼎混凝土有限公司、浙江金厦控股集团有限公司、金华方源砖艺有限公司、金华安森建材科技有限公司、浙江伟兴水晶有限公司共10家企业。2013年，实现工业总产值13.45亿元，占金东区行业总产值的8.32%，比上年同期增长23.21%。销售产值13.03亿元，占金东区行业总销售产值的8.97%，同比增长26.45%。

【金厦控股成立非公企业党委】1月25日，中共浙江金厦控股集团有限公司委员会正式成立，同时举行第一次党员代表大会，选举产生第一届委员会委员、书记、副书记。金厦集团党委也是金东区的第一个非公企业党委。金厦集团自2004年创建党支部以来，紧紧围绕非公有制企业党建“三化三有”，以“双向培育工作法”为主要抓手，着力推动企业发展和党建工作有机协调发展。同时扎实推进党员队伍建设，下设6个支部，共有正式党员62人，预备党员13人，入党积极分子6人。

【厂家简介】浙江金厦控股集团有限公司。创建于1990年，经过多年的发展壮大，形成以房地产、建材、建设、商贸为主业，多种原材料生产、酒店业、运输业为补充的多元化经营格局。公司有员工1000多人，注册资本2亿元，总资产7亿元，年销售收入12亿元，年均上缴税收千万元以上。集团辖属15家子公司，分别是金华市江晨房地产有限公司、金华越圣建设工程有限公司、金华市金厦商品混凝土有限公司、金华市金厦商品混凝土有限公司金三角分公司、衢州金厦非凡建材有限公司、义乌市金厦商品混凝土有限公司、永康市金厦商品混凝土有限公司、浙江金厦控股集团兰溪混凝土有限公司、金华市金厦水泥构件有限公司、金华市利源新型建材有限公司、金华市高恒混凝土外加剂有限公司、金华市金厦物业管理有限公司、金华市南峰石料场、金华市金厦商品混凝土有限公司运输分公司、兰溪市金厦建设投资管理有限公司。公司先后被授予“浙江省建设业重质量重安全双优示范单位”、“金华市优秀企业金星奖”、“金华市先进建筑业企业”“金华市建材业质量管理标兵企业”“企业信用等级AAA级”“金东区强优工业企业”“金东区文明单位”等荣誉称号。

浙江伟兴水晶有限公司。公司位于浙江省金华市金东综合工业园康济街，占地面积130余亩，年销售额逾2亿元，员工近300人。系港资企业，于2002年12月成立，注册资本250万美元。公司集研发、制造、销售于一体，主营晶质水晶玻璃(水钻)及其制品的生产和销售，引进国外先进生产技术，并成立由多名高级工程师组成的水钻材料研发科。成功建造国内领先水平的高晶质熔炉数座，于2005年又斥巨资引进捷克成套彩钻珠胚生产技术。2006年，初彩胚成功推向市场。企业贴近时尚饰品市场前沿，公司产品占据了国内同类产品大部份市场份额，并远销海外。

金属制品业

【概述】金华市巨茂金属制品有限公司、金华市亚虎工具有限公司、浙江金华市开元机电科技有限公司、浙江恒辉铁塔制造有限公司、金华市振安金属构件制造有限公司、浙江龙翔门业有限公司、金华市金五福工贸有限公司、金华市东润工具有限公司、金华市融昌工具有限公司、金华市跃发五金工具厂、金华市九鑫工贸有限公司、金华市和发工具有限公司、金华市华喆工具厂、金华美戈尔机电科技有限公司、金华市明辉户外装备有限公司、浙江三泰园林机械有限公司、浙江开尔新材料股份有限公司、浙江志翔工贸有限公司、浙江鸿牛工贸有限公司共19家企业。2013年实现工业总产值15.85亿元,占金东区行业总产值的9.8%,同比增长8.43%。2013年销售产值14.5亿元,占金东区行业总销售产值的9.98%,比上年同期增长6.75%。

【开尔公司获评省创新型示范企业】7月30日,省科技厅、发改委等10部门(单位)公布了2013年度浙江省创新型示范和试点企业名单,浙江开尔新材料股份有限公司榜上有名,成为省创新型示范企业。开尔公司于2010年获评省创新型试点企业,经过三年试点,2013年期满通过考核评价,成功升格。金华市还有4家企业获此殊荣。

【亚虎公司党支部评选“先锋之星”】9月5日,金华市亚虎工具有限公司党支部的22名党员、预备党员及入党积极分子以无记名投票的方式选出了8月的党员“先锋之星”,并将评选结果张贴到宣传栏。该公司把每月5日定为“评星日”,活动已持续开展了两年多。

【两家企业被评为省专利示范企业】11月19日,省知识产权局和省经信委联合公布2013年浙江省专利示范企业名单,金东区浙江开尔新材料股份有限公司和浙江金利华电气股份有限公司上榜。专利示范企业是企业专利工作的样板,有效期为3年,申报的基本条件包括企业近三年拥有有效的各类专利20项以上,或发明专利5项以上,或国外发明专利3项以上;企业经营状况良好,连续两年盈利,其中专利产品年产值5千万元以上,专利产品销售额占企业总销售额50%以上。

【厂家简介】浙江开尔新材料股份有限公司。简称“开尔新材”,是一家在中国深圳证券交易所上市的专业型股份制公司,公司始创于2003年,总部设在浙江金华,注册资金1.2亿元,占地面积约6万平方米,旗下拥有全资子公司合肥开尔环保科技有限公司、上海分公司、深圳分公司,以及控股子公司开尔新材料(香港)国际有限公司。开尔新材一直致力于新型功能性珐琅(搪瓷)材料前瞻性研发和市场运作化推广,专业从事新型功能性珐琅(搪瓷)材料的研发、设计、制造、推广和销售,经过全体员工多年的不懈努力和积累,开尔新材已经成为国内新型功能性搪瓷材料产业化应用的行业领航者,开尔新材拥有多条世界先进的静电干法珐琅(搪瓷)产品生产线。是国家建设部唯一一部行业规范标准《中华人民共和国建筑工业行业标准:建筑装饰用搪瓷钢板JG/T234—2008》的第一起草单位,国家级高新技术企业、浙江省创新型试点企业、建设部幕墙门窗标准技术委员会副主任委员单位、中国搪瓷工业协会副理事长单位、中国硅酸盐学会搪瓷分会副理事长单位、中国轻工业搪瓷行业连续三年十强企业、搪瓷工业安全技术规程标准复审单位、中国标准化协会团体会员单位,在行业中具有较高知名度和市场影响力。开尔新材拥有实力雄厚的科技研发技术,科技成果转化能力突出,拥有多项专利技术和多项非专利技术。主营产品用于建筑装饰行业的“新型功能性装饰珐琅(搪瓷)钢板”、用于电厂环保脱硫的“GGH搪瓷波纹板传热元件”均已获得国家火炬计划项目和浙江省高新技术产品认定,并且获得了“浙江省名牌产品”称号。2013年,浙江开尔新材料股份有限公司实现工业总产值28263万元,主营业务收入38193万元,利润5785万元,缴纳税收2388万元。

金华市亚虎工具有限公司。成立于2001年6月,位于金东区金园路1333号,注册资本2000万元,是一家专业从事工作台、手推车、脚手架等五金工具研发、生产、销售的外向型企业。企业于2008年通过了ISO9001:2008质量管理体系认证,2010年公司通过ISO14001:2004环境管理体系、GB/T28001—2001职业健康安全管理体系认证。公司先后被认定为国家高新技术企业、浙江省“守合同重信用”AAA级企业、浙江省专利示范企业、浙江省出口名牌、浙江省科技型中小企业、金华市廉政文化示范企业、银行信用等级AAA级企业、工商信用管理AAA级企业、金华市创新型企业、金华市著名商标、金华市知名商号、金华市名牌产品、金华市信用示范企业、金华市劳动和谐单位、金华市“百佳”守银行信用企业、自营出口先进企业、金东区专利优胜单位等荣誉。

通用设备制造业

【概述】浙江金锅锅炉有限公司、浙江金轮机电实业有限公司、浙江浙起机械有限公司、金华市尖峰机械工具厂、浙江飞亚电梯有限公司、金华金力士泵业有限公司、金华大众齿轮有限公司、浙江通达电器有限公司、金华市宏钜工具有限公司、浙江金美电动工具有限公司、金华正信实业有限公司、金华市合诚工具有限公司、浙江金一电动工具有限公司、浙江华丰电动工具有限公司、金华市金顺工具有限公司共15家企业。2013年,实现工业总产值16.31亿元,占金东区行业总产值的10.1%,同比增长12.2%。2013年,销售产值15.4亿元,占金东区行业总销售产值的10.6%,同比增长11.35%。

【金锅锅炉获评省同行业首台产品】省经济和信息化委员会、省财政厅公布了2013年装备制造业重点领域首台(套)产品名单,金东区浙江金锅锅炉有限公司研制的"DZL1—1.25—S链条炉排高效燃生物质颗粒蒸汽锅炉"获评省内首台(套)产品,成为市本级3个入选产品之一。获得年度省首台(套)产品认定的单位,由省财政相关专项资金给予奖励,其中,省内首台(套)产品奖励50万—100万元。首台(套)产品对提高全区装备制造业自主创新水平,促进工业经济转型升级有着重要的作用。

【金顺公司获评省成长型中小企业】金华市金顺工具有限公司(简称"金顺工具")被省经信委评定为2013年度浙江省成长型中小企业,成为全区唯一一家入选企业。为帮助成长性好、创新力强、有市场前景的中小企业解决投融资问题,金东区积极参与省成长型中小企业评价认定工作,服务区内企业更好更快发展。通过申报、审核、评定等环节后,"金顺工具"成功入选。"金顺工具"近三年主营业务收入平均增长10%以上,近三年纳税总额平均增长10%以上,企业经营者素质、企业管理、企业信用、技术创新、节能环保等方面较好,近三年内无重大安全生产事故。

【厂家简介】浙江金锅锅炉有限公司。前身为金华市锅炉厂。是一家集科研、设计、制造、安装、服务于一体的现代化、科技型企业。专业生产蒸汽锅炉、热水锅炉、真空热水机组、有机热载体锅炉(导热油炉)、水煤浆锅炉、污泥焚烧循环流化床锅炉、船用锅炉、余热利用锅炉等产品。公司占地面积30000平方米,厂房面积20000平方米,职工200余人,其中专业技术人员占企业职工总人数27%,公司汇聚多位锅炉行业的资深专家,聘请长期从事锅炉行业工作并享受国务院特殊津贴的专家担任设计负责人。公司已通过ISO9001:2000质量管理体系认证,并被评为金华市高新技术企业,浙江省守合同重信用单位,中国质量、服务、信誉AA+级企业。产品注册商标"金锅牌",先后获得"浙江省市场名优产品""金华市名牌产品""浙江省高新技术产品""金华市著名商标"等荣誉称号,一种"燃生物质型煤工业锅炉"已申请为发明专利。2013年,浙江金锅锅炉有限公司总产值5594万元,主营业务收入5123万元,利润108万元,缴纳税收147.5万元。

浙江金一电动工具有限公司。创建于1979年10月,是一家外贸进出口生产企业,主要生产电动工具、气动工具、木工工具、家用水泵等四大系列产品,并全部销往欧美、中东等30多个发达国家和地区。公司地处金华市金三角经济开发区,占地面积8万平方米,建筑面积6万平方米,拥有固定资产1亿元,资产总额19500万元,年产值8000万元。公司注重创新发展,狠抓产品质量和过程质量工作,最早通过和实施了ISO9001质量管理体系认证、ISO14001环境管理体系认证及清洁生产工作,并先后获得中国驰名商标、浙江省文明单位、省诚信企业、省模范职工之家、省著名商标、省科技型中小企业、市名牌产品、市劳动关系和谐企业等多项荣誉。2013年,浙江金一电动工具有限公司总产值6676万元,主营业务收入6664万元,利润52万元,缴纳税收342.55万元。

(姚 倩)

农林 水利

农村经济

【概述】2013年,以生态循环农业为主线,以农业两区建设为主抓手,强化"服务三农"理念,推进农业发展方式转变,八大主导产业快速提升,园区建设步伐稳健,构筑"三化两区一中心"(农业生产规模化、产品标准化、经济生态化,保障粮食生产功能区、现代农业园区,基层农业公共服务中心)发展新格局。2013年,全区实现农林牧渔业总产值25.81亿元,全区农作物总播种面积1.73万公顷 创建省级主导产业示范区3个、特色农业精品园4个、市级现代农业示范基地45个,新增设施农业120公顷。

【农村经济运行】2013年,全区农村经济总量持续增长,农业总产值达25.81亿元,同比增加1.27亿元,增长5.2%;农村居民人均纯收入14270元,增长11%;农村居民人均生活消费支出12840元,增长7.8%。农村集体经济。全区农村集体拥有资产总额16.4亿元,同比增加3.9亿元,增长31%;村均拥有资产323.47万元,同比增加76.93万元。全区集体经济总收入在1万元以下的村(社)有46个,占村(社)总数的0.09%;年总收入在1万—10万元的村(社)有186个,占村(社)总数的36.6%;年总收入在11万—50万元的村(社)有176个,占村(社)总数的34.7%;年总收入在51万—500万元的村(社)有102个,占村(社)总数的20%;年总收入在500万元以上的村(社)有2个,占村(社)总数的0.004%。资产拥有量、集体经济收入主要集中在少数经济较发达的乡镇(街道),全区村集体经济发展不平衡。

【农业"两区"建设】积极推进农业"两区"建设,全区建设粮食生产功能区4个,面积324.79公顷;2010年至2013年末,全区累计建成粮食生产功能区1073.48公顷。围绕一个亮点、二个重点、三个万亩基地建设,2013年、通过金东区百库洁水渔业示范区、金东区澧浦花卉苗木示范区、金东区赤松佛手精品园等建设,3个省级现代农业园区验收命名,完成金东区美国紫薇示范基地等15个市级示范基地创建。全年新建单体、连栋、玻璃温室钢架大棚105公顷,喷滴灌设施80公顷;新增畜禽舍7200平方米、畜禽养殖设施1140台(套);修建通园道路7600米、渠系1580米。依托市以上各级支农项目,整合农林、农综、交通、发改、科技、水务等部门资金,两区新增投入资金10785万元,其中省以上财政资金2385万元,市县财政投入资金3500万元,业主自筹4900万元。

2013年底,金东连片的设施大棚

【农民专业合作社】2013年底,全区经工商注册的农民专业合作社403家,新增61家,拥有社员20550个,联结基地面积9600公顷,其中核心基地面积3733.3公顷。农民专业合作社经政府部门培训、引导、管理,逐步走向规范化发展轨道,有14家合作社被评为市级以上示范性合作社,浙江和丰禽业专业合作社等8家合作社被评为省级示范性合作社;37家合作社被市级农业主管部门认定为规范化合作社,其中三星级10家,二星级22家,一星级5家。合作社拥有注册商标90个,其中浙江省著名商标3个,市级以上名牌产品18个。全年合作社总收入5.72亿元,总支出4.9亿元,盈余7520万元。合作社通过统一供应生产资料、统一技术服务、统一生产标准、统一品牌包装、统一销售等"五统一"管理,提高了农民组织化程度、农产品附加值、农产品市场竞争力、农业经济效益,实现农民增收。

【薄弱村经济扶持】全区286个村为省定经济薄弱村,其中江东镇雅湖、十八里、雅金、前贾、芦村和塘雅镇上庄、杨桥头、破塘、张店、石板堰等10个省定集体经济薄弱村的项目列入省扶持项目,获省级扶持资金800万元,江东镇5个村为联建商铺项目,塘雅镇5个村为联建职工公寓项目。塘雅镇溪干、竹村、龙源、红星、山王下和澧浦镇里郑、山南、上郎、下屋、铁店等10个省定集体经济薄弱村列入市级扶持项目,获市级扶持资金320万元,塘雅镇5个村为联建职工公寓项目,澧浦镇5个村为单建农家乐项目。

【农民负担监管】农民负担监督管理长效机制初步形成,惠农补贴政策落实及时到位,全年无重大农民负担案件发生。一事一议奖补政策加强规范化运作,落实有序。全区一事一议奖补项目71个,涉及人口44356人,承担筹资人口22770人,承担筹劳24667人,总投入6501.2万元,其中村筹资771.3万元,村集体投入1259.4万元,社会捐助154.5万元,区财政安排2158万元,申请省财政补助2158万元。

【土地承包及流转】全区98%的土地落实了土地承包权属。农村家庭承包清册档案实行信息化管理,通过农村家庭承包清册输入金安易土地承包经营管理系统,全区12个乡镇相继建立土地流转服务组织(中心),推进土地流转进程。累计土地流转总面积4692.2公顷,占家庭承包经营耕地面积的38.7%,涉及流转出农户28760户,全年新增土地流转面积1026.67公顷。其中,流转年限1年以下耕地面积285公顷,流转年限1—5年耕地面积2214.73公顷,流转年限5—10年耕地面积713.47公顷,流转年限10—20年耕地面积713.47公顷,流转年限20年以上耕地面积213.87公顷,通过各级流转服务组织流转的面积270.2公顷。实行规模经营(10亩以上)的耕地面积1448.47公顷,其中规模经营10—30亩耕地面积500.73公顷,规模经营主体485家;规模经营2—3.33公顷耕地面积339.2公顷,规模经营主体134家;规模经营3.33—13.33公顷耕地面积512公顷,规模经营主体210家;规模经营13.33公顷以上耕地面积96.53公顷,规模经营主体6家。农业"两区"内土地流转面积274.13公顷。农村土地承包和土地流转管理亟待建立一套与土地承包和土地流转管理工作相适应的网络信息系统。

【蔬菜基地提升工程】8月5日,金华市农业局公布了2012年度保障型蔬菜基地建设工作认定结果,金东区首批8个共397.67公顷蔬菜基地顺利通过验收,为市民一年四季都能吃到新鲜的平价蔬菜提供了保障。2012年,全区新建玻璃温室9300平方米、2.3公顷连栋大棚,改建钢结构大棚1500平方米,建成集农产品安全监测、培训等功能于一体的砖混结构用房780平方米;建成三个"中心",在江东镇金刚屯畈新建江东镇农业服务中心、蔬菜瓜果新品种展示中心、蔬菜瓜果分级销售中心。市本级现代农业生产发展蔬菜产业项目10个,总投入241.02万元,补助资金111.29万元;申请省级财政农业专项资金项目——省级现代种业发展工程项目2个,立项1个,补助资金20万元。通过省市农机设施项目新建蔬菜钢架大棚45.4公顷。金华市金孝荷花莲藕专业合作社孝顺镇中柔二村15.3公顷莲藕生产基地新认定为金华市区蔬菜重点基地。认定市级保障型蔬菜基地8个,面积420公顷。申报注册成立金华市绿岗农场(家庭农场),建立6.7公顷立体养殖基地,进行泥鳅、菱角、鸭、莲藕等轮作、套种(养)。

农业生产

【概述】2013年,全区实现农林牧渔业总产值

25.81亿元，比上年增长5.2%，按可比价计算增长1.4%。农业增加值13.75亿元，按可比价计算增长1.2%。

全区农作物总播种面积17313.33公顷，下降2%。其中粮食种植面积为5033.33公顷，产量2.93万吨，分别比上年下降4.8%和下降11.5%；果用瓜种植面积1360公顷，产量3.39万吨，分别比上年下降1.4%和增长1.2%；油料播种面积1366.67公顷，产量0.32万吨，分别比上年下降0.5%和持平；蔬菜播种面积4546.67公顷，产量11.82万吨，分别比上年增长0.7%和4.2%；花卉苗木种植面积4100公顷，增长1.2%。

创建省级主导产业示范区3个、特色农业精品园4个、市级现代农业示范基地45个，新增设施农业120公顷。年末，拥有农业机械总动力252553千瓦，增长1.6%；全年化肥施用量（折纯）18653万吨，增长3%；农村用电量28979千瓦时，增长2.6%。

【粮食生产】2013年，全区粮食生产稳定发展，粮食播种面积5032公顷，总产29270吨，分别完成市下达任务的107.8%和104.6%。粮食播种面积减4.8%，总产减3843.8吨，减幅为11.6%。

全区水稻播种面积继续大幅度减少，2013年为1854.6公顷，同比减少300.5公顷，减幅为13.9%；总产13218.8吨，同比减少3001吨，减幅为18.5%。以甬优系列为代表的新品种、新技术推广到位，水稻单产水平提高，涌现出平均亩产超过750千克以上的百亩连片示范方、亩产超900千克的高产户，如曹宅镇潘四村8.17公顷甬优12平均亩产达875.24千克；孝顺镇中三村7.45公顷甬优17平均亩产达762.82千克；白溪村6.79公顷甬优15号平均亩产达751.5千克，曹宅镇潘四村胡妙林户0.14公顷甬优12号高产攻关田亩产达960.0千克，再创全区单季晚稻最高亩产新纪录。

【油料生产】全区油料播种面积1367.93公顷，总产3172.8吨，同比略有下降。其中油菜播种面积1004.4公顷，总产2138吨，与上年相仿。花生播种面积284.93公顷，总产894.2吨，芝麻播种面积74.6公顷，总产140.6吨。

【水果生产】全区水果栽培面积7405.3公顷，同比减少173.4公顷，减幅2.3%；产量144313吨，同比减少1137吨，减幅0.8%。其中，葡萄1400公顷，同比持平，产量29358吨，同比增858吨，增幅3%；柑橘4220公顷，同比减少186.7公顷，减幅4.2%，受夏季长时期干旱天气的影响，部分特早熟、早熟柑橘产量下降明显，全年产量86610吨，同比减少2390吨，减幅2.7%；桃880公顷，同比增13.3公顷，增幅1.5%，受早春桃开花期坐果期温度偏低影响，产量有所下降，全年产量10500吨，同比减少500吨，减幅4.5%。全年新增钢架大棚2.5公顷、滴灌设施13.3公顷。建设13.3公顷生态循环农业示范基地项目，总投资50万元，其中省补20万元；8个金华市本级现代农业生产发展资金（水果产业）项目，总投资113万元，其中市补60万元。新增5个金华市现代农业示范基地，面积36公顷。

【棉花生产】全区棉花播种面积615.1公顷，同比减少82.8公顷，减幅11.9%；产量863吨，同比减少141.1吨，减幅14.1%。受8月“海葵”台风正面袭击严重影响和2011年以来棉花收购价格大幅回落、人工成本上涨等因素制约，全区棉花播种面积、单产、总产表现为“三减”。

【蔬菜生产】2013年，全区蔬菜覆种面积6800公顷，比上年6767公顷增加33公顷，增幅0.5%；产量25.35万吨，受第三季度持续高温干旱天气影响，蔬菜产量增幅低于往年，同比增加0.72%；产值4.01亿元，比上年的3.98亿元增加0.03亿元，增幅0.8%。

畜牧生产

【概述】全区奶牛养殖户386户，存栏奶牛10995头，占金华市奶牛存栏数的40%左右，占全省的1/4，为浙江省第二大奶牛养殖区。奶站7家，全年牛奶产量41452.9吨。生猪养殖户1542户，生猪年末存栏21.16万头，其中，能繁母猪存栏2.84万头，年出栏生猪33.84万头，全年饲养量为55万头。家禽存栏190.07万羽，出栏268.82万羽，全年饲养量458.89万羽。全年肉类总产量4.93万吨，同比增长3.4%，其中猪肉2.96万吨，同比增长6.1%；牛肉880.5吨，同比增长13.4%；羊肉268.09吨，同比增长5.1%；禽肉产量18536.9吨，同比增长10.4%。禽蛋产量5575.37吨，同比下降7.2%。全区畜牧业生产总体形势良好，畜牧总产值达11.24亿元，占农业总产值的40.7%。全年畜牧业立项31个，争取畜牧业项目经费、防疫经费，以及能繁母猪、后备母牛补贴经费1690万元。通过系列项目建设，完善养殖场基础设施，推动全区生猪、奶牛养殖标准化、生态化发展，促进农业增效、农民增收。

【畜禽种业建设】金华市金东区畜旺供精站取得二级种畜禽经营许可证。金华市浩强农牧有限公司通过种畜禽经营许可证复查换证。畜禽示范场创建。继续开展畜禽标准化示范场创建工作，金华市鑫泉农牧业有限公司、金华市金东区大堰河农牧场通过国家畜禽标准化规模养殖示范场认定。规模场星级评定。通过星级评定的规模猪场新增6家，全区通过“三元合一、星级评定”（将生态畜牧业发展、重大动物疫病防控和畜产品安全监管三项工作同时监管到规模养殖场一个点上，对规模养殖场实行星级评定）的规模猪场19家，其中四星级4家、三星级12家、二星级3家。能繁母猪预警体系建设。继续开展能繁母猪预警体系建设，对规模猪场的能繁母猪进行信息更新及耳标钉载。开展全区能繁母猪调查，全区能繁母猪养殖场（户）4065户，存栏能繁母猪2.84万头。后备母牛扶持政策。6月底，全区开展奶牛调查工作，有奶牛养殖户386个，存栏奶牛10995头，其中存栏10头以上、成年母牛5头（含）以上的奶牛养殖场（户）有193户，共存栏奶牛9779头，其中后备母牛4980头。

【重大动物疫病防控】全年完成357.7万毫升高致病性禽流感疫苗的注射，为年度计划数（228.31万毫升）的156.7%；完成猪口蹄疫184万毫升疫苗的注射，为年度计划数（170.27万毫升）的108.1%；完成牛羊口蹄疫11万毫升疫苗的注射、为年度计划数（6.19万毫升）的177.7%；完成猪高致病性蓝耳病66.48万头份疫苗注射，为年度计划数（66.48万毫升）的100%。有效地保证了畜牧业的健康安全发展。每月开展规模养禽场、规模猪场、规模奶牛场、生猪屠宰场等的重大动物疫病免疫抗体监测工作，共计完成高致病性禽流感900份、口蹄疫1010份、猪瘟620份、新城疫810份样品的监测。全区产地检疫开展面达100%。全年完成对139万羽家禽、13.8万头牲畜的产地检疫。全年共完成屠宰检疫生猪8.5万头、无害化处理病害猪16头，屠宰检疫率达100%，检疫出证率达100%，无害化处理率100%，耳标回收率比上年同期提高20%。

【养殖场排泄物治理】完成74家畜禽养殖场排泄物治理项目，累计投入污染治理资金222万元，其中市、区两级财政各配套补助111万元。完成集水酸化池容积370立方米、厌氧池4440立方米、用肥调节池740余立方米，建干粪棚1110平方米，铺设污水管网4000多米，配套沼液利用水面0.55公顷及农田果园用肥45公顷，日处理污水444吨，年产沼气48.62万立方米，折合标煤347.11吨。

种养对接沼液综合利用

【生猪产业示范区达到省级示范区建设标准】9月13日，省农业厅检查组来金东区验收曹塘澧生猪产业示范区创建点。曹塘澧生猪产业示范区由金华市泰来农牧业发展有限公司、金华市旭源农牧业生态养殖场、金华市宏燕生态养殖场等11个承建主体组成。示范区经过近两年的建设，新建标准化猪舍3.8万平方米，年增存栏商品猪4.5万头，并带动生猪养殖小区和规模养殖户150多户，带动生猪产业存栏23万头，总产值达3.65亿元。检查组认为示范区达到省级畜牧产业示范区建设标准，同意通过验收。

植物保护

【概述】全年水稻病虫发生面积9480公顷，防治面积9740公顷次。通过开展系列防治战役，有效控制重大病虫危害发生，实现“虫口”夺粮，全年挽回稻谷损失1088吨，全年参与召开各类病虫会商17次、病虫防治专题会议4次。在各类媒介发布病虫防治信息25期，发生期预报准确率为99.2%，发生量预报准确率为96.5%。全区2013年参加农作物统防统治的植保合作组织共有11家，完成水稻专业化统防统治面积1000公顷、经济作物统防统治面积600公顷。

【疫情普查和防控】根据植物疫情调查和监测普查，柑橘黄龙病（木虱）、水稻细菌性条斑病、葡萄根瘤蚜、红火蚁、黄瓜绿斑驳花叶病毒病在辖区内未发生。扶桑绵粉蚧经过全区疫情普查，全区发生3个点，发生面积0.67公顷，发生程度较重。其中曹宅镇曹宅村2个点，发生面积为0.6公顷；塘雅镇政府花台内发生0.07公顷。在木槿篱笆上发生量大，危害严重；在园内的丝瓜、南瓜、茄子、苋菜、龙葵草、辣椒上也有寄生，并已产生一定危害；在红继木、桂花、红叶石楠上也有少量寄生，但未看出有危害现象。开展加拿大一枝黄花和豚草的普查及春、秋季防控工作，全区加拿大一枝黄花有11个乡、镇、街道发生，春季发生面积69.8公顷，比上年同期增加0.7%，其中零星发生面积59.4公顷（占发生面积的85.1）；秋季发生面积70.3公顷，比上年同期下降0.3%，其中零星发生面积60公顷（占发生面积的85.4%）。豚草有6个乡镇发生，春季发生面积7.5公顷；秋季发生面积7.7公顷。统一开展春秋两季药除加人工铲除，共购置高效除草剂4000千克、甲黄隆15千克。防除用工457个工，全年累计防除3729亩次。柑橘溃疡病疫情发生2个点，发生面积为27公顷，比上年增加1%，其中在曹宅黄金岭脐橙上发生面积26.7公顷，发生程度较轻；在澧浦镇上宅村早橘和香抛苗上发生03公顷，早橘苗发生较轻，香抛苗发生较重。

【疫情检疫监管】组织检疫人员在不同时期对种苗进行产地检疫。全年共检疫面积18.6公顷、种苗261万株，发放产地检疫合格证19份。其中佛手8.3公顷，21万株；柑橘3.2公顷，93万株；梨1公顷，32万株；桃0.7公顷，21万株；葡萄5.2公顷，91万株；樱桃0.2公顷，3万株。全年开展种子种苗调运检疫111批次，其中种子96批次，18888千克；水果种苗15批次，612850株。共收检疫费3376.4元。其中出省调运水果种子11批次，56.1万株；省内调运种子96批次，18888千克，水果种苗4批次，51850株。2013年，组织全区监测人员、兼职检疫员、村级疫情调查员开展技术培训13期，培训人员1560人次，发放资料13500余份。通过电视、报纸、网络平台等多种形式广泛开展《植物检疫条例》、有害生物防控等宣传，发布疫情信息5期，通过农林信息网、农民信箱短信平台发布防控信息6期，电视、报纸新闻报道3次。9月23—29日，围绕“普及疫情防控知识，强化疫情检疫监管，严防疫情扩散危害，保障农业生产安全”主题，组织开展“金东区植物检疫宣传周”活动。

【测土配方施肥】继续实施农业部测土配方施肥技术推广项目，举办区级培训班6期次，受训人数320人次，印发技术资料3140份。根据各地主要作物布局、施肥现状及土壤测试结果，完成12个乡镇98个行政村涉及粮食类、水果类、蔬菜类等十多种作物测土配方标准化施肥方案的上墙工作。全区推广测土配方施肥面积15330公顷，推广配方施肥2950吨，施用面积5620公顷。

完成2010—2012年标准农田质量提升项目续建工作，2013年新增标准农田质量提升区块417公顷，发放商品有机肥4005吨、紫云英种子500千克。完成市本级财政支农测土配方施肥项目建设任务，涉及80公顷曹宅粮食功能区农田质量提升示范建设、100公顷上荷塘畈农田质量提升示范基地建设、40公顷婺州蜜梨测土配方施肥技术示范项目、43.33公顷布朗李测土配方施肥技术示范项目。完成金东区农产品产地土壤重金属污染防治普查的调查、土壤样品采集布点等工作。

农机化促进

【概述】2013年全区享受财政补贴购机1064台（套），涉及农户及组织361户（个），财政补贴301.33万元。省市农机化促进工程、农业设施项目申报立项32个，财政补贴资金1149万元，建成玻璃温室13248平方米、连栋钢架大棚24760平方米、单体钢架大棚372126平方米、非标钢架大棚（避雨棚）

350457平方米、喷滴灌640亩。享受高耗能农业机械报废补偿89台，财政补贴资金24万元。

【农机推广】全区拥有农机总动力24.33万千瓦，其中，耕作机械1303台，10221.4千瓦；种植机械8台，42千瓦；排灌机械10463台，36159.7千瓦；植保机械8477台，11898.2千瓦；收获机械20台，1349千瓦（其中自走式联合收割机7台，半喂入联合收割机13台）；农副产品加工机械1067台，8972.8千瓦；畜禽养殖机械1660台，11291.5千瓦；渔业机械590台，1664千瓦；林果业机械25台，202千瓦；茶叶机械194台，388千瓦；元食用菌机械40台，116千瓦；运输机械3173台，103030.5千瓦；农田基本建设机械534台，43922千瓦；其他机械1001台，14061千瓦。农业机械原值26456亿元，农机化投入3437.13万元。农机化作业水平进一步提高，全年机耕作业面积8983.33公顷；机械植保作业面积11313.33公顷；机械排灌作业面积7826.67公顷；机械收获面积1733.33公顷；机械化育插秧面积406.67公顷。与上年度相比作业面积有所增加。

【农机安全监管】全年农机事故死亡1人，未出现重特大农机安全生产事故，农机安全四项指标在省市下达的指标之内。农机监理工作荣获市“农机安全生产先进单位”“先进联络室”等荣誉。开展农机安全生产宣传教育，全区共悬挂标语（横幅）15条，印制5000余份《致全区交通参与者春运交通安全倡议书》，出版农机安全宣传报刊栏19期，媒体宣传1次，编发安全短信（农民信箱）500条。加强警、农合作，做好外省籍拖拉机及驾驶人员安全监管工作，登记车辆和驾驶人员信息300台，建立信息档案，将其纳入本地管理范畴，开办4期“外省籍拖拉机驾驶员交通安全学习班”，培训外籍驾驶人员150人次。强化路面执法检查力度；开展经常性的路检、路查及农机安全隐患排查治理，组织安全执法检查，980人次参加检查，检查上路拖拉机4200余台次，纠正违法拖拉机3150余台次。抓好拖拉机牌证管理及安全技术检验，全区共有1060台拖拉机参加年检审，年检审参检率在88.3%。

农产品安全监管

【概述】2013年，全区围绕农产品质量安全专项整治、农产品质量安全“强网清源”两项活动，以监督抽检、基地巡查等为手段，积极开展农产品质量安全监管工作。共排查生产单位396家，出动检查人员905人次，责令整改39家，立案查处违法案件14起，罚没金额35630元。组织实施省级农产品产地准出规范化管理示范项目建设和市级农业标准化项目，共争取项目资金45万元。

【瘦肉精、三聚氰胺监测工作】瘦肉精监测工作是重中之重，开展瘦肉精专项行动，下发3000多份畜禽产品质量安全告知书，确保做到养殖户户户晓。开展瘦肉精专项突击检测活动，共对全区养殖场、屠宰场检测15062个批次，未检出阳性。按计划对奶牛场、奶站进行三聚氰胺监测，共检测323个批次，未检出阳性。开展奶牛两病净化工作。对奶牛结核病、奶牛布氏杆菌病净化工作进行早部署、早行动，以提高奶牛结核病、奶牛布氏杆菌病的净化水平。2013年，奶牛结核病、奶牛布氏杆菌病的监测工作基本完成，共监测9300多头。积极组织开展质量安全宣传工作。

【“三品一标”认证】全年通过无公害产地认证5家、产品认证5个、产地认证153.33公顷，在积极开展“三品一标”（无公害农产品、绿色食品、有机农产品和农产品地理标志）认证工作同时，加强对获认

金东区无公害农产品产地喜获丰收

证单位的实地监管,开展“三品”生产基地现场检查,检查获证单位产地环境、投入品使用、生产操作、档案记录、产品检测、包装标识、标志使用和质量追溯管理相关制度的落实情况,以确保好的农产品能认证、已认证的农产品能保证严谨的生产。

【第二批无公害农产品产地】12月28日,省农业厅公布2013年第二批无公害农产品产地认定结果,金东区3个产地榜上有名。此次入选的3个产地分别是:源东王安蜜桃园艺场,位于源东乡王安村,产品为桃,种植面积为6.67公顷,年产量为100吨;金华市果正香果业专业合作社,位于曹宅镇梅西塘村六山自然村,产品为葡萄、枇杷,种植面积为20公顷,年产量达250吨;金华市新红星果业专业合作社,位于源东乡尖岭脚村,产品为柑橘、桃,种植面积为33.3公顷,年产量达700吨。

农业行政执法

【概述】全年开展以种子、肥料、农药、兽药、饲料与饲料添加剂农资打假为重点的春季“绿剑”集中执法行动;以农民专业合作社、规模生产基地和养殖场为重点,以农产品安全为主线的“绿剑保安全”专项执法行动;以兽药、饲料与饲料添加剂、农药为检查重点的秋季“绿剑”集中执法行动。行动中结合本地农业生产和农资需求特点,突出重点与全面的结合,组织执法人员对全区农资市场开展拉网式检查。据不完全统计,全年共出动农业执法检查人员390余人次,检查农资经营单位179余家次,全面检查这些经营单位的全部农资产品。对于检查中发现的问题立即整改,属于违法经营行为的依法严肃查处。

【农资源头监管】加强源头监管。对全区134家农药肥料经营单位、37家兽药经营店、7家饲料生产工厂及 家饲料经营店经常性日常巡查;为确保农资质量,在省统一抽检任务基础上,增加抽检30个批次的农资。强化区、乡(镇、街道)二级监管。农资协会在行业自律基础上,聘请10名农资监督员,负责全区农业投入品经营、使用的监督,形成全区三级监管监督体系。开展农资信用体系建设,对30家农资经营单位实施农资信息化。切实做好农民投诉的调解,受理农民投诉28起,调解28起。

【获评省依法行政示范单位】2月21日,浙江省依法行政示范单位名单于揭晓,金东区农林局名列其中,成为全市12个示范单位之一。2012年8月示范单位创建工作启动,区农林局上下开展“转变执法理念,规范执法手段,创建法治农林”系列活动,完善制度,制约权力,规范行为,改进服务,提高效率,建立了一套适应需要、切实可行的农业林业依法行政的制度、程序和方法。

(周建斌 王艳俏)

林　业

【概述】2013年,金东区林业系统围绕“深化林权改革、发展现代林业、建设生态文明、推动科学发展”的总体思路,加强生态建设,发展富民产业,强化资源管理,完善政策措施,森林金东建设取得明显进展。生态公益林。全区有重点生态公益林8552.3公顷,占林业用地面积的27.3%,累计完成公益林优质林建设6933.3公顷,年度完成率为100%。年度发放各类公益林补偿资金248.56万元,直补农户1080户。完成造林更新386.7公顷,完成省下达计划任务的145%,其中完成迹地更新120公顷。平原绿化造林540公顷。完成森林抚育1000公顷。

【种苗管理】全区育苗面积4915.6公顷,与上年持平,其中育苗面积占前三位的是香樟966.7公顷、桂花653.3公顷、红叶石楠566.7公顷。全年花卉苗木总产值5.2亿元,同比下降。全年培训林木种苗经营者50人。集体林权制度改革。继续开展集体林权制度改革工作,全区集体统管山均股均利工作全面完成。全区林地所有权外业勘界工作,按面积计算,完成率80%。澧浦镇、多湖街道未完成外业勘界工作。

【森博会和苗交会】10月24—25日,第十届市苗交会在仙桥花木城举行,金东区55家企业参展,落实展位60个,现场成交150余万元。11月1—4日,在义乌召开第五届市森博会,全区6家企业参展,落实展位6个,现场成交十余万元。金华市金山油脂有限公司的利多等2个产品获得博览会金奖。

【编制《金东区林地保护利用规划》】2013年，区林业局成立《金东区林地保护利用规划》编制项目组，在林地区划和实地验证基础上，完成全区森林资源补充调查与地理信息研建，完成《金东区林地保护利用规划》（2010—2020）初稿，经省组织评审验收。全年审核、审批征占用林地项目28个，面积332.42公顷，征收森林植被恢复费18329960元。

【森林城镇创建】4月19日，省关注森林组织委员会对"浙江省森林村庄"进行命名通报表彰，金东区东孝街道毛竹园村，傅村镇深塘坞村、东后徐村、畈田蒋村，澧浦镇里郑村，曹宅镇溪头村，孝顺镇满塘村，共7个村庄榜上有名。近年来，金东区以全市创建国家级森林城市为契机，大力建设森林村庄，并提出"深入开展城乡绿化提升行动"，打造浙中宜游宜居生态小康区的目标，实施绿化新城、森林城镇、森林村庄、农田林网、绿色通道、绿色河渠、绿色庭院、绿色厂区等"八大工程"，平原绿化产业提升行动、平原生态文化普及行动等"两大行动"，广泛开展城乡绿化提升活动，在推动村庄走上生产发展、生活富裕、生态良好的文明发展道路方面，取得明显成效。截至5月22日，全区森林覆盖率为45.6%，城区绿地率达39.5%，绿化覆盖率为41%；单位、居住区绿地率大于25%；区内高速公路宜林地段绿化率达到90%以上，干线公路、铁路、城区骨干道路绿化率均达到95%以上，河岸绿化率达90.2%，农田林网控制率达93.5%。建成市级以上"绿化示范村"152个；建成生态科普知识教育基地2处；绿化造林保存率保持在100%，森林病虫害总计发生率在0.2%以下。截至2013年底，全区共创建省级森林城镇2个（曹宅镇、多湖街道）、省级森林村庄1个（澧浦镇里郑村），创建市级森林村庄40个。

（阮为武 鲍卫国）

林业行政执法

【概述】2013年，全区有森林公安编制5名，实有民警4名。保护辖区森林资源安全。开展专项行动，负责查处涉林案件，对违反规定盗伐、滥伐林木，违法收购林木，毁坏林木的行为实施行政处罚。负责查处各类林业行政案件，管辖刑法规定的各类涉林刑事案件。2013年，受理案件13起，立案13起，破案13起，破案率100%。其中，查处刑事案件6起，采取强制措施6人；查处行政案件7起，罚款64万元。化解矛盾纠纷12起。

【林木采伐管理】完善林木采伐限额管理制度，改革森林采伐限额蓄积和材积双项控制，实行按蓄积量单项管理。更新林木采伐审批系统，开通乡镇林木采伐网上审批程序。完善林木采伐管理制度，改审批后公示为申请后公示，各项审批林木采伐蓄积严格控制在采伐限额内。全年发放林木采伐许可证36份，发证蓄积4662立方米，占全区年采伐限额15940立方米的23%。其中主伐蓄积43383立方米，无抚育伐、更新伐、低产（效）改造，其他采伐279立方米，基本满足重点工程和人民群众生活需要。

【山林纠纷调处】开展金东区山林纠纷调查调处工作，主动调处乡际间纠纷，指导和配合乡镇山林纠纷调处，调处纠纷1起。开展山林纠纷排查，排查山林纠纷7起，面积5.33公顷。其中村际1起，面积80亩，乡际23起，面积9.04公顷，分布金东区6个乡镇、街道。

【森林消防工作】贯彻执行森林消防有关法律法规和方针政策；负责森林防火监督管理工作，指导森林消防队伍培训和森林防火基础设施建设。2013年，全区没有发生重特大森林火灾和扑火人员伤亡事故，没有发生单起33.33公顷以上的火灾和连续燃烧24小时以上的火灾。在高温干旱时段，全区发生了3次火情，过火森林面积0.6公顷，烧毁森林面积7亩。火灾发生率为9.4次/10万公顷，受害率为0.16‰。

【林业有害生物防治】松材线虫病在塘雅镇、曹宅镇范围内发生，分布在金义快速通道两侧和桥下至上留庄乡村公路两侧，面积约25公顷。松材线虫病防治，在曹宅镇大佛寺景区、赤松镇赤松景区打针注药16000支，噻虫啉农药防治面积533.33公顷（每年两次），安置松褐天牛诱捕器110只（其中曹宅镇90只、傅村镇20只），清理病死松木1217株。防治思茅松虫面积72公顷，防治范围主要在曹宅镇曹宅村、山下洪村。其他林业有害生物没有对森林资源产生危害。

【野生动物保护】野生动物保护管理工作进入法制化、正常化、经常化管理轨道。全区有各种级别保护野生动物驯养繁殖单位12家,经营利用单位15家,以梅花鹿和蓝孔雀为主产业,其中梅花鹿存栏500头,蓝孔雀存栏400只,年产值685万元。金东区陆生野生动物救护中心救治各个级别保护野生动物46只,受理各类举报破坏野生动物案件8起,没收、移送、放飞大自然野生动物10只;捣毁非法捕鸟网980余米。组织实施打击破坏野生动物资源违法犯罪专项行动("亮剑"一号)和"天网行动"。在专项行动期间,共出警18次,检查34个市场及场所,没收铁夹24个、蛇类153条。

(农林统稿 沈源 郑立凯)

水 利

【概述】金东区境内河流属钱塘江水系。县级河道10条,境内长度123.98千米,县级以下河道52条,河道总长223.34千米。武义江河道长17.5千米,堤坝17.5千米,十年一遇达标堤坝4.63千米;东阳江河道长32千米,堤坝54.1千米,20年一遇达标堤坝18.33千米。杨卜山完成年发电量707.7万度,总售电662.4万度,其中售网632.5万度,综合用电74.2万度,回供39万度。国湖水电站完成年发电量1284万度,售电量1030万度。

全区有小(二)型以上水库68座,总库容7903.27万立方米,1万立方米以上小山塘494座,1万立方米以下塘坝1826座,总库容1805.41万立方米,机埠322处,引水堰坝850处。

2013年,区水利务立足新的目标任务,精心谋划,主动作为,好中求快,有力推动了水务事业发展。全区完成水库除险加固工程1座,山塘整治16座,新增固定式喷微灌面积168.67公顷,灌区渠道改造86.9千米,新增旱涝保收面积287公顷,扩大灌溉面积450.33公顷。开展农村河道综合整治,完成万里清水河道整治33千米。实施农村饮水安全提升工程,总受益人口1.2万人。完成金东区省级百库洁水渔业产业示范区建设并通过验收和挂牌。完成东阳江流域管理站省级管理单位创建,是金华市第一家。

水利工程建设

【概述】金东区2013年度中小河流治理重点县建设4个项目片区均已开工建设,完成赤松、澧浦东溪、傅村3个项目区的审查;完成金东区金华江治理工程8.3千米。

【金东区金华江治理工程】该工程计划加固堤防25.1千米,涉及孝顺镇、塘雅镇等5个乡镇(街道),计划投资3.84亿元。金东区金华江治理工程提前实施的应急加固工程桥头陆段和洪村段3.7千

洪村干堤加固工程

米堤防加固工程主体已基本完工,完成投资3573万元;2013年8.3千米已全部开工建,共四个标段,其中孝顺夏宅堤一、二标已完成堤防清表5.5千米,淤泥清理1.8万立记米,基础开挖4.9千米,基础垫层浇筑4.9千米;澧浦堤堤防清表1.3千米,基础开挖1.2千米,基础垫层浇筑500米;项村段完成330米清表,完成基础开挖330米,基础浇筑垫层330米;累计完成投资6000万元。

【水库水闸除险加固工程】葛鱼塘水库除险加固已完工,羊尖山完成招投标。完成中央财政追加拨付小型农田水利建设项目16座山塘的整治工作。做好东溪、麻堰、新作塘等5座水库除险加固工程和双溪口、丁村等15座水库完工检查或蓄水验收。杨卜山水闸除险加固工程已完工,正在准备验收。

【"浙中水乡"试点工程】根据市委、市政府关于建设"浙中水乡"的相关要求,金东区的"浙中水乡"建设以江东镇为示范区,示范区内以里湖塘区块为

依托，串联金王塘水库、中干渠、八仙溪、武义江，形成五水联动，未来的江东镇将是一块“水绕田园、城水相依、水巷穿市、水肆繁华”的田园水乡。规划已通过初步审查，完成一期工程招投标。

【中央财政小型农田水利重点县建设】2013年，金东区中央财政小型农田水利重点县建设通过省水利厅、省财政厅专家组验收。金东区作为省首批中央财政小型农田水利重点县之一，自2009年项目实施以来，以农田水利规划为依据，以小型农田水利工程建设补助专项资金为引导，以提高资金使用效益为目标，按照“渠道不乱、用途不变、优势互补、各记其功、形成合力原则”，积极整合国土、农林资源，创新体制机制和技术更新，项目实施总体顺利，实现灵好的经济效益、社会效益和生态效益。经过三年重点县建设工作，共完成投资8906.6万元，其中，完成山塘综合整治113座，新建高效节水灌溉工程763.8公顷，实施灌区渠系改造187千米。

【工程质量管理】对全区在建工程进行质量监督，工程项目受监率达到100%。开展质量监督活动，共组织质监活动3次，下发质监活动纪要5份；做好二程的日常巡查和抽查工作，对检查发现的问题及时提出整改措施和处理意见，督促相关单位整改落实到位。

【安全生产管理】加强管理，健全安全生产管理网络，落实三级安全管理责任，签订安全生产责任书。认真开展农村水电站、水利工程运行、水利工程施工等安全生产大检查，结合防汛检查和“安全生产月”等活动，对全区农村水电站进行了3次安全生产大检查。向社会公布农村水电站防汛责任人名单。

防汛抗旱

【概述】层层落实防汛责任制。落实防汛工作实行行政首长负责制为核心的各项责任制，明确各主要水利工程防汛保安行政负责人、技术负责人和工程管理负责人，同时对各级防汛防台责任人在《金华日报》及以文件形式予以公布和通知。加强基层防汛防台体系管理，不断提高基层对洪涝台旱灾害的防御能力。水库调水更加规范，在2013年持续超高温干旱期间，小型水库发挥了极其重要的作用，使全区干旱损失降低到最小限度。

【防汛防台工作】开展水利工程汛前安全大检查，全面掌握全区水利工程运行状况，特别针对56处病险山塘水库和重要堤防的安全隐患，下文要求限期落实安全度汛措施，确保病险水利工程安全度汛。防汛责任落实到人，并加强水库山塘汛期的日常巡查和检查，如遇重大水情、雨情，加大巡查和检查力度，确保工程安全运行。全年检查大小水利、水电工程615处，及时解决检查中暴露出的问题，落实度汛措施。积极做好极端天气期间的水利工程安全检查工作。落实防汛抢险队伍和物资。各乡镇（街道）在汛前都组建了以民兵应急分队为基础的防汛抢险队伍。

根据《浙江省防汛物资储备定额》规定，结合金东区实际，实行防汛抢险物资区、乡（镇）两级储备，新增袋类10万余只和一批抢险照明设备，真正做到有备无患。积极做好强降雨、极端天气自然灾害的各项防御工作，及时开展责任落实、汛情会商、水情监控、预警预报、预案响应、工程调度、避险抢险等工作。8月以后，第12号“潭美”台风、第23号“菲特”台风先后给金东区带来强降雨袭击，区防讯抗旱指挥部加强指挥、协调，各成员单位充分履行各自职责，镇乡干部群众积极应对，全力做好防汛抗洪工作，确保全区灾害损失降到最低，实现“无一水库垮坝、无一重要堤防溃堤、无一人员伤亡”的目标。

【抗旱救灾工作】尽最大可能满足生活生产用水需要。7—8月中旬，持续的高温少雨天气，造成部分偏远山区人畜饮水困难，群众生产和生活用水十分紧张，饮水困难群众达5500余人。

面对严峻的抗旱形势，区委、区政府高度重视，区委书记郑余良、区长施美红等领导多次冒着高温，到田间地头指导抗旱工作，解决用水困难问题。区防指适时分析雨情、水情、旱情发展态势，做好山塘水库的引水、蓄水工作，科学调度，处理好用水矛盾，及时安排水利工程建设及抗旱补助资金共686万元，最大限度减少旱灾损失。

【年度水情与旱情分析】5—7月，全区降水量仅为373毫米，与历史同期相比减少3—4成，6月6日入梅，7月1日出梅，梅雨量仅165毫米，比常年少35%左右。7月1日至8月1日，全区降雨量仅为29毫米，全区22座小(一)型水库蓄水量仅占计划蓄水量的77%，7月20日至8月10日期间曾出现超过40度以上高温天气十余天，全区部分地方已出现轻重不一的旱情。据统计，到8月7日，全区受旱面积1276.67公顷，直接经济损失1292.2万元，死亡牲畜498头，死亡家禽类1.28万羽，直接经济损失115万元，受灾较重的主要出现在靠提水灌溉的山坡地；傅村、源东、曹宅部分村庄发生饮用水困难，涉及29个村1.75万人。

【全区各镇、乡抗旱情况】孝顺镇：截至8月2日，共投入抗旱1500人，投入抗旱设施有泵站56处，机动抗旱设备128台、880千瓦时；群众自筹抗旱资金15万元，临时解决了抗旱浇灌问题；开通旱情通讯线。依托各级公共服务平台，设立旱情专线，24小时接受群众反映，第一时间处理。

傅村镇：实行“检查、限电、降能耗”三项举措，加大对企业消防设施检查力度，确保安全生产；分批限电用电，满足生活用电；限制高能耗企业，注意节能减排，要求“双高”企业在7月到9月期间单号日期停产，减少用电的同时降低能源消耗、污染排放。

源东乡：建立预警应急机制；采用白天用水、晚上定时关阀蓄水措施；联村干部带头，做好抗旱宣传，让村民做好防暑降温工作；在农业生产上做好蓄水抗旱工作。

曹宅镇：出台用水、节水方案，坚持先用活水、后用死水原则；组织全体机关干部下村指导群众抗旱，落实四大灌区的用水、节水工作；加强用电管理，确保安全生产，遵照“先生活、后生产”的原则，落实企业错避峰用电方案，对低效企业用电大户，采取“开一停一”；加强对输水管网的维护，推行科学用水、节约用水理念。

赤松镇：科学调度，节约用水，保障生活用水，计划生产用水，控制工业用水；对水渠进行排碍排脏，加强水利灌溉设施的检查维护；加大日常巡查力度，做好赤松风景区森林防火工作；做好受害损失的统计，及时上报灾害隐情。

塘雅镇：制定放水预案，立足抗长旱；启动各村机泵维护保养，从附近江溪中补充农田灌溉需求；充分调动各村水务员，积极寻找水源，抗旱保苗；及时处理村与村之间用水纠纷，保证有序用水；利用信息平台，及时发布高温气象信息，提醒村民做好防范工作。

岭下镇：成立抗旱工作领导小组，明确职责分工；利用“农民信箱”等向群众发送关于节约用水、科学用水等相关抗旱知识，并加大农田灌溉力度；结合周一夜学要求联村干部下村走访，调研了解各村受灾情况，并将情况总结上报。

江东镇：开展水利设施巡查，对于检查发现的渠道漏洞及堵塞问题，及时进行整改疏通；努力解决生活用水，确保饮用水安全，并协调处理好上下游用水秩序；安排人员加强巡查山林火灾隐患点，消除火险隐患；通过广播站，对村民进行防火宣传，提高村民防火意识，确保山林及民居无火灾发生。

金东区水库工程概况

表8

序号	水库名称	库址		开工年月	竣工年月	设计灌溉面积(亩)	实际灌溉面积(亩)	水面面积(亩)
		乡镇	村					
1	溪口水库	傅村	上姜	1958.12	1961.03	4300	2000	591
2	上荷塘水库	傅村	水角	1956.01	1979.11	19400	16887	789
3	王里源水库	鞋塘	黄泥塘	1957.08	1965.03	5141	5552	861
4	洞源水库	鞋塘	山早	1957.01	1958.07	3600	3396	320
5	满塘水库	孝顺	满塘	1955.01	1965.03	4200	4920	957
6	白溪水库	孝顺	白溪	1954	1959	2615	3000	396

续表8

序号	水库名称	库址		开工年月	竣工年月	设计灌溉面积(亩)	实际灌溉面积(亩)	水面面积(亩)
		乡镇	村					
7	山河溪水库	澧浦	雪村	1956.12	1960.12	10000	12018	857
8	寺口垅水库	澧浦	山口	1956.02	1977.12	3500	3500	291
9	东溪水库	澧浦	刘宅	1957.1	1970	2000	2000	269
10	三坟塘水库	岭下	三坟塘	1957.01	1981.01	5600	5060	309
11	黄坞口水库	岭下	后溪	1965.09	1968.05	1900	2000	171
12	麻堰水库	曹宅	白渡	1957.12	1962.1	6425	7000	514
13	铁堰水库	曹宅	春塘	1964.11	1991	4280	5084	251
14	红旗水库	曹宅	曹宅	1958.1	1960.03	7218	7218	503
15	东垅水库	曹宅	午塘头	1956	1971.1	3700	3500	284
16	小溪垅水库	曹宅	胡宅	1953.01	1969.12	4000	4000	240
17	长山垅水库	曹宅	郭门	1956.11	1957.11	350	350	——
18	横塘水库	塘雅	横塘	1954.01	1973.12	5320	4500	767
19	羊尖山水库	塘雅	羊尖山	1963.01	1965.05	13700	12000	840
20	上横畈水库	塘雅	施塘头	1956.01	1972.05			560
21	和力垅水库	赤松	石下	1958.01	1980.12	2340	2190	167
22	山横桥水库	赤松	山口	1953.12	1972.04	4150	4150	233
23	山口冯水库	赤松	山口冯	1958.07	1981.12	9700	9163	357
24	祝湖水库	傅村	傅一	1956.01	1957.05	700	700	103
25	木碑塘水库	傅村	西周	1956.02	1958.03	720	720	133
26	新坞水库	傅村	溪口	1956.12	1963.08	450	450	64
27	后店垅水库	孝顺	后店	1956.01	1956.04	1400	1400	234
28	尖大塘水库	孝顺	谷塘	1955.06	1956.02	986	600	240
29	马公塘水库	孝顺	南仓	1968.09	1979.03	500	500	26
30	新作塘水库	孝顺	南仓	1956.01	1966.03	800	800	50
31	双溪口水库	孝顺	里旺	1971.02	1985	200	300	
32	松塘水库	鞋塘	下王村	1955.09	1957.11	2160	2400	214
33	七里塘水库	鞋塘	黄泥垅	1956.02	1956.05	480	——	143
34	上桑园水库	源东	止方	1959.01	1993.04	1000	1000	50
35	东垄水库	源东	王安	1957.12	1964.03	1290	1372	121
36	丁村水库	源东	丁村	1958.11	1980.04	1500	1500	113
37	长公塘水库	源东	邢村	1971.01	1976.05	300	300	57

续表8

序号	水库名称	库址		开工年月	竣工年月	设计灌溉面积(亩)	实际灌溉面积(亩)	水面面积(亩)
		乡镇	村					
38	前垅水库	源东	长塘徐	1956.11	1960.04	350	350	56
39	寺垅水库	曹宅	山下洪	1961.11	1965.12	640	——	56
40	唐田水库	曹宅	桥西	1957.01	1958.03	350	1500	96
41	东陈后垅水库	曹宅	东陈	1956.12	1965.01	350	——	214
42	马泉垅水库	曹宅	上目宋	1956.01	1957.03	——	——	56
43	葛鱼塘水库	曹宅	前庄	1956.01	1964.03	2500	——	197
44	长塘水库	曹宅	前婆桥	1955.01	1964.03	——	——	73
45	羊垅水库	曹宅	龙一村	1955.09	1956.03	1200		43
46	里元塘水库	曹宅	千人安	1965.09	1967.12	200	500	29
47	放生塘水库	曹宅	郭门	1955.09	1968.31	450	450	91
48	山王后垅水库	曹宅	山王	1956.1	1957.12	960	——	97
49	山盘塘水库	曹宅	七宝塘	1957.11	1977.04	600	——	93
50	山坞垅水库	曹宅	潘三	1956.01	1957.11	——	——	57
51	莲塘水库	塘雅	杨桥头	1957.03	1958.02	815	——	114
52	高塘垅水库	塘雅	破塘	1957.03	1958.02	1000	1000	161
53	五巨塘水库	塘雅	五巨塘	1954.08	1959.05	——	——	154
54	长畈垅水库	塘雅	下金山	1957.03	1958.02	430	800	214
55	西潘垅水库	赤松	西余	1966.03	1968.03	6000		86
56	石垅塘水库	赤松	桥里芳	1957.1	1958.12	560	560	90
57	澧浦铁堰水库	澧浦	汪婉	1956.12	1968.03	400	400	43
58	南宅里水库	澧浦	南宅	1958.11	1979.12	240	400	69
59	鲫鱼塘水库	澧浦	长大	1956.04	1959.11	420	——	69
60	宅山水库	澧浦	宅山	1970.12	1979.03	1400	——	107
61	郡塘水库	澧浦	晚田畈	1960.01	1963.03	1050	——	197
62	塔石塘水库	江东	水坑	1957.09	1969.12	590	——	54
63	东湄塘水库	多湖	杨宅	1956	1958	1900	1900	314
64	横塘垅水库	多湖	下金潭	1956	1959.12	400	360	100
65	菱塘水库	多湖	牛皮塘	1955.12	1960.03	1500	800	380
66	巢塘水库	多湖	七里畈	1954.10	1955.05	550	550	120
67	罗塘水库	东孝	施村	1958.10	1961.12	500	800	171
68	东藕塘水库	东孝	东藕塘	1958.02	1958.12	500	——	171

水环境治理

【概述】2013年，扎实推进河边“三化”行动，认真落实河道疏浚、岸坡整治、植物绿化及河道保洁等措施，共整治河道33千米，河道保洁313千米，完成东阳江、武义江绿化10千米，绿化面积220亩，主要河道绿化16.8千米，其他河道绿化5千米，主要河道两岸宜林地段绿化率达到95%以上。

【制定《金东区河道保洁实施方案》】计划对全区395千米河道实行全覆盖。方案明确河道保洁的责任主体、目标、工作内容，落实人员和经费，重点清理河道废弃漂浮物、病死动物、河中障碍物和沿岸垃圾。推广水库洁水养殖模式，调整渔业养殖结构。制定《金东区小型水库洁水渔业奖励实施办法》，采取以奖代补形式，在全区推广洁水渔业养殖模式，提高洁水渔业覆盖面，为实现到2015年底全区60%小(二)型水库实现洁水渔业的目标打好基础。

【河道保洁与清淤】以“双清”行动为重要抓手，加大河道保洁力度。截至年底，共打捞病死动物3885头，打捞河面漂浮废弃物1180吨，清理河岸垃圾135吨，清除河道障碍物97个，清淤10多万立方米，投入资金600万元，投入人次6624人次，较为有效地解决了部分河道中仍存在垃圾淤积漂浮、水体发黑发臭、农村环境卫生留有死角等问题，河道水环境面貌得到明显改善。

【“四边三化”工程】区水务局非常重视“四边三化”(公路边、铁路边、河边、山边，洁化、美化、绿化)工作，按照区委、区政府下发的《关于印发金东区推进“四边三化”行动实施方案的通知》的要求，积极组织和协调相关科室和乡镇、街道，科学安排年度任务目标，结合实际情况，制定《金东区水务局“四边三化”实施方案》，细化方案，明确目标，分清责任。截至2013年底，累计完成河道整治19千米，河道保洁18千米，河道绿化19.5千米。

水行政执法

【概述】积极开展水资源费征收使用管理，已征收402家，收费金额共计82.3万元；水保费中，房地产企业已收4家，收费额58.93万元，完成收费率100%。成立钻井协会，用行业来规范和约束钻井取水行为，从源头上杜绝地下水乱采滥伐现象，强化水资源管理，共巡查6次，调解业内纠纷2次，处理非法打井案件2起。

【水法宣传】结合“世界水日”和“中国水周”，创新模式，区水务局举办“水润金东”微电影大赛，以“3·22”世界水日、最严格水资源管理和“三条红线”为主线，围绕节约用水、饮用水源安全等为主要内容在金东区范围内进行拍摄，唤起人们的水患意识。

通过报纸、金东大讲堂、安装汽门、悬挂横幅、汽球、张贴宣传画、短信发送、电子屏滚动宣传口号等多种形式进行宣传，发送水法宣传口号短信息3条，受众人数累计2万人次，印制发放水法律法规宣传册300册。

【查处涉河案件】全年共查处水事违法行为12起，调解水事纠纷5起，下达《责令停止违法行为通知书》5份。做好“三改一拆”工作，已完成拆除违法建筑26处，拆除面积共计6885平方米，已经完成总任务量的139%。及时查处涉河案件，阻止无证采砂2处、超范围采砂1处，拆除河道管理范围内违章建筑20处，面积共计5900平方米。进一步规范行政许可项目的办理，共办理行政审批事项152件。加强渔业行政执法管理，依法调处渔业水域污染案件8起，捣毁地网、迷魂阵等禁用渔具41张，缴获电鱼器具13套，罚款2000元，案件查处率100%。

农村饮用水

【概述】曹宅镇长山垅片饮用水安全提升工程已完成山王支线、金仁塘支线等4条管线建设，4个村用上了长山垅水厂水；孝顺镇东下叶村、傅村镇傅二村、塘雅镇横山村等13个村实施农村饮用水提升工程；岭下镇黄坞口水厂完成设备安装；鞋塘办事处建设上下王加压泵站，上下王、上下季、杨村、张店等村受益。加强饮用水工程运行管理，完善饮用水长效管理制度，妥善做好突发情况的协调处理，发挥供水工程效益。

渔业管理

【概述】加强水产品质量安全监控。开展初级水产品质量安全执法检查，共检查31家水产品养殖生产单位、水产苗种场。开展初级水产品药残抽检工作，共抽取6个饲料和7个苗种共13个投入品样品，抽检合格率100%。

【生态安全】大力推行水库洁水渔业模式，共有29座小型水库实施洁水渔业，总面积达407公顷；加强项目建设，金东区省级百库洁水渔业产业示范区通过验收。实施“金东区渔业资源增殖”项目，放流鲢、鳙、鲤等鱼种360余万尾，中华绒螯蟹、扣蟹2000千克。大力推广无公害养殖技术，组织健康养殖技术培训2期，参加人数135人次。积极开展技术革新，破解温室养殖污染难题，绿丰水产专业合作社利用太阳能、秸秆炉加热，走低碳温室甲鱼养殖之路，大大降低废气、废渣和废渣堆放时产生的废水污染，得到了省海洋与渔业局的充分肯定。依法调处渔业水域污染案件，共调处8起，案件查处率100%，为养殖户挽回损失18万余元。强化渔业执法，保护渔业资源。

【生产安全】落实渔业安全生产责任，对所有江溪捕捞渔民进行安全生产培训，并签订安全生产责任书。开展内陆渔船安全专项执法检查，共检查作业渔船32艘。全区全年未发生一起渔船交通捕捞作业安全事故。

【百库洁水渔业示范区通过省级验收】2013年，金东区百库洁水渔业产业示范区通过省级考核验收。金东区百库洁水渔业产业示范区核心区占地70公顷，建成了三室一库800平方米、配套鱼种塘30亩、自动进鱼网具2套、暂养网箱2000平方米、道路硬化5千米，配套建设有园区监控系统和水质监测设备等，设施较为完善。园区内推行了标准化养殖技术，建立了水产品质量安全管理体系和一整套生产管理制度。园区实施“合作社+养殖户”的产业化经营模式，并注册了“百库”牌商标，从业人员组成结构合理。自项目投产后，有机鱼销量从250吨提升到270吨，价格提升100%，产值达到800万元，并辐射带动周边水库养殖面积330.33公顷，带动农户77户，水质达到Ⅱ类水标准，综合效益显著。该示范区创建点一致通过专家组考核验收，成为金东区首个挺进首批省级渔业主导产业示范区的园区。

水利队伍建设

【概述】深化“三解三促”，有序开展“双百双千”创先争优主题活动，专门成立以局长为组长的“双百双千”活动领导小组，明确参与活动党员干部的工作任务，形成层层抓落实的工作格局。2013年，局党组成员走访联系村累计33次，为联系村筹措资金共计76万元，切实解决了村里存在的一些问题；全局党员走访结对困难户累计33次，发放慰问金12000元；局班子6名成员累计走访企业48次，统计企业发展难题16项，并做好梳理反映、协调解决、跟踪问效等工作。

【村级水务员管理】组织全区各镇乡(街道、办事处)村级水务员及重点山塘巡查员业务培训12场550人次；完成村级水务员管理责任书签订和二项保险参保工作；积极引导水务员参与村级水利项目施工管理及农村饮用水项目建后管理等工作；做好水务员补助经费及劳保用品的申领、下发工作；修订和完善村级水务员年终考核办法，并组织实施考核。

(马靳漫 陈小兵)

对外经贸

【概述】2013年全区完成外贸出口交货值98.92亿元，增长18.1%。完成外贸进出口总额10.73亿美元，增长23.8%。其中出口10.52亿美元，同比增长23.4%，高于市本级5.77个百分点，完成年考核目标的104.16%，出口增幅排名全市第二，年进度排位全市第四，总量排在全市第六位；进口2125万美元，同比增长46.02%。新批外资项目3个，实际利用外资3418万美元，同比增长11.12%，完成年计划的56.97%，进度排在全市第八。

2013年1—12月，全区新增备案登记企业70家。截至2013年底,全区自营进出口获权企业已达486家，有效出口主体达278家。区外贸企业积极参加第113届/114届广交会、第23届华交会、第12届消博会等重大展会，共设摊位80余个。全年共举办2场外贸业务培训讲座，全区160家外贸企业的业务骨干300余人次参加了培训，有效地促进了全区外经贸企业素质和业务能力的提高。向市里争取到市区外经贸发展资助资金760.52万元(包含金义都市新区)，获省级以上开拓国际市场项目资金75.5万元。缓解了企业成本上涨压力，增强了企业发展信心。

【对外贸易】1—12月，全区出口105198万美元，超出目标10.1亿美元4198万美元，完成全年出口任务。传统及新兴出口产品增幅全面上升。机电产品出口增幅相对较小。1—12月，全区机电产品出口22883万美元，同比增长11.68%，占全区出口总量的21.8%，相对上年占比下降了8.5个百分点。纺织品出口总量超越机电产品。全区纺织品出口25176万美元，同比增长31.75%，占出口总量的23.93%，相对上年占比增加了1.65个百分点。全区箱包出口增幅最大。受益于市场采购出口，全区箱包产品出口2346.5万美元，同比增长255.7%，占出口总量的2.23%。亚洲及新兴出口市场增幅较大。对亚洲出口保持高增长。1—12月对亚洲出口32668万美元，同比增长30.7%，占全区出口的31%，占比较上年上升了3个百分点。对欧出口5464万美元。对北美出口增幅较小。对北美出口19911万美元，同比增长7.6%，占全区出口总量的18.93%，占比下降4.25个百分点。对欧出口增幅稳定。对欧洲出口27204万美元，同比增长15.7%，占全区出口总量的25.86%，占比下降了4.14个百分点。新兴市场出口继续向好。对非洲出口13383万美元，同比增长51.8%；对拉丁美洲、大洋洲分别出口9868万美元、2164万美元，同比分别增长24.8%、43%。

【利用外资】利用外资新批项目少，工作难度较大。1—12月全区新审批外资项目3个，实际利用外资3418万美元，同比增长11.12%，完成年任务的56.97%，完成进度排名全市第八。三家新批外资企业分别为金华圣欧车业有限公司，投资总额为1506万美元，注册资本为1004万美元；浙江阜康机械有限公司，投资总额为1500万美元，注册资本为600万美元；浙江绿天新能源设备有限公司，投资总额为2148万美元，注册资本为862.6万美元。

【对外经济技术合作】上报对外投资项目2个，对外工程承包开展顺利。上报金华帅达毛纺织品有限公司在美国加州安大略市投资设立SHUAI

DA COMPANY的公司项目，注册资本为50万美元。上报金华市诺丽诗服饰有限公司在阿拉伯联合酋长国迪拜设立NUOLISHI TRADING LLC的公司项目，注册资本为100万美元。在对外承包工程方面，金轮机电有限公司承接了印度、马来西亚、意大利、美国等60多个国家和地区水电工程安装项目，完成小水电设备安装工程营业额1500多万美元。

【外向型经济】2013年，全区外贸出口经受住了严峻复杂的国内外经济形势的考验，转型发展迈出了坚实的一步。1—5月，全区外贸出口额达2.95亿美元，同比增长26.8%，列全市第一。外贸出口形势良好，呈逐渐上升趋势，结构继续优化，“走出去”步伐加快，效益得到提升。

“今飞摩轮”和“昀丰新能源”两家企业是2013年全区外贸出口行业涌现的两支新军。1—5月，两家企业出口额分别达到2491万美元和1099万美元，成为拉动全区出口增长的生力军。公司自2011年投产以来，内强管理，外树形象，创个性化品牌，立多元化目标，不断提升产品的质量和信誉度，积极拓宽海外市场，并制定系统的战略计划，与印度、东南亚、巴西等国建立长期稳定的合作关系。

“顺博影像”是全区一家以生产摄影三脚架为主的自营出口型中小企业。近年来，该企业加大了技改投入，从台湾引入了成套的先进设备，效益及产量得到极大提升。2013年，这家占地不足6.67公顷的小企业，自营出口额达到370余万美元。

（姚倩）

招商引资

【概述】2013年，金东区新引进超亿元投资项目26个，全年累计完成实际到位外资3420万美元，同比增长11%，完成年度目标任务的43%，其中区本级到位1060万美元，完成年度目标任务的106%。实际引进内资48.17亿元，同比增长24%，完成年度目标任务的124%，其中区本级到位资金15亿元，完成年度目标任务的115%。引进浙(婺)商回归项目27个(其中信息产业项目3个)，实际到位投资31.4亿元，同比增长177%，其中区本级到位资金14.78亿元，完成年度目标任务的185%。2013年，引进上报省千人计划项目2个，“双龙人才”计划项目6个，其中获评5个。

到2013年底，金东区信息软件创业园企业达65家，企业工作人员1100余人，园区企业营业收入达17亿元，其中离岸业务额3115万美元，完成全年任务的156%，同比增长111.9%；税收2100万元，同比增长32%。营业收入与税收均实现三年增加三倍。

2013年，金东区因招商引资工作出色被评为综合一等奖、三个单项奖；被表彰为2013年度金华市支持浙(婺)商创业创新和招商引资工作先进县(市、区)；被表彰为支持浙(婺)商创业创新工作先进县(市、区)、引进内资工作先进县(市、区)、利用外资工作先进县(市、区)。

【重大签约项目】5月15日，参加金华市第二届浙(婺)商回归创业创新大会，与3个浙(婺)商回归项目成功签约，分别是中电华东进出口有限公司与浙江艾雅电声器材有限公司的多功能智能椅生产项目、中控国自机器人有限公司的机械臂生产项目和上海高谷电子有限公司的年产300万支汽车等速万向传动轴项目，计划总投资7亿元。

5月20日，金东区在杭州星都宾馆成功召开第一次网络经济发展推介会，30余家杭州著名信息产业企业参加大会，3个信息产业项目在会上成功签约，投资总额达1.2亿元。

6月7日，参加在宁波举办的第十五届浙洽会，在金华投资环境推介会暨项目签约仪式上，金东区2个项目参加签约，总投资额3500万美元，分别是森泰物流(韩国)有限公司投资的年产10亿套无源电子标签生产项目和香港阜康国际贸易有限公司投资的年产150万套汽车内外空间管理系统项目。

9月26日，组团参加第三届中国(金华·永康)国际商贸发展大会，共签约重大投资项目3个，主要涉及新能源、新能源汽车、汽摩配等重点投资领域。其中，内资项目2个，总投资额5.2亿元，分别是扬帆科技有限公司的空气源热泵生产项目和合力神控股有限公司的汽车配件生产项目；外资项目1个，总投资额5000万美元，是香港宝爷有限公司的年产5万辆锂电车及10万架铝合金车架生产项目。

10月26日，参加在省人民大会堂举办的第二届世界浙商大会，会上成功签约2个浙商回归项目，总投资额达13亿元，分别是大北农集团总裁邵根伙返乡投资的生态农业科技开发项目和上海山科园林机械有限公司负责人返乡投资的草坪机等大型农具生产项目。

【重要招商活动】为了能够及时给浙商回归项目提供全方位一条龙服务，2013年，区招商局专门设立浙商回归创业创新服务中心，并在各镇乡（街道）以及金东经济开发区成立13家分中心，同时又通过联系各大城市浙商商会，设立北京、上海、深圳、杭州4家异地服务中心，从而形成横向到港澳，纵向到村镇，服务本地，辐射全国的浙商服务网。经过努力，总投资50亿元的“紫金湾”商业地产开发项目、总投资20亿元的“金满湖”文化创意园项目、总投资2亿元的等速万向节传动轴项目、总投资8亿元的大型农机具生产项目等一批优质的浙商回归项目落户金东。

8月29日，浙大网新科技股份有限公司董事长赵建一行应邀到金东区洽谈投资事宜。金东区委书记郑余良、副区长曹文蔚陪同考察，重点介绍了金东区网络经济发展的特点、优势、前景、发展概况及未来的发展规划。双方就金东区的网络经济发展规划、金东信息产业园区建设、政府服务、配套设施等方面进行了重点洽谈。

9月25日，召开江东区块第二批工业项目推进会暨银企对接会，邀请区内相关部门和江东区块8家落地项目企业（其中4家浙商回归企业）参加。会议听取各项目业主关于江东地块第二批项目的进度汇报，分析项目推进过程中存在的问题，各部门相关负责人针对业主提出的问题逐一做了解答。

10月15日，金东区政协主席张有钢一行组织浙（婺）商回归工作督察。督察组实地走访浙江云亿电子商务有限公司、浙江科力创贸易有限公司、浙江朗仕达工贸有限公司三家优质浙商回归企业，和业主进行广泛交流互动，并对浙（婺）商回归工作表示肯定。

11月16日，由金东区招商局主办，金华购易通新传媒有限公司、金华厚德网络综合运营管理有限公司承办的跨境电子商务贸易及国际eBay电子商务对接会在金东区召开，30余家金东区汽摩配企业与金东区汽摩配直营经销商参加会议，取得较好的成效。

【标志性事件】金东信息软件创业园企业金华市文华影视传播有限公司自筹资金，全额投资出品的电影《太阳升起的地方》，于2013年6月18日6点17分在中央电视台电影频道播映。这是金华市在央视播放的首部自主拍摄电影。

8月18日，金东区深圳引才联络站挂牌成立，这是金东区继2012年上海引才联络站、杭州引才联络站设立后的又一驻外引才站点。

9月27日，金东区信息软件创业园被授予浙江省现代服务业集聚示范区牌子，标志着金东区信息软件创业园正式成为第三批浙江省现代服务业集聚示范区。

金东区有10个项目获得2012年度省级促进国际服务贸易发展专项资金支持，金额合计337.5万元，占全市支持资金总额的48.4%，位列全市第一。

【浙商回归项目落户金东】江东区块是金东区着力开发的三大区块之一，吸引了一大批投资者的目光。为了更好地吸引和指导浙商企业落地，江东区块建设指挥部“浙商回归创业创新服务中心”配备了2名专职人员，一方面提供专业指导，另一方面全程给企业代办用地规划许可、建设工程规划许可、施工建设许可等一系列行政审批项目，为浙商回归提供优质、贴心、专业的服务。从项目落地到厂房建设，江东区块建设指挥部的工作人员都全程跟踪，直到项目投产。为加快项目审批进度，他们还专门从区行政服务中心调配了相关专业人员参与服务。在区招商等相关部门的“总调度”下，至2013年年底，总投资50亿元的“紫金湾”商业地产开发项目、总投资20亿元的“金满湖”文化创意园项目、总投资2亿元的等速万向节传动轴项目、总投资8亿元的大型农机具生产项目等一批优质浙商回归项目纷纷落户金东。

（王艺平）

供销社

【概述】金东区供销社坚持以服务“三农”为宗旨，不断完善为农服务体系，增强为农服务功能，提升为农服务水平，积极参与全区“二区”建设，全年实现总经营收入8.43亿元，实现利润220万元，上缴税收88万元。3月14日，省供销社公布了2012年度全省供销社百强农民专业合作社名单，金东区金华市绿丰水产养殖专业合作社、金华市绿源畜禽专业合作社、金华百姓果蔬专业合作社榜上有名。

【经营服务综合体创建】创办成立了金东区供销社仙桥经营服务综合体、金东区供销社曹宅经营服务综合体和金东区供销社山下施经营服务综合体。创办成立金华市绿丰水产专业合作社资金互助社。领办、创办农民专业合作社5家、村级综合服务社3家，累计领办、创办农民专业合作社29家，其中，全国供销系统示范性专业合作社1家，省供销社示范性专业合作社5家，市级示范性专业合作社6家，共有入社社员2133户，实现销售收入6.46亿元，生产基地1852.8公顷，带动农户13470户，帮助农民实现销售收入9.83亿元，共创立品牌5个。

金华市金东区农信担保有限责任公司成立于2010年3月，由金东区供销社与金华市供销社共同出资组建，注册资金2000万元，公司立足“三位一体”，坚持为“三农”解困，切实解决金东区属地购销大户、农民种养殖大户、涉农企业等贷款难、担保难问题。全年累计为61户涉农企业、农户共担保5650万元，担保服务做到区域全覆盖。公司大力发挥融资担保作用，推动涉农经济组织发展壮大，支农惠农，共赢发展。

【“情系三农农资下乡”系列活动】为保障2013年金东区春耕备耕工作顺利有序开展，做好农资商品的储备，区供销社深入调查和分析全区春耕农资市场供需情况，做到计划早安排、措施早落实、货源早到位，确保农资储备充足，下属农资公司已储备价值70余万元农药、1500余吨各类化肥，保障全区农资需求；全力组织农资配送服务，利用多级配套农资物流配送网络和农资配送车，及时调运农资商品并配送到农资连锁(加盟)店中；遴选出信誉高、质量好的化肥厂家，并采取措施最大限度减少化肥价格波动，保障农户利益；调用农用车、三轮车、摩托车等运输工具，免费将农资送到田间地头，为农民破解运输难。2013年，区供销社全年共送肥500余吨。全年实现农资销售收入1500万元，供应各类化肥3930吨，大力开展农资连锁经营网络建设，新增农资供应网点36家，加强对农民的农资知识和种植技能培训，全年共培训110人次。

【农产品展示展销中心大楼建设】2013年，区供销社投资1500万元用于农产品展示展销中心大楼建设。工程于4月正式破土动工，年底主体已结顶。在社有资产管理上，坚持资产租赁公开、公平，资产管理责任到人，领导班子集体讨论租赁原则，责任人按集体讨论决定的原则全权负责操作，把决策人和实施人分开，资产管理效益有了进一步提高，全年社有资产租赁收入比上年增7%。

【化解不和谐因素】供销社系统有离休干部5人、退休职工800余人、军转干11人，及精减职工、遗属、临时工等群体，供销社存在较多历史的遗留问题，处理好历史遗留的问题和人员关系是维护社会稳定的重要因素，特别是接待和处理上访问题，始终坚持做到耐心、细致，不使矛盾激化，把工作做到位，力争将不和谐因素化解在萌芽状态。全年接待来访18批次94人、群访6批次、人民来信4封。金东区供销社对上访人员的诉求十分重视，2013年较为突出的是原曹宅供销社2000年改制时职工153人，第二罐头厂职工17人要求补发失业金的诉求，通过调查，本着实事求是、尊重历史公平公正原则，区供销社收集相关资料，与区人社局、区政府、市人社局、市就业管理服务局沟通协商报批，符合发放人数为89人，金额374623元，已基本办妥，有望于2014年发放。与下属单位签订责任书，每逢节假日前夕做好防火防盗等安全检查，下发整改通知6份，提出整改意见6份，确保安全生产有序进行。

【白桃栽培标准化项目通过国家验收】12月4日，由金华市希望果业专业合作社承担的浙江省“源东白桃”栽培标准化示范区项目顺利通过国家标准委员会专家组现场验收。该建设项目于2011年被国家标准委员会列入第七批全国农业标准化示范区项目，示范种植面积200公顷，农户达235户，平均亩产优质果2500千克以上，增加社会效益1500万元。

（邵理文）

市场管理

【概述】“十二五”期间，金东区大力实施“商贸兴区”战略，全力打造金华重要的宜居新城和金华商贸副中心。2013年，召开全区服务业发展大会，结合该区商贸服务业的发展实际，重新修订出台金东区《关于进一步加快发展商贸服务业的若干意见》，加大了商贸服务业的政策扶持力度。2013年，全区实现社会消费品零售总额90.96亿元，增长15.4%。城乡消费市场同步增长，城镇消费品零售总额71.15亿元，增长15.3%；农村消费品零售总额19.81亿元，增长15.5%。分行业看，批发业消费品零售额7.82亿元，增长112.7%；零售业消费品零售额80.55亿元，增长10.3%；住宿餐饮业消费品零售额2.59亿元，增长19.3%。2013年全区共有成交额超亿元市场6个。

【对内贸易】2013年，全区六大专业市场成交额194.4亿元，同比增长13.5%。其中新浙中建材市场成交额达48.5亿元，同比增长9.73%；农产品批发市场成交额达61.9亿元，同比增长13.9%；金华汽车城成交额达38.2亿元，同比下降1.46%；金华汽配城成交额达22.9亿元，同比增长18.94%；金华二手车市场成交额达8.5亿元，同比增长55.03%；澧浦苗木市场成交额达14.3亿元，同比增长48.6%。开展六大专业市场的服务、协调和管理工作，扩建的新二手车市场于2013年3月6日开业；再生资源市场项目已完成选址，总规、控规已调整到位，已落实用地指标6.67公顷；澧浦苗木城二期项目已开展用地计划协调落实工作；农批市场迁建一期项目已完成选址，总规、控规已调整到位，已落实用地指标13.33公顷；汽配城三期项目已启动实施，总规、控规已调整到位，已落实用地指标6.67公顷。

【举办展会】在施光南广场召开2013年春、秋二季汽车展销会，共成交车辆247辆，成交额3466万元。共预订车辆1574辆，预成交额20033万元。举办2013年二手车展销会，共成交车辆32辆，成交金额370万元。金华汽配城举办2013年春、秋二季汽车配件、汽车用品订货会，共成交金额500多万元，总订货金额4000多万元。7月，在施光南广场举办“泼水节”，集聚金东新城区人气。11月，组织5家商贸企业参加宁波食博会。

【农村商贸】开展2012年“万村千乡”市场工程检查验收工作。2013年，全区已完成乡镇连锁超市25家，覆盖率100%，村级连锁便利店505家（484个村），覆盖率达98.57%。开展商贸示范镇和示范村创建的调查摸底工作，曹宅镇和曹宅村创建工作已完成。全区家电下乡销售网点已全部撤销，2013年1月底，停止家电下乡政策的执行。开展补贴发放扫尾工作，整个家电下乡工作已全部结束。

【市二手车市场开业】3月6日，总投资1.1亿元的市二手车市场在赤松镇正式开业，每天看车、购车的市民络绎不绝。市场内有展厅面积2.4万平方米，可提供展示车位1300余个，建有网络信息平台和网上交易平台。预计年可交易二手车4万辆，交易额可达20亿元。近年来，金东区深入实施“商贸兴区”战略，大力推进全区商品交易市场的规划建设和改造升级，努力打造浙中现代专业市场集群。除二手车市场外，先后建成浙中建材市场、农产品批发市场、金华汽车城、金华汽配城和澧浦苗木城。2012年，六大专业市场成交额超170亿元；2013年，成交额有望突破190亿元。

仙桥汽车城内的二手车交易市场二期扩建工程（胡赣昌/摄）

【建材市场创新安全生产管理】2013年6月，浙中建材市场被区安全生产监督管理局确定为多主体大型市场安全生产管理创新试点单位。成为试点以后，浙中建材市场将消防安全作为工作的重点，每月进行一次消防演练，并定期检查和更新消防设施。市场安全生产管理采用层级管理模式，从管理层到经营户都有明确分工，职责清晰。8个交易区都设有楼层经理，每人每天要开展4次以上的安全检查；安排保安70多人，由他们充当消防巡查专员；市场与每个经营户签订责任书，每月召开1—2次消防知识座谈会。2013年以来，建材市场共开展各类安全检(巡)查3000余次，排查出20余处消防隐患，举行大小规模的消防演练10余次。

【商贸企业"下升上"】2013年，市政府下达金东区培育限下升限上商贸企业40家的任务，通过调查摸底、动员宣传，截至12月16日，已落实40家预备名单，24家申报限上企业。

【浙中建材市场获评"中国商品市场百强"】11月18日，第八届中国商品市场峰会召开，金东区的浙中建材市场被评为2013年"中国商品市场百强"之一。这是该市场继取得2004年"中国竞争力百强市场"、2006年"中国建材流通改革开放风云单位"、2011年"中国诚信示范市场"之后的又一殊荣。

【生猪定点屠宰】重点抓好"四个屠宰点"(澧浦镇上埠头、孝顺镇下街村、江东镇横店村、曹宅镇大黄村)整合提升工作，落实肉品质量安全监管工作，严厉打击私屠滥宰违法行为。广泛宣传《浙江省实施〈生猪定点屠宰管理条例〉办法》，制定屠宰场月度巡查考核、屠宰场生产月报、病害肉无害化处理、产品可追溯等制度，确保肉食品质量安全。

开展"四个屠宰点"整合提升改造工作。付村屠宰点建设工程已完成，配套设施正在扫尾中，确定春节前建成并投入使用。严厉打击私屠滥宰违法行为。2013年，共开展执法63次，检查经营户438家；全年生猪屠宰量170567头，同比增长20%。通过严格执法检查，2013年未发生肉品质量安全事故。

(夏宇)

【**概述**】境内的交通运输网络主要由铁路、公路运输方式构成。铁路沪昆线、金温线过境，其中沪昆铁路境内长24.5千米，为双轨电气化铁路。金温线境内长18.2千米，与沪昆线在东孝站接轨，域内设金华南站。

区境内公路总里程1057.6公里，公路网密度为160公里/百平方公里，二级以上公路占总里程25%。其中国道68.1公里(杭金衢高速25.215公里，金丽温高速19.862公里，甬金高速4.46公里，330国道18.535公里)，省道30.8公里，县道304.8公里，乡道274.9公里，村道379.0公里；按公路等级分：高速公路49.5公里，一级公路135.0公里，二级公路80.7公里，三级公路71.8公里，四级公路720.6公里。

2013年，全区交通建设完成投资1.873亿元(不含高速公路)，其中国、省、县道建设项目完成投资5593.9万元，农村联网公路完成投资2241.2万元；休闲绿道建设完成投资1540万元；公路养护工程完成投资9354.6万元(其中投资3787万元，完成330国道路面大中修工程5.417千米；投资1241万元，完成03省道路面大中修工程5.66千米；投资2100万元，完成16条农村公路大中修工程26.83千米；投资102万元完成对梅西塘和金尚塘桥2座危桥的改造；投资312.7万元，完成对32条农村公路的安保工程，实施里程76.854千米；投资1811.85万元，完成对公路“三化”整治，绿化面积116035平方米。

交通工程建设

【**概述**】2013年，交通局紧紧围绕年度工程建设目标任务，精心组织，狠抓落实，扎实有序推进各项工程建设，较好完成既定目标任务。截止年底，金武建设公路二期整体完成75%，曹塘澧公路建成通车，杭金衢高速拓宽有序推进。

【**330国道金华段改建工程**】330国道金东岭下朱至兰溪沈村段改建工程“工可”已获省发改委批准，已完成初步设计。330国道永康市区段外迁工程的土地预审、规划选址、水保、环评方案等支持性文件都已获批复，“工可”已经省发改委批复，6月7日完成初步设计审查，现开展施工图设计，计划年底前开工建设。330国道兰溪永昌至建德交界段改建工程已完成“工可”审查，并向省发改委上报了项目建议书，争取2014年列入省重点工程，并动工建设。

330国道是金华市公路网主骨架“七高、八纵、五横”中的“八纵”之一，是长三角和东南沿海向中西部地区经济辐射的重要通道，具有承东启西的经济传导功能。

【**曹塘澧公路通车**】2013年，曹塘澧工程建设顺利通过交工验收，标志该公路正式建成通车。该工

省道103线2013年大修工程

程为省重点工程，采用一级公路技术标准设计，双向四车道，路基宽24.5M，途经曹宅、塘雅、澧浦三个镇，投资总概算17446.62万元。曹塘澧公路建成通车，将极大改善了全区南北向交通环境，有效推动沿线乡镇经济发展。

【金华至武义公路】金武公路线路全长10.35千米，总投资1.67亿元，截止2013年底，金武公路整体完成75%，其中路基完成95%、桥梁完成99%，路面工程完成80%左右。

【农村联网公路】2013年，在年初25公里联网公路建设计划基础上，自我加压，计划投资2241.2万元，建设26条联网公路，总计32.7公里。截止目前，今年计划实施的26个联网公路项目全部完成招标工作，目前累计开工项目25个，完工23个、26.9公里。计划12月底全部完工。

【休闲绿道建设】2013年，投资1500多万元，建设两条休闲旅游绿色道路：澧浦山南至平阳绿道和龙潭下至宅山绿道。其中山南至平阳绿道路线长1.3公里，投资240万元。龙潭下至宅山，路线长5.2公里，投资1300余万元。

【杭金衢高速拓宽工程】杭金衢高速拓宽改造工程金东段全长25.24KM，征地637.125亩，房屋拆迁约2万M2，共涉及沿线付村、鞋塘、曹宅、赤松四个乡镇、办事处。截止目前，完成红线放样及分乡镇的土地预征协议，以及土地报批资料整理；红线内房屋拆迁调查基本完成，特殊苗木迁移评估进入报告阶段；大型临时用地租用正进行协商确认；“五线”迁移正进行方案造价审核。

公路养护

【概述】2013年，区交通局围绕公路“三化”，进一步强化管理措施，加强公路养护工程投入，有效改善公路整体环境。全年，投资7128万元，对330国道、03省道和26.8公里农村公路进行大中修；投资312.7万元，对33条农村公路安保设施进行完善，增设钢质波形护栏12.154公里；投资150万元，完成了30处道路安全隐患点整治；投资102万元，对梅西塘桥和金尚塘桥进行加固改造；投资1811.8万元，对区内330国道、东二环、金义快速路等道路的绿化进行完善提档，实施公路绿化面积11.604万平方米。

【公路日常养护】按照“统一领导、分级管理”的要求，进一步建立完善养护体制，落实了养护责任主体，完善了养护机构和养护队伍。目前，县道以上公路由公路段的养护站负责管养，乡村公路由乡镇负责管养，道路日常养护实现全覆盖，保证“路路有人养护，时时有人养护”。交通局通过月查季评，加强对养护工作的监管，全区公路养护工作整体较好，道路路面干净整洁，道路完好率进一步提高。今年，还完成曹宅镇和赤松镇2个文明示范农村公路养护管理公路站建设。

【通行环境整治】结合区“四边三化”和“三改一拆”工作，对330国道、103省道、二环路、金义南线、金义快速等重要道路环境进行全面的整治，累计拆除公路红线范围内违章建筑8处，4735平方米；拆公路红线范围内各类广告牌238块；完成330国道、03省道和26.8公里农村公路大中修，投资7128万元；完成33条农村公路安保设施建设，增设钢质波形护栏12.154公里，投资312.7万元；完成30处道路黑点进行整治，投资150万元；对梅西塘桥和金尚塘桥进行加固改造，总投资102万元。

【公路段“机器换人”】2013年，金东公路段在公路养护中进一步提升养护机械化，区内330国道、103省道、金义快速路、金义南线、二环路等主要道路实行机械化养护。近年来，区公路段在上级部门的支持下，先后购置了“两头忙”、“变形金刚”、多功能清扫车等器械，“机器换人”既提高了工作效率，也一定程度上减轻了负担。“机械化既是对劳动力的一种解放，也是现代公路养护的一种趋势。除了增添设备，公路段还增设了机动组，以便发生突发状况时，养护工人可以在最短时间内赶赴一线。

【东二环线路面修复】东二环线是103省道—330国道连接线又是金东区交通主干道，车流量大，重型车辆多。由于李渔路口装有红绿灯，重型车辆刹车的冲力，导致路口路面出现车辙。近段时间的持续高温天气，进一步导致路面病害的加剧，影响道路通行安全。为确保道路通行的安全性和舒适性，区交通运输局公路段决定对东二环李渔东路交叉口、金瓯路交叉口及光南路交叉口三个路段路面进行修复。修复路面面积约6000平方米。

路政执法

【概述】2013年来，区路政部门坚持“管养并重，以管促养”的方针，进一步加大路政执法力度，切实维护路产路权。全年查获超限违法运输车辆469辆，查处侵害路产路权案件861起，拆除道路红线内违章建筑6565平方米等。

【超限超载治理】区路政部门和运管部门组成联合执法队，进一步加强路面巡查，尤其是对工程车辆较集中的重点路段进行密切监控，发现违法超限、超载或不按规范装载的车辆，一律扣车教育，依法处罚并卸去超限吨位。共检测车辆937辆，查获违法超限运输车辆469辆，卸载吨位20741.1吨，卸载率达100%。

【路权路产查处】联合交警、运管对沿S103省道付村段无牌无证的三轮车非法营运和乱停乱放等违法行为进行集中整治。加大侵害路产路权违法案件查处力度。累计出动巡查人员7659人次，发现并查处违法案件数861起，查处率达100%，拆除道路红线内违章建筑6565平方米，处理路产损坏事故131起。

【交通安全排查】区交通运输局开展节前安全生产排查整治工作，确保节日期间公路安全畅通工作。加大路况巡查力度，做到早发现、早处置，把问题化解在萌芽状态；加强施工现场整治，对存在的工程劣质，警示标志缺损，原材料堆放不整齐等施工现象，下发整改通知书，要求立即整改，每日安排值班人员监督各施工点整改落实情况，及时处治安全事故隐患；值班期间实行首问责任制，坚持领导带班制，实行24小时值班制，遇上突发事件，按规定及时启动应急预案，做好紧急信息上报。

【启用公路电子警察】2月，金义南线和曹塘澧公路交叉口安装交通电子警察信号控制器，通过验收并启用。

城乡公交

【概述】金华市城乡公交在金东辖区内共有公交客运停车场六处（孝顺、源东、曹宅、含香、塘雅、澧浦），营运线路33条（含支线），营运车辆123台，年客运人次824.4万，年行驶里程700.5万。已实现金东区所有镇与镇、市区与镇之间的客运畅通，通达行政村数484个，涉及受益人口30万人（不含自然村），公交通达率为94.9%。

【城乡公交配套】该工作是金东区十大民生事项之一，区交通局、

运管所围绕完善城乡公交配套工作重点，组织力量对全区现有公交线路、公交班次、站点布局、公交车辆等情况进行认真全面调研，在向各乡镇全面征求意见基础上，制定了城乡公交配套实施方案。并积极、主动同市运管局、市公交公司进行沟通、协调，优化公交线路。2013年，新开通金东新城区到江北线路、金华至孝顺的夜班车等。

【新建公交候车亭】2013年，金东区已新建82个城乡公交候车亭。早在10月28日，施工招标工作完成，总造价为260万元。随着城乡公交一体化推进，全区所有镇与镇、市区与镇之间已经实现公交一体化。全区现有营运线路33条（含支线），营运车辆123台，公交车通达行政村数为484个，未通达行政村数为26个。

【客运监督管理】抓好春运、五一、国庆等假日旅客运输工作，加强对客运安全管理，确保客运安全；认真做好日常执法工作。及时处理96520举报投诉，全年共处理96520投诉12起，满意度为100%；加大打非治违整治工作力度，对辖区内高速公路出口过境客车异地组客、非法营运进行严厉打击，有效规范客运市场；对辖区内非法改装车辆、大型营运工程车辆没有采取必要措施防止货物脱落、扬撒等违法行为进行整治，共计查处各类违法案件82起(其中客运41起，货运41起)。

交通队伍建设

【概述】交通队伍建设是行业凝聚力和战斗力的源泉,区交局把交通队伍建设作为重点,转作风、提效能、保廉洁。加强干部职工学习教育,建立完善学习制度,制定详细年度学习计划,认真组织学习;完善学习软硬件设施,建立视频学习室,同时丰富学习内容、形式,采取走出去、请进来方式,经常组织开展学习讨论、专家讲座、领导授课等;保证学习时间。每周一晚上组织集中学习。

【队伍作风建设】以"治慵懒,提效能"为抓手,切实加强干部职工作风建设,制定完善了岗位目标责任制,严格上下班签到制度,加强监督考核等。同时,结合区委"双百双千"活动,组织党员干部开展进村、进企结对帮扶工作。

【党风廉政建设】落实党风廉政责任制,加强干部职工廉政教育,进一步增强党员干部法律知识和防腐意识;完善各项制度,建立健全工程、财务、执法等廉政保障制度,从源头上预防腐败发生。

(金诚、郑国忠、曹正道)

金东新城区

【概述】金东新城区位于金东区西部，西至环城东路，东至金温铁路，北至杭金衢高速，南至环城南路，浙赣铁路以南区块规划为金华市商业文化副中心、滨江特色居住中心和金东区行政商务中心，铁路以北区块规划为工业园区、专业市场集群和物流中心。金东新城区自2001年启动建设，至2013年，工业区块基本开发完成，形成以工量具、电动工具、生物医药等为特色的多种产业。

2013年，新城区已建成市政道路55千米，拉开城市框架30平方千米，建成区面积近20平方千米，引进房地产项目20余个，汽车城、花木城、汽摩配市场、新浙中建材市场等专业市场相继建成营业。2013年，金东新城区投入城市建设资金6103万元。

城市建设

【概述】2013年，在区委、区政府领导下，金东新城区紧紧围绕“抓重点，转作风，优服务”这一条主线，着重突出“江北中轴线区块、江南商业中心综合体建设”两项重点，认真抓好“区域范围基础设施配套完善、拆迁安置遗留问题处理和第三产业培育做强”三方面具体工作，不断强化“干部队伍建设、项目督查考核、与上级部门的沟通协调、与两街一镇及村居的协作配合”四项保障措施，集中精力抓好亮点重点工程，各项工作取得了较好成效。

【城市重点建设项目】紫金湾城市综合体项目。完成1000平方米商业街建设，五星级酒店与洲际皇冠假日签约，酒店地块正在桩基施工，地下空间开挖及边坡支撑。A地块5幢施工至6层，D地块

金东新城区孵化区厂房

桩基完成,已开盘销售。保集外滩商住项目。4月通过保障性施工方式进场施工,一期3幢花园洋房已结顶,12幢施工至8—12层,二期10幢底板基本完成,外滩商业街婚庆广场结顶,项目已于9月28日开盘销售。

【工业孵化区转型升级】金东新城区孵化区建有标准厂房17幢,总面积42000平方米,园区内拥有17家入驻企业。年初,金东区政府将孵化区改造项目列入2013年"三改一拆"重点工程,3月15日召开孵化区标准厂房改造在租企业动员会,新区领导亲自挂帅,明确责任、认真督察,使孵化区改造项目有序进行。并与各企业签订厂房租赁终止协议,协助企业落实安置厂房。7月20日正式启动厂房拆除工作,9月新城区的42000平方米全部完成拆除,并做好围墙建设、清除废土和用地性质规划调整等工作。

【断头路打通工程】2013年,新区重点办对工作难度较大的项目进行一一梳理,仔细分析矛盾症结,深化项目责任制,落实责任人倒排工作计划,逐项实施。(1)康济街延伸段(丹溪东路至环城南路)已完成招投标,涉及王坦、永红、上古井3个村4.36公顷土地。地块内所有坟墓都已搬迁,土地征用款已支付到多湖街道。王坦段政策处理基本到位。永红村段涉及百果山庄房屋拆迁及特殊苗木处理评估已完成。(2)大堰河街延伸段(丹溪东路至环城南路)已完成招投标。涉及上古井、望府墩、王坦3个村1.80公顷土地。该地块内王坦坟墓已搬迁完成,已与多湖街道签订征地协议。(3)环城南路延伸段(康济街至东二环段)已完成招投标。涉及牛皮塘村12.14公顷土地及永红村租地给建材市场的一幢临时仓库(完成拆迁评估)。地块内约100坑坟墓已搬迁40坑,其余待公墓建好后再搬迁。佛教敬老院拆迁已完成测量、评估。(4)其他断头路。丹溪东路(原开元路)III标已完成招标,涉及牛皮塘征迁,正在进行农房及苗木统计。横四路(纵一路至纵二路)已完成雨污水管道及土路基施工。东兴路戴店段实施道路路面基层施工,凤凰庵段路面基层完成。中轴线道路完成北侧段路面基层,南侧段因房产项目暂停施工。艾青路正在施工,北三路已完成。

【城市配套工程建设】金华汽配城三期项目,已完成地块红线图制作,土地利用总体规划已调整为允许建设区,6.67公顷土地农转用征收已上报省国土厅审批;金华市再生资源交易市场项目,已完成选址,该地块在土地利用总体规划原为有条件建设区,已调整为允许建设区;农产品批发市场,与赤松镇、东孝街道签订了第一期46.93公顷委托征地协议,并启动了征地工作。赤松镇下杨村、东孝街道下于村已完成苗木评估、坟墓统计,正在落实迁移。涉及婺城区东郊社区的800多坑坟墓迁移,正在协调中。已落实廊下村整体拆迁农房评估工作。

【旧村改造工程】新区范围涉及整体搬迁的村庄有8个(多湖街道王坦、泉源、下渎口、牛皮塘、项村和东孝街道王牌、下王、凤凰庵)、部分搬迁改造的村庄3个(戴店、经堂头、下于),总户数2852户。已完成旧房腾空、拆除2009户,已安置1841户,未签订拆迁协议843户。拆迁总建筑面积566346平方米,已拆除378636平方米,未拆、未签协议187710平方米。已建安置房建筑面积355350平方米。艾青文化园内最后5幢王坦旧农房已于11月拆除。下渎口、王坦和下王3个村基本完成整体搬迁及安置小区配套工程,经堂头村接近扫尾,泉源、牛皮塘、凤凰庵、王牌等4个村基本完成一期安置,大项村正在实施安置。关于需政府承担的各村安置小区配套建设费用,下渎口村已基本结算清,下王、泉源、王坦、牛皮塘、凤凰庵已完成竣工并验收送审,资金待支付。根据重点项目建设及有关村的实际情况,准备启动牛皮塘、凤凰庵、王牌3个村的二期拆迁安置和下于廊下、戴店仙地、经堂头破塘3个自然村的拆迁安置前期工作。

【城区常规项目建设】金华市二手车交易市场扩建工程、银监局、金东图书馆、省人寿档案中心等项目已完工并投入使用,移动二期进场装修。广天商务楼,联建楼供销社地块,中宁御珑湾,欧源三标、四标蝶景湾二期正在建设。19家工业企业,4家已竣工投产,2家在建,1家进行开工前期准备,7家企业因果蔬市场选址而暂停,3家涉及村庄拆迁,2家正在征地。举办2013年春、秋季汽车展,第十一届中国苗木交易会。抽调大量人力协助多湖机场区块征迁安置及江东低丘缓坡开发建设。

【商住用地出让】11月15日，位于多湖街道万达广场东侧一商住地块成功拍卖，浙江步阳置业等3家房地产公司以10.37亿元的价格成功竞得该地块。该地块位于栖凤街东侧，光南路南侧，电大街西侧，李渔东路北侧，西侧是在建的万达广场项目，土地面积78595平方米，约合7.87公顷，起拍价每平方米9000元。当天，共有5家单位参加竞拍，最终由浙江步阳置业有限公司、浙江华发房地产开发有限公司、金华市威龙投资管理有限公司组成的联合体拍得，成交价为每平方米13200元，总价为10.37亿元，折合每亩地价为880万元。以最高容积率2.5计算，楼面地价为每平方米5280元。该地块也是自2012年8月万达进驻后，多湖中央商务区首次出让商住用地。

【丽泽公园建设启动】11月16日，金东新城区丽泽公园建设工地开挖土石方。丽泽公园是金东区2013年十大民生实事中滨江公园景观改造内容之一，一期工程西起康济街往东300米处，规划占地面积9万平方米，绿地面积5万平方米，建有环岛水系、休闲广场、山坡绿地等特色景观，计划于2014年6月底前完成一期工程。作为丽泽公园配套工程，艾青路东延工程也在加快推进。艾青路东延工程先期建设规格长200米左右、宽26米，沿线绿化、人行道、机动车道等规格和样貌与康济桥西侧艾青路保持一致。此外，义乌江南岸沿江城防堤坝工程也于11月18日开工建设。该项目为独流入海金华江治理工程四标段，全长330米，按50年一遇的三级堤防标准建设。

市政设施

【概述】2013年，金东新区突出抓好区域范围基础设施配套完善，打通断头路2710米，计64284平方米，完成市政道路建设2710米，计64284平方米，新建供水管道1600米，铺设污水干管500米，修补市政道路沥青路面5300平方米，修补人行道荷兰砖约4350平方米，修复更换缺损窨井盖136套。

【道路建设与桥梁维护】完成东兴路、存统路、北三路、中轴线等市政道路建设总长度约3200米，新建雨污水管道长约8000米。新建自来水管道4200米。对义乌江的永济桥和康济桥进行安全检测，对桥墩进行加固维护，并对桥面重新油漆，总投入约96万元。

【城市绿化和污水干管建设】全年做好新城区范围内99万平方米公园广场及道路绿化的管养，169万平方米的道路路面保洁，地下排水管道清淤15.3千米。污水干管建设。8月15日，新城区对多湖街道大项村艾青路污水干管铺设现场集中攻坚，当日共清表线路400余米，拆除简易违建房屋近100平方米。新城区艾青路污水干管工程为市级重点工程，康济街至博士街段600米管道铺设因政策处理未到位而搁置多年。4月该工程顺利开工，在完成康济街以东182米的管道铺设后，因房屋拆迁、青苗补偿等问题再次受阻。街道成立专项工作组，包干到户，借助区人大代表和村干部的影响力，联合新城区重点办合力攻坚，终于解决了困难。艾青路污水干管已于2013年并入市污水管网系统，年底前铺设完成后将承担金华一中、广润翰城等区域内的污水处理。金外初中、污水主管道项目。金外初中地块4月交地，完成围墙工程，5月18日进场施工。污水主管道工程项村段完成管道施工。城防工程项村段已基本完成政策处理，并开工建设。

【核心区块“三化改造”】建筑艺术公园、施光南音乐广场和建成区范围主要道路绿化补种已基本完成。清除了建筑艺术公园2.2千米菜地和泥土。义乌江两岸(环城东路——康济街)城防堤顶游步道改造于9月底完工。丽泽公园11月初进场施工，已完成5万平方米绿化基础性工作。李渔路精品街建设完成中间绿化带提档改造，开始市政设施完善施工。

【公交线路优化对接】与公交公司就公交线路优化调整进行了对接，增加了K1路公交车，并新增候车亭6个、停车位644个，完成3.3万平方米地下空间开发。对新城区环境卫生进行全面整治，较好完成了国卫复审迎检、创建国家园林城市等工作，新区环境面貌有了明显改善。

【金东乐园提档改造工程】金东乐园占地面积6.46万平方米，原是艾青文化公园的延伸地带。3月，乐园提档改造工程破土动工。10月，游乐设施安装完毕。公园内进一步抓紧进行绿化、道路、景观的建设。铺设道路砖块，种植苗木，栽种了樱花、茶花、桂花、银杏等树种，路灯、果壳箱等基础配套设施正在抓紧安装。

（李丹）

住房和城乡建设

【概述】2013年，区住房和城乡建设局全面贯彻落实党的十八精神，以实际行动践行“双百双千”活动要求，结合今年“二重点一亮点”工作，创新举措，强化行业管理，充分发挥城乡建设管理职能作用，各项工作目标和任务稳步推进。

2013年，全区完成房地产开发投资40.98亿元，增长177.6%。商品房新开工面积54.3万平方米，增长150.3%。商品房销售面积46.58万平方米，增长81.5%；其中住宅销售面积27.01万平方米，增长41.3%。

全区有建筑业施工企业66家，其中房屋建筑施工总承包企业16家，市政公用工程总承包企业13家，水利水电工程总承包企业3家，专业承包企业32家，劳务分包企业2家，监理企业1家，招标代理造价咨询企业1家，外地进金东承接业务施工企业26家，监理企业3家。新增建筑业企业8家，企业资质增项12项，企业诚信登记42家。

房地产

【概述】2013年，房地产新开发商品房楼盘14处，占地面积46.9万平方米，建筑面积138.2万平方米。全年建成商品房10265套，面积146.94万，销售6730套，销售面积56.5万平方米，成交额52.72亿元。城镇保障性安居工程全年完成旧住宅区拆迁97套，建筑面积3.2万平方米，新建安置房100幢，建筑面积4.6万平方米。争取到补助资金86万元。金东经济开发区人才公寓房项目120套已开工建设。争取到补助资金424万元。

【商品房销售】2013年，金东区全年建成商品房

新城区保集外滩商住项目 （黄飞亚/摄）

10381套，建筑面积134.06万平方米，销售6206套，销售面积59.12万平方米，总成交金额46.50亿。区交易所全年完成各类登记1.41万起，其中房屋产权初始登记1301宗，交易转移登记1370宗，抵押登记1757宗，注销登记1720宗，预告登记4557宗，合同备案2853宗，其他登记555宗。

【交易优惠政策】2013年，区住建局对不涉及评估或结算的存量房买卖纳税申报业务的，简化为房产办证中心提供的房产交易信息登记表，经转让方和承受方签字确认，办证中心审核确认即可，进一步减少存量房买卖成本，提高办证受理效率。开辟了二手房交易绿色服务通道。在二手房交易中，原先双方当事人必须在场，若委托他人办理则要有公证机关出具的公证书。但老、弱、病、残、孕等由于行动不便，无法到窗口办理手续，区房管局紧急启动应急服务程序，在和买卖双方协调后，准备好所需表格，由房管所受理人员上门办理相关手续。开辟二手房交易绿色服务通道，有相关需要的市民，可以委托他人前往区房管所进行咨询和申请。申请获批准后，即可获得上门预约服务，交易中心不收取任何服务费用。

【物业管理】至年底，全区共有住宅小区81个，总建筑面积575.79万平方米，其中10万平方米以上的小区有18个，聘有物业服务企业管理的小区62个。共有物业服务企业38家，其中一级物业服务企业4家，二级物业企业3家，三级物业服务企业29家，暂定级物业服务企业2家，本地企业9家。全年

共办理物业专项维修资金缴存41785548.80元;受理使用申请44宗,共计617599.18元;办理住宅物业保修金交存12812929.78元。金东区经济开发区人才公寓房项目已基本完工。

【房产专项检查】6月,区住建局在全区范围内对有在售状态房产项目进行了专项检查。检查工作采取房产企业自查和行政主管部门实地核查相结合的原则,共分为动员部署、企业自查、检查和总结巩固四个阶段进行。检查内容主要为:企业基本情况;企业经营业绩情况;2010年以来有无违反相关法律、法规和规章,情节严重、影响恶劣的;资质证书是否已过期失效;是否未取得施工许可证擅自开工建设;是否存在无资质、超资质、借用资质从事房地产开发行为;是否未经验收或验收不合格擅自交付使用;是否存在未取得商品房预售许可,擅自销售商品房,向买受人收取任何预订款性质的费用或以内部认购、认订、登记、选号、会员卡、贵宾卡、团购等形式,变相预售商品房并收取订金;企业销售大厅是否按规定悬挂"五证""购房须知";是否存在违法发布广告、虚假广告、合同欺诈等行为;是否存在违规销售、捂盘销售、囤积房源、散布虚假信息等行为;新建小区是否配套有资质的物业服务企业入驻;经检查后,对不符合相关资质许可条件和存在违反房地产市场管理相关法律、法规的企业,责令其在一个月内进行整改;对在规定期限内经整改仍不能达到相应资质许可条件的,约谈相关负责人,并将有关内容转发相关部门处理。

建筑业

【概述】2013年,全区完成建筑业总产值75.7亿元,增长16.1%。房屋施工面积309.8万平方米,增长7.6%;房屋竣工面积176.9万平方米,下降12.3%。资质以上建筑企业实现利润总额36820万元,增长29%;利税总额60585万元,增长7%。

晟博建设承建的青海省门源县"天一锦绣城"、安徽省淮北市杜集区安置房工程分别荣获省级文明标化工地,晟博建设申报成功一个省级工法。

【扶持企业发展】贯彻《关于扶持建筑业快速健康发展的实施意见》(金区政〔2013〕22号)文件精神,引导、鼓励、扶持区建筑业企业健康快速发展。走访企业,了解企业实际困难,帮助8家企业解决问题十多个;鼓励企业资质升级、增项,2013年已有6家企业增项资质12项,新增企业2家,新注册企业4家,2家企业资质升级正在申报中;着力推进信用体系建设,确保工程建设质量和安全生产;进一步改善服务态度,提高服务效率,加快建筑业企业办理办事速度。

【安全生产监管】2013年,全区建设系统安全生产稳定有序。开展质量安全大检查3次、各类专项检查3次。组织专家对施工企业法人、管理人员等各类人员培训3次;深入施工现场,对项目管理人员进行安全标准化施工和质量通病防治授课辅导7次。切实做好"防火患、保平安"消防专项行动,布署建筑工地火灾预防和春节消防安全保卫工作;围绕"强化安全基础、推动安全发展"主题,开展建筑工地安全生产月活动,取得实效;组织区内房建总承包企业、部分监理单位在万达广场项目部召开施工现场安全生产观摩会;召开一次以进一步规范建筑市场秩序,切实提高建设系统安全生产管理水平,有效防范和遏制建筑生产安全事故为主题的金东区房屋建筑工程质量安全大检查通报会。

【工程质量监督】全年全区受监项目工程59个,其中房屋建筑工程59个,建筑面积99.2万平方米;完成房屋建筑工程竣工验收49个,建筑面积68.1万平方米;出具工程质量监督报告49份。发放质量整改通知书5份,指出质量隐患19处;下发安全隐患通知书111份,指出安全隐患736处。开展质量安全大检查3次、各类专项检查3次。对5家商品混凝土企业进行混凝土质量专项检查,对检查情况进行全区通报,确保混凝土出厂强度富余系数控制在110%以上。

【命名标杆工地】6月30日,召开全区建筑施工标准化管理"树标杆、学标杆"活动现场观摩会。组织全区186名建筑施工管理人员参加在紫金湾项目工地现场进行的全区建筑工地施工标准化观摩,会上提出标准化、定型化施工及安全文明施工工作具体要求,取得预期效果。7月19日,金东区住建局召开建筑工程质量安全生产管理现场观摩会,在会上，由晟博建设工程有限公司承建的“东厦综合楼”项目被命名为金东区的“标杆工地”。

【两家公司分获国家级工程质量奖】4月18日，浙江九天空间钢结构有限公司、浙江诚骏建设工程有限公司派代表分别到重庆和杭州参加国家级工程质量奖的颁奖大会。2012年，金东区建筑业企业创优夺杯再创佳绩，由浙江九天空间钢结构有限公司承建的中国婺剧院屋盖钢结构网壳钢结构工程喜获中国钢结构金奖，由浙江诚骏建设工程有限公司承建的金华金西投资开发有限公司获评2012年度全国市政金杯示范工程，由金华市婺江建筑装潢有限公司参建的中国科技五金城会展中心工程获2012—2013年度中国建设工程鲁班奖。金东区是2012年度全市(除东阳市外)唯一的三家企业同时荣获国家最高质量奖的县(市、区)。

集镇建设

【概述】2013年，全区集镇建设有序开展，基础设施提档改造逐步完善，集镇环境明显改善，集镇管理队伍逐步建立。

【集镇建设工程】傅村集镇清源街新建道路工程开工建设，工程形象进度70%。清坊商业街提档改造基本完成前期征地政策处理工作，并开工建设，形象进度30%。祝湖改造景观工程做施工图设计，进入前期招投标准备工作。澧浦镇澧浦新街路灯亮化工程、澧浦镇公共厕所工程完成形象进度100%，泉山公园入镇口、宅山入镇口美化工程形象进度100%，澧兴街、新澧浦街、完沙街完成形象进度80%。澧浦镇休闲广场开工建设，泉山公园完成征地、政策处理。澧浦、傅村两镇逐步建立集镇管理队伍，多次开展集镇综合整治，集镇环境明显改善，基本消除占道经营、乱搭、乱建、乱设户外广告等违法行为。

【污水处理工程】污水处理厂相继运行。孝顺低田工业园区8.6千米的截污干管开工建设，形象进度30%，计划2014年4月底完工。曹宅镇污水处理厂截污干管恢复工程完工，污水全线贯通。污水处理厂在线监测等配套设备安装完成，正在污水处理厂试运行，同时与运行公司签订了委托第三方运行协议。江东、岭下、塘雅4个微型污水处理厂设备检修基本完成，配套管网进一步完善，已经能正常运行。

【澧浦绿道建设】绿道澧浦段从积道山开始，经澧浦镇、铁店、里郑、宅山，至龙潭下会合，整条绿道线路呈网状分布，规划总长43.7千米。截至2013年12月，敬老院到釜章村路基已铺设完成；宅山至龙潭下段绿道3.1千米已建成通车；平阳至山南段1.2千米绿道试验段已建成通车；平阳到大本营段，交通局已委托设计单位设计；大本营至釜章段1.1千米绿道路基已完成，大本营建设正在建设中。

农居建设管理中心

【概述】为进一步推进金东新城区的开发建设，2013年11月，金东区设立农居建设管理中心，统筹负责新城区农居多层公寓建设和拆迁安置管理工作。农村住房拆迁实行多层(高层)公寓安置，是全市最新实施的新政策，是节约资源、缩小城乡差距、改善农村居民生活环境、推进城乡一体化、提升农民生活品质的好事实事。

新设立的区农居建管中心具体职责包括编制年度农居多层公寓建设和拆迁安置计划、任务的细化分解、责任单位的落实，依据国家、省、市有关法律、法规、规章和政策，把握、指导拆迁安置政策的衔接、安置房建设管理等工作，负责对具体拆迁安置项目进行业务指导，统一负责对农居多层公寓建设情况，以及各类项目的拆迁、安置情况进行衔接协调，按项目的轻重缓急，与市区部门、项目单位、镇街衔接协调，排定工作方案。 (傅芳仙)

住房公积金

【概述】2013年，金东区归集住房公积金7872.00万元，同比增长20.6%，累计归集住房公积金总额47624.36万元，全区住房公积金余额22725万元，同比增长12.96%,正常缴交住房公积金5321人。全年累计办理提取4838人次(包括按月提取还贷),支取住房公积金5265.65万元。其中:购建房支取金额1998.47万元,用于归还贷款支取金额2311.22万元;职工离退休支取金额755.64万元;转外地及离职支取金额179.24万元;在职期间死亡支取金额10.06万元;房租超出家庭工资收入规定比例支取金额11.02万元,累计提取住房公积金总额24899.28万元。全区发放住房公积金贷款152户,共4801万元,累计发放住房公积金贷款1766户,共计33738.90万元。住房公积金贷款余额16344.20万元,存贷比71.9%。逾期率为0.003%。全年住房公积金业务收入1084.67万元,业务支出509.42万元,实现收益579.25万元,同比增加102.43万元。

【阳光工程建设】2013年,金东公积金管理部根据浙建金监〔2012〕22号文件《关于深入开展全省住房公积金阳光工程建设的实施意见》和金市金〔2012〕17号文件《金华市深入开展住房公积金阳光工程建设实施方案》精神,全体职工结合自身岗位工作特点,认真学习金华市〔2013〕32号文件《关于印发<窗口规范化服务标准>的通知》,查找不足,整改落实,按计划阶段整改到位。2013年11月,对阳光工程建设进行总结,整编材料,及时完成材料的汇编造册。公积金管理部以方便群众和群众满意为目标,以金华市住房公积金管理中心印发的《窗口规范服务标准》严格要求自己,强化职工思想道德、职业素养教育,提升业务能力和服务水平,努力打造文明亮丽的窗口形象,提高行业服务品质。2013年3月,获省级"巾帼文明岗"荣誉。

【风险防控措施】2013年金东公积金管理部根据廉政风险防控工作要求,对本单位的廉政风险防控工作进行梳理、整编资料、编印成册,并向金东区纪委、监察局做"落实党风廉政建设责任制分工,加强住房公积金监管工作"的专题汇报,具体工作部署:1."控高保低"。由于金东区未发现公积金超过最高缴交基数的单位和个人,主要任务是调整最低住房公积金缴交基数。通知单位和个人在规定时间内来办理调整手续,超过时间的,由金东公积金管理部按规定的最低住房公积金缴交基数统一调整为1310元。3月底前全部调整到位。2.集中力量业务大排查。安排工作人员在2013年8—9月对2012年度全年和2013年度上半年的每笔提取业务和贷款业务材料是否齐全,提取条件是否真实,是否通过内网、房产系统联系贷款单位或售建房单位进行核实,未发现骗提骗贷行为。3.认真落实服务承诺、首问责任制,设A、B岗,办事不缺位,"阳光工程"服务上墙。

【财务公开】2013年,机关行政、事业单位的不在编制工作人员的住房公积金正式实行,新增归集人数617人。5月,由金东区审计局完成对金东公积金管理部2012年度的财务报告及公积金制度实施情况进行审计,并在2013年5月31日出刊的《今日金东》上对审计结果进行公示。

(成红飞)

城市管理

【概述】金华市城市管理行政执法局金东分局是金华市城市管理行政执法局的派出机构,对外以金华市城市管理行政执法局的名义行使城市管理相对集中行政处罚权。金东分局于2004年7月2日挂牌,是金华市金东区范围内行使城市管理相对集中行政处罚权的行政部门。内设综合办和法制督查科两个科室;下设东孝中队、多湖中队、机动中队、赤松中队、岭下中队、曹宅中队和江东中队共7个中队。有正式在编队员25人、协管员43人;管辖区域为金华市金东区行政区划城区范围,依法履行城市管理"7+1"职能,即市容环卫、城市绿化、市政管理方面的全部行政处罚权,城市规划、公安交通、工商行政、环境保护方面的部分行政处罚权,及省政府规定的其他职能。

【加大城管执法力度】以市民反映的热点、难点问题为重点,坚持专项整治与综合整治相结合,动态管理与静态管理相结合,加大城管执法和环境整治力度。2013年度,一般程序立案70起,简易程序265起,处罚金额100.33万元,"96310"接处警480余起,信访投诉67起,"8890"接处警720起,数字城管接处警3800余起。

分局以"地毯式排查、运动式整治、长效化管理"为原则开展工作,突出整治新城区主要街道、重点区域市容市貌，先后开展了“五破”行动，即“破占道经营，破随意搭建、破违法广告、破犬类扰民、破饲养家禽”行动，强化对倚门开店、占道经营、以路为市、乱搭乱建、乱拉乱吊等违章现象的专项治理。

【构建农房监管网络】参与由金东区政府指挥的杭长高铁、金温铁路扩改等工程项目沿线各村征地拆迁工作。较好完成对辖区机场拆迁区域、浙中建材市场周边、铁路工程沿线各村违法建设的管控。继续深化农房委托式管理，构建以“预防为主、惩防结合”为原则的农房监管网络。在农房重点在建村，设立农房监管工作站，强化农房示范村建设，不断探索和完善农房长效管理机制。加强辖区公建项目管理，建立公建项目档案库并做到随时更新。根据档案内容加强巡查和核对，建立动态跟踪监管机制，确保辖区公建项目建设规范有序，不出现重大违建行为。

【依法办案】积极稳妥地推进依法办案工作。加强巡查工作，经常性地组织中队对所辖区域进行地毯式地排查，发现违法行为，及时组织人员进行查处；加强信息员队伍建设和管理，在各街道、镇乡、社区建立信息员队伍，对采集到的违法信息，及时跟进查处；加强投诉举报信访信息的收集和处理，发现案源，及时向中队督办；加强领导带队督查，对发现的违法行为，及时督促中队查处。坚持把查办案件与推动精品城市建设、推动门前三包管理、推动规划有序监管等中心工作结合统一起来，制造声势，营造抓中心工作的良好氛围。坚持公开、公平、公正，实行办案程序公开、处罚依据公开、处罚结果公开；实行重大案件集体研究，处罚决定案审会讨论决定；加强监督检查，切实防止人情案、关系案和暗箱操作等违纪行为的发生。

【拆除“违建”工作】4月11日，多部门联合对多湖街道樟新村违法建房进行拆除，清理土地0.88公顷，拆除大型钢棚4个、活动板房5处、简易房5个、户外广告2处，建筑面积8000平方米。此次拆违工作“零信访、零投诉”，为“三改一拆”工作打好了基础。主要做法是调查摸底，摸清底数；梳理矛盾，了解诉求。执法队员走街道，进社区，详细了解“违建”原因及承租户思想诉求等第一手资料；深入宣传，主动走访，反复动员，耐心劝导。工作小组发扬

区行政执法分局对违法建筑进行拆除 （周建军/摄）

“5+2.白加黑”精神，向承租户宣传法律法规及“四边三化”“三改一拆”工作精神，促使“违建”户最终接受政策；主动服务解决困难，反复斟酌细化方案。将执法与服务相结合，帮助承租户为上万吨物料寻找新的合法场地。并多次修改和细化拆除方案，把对附近农民的影响降到最低限度；严格程序，执法先行，逐步推进，全面落实。通过前期思想工作、发整改通知书，先对新搭建的钢棚强制拆除，再拆除部分钢棚、户外广告，清理乱堆放垃圾。

【推进“组团式服务”】为深化队伍作风建设，金东执法分局做好“四个对接”，深化“网格化管理、组团式服务”。与重点工作相对接。结合“三改一拆”行动，对辖区内的违建户主动上门教育劝导，发放责令限改通知书，已成功劝导90余户；与“双百双千”工作相对接，深入一线了解民情，先后走访企业16家，结对帮扶困难户20户；与党员志愿者活动相对接，党员志愿者进社区，进学校，进企业，开展法律法规宣传20余次，收集各类民意需求50余条；与信访工作相对接，通过“一线”走访活动，成功调处矛盾纠纷60余起，确保让矛盾纠纷化解在基层。

【重点市场专项整治】9月，金东执法分局利用2个月时间，基本实现区域内主要道路两侧、重点市场周边店铺乱建基本拆除、乱涂乱画基本消除、乱拉乱挂基本清理、违章占道经营基本取缔，“门前三包”责任进一步落实，区域内市容市貌进一步提升。制定出台《主要道路重点市场专项整治实施方案》，将农产品批发市场周边环境，以李渔路、环城南路作为整治的重点，明确整治目标和路段责任人。已完成环城南路占道灯箱整治、乱搭乱建拆

除，十二里、上古井、大堰河街王坦村等区域落地灯箱墙体广告拆除，拆除墙体落地广告共400余平方米；农产品批发市场基本消除占道经营，东关夜市摊点基本能实现规范经营。

【东关夜市规范整治】针对东关夜市摊点不规范经营等问题，8月初，金东执法分局组织人员在东关口开展不定时整治和夜间现场蹲守，基本实现夜市摊点规范经营、区域无水果流动摊贩的管理目标。8月中旬起，分局再次组织人员对东关夜市及东关大桥进行集中整治和蹲点执勤，督促夜市摊主规范摆放，避免高峰时段堵塞交通，以进一步确保东关夜市饮食摊点规范经营，落实长效管理机制。

【精品街区创建】根据精品街区创建工作的要求，金东执法分局着手对主要街道开展“找茬”工作，对一些长期遗留的老问题进行整改。对一批影响市容市貌的废旧广告、遗留铁架进行拆除；对行道树上缠绕的电线进行清理，彻底清除乱拉电线造成的安全隐患；对随意在行道树树池内倾倒垃圾的行为进行管理。至11月12日，金东执法分局完成人民东路及金瓯路部分的精细化管理工作。

（陈艳）

旅游

【概述】2013年，旅游局不断加大资金投入力度、宣传营销广度、项目建设研究深度等，按全方面、多元化的要求发展金东旅游产业。2013年，全区共接待海内外游客145.6万人次，增长33.1%，实现旅游总收入1.97亿元，增长10.7%。其中接待国内旅游者144.85万人次，同比增长33.2%，实现国内旅游收入1.95亿元，同比增长10.3%，接待入境旅游者0.75万人次，同比增长8.8%。

【旅游产业发展规划】为开展高效的工作机制，金东区成立绿道建设领导小组，金义都市新区成立旅游局，并出台《金义都市新区旅游发展引导资金管理办法》。根据《金东区旅游产业发展总体规划》《金东区乡村慢生活休闲体验区旅游总体规划》及《局部绿道详细规划》等规划，对各乡、镇、街道及鞋塘办事处的旅游规划工作进行指导。完成《积道山景区总体规划》《曹宅龙头殿森林公园规划》《锦林佛手园区规划》等编制工作。金义都市新区的旅游发展围绕“田园智城、都市新区”的战略总目标与要求，以新区旅游总体规划为工作基本点，以“名人民宿游”为先行旅游线路，以傅村镇畈田蒋村旅游开发为突破口，点、线、面全局发展。根据总体规划的思路，着重打造重点区块，打响知名度。

【旅游基本建设项目】2013年，基本完成澧浦平阳到龙潭下的绿道建设，全面铺开积道山大本营、环积道山绿道建设。拓宽、改造源东桃花源景区从施堰头到丁村之间的旅游大道，完成作为桃花节主会场的丁村水库大坝硬化工作，完成丁阳岭观景平台、停车场周边绿化、岩化墙面喷浆绘画工作，以及正在进行的面源污染治理工作；修缮了曹宅大佛寺部分破旧古建筑，新建五百罗汉堂、休憩凉亭；按照AAAA级景区标准打造锦林佛手园景区，一期的停车场、入口处景观、游客接待中心、书画院等初步建成。金东区的重点开发项目稳步推进。金义都市新区根据当地旅游开发的资源情况与村集体发展意愿，尝试塑造新区“名人民宿游”。2013年初，新区围绕“大堰河景区”的打造，首先在傅村镇畈田蒋村试点，通过新区机关与傅村镇政府的强化引导、积极帮扶，畈田蒋村景区的初级改造基本完成。7月，山头下村总体规划初步论证通过，旅游开发也已通过规划立项。开发白溪和天青坑村民宿旅游项目。

【行业监管与安全】行业管理工作历来是金东区旅游局的工作重点，在做好日常工作的同时，注重强化力度，加强全区行业管理工作。2013年，金东区旅游局组织景区管委会相关人员参加浙江省旅游“微营销”培训班；依据《中华人民共和国旅游法》开展行业监管，组织旅行社参加《中华人民共和国旅游法》和安全生产教育培训工作；规范旅行社旅游合同，规范旅游价格。以建设“平安景区”为抓

名人故居客如潮　（邵勤旦 朱帆 /摄）

手,与辖区内景区管委会签订责任书,在“安全生产月”期间和主要节假日期间加大检查力度。对黄大仙漂流安全责任制落实情况进行重点检查和指导。

【旅游市场开发】2013年,以“地域全方位、产业全领域、发展标杆化”为要求,以规范、合理、专业地开发为准则,让金东区旅游景区更具有市场竞争力和发展潜力。紧紧抓住养生、乡村休闲等新的旅游发展趋势,重点建设慢生活休闲旅游区块。金义都市新区在“名人民宿游”相对成熟的条件下,继续完善名人民宿游景点,“诗坛泰斗”艾青故里—畈田蒋位于市区北35公里处,与义乌小商品城毗邻,与中国水晶城浦江隔水相望。杭金衢高速穿村而过,交通十分便利。村庄文化积淀深厚,人杰地灵,自古人才辈出。是开国元勋蒋可大、大明副元帅蒋国勇的出生地。更有艾青这颗诗坛巨星在这里冉冉升起,艾青故居被命名为浙江省重点文物保护单位。

自2011年5月,畈田蒋村被命名为省级特色旅游村后,成立了旅游开发公司,先后建成10多个景区:蒋氏祠堂、旅游接待中心(停车场)、艾青故居修复,还原真貌、艾青文化实物展、艾青祖居、百廉馆(廉政文化)、村古诗、现代 、艾青诗歌结合展示、艾青铜像(大堰河—我的保姆铜像)、大堰河故居、财主文化展示堂、大堰河墓、古村落古建筑群、碧水山庄(休闲农家乐)、艾青诗歌长廊、千年古樟等景点。总投入400多万元。

施复亮、施光南故居位于金华市金东区源东乡东叶村,整个建筑体座北朝南,占地200平方米,是1933年施复亮先生回源东叶村老家居住时建造的。解放后,施复亮先生将故居捐献给村里办学校。1995年,原中共金华县委、金华县人民政府命名施复亮、施光南故居为“金华县级爱国主义教育基地”。1996年,原金华县人民政府公布施复亮、施光南故居为“金华县级重点文物保护单位”。1996年7月,金华市人民政府将故居列为“金华市爱国主义教育基地”。并与双尖山旅游开发(宗教文化与养生度假)、白溪水库旅游开发(养生度假)等形成高、中、低档的旅游休闲胜地,形成新区旅游内环线。

【创新旅游营销方式】为助推景区形象和知名度,成功举办了第三届源东桃花节。在桃花节期间推出了十项旅游活动,游客人数明显增加,交通秩序明显改善,桃花节影响力进一步增强;组织金东区企业加入到淘宝“美丽金华馆”中,把金东区的旅游产品通过金华旅游官方旗舰店推向市场;组织景区参加“新金华十景”评选活动,其中赤松山景区和大佛寺景区被评为“新金华十景”之一;委托金职院编写《美丽乡村北线行》和《美丽乡村南线行》数条美丽乡村游导游词;金义都市新区旅游在宣传造势上加强力度,充分利用主流媒体、平面媒体、网络媒体等平台进行宣传,进一步建立起新区旅游宣传促销工作机制。组织5批次共14家旅行社总经理、新闻媒体考察踩线和宣传。

【“新金华十景”金东两景区榜上有名】2013年7月,由金华日报社、腾讯微博联合举办的“新金华十景”评选活动,金东区大佛寺景区、赤松山景区,从参加评选的52家候选景区(参加网络评选的为71家)中脱颖而出,获得“最受金华市民(读者)欢迎的景区”和“最受网民欢迎的景区”两大称号。其中,赤松山景区位于赤松镇西北部,以黄大仙文化为核心,打造景区道仙文化带、休闲观光游建设,已形成大仙朝觐、凉山探险、赤松古道、双门漂流、上汪采摘、佛园休闲等“赤松六景”。2013年吸引海内外游客近百万人次,实现旅游产值达7000多万元。

【金华市首条市级样板绿道开骑】8月4日,位于金东区澧浦镇积道山脚下的金华市本级首条绿道正式开通,上百名自行车爱好者领略了一把澧浦镇“画意绿廊、休闲南山、骑游乐园”的独特魅力。该条绿道是澧浦镇结合美丽乡村建设所制定的推动澧浦镇生态旅游产业实现快速发展的系列重要举措之一。绿道大本营设在澧浦镇积道山脚下,途经澧浦集镇、铁店村、宅山村、里郑村,在龙潭下村会合,总长43.7千米,其中田园型绿道24.2千米,山野型绿道19.5千米,沿线设有大小驿站16个、观景节点和兴趣点11个。整条绿道分成三个环,第一环是环积道山,基础设施已经具备,农家乐、游步道开发已成型;第二环是山河溪水库,从第一环的平阳延伸至山南,这条连接线在5月底完工,全长1.2千米,从山南村进入山河溪水库库尾;第三环是20千米绿化苗木长廊,宅山村与孝顺镇龙潭下公路打通,该段路长3.1千米。这两段路用彩色沥青把汽车道与自行车道分离，机动车道宽6米，自行车道宽1.5米。该条绿道把澧浦镇蒲塘村、琐元村等文化古村，澧浦苗木城、澧浦老街、山河溪和龙潭下景区等澧浦最富自然和人文气息的景点都串联整合了起来，是金华市民休闲健身的最佳去处。

【省旅游局领导到金东开展“走亲连心”活动】8月20日至21日，省旅游局局长赵金勇在副市长蔡健陪同下，到金东区开展“走亲连心”活动。赵金勇一行先后走访了源东乡丁阳岭村和澧浦镇平阳村，询问了桃花源景区游步道建设和金东区南线绿道建设工作，了解了近年来金东区旅游设施的投入情况。随后，他还与部分乡镇、部门负责人及农家乐业主代表进行了座谈。赵金勇说，近年来，金东充分利用区域内优美的生态环境，挖掘深厚的人文底蕴，建设出了一批特色乡村，为全面推动旅游业发展打下了坚实的基础。下一步要进一步明确旅游定位，重视美丽乡村建设，加快旅游设施配套建设。同时结合精品村庄建设，合理设计旅游线路，积极引进旅游开发项目，从而推进金东旅游产业的发展。

【千年古寺——曹宅大佛寺修缮工程】9月16日，市文物保护研究所所长徐卫、市博物馆研究员朱佩丽等古建筑专家，受邀到千年古寺——曹宅大佛寺，对该寺庙的修缮工作进行现场指导。大佛寺兴建于南朝梁大同元年(公元535年)，距今已有1478年历史，因此有“千年古刹”之称，是金东区境内公布最早的一处文物保护单位，也是全市第一批省级重点文物保护单位。由于资金问题，寺庙内的观音殿、往生殿、弥陀宝殿、僧房等古建筑部分屋面漏雨，梁柱檩椽等构件腐朽严重，已渐成危房。鼓楼主体也已倒塌，只剩下地基残骸。2012年，景区的修缮工作迎来转机。两位热心人士为景区的修缮捐助170万元的善款。部分修缮工作于2012年5月启动。截至2013年9月16日，罗汉堂、山门、天王殿、鼓楼、钟楼等5处景观在经历了一番修葺后，重新焕发生机。

【赤松山景区游客量稳步增长】赤松山景区是金华双龙国家级风景名胜区六大分区之一，面积18.46平方千米。区域内自然风光秀丽，历史遗存丰富，人文积淀丰厚。整个景区共有24个景源，景观、景物有55个，其中一级景源5处，二级景源9处，三级景源6处，四级景源4处。赤松山景区开发建设起步于20世纪90年代初，1997年4月景区纳入金华双龙国家级风景区规划，前期开发用地5.87公顷，通过招商引进，筹集本地资金，景区先后投入4000多万元，成功开发了赤松道院等景点。初步建成以拜仙朝觐游为主，集旅游观光、访古朝圣、避暑疗养于一体的旅游胜地。2013年，接待游客120万人次，实现旅游产值3000余万元。

(朱亦平)

财 政

【概述】2013年，区财政发挥财政职能作用，扎实推进绩效财政、阳光财政、数字财政建设，财政科学化、精细化、规范化水平得到提升，为全区经济社会平稳较快发展做出积极贡献。

2013年，全区实现财政总收入15.69亿元，完成年度预算的113.5%，比2012年增加3.35亿元，增长27.2%。其中区级财政收入实现6.16亿元，完成年度预算的110.6%，比2012年增加1.18亿元，增长24%。地方税收收入9.39亿元，增长28.5%，增幅位居全市第一位。全区财政总支出29.32亿元，增长52%。其中，公共财政预算支出(含省市补助支出)17.36亿元，增长54%；基金支出11.96亿元，增长48%。全年财政收支平衡。

2013年，区财政发挥财政职能作用，推进绩效财政、阳光财政、数字财政建设，财政科学化、精细化、规范化水平得到提升。财政支出更加关注民生、教育、公共安全、社会保障和就业、医疗卫生、农林水事务等民生工程的投入，累计实现各类民生支出13.5亿元，增长41.6%，占公共财政支出比重的77.8%。

【强化涉税征管】加强市地税数据下行系统信息数据的分析利用，强化各涉税部门的联系沟通，完善收入考核激励机制。强化重点税源管理。协调市地税部门做好重点项目税收财政分片划分调整，万达广场、保集外滩、杭长客专、金温铁路等重点项目税收顺利入库。深化税源跟踪服务。开展新城区房地产项目、专业市场税源调查，协调解决圆通二手车交易市场税收征管划分问题，强化收入管理，确保税源不流失。强化低效企业整治。深化清闲促产工作，强化倒逼机制，对1.33公顷以上亩均税收3万元以下的100家低效企业开展评估促产，新增税收3880万元。完成“个转企”562家、“小上规”57家。

【优化政策扶持】兑现涉企扶持资金3200万元。注重创新引领驱动。作为全市唯一试点开展专利权质押融资，8家企业43项专利获银行质押贷款6400万元。支持企业研发中心、科技型企业创建及产学研合作，安排660万元支持高端人才、项目的引进和培育。财政科技投入2715万元，增长22.7%。加快现代服务业发展。出台加快现代服务业和建筑业发展扶持政策，服务业发展资金增加到1500万元。投入465万元支持源东桃花源、澧浦积道山等景区基础设施建设，推动休闲旅游业发展。支持信息产业发展，金东信息软件产业园被评为省级示范区。加快现代农业发展。投入农业发展资金6500万元，支持农业“两区”建设，新建粮食生产功能区333.33公顷，推进赤松佛手、澧浦苗木等特色农业精品项目建设。积极拓展发展平台。强化重点项目资金筹措和管理，加快推进江东低丘缓坡综合利用开发项目建设，投入资金1.06亿元，新增垦造耕地301.33公顷。

【保障民生改善】2013年，民生支出13.50亿元，增长41.6%，占公共财政支出的77.8%。完善社会保障体系。投入2000万元新建农村居家养老服务中心226家，社会保障和就业支出8790万元，增长32.9%。制定公立医院综合改革财政补助办法，化解基层医疗卫生机构债务1400万元,医疗卫生支出1.60亿元,增长18.7%。支持社会事业发展。安排500万元支持学前教育,加大中小学校舍维修和设施建设力度,支持全国义务教育发展基本均衡区和省教育现代化区创建。重视文化礼堂和文化品牌建设,获基层公共文化建设绩效考核全省一等奖。推进城乡统筹发展。农林水支出3.51亿元,增长31.4%。投入7000万元推进202个美丽乡村项目建设,争取省、市"一事一议"财政奖补项目71个,获补助资金2028万元。投入水利建设资金1.30亿元,保障小型农田水利重点县、独流入海、中小河流治理等项目建设。启动水环境治理三年行动计划,拨付6800万元用于养殖场拆除补偿奖励。投入1000万元完成市区首条绿道建设,金武公路、曹塘澧公路建成通车。

【财政管理改革】升级预算编审系统,完成滚动项目库建设,项目支出全部通过项目库编制。推行部门预算联审,选择10家单位开展部门预算编制"面对面"联合审查,提高部门预算编制的科学性、合理性。首次编制政府投资项目预算和政府债务收支计划,健全政府预算编制体系。深化国库集中支付和公务卡改革。66家部门单位实行国库集中支付,覆盖率100%,公务卡数量达725张,16项公务支出纳入公务卡强制结算目录。启动乡镇国库集中支付改革试点工作,江东、多湖试点上线试运行。开展"三位一体"组织机构改革。设立预算局、预算执行局、财政监督局,调整内设科室职能分工,预算局、预算执行局局长获高配副科,初步搭建"三位一体"财政组织运行框架。

【强化财政监督】出台《金东区预算绩效管理办法》,选取"一事一议"财政奖补项目实行全程绩效跟踪问效,扩大项目绩效目标申报范围,初步实现项目支出绩效目标申报全覆盖。强化政府投资项目管理。公开招标确定2家评审中介机构,规范项目审核操作流程,全年审核项目预算262个,送审造价9.34亿元,核减6813万元,核减率7.3%。加强"三公"经费管理。实行因公出国先行审批管理和"三公"经费支出指标控制,加强"三公"经费监督和考核,"三公"经费支出下降10.9%。加强国有资产管理。组建国资办内设机构,出台行政事业单位资产管理工作流程及配置标准。区国资公司与中石化浙江石油分公司达成战略合作意向,联合组建金东中石化公司。完善政府采购监管。出台政府采购监管程序内部管理规则,调整政府采购资金结算程序和文件备案方式,政府采购流程从原来的10个压缩到6个,全年政府采购金额4334万元,增长79.2%,资金节约率15.7%。

【财政平台建设】区政府将财政平台建设列为全区十大民生实事之首,按照"示范先行、稳步推进"原则,选取曹宅镇开展示范点建设,8月底,12个乡镇公共财政服务平台全部建成并投入运行。加强服务平台硬件建设和软件开发,将村账代理、民政救济、社会保险、惠农补贴等10余项服务事项统一纳入服务平台,实行"一个门进、一站式办理、一个平台操作",搭建一个服务场所完备、管理制度公开、标志标识统一、工作人员到位、信息网络通畅的乡镇公共服务平台基本框架,成为全省首个乡镇公共财政服务平台建设全覆盖的县市区。

【优化队伍结构】组织开展中层干部竞争上岗和一般干部双向选择,聘任中层正职14人、副职3人。推进学习型组织建设。组织各科室开展三年行动计划编制,坚持周一夜学制度,鼓励干部提升业务素质,2名干部通过高级会计师理论考试,50岁以下干部全部通过全市财政业务知识考试。加强党风廉政建设。出台《关于改进工作作风密切联系群众的实施办法》,重申各项廉政禁令,组织中层以上干部参加法院审判旁听,营造风清气正的工作氛围。推进财政文化建设。组队参加全区趣味运动会,组织开展军事活动日、徒步健身、居家养老中心结对服务等活动,选拔干部参加全市财税系统核心价值观主题演讲比赛。区财政局连续第七年获得全区党政机关岗位目标责任制考核综合先进。

【绩效管理培训】6月26日,区财政局举办全区预算绩效管理业务培训班,各乡镇(街道)、区机关有关部门共50多人参加培训。此次培训结合2013年30个评价项目,系统地讲解了财政支出绩效评价的操作流程、绩效评价实务要点、评价指标设置与应用、评价报告格式和撰写要求等业务知识。通过培训,进一步宣传预算绩效的理念,提高参训人员的业务素质,为今后推进预算绩效管理和完成2013

年的绩效评价工作任务，打下了较好的基础。

【土地整治资金拨付】9月23日，全区共计1644万元的土地整治项目财政补助资金已完成各项审核，分两批拨付，进入相关乡镇财政专户。这是区财政局为全力做好土地综合整治资金保障拨付的新一批补助款，涉及10个乡镇19个项目，主要用于工作经费、政策处理和工程实施。2013年“812”土地整治工程实施以后，全区审批立项垦造耕地项目25个，计划垦造耕地面积318.24公顷，计划新增耕地面积280.58公顷。为做好全区垦造耕地、高标准农田建设和农村土地综合整治工作，提高农业综合生产能力及实现耕地占补平衡，区财政局积极筹措资金，专项用于土地整治工程，确保土地整治工作顺利实施。在用足政策、科学安排资金的同时，区财政局做足效益文章，把资金监管贯穿于土地整治全过程，从项目造价审核、资金补助审核到资金拨付等多个环节设置关口，确保资金使用效益。一方面，重心前移，注重效率，按照每个项目2个工作日审核完毕的要求，高效完成送审的16个垦造耕地项目审核任务，总造价高达4750万元。另一方面，在确保相关程序到位的情况下，推出“即到即办”模式，只要符合拨付程序，就及时拨付到相关乡镇（街道）。截至9月23日，区财政局已完成土地整治专项资金拨付5202万元，实现资金保障与工程进度同步。

【行政事业资产管理】8月19日，区财政局出台行政事业单位资产管理审批工作流程。工作流程采用图表和文字表述相结合的形式，对行政事业单位的资产处置、公房出租、资产收益等三方面的管理流程进行明确规范。一是明确资产处置的审批流程。行政事业单位国有资产处置行为包括无偿调拨、对外捐赠、出售、报废、报损及货币性资产核销五种类型，明确这五类的资产处置过程中需报送的资料及审批程序。二是明确公房出租的审批流程。行政事业单位公房出租需提供相关资料，报财政（国资）部门进行审批后进行公开招租。三是明确资产收益的使用。资产收益全额缴纳国有资本收益专户，经统筹后的收益，由财政（国资）部门审批使用。出租收益作为资产管理费用，安排单位使用，处置收益作为单位新购置资产的补助资金。

【农资直补发放工作】区财政局联合区农林局深入全区，开展检查2012年种粮农民农资综合直补发放工作的完成情况。截至3月31日，全区完成种粮农民农资综合直补的发放工作，补贴资金已直接打入农户“一折通”专用存折。2012年，全区种粮农户3.5万余户，粮食播种面积近6.1万亩，按每亩62.13元标准计算，共补贴资金377.4万元。通过此次联合检查，切实保障资金的发放，做到补贴资金的全额兑付，让农民得到真正的实惠。

【居家养老专项资金管理】8月15日，金东区在全市率先制定出台《金东区城乡社区居家养老服务机构建设与运行专项资金管理暂行办法》。明确专项资金来源为各级财政安排的资金、社会捐赠的资金，以及其他来源的资金。其中镇乡（街道）筹集的社会捐赠资金实行定向捐赠定向使用，由乡镇（街道）安排，用于居家养老服务。各级财政安排的资金主要用于居家养老服务机构的建设和运行，对建设项目考核达标的城乡社区居家养老站和居家养老服务照料中心分别给予每家2万元和10万元的补助，对运行考核达标的居家养老服务站和居家养老服务照料中心分别给予5000元和2万元的补助，为确保专项资金规范使用，区财政、民政部门建立健全绩效评价制度和建设运行考核办法，加强专项资金的绩效评价，提高专项资金使用效益，并自觉接受监察、审计等有关部门对该资金的监督。

【市乡镇财政建设现场会在金东召开】9月13日，金华市乡镇财政建设现场推进会在金东区召开。市委副书记、代市长暨军民，省财政厅副厅长

全市乡镇财政建设现场推进会在金东区召开

王广兵，市政府秘书长祝伦根，各县(市、区)政府、金华经济技术开发区管委会主要领导，市财政局等有关部门及各县(市、区)财政局主要负责人参加会议。与会人员先后到曹宅镇、澧浦镇公共财政服务中心，认真观看公共财政服务数字平台以及触摸屏查询台的演示，详细了解了中心的运行情况。金东区从2012年12月启动试点建设，到2013年8月实现乡镇公共财政服务平台全覆盖，用了不到一年时间，在全省位居前茅。在随后举行的座谈会上，金东区还做了典型发言。

【结对帮扶活动】8月14日，区财政局组织机关支部部分党员、妇女代表和工会代表共12人前往孝顺镇新叶店村居家养老服务中心开展结对帮扶活动，了解服务中心日常运行情况，与中心老人们拉家常、谈心，送上价值近千元的大米、食用油、牛奶、西瓜等生活慰问品，为中心20多位老人打饭、盛菜，并看望了该中心一位102岁的老人，给她送去慰问金和健康祝福。

（洪俊）

财政国库集中支付

【概述】2013年，全区纳入财政国库支付中心集中支付单位92家，全年共审核票据32280笔，支付资金94675万元。纳入中心集中管理独立账户44个、财政专户1个、公司账户5个，全年共审核票据33215笔，拨付资金35567万元。

【支付改革】推进国库集中支付改革，简化和规范相关业务流程，扩大直接支付范围，提高财政直接支付比例。强化资金监管，根据《关于进一步规范津贴补贴工作的通知》精神，做好财政资金支出的审核支付工作，对各预算单位提供的原始凭证进行严格审核，杜绝不按规定支付的经济事项。深化公务卡制度改革，7月开始严格执行金东区区级预算单位公务卡强制结算目录，对在强制目录内不实行转账或公务卡结算，又未填写现金情况说明书的，一律予以退回，大大增加公务消费的透明度。从多个方面引导使用公务卡报销，加大个人公务卡公务消费的宣传，鼓励单位财务人员和工作人员使用公务卡结算方式进行刷卡消费。通过与代理银行沟通，提高银行的服务质量，要求代理银行为预算单位提供优质、便捷的服务，简化办卡手续，缩短办卡流程以及加强公务卡使用等相关业务咨询服务，营造公务卡使用的良好氛围。

【会计核算】推进会计核算转轨工作，自2009年开始实行会计转轨，截至2013年底，返还单位记账52家，由中心集中代理记账40家。做好中心集中代理记账预算单位的会计核算工作，根据国家行政事业会计制度，规范和指导会计核算工作，做好独立的财政性资金账户资金的监管工作。中心审核人员对监管类账户的资金按照资金审批程序严格审核手续。进行预算单位收支情况综合分析，着重对“三公”经费的统计分析。严控“三公”经费支出，规范预算单位财务活动，完善会计核算管理，推进会计集中核算向单位自主核算转变，加强对单位会计核算的辅导、凭证抽查和业务监督。开展借款和备用金清理，对预算单位2013年8月底的借款和备用金进行了一次全面清理，预算单位归还备用金618000元，清理历年借款3541569元，对未及归还和清理的备用金和借款，要求各预算单位说明原因并提出处理意见。重新核定预算单位备用金额度，减少现金使用量，降低财务风险。

【工资统发】2013年，纳入中心统发工资人员1884人，发放工资20089万元，进行工资调整12000多人次。认真审核公积金、养老金等社保经费基数，做好全区行政事业人员津补贴的普调审核、发放。积极探索统发工资发放的新模式，在工资指标已下达到各预算单位的情况下，由于各方面的原因造成工资发放程序过于复杂，各预算单位上报计划和支付不及时，存在支付拖延、工资发放过程缓慢等问题，对此中心启用与支付系统相衔接的工资统发模块，2013年底，完成统发工资测试和初始化工作，解决了工资发放手续繁琐和不及时的问题，提高了工资统发工作效率。

【窗口创建】精心制作PPT参加省“巾帼文明岗”电子信息化建设评比活动。发挥“巾帼文明示范岗”示范作用，组织看望孝顺镇新叶店村居家养老中心的老人，并在每位老人生日当月为他们送去鲜花和蛋糕。通过积极参加社区的共建活动，密切与群众关系，有力促进了中心文化建设和业务工作共同发展。

【公务卡结算】从7月1日开始，金东区对区级预算单位的办公费、印刷费、培训费、差旅费等16项公务支出实施公务卡强制结算，原授权支付方式中通过现金支付的公务支出必须使用公务卡结算。2012年以来，全区公务卡覆盖率已达100%，共办理公务卡640张，并纳入国库集中支付系统使用，有效提高了资金运行效率，但同时也存在公务卡使用率不高、有卡不用等现象。据统计，2013年上半年，各单位使用公务卡结算业务135笔。截至7月25日，已办理公务卡的65家区级预算单位中，只有30家单位正常使用公务卡消费，使用率不足50%。为确保公务卡强制结算制度的有效实施，金东区财政部门加强了各预算单位实行公务卡强制结算目录制度的监督和指导，并配合相关监管部门，对实施情况进行监督检查。同时加强各单位公务卡管理政策的宣传培训，形成自觉、主动用卡的良好氛围。

【资金安全核查】1月中旬，按照省财政厅统一部署，全局抽调业务科室骨干组成2个检查小组，对区所属乡镇（街道）及部分单位进行财政资金安全核查，涉及单位（系统）12家、银行账户65个。从检查情况看，全区财政资金安全管理工作总体情况良好，各乡镇（街道）及部门财政基础管理工作不断加强，财政改革稳步推进，财政资金安全管理水平明显提高，业务操作进一步规范和完善。

【备用金与借款清理】为强化资金监管，严格预算执行，推动公务卡改革，减少现金使用量，9月1日至9月30日，国库支付中心对区级预算单位的备用金和借款进行了一次全面的清理，预算单位归还备用金61.8万元，清理借款共354.2万元。对未及时归还和清理的备用金和借款，支付中心要求各预算单位说明原因，并提出处理意见。

（洪俊　葛斐）

政府采购与投资管理

【概述】2013年，金东区政府采购不断改进操作流程，完善资金监管办法及拨付程序。全年完成政府采购预算4334万元，实际采购4334万元，同比增长79.2%，资金节约率达15.7%。

【职能调整】根据“三位一体”组织机构改革，政府采购管理职能从企业科调整到预算局，在加强资产管理与预算编制有机结合的基础上，强化政府采购预算管理，认真落实政府采购各项政策，加强政府采购监管工作，规范政府采购行为。

【制度建设】加强政府采购相关制度建设和落实，出台金东区政府采购监管程序内部管理规则，从政府采购预算的管理、政府采购清单的审核、政府采购信息公告环节的监督、采购方式审批环节的管理等14个方面对政府采购进行规范。

【业务培训】举办全区政府采购制度业务培训会，围绕政府采购相关制度和工作程序，包括范畴、形式、方式、程序等内容，对全区各部门（单位）负责采购的人员进行集中培训。

【简化流程】对政府采购资金结算程序和文件备案方式做出调整，压缩、减少、简化办事环节，政府采购流程大大简化，从原来的10个程序减少到6个，为供应商、采购人员提供方便快捷的办事流程。

【预算编制】2013年，政府投资项目预算安排包括七大类94个项目，预算安排资金170073万元。其中续建项目32个，预算支出70186万元；新建项目38个，预算支出19698.8万元；完工审计类项目8个，预算支出8580万元；区财政补助类项目10个，预算支出4934.6万元；还本付息类项目3个，预算支出40381万元；其他项目2个，预算支出24292.3万元；机动项目，预算支出2000万元。政府投资项目预算资金来源包括上级财政转移支付资金28094万元；区级公共财政3562万元；政府性基金56947万元；单位自筹1792万元；其他79678万元通过土地出让超计划收入、增加政府性债务、控制和压缩政府投资解决。

【招标控制价评审】5月22日，区财政局制定出台《政府投资项目招标控制价评审暂行办法》《金东区政府投资项目委托中介机构评审业务考核管理暂行办法》，进一步加强政府投资项目招标控制价评审管理，规范评审行为，合理确定工程招标控制价，从严控制投资规模，提高建设资金使用效益，同时加强对社会中介机构的管理。

（洪俊）

国 税

【概述】金东区国税局2013年累计入库(含调含退)69622万元,同比增长22.41%,为金华市国税局计划61029万元的114.08%,提前两个月完成市局税收任务。其中,增值税56189万元,同比增长23.08%;消费税162万元,同比减少11.48%;企业所得税13271万元,同比增长20.20%。

【税收征管】强化辖区内苗木户的税收征管工作,对苗木户税收征管情况开展"回头看",调研辖区内35户2012年度用票100份以上或开票额1000万元以上苗木户的经营情况,对存在的问题有针对性地进行抽查和辅导。同时推进网络发票查验工作,区国税局以加强信息获取和深化信息应用为重点,持续深入地开展依托网络发票管理信息系统实施的发票查验工作,共有2919户纳税人已查验发票,共查验发票92486份,查验金额89362万元。

【税收宣传月活动】4月开始,金东区国税局多举措开展税收宣传月活动,配合做好市国税局与金华新兴产业集聚区管委会税收服务协议签订工作,拉开第22个税收宣传月活动序幕;开展实地调研走访,局领导分组带队深入重点企业,与纳税人就新出台税收政策、涉税难题、纳税人权益保障等内容开展互动交流,帮助纳税人准确把握各项政策;加大在门户网站等渠道的宣传力度,积极通过"网上E管家"短信平台发送纳税提醒、税宣短信,增强税收宣传的针对性和实效性;开展"送税法进学校"活动,积极利用金东实验中学宣传阵地,安排干部为学生上税收知识课,宣传和普及税收知识,增进广大学生对税收的认识和理解。

【"营改增"试点】贯彻落实"营改增"各项税收政策,加强对已"营改增"纳税人的后续管理,认真做好铁路运输业和邮政服务业营改增各项工作,全年共征收入库"营改增"税款1264万元。2013年办理退税累计达5.41亿元,其中出口退税5.08亿元,福利企业退税3122万元,高新技术企业退税69万元;全年所得税加计扣除累计2947万元,全年共办理免抵调库1.1亿元,设立5个农村税收征管服务点,推行农产品台账管理和网络开票系统,方便农民办理涉税事项。

【优化纳税服务】按照省国税局"减少审批事项、下放审批权限、精简审批环节、提高服务效率"工作要求,对9项"基础管理事项"审批环节进行梳理,提高审批效率。认真落实首问责任制,推行纳税服务亮证值班制度,方便纳税人及时办理涉税事项。推行《税情日记》制度,要求干部翔实记录日常工作学习情况及辖区税情民意,进一步改进工作方法,和谐税企关系。实行每周学习制度,提高干部廉洁从政和优化服务意识。建立乡镇(街道)工作联系制度,分层次走访、沟通最新税收政策和税收征管情况,征求对区国税局工作的意见和建议,推进涉企岗位评议等工作开展。完善公务派车制度,实行公务用车事前申请、凭单出车、返程注销工作方式,提高车辆使用效率。实行劳动纪律按日检查、半月通报制度,掌握干部工作动态,提升机关效能建设。深入学习《行政机关公务员处分条例》等效能规定,降低税收执法风险。按月举办企业培训班,提升纳税人办税水平。利用移动E管家短信平台,不定期向纳税人发送纳税申报提醒、最新税收政策和其他涉税通知,降低征纳成本,提高工作效率。

【国税队伍建设】制定《每周学习制度》,将廉政建设等方面的内容作为学习的重点列入其中,做到分阶段、经常性地组织干部进行学习。明确一岗双责,强化内控机制建设,将党风廉政工作列入党组重要议事日程,全局上下签订党风廉政建设责任书和干部廉洁自律责任书,制定并完善工作考勤和请销假管理制度、纳税服务亮照挂牌值班制度、公务用车派车制度等一系列规章制度,重申税务机关工作人员作风和效能问责管理办法、行政过错追究管理办法,以及税务人员廉政纪律若干规定等有关规章制度,强调制度的贯彻性、落实的成效性,使制度真正与工作实际相结合。2013年金东区国税局全力打造"廉政、平安"的国税队伍,全年共发放廉政提醒单86人次,组织党组中心组理论学习9次12天。

2013年,区国税局在全市123个涉企岗位"千企万人双评议"活动中荣获审批服务类第七名;区国税局党支部“情系纳税人，服务零距离”党建品牌荣获市直机关党建“知名品牌”；荣获区委、区政府岗位目标责任制综合考核优胜单位。

（张怡）

孝顺税务

【概述】金华市地方税务局孝顺税务分局成立于2001年3月28日。有干部职工24人，其中35周岁以下青年13名，中共党员8名，共青团员12名。分局位于孝顺镇，负责孝顺镇、付村镇、鞋塘、源东辖区内1622家申报企业、6920家双定管理户，61213户自然人总共近69755户纳税人的地方税费税收征管工作。

近年来，孝顺税务分局围绕“立足岗位、创新创优、勤奋工作、乐于奉献”这一主线，以“服务一流、管理一流、人才一流、业绩一流、文化一流”为目标，积极开展“青年文明号”创建活动，充分调动广大青年干部的积极性和创造性，发挥党员干部的先锋模范作用，规范执法，创新服务，和谐征纳，大力扶持辖区企业发展，优化经济发展环境，得到上级领导的肯定和嘉奖，受到广大纳税人的好评和信任，先后获得“浙江省省级青年文明号”“纳税服务QQ群市级青年文明号”，市直“先锋服务窗口”“先进基层党组织”“优秀志愿者服务集体”“十大活力团组织”、年度“先进集体”等荣誉称号。

【抓好组织收入】面对经济形势全面下滑，分局税收任务趋紧的情况，分局党支部带领干部职工千方百计挖潜促收。截至12月31日，分局共计组织各项收入44375.11万元，同比增长13.70%。其中累计入库税收（不含耕契）20184.07万元，同比增长-2.13%；累计入库社会保险基金16743.74万元，同比增长35.52%。强化税费精细化管理。利用国税纳税评估数据，督促企业补缴地方税费。分局与金东区国税局建立了信息共享制度，每年定期相互传递纳税企业评估数据，2013年，根据国税提供的纳税评估名单，分局责任到人，逐户清理，分类处理，经过企业申报，分局复查，121户企业共补缴地方税费53.31万元。厂房出租税收清理工作。规范辖区企业出租厂房行为，增强企业税收的遵从度，增加分局税收收入，孝顺分局制定了月租金最低标准，并对出租厂房进行拉网式普查，调查出租企业90户，租金总额1350万，为对厂房出租企业征收租金营业税建立基础数据，进一步夯实了税源基础。

【专项税收比对】分局对2012年度税（费）申报异常企业逐户进行比对。房产税税源登记与实际申报不匹配30户，补缴房产税31.96万元；城镇土地使用税税源登记与实际申报不匹配57户，补缴城镇土地使用税1.68万元；印花税（合同）申报与实际不匹配18户，补缴印花税1.25万元；城建税、教育费附加、地方教育费附加申报与实际不匹配3户，补缴税款0.17万元；地方水利建设基金（非外贸企业）申报与实际不匹配18户，已完成比对18户，补缴地方水利建设基金0.3万元。

【强化“个转企”工作】按阶段、分层次地推进“个转企”工作。通过前期的政策宣传及实地走访，提高个体工商户积极性，中期对已办理“个转企”的纳税人进行纳税申报等业务辅导，后期建立工作台账，夯实基础数据，强化管理。截至10月17日，分局已办理“个转企”77户。

【双定户结算和税额核定】开展共管“双定户”和以营业税为主税的“双定户”的结算工作，本次定额执行期满应申报共管双定户5086户。其中起征点以上475户，起征点以下4611户，定额调整26户。实际已结算户675户。共计补缴税款64040元（已全部入库）。本次以营业税为主税的“双定户”定额执行期满应申报户数770户，其中起征点以上41户，起征点以下729户，定额调整27户，共计应补缴税款24578元。开展宾馆业定额核定工作，对辖区内21家宾馆旅店实行公开定税管理，对辖区内旅店及以经营住宿为主的个体工商户进行税额核定，调整营业额26万元，调增税费约2万元。

【个人所得税管理】分局在总结以往个税申报工作经验的基础上，科学分析2013年的工作特点，创新工作方法，提升申报质效。全年分局得12万元自行纳税申报人数110人，完成市局任务数的161.76%。为规范辖区税收管理秩序，公平税赋，提高土地亩产税收率，分局对辖区土地面积1.33公顷以上亩产税收明显偏低的27户进行集中谈话辅导，对企业的机器设备、用电量、用工人数、生产情况、厂房建设进度、土地房产税源登记等情况进行全面摸底,进一步夯实征管基础资料,共查补税费27.25万元。

【优化涉税服务】开展"学雷锋·税法咨询网上答"活动。分局利用孝顺地税纳税服务QQ群和孝顺地税微博平台,组织税务骨干、纳税服务志愿者与企业财务人员及纳税人进行网上在线交流,活动两小时,QQ群在线人数近200人,税务干部及志愿者们回复问题87个 。

利用网络服务2012年度企业所得税汇算工作。分局着力整合服务资源,积极创新服务形式,于5月初起,集中业务骨干,通过孝顺地税纳税服务QQ群以及微博对企业所得税汇算工作的政策和要求进行宣讲解读,特别在税收优惠政策的申请、发票的使用、汇算清缴流程等几个方面进行有重点、有针对性的解答。

分局与"岗村共建"活动相结合,深入定点共建村大湖沿村,以大学生"村官"为纽带,开展"税官村官齐携手,倾力服务新农村"活动。通过深入村组,以点带面,"点对点"地讲解社保缴费及涉农相关税收优惠政策,满足村民了解涉税政策需求。

【支持浙商创业】分局以开展支持浙商创业创新活动为契机,将服务企业发展作为工作重头戏,对辖区内的100家重点企业和20家浙商回归企业进行政策辅导,助推企业成长。认真筛选帮扶对象。结合辖区经济特点,认真筛选不同行业、不同类型的成长型企业作为重点帮扶对象,主动做好纳税辅导工作。采取"提前介入、重点指导"的服务对接方式,为重点项目提供税收咨询、政策宣传和纳税辅导"一条龙"服务。指出企业发展中存在的问题和未来发展的方向,研究对策,并对各类经营数据进行分析比对,辅导企业开展自查自纠,提高税收规范度,积极为企业降低成本、优化结构、拓展市场献计献策,共促税企发展;积极开展浙商回归创新创业服务活动,根据市局下发的金华市浙(婺)商回归创业创新大会签约项目汇总表,分局对辖区的婺商回归企业逐户制定帮扶计划,全方位做好帮扶活动,做到请得进,留得住,满意在地税。

【促进高能耗企业转型】结合金东区政府开展的工业污染源和低效企业排查工作,分局及时督促企业淘汰落后产能,实现转型升级。广泛宣传,积极动员,大力宣传国家关于节能减排的要求、目标、措施,动员企业认真贯彻国家产业政策,积极履行社会责任,主动淘汰落后产能。利用限电减排的倒逼机制,实施企业的转型升级。真诚帮扶,正确引导。参考国家《促进产业结构调整暂行规定》中提出的原则,引导企业进行生产规划和布局,积极利用技术改造资金,对落后产能进行改造,重点支持企业解决因升级而产生的企业转产、职工安置等问题。优化服务,涵养税源。结合辖区实际,用足、用活税收优惠政策,充分尊重企业意愿,遵循市场经济规律,为企业的转型升级提供最优服务,依法规范各类涉税事宜,督促企业以经济利益的短期阵痛换取长远发展,涵养地方税源。

(蒋一帆)

江北税务

【概述】地税江北分局围绕省、市局工作部署,坚持"聚财惠民、依法公正、务实创新、廉洁高效"的财税核心价值观,把握组织收入中心,强化征管,优化服务,发挥地税职能作用,各项工作取得良好成效。

分局上下群策群力,团结奋战,实现税费收入持续增长。全年入库税费收入31.89亿元,同比增长12.41%。其中,税收收入18.41亿元,同比增长8.1%;非税收收入13.48亿元,同比增长18.17%。社保基金收入11.56亿元,同比增长19.88%。税费收入持续稳定增长,为地方经济又好又快发展提供财力保障。

【创建五星级服务厅】争创五星级办税服务厅得到市局领导、相关处室高度关注和大力支持,倾注分局全体干部职工的不懈努力和奋力追求,分局秉承"纳税人的需求,地税人的追求"服务理念,坚持人无我有、人有我优,年初,着手制定星级办税服务厅创建实施方案,明确创建目标、内容及要求,重新划分办税服务厅功能区域为咨询辅导区、24小时服务区、局长值班室、争议调解室、纳税人之家五块新功能区，将办税服务厅打造成为集办税服务、税法宣传、咨询辅导、权益保障及征纳沟通等多种服务为一体的办税服务平台，务求办税服务厅建设取得实效。启用24小时自助办税服务系统，降低办税成本、缓解窗口压力、提升服务质量等效果逐步显现，使用率稳步提升，月均使用量300次左右，得到纳税人及社会各界的一致好评和高度赞誉。

【服务机制改革】深化纳税服务职能，建立巡查指导机制，落实值班局长制度，每日多时点对办税服务厅进行巡查和现场指导。建立弹性服务机制，推行办税服务厅错时服务，打造全天候办税服务厅，推进提醒服务、预约服务、上门服务等个性化服务。建立权益保障机制，设立争议调解室，制定争议调解制度，完善投诉处理机制和通道，确保纳税人合法权益得到保护。建立监督评价机制，依托办税服务综合管理系统，定期或不定期对办税服务厅人员服务质量进行监督和岗位明星评选，将评价结果与目标考核、提拔任用等结合起来。通过“12366”、地税网站、纳税人满意度调查、接受新闻监督、邀请义务督导员开展明察暗访等方式，接受社会各阶层监督指导。建立考核激励机制，优化纳税服务之星评比办法，激发窗口工作人员工作积极性和能动性，提高岗位认同感。

【税收队伍建设】践行、倡导“聚财惠民、依法公正、务实创新、廉洁高效”的财税核心价值观，寓于分局日常工作中。开展“知行、厉行、谨行”主题实践活动，准确把握目标任务，提高整体执行力，强化执法和廉政效能风险意识。强化教育培训，提升内在素质，制定系统的培训计划，坚持学习常态化、实效化。开展考试测验、技能比武活动，以考促学，以赛促进，激励办税服务人员主动、持续学习，满足日益增长的纳税服务需求。开展道德讲堂活动，与巩固创建成果及提升内在素质相结合，推进财税文化建设。依托执法责任制考核，规范执法行为，提升依法行政水平。完成中层干部竞争选拔和人员岗位调整，探索岗责体系改革，激发干部队伍活力。

（徐晓捷）

审 计

【概述】2013年，金东区审计局共安排审计任务21项，其中，财政财务收支审计4项，专项审计调查3项，领导干部经济责任审计14项，涉及领导干部17人。审计查处违规金额340万元。区审计局年内根据省、市审计机关安排，承担上级交办的磐安县法院院长任期经济责任审计和对金东区政府的政府性债务审计任务。政府投资项目审计累计发出投资结算审定通知259个，送审金额46821万元，审定金额39715万元，项目核减率15.2%。

【财政预算执行和专项资金审计】安排2012年度区财政预算执行情况审计及财政转移支付、金东区新农村建设资金专项调查、金东区公共资源交易平台建设运行情况等3个调查项目。财政预算执行审计中发现问题在当年多数已进行整改；区公共资源办在接受审计调查后重新修订并完善乡镇招投标平台管理办法、招标代理机构管理考核办法和区招投标项目管理办法；金义都市新区管委会着手制定了整套招投标管理制度文件，其中对投标保证金比例进行了明确规定；区住建局重新设置金东区建设工程施工招标备案表，加强行业主管部门对招标项目的前期审核；区教育局在审计专报发出后，追回了多付的代理服务费9万多元。

【经济责任审计】根据区委组织部安排，全年共安排14个单位17位领导经济责任审计。已完成的经济责任审计查出管理不规范金额57683万元，其中领导干部主管责任39050万元，领导责任18633万元。

【固定资产投资审计】积极配合行业主管部门改进和完善投资项目监管机制。根据土地整理工作领导小组的要求，指派专人参与区黄土丘陵开发暨标准农田建设指挥部办公室工作，提前介入土地整理项目规划方案、实施方案、工程预算的审核论证与实施过程中变更等情况审核。集中力量完成全区31个中央财政小型农田水利重点县建设项目工程造价审计。针对此类项目中普遍存在的资料不齐、监理缺位、项目变更随意等问题，审计局采纳水务部门建意，制定了《金东区中小河流域治理重点县综合整治项目和资金管理实施办法》，安排对水利重点县项目进行跟踪审计。针对傅村镇敬老院附属工程未经公开招标直接发包、高价结算情况，会同区纪委对其进行调查，形成审计专报，最终有3名相关工作人员接受纪律处分。

【审计整改工作】 2013年，区审计局着重深化审计整改工作，加强审计整改工作长效机制建设。提交区委、区政府出台《金东区关于加强审计整改工作的通知》，明确提出在全区建立工作联动、整改报告、跟踪检查、整改责任追究、结果通报及公告等五项整改工作制度。

（金翊君）

经济管理与监督

发展与规划

【概述】2013年，金东区经济社会发展呈现“稳中向好”态势，主要经济指标继续保持较快增长。是年，实现地区生产总值141.5亿元，增长13.02%，第三产业增加值比重达到37%，比上年提高1.9个百分点；实现农业总产值25.81亿元，增长5.18%；实现规模以上工业总产值161.66亿元，增长7.34%；实现社会消费品零售总额90.96亿元，增长15.37%；实现外贸出口交货值98.92亿元，增长13.92%；实现财政总收入15.69亿元，增长27.15%，区级财政收入6.17亿元，增长23.90%。城镇居民人均可支配收入达到30482元，农村居民人均纯收入达到14270元。

2013年，全区完成固定资产投资104.4亿元，增长21.1%。城镇投资58.74亿元，增长108.3%；农村投资45.66亿元，下降21.3%。第一产业投资0.09亿元，下降95.9%；第二产业投资55.86亿元，增长20.1%；第三产业投资48.45亿元，增长25.2%。民间投资活力进一步增强，投资额占全社会投资总额的89.1%。全区共有重点项目40项，全年计划投资66.26亿元，完成投资88.45亿元，为年度计划133.5%，计划完成率比同期增加32.4个百分点。

【规划中期评估】编制完成《金东区国民经济和社会发展第十二个五年规划纲要中期评估报告》，客观评价了纲要提出的20个主要经济社会发展指标完成情况和“工业强区、商贸兴区、城乡统筹、开放带动”四大战略实施情况，以及“空间布局优化、产业转型升级、城乡统筹发展、公共服务提升”等主要任务落实情况，科学指出纲要实施存在的5项主要问题，提出推动规划实施的8项建议。

【经济运行分析】加强经济监测预警分析，密切关注国家宏观经济走势、全省经济发展趋势及周边地区经济发展态势，及时了解全区经济运行情况，运用浙江省经济运行监测网络工具，切实做好重点企业网上监测，提高企业网上填报率，完成2013年各季度经济形势和重点企业监测分析报告，针对经济运行中存在的问题，及时提出切实可行的对策、建议。

【经济课题调研】围绕金东区委、区政府重大决策部署和金东区发展改革工作的热点、难点问题，深入开展调查研究，完成《金东区2013年1—3季度经济形势的调研与思考》《金东区民间投资现状分析》《金东区2013年度主要商品及服务价格调研》《金东区粮食安全面临的形势及对策》《金东区社会发展现状研究》《金东区服务业集聚区发展布局探析》《金东区人才发展现状及建议》《金东区村邮站运行管理的调查与思考》8篇理论调研文章。

【现代服务业发展】启动现代服务业三年行动计划，以网络经济等七大产业为重点，以“六区二中心八大集聚区”建设为载体，力争到2015年，服务业增加值突破68亿元，服务业增加值占比达到40%以上。组织召开全区服务业发展大会，制定出台《关于加快推进服务业发展的实施意见(试行)》，完成服务业发展综合配套改革试点重点任务分解，加快推进现代服务业赶超发展。是年，全区实现服务业增加值52.29亿元，同比增长12.9%；服务业增加值占地区生产总值比重达到37%，比上年增长1.9个百分点；服务业投资达到48.45亿元，增长25.5%。

【村邮站运行】2013年,金东区507个村邮站共投送邮件186万件,办理便民服务7.4万笔,涉及服务金额659万元,办理小额助农取款4400笔,金额185万元。是年,502个村邮站年度运行考核合格,5个村邮站年度运行考核不合格,发放运行补贴141.48万元。曹宅镇西京村村邮站入围浙江省百强村邮站,鞋塘办事处山早村村邮站、源东乡山下施村村邮站、源东乡东叶村村邮站、多湖街道王宅村村邮站入围浙江省千强村邮站,源东乡东叶村村邮站被评为金华市精品村邮站。

【重点项目建设】2013年,金东区年度重点项目40项,年度计划投资66.26亿元。其中政府投资20项,年度计划投资15.36亿元,占23.2%;社会投资20项, 年度计划投资50.9亿元,占76.8%。全年实际完成投资88.45亿元,完成年度计划的133.49%。其中政府投资21.21亿元,完成年度计划138.1%;社会投资67.24亿元,完成年度计划132.11%。列入市重点项目22项,年度计划投资31亿元,全年实际完成投资61.51亿元,完成率为198.41%,投资完成率列全市第三位;列入省重点项目10项,年度计划投资19.95亿元,全年实际完成投资37.15亿元,完成率为186.2%,投资完成率列全市第三位;列入全省扩大有效投资“411”重大项目12项,年度计划投资67.9亿元,全年实际完成投资116.35亿元,完成率为171.4%,列全市第三位;列入浙江省重大产业项目3项,总投资22.14亿元,项目总用地468亩,项目数量列全市第三位。

【规划资金争取】2013年,共争取上级资金补助3065万元。其中,上级专项考核奖励1300万元,16个项目建设资金补助1765万元。16个项目中,工业类项目1个,补助资金135万;农林水类项目9个,补助资金450万元;基础设施类项目2个,补助资金1030万元;社会事业类项目4个,补助资金150万元。

【政策性保险工作】完成2013年度政策性农村住房保险续保工作。是年,金东区续保农户104762户, 参保率97.1%。完成政策性农业保险承保和定损理赔工作。是年,金东区开保品种为生猪、能繁母猪和公益林。其中,生猪承保计划18万头,实际承保171441头,承保率95.25%;能繁母猪承保计划1万头,实际承保7577头,承保率75.77%;公益林承保计划8566.67公顷,实际承保8566.67公顷,承保率100%。生猪、能繁母猪定损理赔金额323.13万元。

【金丽温输气管道工程(金东区段)建设】金丽温输气管道工程是国家重点工程西气东输二线的配套工程,是经国家发改委核准的省天然气主干管道网的重要组成部分,列入省级重点建设项目。该工程在金东区境内长23.9千米,其中非开挖段长3.333千米,隧道长0.767千米,沿途穿越6个乡镇(街道)。2012年12月26日,成立金丽温输气管道工程(金东区段)建设指挥部,区委常委、常务副区长邱银泉任总指挥。2013年4月1日,召开政策处理工作动员会,开展线路放样、地貌摄像和评估工作。4月25日,基本完成丈量评估和分户造册工作。5月,开展协议签订、补偿款发放,开始苗木等地面附着物迁移。6月底,借地农户签约863户,签约率95%,交地843户,交地率93%。12月30日,协议签订率98.9%,款项发放率98.9%,交地率98.9%,6个乡镇均进场施工,完成管道焊接铺设12.5千米,探索建立的柔性征(借)地工作法获金华市代市长暨军民批示肯定。

【金东中心粮库迁建】启动金东中心粮库新库建设。建设地址为金义快速路以南、曹塘澧公路以东,塘雅集镇规划区范围的山坡地块。项目建设用地2.4公顷,库容2.5万吨,建筑面积9020平方米,项目概算5392万元,列入2013年省重点项目。2月,新库建设工程可行性研究报告获批。3月,完成图纸设计招投标,浙江东方建筑设计有限公司中标。7月,完成项目初步设计,9月初步设计获批。10月,颁发建设用地规划许可证。11月,颁发建设工程规划许可证。12月,完成工程建设招投标,基叶建设集团中标。

【粮食业务】5月,召开全区粮食安全工作会议,与全区16个乡镇(街道)和有关部门签订粮食安全责任书。5月底,与塘雅粮食专业合作社、孝顺镇东下叶粮食专业合作社签订2013年订单粮食合同,落实订单粮食74.25吨。10月,完成1350吨储备粮轮换出库、补库工作。

【金东区获全省扩大有效投资先进单位】5月22日,在全省召开的“411”有效投资行动计划暨重点建设项目推进大会上，金东区荣获“2012年度全省扩大有效投资先进单位”奖章。2012年以来，全区上下紧紧围绕区委、区政府“稳增长、调结构、促转型”的决策部署，把扩大有效投资作为赶超发展的“一号工程”来抓，全区固定资产投资呈现“增速加快、比重增加、结构优化、质量提升”的良好势头。2013年一季度，全区完成固定资产投资13.01亿元，增长33.8%，增幅列全市第一，在上年高基数、高增速的基础上实现高位增长。

【金东区政府与中石化开展战略合作】10月18日，金东区政府与中石化浙江石油分公司举行合作发展签约仪式，共同组建金华市东顺中石化经营有限责任公司(暂定名)。区委副书记、区长施美红，副区长王建国及相关部门负责人，中石化浙江及金华石油分公司相关领导出席签约仪式。按照双方签署的协议，中石化浙江石油分公司和金东区国资公司各出资1000万元，成立金华市东顺中石化经营有限责任公司(暂定名)。本着优势互补、互利共赢的原则，金东区境内新增加油站项目将全部由合资公司负责经营，同时在成品油资源紧张时由中石化浙江石油分公司优先保障金东区的供给。区政府将积极向有关方面争取报批油库加油站项目，并协调落实油库加油站的立项、规划调整和土地审批等事项，为合资公司提供高效优质服务。合资公司将立足金东实际，科学布点建设加油站，到“十二五”规划末，在全区范围内新建加油站9—10家。

【粮食安全工作培训】12月12日，全区粮食安全工作培训会召开。区粮食安全应急指挥部各成员单位、乡镇(街道)相关负责人参加本次培训。由于农业产业结构调整，金东区由粮食主产区转变为粮食主销区，成为经济作物主产区，粮经比失调，大部分粮食靠外调，粮食安全问题严峻。为此，金东区高度重视粮食安全工作，把粮食安全工作放在重要地位，按照省、市要求，编制粮食安全应急预案，组建组织指挥体系，明确分工，及时进行大宗粮油、零售价格监测和信息采集工作，设置粮食应急加工、供应网点，针对金东实际情况制定操作手册，积极做好各项粮食安全工作。会议研究制定金东区粮食安全应急预案。会上，与会人员学习粮食安全操作手册，并观看《陕西·宝鸡2011年粮食应急预案演练》录像片。

【入围省重点建设项目】5月24日，省政府下达2013年省重点建设项目及预安排名单，金东区共有11个项目入围，其中实施类项目10个，总投资73.71亿元，包括8个续建项目、2个新增项目(金山大道改建工程和万达城市综合体项目)；前期预安排项目1个，为金东区金华江治理工程。对于列入省重点的建设项目，省政府将在建设用地和资金需求方面优先支持，并在供电、供水、交通运输等配套条件方面优先保证。

(李发来)

价格管理

【概述】 按照“坚持原则、廉洁奉公、依法行政、文明验证”的要求，对全区33家单位全部验审，完成率100%，验审收费总额2582.08万元。

开展《中华人民共和国价格法》颁布实施16周年暨《浙江省价格条例》正式颁布实施纪念宣传。5月，组织《中华人民共和国价格法》《浙江省价格条例》系列宣传活动，开展政策咨询、法规宣传、投诉受理、价格服务等活动，发放宣传资料200余册。

【价格监测】做好39种商品价格监测月报，实现对粮食、油脂、肉类、奶类、禽类、蛋类和蔬菜价格的动态实时监测。完善价格监测应急反应系统，制定出台《金东区应对价格异常波动应急预案》，增强对市场价格波动等突发事件的预警反应能力。加强春节、中秋、国庆等重大节假日市场价格巡查力度，依法打击价格欺诈、哄抬物价等违法行为，维护正常的市场价格秩序。

开展曹宅黄金畈9个蔬菜(露地豆角)种植成本监测点的种植成本监测工作。5月，组织开展调查人员业务培训，指导农户完成露地豆角的成本调查工作，并做好数据统计汇总。

【收费年审】开展2013年行政事业性收费年审。审查收费项目345项，其中行政性收费125项，事业性收费220项。审查收费总额2582.08万元，其中行政性收费总额1741.17万元，事业性收费总额840.91万元。

【价格监督】健全社会价格监督体系，在全区12个乡镇(街道)建立社会价格监督服务站，完善农村价格监督网络体系，制定《价费监督站工作制度》《监督员工作职责》等相关制度，强化涉农价费公示监督。每个监督站设站长1名，监督员1—2名。12月，组织开展价格监督服务分站工作总结及业务交流会议。

【教育收费】加强幼儿园收费管理，规范幼儿园收费行为，联合教育部门对全区100余家幼儿园收费情况进行备案，保障全区受教育者和幼儿园的合法权益。11月，协助市价格监督检查分局人员对金东区实验中学、澧浦初中的教育收费情况进行检查。

【价格认证】2013年，共完成各类价格鉴定、认证、车损评估业务910件，其中公安201件、交警659件、法院1件、社会49件，鉴定标的额793.03万元。未发生一起要求重新进行鉴定和复议案件。

(李发来)

工商行政管理

【概述】2013年，金东工商分局贯彻省、市局和当地政府精神，履行工商职能，服务地方经济发展，在“个转企”、食品安全、消保维权等方面做了大量工作。

“个转企”。“个转企”工作受到省、市、区各级政府部门重视，截至年底，全区已完成“个转企”335户。在转型过程中，工商分局开展多部门联合走访宣讲行动，促动一大批一般纳税人个体户自愿转型。由工商牵头，会同国税、地税、各乡镇企办的工作人员，组成4—5个工作组，对辖区内一般纳税人以及小规模入账的个体户工商户开展全面走访，开展政策宣讲和转型动员。

【专项整治行动】2013年，金东区政府开展多项专项整治行动。在整治行动中，工商分局发挥工商职能，积极参与其中，作为主力部门积极配合区政府做好相关工作。在三改一拆、“四小”行业专项等整治中，各工商所积极配合乡镇，不仅参与前期调查摸底，而且还作为主力配合当地政府部门取缔一大批高污染和无照企业。在洗砂制砂专项整治中，分局抽调分局6名工作人员，参与金东区洗砂制砂行业的调查摸底工作，并配合区政府将全区88家砂石企业全部关停。

【便民中心对接】为深化“工商·社区(乡村)”共建服务模式，分局积极推进村级便民中心对接工作，将个体工商户登记、消费纠纷调解和工商法律法规咨询等服务前移，融入村级便民服务中心，推行“零距离”服务。新城工商所王坦便民服务对接点于2013年9月正式入驻王坦社区便民服务中心，此后，郊东工商所也开展了便民服务对接。开展工作的同时，分局编印并向各辖区内村民发放便民服务联系卡，明确一名工商干部为一个村级便民服务中心对接人，平时24小时保持手机畅通，便于村民联系，并实行联系干部必须在每周的规定时间和便民服务中心进行联系的制度。

【食品安全管理】2013年，分局依据省市局关于开展食品安全“强网清源”集中行动方案要求，结合辖区实际情况，全面开展“强网清源”专项整治行动。整个行动共出动检查人员235人次，检查经营户2428户，重点约谈生产企业105家，组织开展宣传教育774次，开展行业自律提醒916次，发放宣传资料3400余份。在行动中，分局以奶制品、肉制品、食用油、酒类等节日消费量大的食品为重点品种，突出农村、车站、学校等重点区域，加大检查力度，严厉打击经销过期霉变、有毒有害和不符合食品安全标准的食品等违法行为，并开展校园周边食品专项检测，检测55批次食品，其中不合格批次11批，均已立案。

【消费保障维权】全年共接到“12315”系统申诉举报427起，办结416起，其中三季度接到申诉举报188起，办结177起，待办理11起；接到其他申诉举报51起，已全部办结。在工作中，分局把消费教育活动和“网格化管理、组团式服务”工作结合起来，积极参与金东区政法委牵头的“组团式服务”平安建设宣教工作，工商、公安、卫生等部门联合，以群众需求为导向，深入群众一线，共在4个乡镇、街道的行政村、集贸市场开展现场普法宣传咨询活动，现场发放宣传资料1500多份。在金华农交会和苗交会等展会期间，安排周末值班人员及执法车辆，结合职能，做好消费者权益保障工作，确保展会安全有序。其间巡查6次，快速圆满解决相关展会投诉5起。

【党风廉政建设】为贯彻落实中央八项规定、省委28条实施细则、“六个严禁”和市委、市政府《关于改进工作作风密切联系群众的实施意见》等规定，分局出台《金东工商分局关于进一步加强干部作风纪律建设若干规定》，严肃纪律作风问题，以此为基础在各科室队和基层工商所党支部开展纪律作风教育。对外，通过开展工商干部述职述廉、工商开放日、“三评”活动和义务监督员座谈会等活动，充分尊重群众的知情权、参与权和监督权，开诚布公，认真接受市场主体和服务对象对工商基层行政执法人员的监督。对内，开展指纹考勤制度，有效遏制了迟到、早退现象的发生，改善了局机关的工作作风。

【新增三个省著名商标】1月17日，省工商行政管理局公布了2012年浙江省著名商标名单。金东区浙江金厦控股集团有限公司、浙江开尔新材料股份有限公司、浙江强广剑铝业有限公司申报的三个商标获得认定。浙江省著名商标有效期为三年，认定条件涉及商品质量、售后服务、市场声誉、公众认知程度，以及商品的产量、销售额、利润、市场占有率等主权经济指标等多个方面。培育商标特别是驰名、著名商标，是一项时间跨度比较长的系统工程。近年来，金东区把知识产权工作列为各乡镇（街道）党政领导科技进步目标责任制考核的一项主要内容，并通过实施鼓励政策、加强部门指导等措施，大力推进商标兴企、商标兴区工作。区工商部门全面推动企业开展商标注册，建立商标培育机制，扶持有实力、有市场、有竞争优势的企业开展创牌活动，提升企业的品牌附加值。截至年底，全区共拥有省著名商标17个、市著名商标44个。

【国家级“守合同重信用”单位】3月19日，浙江东精集团有限公司、浙江开尔新材股份有限公司两家企业荣获国家工商总局2011—2012年度“守合同重信用”单位，这是金东区首批获此殊荣的企业，实现金东区国家“守合同重信用”单位零的突破。截至3月底，金东区共有“守合同重信用”单位130家，其中省级9家，市级40家，县级79家。

【排查危险化学品】11月28日，区工商分局开展了一次辖区内危险化学品专项排查行动，重点对11家助剂厂进行走访巡查。助剂是化工生产中添加的辅助化学品，违禁助剂因毒性巨大、化学性质不稳定，具有很大的安全隐患。2013年，区工商分局加大对违禁助剂的监管力度，进一步规范危险化学品生产秩序。排查行动当日，工商人员手拿《危险化学品名录》，仔细观察助剂的颜色、质地，还不时用嗅觉分辨气味，其他人员则在一旁认真地做着巡查笔记，重点检查安全生产标准化是否达标、危险品安全距离是否到位、安全生产许可证有无。对于一些新厂和列入黑名单的厂区则进行全方位盘查。检查结果显示，大部分厂区杜绝使用违禁助剂，按照法定许可规范生产。对于部分使用危险化学品进行违规生产作业的企业，工商人员当场开具整改通知单，要求其限期整改。

【物流快递行业清查】至2013年底，金东工商分局紧急制定三项措施，对辖区内物流快递行业展开拉网式清查，强化物流快递市场监管，整顿规范物流快递市场经营秩序。严查无照经营，规范资质，依照《快递市场管理办法》《道路运输条例》等相关规定，对不具备货运快递行业准入资格条件的，一律不予登记。对辖区内从事快递物流及货运代理的经营主体资格开展全面清查，对擅自变更营业执照核准登记事项的经营户依法予以规范，对无证、无照经营相关业务的“黑货运”“黑物流”“黑快递”依法立案查处；落实责任，强化监管，将货运物流、快递行业作为近期巡查重点，落实监管责任，针对“毒快递”事件对经营户加强行政指导，开展定期巡查和不定期抽查，检验经营户对收寄商品的验视制度、寄送物品收发安全制度、员工培训制度等，强化经营者和从业人员的社会责任意识；重视维权，积极作为，充分发挥“12315”的作用，积极受理和处理消费者关于货运、快递业务的投诉举报，严厉打击欺诈消费者、侵吞消费者货物等对消费者不负责任的违法违规行为，切实维护消费者的合法权益。

（徐莉莉）

质量技术监督管理

【概述】2013年,金华市质量技术监督局金东区分局有序开展"区政府质量奖"活动,全力推进质量强区工作。浙江真爱时尚家居有限公司、金华万得福日用品有限公司、浙江开尔新材料股份有限公司在年初金东区工业大会上获得第二批区政府质量奖;完成1个质量管理孵化基地创建、14家"质量强企"企业的申报工作;组织澧浦镇"质量强镇"、开发区"质量强区"的申报工作。

【名牌品牌创建】新申报省级工业名牌产品3只、农业名牌产品1个、服务名牌1个,新申报市级工业名牌产品4个、农业名牌产品6个。全年共复审6个名牌产品,对辖区内25家省、市工业名牌产品生产企业开展跟踪调查,对浙江名牌企业创新发展情况及涉及23个行业的26家名牌企业进行标准化水平调查。

【标准化体系建设】共走访企业64家,指导并完成35家新增规上企业的采标信息工作,采标率达61.24%。整体推进农业标准化体系建设,有效服务农业标准工作。及时统计汇总并上报金东区农业标准化生产程度综合指标。做好2013年农业标准化示范推广单位推荐工作,立项省级示范推广项目1个、市级示范推广项目3个,完成省级验收1家、市级1家。

【计量工作】2013年,金华金东分局选好抓手,有力地推进计量工作的开展,并取得较好的效果。到曙光小学开展"计量科普知识进校园"活动,邀请眼科医生为学校200多名学生讲解预防近视和健康用眼知识,并免费进行配镜指导、检测和清洗。在计量器具风险大排查中,对辖区内生产电子秤、电子计价秤、电子汽车衡等5家计量器具企业进行专项检查。对辖区内的4家重点用能企业进行走访调查,全面了解企业能源计量基本情况,并对其中2家进行了核查。督促企业完成自查工作,职能科室人员现场指导企业如何按《重点用能单位能源计量审查规范》(JJF1356—2012)技术规范进行自查。对企业能源计量管理人员进行一对一辅导,现场解答企业提出的问题,为企业提供优质、便利的服务,为继续推进省局的"计量惠民生、诚信促和谐"活动,先后走访10家单位,在经营者自愿的基础上,大力推动经营者开展诚信计量自我承诺活动,签署承诺书5份,推荐金华老家饭店等6家单位为金华市诚信计量示范单位;抓民生计量,共开展民生计量进市场、进社区、进学校3次;着重提供"三免费"服务,免费检定,免费维修,免费发放资料。

【食品安全监管】落实主体责任,强化企业自律。年初,对金东区所有食品生产企业开展落实食品企业质量安全主体责任自查和核查工作,签订食品生产加工企业质量安全承诺书和食品生产企业规范使用食品添加剂物质承诺书,要求各企业按照"54321"(完善五项制度、健全四个记录、落实三类人员、建立二项机制、把牢一个关口)规定制定工作制度,督促企业对照规定要求做好各项记录。组织食品安全标准培训,提高企业自查能力。分批组织2期培训班,贯彻学习《食品安全国家标准预包装食品标签通则》(GB7718-2011),116家食品生产企业220人次接受培训,进一步提高了企业负责人食品安全责任主体意识。开展"地产食品'533'整治","强网清源"等专项行动为载体,加强食品安全监管。紧紧围绕百姓关注重点,先后开展以添加剂、食用植物油、乳制品、调味品、肉制品、糕点、米面制品、酒类、饮用水等为重点的食品安全专项整治,共出动执法人员330余人次,检查生产企业118家,下达责令整改通知书49份,受理各类食品相关投诉举报44起,立案5起,结案5起,涉案货值25.56万元,罚没款18.5万元。完善食品加工小作坊监管。对金东区13个乡镇(街道)进行食品加工小作坊申证宣传培训,对小作坊生产条件、原辅材料采购等方面进行指导,确保其符合生产要求。深入开展食品生产加工小作坊的安全风险隐患排查治理,重点整治取缔生产加工食品的"黑窝点""黑作坊",共取缔违法食品小作坊13家。严格抓好食品生产许可证申请和年审工作,从源头上消除了诱发食品安全问题的因素。共受理74家企业食品生产许可证初审换证,51家企业,注销生产许可证企业7家。

【特种设备安全监察】整合资源,积极落实企业安全主体责任。乡镇与企业签订含特种设备安全要求的责任书，签订率100%；辖区11个乡镇、街道做到"四个有"，并履行特种设备"四项安全监察"职责。对新增特种设备企业利用告知签订安全责任书。部门联动，扎实开展大排查大整治工作。采取政府造声势、组织大检查、联手整治、重拳出击的方法，累计监督检查发现隐患91项，发出指令书8份，已全部整改。责令拆除锅炉2台、停用4台，责令拆除土制升降机4台、停用1台。联手住建局组织餐饮场所燃气安全专项整治，联手旅游局加强对黄大仙景区特种设备安全管理，联手乡镇强化投诉举报处理，共处理投诉举报5件。落实检验责任，督促企业落实整改各类隐患。检查发现各类隐患204项，较严重13起，全年发出指令书13份，整改率100%。认真开展元旦、春节、"五一"黄金周、全国安全月、国庆、中秋等关键时节的安全大检查工作，确保特种设备安全运行。其间，对辖区内2家液化石油气和2家工业气体充装单位、4家浴室、3家商场超市、8家特种设备数量相对集中的企业、8家涉氨企业进行重点检查。发放电梯安全等宣传资料600余份。结合区教育局下半年开学安全教育活动，组织4所学校师生观看安全教育片，并在学校公示窗巡回张挂宣传图，受教育师生1.5万余人。加强培训，认真开展特种设备安全管理培训。组织辖区内36个企业38名管理人员参加以特种设备安全法为主要内容的安全管理培训。组织区安委会成员、乡镇（街道）分管领导和安监所所长计43人参加的金东区特种设备安全管理工作会议，学习贯彻省政府办公厅82号文件《关于加强电梯安全工作的意见》精神和特种设备安全法。组织特种设备使用单位应急预案的演练活动，10月8日，在黄大仙景区开展滑索滞客事故应急演练活动。

【监督稽查工作】抓好源头，确保产品质量。在工业产品许可证市场准入和证后监管方面，完成工业产品许可证年审初审企业38家、实地抽查企业5家、申报受理企业3家。强化监管，净化市场环境。在监督抽查不合格后处理方面，共对15家定期监督及专项抽查不合格的企业责令整改，做好复查后处理工作。抓住关键，紧扣民生需求。在市级重点关注产品方面，按照部署如期完成"六个一"工作（一次调查摸底，一次监督抽查，一个信息库，一次培训，一次专家论证分析会，一份分析报告）。严格执法，打击假冒伪劣。以省局"蓝剑"专项执法行动为载体，有针对性地开展系列执法行动，全年共出动执法人员478人次，检查企业330余家，发出责令整改通知书68份，移交市局1起，受理举报投诉案件50起，立案查处6起，共处罚没款19.1万元，涉案货值26.16万。

【安全生产巡查】为摸清危险化学品和防爆电气两类产品生产许可证获证企业的生产条件和获证产品质量状况，规范获证企业的生产、经营行为，督促获证企业落实产品质量主体责任，提高产品质量水平，质监金东区分局于7月中旬对辖区内5家危化防爆产品获证企业进行安全生产巡查行动，并与企业签订浙江省千家工业产品生产许可证获证企业产品质量安全诚信承诺书。巡查中发现5家危化防爆产品获证企业总体情况良好，但仍存在一些问题，诸如出厂检验未能每批开展、化验室堆放无关杂物、部分产品生产许可证标识标注不规范等。对于这些问题，检查人员已现场告知企业负责人，并要求企业按照《许可证实施细则》等规范进行整改。此次巡查加强了危化防爆企业安全生产的意识，规范了企业生产、经营行为，取得了预期效果。

【红桃示范项目通过验收】"标准促农、标准兴农、标准富农"。金华市金清蔬果专业合作社在质监金东区分局积极引导下，以标准化生产示范为突破口，加快推进合作社红桃标准化生产，推广良好农业操作规范和健康种植规范，积极发展品牌农业，利用标准化生产建立高效益的现代生态农业示范样板，对当地红桃的标准化生产与推广起到了先导和示范作用。通过一年的项目实施，以点带面的模式逐步获得广大社员和果农的认可，最大限度提高种植户的生产技术水平，提升红桃的果品品质，有效促进农业增效和农民增收。由该合作社承担的"红桃标准化生产推广示范项目"在现场评估的基础上，获得项目验收组专家的一致好评，并顺利通过验收。

（曹金福）

食品药品监督管理

【概述】2013年,金东区食品药品监督管理局以确保公众饮食用药安全为中心,以机构改革和职能调整为重心,不断增强食品药品监管工作的科学性、长效性和规范性,努力提升全区食品药品监管水平。

【行政许可】食品药品监督管理局自3月1日起,承担省、市局下放的行政许可审批工作,逐步明确行政许可审批事项内容分工和工作要求,结合实际建立健全工作运行机制,进一步明确审批程序、审批要求,完善具体操作规程,减少审批随意性。并于5月在区行政服务中心开设药监局窗口,承担相关行政许可事项的受理工作。截至10月底,共受理行政许可审批事项49项,办结49项,其中药品零售企业行政许可21项,执业药师注册13项,医疗器械经营企业行政许可7项,GSP认证6项,麻醉药品和第一类精神药品邮寄证明的核发1项,药品经营(批发)企业变更1项。

【食品安全】一是完善机构,区政府及12个乡镇(街道)均调整完善了食品安全委员会及办公室(简称食安办),成立食品安全网格化管理工作领导小组,下发实施方案,做到机构、场所、人员、制度"四到位",完成率100%。二是分级动员,区食安办制定《金东区食品安全管理员培训方案》,制作统一的培训课件,分乡镇召开动员培训会,对食品安全管理员进行培训,明确食品安全管理员的工作职责。全区共组织召开动员培训会13次,培训1000余人次。三是有序推进,区食安办印刷了大量的工作资料,做到"四统一"(每个食品安全管理员发放一本食品安全工作手册、一本工作台账、一本工作证,在每个行政村悬挂一块公示牌)。由四个主要食品安全监管部门牵头指导联系12个乡镇(街道),区食安办也多次组织业务骨干到各乡镇(街道)进行专项督查指导。四是摸清底数,各食品安全管理员对3498家食品生产经营单位开展主动排查,排查出26个食品安全隐患,建立网格化管理工作台账。

【学生饮食放心工程】一是签订学校食品安全工作责任书,明确学校在食品安全工作管理、设施设备管理、活动安全管理及健康教育等方面的具体目标。二是坚持实行食品统一配送,加大食品安全管理。学校食品都建立了管理制度、卫生制度、岗位责任制度,并张贴上墙,接受监督。食品从业人员须持有卫生许可证、健康证。食品原料贮藏、制作间及饮水设施有专人、专锁管理,学校食品的器具及时、定期做好消毒工作,保持室内外清洁,杜绝重大传染性疾病的发生、流行。三是加快学校食堂餐饮服务安全等级提升速度。2013年,18所学校食堂从C级提升到B级,已经有8所学校食堂通过B级评定,其余10所学校食堂均已完成改造,正在申报评定之中。四是加大对学校食品、饮水等卫生设施的监管力度。建立学校食品以及饮水卫生安全工作的长效机制;监督学校研究制定重大传染病流行、群体性食物中毒等突发公共卫生事件的报告、应急和预案制度,层层落实责任目标。

【药械监管工作】2013年,全局以规范药械市场的生产、经营和流通环节为重点,展开多渠道、多方式的监管工作。一是扎实推进日常监督工作。按照2013年度药械日常监督检查方案,开展药品经营企业监管工作。二是重视特药监管工作。按规定每季度开展对特药批发企业的安全检查。做到有检查、有记录,对存在问题的企业进行督促整改,促进企业提高质量管理水平,提高监管效果。三是开展药品零售企业GSP认证工作。参照市局GSP认证的相关规定,结合金东区实际,制定下发《金东区药品经营企业GSP认证实施方案》。以规范药械购进渠道和整顿药械使用行为为重点,先后共开展各类专项检查7次。继续扎实推进药品安全示范乡镇创建工作。截至年底,全区共有6个乡镇通过市级考核验收。

【保健食品"四非"专项行动】结合《食品安全隐患排查整改制度》,对辖区内的保健食品生产经营单位进行排查。重点开展对市场、保健食品专卖店、批发企业、71家药店等单位的排查摸底。通过排查摸底,对保健食品生产经营单位的证照资料、经营品种、进货渠道等有了初步了解。针对生产环节,对辖区内唯一的保健食品生产企业开展检查,结合保健食品安全风险监测工作,对库存的2个批次产品进行抽验，依据《保健食品良好生产规范》，对该企业生产许可证清理换证工作进行了审查。另外，对辖区内的3家保健食品批发企业进行走访，同时结合药械日常检查，对71家药店经营保健食品的药店从以下两个方面进行规范：要求建立索证索票制度，索取并查验生产企业或供应商资质及相关产品质量安全的有效证明文件；要求严格执行台账登记制度，建立保健食品专册进货台账。

【元旦、春节食品安全工作】元旦、春节期间，为净化节日市场，切实保障“两节”期间广大人民群众的饮食安全，区食品药品监督管理局及时安排部署，集中监管力量，在全区范围内广泛开展餐饮服务食品安全专项监督检查。联合工商、农林等多部门加强协作，做好“两节”期间食品安全隐患排查。针对肉蛋禽类、水产品等热销食品深入一线检查，通过执法抽检、市场巡查和现场突击检查三项举措确保食品安全。开展食品安全消费常识宣传，24小时开通“96317”举报投诉电话，确保群众举报得到及时处理。

（李娅）

安全生产监督管理

【概述】2013年，全区共发生各类事故197起，比上年减少10起，同比下降4%；死亡51人，比上年减少6人，同比下降9%；直接经济损失116.41万元，比上年减少180.29万元，同比下降67%(以上同比不包含火灾事故)，未发生重特大安全生产事故。连续七年查处的安全生产违法行为案件，没有发生要求举行听证、申请行政复议和提起行政诉讼情况，也没有发生当事人投诉控告处理不公正问题。金东区安监局获金华市2006年度、2007年度、2012年度烟花爆竹专项整治先进单位、2012年度安全生产宣传工作先进单位、2012年度金华市安监系统政务信息工作先进单位，2007年度、2009年度先进基层党组织，金东区2009年度、2010年度安全生产工作先进单位，金东区2010年度社会治安综合治理先进单位，2006—2010年金东区法制宣传教育先进单位，金东区2007年度文明单位，金东区2010年度消防工作先进单位，金华市依法行政示范单位等荣誉。

【服务一线】局机关全体干部结合标准化、隐患排查等工作，定期下到基层，靠近、贴近、亲近基层一线，逐家走访规上企业，解决企业难题，带动乡镇、部门干部到最薄弱的环节和最需要的地方，促进乡镇、部门安全监管责任和企业主体责任的全面落实，推动安全生产标准化等工作的落实。共走访企业228家(含联系企业20家)，帮助办换证19家，邀请专家上门服务31次。

【落实安全责任】根据《金东区安全生产责任制规定》的要求，落实12个乡镇(街道)和28个安委会成员单位的安全监管责任，与所属部门、企业、村(居)等单位签订责任书3304份，签订率达99%以上。下发《关于开展安全生产目标管理责任制落实情况专项检查的通知》，由监察局、安监局牵头，联合检察院、工会、公安分局、人社局相关人员深入乡镇，了解安全生产责任制等落实情况，在企业安全投入、安全制度、隐患整改等主体责任落实方面积极开展帮助指导。继续实行安全生产一票否决制，实施安全生产风险保证金制度，对安全生产实行考核奖励，对考核不合格单位没收安全生产风险保证金。在危化、烟花爆竹等重点行业领域建立联席会议制度，形成乡镇属地牵头、部门联动的“打非治违”工作新机制。

【安全生产标准化建设】通过政策鼓励和制约，动员会、推进会、宣贯会等层层发动，辅导机构对接、强化督查、狠抓进度等举措，全力推进标准化建设，促进企业思想认识、设备设施、机制制度、整体水平的提高，207家规上企业中，通过评审的有195家，完成市里下达创建目标任务数的107%。标准化创建中，整改消除安全隐患5018处。

【隐患排查和治理】全覆盖、高频次地排查和整治安全隐患，开展大排查大整治、专项执法检查、各类专项整治、省市挂牌隐患整治、涉氨企业检查等一系列工作。共排查企业2052家，排查出隐患2658处，当场整改2632处，责令改正、限期整改、停止违法行为26起，责令停产、停业、停止建设、关闭非法违法企业19家。各类专项整治共排查矿山、危化、烟花爆竹生产经营单位312家次，发现安全隐患431处，已整改431处；排查企业1663家、建筑施工单位

25家、学校147家、水利工程38处、电力企业2家,发现隐患720处,已整改720处。排摸、检查和安全评估涉氨企业7家,其中1家企业构成重大危险源。对部分有限空间、可燃爆金属粉尘作业、机械制造领域企业进行检查。完成省、市级挂牌隐患点整改31处,其中工矿商贸3处,电力设施3处,消防安全3处,临崖高落差危险路段20处,道路交通事故多发点段2处,完成区级挂牌隐患点整改71处,投入整改资金1445万元。

【宣教与培训】开展安全生产宣传月活动、安全生产"北山霞客古道行"登山活动、"安康杯"竞赛活动、企业负责人和安全管理人员等人员的培训。共发放宣传资料4000多份,悬挂横幅、标语568条,出动宣传车50台次。培训企业"三类人员"近800人,企业自身也开展全员安全培训,共培训从业人员1万多人。

【应急管理与信息化】进一步修订完善相关预案,落实预案报备制度。组织相关部门在浙中建材市场开展消防应急演练,在黄大仙景区开展滑索滞客事故应急演练活动。强化区安监局网站建设,及时更新网站内容,实现与省、市局网站的联网,完成规上企业基础数据库和诚信管理信息系统的相关数据录入工作,投入十多万元安装安全生产视频会议系统。

【事故防范创新】制定下发电镀行业试点经验推广文件,深化防范创新体系建设,形成工作机制制度。多次到浙中建材市场指导多主体大型市场安全生产管理创新工作,召开推进会,对工作进行再落实、再推动,建立全覆盖巡查和隐患整改机制。

【安监队伍建设】经常性帮助、指导乡镇安监所的工作,适时组织安全生产业务知识的培训,切实提高其安全监管能力。督促安监人员加强平时对安全生产有关知识的学习,增强工作的自觉性和对工作的谋划能力,积极履行监督和管理的职能。关心安监队伍干部成长,注重培养安监干部,2013年,先后有4名安监队伍干部得到提拔重用。

【乡镇安监所所长业务培训】为履行基层安全生产监管职责,提升应对安全生产突发事件的能力,区安监局根据年初培训计划,于10月12日,组织全区14个乡镇(街道)安监所所长开展安全生产业务培训。此次培训改变了以往找个舒适环境边学习边休息的形式,选用培训学校的教室,邀请安全培训专业教师讲课,整个培训以互动交流的方式对事故案例进行分析、讲解、探讨,主要内容包括安全形势、现场检查、事故案例及原因分析等,因此大家都专心听讲,认真思考,两天中没有一个人中途请假或离开。通过此次安全生产业务培训,乡镇字监所所长增长了安全知识,学到了安全生产监管方法,对提高基层安全生产管理能力和水平具有积极的促进作用。

【安全生产走访月活动】区安监局将3月定为安全生产调查走访月,自3月1日开始,采取局班子成员带队分组走访的形式,靠近、贴近、亲近企业,了解他们在安全生产方面存在的问题和困难,发现安全隐患,及时帮助整改。服务月还将简化行政许可审批和提高审批服务水平作为一项重要内容,为企业提供更多优质贴心的服务。截至3月31日,走访工作全面完成。区安监局组织安全检查活动,指导企业开展安全生产标准化建设和教育培训。加强对矿山、危化、烟花爆竹三大行业的安全监管,为稳定全年安全生产形势打好基础。

【夏季烟花爆竹安全生产督查】加大烟花爆竹安全监管力度,切实做好夏季高温期间烟花爆竹安全生产工作,确保烟花爆竹安全形势平稳,8月1日,金东区安监局从烟花爆竹的批发、储存、销售、运输和应急救援等五个环节着手,进一步落实安全防范措施,坚决遏制烟花爆竹事故发生。进入夏季后,烟花爆竹企业面临高温高湿天气等诸多不利因素。金东区安监局按照"大检查大整治"行动的总体要求,结合安全生产专项督查活动,对辖区内各烟花爆竹经营单位开展了一次认真细致的安全检查,重点检查企业采取防暑、防雷、防雨、防汛等安全措施情况,安全教育培训工作开展情况,消防、防雷设施的配备、维护情况,隐患整改落实情况等。认真组织各批发商户学习贯彻烟花爆竹法律法规、安全标准化和考评办法,不断督促烟花爆竹经营企业增强安全意识,加大安全投入,完善安全操作规程,健全产品登记流向台账,提高企业的安全管理水平,切实消除安全隐患。

(金勤伟)

统　计

【概述】2013年，区统计局加强统计监测分析评价，搞好第三次经济普查和专项调查，推进统计改革和统计法制建设，继续加大统计基础建设力度。在第三次经济普查工作中，做好宣传发动、“两员”（调查员和指导员）选调、综合试点、业务培训、规范单位基础信息等工作。及时做好单位基础信息的查遗补漏，采取村、乡、区三级联审的方式确保数据质量。对敏感指标如营业收入、从业人员等问题进行重点查询。与区工商局、区机构编制委员会办公室等相关部门做好重点单位的信息比对，分析原因，确保单位基础信息数据的科学性和历史衔接性。日常性统计调查，做到快、精、准。全面完成农业、工业、交通运输、投资（房地产、建筑业）、批零贸易住宿餐饮业、能源、科技、劳动工资、服务业、综合、核算等十多个专业的2012年年报和2013年的定期报表任务。做好部门协调、报表催报、数据审核、汇总上报等各个环节，并利用相关资料进行分析，横向比较，纵向衔接，对重要数据进行认真评估，提高数据质量的可靠性。

【统计制度创新】2013年，区统计局建立完善GDP统一核算、能源和服务业、粮食安全等统计制度，创新改革工业、投资、贸易、价格和工资统计制度，全面推进发展方式、平安建设、科技进步、自主创新、妇女儿童和公共服务均等化等监测评价工作。

【课题研究和统计分析】面对复杂多变的经济形势，区统计局适时提供短、平、快统计信息，注重统计课题研究和统计分析工作，及时反映经济运行情况和发展趋势，从统计视角全面总结、反映和宣传金东区经济社会发展新成就，共提供统计专报5篇、统计分析报告25篇、统计信息60余篇，定期向省、市统计局报送统计政务信息和统计专报，为各级党委、政府决策和调控经济服务；通过统计年鉴、统计公报、统计信息等多种形式，为社会公众提供信息服务。组织开展5‰人口抽样调查、劳动力调查、群众安全满意度和“平安金东”调查等工作。全年共为36家企业（单位）品牌、提升资质和申请著名商标提供数据论证。强化统计服务产品，及时编印统计快报、卡片和《金东统计月报》11期。

【能耗统计监测】建立健全规模以上工业企业能耗调查制度，完善季度全区全社会能耗的测算方法、消费量核算方案，建立能耗数据系统内集中评估和区级部门联合评估制度。加强节能降耗的统计监测分析，及时向区领导提供分析监测资料。

【服务业统计工作】把限下服务业抽样调查单位纳入网上直报，全面建立网上直报系统，确保报表上报的及时性、准确性和上报效率。及时对服务业名录库动态更新，开展临界企业核查，努力抓全限上单位。2013年，限上服务业单位142家，其中新增28家。认真执行新的统计调查制度，实行法人在地统计，扩大限上全面报表统计范围，将销售额达到统计标准的个体户纳入限上贸易调查。每季度对服务业数据包括总量、速度、结构进行比较分析，提高源头统计数据质量。针对服务业发展中的新情况、新问题，强化服务业信息统计、分析和研究。

【统计宣传和执法】开展以党政领导干部和部门、单位负责人为重点对象的统计普法学习宣传工作，强化统计调查对象的普法教育和对社会公众的宣传力度。全年举办普法培训班5期，培训人数300余人次。推进依法统计诚信单位等级认定工作，评定区级依法统计诚信单位3家。围绕全区第三次经济普查工作现场登记恪守“6条红线”等重点环节，做好经济普查执法工作。全区共稽查单位32家，立案查处统计违法案件2家。建立行政处罚裁量权基准制度，规范统计执法行为。开展统计执法人员的法律和统计业务培训，推进统计基础规范化。

【统计人员资格认定】认真组织开展统计教育和统计从业资格认定工作，全区参加统计从业资格认定培训考试45人，统计人员继续教育培训200余人次。

（黄彩芳）

国土资源

【**概述**】2013年，分局根据年初制定的工作岗位目标，以保障科学发展和保护耕地红线为重点，围绕推进节约集约用地专项行动这条业务主线，积极主动服务。2013年，市下达垦造耕地任务300公顷，年初已分解落实到乡镇，2013年底进展：已立项目58个，566.87公顷，其中已动工项目51个，543.33公顷；已完成市、区两级验收项目36个，391.33公顷。

【**基本农田建设**】2013年，市政府下达高标准基本农田建设任务2000公顷，年初已分解落实到乡镇。其中计划认定类项目333.33公顷，提升类和建设类1666.67公顷，正在与乡镇衔接，组织实地踏勘和测量。2012年提升类已立项项目2个，面积666.69公顷，待相关政策出台后实施。

【**农村土地综合整治**】2013年，市要求立项3个，有4个项目有意向，已实地踏勘。2010年立项的7个项目，建设时间延期到2014年10月，已完成项目2个（孝顺前后俞、鞋塘山头下），部分完成项目1个（孝顺栗塘范）。2012年立项的5个项目正在实施。

【**推进节约集约用地**】2012年底全区转而未供土地322.73公顷。低丘缓坡区块批准农转用665.6公顷（江东区块174公顷）。2013年市下达全区转而未供任务为93.33公顷，其中都市区34公顷。年初，区政府与各乡镇签订了责任书，对转而未供土地的消化任务进行分解落实。1—12月，全区消化转而未供土地46宗，126.93公顷。

全区供地情况：出让工业用地64宗，196.33公顷，出让金7.3亿元；经营性用地15宗，84.47公顷，出让金29亿元；公建等划拨用地19宗，113.27公顷。全区合计供地98宗，394.67公顷（其中低丘缓坡224.73公顷，存量745亩，转而未供129.33公顷），出让金36.3亿元。

【**盘活存量土地**】2013年，市下达的任务为20公顷，其中都市区13.33公顷。1—12月，已完成盘活存量49.67公顷。并对市下达的67个延期开竣工项目进行处置，截至年底已交地61宗，开工建设51宗，竣工33宗。

【**农转用征收报批工作**】2013年，上报计划批次4个，43.6公顷；上报增减挂钩批次1个，45.73公顷；上报低丘缓坡试点批次26个，1364.67公顷；预计年底前上报3个批次，20公顷。全年合计上报批次，31个1474公顷。盘活建设用地指标2个批次，45.73公顷，另有正在报批1个批次，3.04公顷。全年完成标准农田置换13.67公顷。

【**土地规划修改和规划数据库更新**】全年经省、市、政府批准12个规划修改（落实）方案，共计41个项目，162公顷。进行6个乡镇和区级土地利用总体规划中期招标修改工作。

数据库更新工作主要完成了2012年期间的农转用项目、土地整理复垦开发项目、农村土地综合整治项目、土地利用总体规划有条件建设区调整和预留指标落实方案的落实，成果数据库已经省厅审查通过。

【**执法监察责任机制**】2013年7月，卫片执法检查数据下发后，分局历时2个多月进行实地核查与图斑分割合并和查处，9月25日正式上报国土部卫片系统116个地块。其中，合法地块62个，41.46公顷(其中耕地18.01公顷);合法非新增地块33个,13.92公顷(其中耕地7.46公顷)。违法地块54个,立案查处地块30个,已全部下达处罚决定书,共计罚款82.6万元,拆除34268平方米,没收28457平方米,提出党政纪处分建议2人;非立案查处地块24个。全区违法占用耕地占新增建设占用耕地面积比例(问责比)为2.6%,达到年初确定的问责比不超5%的目标。

【消除历史遗留违法建筑】一是整合力量,主动做好沟通服务工作。分局主动开展全区范围内违法建筑的调查摸底,将建区以来分局及市支队(圈内)查处的违法案件中涉及的拆除(没收)建筑物移交区府"三改一拆"办公室,分局将卫片执法检查中确认的违法图斑信息以及照片复印并送区"三改一"拆领导小组办公室,并主动做好沟通服务工作。二是主动参与乡镇政府牵头组织的拆违行动,共同打好"三改一拆"攻坚战。2013年,全区共组织拆违315次,拆除违法用地817宗,拆除违法建筑面积58.13万平方米。

【查处国土资源违法案件】2013年,各乡镇共同监管机制得到进一步落实,全年共组织巡查904次,参加巡查人员1056人,发现新增土地违法行为377宗,发现新增矿产资源违法行为19宗,及时下达责令停止违法行为通知书396份,立案查处55宗,收缴罚没款195万元,拆除违法占地43730平方米,没收26051平方米。以"八婺治水"行动为契机,落实非法采矿专项整治活动。全年立案查处矿产违法案件9件,其中结案7件,罚没款8.1万元。报省厅鉴定2件,暂扣挖掘机10台、挖掘机大路阀"阀门"12只、拖拉机1辆,有效打击日益猖獗的非法采矿势头。

【探索"裁执分离"机制】为克服国土资源非诉行政案件受理难、执行难的困境,分局积极探索"裁执分离"机制。2013年,在杭长客专等重点工程建设项目中,以"涉嫌阻挠国家建设征用土地"为由立案10件,发出行政处理决定书9件。经与法院积极沟通,最后法院裁定由东孝街道执行强制拆除的决定,进一步推进执法监察"裁执分离"的实现,有利于推动国土资源案件执行难的局面破解。

【化解信访积案】严格落实初信初访、首办责任制,及时落实信访事项、承办科所、承办责任人和办结时限。2013年度共受理信访259件,比上年同期下降171件,下降比例39.7%。另受理市政府"8890"网交办件9件。信访件受理办结率100%,真正做到信访事项"事事有回音,件件有落实"。省厅交办2013年信访积案5件,分局采取领导包案,科室、中心所具体办案,明确工作人员全力开展化解工作。其中4件调查处理结案报告已上报省厅,1件已报市国土局审核。

【国土资源日常工作】金东国土分局以干部作风建设为抓手,强化制度建设和服务质量。一是建立农房审批效率考核制度。对全区各乡镇2012年农房审批各环节"快作为、慢作为"用时情况进行通报,并规定农房审批效率考核列入末位的,中心所评优实行一票否决。二是建立服务对象回访制度。通过采取电话等方式进行回访,了解经办人员的服务态度、办事效率、依法办事、廉洁自律等情况。6月25日,结合"全国土地日"宣传活动,向857位行政服务对象发去了宣传及问候的短信,真诚听取群众对国土资源工作的建议、意见。三是简化办证程序、减轻农民负担。从2013年4月,农户办证不需再花50元到中介制作宗地图,经辅导全由土管员代干,省钱、省力又省时,让老百姓得到了真真正正的实惠。8月,积极建议区政府组织国土、公安、法制办等相关部门出台新的分家立户备忘录,协调解决分家立户难题。全年,窗口共受理审批国土资源事项1285件,1196732平方米,其中:地籍办证857宗,47270平方米;农房审批339户,32298平方米;设施农用地8宗,11442平方米;供地70宗,940798平方米;预审项目7宗,122800平方米;办理收回用地4宗,42123平方米。在审批过程中无差错,无投诉。四是加强党风廉政建设。认真做好市局对分局的党风廉政建设的巡查和整改工作。组织对各中心所全体人员重新开展廉政风险点排查。分局以教育着手,从预防着眼,积极在分局机关创建文化走廊。先后在分局大厅、走廊、会议室、活动室和基层所布置廉政书画56幅,积极营造"环境倡廉"的氛围。五是认真开展"双百双千"活动。联系调查18家企业,对4件涉及本部门问题做了答复,1件涉及相关部门的问题做了协调移交。2013年,分局被区政协评为提案答复办理先进单位。六是加强信息化建设。分局数字化档案室通过市级验收。

【推进阳光征地工程】一是出台阳光征地政策。为切实规范征地拆迁行为,《金东区征地拆迁阳光工程建设的实施意见》于6月中旬经区政府常务会议审议通过,并印发宣传手册5000多册。二是积极配合做好失地农民保障认定工作。2013年,区国土分局会同人社、财政等部门认定2010—2012年度农转用(征收)失地农民2235人,认定历年国家和省等重点工程项目征用失地农民5775人。三是积极参与重点工程的征地工作。分局除积极派员参与杭长客专、金温铁路和杭金衢高速拓宽等工程指挥部的征迁工作,2013年,还积极配合做好重点工程建设的交地工作,对阻挠国家建设征收土地的行为立案8起,下达行政处理决定书6份,申请法院强制执行2件。

【矿政管理及地质灾害防治】2013年,4家企业无风险采矿权设置方案得到省厅批准。完成2012年矿山企业年检21家。收缴采矿权出让金17.24万元,收缴矿山治理备用金9.8万元,收缴矿产资源补偿费55.14万元。实施中鞋塘东张店废弃矿山治理工程。进一步做好地质灾害防治工作。及时编制《金东区2013年地质灾害防治方案》。从4月15日至10月15日,建立全员24小时汛期值班制度,在汛期加强对区内地质灾害隐患点进行巡查,确保地质灾害在第一时间得到有效处置。

【地籍"数字化"管理】2013年3月,金东区地籍管理有了新突破,初步实现数字化,建立城镇土地调查数据库和覆盖全区的D、E级GPS控制网,可全天候实施GPS测量工作。只要在数据库里输入户主姓名,马上就能找到该住户的住房信息。地籍管理数字化,既减少了纸质地籍档案管理的工作量,还为全面掌握和统计全区城镇土地利用情况奠定了基础。为了实现地籍管理数字化,填补金东区城镇土地利用基础数据的空白,区国土分局于2011年3月全面启动城镇土地调查及信息系统建设项目,先后投入资金620余万元,动用调查人员300余人、设备300余台(套)。调查人员走街串户,对全区所有乡镇(街道)35000余宗土地现状、权属、结构等逐一进行调查、勘测、审核,并收集使用者身份证、土地使用证、法人代表身份证明等影印资料,完善地籍属性数据库。

【廉政文化走廊】2013年,金东国土分局结合"保护保障、服务赶超"解放思想大讨论活动,把开展廉政文化进机关活动作为进一步加强廉政建设的有效载体,作为先进文化建设的一项重要内容来抓。分局以教育着手,从预防着眼,积极在分局机关创建文化走廊。先后在分局大厅、走廊、会议室、活动室和基层所布置廉政书画56幅,积极营造"环境倡廉"的氛围。

(陈璐 周明露)

城乡规划

【概述】2013年,金东规划分局以服务金东区经济社会发展为目标,加快推进各项规划编制,加强规划管理,细化完善各项制度,着力提高规划服务水平,求真务实,真抓实干,较好地完成了全年工作目标任务。

【村庄布局规划编制】根据2012年底区政府常务会议提出的《金东区村庄布局规划》及《金东区中心村布局规划》要与金义都市新区规划和低丘缓坡开发规划相衔接的要求,分局对这两个方案进行调整和优化,于7月通过区政府批复。完成《赤松镇镇东工业园控制性详细规划》,已通过评审。在村庄规划编制方面,完成规划编制会审项目17个(塘雅、岭下、多湖、源东、江东、赤松各1个村,曹宅5个村,东孝3个村,孝顺3个农房改造村);完成规划调整项目17个(澧浦3个村、曹宅2个村、多湖1个村、江东2个村、赤松5个村、东孝1个村、岭下2个村、孝顺1个村);另外,在编中心村规划项目4个,村庄规划项目13个。开展澧浦镇总规划修编工作。为曹宅镇黄鹤山村建设美丽乡村精品样板村提供规划编制服务,设计村民建房方案。完成14个村的古村落调查,搜集整理照片200余张。

【重点建设工程规划】2013年,完成金武公路二期开工建设过程中有关规划问题处理、浙北至福州1000千伏特高压线路选址论证、金衢丽天然气管道有关问题协调、杭长客专沿线通信基站规划选址、金含公路与金丽温高速交叉路段规划问题对接,做好金东区绿道试验段评审参与制定富村五年计划方案，做好市农产品批发市场和市再生资源市场的选址论证、建筑垃圾处理中心，220塘雅输变电线路配套工程政策处理，推进金属表面处理科技中心建设，参与区重大产业项目（浙江博泰、德胜新能源等）规划设计条件协调，参与编制金东区苗木产业带整体景观规划、汽配城三期开工建设的协调、金含公路与金温铁路下穿路段技术问题对接。围绕市、区政府重点工作，分局实行专人负责制，定期汇报工作进展情况，确保项目按时完成。

【行政审批改革】2013年，分局对所有审批事项进行梳理，并对现有审批流程进行再精简、再优化，能省略的一律进行删除，重新制作规划窗口服务手册。为促进金东工业经济的发展，分局与区行政服务中心共同推代办制、审批联办制、绿色通道制、审批模拟制、项目审批跟踪督办卡制等一系列便企服务措施，其中模拟审批制更是为江东低丘缓坡开发而量身打造的。针对供地项目公示时间长的特点，对虽未供地但投资主体基本明确的项目，凭江东区块低丘缓坡指挥部土地意向协议书，就视同已取得合法月地的企业，可进入行政审批许可流程。当投资企业取得用地，补充、完善办事资料达到审批条件后，审批部门出具正式审批文件，将模拟审批转化为正式审批。从而大大缩短项目前期准备时间。2013年，分局已为江东区块26家入驻的企业发放17本模拟用地规划许可证（副本），其中首批入驻的11家企业已全部取得正式用地许可证，分局已为其中的9家发放了建设工程规划许可证。其余未取得正式许可证的，等取得土地使用权后，再更换正本。通过模拟审批，这些企业在取得正式用地规划许可证前，已经完成了设计方案预审查，取得正式许可后可以直接开工建设，提高了工作效率。2013年，分局完成各类许可项目472件，其中用地规划许可证115件，用地面积85.44万平方米；建设工程规划许可证155件，建筑面积82.58万平方米；农房审批127件，建筑面积4.37万平方米；竣工核实38件，建筑面积35.24万平方米；临时建筑37件，建筑面积5.42万平方米。

【“阳光规划”信息公开】为提高城乡规划的公众参与意识，保证规划审批的公平、公正、公开，在规划编制和建设项目审批过程中全面实行批前公示和批后公告制度。通过规划网站、政务公开栏、规划公示牌等窗口广泛宣传规划相关法律法规，工作动态和项目审批、服务进展情况，全面公开规划编制、审批、实施、管理、服务的全过程。梳理本部门行政权力事项7项，制作审批流程，并将每月审批、竣工验收情况在金东区信息公开网、阳光工程网、工程建设领域项目信息公开网等网站上予以公开，保障社会各界的知情权、参与权、监督权。

【档案规范管理】继续抓好“一事一议”说改进的长效推动，要求全体职工对照上年提出的问题做好整改，充分吸取经验教训，防止发生类似事情。分局2013年把档案室的正规化建设作为年度重点工作来抓，拨出专项经费用于档案整理，安排专职人员负责，同时聘请专业人员制作正规档案案卷，添置必要的硬件设备，如专用电脑、打印机、档案柜等。在整理过程中时常邀请市档案局的人员到分局进行业务指导，确保档案工作的规范化。截至年底，已经整理近1400卷，分局档案工作逐渐走上正轨。

【测绘成果更新】完成2013年10个村庄地形测量，更新2.42平方千米地理信息数据。完成企业规划竣工验收测量37个，企业建设工程放样53个，建设用地红线放样22个，浙北—福州1000千伏特高压交流输变电工程金东区段高压铁塔30个塔基放样。完成辖区内9个乡镇(街道)现有地形图整合工作，总图由地形、路网、用地红线合成，可以直观反映实时规划、用地情况，避免重复测绘。地形图整合后，由于对竣工图进行总图修正，可以延长基础测绘成果的使用时间，甚至可以长期使用，大大减少基础测绘经费投入。

【信访工作】根据省信访局下发的《关于进一步规范信访事项办理工作程序及相关文书格式的意见（试行）》文件要求，坚持“谁负责、谁办理，谁办理、谁回复，谁受理、谁督导”的原则，严把办理程序关、文书格式关，牢固树立“群众利益无小事”的观念，对信访件，做到“件件有着落，事事有回音”。分局每季度都进行信访排查，研究信访处理工作。在接待中不推诿、不冷落，本着尽力化解矛盾的原则，尽力为群众排忧解难。全年共接待群众来访13批

29人次,收到群众和上级批转的信访件9件,参与区领导下基层现场办公5次,帮助解决相关规划问题11个,当事人对答复均表示比较满意,有效地化解了矛盾。

【泄密警示教育】4月3日,金东区测绘院组织全体干部职工学习与测绘成果相关的法律法规并观看窃密泄密案例警示教育片。在学习会上,分局分管领导陈深波就涉密成果保密的重要性、单位存在的主要问题及举措、相关的法律规定做了进一步强调。有关人员就测绘管理工作国家秘密目录的内容做了详尽解释。会上,负责人与职工重新签订测绘成果安全保密责任书。通过组织参观窃密泄密警示教育展,金东区测绘院开展了一次保密宣传教育,广大涉密人员增强了敌情意识和保密工作责任感,以案为鉴,深受教育。警示教育活动结束后,干部职工纷纷表示要进一步加强涉密测绘成果管理,特别是平时工作中接触较多的1:10000数字化地形图及带有高程数据的数字地形图,在使用过程中首先要树立保密意识,建立健全保密管理制度,强化保密措施,规范涉密测绘成果提供使用行为,依法对外提供测绘成果。

【规划队伍建设】上半年走访12家企业,有规上企业、“小上规”培育企业、低效清理企业、“个转企”商户等,共收集问题7个,通过走访活动,加强与企业的沟通联系,征求对规划工作的建议、意见,有利于分局改进工作作风,进一步提高服务企业、服务基层的水平。抓好全体职工的学习,《城乡规划违法违纪处分办法》(以下简称《处分办法》)人手一册,要求全体职工要经常学、反复学,提高廉洁自律意识,严格遵守《处分办法》的各项具体规定,将学习与贯彻《处分办法》变为自觉行为。开展服务对象跟踪回访工作。以改进服务质量、提升服务能力为目标,对服务对象进行服务质量、服务态度、服务能力、廉洁办事等方面回访,收回服务事项回访登记表90余份,对发现的问题及时进行整改。2013年,在区行政服务中心规划窗口开展“党员先锋示范岗”和争创“群众满意窗口”等活动,深化创先争优活动成果。

(徐文杰)

环境保护

【概述】2013年,金东区环境保护工作推进生态文明建设,积极探索在发展中保护、在保护中发展的环保新道路,围绕年初确定的生态环保工作目标,突出生态区建设、行业整治提升和污染减排,加快环境管理战略转型。全年城市空气优良天数达到310天,空气质量优良率达到84.8%。主要河流水质有效改善,达到或优于Ⅲ类水质标准的占10%,满足功能区要求的占10%;全区35个地表水交接断面,达到或者优于Ⅲ类水质标准的断面占11.4%;2个出境断面,达到或者优于Ⅲ类水质标准的断面占50%。全年实施减排项目40个,其中城镇污水处理厂项目1个,农村连片整治项目2个,工业结构调整减排项目8个,农业减排项目7个。在2012年的基础上,削减化学需氧量排放226吨,削减率为3.2%;削减氨氮排放20吨,削减率为2.8%;削减二氧化硫排放26吨,削减率为1.4%;削减氮氧化物排放8吨,削减率为0.8%,基本完成2013年度减排目标。

金东污水处理厂设施　(欧阳冰 黄飞亚/摄)

【编制污染减排计划】2013年,编制出台《金东区2013年污染减排工作计划》(金区政办发〔2013〕48号),全区排出18项减排项目,明确项目要求、责任部门、联系领导和完成时限。开展减排项目跟踪督察,对工业治理项目开展每月不少于1次的跟踪督察和监督性监测。9月,及时调整和增补22个的减排项目、主要是关停取缔5家“小印漂染”企业、9家非法制砂加工点、1家造纸企业，以及拆除傅村、鞋塘的7家畜禽养殖场。形成的工程减排量为化学需氧量452吨、氨氮46.26吨、二氧化硫91吨、氮氧化物45吨，如期完成年度减排目标任务。

【生态镇村创建】2013年，全区创建国家级生态镇2个、省级生态乡镇8个、省级生态街道2个、市级生态村394个。多湖街道、东孝街道于2013年5月正式命名为市级生态街道。

【污水处理管理监督】2013年，分局对污水厂从处理工艺、中控建设、在线监测、污泥处置、出水达标、实验室管理、竣工验收等方面逐一核实检查，提出11项整改要求，责令污水厂对存在的问题限期整改。从5月开始，每月实施2次监督性监测，监督性监测工作全面开展。督促金东污水处理厂配套管网工程建设。

【环保专项资金申报】指导金华凌龙科技发展有限公司、金华市金龙化工有限公司等化工企业编制环保专项资金申报资料。指导有关企业做好“811”生态文明建设推进行动专项资金申报材料上报工作，并将项目列入省级专项资金项目库。开展省市环保专项资金申报工作。完成省级环境保护专项资金项目3个，市级生态建设专项资金项目1个、环保专项资金项目3个。编制2014年财政预算，落实2014年财政专项资金项目。

【环境安全专项检查】2013年初，分局先后开展春节、两会期间环境安全大检查、春季专项检查、排污许可证年度核查，饮用水水源保护、“三同时”验收执法大检查，重点检查造纸、化工、印染、电镀等企业，以及集中式污水处理厂的环保设施运行情况和排污情况，对发现的违法排污行为予以严厉打击，共出动执法人员926人次，检查企业612家，其中对31家企业进行立案查处，处罚额为130余万元，关停、取缔无证无照以及“低、小、散”污染企业276家，对金华市东方线业有限公司等4家企业下发限期整改通知书。

2013年1—11月共受理日常环境污染投诉579件（水污染312件、气污染143件、声污染92件、其他32件），其中上级转办信访96件，调查处理率100%，满意率98%以上，确保全区社会稳定。开展环境矛盾纠纷排查650次，解决各类矛盾纠纷579件，妥善处理群众反映较集中的热点、难点环保问题。开展了“清水一号”专项行动。联合公安、工商、安监、电力等部门，共出动执法人员180人次，检查企业52家，责令停产2家，限期整改6家，立案处罚6家。

【控制畜禽养殖规模】金东区是畜禽养殖大区，截至2013年，全区生猪、奶牛、肉牛、肉鸡、蛋鸡存量非常大，环境承载力不足。为此，分局与区农林局联合出台关于进一步加强金东区畜禽养殖污染治理的意见，明确全区“十二五”期间要进一步收缩畜禽养殖规模，对14家畜禽养殖场进行现场督察指导；提升规模化畜禽养殖场治理水平。

【水环境综合治理】通过对区域内20条主要支流和68座小（二）型水库水质进行监测，摸清并掌握区域内主要支流入江口水质和小（二）型以上水库水质现状，绘制金东区水质现状图。明确城镇生活污染源、农业和农村面源（畜禽养殖、水产养殖）、工业污染源为影响金东水环境质量三大主要污染源。完善组织架构，科学制定方案。全程参与《金东区水环境综合治理三年行动实施方案》制定工作，牵头制定《工业污染源治理专项行动实施方案》，积极代拟《关于明确金东区主要支流河长、河段长及考核断面设置的通知》《镇乡（街道）河流交接断面水质保护管理考核办法》，11月完成孝顺溪和航慈溪污染源整治方案的制定，初步提出治水工作组织架构，明确20条主要支流的区、镇、村三级河长名单。强化断面水质监测，定期通报监测结果。建立交接断面水质月度常态化监测制度，实现断面水质监测全覆盖，每月定期对20条主要支流的35个交接断面进行监测。建立乡镇交接断面水质月报制度，及时通报水质变化情况。

【大气污染防治】2013年6月，分局做好大气环保知识宣传卡片的发放。12月，金华市人民政府应急管理办公室下发关于征求《金华市城市大气重污染应急预案》的函，倡导公众及排放大气污染物的单位自觉采取措施，减少污染排放，包括鼓励市民绿色出行，尽量乘坐公共交通工具出行，减少汽车上路行驶；排污单位采取措施，控制污染工序生产，减少污染物排放；提倡机动车停车时及时熄火，减少车辆原地怠速运行；尽量减少能源消耗，夏季空调温度较平日调高2—4摄氏度，冬季较平日调低2—4摄氏度；加大对烟花爆竹燃放和露天焚烧农作物秸秆、树叶、垃圾等废弃物的查处力度；禁止露天烧烤等。2013年，金东区大气环境治理取得一定成效。空气质量一级天数20天，二级天数141天，三级天数124天，有效天数327天，无效天数38天，全年达到二级和好于二级的天数占全年天数的49.2%（全年空气优良率）。2013年，PM2.5浓度为71毫克/立方米，同比下降15.5%。

【饮用水源保护区创建】根据省、市行业整治文件要求，制定区级整治方案，开展动员部署，着力推进整治项目的污染处理设施提升改造工作。根据省市饮用水保护工作的部署，启动金东区集中饮用水源保护区创建工作。指导有关乡镇申报创建、验收，并开展保护区内违法排污单位清查和执法工作。

【危险废物“双达标”创建】完成辖区内20家工业危废产生企业危险废物统计和2013年危险废物管理计划表备案工作。制定《金华市金东区生产化学品环境情况调查实施方案》和《金华市金东区污染场地环境排查工作方案》。为摸清全区生产化学品环境情况，组织生产化学品企业开展信息动态数据库建设培训，指导企业填报数据。开展辖区内危险废物“双达标”创建工作。为全面提升危险废物规范化管理水平，消除危废环境隐患，根据省、市要求，2013年，对5家产生危险废物的企业开展“双达标”创建工作。制定金东区电离辐射环境监管计划并开展监督性检查。根据省、市文件精神制定金东区电离辐射环境监管及监督性监测计划，转发了辐射专管员管理办法，完善辐射安全监管体系。加强辐射安全监管工作。加强辐射安全管理，确保辐射工作人员持证上岗，分局积极组织相关辐射工作人员参加由浙江省辐射防护协会联合金华市环境保护局举办的辐射安全培训。4月，根据《金华市电离辐射环境监管及监督性监测计划》（金环辐〔2013〕19号）文件指示，分局对辖区内涉源单位以及放心熔炼企业进行现场检查，对存在问题的企业提出规范整改意见，规范辖区内辐射安全工作，提升全区辐射安全监管水平。

【环境保护宣传】根据金东环〔2013〕19号文件要求，做好2013年“六五”世界环境日和“浙江生态日”宣传活动。5月30日，组织召开重点环境监管企业环境管理暨“6·5”环境宣传动员会议，会议要求企业在“6·5”活动期间做好环境安全管理和宣传工作，利用宣传栏、黑板报、横幅等宣传工具开展宣传环境保护，营造良好的生态环保宣传氛围；在活动期间，通过与区教育局联合举办“环保知识竞赛”“环保小战士”等多种宣传形式，大力宣传环境保护，加强全区公民的生态意识；依靠新闻媒体，开展生态环保舆论宣传，增加环境宣教的渗透性，在《今日金东》刊登金东生态环保新闻数十篇。

【平安创建和法制建设】6月，金东环境监察大队按照金东区政府统一部署，对金东区有关危险化学品、烟花爆竹、电镀等行业进行重点排查整治。经过大排查大整治，解决环保方面的安全隐患，取得较好效果。召集重点企业召开环境安全业务培训宣传会议，邀请市环保局法宣处处长结合典型案例对《最高人民法院、最高人民检察院关于办理环境污染刑事案件适用法律若干问题的解释》进行详细的解读，让参会人员深刻认识到切实遵守环保法律法规、积极履行社会责任的重要性，另外，会场还向企业发放了两高司法解释的有关资料。

【机构建设】2013年，金华市环保局批准新设金东环境监察大队，负责金东区（含金义都市区两镇一办）环境监管执法工作。新增在编人员2名。撤销原内设环境监察科。金东区减排工作办公室新召录事业在编人员3名。经区政府批准，新招录环保协管员12名，充实了环境保护工作力量。

（方喆）

教 育

【概述】2013年，全区拥有各级各类全日制学校51所，其中公办42所，民办9所，在校学生5.12万人。其中小学23所，在校学生22052人，小学适龄儿童入学率达到100%。初中18所，在校学生9799人，初中适龄少年入学率达到100%。初中毕业生升入高中段学校比例为98.36%，升入优质高中占高中段招生比例达到89.54%。高中8所（含3所民办高中），在校学生12434人。高等院校2所，在校学生6873人。全区学前儿童入园率超过99.4%。

2013年，全区教育经费投入4.30亿元，其中，国家财政性教育经费3.60亿元，财政预算内教育经费3.06亿元，预算内教育事业费3.06亿元，分别比上年增长5.54%、3.16%、2.92%、3.15%。预算内教育经费（包括城市教育费附加）占财政总支出的比例为18.37%，比上年减少10.01个百分点。

2013年，金东区全面推进学前教育三年行动计划，以创建乡镇中心幼儿园为重点，以幼儿园升等提质为主线，以规范办园和队伍建设为着力点，进一步提升保教水平，有力弥补了学前教育的短腿，促进了基础教育的均衡发展。

2013年，全区广大教育工作者认真践行“优先发展、育人为本、改革创新、促进公平、提高质量”的战略目标，以“围绕标准化，注重内涵化，办出特色化，争创现代化”为中心，励精图治，团结拼搏，谋思路，求发展，抓落实，求突破，推动金东教育的进一步发展。

2013年，区教育局围绕义务教育均衡发展区创建，立足金东实际，抓特色，抓提升，创品牌，素质教育进一步推进，各类教育协调发展，教育质量进一步提高，办学条件进一步改善，队伍建设进一步加强，和谐稳定的校园环境进一步巩固。

2013年，金东区一批优秀教师受到省、市表彰。源东乡中心学校曹秀琴荣获省“师德标兵”称号，孝顺中心小学熊德华荣获省农村教师突出贡献奖，区实验小学柳翠华荣获省“中小学教坛新秀”称号。源东中心学校曹秀琴获金华市“师德楷模”称号；实验小学周娟英、澧浦小学王善彬、仙桥初中朱楼燕被评为金华市优秀教师；江东小学朱朝辉被评为金华市优秀教育工作者。

2013年，金东区学生被金华一中录取人数继续超过百人，并培养出市区中考状元。2012年，区教育局参加县（市、区）党政领导教育目标责任制考核，第三次名列全市前茅。

学前教育

【概述】全区有幼儿园78所，教学点23个，班级465个，在园幼儿12540名（其中男幼6734人，女幼5806人），园长、副园长88人，专任教师649人，专任教师学历合格率达100%，有专业技术职称教师249人。

【镇乡中心幼儿园建设】澧浦镇中心小学附属幼儿园完成建设，并于2013年春季投入使用；傅村镇中心幼儿园完成主体工程；实验幼儿园建设启动。乡镇中心幼儿园建园率达100%。区机构编制委员会同意8所利用闲置校舍新建或改建的乡镇中心幼儿园和金东区实验幼儿园为公益二类全额拨款事业单位,金东区实验幼儿园核定事业编制5名,8所乡镇中心幼儿园各核定事业单位编制1名。

【幼儿园升等提质】7所幼儿园通过省二级评估,7所幼儿园通过省三级评估;乡镇中心幼儿园均达到省三级及以上标准;两个街道都有2所以上省二级幼儿园。全区等级幼儿园达到61所,等级比例达78.2%,招生覆盖面达86.7%。

【幼儿教师队伍建设】区教育局高度重视幼儿教师素质提升工作,加大教师“两率”(大专及以上学历比率、教师资格证书持有率)考核力度,对2012年新取得教师资格证书和大专学历证书的63位幼儿教师给予每人1000元的奖励;组织188名未取得大专学历幼儿教师参加学历进修,幼儿教师大专及以上学历比率达65.2%(含在读达80%);组织117名未取得教师资格在岗幼儿教师参加任职资格培训,幼儿教师持证率达72.8%;组织部分园长和骨干教师参加省级培训;组织幼儿教师进行继续教育全员培训。

【科学保教】5月20日,承办金华市学前教育宣传月启动仪式。在宣传月期间,编印《3—6岁儿童学习与发展指南》(简称《指南》),发放到全区幼儿教师、保育员和部分家长手中,通过分片集中培训、园本培训和教师个体学习相结合的方式,使教师学习《指南》,了解《指南》。12月13日,组织100多名幼儿教师参加《指南》考试,检查教师对《指南》的学习情况。

【规范办园】2013年,全区对民办幼儿教师进行职称评定,对保安进行上岗培训;与民政局一起对幼儿园进行年检;邀请妇保院对全区幼儿教师进行体检,对保育员、保健员进行上岗培训;与各乡镇一起对无证幼儿园进行摸底排查,制定无证幼儿园整治方案;与市教育局、市药监局、市公安局、市消防大队一起对幼儿园进行安全综合检查;配合物价局做好收费调查,严格落实《浙江省幼儿园收费管理暂行办法》,对2013年春季全区幼儿园收费情况进行公示。通过多方合力,使幼儿园管理走向规范化道路。

义务教育

【概述】 2013年,全区小学23所(含民办学校小学部1个),小学毕业3139人,招生4038人,共522个班,在校学生22052人(其中女生10203人)。教职工1001人,其中专任教师975人,专任教师学历合格率100%,高标率91%。初中18所(含民办学校初中部1个),毕业生2685人,招生3278人,共213班,在校学生9799人(其中女生4134人)。教职工790人,其中专任教师670人,专任教师学历合格率100%,高标率89%。小学入学率、小学升初中比例、初中入学率、初中巩固率和义务教育学龄人口入学率均为100%。

【规范办学】严格执行课程标准和教学计划,落实省教育厅“六个严格”(严格开设课程、严格控制学生作业量、严格控制补课、严格规范考试管理、严格确保学生的休息和锻炼时间、严格规范招生秩序)和“六项制度”(建立初中毕业生学业考试试卷质量评估制度、中小学生体质健康情况通报制度、加重学生课业负担责任追究制、课业负担征求意见制度、教学活动安排公示制度、家校联动制度),不定期组织开展“作业量检查”、上学放学时间、违规补课等检查力度,切实减轻中小学生过重课业负担,促进学生身心健康成长。9月底,重申规范办学行为,杜绝有偿家教。关注新课标新教材疑难问题,切实提高教师教材解决能力、教学设计能力、教学实践能力等,组织开展小学课堂教学模式改革研讨会、初中教学研讨会等,总结推广“轻负高质”课

曙光小学的开学第一课:减负! (陈业/摄)

堂教学经验。

【教学质量】牢固树立“不管东西南北风、紧抓质量不放松”的质量意识，开展各学科的质量提升研讨活动，深化教育共同体的培育、课堂教学模式改革、小班化教学改革，实行阳光招生制度，实施局机关工作人员“两进”(进教室、进学生公寓)联系学校制度和责任督学的挂牌督导制度，教育质量稳步提升，2013年中考金华一中录取人数继续超百，并培养出了市区中考状元。2012年县(市、区)党政领导教育目标责任制考核第三次名列全市前茅。

【体艺特色】积极开展大课间活动、课外文体活动、阳光体育冬季长跑，确保学生每天锻炼1小时。组织开展“三大球联赛”(篮球、足球、乒乓球)，实行学生体质健康测试公示制度。大力开展“阳光体育”和“体艺2+1”活动，组织开展中小学生篮球和乒乓球联赛。

【书香校园】加强软硬件建设，促进中小学图书量的增容和质的提升。加强图书馆(室)标准化、规范化、科学化建设，实行计算机管理，基本完成图书分类、编目、上架、期刊管理等工作。电子阅览室和电子图书也有很大发展。强化图书管理员培训工作，管理水平不断提高。图书流通形式多样化，设有流动书箱、图书角等，效益逐渐显现。承办金华市“书香校园”推进会，以活动引领发展。把“书香校园工程”列入十大行动计划，以“转变观念、深化推进、整合力量、示范引路、注重拓展”为工作目标，努力推进书香校园建设。开展“一校一书读国学”主题教育活动，组织学生开展暑期读书活动，参加全省读书征文活动。各校利用校园媒体建立班级图书角，开展丰富多彩的校园主题活动。

【平安校园】开展“防溺水150天专项教育”、“学生安全千万家”教师家访活动等，组织全区性校园安全专项检查4次。在食堂、运动场、学生公寓等重点场所，新安装监控系统45套。全区所有中小学、幼儿园保安及CK报警器、视频监控实现全覆盖。20所学校完成食堂升等改造工作，中小学食堂A、B级达标率为50%，品牌超市进校园率为100%。年底前，所有法人学校都建立了卫生(保健)室。

【培育全省首所“雷锋小学”】积极开展校园学雷锋活动，学雷锋做好事逐渐由“3·5”雷锋日扩展到“365”天天雷锋日。3月13日，中华雷锋文化促进会与市关心下一代工作委员会联合授予区曙光小学为“金华雷锋小学”，为浙江省首所“雷锋小学”，也是全国第29所“雷锋小学”。

【少先队员精神教育】依托乡土文化资源，加强青少年学生精神教育，促使青少年将个人梦想与“中国梦”有机融合：选择课题，设计方案，团队探究、整体评价，成立红领巾乡土资源研究院，下设名人、红歌、诗画和乡土4个分院，少先队辅导员指导各研究院通过“四个阶段”(选择课题 、设计方案、团队探究、整体评价)，引导队员学名人、明精神、立志向；通过唱响施光南歌曲、吟诵艾青诗歌、寻访家乡能人等精神渗透，研究名人成长历程，引导队员实现“提出目标—自我监督—自我评价”自育管理，激励队员传承家乡名人精神；引导队员参与开放式体验与探究过程，将队员原创习作汇编成歌词集《栀子花开》、诗歌集《野百合的春天》等；通过老红军带领队员参观革命遗址，聆听战斗故事，激发队员对革命前辈的敬仰之情；通过评选“十佳小光南”“十佳小艾青”等活动，激发队员仰望星空、志存高远、奋发有为的美丽梦想。

【傅村镇中心小学报迁新校址】从1833年的尊道书院、1913年的育德学堂发展至今，傅村镇中心小学走过了180年的历程，培育了无数的英才。随着金义大都市的建设，傅村镇中心小学的新校园建设也坐上了现代化的列车。2013年2月，傅村镇中心小学撤并了下属的杨家、畈田蒋、寿昌3所完小并搬迁至投资3000多万、占地40亩的新校址。

2013年，学校有45个教学班，学生2036人，教职工77人，专任教师74人，其中高学历教师占91%，有市级名师1人，区级及以上“教新秀”“教学能手”“教学中坚”等荣誉获得者9人。

【东孝小学五(1)快乐中队获评“全国优秀少先队集体”】2013年，金东区东孝小学五(1)快乐中队被授予“全国优秀少先队集体”称号。 东孝小学五(1)快乐中队的1名学生身患肌营养不良症，五(1)快乐中队的全体师生轮流照顾整整五年用自己的爱心温暖患病同学。五(1)快乐中队荣获由共青团中央、教育部、全国少工委共同授予的“全国优秀少先队集体”称号，是金华市2010年至2013年唯一获此殊荣的少先队集体。

学校简介

金东区实验中学 创办于1965年，原名东孝乡东关初中，1997年改名为东孝乡初中，2005年更名为金东区实验中学。学校位于金东新城区东孝街道康济北街358号，占地面积81亩，总建筑面积2.7万平方米。

2013年，学校有30个班级，学生1422人，在岗教师93人，其中中学高级教师19人，有省春蚕奖、省师德楷模、市名师名校长获得者5人，区级及以上名师名校长、教坛新秀等荣誉获得者59人。

学校秉承“从最后一名抓起，不让一位学生掉队”的育人宗旨，倡导“我来、我去、我上、我写”的创先争优理念，实施青蓝工程、星级工程、名师工程、师表工程、研训工程“五大工程”，以“学生为本，师德为魂，提升内涵，争创一流”为载体，坚持育人为本，素质建校，人文管理、依法治校，深化改革、科研兴校，优化环境、特色立校的理念、形成了红色板块(“星级教师”制度)、绿色板块(德育导师制)、橙色板块(“值周班”学生自主管理)、蓝色板块(校园文化艺术节)、紫色板块(“望江”文学社活动)五大特色。

学校先后被授予“浙江省文明单位”“浙江省标准化学校”“浙江省现代化教育技术实验学校”“浙江省义务教育实验学校”“浙江省卫生先进单位”“浙江省食品卫生A级单位”“金华市群体师德创优先进单位”，市“拥军爱民模范单位”“市绿色学校”“市家庭教育优秀团体”“市综合实践活动基地”“市校本培训示范学校”等50余项省市级荣誉称号。

金东区实验小学 建于1983年，前身是金东区东关小学，2004年新校区建成并投入使用，2011年更名为金东区实验小学的同时增名为“浙江大学课程教学研究所实验小学”。学校占地46亩，建筑面积1.8万平方米，绿化面积1.2万平方米，以省级标准化建设一类小学标准建造，校园布局科学合理，设施完善。

2013年，学校有43个教学班，在校学生1862人，教师102人。35周岁以下的青年教师占教师总人数的75%。有十二届全国人大代表1人，全国优秀教师1人，全国文明礼仪教育标兵2人、浙江省特级教师1人、省“春蚕奖”获得者2人，拥有区级及以上“教坛新秀”“教学能手”“优秀教师”等称号的有30多人，省、市、区级名师名校长培养对象11人，获区优质课一等奖以上的骨干教师占全体教师的70%。

2010年9月，第十一届、第十二届全国人大代表、全国优秀教师、浙江省特级教师方青担任实验小学校长，提出“以爱育爱，以德培德”的办学理念，旨在培养“懂得爱且值得别人爱的孩子”，真正尊重孩子的天性和个性，促成孩子人格品质、人文素养、学习能力、个性特长等方面的综合发展。学校在着力打造以家为主题的校园文化的基础上，从环境课程、校本课程、活动课程等方面着手，营造爱的物质环境和文化环境，使环境与课程建设有机结合。

“爱的教育”理念在学校、家庭、社会产生深远影响，成为全国落实“爱的教育理念”学校中的翘楚。原浙江省委书记赵洪祝作长篇批示，高度肯定学校德育工作取得的显著成效，认为值得其他学校学习借鉴。不断有省内外的团队来校参观学习，方青校长组织宣讲团外出讲学达30多次，方青个人每年的演讲也达50余场次，演讲足迹近至区内兄弟学校、区直属机关，远至新疆、北京、广西各地，在这过程中推广“爱的教育”的育人理念。

近年来，学校先后被评为全国德育特色学校、全国教育科学重点研究课题先进单位、全国小学生日常英语教学实验学校、浙江省绿色学校、浙江省卫生先进单位、浙江省五一巾帼标兵岗、浙江省标准化建设Ⅰ类学校、浙江省校本教研示范学校、浙江省体育特色学校、浙江省群众体育先进单位、浙江省红旗大队、浙江省全民健身先进单位等。

(李静)

成人教育

【概述】全区有社区学院1所、乡镇(街道)成技校11所、乡镇(街道)社区教育指导中心11个。其中省标准化成技校7所,市级社区教育实验区4个。

【成人继续教育推进工程】2013年,多湖街道成技校、东孝街道成技校、孝顺镇成技校、曹宅镇成技校、塘雅镇成技校被评为省标准化成技校,全区省标准化成技校创建率达63.6%;多湖街道、东孝街道被评为金华市社区教育实验区,全区市级社区教育实验区创建率达36.4%;各乡镇(街道)成技校积极开展成人“双证制”培训、预备劳动力培训工作,其中“双证制”培训412人,预备劳动力培训180人。

【扫盲教育工作】组织各中小学校长、成技校校长参加省扫盲教育工作视频会议,对扫盲任务按乡镇(街道)进行分解,并发放扫盲教材。各乡镇(街道)成立扫盲工作领导小组,由各成技校承担培训任务。各乡镇(街道)成技校积极开展扫盲教育工作,12月进行脱盲考试,对通过考试的脱盲人员发放脱盲证书,并到派出所更改脱盲人员信息,全年共完成脱盲4000人。

教师队伍建设

【概述】为提升全区教育整体水平,加速骨干教师的专业成长,为创建教育现代化区提供人才支撑,努力建设师德高尚、业务精湛的教师队伍,重点抓好校级后备干部、学科骨干教师、名师名校长“三支队伍”建设。新提拔任用的校领导原则上应是后备干部。2013年确定校长重点培养对象9名、区学科骨干教师60名。选派校长重点培养对象严依富到金外、朱小龙到杭州天长小学挂职锻炼3个月。招聘录用教师38名、少体校教练员1名、区文化馆文艺专业人员1名,选调教师15名。熊德华被确定为区第三批拔尖人才,完成对现有批次拔尖人才及区首批名师名校长的考核工作。完成2013年中、高级专业技术职务评聘工作,其中聘任60人,评审通过23人。

【教师、校长流动】根据本人自愿、学校推荐、区教育局统一安排、人事关系保留原单位等办法落实初中教师到小学援教制度。同时制定出台《金东区教师校长流动管理办法》,开通农村学校向城区学校流动、城区各学校间或农村学校间教师流动、初中与小学间教师流动、校级领导和后备干部流动“双向四车道”。2013秋季,共有31名教师“初到小”援教,60名校级领导和后备干部大“挪移”。

【全国范围优选40名新教师】4月28日,金东区教育局在其官网和《金华日报》等发布招聘简章,在全国范围内择优选用40名新教师。这次面向全国公开招聘,打破了之前的招聘格局,拓宽选人用人渠道,发现和选拔现代化教育急需的人才。在本次提供的40个学科岗位中,音体美和计算机类岗位合计12个,占据较大比重。考生需照章准备好相关的报名材料,通过资格审查后,即可进入考试阶段。

【小学教师实验技能比赛】9月4日,金东区小学教师实验技能比赛在曙光小学举行。来自全区各小学的16名教师参加比赛。比赛设理论基础知识、实验操作、创新实验三项内容。比赛对提高全区小学科学教师的基本素质,提升实验操作水平具有推动作用。

教学研究

【概述】定期举办教科研骨干培训班,内容丰富,形式多样,质量较高,效果良好。科研强师、科研兴教、科研立校的意识不断增强,教科研的先进典型和学校不断扩容增量。全区中小学教师参加市级各项业务竞赛获一等奖13人次,论文评选获市一等奖14篇。全区课题立项90个,其中国家级课题1个,省级课题10个,市级课题51个,区级课题28个;全区教科研成果获奖24项,其中国家级成果1项,省级成果1项,市级成果22项。

【集中调研解难题】10月14日,区教育局结合2013年重点工作,组织2/3以上局机关干部分小组深入学校一线,开展“四加强”集中调研解难题实践活动。一是加强联系学校制度落实。分组深入学校调研,深入课堂听课,深入教师谈心,深入开展群众路线教育实践活动。二是加强重点工作推进。深入学校,进一步落实好标准化学校、年度基建项目、教育共同体培育等年度重点工作。三是加强安全管理。进一步加强校园“三防”(人防、物防、技防)建设、学校食堂升级改造、学生交通安全保障等安全工作。四是加强师德师风教育。开展师德建设“十个一”行动,规范教师的从教行为,提高人民群众对教育的满意度。

【傅村小学获评省级教科研先进集体】11月21日,省教育科学规划领导小组和省教育科学研究院公布了浙江省(2011—2012年度)重视教科研先进单位、集体和个人名单,傅村镇中心小学被评为省教科研先进集体,成为金东区唯一获此殊荣的学校。近年来,傅村镇中心小学围绕“崇学以自强,向善而厚德”的办学理念,以“地方名人课题研究”为龙头,开展系列活动,构建以“地方名人教育”为载体的“崇学向善”德育模式和课程体系,学校各方面工作取得明显成效。

名师名校长培育

【概述】进一步完善名师名校长考核奖励机制,召开名师名校长座谈会,对2012年度名师名校长考核情况进行反馈,并兑现相关的津补贴。举办以“创新视野下的教育教学管理”为主题的金东区第二届名师名校长论坛。组织名师名校长赴东北师大进行专题研修。开展名师送教活动,涵盖中小学校各学科的17位名师为薄弱学校送去先进的教学理念,展示高超的教学艺术。邀请全国知名中学安吉县实验中学校长谢昱圣、浙江师范大学周晓燕博士为市区名师名校长分别做了“把学习还给孩子”“创新视野下的课堂教学改革”专题讲座。

【名师名校长座谈会】为加强对名师名校长队伍的管理,充分发挥名师名校长的专业示范、带动、引领、辐射作用,提升教师队伍整体素质,12月10日,金东区名师名校长工作座谈会在区教育中心会议室举行。会议通报名师名校长年度考核结果,对合格者给予表彰,并按规定发放报刊费、学习培训费等。与会者就如何建立协会、营造团队氛围,如何校内外统筹带徒、加快新教师成长,如何加强博客等网络影响力等问题展开讨论,大家畅所欲言,纷纷提出自己的意见和建议。

【法制教育】8月29日,在金东区2013年暑期校长会上,区检察院副检察长应波作法制教育报告,主题为“保持清醒头脑,警钟长鸣,树立廉洁的教育干部形象”。报告就常见职务犯罪的法律规定、查办案件的基本情况特点剖析、职务犯罪产生原因、职务犯罪预防措施等内容做了形象生动、深入浅出的阐述。会议对校长们提出要求:要常怀敬畏之心,思想上要更重视,做一名“知法、懂法、讲法、守法”的教育人;要常怀自律之心,言行上要更自律,要慎言、慎行,多谋事、少谋人,加强责任效能意识;要常怀预防之心,措施上要加强风险评估,做到预防在先、警钟长鸣。

【校长队伍建设】8月28日,金东区2013年暑期校长会召开。会议对校长们提出要求:要强化学校管理,全面提升办学水平,要突出师资队伍管理,突出学生教育管理,突出校园安全管理;要强化教育质量,办好人民满意教育,要突出校园文化繁荣,突出高效课堂打造,突出每一位学生全面发展;要强化作风建设,营造高效务实干事氛围,要突出班子合力凝聚,突出职业道德教育,突出反腐倡廉。

(李　坚)

文　化

【概述】2013年末,全区有文化艺术团体6个,会员1248个,其中团体会员16个,个人会员1232个。成功举办全区第四届农民文化艺术节和乡镇婺剧联谊赛等大型文化活动;全年送戏下乡200余场,送电影3910场,培训农村文艺骨干10000多人次。新建孝顺镇南仓村等农村文化礼堂16个,孝顺镇下范村等;创省五星级农家书屋3家、省四星级农家书屋3家;新创建塘雅镇前蒋村等省、市级文化示范村5个。有491个农家书屋,总藏书948674册;开展农家书屋业务培训班,建成农家书屋电子阅览室16个,建成区陈列馆、博物馆16个,初步创建琐园公共文化综合体。公共文化从业人数537人，其中事业单位从业人员29人。摄影、美术、书法作品创作方面，有袁修广、潘志余、王芳等20余人次获得国家、省、市级最高奖项。“金华说书”“迎大蜡烛”等5个项目被评为第五批市级非物质文化遗产项目。

根据《浙江省财政厅、浙江省文化厅关于下达2012年度基层公共文化服务建设绩效考核奖励资金的通知》(浙财教〔2013〕214号)，金东区在2012年度基层公共文化服务建设工作考核评估中，排名位列全省第二、全市第一，荣获一等奖，省财政奖励资金200万元。区文体局被国家版权局评为2012年度查处侵权盗版案件有功单位。

群众文化

【概述】2013年，区文体局围绕“城市向东·激情金东”主题，精心打造“第四届农民文化艺术节”文化品牌；精心组织东西两个片区的乡镇婺剧联谊赛；积极组织“金东好声音”歌手比赛，为金东区的“好声音”搭建唱响好生活的平台；深入开展文化下乡活动，为农村精神文明建设发挥积极作用，活跃群众的业余文化生活；积极参加各类比赛活动。摄影、美术、书法作品创作方面，有袁修广、潘志余、王芳等20余人次获得国家、省、市级最高奖项。市文联组织市书法家协会会员到塘雅镇前溪边村，开展送春联下乡活动。民革金东总支在曹宅镇北麓书院，组织开展纪念孙中山先生巡视芜湖100周年暨纪念“九二共识”20周年书画展，近百幅名人名家作品受到村民的欢迎。

【“狮龙闹新春”演出活动】2月16日，“2013年狮龙闹新春”演出活动在施光南音乐广场上举行，区领导羊代平、胡放、朱茂丹观看演出。演出在《狮龙闹春》中拉开了序幕。整台节目精彩纷呈、形式多样，既有歌舞、排舞，又有小品、方言快板、男女声独唱等。

【琐元村“草根春晚”】2月10日，农历大年初一，澧浦镇琐元村严氏宗祠前的操场上，30名身着粉红色或大红色服装的妇女，手击腰鼓，翩翩起舞，拉开了该村“草根春晚”的序幕。“草根春晚”由两名

农历大年初一，澧浦镇琐园村举办“草根春晚”

村干部担纲主持，除了腰鼓、健美操、扇子舞等节目外，还有男女声对唱、花式篮球表演、杂耍、吉他表演等。“草根春晚”由村民自编、自导、自演，原先排定的18个节目，被村民们的即兴表演“插队”了许多次。精彩的演出，吸引了本村及周边农村近千名村民观看。此次琐元村自办的“春晚”，演员都是同村人，表演的节目都来源于身边发生的一些事，比电视里看到的“春晚”更亲切。

【区第四届农民文化艺术节】3月13日，金东区第四届农民文化艺术节在施光南音乐广场开幕。艺术节由区委、区政府主办，区委宣传部、区教育(文体)局承办，以“城市向东，激情金东”为主题，历时两天，内容丰富多彩，充分展示近几年来金东区农村文化建设的成果。为推动金东区优秀传统文化的继承、创新和发展，农民文化艺术节植入了大量“非遗”元素，如金华道情、小锣书、武术表演等。除大型广场文艺表演外，乡镇文艺PK赛也是本届农民文化艺术节的一大看点。全区12个镇乡(街道)分设12个专场，推出近80个表现形式多样、极富地方特色的文艺节目，送上婺剧表演唱、健身秧歌、排舞表演、舞狮表演等传统与现代融合一体的一道道文化大餐。

【施光南创作手稿荣归故里】5月28日，金东区人民政府与施光南先生的夫人洪如丁女士签订捐赠协议书。洪如丁及其女儿将施光南先生1000多首创作手稿及其生前使用过的斯坦威钢琴捐赠给金东区。施光南先生的骨灰也将适时从北京八宝山革命公墓迁回金东区源东乡东叶村。区领导郑余良、施美红、赵庆、楼科进、陈峰齐、施文进参加签约仪式。

【电影《太阳升起的地方》在央视首映】6月18日上午，由金东区信息软件创业园入园企业——金华市文华影视传播有限公司自筹资金全额投资出品的电影《太阳升起的地方》，在央视六套电影频道首映。这也是金华市在央视播放的首部自主拍摄电影。

【《茶花村选举记》首映仪式在长庚村举行】11月14日，以农村换届选举为题材的本土原创电影《茶花村选举记》全市首映仪式在澧浦镇长庚村远教广场举行。《茶花村选举记》由市委组织部和金华广播电视总台联合制作，演员全部来自本地。

【中小学生"与美同行"演讲比赛】11月1日，金东区中小学生"与美同行"演讲比赛在曙光小学报告厅举行，来自全区24所中小学校的24名学生参加了此次比赛。选手们结合自己身边的典型人物事迹，向人们讲述了一个个平凡而又伟大的"爱"的故事。经过一个下午的比赛，最终评出一等奖4名、二等奖9名、三等奖11名。一等奖获得者代表金东参加金华市演讲比赛。

【中小学生舞蹈专场比赛】12月24日，金东区2013年中小学生舞蹈专场比赛在市人民大会堂举行。来自全区各中小学共24支代表队、1200多名学生参加比赛。比赛充分展示了多姿多彩的校园文化。孝顺初中、曹宅初中获初中组一等奖，实验小学、曙光小学、赤松小学、东孝小学获小学组一等奖。

【金东区婺剧促进会成立】6月28日，金东区婺剧促进会召开成立大会。省婺剧促进会会长李林访，市人大常委会原副主任、市婺剧促进会会长杨守春为金东区婺剧促进会授牌。婺剧文化至今已有400多年历史，在金东拥有广泛的群众基础，一直在金东民间盛行，有一大批优秀的婺剧艺术人才活跃在专业和民营剧团。婺剧促进会的成立，对挖掘、整理、提高金华婺剧，弘扬中华民族传统文化，保护非物质文化遗产，推动全区文化旅游建设，活跃和丰富人民群众文化舞台和文化生活，加强"两富"金东建设，促进婺剧艺术健康发展有着深远的意义。会议选举产生了第一届理事会，区政协主席楼科进被推选为会长。

【《金东道情摊头集》面世】1月30日，由区政协文史委组织编写的《金东道情摊头集》面世。《金东道情摊头集》分为三卷，共收集以金东民间生活、奇闻轶事、神话传说、历史趣闻等为主题的道情54则，较为全面地记述了金东区民间衣食住行特点，婚丧嫁娶、交往礼仪礼节，文化休闲和生产经营情况，等等。

【下宅村举行学童"启蒙礼"】"一拜老师，教我读书；再拜老师，教我做人；三拜老师，师恩难忘……" 8月31日，在开学之际，澧浦镇下宅村的文化礼堂内，5名身穿儒家服饰、即将步入小学一年级的孩童，用他们稚嫩的嗓音行拜师礼，拉开了"启蒙礼"仪式的序幕。活动旨在培养尊师重教的氛围。

【区级器乐演奏大赛】11月15日，20多名来自金东区各小学优秀器乐演奏者聚集在金东区实验小学，参加全区小学生器乐演奏大赛。本次比赛中涌现出很多艺术好苗子，器乐大赛共评出甲组一等奖6名、二等奖7名，乙组一等奖4名、二等奖5名。

【区婺剧联谊赛开赛】11月22日，区婺剧联谊赛东片赛区在岭下镇文化综合楼广场开赛，来自东孝、多湖、澧浦、曹宅、江东和岭下6个镇乡(街道)的代表队参加比赛。岭下镇及周边多个行政村的300多名戏迷"捧场。演员全部是当地农民，他们以一些优秀的传统戏曲节目为模板，用自己的方式演绎农村的文化时尚，自排自练，自娱自乐，凸显全民参与的魅力。

【孝顺儿歌诗歌创作朗诵大赛】11月21日，在孝顺镇中心小学的多媒体教室，举行孝顺儿歌、诗歌创作朗诵大赛。孩子们用歌唱、朗诵的方式抒发了自己对父母的爱，诠释了孝顺的真谛。参赛诗歌都是围绕"孝顺"二字，有展开《感恩父母》、《孝顺》、《母亲的爱》等。不光有对孝顺的歌颂，更有对孝顺镇发展变化的细微描绘。

【金华道情培训班举行开班仪式】7月16日，温州大学金华道情培训班在金东区孝顺镇和风书社举行开班仪式。25名大学生在孝顺镇和风书社参加为期15天的金华道情培训。

农家书屋

【概述】全区有491个农家书屋，总藏书948674册。2013年，对全区农家书屋骨干管理员和各乡镇文化站站长进行培训，提高农家书屋骨干的管理水平和业务能力。对区内重点农家书屋进行严格筛选，选择在澧浦、塘雅、曹宅等乡镇的11个行政村开展农家书屋公共电子阅览室建设工作。开展金东区首届星级农家书屋评选工作。积极指导乡镇村农家书屋参加浙江省星级农家书屋评选，孝顺镇下范村等3家农家书屋被评为省五星级农家书屋，车客村等3家农家书屋被评为省四星级农家书屋。积极探索建立学校、家庭、社会"三位一体"教育体系，在全区选择条件较好的星级农家书屋，与当地学校联合，创建首批农家书屋课堂。

【星级农家书屋评选】根据《关于印发浙江省星级农家书屋评分标准的通知》（浙新出发〔2013〕56号）和《关于开展浙江省星级农家书屋评比活动的通知》（浙新出发〔2013〕59号）相关要求，经过各乡镇（街道）文化站推荐、实地验收和综合评审，确定孝顺镇下范村等47个农家书屋为区星级示范农家书屋、王惠仙等41人为区优秀农家书屋管理员、杜根虎等13人为区农家书屋工程建设优秀指导员。另外，孝顺镇下范村等3家农家书屋被评为省五星级农家书屋，孝顺镇车客村等3家农家书屋被评为省四星级农家书屋。

【农家书屋业务培训班】9月16—17日，由金东区文化体育局主办的农家书屋业务培训班开班，来自金东区文化馆的业务干部和全区12个乡镇文化站站长参加培训。

【27个"书香之村"受到表彰】1月17日，市委宣传部等单位联合对市本级60个星级"书香之村"进行通报表彰。金东区孝顺镇下范村、源东乡东下叶村等27个村受到表彰。近年来，金东区深化农家书屋工程建设，引导广大农村树立"靠知识立村、以知识兴村、用知识富村"的全新学习理念，倡导广大村民多读书、善读书、读好书，培育出了一批读书氛围浓厚的"书香之村"。全区共有三星"书香之村"4个、二星"书香之村"9个、一星"书香之村"14个。

文物保护

【概述】全区有文物保护单位159处。其中，含国家级历史文化名村1处（傅村镇山头下村）；省级历史文化保护区1处（曹宅古镇）；省级文物保护单位7处（塘雅镇民国浙江省立实验农业学校旧址、澧浦镇琐园村古建筑群、蒲塘村王氏宗祠崇本堂、孝顺镇严店村严氏宗祠敦伦堂、傅村镇傅大宗祠永思堂、畈田蒋村艾青故居、源东乡东叶村施复亮施光南故居）；市（县）级文物保护单位41处，市级文物保护点109处。

文物保护管理工作有序开展。破获放生塘水库古墓被盗案件1起。20万元资金，用于塘雅镇下仓总管殿、曹宅镇石佛寺、岭下镇坡阳街古建筑群项目维修。积极配合市文物局开展浙江省立实验农业学校旧址等文物保护单位的日常维修工作。

【全国可移动文物普查】共回收了316家国有单位的文物收藏情况调查登记表，调查完成率100%。其中机关单位73家，事业单位213家，国有企业、国有控股企业27家，其他3家，反馈收藏有文物或疑似文物的单位4家。可移动文物普查的数据经整理、审核和统计，上报省、市文物部门。全区召开2013年度文物安全工作会议，区文化体育局与各乡镇、街道文化站签订文物保护责任书。

【蒲塘村保护规划方案修编】 5月17日，在金东区举行的省历史文化村落保护利用重点村规划评审会上，规划专家对澧浦镇蒲塘村保护利用规划提出进一步优化建议。蒲塘村为全市8个首批列入省级历史文化村落保护利用重点村之一，也是金东美丽乡村建设南线的节点村。从2012年下半年开始，蒲塘村保护和利用工作正式启动。该村委托浙江大学建筑设计研究院编制保护利用规划，实施村口景观打造、文物古迹修复维护、特色旅游开发等工作。

【黄泥山村发现范祖干后人墓】1月25日，金华多湖街道黄泥山村出土两座考究的石棺，令有30多年考古经验的专家叹为观止，称其是"浙江第一棺"。经考古专家的研究，是范祖干的第七世从孙范元德墓。范元德，字继文，他的父亲是乡进士，曾在广西梧州府当过同知。

【陶朱路发现宋代古墓】7月7日，东孝街道陶朱路社区施工现场发现一座古墓，市文物局对古墓进行了发掘。古墓由条石砌成，呈长方形，宽约154厘米，连盖板深度为150厘米，初步认定为宋代墓葬。出土了3枚铜钱，一把残缺的铁剑，一面铜镜，一件腰带上的玉器配饰；墓棺上的5个铁环。墓志铭保存较为完好。

【山口冯村有道保存400多年的圣旨】在赤松镇山口冯村，有一道保存了400多年的圣旨。8月7日，村两委将其寄存到市档案馆内。圣旨是明嘉靖十五年（公元1534年）嘉靖皇帝颁发给该村先祖冯亮之妻钱氏的，内容是封其为“孺人”。

非物质文化遗产保护

【概述】非物质文化遗产（简称“非遗”）传承保护工作有条不紊。区文化体育局（简称区文体局）精心指导“让河迎花树”民俗馆建设，组织“方山大蜡烛”参加金华市庆元宵活动和民间艺术展演，荣获“花灯大拜年”展示活动银奖、“龙蛇贺春”展演优秀奖。省级非遗项目“让河迎花树”和国家级非遗项目“金华道情”传承人朱顺根的《道情人生》两个专题在浙江电视台钱江都市频道《美丽非遗》栏目中播出。金东区公布的“金华说书”“迎大蜡烛”等5个区级非遗项目全部通过市级第五批非遗项目评审并予以公示。到2013年底，全区有国家级非遗项目1个（金华道情）、省级非遗项目2个（大成拳、迎花树）、市级非遗项目19个，区级非遗项目26个。

孝顺镇上何村农历正月十一迎花树

国家级项目代表性传承人1人（朱顺根）、省级项目代表性传承人1人（倪保强）、市级项目代表性传承人16人、区级项目代表性传承人13人。非遗传承教学基地4个，非遗宣传展示基地1个，民间非遗专题展示馆3个。

2013年，全区开展文化遗产资源普查，对非物质文化遗产进行挖掘整理与保护传承，对各项非遗项目确定传承人进行教授，同时在曙光小学、比德弗武校建立非遗传承教育基地，对非遗进行深层次保护与传承。

【非物质文化遗产项目展演】2月23日，澧浦镇非遗项目“方山大蜡烛”参加金华市庆元宵活动和民间艺术展演，荣获“花灯大拜年”展示活动银奖、“龙蛇贺春”展演优秀奖；6月9日，区文体局组织非遗项目五经拳传承人王立成、小锣书传承人施水云，参加市中心组织的第八个遗产日暨第二届民间文化达人秀展演活动；9月22—24日，配合市非遗馆开馆活动，选送金东区金华说书、道情、小锣书、木板年画等参加现场展演展示活动；10月，发送省级非遗项目“让河迎花树”资料给浙江电视台钱江都市频道《美丽非遗》栏目组，11月，接待陪同《美丽非遗》栏目组赴澧浦镇、孝顺镇拍摄金华道情传承人朱顺根《道情人生》专题电视片。上述两个项目均在浙江电视台钱江频道播出。

【五个项目入选市级非遗】10月28日，市文化广电新闻出版局、市非遗中心向社会公示了第五批金华市级非物质文化遗产推荐项目名录。在公布的名单中，金东区有5项入选。除了为人熟知的说书、滑旱船和迎大蜡烛之外，还有木版年画和古砖瓦制作技艺。木版年画。过年时张贴的画，线条粗犷，色彩浓烈，颜料取之于生态植物。年画按内容可分神仙题材、神话传说、福禄寿喜、喜庆吉祥、历史人物、渔樵耕读、妇幼养育、地方人文题材等。古砖瓦制作。其制作和烧制历史最早可以追溯到商周、秦汉时期。古砖瓦图案体现自然花草、锦纹、宗教法器等内容，通常用于宅院门头、影壁、廊心墙、什锦窗等处，主要用于仿古园林、寺庙、故居等建筑及其修缮。

金华市金东区文物保护单位

表9

序号	级别	地点	名称	时代	公布机关	公布时间
1	中国第五批历史文化名村	傅村镇山头下村	山头下村	明清至民国	国家住房和城乡建设部、国家文物局联合公布	2010.9
2	浙江省历史文化保护区	曹宅镇	曹宅镇	明清至民国	浙江省人民政府	2000.2
3	浙江省第五批文物保护单位	傅村镇畈田蒋村	艾青故居	民国	浙江省人民政府	2005.3
4		源东乡东叶村	施复亮、施光南故居	民国二十二年(1933年)	浙江省人民政府	2005.3
5		孝顺镇严店村	清湖严氏宗祠(敦伦堂)	清道光十一年(1831年)重建	浙江省人民政府	2005.3
6	浙江省第六批省级文物保护单位	塘雅镇	浙江省立实验农业学校旧址	民国二十二年(1933)7月创办	浙江省人民政府	2011.1
7		澧浦镇琐园村	琐园村乡土建筑	明清至民国	浙江省人民政府	2011.1
8		傅村镇上	东山傅大宗祠(永思堂)	明万历元年(1572年)始建,清乾隆五十五年(1790年)重建。民国元年(1912年)遭回禄,民国二年(1913年)重建	浙江省人民政府	2011.1
9		澧浦镇蒲塘村	蒲塘王氏宗祠(崇本堂)	明万历年间始建,清康熙二十年(1682年)迁建今址,历代重修	浙江省人民政府	2011.1
10	金华县第二批重点文物保护单位	孝顺镇下街村	孝顺城隍庙	清嘉庆十年(1807年)重修	金华县人民政府	1996.12
11		孝顺镇中柔一村	楼氏节孝坊	清乾隆二十五年(1760年)八月	金华县人民政府	1996.12
12		孝顺镇中柔三村	郑氏旌节坊	清乾隆二十七年(1762年)五月	金华县人民政府	1996.12
13		傅村镇上柳家村	宋濂故居遗址	元末明初	金华县人民政府	1996.12
14		傅村镇畈田蒋村	大堰河曹氏墓	民国十三年(1924年)	金华县人民政府	1996.12
15		塘雅镇含香村	鹊尾桥(又称含香桥,附留憩亭)	清嘉庆十二年(1808年)重建,道光四年(1824年)、民国三十四年(1945年)重修	金华县人民政府	1996.12
16		曹宅镇金仁塘村	金仁塘古戏台	清代	金华县人民政府	1996.12
17		澧浦镇里郑村	私立黄乃耐初级小学	民国十三年由黄宾虹胞妹黄乃耐独资创建(1924年)	金华县人民政府	1996.12
18		澧浦镇蒲塘村	蒲塘文昌阁	清康熙四十五年(1706年)始建,清咸丰九年十月重建(1859年)	金华县人民政府	1996.12
19		澧浦镇琐园村	王姆山炮台	民国三十一年五月(1942年)	金华县人民政府	1996.12

续表9

序号	级别	地点	名称	时代	公布机关	公布时间
20	金华县第三批重点文物保护单位	孝顺镇鞋塘管理处胡塘村	天花祖师庙	民国十三年(1924年)	金华县人民政府	1997.11
21		傅村镇上柳家村	禅定寺	南朝梁武帝大同二年(公元536年)始建,清宣统元年重建(1937至1943年为浙东游击纵队金萧支队第八大队抗日联防办事处)	金华县人民政府	1997.11
22		源东乡洞井村	关帝庙	明代始建,历代重修	金华县人民政府	1997.11
23		曹宅镇曹宅村郭门自然村	郑刚中墓	南宋绍兴二十四年(1154年)建,2007年3月因建水库异地重建。	金华县人民政府	1997.11
24		曹宅镇杜宅村	法华庵	明代始建,民国三年、民国九年重修	金华县人民政府	1997.11
25	金华县第四批重点文物保护单位	孝顺镇车客村	白水严氏宗祠(敦伦堂)	清乾隆二十九年始建,嘉庆二十五年(1920年)重修	金华县人民政府	1999.6
26		塘雅镇前蒋村下仓自然村	下仓总管殿	元至正十五年(1764年)始建,清咸丰十年重修	金华县人民政府	1999.6
27		曹宅镇龙山村	龙山张氏宗祠(孝友堂)	明万历四十七年始建,清康熙四十八年(1610年)重建,清乾隆三十八年重修;清嘉庆四年至嘉庆九年再次重建(1800年—1805年)	金华县人民政府	1999.6
28		曹宅镇东京村	陈武帝祠(敦本堂)	清康熙四十一年始建,历代重修(1720年)	金华县人民政府	1999.6
29		江东镇横店村	八仙亭	清道光二年(1822年)	金华县人民政府	1999.6
30	金华市第一批重点文物保护单位	曹宅镇	石佛寺(又称西岩禅寺、赤松岩寺、大佛寺等)	南朝梁武帝大同六年(540年)始建,清嘉庆二十年、咸丰五年重修,清光绪十四年重建,民国八年十月、民国三十年七月重修(1941年)	金华市人民政府	1982.7

续表9

序号	级别	地点	名称	时代	公布机关	公布时间
31	金华市第二批文物保护单位	东孝街道后塘村	“乐善好施”坊	清乾隆二十年(1755年)	金华市人民政府	2006.7
32		多湖街道林头村赤山自然村	赤山寺	宋建隆年间始建,民国九年重建(1920年)	金华市人民政府	2006.7
33		孝顺镇莘村	莘村余氏宗祠	清代	金华市人民政府	2006.7
34		孝顺镇浦口村	浦口花厅	民国(1920年代)	金华市人民政府	2006.7
35		孝顺镇白溪村	白溪古戏台	清代晚期	金华市人民政府	2006.7
36		傅村镇艮溪口村	傅氏仁甫祠	清代中期	金华市人民政府	2006.7
37		曹宅镇午塘头村	午塘邢氏宗祠	清嘉庆元年三月(1797年)	金华市人民政府	2006.7
38		岭下镇岭四村	追远亭	清代	金华市人民政府	2006.7
39		江东镇横店村	横店项氏宗祠(昭穆堂)	清代	金华市人民政府	2006.7
40		江东镇雅金村	雅金贾氏宗祠	清乾隆五十年(1785年)建,1994年遭回禄,2004年在原有青石梁柱构件基础上重建	金华市人民政府	2006.7
41	金华市第三批文物保护单位	孝顺镇上范村	流湖寺	宋淳化年间始建,清嘉庆十七年(1803年)重修,民国32—36年重建(1943年—1947年)	金华市人民政府	2010.4
42		孝顺镇下范村	下范范氏宗祠	清代	金华市人民政府	2010.4
43		孝顺镇方村	横塘方氏宗祠	清代	金华市人民政府	2010.4
44		源东乡长塘徐村	艅艎岭路亭	清乾隆四十一年五月(1776年)	金华市人民政府	2010.4
45		塘雅镇马头方村	柏树下鱼池	明代方廷锡造,民国二十三年重修(1934年)	金华市人民政府	2010.4
46		塘雅镇含香村	含香堰	清中期	金华市人民政府	2010.4
47		曹宅镇山下洪村	北山郑氏宗祠(思成堂)	清道光十三年(1833年)创建,清光绪二十七年(1901年)、民国三十三年重修(1944年)	金华市人民政府	2010.4
48		赤松镇西前路村	庆济桥	清嘉庆(1797年)	金华市人民政府	2010.4
49		赤松镇下牌塘村	东陵西路29号民居	清末民初	金华市人民政府	2010.4
50		澧浦镇里郑村	黄乃耐女士之墓	民国三十一年三月(1942年)	金华市人民政府	2010.4

金华市金东区非物质文化遗产名录

表10

序号	项目名称	申报单位	传承人	名录批次	备注(未定)
1	金华道情	澧浦镇	朱顺根		国家级名录
2	让河迎花树	孝顺镇	何福英	区第一批	省级名录
3	金华昆腔	曹宅镇	曹斐增		市级名录
4	迎銮驾	曹宅镇	陈春生		
5	划龙船	塘雅镇	范宗小		
6	黄大仙道教音乐	赤松镇	罗美玉		
7	小锣书	东孝街道	施水云		
8	大成拳	比德弗国际武校	倪宝强		
9	山头下村古建筑营造技艺	傅村镇	无	区第二批	
10	迎大蜡烛	多湖街道	王宝明		
11	岳家拳	傅村镇(武术研究会)	傅国荣		
12	布龙(五龙戏珠)	塘雅镇	方张达	区第三批	
13	拉线狮子	孝顺镇	童新秀		
14	说书	金东区曲艺家协会	傅洪银		
15	打行锣	赤松镇	郑友明		
16	金华火腿制作	鞋塘办事处	王樟成		
17	泥制砂罐茶壶	鞋塘办事处	冯加余		
18	莲花灯	源东乡	项惠星	区第四批	
19	九月初九“重阳节”	塘雅镇	曹群燕		区级名录
20	黄大仙祭祀	赤松宫	罗美玉		
21	蒲塘五经拳	澧浦镇	王立成		
22	当清正	鞋塘办事处	无		
23	箍米砻	赤松镇潘村	邵宇能	区第五批	
24	赛龙舟	孝顺镇东上叶村	叶昆棋		
25	舞狮	曹宅镇上目宋村	宋志春		
26	古砖瓦制作及烧制技艺	曹宅镇潘村	无		
27	木版年画	塘雅镇塘雅村	黄菁菁		
28	婺州窑玉清瓷烧制技艺	金华市古婺窑火陶瓷文化有限公司	方益进	区第六批	
29	金佛手炮制技艺	浙江锦林佛手有限公司	张锦林		
30	金东迎蜡烛灯	岭下镇日辉路村	朱荣兴		
31	金东壁画	孝顺镇浦口村	俞文建		
32	傅村蛇拳	傅村镇溪口村	傅国钢		
33	金东面塑	塘雅镇下吴村	方晔		

文化市场管理

【概述】2013年，区文体局将网吧整治和出版物市场治理工作作为重点，积极开展“一查、二扫、三清源”等“扫黄打非”六大专项行动。全年共出动执法人员441人次，检查各类经营单位841家次，联合公安部门取缔无证音像地摊4家，收缴非法音像制品1万余张，取缔无证大篷演出1家，函告工商部门取缔黑网吧5家，取缔无证游戏机室3家。立案18起，其中一般程序16起，简易程序2起，上缴罚没款75000元。

【“扫黄打非”专项行动】2月1日，区委常委、宣传部部长羊代平和副区长胡放带队，率文体、工商、公安、消防、安监、文化执法大队等部门，开展2013年春节前“扫黄打非”集中行动。行动组检查了全区部分网吧、音像、印刷、出版物等经营单位，详细询问了解了各经营单位的生产经营、安全、消防设施等情况，要求各经营单位严格把握经营内容，注意生产经营场所的安全，严厉禁止政治性非法出版物、淫秽色情等文化垃圾的出现，遏制各类侵权盗版行为和非法报刊的出版，网吧等经营单位要严格禁止未成年人进入，确保文化市场健康稳定，确保全区春节期间文化市场净化和安全。

【全区网吧安全管理工作会议】4月23日，金东区教育（文化体育）局组织召开全区网吧安全管理工作会议，要以湖北襄阳网吧失火为鉴，警钟长鸣，管理长抓，执法部门与网吧业主要真正做到统一思想、协力同心、做好日常监督和管理，全力打造金东“群治群防、综合治理”新局面。区教育（文化体育）局在年初就与各网吧业主签订了网吧安全管理责任书，并建立以“切实增强安全、切实解决问题、切实形成合力”的“三个切实”为方针的联防联动模式和隐患“自查自纠、即时即报、立解立决”制度，确保网吧安全管理工作“不停留于口号、不应付于检查、不流诸形式”。

【暑期网吧整治行动】8月，金东区相继启动暑期网吧专项整治行动和校园周边出版物市场专项整治行动。区文化市场行政执法大队工作，逐家检查网吧是否存在接纳未成年人、超时经营、关闭门窗经营等现象。

（朱卫东）

体　育

【概述】2013年，全区已建有省级体育强镇8个，市级体育强镇1个，国家级、省级青少年体育俱乐部5个，小康体育村432个，被确定为浙江省体育人才基地。辖区内共有体育场地664个。其中84个室内体育设施场地，580个室外体育设施场地。全区经民政部门注册登记的体育社团5个、国家级青少年体育俱乐部4个。各级社会体育指导员297人。

金东区教育局被体育总局授予“2013年度全国群众体育先进单位”称号，并代表金华市参加第十二届全运会浙江体育代表团庆功表彰会，受到省委书记夏宝龙亲切接见。2013年，省教育厅授予金东区实验小学和孝顺初中“2007—2012全国亿万学生阳光体育冬季长跑活动优秀学校”称号。

学校体育

【概述】2013年完成全区青少年运动员注册工作，注册运动员45名。会同民政局对全区5个青少年俱乐部进行年审。成功举办金东区第十三届中小学生田径运动会，共有来自全区各个中小学校的29支代表队，共计494名运动员参赛，有15人次打破了13项比赛纪录，有1人达到国家二级运动员标准。

【第十三届中小学生田径运动会】10月25日，金东区第十三届中小学生田径运动会圆满落幕。经过两天紧张激烈的角逐，实验中学、澧浦初中、实验小学、曹宅小学、比德弗国际学校获体育道德风尚奖；曙光小学、孝顺小学、仙桥小学、澧浦小学、实验小学、江东小学、傅村小学、多湖小学分获小学组团体总分前八名；实验中学、曹宅初中、塘雅初中、澧浦初中、孝顺初中、含香初中、多湖初中、傅村初中分获初中组团体总分前八名。

【学校操场“塑胶化”行动】2013年，金东区为提升学生体质，改善中小学体育运动设施，大力开展学校操场“塑胶化”行动，截至11月，全区已有16所学校建成塑胶操场，年底前将有19所学校告别土操场进入“塑胶操场时代”。

群众体育

【概述】体育设施配备逐步备齐，每个小康体育村都配备了健身路径和篮球架、乒乓球桌等体育健身器材。群众进行体育锻炼的积极性日渐提高，全区体育人口已达10.48万人，占全区总人口数的33.21%。区文体局被评为2012年度全国群众体育工作先进单位。

【区第三届演武大会】4月14日上午，区武协大成拳协会工作总结表彰会暨区第三届演武大会在澧浦镇积道山脚下的比德弗国际学校举行。来自各乡镇(街道)的武术协会、武术馆校、武术研究会的16支代表队的400余名选手参加大会。

【庆祝“全民健身日”】8月8日是全国第五个“全民健身日”。在曙光小学体育馆，区老年体协组织了百名老年体育爱好者，以舞太极、跳健身球操等方式，庆祝“全民健身日”。

【第二届“大凯杯”篮球赛】8月28日晚，由金华市大凯饰品有限公司主办的第二届“大凯杯”篮球邀请赛在孝顺镇低田工业园区打响首战。比赛采取单循环交叉赛制，赛期持续半个月。

【金东区大型太极拳展示会】10月12日，由区老年体协主办的金东区大型太极拳展示会在施光南音乐广场正式拉开帷幕。来自全区各乡镇的11支老年人队伍以形式丰富的太极拳表演来欢庆重阳佳节。

【区机关趣味运动会】11月20日，在施光南音乐广场，来自各部门(单位)的27支队伍500余名工作人员参加了2013年区机关趣味运动会。运动会比赛项目包括击鼓飞扬、鲤鱼戏珠等8个集体和个人竞赛项目。

10月12日，金东区大型太极拳展示会(邵勤旦/摄)

体育竞技

【概述】金东区代表队参加由国家体育总局排管中心、浙江省体育总会主办的“2013年全国气排球比赛”，在全国74个参赛队伍中脱颖而出，劈关斩将，勇夺男子中青年组全国冠军，为金东体育增光添彩。区少年体校组队参加浙江省青少年沙滩排球赛，取得男子甲组金牌、男子乙组银牌、女子甲组第四、男子乙组第五的成绩。金东区嗒嗒球队代表金华市参加省二体会嗒嗒球比赛，夺得男子团体、女子团体2枚铜牌，女子单打第五名，女子双打第六名，男子双打第八名。

【承办省第二次体育大会羽毛球比赛】9月25日，由金东区人民政府执行承办、区教育(文化教育)局协办的省第二次体育大会羽毛球比赛在金华一中羽毛球馆圆满落幕。全省7支行业代表队分中青年组、中老年组参加7个大项的赛事。经过为期三天的激烈角逐，共决出14块金牌。大赛“公平、公正、公开”，整个比赛过程秩序井然，获得省、市体育局领导和全体评委的高度赞许。

【承办省二体会健美操比赛】5月12日，浙江省第二次体育大会健美操比赛在市体育中心圆满闭幕。经过为期两天的激烈角逐，14个项目的比赛圆满结束。为办好此次健美操比赛，区文体局全员动员，制定了详细的赛事承办工作方案。整个比赛过程秩序井然，获得省、市体育局领导和全体评委的高度赞许。

【区队夺得气排球全国赛男子中青年组冠军】

10月27日，由国家体育总局排管中心、浙江省体育总会主办的“2013年全国气排球比赛”在黄龙体育中心圆满落幕。共有来自上海、福建、湖南、香港及浙江各市、县(市、区)的74支运动队540余人，按男、女中青年组和男、女中老年组4个组别参赛。金东区代表队一举夺得男子中青年组全国冠军。

（朱卫东）

科技发展

【概述】2013年，金东区科技工作以市委提出的“十倍增、两提高”分阶段目标为主要任务，优化科技环境，培育新兴产业，强化企业服务，加快推动区域经济转型升级。全区实现社会研究与试验发展(R&D)经费2.56亿元，比上年增长26.1%；研发人员数达到1057人，比上年增长14.6%。规模以上工业新产品产值达到61.6亿元，比上年增长30.8%；高新技术产业产值达到22.07亿元；网上技术市场交易额达2774万元。金东区科技局被评为2010—2012年全省科技工作先进集体，陆奎胜被评为2010—2012年全省科技工作先进个人。通过2013年全国县(市)科技进步考核。

【科技计划项目】2013年，全区组织实施国家级科技计划项目3项，其中“清洁用可降解植物纤维素新材料”项目列入国家重点新产品。组织实施省级科技计划项目29项，其中省重大科技专项计划项目1项，组织实施市科技计划项目24项(工业9项，农业15项)，市农业科技成果转化项目2项。全年共向上争取资金1309.4万元。

【创新主体建设】金华市万得福日用品有限公司被评为国家高新技术企业，浙江开尔新材料股份有限公司被评为国家火炬计划重点高新技术企业，金华市阳帆科技有限公司、浙江金华市开元机电科技有限公司等12家企业被列入省科技型中小企业，浙江开尔新材料股份有限公司被评为省创新型示范企业，浙江金氟隆化工装备有限公司、浙江大森建筑节能科技有限公司等7家企业被评为市高新技术企业，市创新型企业2家。

【产学研合作工程】加强校企双向合作，通过“请进来”与“走出去”双向交流战略，邀请浙江大学、浙江工业大学、天津军事交通学院等20余所院校的50余名专家走访全区70余家企业，组织全区30余家企业赴中科院宁波材料所、浙江大学、浙江工业大学等院校开展对接，组织开展浙江工业大学和浙江师范大学两场科技专场对接活动，并与浙江师范大学初步达成战略合作协议，解决技术难题和开展科技合作20余项，组织50余家企业参加市科技局组织的赴西安、湖南、北京、天津、东三省等地高校院所开展“工科会”专场对接，解决技术难题20个，达成合作意向10个。全年共走访企业150余家，收集技术难题需求44项，储备“双龙计划”“省千人计划”人才1人。

【农业科技工作】“规模猪场清洁化与自动化养殖技术集成应用与示范”和“新型庭院低碳循环共生技术集成示范与推广”2个项目列入国家星火计划；“草莓高架栽培中试与示范”和“火腿高值化深加工关键技术中试示范”2个项目列入省农业科技成果转化项目，省团队科技特派员项目2项；组织实施市科技计划项目24项(工业9项，农业15项)，“环紧器控梢布朗李准化生产示范”和“金华猪精粗饲养模式中试与示范”2个项目被列入市农业科技成果转化项目。推进农业科技企业建设。金华市鸳鸯林酒业有限公司和金华市苏香现代农业科技有限公司2家企业被认定为省级农业科技企业，金华程宏农业科技有限公司和金华市靖泰农业发展有限公司2家企业被列入市级农业科技企业。市农业研发中心2家。驻金东塘雅镇科技特派员胡繁荣和驻金东区江东镇科技特派员俞金龙被评为浙江省突出贡献科技特派员。

【发明专利成果】大力推进省级知识产权示范区建设，全年共新增授权专利616件，其中发明专利授权量26件。新增专利申请1037件，其中发明专利申请158件。浙江开尔新材料股份有限公司和浙江金利华电气股份有限公司2家企业被认定为省专利示范企业，浙江鸿牛工贸有限公司、浙江飞亚电梯有限公司、金华大维电子科技有限公司和浙江昀丰新能源科技有限公司4家企业被认定为市专利示范企业。浙江今飞摩轮有限公司获得市专利实施奖企业二等奖，浙江通达电器有限公司、浙江普莱得电器有限公司和金华万得福日用品有限公司等6家企业获市专利实施奖企业三等奖。培育金华市恒飞电工材料有限公司、金华金力士泵业有限公司、浙江金氟隆化工装备有限公司等7家企业为区级专利示范企业。

科技计划

【概述】2013年，科技计划围绕金东区工业、农业和社会事业重点产业发展，集中精力抓好一批重大重点项目。加强对传统产业的改造，优势产业水平的提升，农业新技术、新品种、新设施的引进。着力发展新能源、新材料、先进装备制造、物联网、节能环保、电子信息等行业项目的组织实施。2013年，全年共认定国家火炬计划项目1项、国家星火科技计划项目2项、省重大科技专项计划项目1项、省农业科技成果转化项目2项、省新产品试制计划项目23项、省公益性项目1项、省团队科技特派员项目2项、市科技计划项目24项（工业9项，农业15项）、市农业科技成果转化项目2项。

【完善项目管理】坚持“三审一决策”等有关规定，新出台《金华市金东区科技计划项目管理暂行办法》（金东科〔2013〕9号）《金华市金东区科技项目专项资金使用管理办法（试行）》（金东财企〔2013〕66号）等规章制度，按要求对部分科技项目组织了验收和跟踪调查，对于未按期验收结题的项目予以清理公布，进一步加强对项目立项、实施、验收、结题的全过程管理，确保财政科技资金使用效率。

2013年国家、省级科技计划项目

表11

序号	项目名称	申报单位	计划类别
1	规模猪场清洁化与自动化养殖技术集成应用与示范	金华市泰来生态农牧有限公司	国家星火项目
2	新型庭院低碳循环共生技术集成示范与推广	金华市广明生态农业综合开发有限公司	国家星火项目
3	75千克级LED蓝宝石晶体生长炉产业化	浙江韵丰新能源科技有限公司	国家火炬计划
4	清洁用可降解植物纤维素新材料	金华长弓清洁用品有限公司	国家重点新产品
5	草莓高架栽培中试与示范	金华市寨春农业开发有限公司	省农业科技成果转化资金项目
6	火腿高值化深加工关键技术中试示范	金华金年火腿有限公司	省农业科技成果转化资金项目
7	汽车消声器 红波—1	金华市红波汽车配件制造有限公司	省级新产品

续表11

序号	项目名称	申报单位	计划类别
8	KFX5H大功率空气能热水器	金华市阳帆科技有限公司	省级新产品
9	10000千克载货电梯	浙江飞亚电梯有限公司	省级新产品
10	Hoo2—1电动晾衣机	浙江好易点智能科技有限公司	省级新产品
11	HA68—1/80—EQ—P交流内置柔性静音开合帘电机	浙江好易点智能科技有限公司	省级新产品
12	GBJ农用千斤顶	浙江鸿牛工贸有限公司	省级新产品
13	LED显示找平仪(RST—DC22)	浙江荣胜工具有限公司	省级新产品
14	滑道式探测定位仪	浙江荣胜工具有限公司	省级新产品
15	电圆锯	浙江通达电器有限公司	省级新产品
16	55H曲线锯	浙江通达电器有限公司	省级新产品
17	110毫米石材切割机	浙江通达电器有限公司	省级新产品
18	WK4G—20.2制冷压缩机	浙江沃克制冷设备有限公司	省级新产品
19	螺旋式自循环(SPAC)厌氧反应器系统	金华天乙环保科技有限公司	省级新产品
20	小型家用电动汽车高性能无刷电机驱动器	金华市日普电动车有限公司	省级新产品
21	HC—001家用汽车高压清洗机	金华戈瑞泰园林工具有限公司	省级新产品
22	HSC—001手持式蒸汽清洗机	金华戈瑞泰园林工具有限公司	省级新产品
23	JN—300污泥烘干机	金华市洁能环保科技有限公司	省级新产品
24	PLD3040电动喷枪	浙江普莱得电器有限公司	省级新产品
25	PLD6040电动钉枪	浙江普莱得电器有限公司	省级新产品
26	PLD8010手持式吸尘器	浙江普莱得电器有限公司	省级新产品
27	优奈丝蛋白再生纤维素毛毯	浙江真爱时尚家居有限公司	省级新产品
28	HD一体式除雾器	浙江宏电环保科技有限公司	省级新产品
29	HD便携式滤布修复仪	浙江宏电环保科技有限公司	省级新产品
30	宽幅式无气喷涂机	金华市金顺工具有限公司	省级新产品
31	QGJ—YIM电动车新型鼓刹前减震器	浙江强广剑工贸有限公司	省级新产品
32	QGJHJ125—2E摩托车前减震器	浙江强广剑工贸有限公司	省级新产品
33	新型节能高效断电保护角向磨光机	浙江金美电动工具有限公司	省级新产品
34	1820型双面手拉屏风	浙江美佳机电科技有限公司	省级新产品
35	GXG—4多功能药物干燥机	金华精锐制药机械有限公司	省级新产品
36	R001带风扇的方形车篷	浙江美佳机电科技有限公司	省级新产品
37	PLD6040电动钉枪	浙江普莱得电器有限公司	省级新产品

续表 11

序号	项目名称	申报单位	计划类别
38	PLD3040电动喷枪	浙江普莱得电器有限公司	省级新产品
39	PLD8010手持式吸尘器	浙江普莱得电器有限公司	省级新产品
40	便携式HVLP喷漆机	金华市金顺工具有限公司	省级新产品
41	新型内冷式井用潜水电机	金华金力士泵业有限公司	省级新产品
42	高强度耐磨井用潜水泵体	金华金力士泵业有限公司	省级新产品
43	高精度温度控制反应釜	浙江金氟隆化工装备有限公司	省级新产品
44	耐腐蚀高效环保型收集器	浙江金氟隆化工装备有限公司	省级新产品
45	手推式无引擎静音型草坪割草机	金华市赛格五金注塑有限公司	省级新产品
46	高效无烟生物质颗粒燃烧炉	金华隆鑫新能源科技有限公司	省级新产品
47	新型方形锂离子动力电池，IFPLJ18/65/140 10Ah	浙江南博电源科技有限公司	省级新产品
48	新型高性能圆柱锂离子电池，INR18650 2.2Ah	浙江南博电源科技有限公司	省级新产品
49	SL户内全彩表面贴三合一单元板	金华市双立光电科技有限公司	省级新产品
50	全自动安全高效气球热压成型机	金华市胜昌机械有限公司	省级新产品
51	全自动安全高效春联烫金机	金华市胜昌机械有限公司	省级新产品
52	超柔吸湿排汗保暖绒布	浙江航艇针织有限公司	省级新产品
53	具有发热按摩功能的亲肤凸点编织布	浙江航艇针织有限公司	省级新产品
54	抗震型SNC石英谐振器	金华市正工电子有限公司	省级新产品
55	特色精品苗木产业提升与标准化技术推广	金华市农科院、浙江省农科院、浙江农林大学	省团队科技特派员项目
56	金东区高效生态水产养殖模式技术研究与示范推广	浙江师范大学、金华市水产技术推广站、金华市农业信息中心	省团队科技特派员项目

2013年市级科技计划项目

表12

序号	项目名称	申报单位	计划类别
1	灯泡贯流式水轮发电机组的研发	浙江金轮机电实业有限公司	市科技计划项目
2	内外循环冷却高效深井潜水泵的设计与开发	金华金力士泵业有限公司	市科技计划项目
3	390型超高温石墨热场晶体生长设备技术产业化	浙江昀丰新能源科技有限公司	市科技计划项目
4	新型节能传热元件回转式空气预热器的研究和开发	浙江开尔新材料科技股份有限公司	市科技计划项目
5	大爬距耐污型玻璃绝缘子(LXHP—550)研发及产业化	浙江金利华电气股份有限公司	市科技计划项目
6	KFX—99空气能热水器防冻换热关键技术研究与开发	金华市阳帆科技有限公司	市科技计划项目

续表 12

序号	项目名称	申报单位	计划类别
7	一种新型多功能台锯的研发及产业化	浙江华丰电动工具有限公司	市科技计划项目
8	交联聚合新型壳聚糖医用敷料(贴)的研发及产业化	金华市景迪医疗用品有限公司	市科技计划项目
9	宽温温补智能电表用晶振的研发及应用	金华市正工电子有限公司	市科技计划项目
10	苦瓜长季栽培关键技术的应用研究	金华市绿天使蔬果专业合作社	市科技计划项目
11	酒糟蛋白饲料的开发及其产业化研究	金华市民升科技饲料开发有限公司	市科技计划项目
12	健康功能型杂粮酥饼研制及产业化	金华苏香现代农业公司	市科技计划项目
13	家庭式生态羊场建设与高效生态养殖技术研究与示范	金华市丰源畜禽专业合作社	市科技计划项目
14	火龙果品种资源创新与标准化栽培规范制定	金华市土飘香果蔬专业合作社	市科技计划项目
15	晚熟无核葡萄品种优化及配套栽培关键技术研究与示范	金华市金东区程宏克伦生葡萄园艺场	市科技计划项目
16	金华火腿加工副产物功能产品开发研究	金华大拇指火腿食品有限公司	市科技计划项目
17	高压输液促活技术在抢救濒死景观造型树、提高全冠移栽成活率中的应用	金华市岳峰苗木专业合作社	市科技计划项目
18	速生大叶构牧草的种植栽培技术及精加工的研发	金华市康健畜禽饲草专业合作社	市科技计划项目
19	抗低温虎纹蛙杂交品种选育	金华市金东区虎娲蛙类驯养场	市科技计划项目
20	金华土鸡溯源信息管理与身份识别系统的研究与示范	金华市大堰河土鸡生态养殖专业合作社	市科技计划项目
21	新型防治猪病毒性疾病中草药添加剂对猪免疫机能影响的研究及应用	金华市众旺养殖有限公司	市科技计划项目
22	脆香型高品质葵花籽加工技术研究与应用	金华市华冠食品厂	市科技计划项目
23	油饲等多用途油莎豆引种及配套栽培技术研究与示范	金华市朱龙果蔬专业合作社	市科技计划项目
24	苦瓜新品种引进筛选及栽培技术研究	金东区江东镇门口塘村经济合作社	市科技计划项目
25	“环紧器”控梢布朗李标准化生产示范	金华市三丰果业专业合作社	市农业科技成果转化项目
26	金华猪精粗饲养模式中试与示范	金华市泰来生态农牧有限公司	市农业科技成果转化项目

科技合作

【概述】全年共走访企业150余家，收集技术难题需求44项，储备“双龙计划”“省千人计划”人才1人。通过“请进来”与“走出去”双向交流战略，邀请浙江大学、浙江工业大学、天津军事交通学院等20余所院校50余名专家走访金东区70余家企业，组织金东区30余家企业赴中科院宁波材料所、浙江大学、浙江工业大学等院校开展对接，组织开展浙江工业大学和浙江师范大学两场科技专场对接活动，并与浙江师范大学初步达成战略合作协议，解决技术难题和开展科技合作20余项，组织50余家企业参加市科技局组织的赴西安、湖南、北京、天津、东三省等地高校院所开展“工科会”专场对接，解决技术难题20个，达成合作意向10个。

【科技对接活动】3月中旬，组织7家企业到浙江大学、浙江工业大学等8所高校开展科技对接活动。4月份，邀请浙江师范大学新能源、机械、新材料等专业专家共计28人，走访企业10家，初步达成合作意向项目5项。接待天津军事交通学院专家走访浙江日普电动有限公司，开展科技合作与交流。5月中旬，组织金利华等4家企业参加北京科技成果展。邀请复旦大学7家技术转移中心负责人考察真爱等企业。6月，组织企业到浙江工业大学开展对接，7月，浙江工业大学机电学院教授专家走访金东区企业并开展科技对接。

【校企合作政策】金东区研究制定《金东区鼓励校企科技合作的奖励意见(试行)》，规定企业与科研院校所签订科技合作协议且合作经费在10万元以上，按企业实际支付技术合作经费(不含材料、设备费)总额的20%给予一次性补助。该政策极大调动了企业研发积极性。为促进科研院校所科技成果转化为现实生产力，2013年，区科技局以全年重点工作编排为切入点，优化人员配置，持续推进校企合作工程，在具体对接环节，推出分专业类别、分批次、规模化这一新模式，使服务更加精细化，为企业提升研发能力注入了活力，推进企业转型升级。

【网上技术交易】11月中旬，组织40多家企业参加2013年浙江省技术成果拍卖交易暨网上技术市场活动周。通过网上技术市场，金东区共发布企业难题38项，上网企业新注册15家，成交项目33项，合同成交额达2744万元。金东区浙江金利华电气股份有限公司与中国计量学院合作的“钢化玻璃绝缘子智能质检系统研制”项目签约，合同成交金额105万元。金华万得福日用品有限公司竞拍下金华中科机电研究所的“高强度环保陶瓷产品研发项目”，金华市景迪医疗用品有限公司竞拍下韩国亚洲生命科学(香港)国际研究中心有限公司的“一种复合多酶医疗器械、内窥镜清洗保护系统”，成交额共480万元。

科技创新

【概述】2013年，继续扩大科技工作覆盖面，引导和鼓励全区规模以上企业加大研发投入，加快向科技型企业转变步伐。重点培育一批具有自主知识产权、研发能力强，在区域和行业中具有示范作用的高新技术企业和创新型企业，加强辐射带动作用。积极引导、鼓励骨干企业普遍建立技术研发机构，已建立的进一步规范，提升研发机构的档次和水平。新认定市级以上创新主体、创新机构37家，其中，全年共认定国家高新技术企业1家、国家火炬计划重点高新技术企业1家、省科技型中小企业12家、省创新型示范企业1家、市高新技术企业7家、市创新型企业2家；认定省级农业科技企业2家、市级农业科技企业2家；认定省级研发中心3家、市高新技术研发中心2家、省农业科技研发中心2家、市农业科技研发中心2家。获得市科学奖4项。

【推动工业转型发展】2013年，金东区大力推进科技创新，不断优化政策环境，培育企业创新主体，深化产学研合作，引领产业转型升级。2013年，区财政投入科技经费2559万元，占地方财政支出的3.14%，有效推动了重点科技项目、技术创新项目的实施，带动了企业和全社会科技投入的增加。2013年，金东区规上工业完成产值167.65亿元，增长11.36%；规上工业企业新产品产值61.6亿元，比上年增长30.7%；高新技术产业产值22.07亿元；规上企业研究与实验发展经费支出2.56亿元,占GDP的比重为1.8%。金东还加大高层次人才的引进力度,重点发挥金东经济开发区和信息软件园两大引才平台作用,大力实施重点企业与大专院校、科研院所的人才合作计划,通过以才引才、项目引才、乡情引才,成功引进国家级、省级"千人计划"专家各1人,引进创新创业领军人才6人、"婺星回归计划"金华籍人才7人。

【科技创新主体培育】2013年,区科技局不断强化企业创新主体地位的培育,加大谋划、实施力度,提升企业核心竞争力。通过"强化企业创新意识、强化帮扶培育力度、强化校企合作力度"三大举措培育创新主体。全年共认定国家高新技术企业1家(全区共有高新技术企业21家)国家火炬计划重点高新技术企业1家、省科技型中小企业12家、省创新型示范企业1家、市高新技术企业7家、市创新型企业2家,认定省级农业科技企业2家、市级农业科技企业2家。

【区企业参与制定热泵热水器国标】10月1日起,实施由国家质监总局、标准化管理委员会联合发布的《热泵热水机(器)能效限定值及能效等级》国家标准。在参与该国标起草的企业名单中,除了有"格力""美的""海尔"等业界知名公司,金东区的阳帆科技有限公司也名列其中。作为全市唯一一家该行业公司(全省仅有4家),直接就国标的细则,与业界名企围坐一席,进行了对话。热泵热水器,又称空气能热水器,是利用逆卡诺原理,通过介质,把热量从低温物体传递到高温水里的设备。因此又被称为"第四代热水器",稳定、可靠、清洁、高效,有着广阔的应用领域。虽然热泵热水器的市场前景广阔,但相关的国家标准一直以来都很模糊。直到近两年,国家召集了27家国内的高等院校、科研院所、行业代表进行商讨、起草和修订,才形成这一标准。"阳帆科技"凭借实力被选中参与商讨、起草和修订过程。金华市阳帆科技有限公司,坐落于金东工业园区,是一家以空气能热水器的研发、生产、销售为主的公司。多年来,"阳帆"专注于产品核心技术的研发,在国内与多所高等院校、科研机构合作,产品推陈出新,质量要求严格。早在2010年,公司的一款产品就进入了北京大会堂。

知识产权

【概述】全年新增授权专利616件,其中发明专利授权量26件。新增专利申请1037件,其中发明专利申请158件。认定省专利示范企业2家、市专利示范企业4家。获得市专利实施奖企业7家。培育区级专利示范企业7家。全区8家企业与6家银行签订了专利权质押融资贷款协议,共用7个发明、25个实用新型、10个外观设计专利质押授信,达6400万元,争取省专项补助170万元,位列全省第二。

省知识产权局专家进企业指导专利工作

(黄飞亚 周淑莲/摄)

【专利奖励政策】修改《金华市金东区专利专项资金管理暂行办法的通知》,按照发明、实用新型、外观专利类别分别给予一次性资助5000元、500元和400元奖励。

【知识产权托管服务培训会】6月28日,金东区科技局、金华市科技情报研究所在金东区联合举办"金东区知识产权托管服务培训会",金东区40家专利示范企业和拥有专利的企业负责人参加培训会。市科技情报研究所姚崇以"知识产权托管"为题,通俗易懂地介绍了中小企业知识产权托管方案,企业知识产权维权援助、企业实施《企业知识产权管理规范》国家标准等内容。

【保护知识产权宣传】在市人民广场开展保护知识产权宣传、现场咨询活动。2013年的活动主题为"实施知识产权战略,支撑创新驱动发展"。共发放知识产权手册、知识产权报刊、科普历书等宣传资料1000余份。

【专利权质押贷款】2013年,金东区金顺工具有限公司、浙江普莱得电器有限公司等8家企业与6家银行签订了专利权质押融资贷款协议,涉及电动工具、家用电器、清洁用品、节能环保材料、家居用品、食品等多个行业,共用7个发明、25个实用新型、10个外观设计专利质押授信,总额度达6400万元,争取省专项补助170万,位列全省第二,有效缓解了中小企业融资困难。

(方莹)

卫生计生

医疗卫生

【概述】2013年底,全区共设医疗卫生机构268家,其中疾控中心1家、卫生监督所1家、妇幼保健院1家、医院(社区卫生服务中心增挂)1家、社区卫生服务中心13家、社区卫生服务站60家、村卫生室191家,实际开放床位数247张,拥有卫生技术人员646人。全区医疗收入总计8661.79万元,年门急诊量达122.97万人次,比2010年分别增长24.10%和48.37%,门诊均次费用59.18元,比2010年降低19.14%。全区医疗机构固定资产总额7383.36万元,比2010年增长17.36%。重点医院有金东区中医院、金东区第二人民医院。全区所有基层医疗机构全部实施国家基本药物制度,零差率销售药品直接让利就医群众,累计约12294.20万元。全面开展参保城乡居民健康体检工作,60周岁以上老人体检率为80.5%,儿童体检率为100%,中小学生体检率为100%。城乡居民规范化电子健康档案建档率达90%。2013年全区产妇数2417人,孕产妇系统管理率98.23%,住院分娩率100%,产前筛查率84.44%,婚检率100%,农村妇女住院分娩补助1976人,补助经费98.8万元,农村孕产妇住院分娩补助率100%。

2013年,金东区被列入浙江省学生营养监测与改善项目试点、浙江省基本公共卫生服务项目监测试点;金东区卫生局先后被评为2012—2013年度浙江省卫生系统“护卫生命,天使血缘”活动先进单位、金华市卫生系统信息先进单位、金东区2013年度综合考核先进单位、金东区2013年党风廉政建设先进单位、金东区2013年度社会管理综合治理工作先进单位、金东区2013年度人口和计划生育先进单位、金东区2013年度安全生产目标管理考核优秀单位。

医疗体制改革

【概述】2013年,全区公立医疗机构零差率销售药品共计5400余万元,相比实施基本药物制度前让利约3780万元。不断加强基本药物合理使用培训,共培训1500余人次。金东区对144家政府办村级医疗机构的布局及近一年来运行的情况进行充分调研,拟订《关于完善村级医疗机构运行模式的意见》,经区政府常务会议、区委书记专题会议研究同意后,以区府办文件的形式正式下发。按照保障重点、一村一室、不断完善的原则进行合理调整。经与各乡镇(街道)、村两委、各卫生院充分沟通后,以卫生院拟定初步方案、村两委同意、当地政府研究通过的程序进行调整。经调整后,全区共设62家站、191家室、134个巡回医疗服务点。

【实施国家基本药物制度】金东区作为浙江省首批实施国家基本药物制度试点单位,自2010年2月25日起,实施基本药物制度。全区所有政府办社区卫生服务中心及村级医疗机构全部实施国家基本药物制度,药品销售价格较实施前降幅达50%,门急诊均次费用、住院均次费用均实现“零增长”。作为全省试点,金东区从实际出发,大胆探索,勇于创新,实现村级医疗机构实施基药全覆盖,创新四项药品采购机制,在省交流会上交流发言,得到省、市领导的高度赞赏，省、市多家新闻媒体做了报道，金东区2011年、2012年连续两年荣获“浙江省实施基本药物制度先进集体”称号。

【医疗卫生网络建设】金东区对144家政府办村级医疗机构的布局及近一年来运行的情况进行充分调研，拟订《关于完善村级医疗机构运行模式的意见》，经区政府常务会议、区委书记专题会议研究同意后，以区府办文件的形式正式下发。按照保障重点、一村一室、不断完善的原则进行合理调整。经与各乡镇(街道)、村两委、各卫生院充分沟通后，以卫生院拟定初步方案、村两委同意、当地政府研究通过的程序进行调整。经调整后，全区共设62家、191家室、134个巡回医疗服务点，确保办一个成一个。10月29日，区人大常委会对区村级医疗机构运行情况进行了调研，对金东区卫生局自2012年8月以来所做得大量工作表示充分肯定，各地群众对调整工作表示理解和认可。

【医务队伍建设】2013年，首次利用省集中招聘平台，面向全省集中招聘卫技人员10名。在全省集中招聘的基础上，面向全市招聘15名卫技人员；从社区卫生服务中心现有人员中尽量挤出一批卫技人员轮流进站服务；针对一个行政村有站又有室的情况，将原有村卫生室的乡村医生吸收进站工作；以培训全覆盖为目标，通过采用“脱产+在岗”培训相结合的方式，加大基层卫技人员培训力度；重新制定下发《金东区卫生系统编外人员工资标准》，人均提高200—300元。针对检查中发现的问题与不足，当场给出整改措施，制定并下发《2013年度村卫生室绩效考核实施方案》。区财政逐步加大对村级医疗机构建设及运行经费的补助，财政按平均每站(室)不低于2万元的标准统一安排村级医疗机构运行补助经费。

【中药采购“公开比选”】2013年始，金东区对中药饮片集中议价采购供应商实行“公开比选”。整个比选分两个环节进行，一是由工作人员对供应商报价进行比较，按确定的公式计算出各供应商的报价得分，占总分的70%；二是由专家进行打分，专家通过比较各供应商提交的经济技术标书，并根据供应商对本企业配送与服务能力、服务质量、品种齐全度、药品质量及其管理情况等的口头陈述与承诺，结合自己的临床工作经验进行打分，占总分的30%。通过上述两个环节的比较，按最终得分从高到低比选出金华市医药公司、金华市太和堂医药物流有限公司、金华英特药业有限公司、金华市金龙医药有限公司、浙江康盛医药有限公司5家中药饮片供应商。区纪委、区采购办对比选工作进行了全程监督。此项工作实行公开公正、阳光透明操作，将权力运行置于公众监督之下，打造金东“阳光卫生”。

社区医疗

【概述】金东区中医院通过二级乙等中医医院评审，并与潘村卫生院整合后转型升级为区级医院，填补区级医院空白。随着源东乡社区卫生服务中心、江东镇社区卫生服务中心获评2012年省级规范化社区卫生服务中心称号，金东区11家镇级社区卫生服务中心全部通过验收，实现省级规范化社区卫生服务中心全区覆盖。每个社区卫生服务中心结合自身实际情况，发展特色医疗，区中医院设立康复推拿科，该科业务较2012年同比增长200%；赤松卫生院创建“五星级”免疫规划门诊，儿童接种疫苗享受“五星级”服务，另外开设康复中心，专科特色发展收到良好的社会效应和经济效应，也得到了省、市领导的充分肯定，曾多次在全市卫生工作会议上受到通报表扬。其他社区卫生服务中心也相继开设以中医、中药为基础的中医特色门诊，更好地满足辖区群众的多样化医疗服务需求。在发展

医务人员开展义诊活动

专科特色的同时，一方面，全区通过省统一采购平台、区竞争性谈判等程序购置了价值约500万元的医疗设备，优化医疗设备；另一方，金东区积极加快与市区大医院牵手合作步伐，金东区中医院与金华市中医院、金东区妇保院与金华市人民医院建立对口协作单位，提升了全区医疗机构医疗技术水平。2013年，全区基层医疗单位门急诊人次同比增长28.94%；医疗卫生收入同比增长29.16%；原来12家亏损的基层医疗单位7家转亏为盈。

【医疗环境提升】2013年，国家发改委下达基层医疗卫生服务体系和地市医院建设项目2013年中央预算内投资计划，金东区4家卫生院获中央安排资金。这4家卫生院规划投资总计526万元，规划建设规模共计5118平方米，工程以改(扩)建形式进行，建设内容涉及简易房改造、门诊病房大楼改建、危房改造、废物处理等。全区全年6家医疗单位开展基础设施建设，其中改造提升3家，续建2家，立项1家。3家改造提升单位，孝顺、曹宅、岭下卫生院维修改造工程已基本完成；2家续建单位，低田卫生院续建工程已完成并投入使用，江东卫生院续建工程已完成；傅村卫生院迁建项目完成立项批复。这些工程的建设进一步优化全区就医环境。财政、审计、纪检和卫生4个部门，对全区15家基层医疗卫生机构基本药物制度实施前的债务进行清理核实，经市财政局委托中介机构审核后，化解了金东区1391.26万元债务，减轻了基层医疗机构负担。

【省级规范化社区卫生服务中心创建】为健全和完善基层医疗卫生服务体系，加强基层医疗卫生机构内涵建设，全面提升基层医疗卫生机构的服务能力，自2007年起，金东区11个建制乡镇(街道)基层医疗卫生机构积极开展省级规范化社区卫生服务中心创建活动。金东区结合实际对社区卫生服务站进行合理的地域、功能整合，深化医疗机构改革，完成社区卫生服务站和20分钟医疗服务圈建设，全面提升基层医疗卫生机构的服务能力。经区卫生局初评推荐、市级复评和省级卫生行政部门专家评估验收，截至2013年3月，11家乡镇(街道)基层医疗卫生机构先后获得“省级规范化社区卫生服务中心”荣誉称号，创建达标率达100%，乡镇(街道)覆盖率达100%。在全市率先实现省级规范化社区卫生服务中心全区覆盖。

【医疗“一卡通”就诊新模式】3月5日，医疗“一卡通”系统试运行工作会和系统培训会相继召开，带动全区医疗“一卡通”项目正式启动，这一项目的实施，全区30万群众直接受益，实现了“看病更方便，报销更快捷”。医疗“一卡通”是集就诊卡、新农合卡及银行卡功能于一体的居民健康卡，它基于区域卫生信息平台为居民存储电子健康档案、医疗机构电子病历、报销结算账单等信息。病人持社会保障卡、就诊通用卡到市、区各医院就诊时，可享受挂号、就诊、检查、结算、取单、取药、住院等一站式便捷医疗服务。病人就诊时医生可持卡读取其在其他医疗机构就诊记录、个人病史、影像资料、理化检查结果等个人健康信息，保证了治疗的连续性，实现医疗服务信息资源共享，构建医疗服务和健康管理新模式。市、区两级数据中心和协同交换平台已成功创建，2013年6月，完成项目第一阶段开发和建设任务，初步实现一卡通，在年底全区统上实现一卡通，金东百姓将享受到“合理、有序、便捷、高效”的医疗服务新环境。

公共卫生

【概述】金东区卫生局根据省委、省政府建设“健康浙江”战略，创新开展了“健康六进”(健康进机关单位、进企业、进学校、进社区、进乡村、进敬老院)、居家养老“六服务”(每日提供一站式医疗保健服务；每周制定一套营养保健餐谱；每月开展一次慢病随访；每季开展一次老年健康讲座；每半年组织一次集中义诊活动；每年开展一次免费健康体检)、“四联四帮”(联系一个村(居)，帮助解民困；指导一个站(室)，帮助破难题；签约一组重点人群，帮助保健健康；服务一家企业，帮助促发展)活动，并作为卫生局的中心工作，贯穿全年的医疗卫生服务。通过创新服务载体，转变服务模式，以健康讲座、义诊咨询、签约服务、健康体检、健康宣教等形式，将健康知识和医疗服务主动送进机关、学校、乡村、社区、企业、敬老院以及居家养老照料中心，不断增强各单位服务意识。全年共举办健康知识讲座434场次，开展免费义诊和提供健康咨询服务36场次，免费发放药品2万余元，发放健康宣传资料11.5万份，并为24家企业职工建立健康档案，提高了居民健康素养。其中居家养老“六服务”工作得到了市主要领导的充分肯定，《金华日报》、浙江省基层卫生简报、《浙江卫生》等均多次报导刊登了居家养老“六服务”健康管家工作。

【公共卫生服务】继续抓好基本公共卫生服务项目的实施工作，基本公共卫生服务项目人均经费标准提高到30元。积极开展农民健康体健工作，全区60周岁以上老人体检率为80.4%，城乡居民规范化电子健康档案建档率达90%。稳步推行全科医生签约服务，采取“政府主导、村(社)组织、医院负责、全科医生签约”的工作模式，共有300名全科医生、76个工作团队，与3.88万例高血压病、糖尿病等慢性病患者进行签约，此项工作得到省、市领导高度肯定，全市全科医生签约服务现场会在金东区召开，金东区做了典型发言。年初，启动医疗服务“一卡通”项目，并将此项目列入金东区十大民生工程之一，全区所有社区卫生服务中心和25家社区卫生服务站都已开通“一卡通”，乡镇覆盖率达100%。

【重大公共卫生项目】全年传染病疫情平稳，未发生重大传染病疫情；面对有可能发生的人感染H7N9禽流感疫情，金东区完善应急预案，开展全员培训，落实预检分诊，及时、科学、有效地应对；在血吸虫病防治灭螺方面，创新并全面实施了“五新灭螺法”，为降低灭螺成本、克服灭螺难题走出了一条新路，也得到省专家的充分肯定，并荣获“2013年度金华市血吸虫病防制先进单位”称号。积极开展卫生监督工作，保障金华市创卫复评通过，顺利完成餐饮职能移交工作，打击非法行医工作取得阶段性效果。妇幼工作基本完成上级要求的各项目标任务，全区婴儿死亡率为1.23‰，无孕产妇因产科原因死亡。完成改厕任务2200座，100%完成任务数。

【“国卫复审迎检”】5月29日，区卫生局积极部署，全力打好“国卫复审迎检”攻坚战。一是组建“防守网”。抽调基层防保人员、局机关干部，组建70多人的创卫工作协管队，分片分区，到创卫一线，以“首责制”层层落实到人，确保工作不留死角；合力“对症下药”，针对迎检工作中暴露出来的“疑难杂症”，举一反三，对症下药，查漏补缺，实施整改。针对“五小”行业从业人员持证上岗率低的问题，要求办证窗口为办理健康证开放绿色通道，加快办理时效，派专人上门送达，针对一些不配合工作的，坚持服务为先的理念，对各经营业主动之以情、晓之以理。截至5月29日，上门检查指导1235家，下发卫生监督限期整改通知书245份，平均每家经营户上门服务不少于3次。对餐饮卫生制度、公共场所卫生制度进行统一更换，已发放各类卫生制度338份、台账325本。宣教“一对一”，利用社区责任医生服务网络，走村入户，逐一宣教，提高健康知识知晓率，制作下发相关健康教育材料2万余份。

迎接国家卫生城市复审 （包涵／摄）

【餐饮食品安全监管】为提高夏季餐饮食品安全水平，助推全区国家卫生城市复审进度，6月，区卫生监督所落实多项举措。一是开展餐饮从业人员集中培训。以多湖、东孝街道网格为单位，组织260家餐饮单位的从业人员分两期开展集中培训。培训内容涵盖食品安全法律法规以及餐饮许可申请、采购索证要求、食品加工和贮存、餐具消毒保洁、食品添加剂使用、餐厨废弃物处理各重点环节。二是部署“餐剑三号”凉菜及生食海产品整治专项行动。以落实“五专”(专间、专人、专用工具、专用消毒设施、专用冷藏设备)及相关规定要求、规范凉菜及生食海产品加工制作过程为重点，在辖区内开展调查摸底，依法查处无证经营和超范围经营凉菜及生食海产品违法违规行为。三是增加中小餐饮单位监督检查频次。划定片区，分组上门监督指导，各组冒着酷暑增加对各街道中小餐饮单位监督检查频次。自启动国家卫生城市复审迎检工作，区卫生监督所开展上门检查指导1380家次，下发卫生监督限期整改通知书245份，下发统一制作的制度牌300余块，餐饮店的卫生状况也有较大改观。

【学生饮食放心工程】10月8月，区学生饮食放心工程推进会召开。副区长朱茂丹，区教育局、食品药品安全监管办公室、卫生局、工商分局、行政执法分局有关负责人出席会议。全区150余位中小学校校长、食堂负责人、厨师长，等级幼儿园园长参加会议。会议传达了省市相关文件，布置全区学生饮食放心工程2013—2015三年行动方案；结合当前区学校食品安全工作实际，就推进学校食堂量化分级管理、全面推行食品统一配送定点采购等五大工作任务分解落实。副区长朱茂丹提出三点要求：认识再深化，学校食品安全关系广大师生健康，关系社会和谐稳定，各级党委、政府高度重视，各中小学校、幼儿园要将校园食品安全各项工作摆上重要议事日程；措施再落实，之前已对全区18所提升B级食堂的学校明确了要求，各学校要充分利用好国庆等假期时间实施升级改造，于11月底前完成认证工作；力度再强化，各校会后立即成立相关工作组织、制定计划实施考核，三年内完成全区A、B级食堂65%以上的目标任务，运用培训、演练、网格建设等方式，实施五常管理或专业托管，实施学校食堂常态化有序管理。

医疗业务培训

【概述】2013年，邢章浩等10人被评为首届金东区名医，庄建昌等10人被评为金东区优秀医务工作者。卫生队伍建设方面，面向全省和面向全市招聘卫技人员25名，有计划地安排11名业务骨干到省邵逸夫医院、市中心医院、市人民医院进修，选送参加培训基层复合型公共卫生骨干1名、城乡社区公共卫生人才4名。医疗纠纷方面，全年共受理并成功调处各类医患纠纷投诉5起，共赔付人民币5万元，为历年来最低。信息工作稳中求进，《浙江卫生》用稿5件，《金华卫生》中在各县(市、区)卫生局用稿统计排第二位，区委办、区府办信息总分排列第九位。

【提升基层医技水平】2013年，区卫生局采用“四个一批”提升基层医技水平效果良好。招聘充实一批。首次利用省集中招聘平台，面向全省集中招聘卫技人员，充实基层卫技人员队伍，缓解人员紧缺的现状。柔性流动一批。通过与各大医院开展“大手牵小手”“对口协作”等活动，以“传、帮、带”的形式，采用“引进来、送出去”的方式，不断提升基层医疗机构医疗技术整体水平。培训提升一批。采用“脱产+在岗”培训相结合的方式，选送参加培训基层复合型公共卫生骨干1名、培训城乡社区公共卫生人才4名，在岗培训卫技人员1550人次，村卫生室在岗人员培训930人次。保障稳定一批。逐年提高编外人员工资待遇，重新制定下发《金东区卫生系统编外人员工资标准》，人均提高200—300元。

【乡村医生注册培训】全区2013年乡村医生注册培训正式开展。根据浙江省关于开展乡村医生注册的有关通知精神，2013年的乡村医生注册培训时间从8月1日起至11月31日止，仍采取视频教学方式进行。全区分设孝顺、傅村、源东、鞋塘、曹宅、塘雅、澧浦、赤松、多湖、东孝10个班(点)，培训学时共70学时，其中理论授课50学时，实践20学时，培训内容包括农村政策与法规、农村基本药物的使用与管理、农村医学辅助检查与结果分析、农村公共卫生与慢病管理、农村传染病的防控与管理、农村临床诊疗与急诊、农村中医中药等7个方面。注册培训结束后进行考试，其成绩作为再注册的主要依据之一。

【青年医学技能竞赛】6月28日，金东区卫生系统青年医学技能竞赛在区公卫中心五楼会议室举行，来自17家医疗卫生单位10个专业的70余名选手参加竞赛。竞赛以省卫生厅、团省委提出的“护卫生命，天使展翅”为主题，旨在选拔一批适应专业需求的卫生青年人才梯队。竞赛要求参赛选手年龄在35周岁以下，分全科医学、内科、外科、护理、西药、中药、放射、检验、疾病控制、卫生监督等10个专业，采取闭卷笔试的方式进行。竞赛结果公布后，区卫生局对各专业的前三名予以表彰。获得各专业成绩第一名的选手代表金东区参加全市卫生系统青年医学技能竞赛。通过全市比赛，塘雅卫生院洪俊获药学专业全市第三的好成绩，代表金华市参加省厅的比赛。

疾病防控

【概述】金东区疾病预防控制中心共有在编在职人员23人,其中专业技术人员20人。正高级职称1人,副高级职称4人,中级职称9人。上级财政专项补助经费总计62.6万元,区级财政补助经费448.58万元。2013年,甲、乙类法定传染病报告发病率为181.03/10万;居民人口平均期望寿命78.60岁,其中男性76.37岁,女性81.08岁;农村安全饮用水普及率100%;孕产妇死亡率41.37/10万,5岁以下儿童死亡率、婴儿死亡率、新生儿死亡率分别为2.46‰、0.82‰、0.82‰。2013年,金东区疾控中心获得浙江省医药卫生科技二等奖。

【传染病防控】2013年,金东区共报告法定传染病15种2063例,报告发病率为648.36/10万,比2012年(672.42/10万)下降3.28%。全区无重大传染病疫情发生,共应急处置散发疫情31起、聚集性疫情11起、食物中毒事件1起、突发公共卫生事件1起。传染病预警信号及时处理率、突发公共卫生事件处置及时率和报告及时率均达100%。报告艾滋病病毒感染者和病人7例,其中6例经性接触传播,1例经注射吸毒传播。全年共提供艾滋病自愿咨询检测服务560人次,未检出HIV抗体阳性。报告可疑肺结核病人313例,确诊活动性结核病人219例,处置学校结核病病例10例。报告手足口病969例,无重症和死亡病例,采集手足口病病例咽拭子样本91份,检出阳性33例。报告疑似麻疹病例17例,排除为其他疾病10例,订正为风疹1例,实验室确诊6例。对上报的疑似麻疹病例均纳入专病系统管理,48小时完整调查率、病例血标本采集率、3日内送达率、麻疹和风疹IgM检测7日内报告率均达100%。霍乱等肠道传染病外环境监测点覆盖全区,发现4份样品为霍乱弧菌阳性(O1群稻叶型),经省疾控中心检测,霍乱弧菌毒力基因均为阴性,对4个阳性样品均进行了溯源调查与处理。

【免疫规划】2013年,全区14家接种门诊均达到规范化接种门诊要求。本地儿童单苗接种率均保持95%以上,流动儿单菌接种年童达90%以上。接种率调查共抽查420名儿童,“五苗”(卡介苗、脊髓灰质炎疫苗、百白破三联疫苗、麻疹疫苗、乙肝疫苗)基础免疫全程覆盖率97.62%,“七苗”(卡介苗、脊髓灰质炎疫苗、百白破三联疫苗、麻疹疫苗、乙肝疫苗、流脑疫苗、乙脑疫苗)基础免疫全程覆盖率96.19%。学龄前儿童查漏补种共调查21026人,需补种340人,已补种332人。麻腮风疫苗查漏补种摸底登记9828名儿童,发现应补种儿童194名,麻疹疫苗补种率达96.90%(188/194)。初三学生麻风疫苗加强免疫接种率为95.83%(2690/2807)。AEFI监测及时调查率达100%(20/20),全年无预防接种事故发生。

【地方病防治】2013年,全区查螺面积达222.38万平方米,查出有螺村40个,螺点211处,钉螺面积62740平方米。与2012年比,有螺村减少6个,钉螺面积减少380平方米,有螺面积压缩率达89.7%。对80.22万平方米有螺面积实施了无障碍灭螺,螺点灭螺完成率达100%;扩大灭螺面积110.43万平方米,反复扩大灭螺面积达714.02万平方米。完成血吸虫病检测3973人,检出血清学阳性者7人,病原学检测7人(未检出阳性),血清学阳性者粪检率达100%,7名血清学阳性者均进行了扩大化疗。完成土源性线虫病监测1093人,检出钩虫2例、蛔虫1例,及时进行了驱虫治疗。完成碘盐检测300份,合格碘盐食用率90.3%,居民食用碘盐覆盖率达100%。完成210名学生甲状腺检查和尿碘检测,甲状腺肿大率6.19%,尿碘中位数170毫克/升;完成160名育龄妇女尿碘检测,尿碘中位数184.3毫克/升,各指标均达到国家标准。完成疟疾血检1105人,血检率2.75‰,未检出阳性病人。报告恶性疟疾病人3例,分别从赤道几内亚和喀麦隆输入,经及时处置,无二代病例发生。完成布鲁菌病检测303人,查出感染者33人,布病检出率为10.89%,比2012年(8.20%)上升了32.80%。职业人群布病受检率达95.69%。

【慢性病防治】2013年,共登记报告高血压患者29621例,发现率9.30%;管理高血压患者28373例,其中规范管理23950例,规范管理率为84.41%。共登记报告糖尿病患者5523例,发现率1.73%;管理糖尿病患者5205例,其中规范管理4345例,规范管理率为83.48%。各医疗单位共报告辖区内死亡病例2127例,估算年死亡率6.73‰。

【精神疾病管理】2013年,共筛查、诊断复核、建档立卡重性精神疾病患者1324人,检出率4.19‰、随访率98.26%,规范管理率58.06%,治疗率82.59%,病情稳定率91.9%。

【卫生安全风险监测】2013年开展了食品安全风险监测、学生营养监测与改善项目、人群合理膳食指导、农村生活饮用水监测、学校教学环境监测、消毒质量监测等卫生监测工作,各监测项目开展率、完成率、覆盖率均达100%。完成食品安全风险监测160件,总合格率为70.0%。完成农村生活饮用水监测175件,合格48件,总合格率27.43%,其中城乡联网的集中式供水单位的饮用水监测合格率达100%,而村供水站监测合格率较低(18.59%)。完成医疗机构消毒质量监测29件,合格率为82.76%;托幼机构消毒质量监测37件,合格率为62.16%。完成学生营养监测649人,学生超重率达8.47%,肥胖率达6.32%,贫血率达6.01%。完成从业人员体检8840人,签发健康证8500多张。

【健康教育】2013年,全区建成横向网络健康教育宣传员279名、纵向健康教育宣传员436名。艾滋病健康教育反歧视宣传活动覆盖医务人员80%以上,健康素养巡讲覆盖率达100%,健康教育专兼职人员培训率达100%。区健康教育讲师团下乡镇开展健康教育培训200余次。共编印并下发健康教育资料10种21万份,开展麻风病日、结核病防治日、世界无烟日、世界卫生日、艾滋病防治日等健康教育活动11次,健康咨询3000多人次。利用《今日金东》媒体平台,开辟《健康小贴士》专栏,刊登健康小贴士23篇。

【科研培训】2013年,中心针对基层开展培训项目19个,培训919人次,不完全统计,经费10.03万元。职工外出培训共计108人次,耗时292天,培训经费4.4万余元,受训人员遍及全体卫技人员。科研项目有3项课题在进展中。

【"世界防治结核病日"宣传】为迎接第18个"世界防治结核病日",有效地控制肺结核病,减少结核病对人类的危害,3月22日,市、区疾控中心,金华广福医院等单位的医务人员到位于孝顺镇的普莱得电器有限公司,通过讲座、发放资料、展板等形式,向员工宣传结核病防治知识。

【人感染H7N9禽流感防控】2013年4月,多地出现人感染H7N9禽流感病例,全区按"早、快、严"的要求积极部署防控工作,第一时间召开专题会议,成立人感染高致病性禽流感防控领导小组和2支应急专业小组,并要求各医疗卫生单位实行24小时值班,严阵以待;及时逐级开展人感染H7N9禽流感防控知识培训。加强应急物资管理,确保随时应对可能发生的疫情。通过多种途径开展预防人感染H7N9禽流感知识宣传,开通24小时咨询电话,随时解答群众提问;要求各卫生院严格执行传染病预检分诊制度,加强流感、不明原因肺炎等呼吸道传染病监测工作,一旦发现病例,按国家要求及时规范报告与处置病例。

【全国首例新发传染病病因研究】2012年12月26日,由浙江大学、省医学科学院、省预防医学会等单位组成的专家组,对区疾控中心完成的市级重点课题"新发传染病——埃立克体病的病原研究"进行评审,并顺利通过了验收。据了解,2004年金东区发现一例不明原因发烧的死亡病例和一例感染病例,为查清病因,区疾控中心联合省疾控中心开展了该科研课题的研究。历经8年时间,疾控人员从媒介蜱类、宿主动物、高危人群及临床病例4个层次进行了系统的研究,通过饲养牲畜和人为捕捉等途径,共发现全区蜱类有1科6属14种,其中斯坦因革蜱为国内首次发现的新记录蜱种,5种为省内首次发现的新蜱种。研究发现几类携带埃立克体病原DNA片段的几类蜱虫,查明了病例的发生与当地媒介蜱类及宿主动物季节消长的相关性。此项研究课题查明了全国首例新发传染病——埃立克体病的病因,不仅对本地区,对省、全国都有很重要的意义,通过病原研究,查明传染病传播媒介和病原种类,对防控该类蜱传新发传染病具有重要的指导意义。

【首家"五星"级预防接种门诊建成】8月6日,金东区首家按照"五星"级标准建设的预防接种门诊赤松镇中心卫生院预防接种门诊正式建成并投入试运行,该接种门诊的建立,使金东区的预防接种门诊规范化建设水平上了一个新的台阶,走在了全市乃至全省接种门诊创建活动的前列。赤松镇中心卫生院“五星”级预防接种门诊面积约450平方米，硬件设施齐全，布局设计科学合理、温馨舒适，完全体现人性化主题设计，共分为预检区、候种宣教区、登记区、接种区、母婴哺乳区、留观区、儿童娱乐区和办公区等多个功能区块。宣教区悬挂液晶电视，循环播放健康教育影像与动画片；母婴哺乳区单独设立，并在墙上张贴哺乳喂养姿势、方法、注意事项等知识；儿童娱乐区装饰童趣，配置各类安全性玩具，供小朋友们玩耍。另外，设立独立冷链室、抢救室、资料室、洗手间等。硬件建设的同时，还进一步提升软件服务，严格落实接种规范程序，接种门诊工作人员均经过严格培训、考核后持证上岗。增加服务频次，预防接种由原先的每周二上午接种改为每周二、六上午接种，麻疹疫苗除周日外按日接种。

（应杰）

计划生育

【概述】金东区共设人口计生机构26个，其中区人口计生局1个，区流动计划生育管理办公室1个，区计划生育协会1个，区计生指导站1个，乡镇计生办和计生服务站各9个，街道计生办和计生服务站各2个。区人口计生局干部9人，区流动人口计生管理办公室干部1人，区计生协会干部2人。2013年，全区出生人口3529人，出生率10.3‰；死亡人口1973人，死亡率6.2‰；人口自然增长率4.1‰。年末总户数127946户，总人口31.84万人，其中非农人口3.42万人。平均每户家庭人口2.49人。

【岗位目标责任制】将人口计生工作作为全区《2013年党政机关岗位目标管理责任制考核办法》的重要内容，实行“一票否决”。层层签订目标管理责任书，区政府与各乡镇（街道）、47个部门的一把手签订了2013年人口和计划生育目标管理责任书。各乡镇（街道）又分别与村（社区）和企事业单位，以及各相关部门签订了责任书。实行村书记、主任任期责任追究制度，把计划生育工作列入村书记、主任年度考核，与村书记、主任年度报酬相挂钩，并实行“一票否决”制。被否决的行政村，取消当年年度综合考核先进单位的评选资格。

【计生宣传工作】2013年，全区充分利用各种媒体，采取多种形式广泛开展宣传教育工作，为计划生育工作营造浓厚的宣传氛围。阵地宣传，完成了每个乡镇（街道）2个村的宣传示范村建设。充分利用人口学校，大力宣传人口计生法律法规政策和“男女平等”“生男生女一样好”的婚育新风；在集镇、街巷、行政村、公路上，以生育文化长廊、宣传栏、标语、灯箱等形式建立计生宣传阵地，宣传全国的人口形势，倡导婚育新风；活动日宣传，充分利用“三下乡”、“三·八妇女节”、“5·29”计生协会会员活动日等重大活动日，通过政策咨询、资料发放、图片展览、文艺演出等形式进行计生政策、婚育新风的宣传，推进群众婚育观念的转变。在“5·29”计生协会会员活动日期间，全区共举办大型宣传活动13场，接受群众咨询2万多人次，发放资料2万多份，发放避孕药具3000多份；新闻媒体宣传，专门在《今日金东》开辟《国家免费孕前优生健康检查》《优孕优生优育》等4个专栏进行宣传，全年，共在《今日金东》《金华日报》、省（市、区）计生外网等媒体刊出报道38篇。开展高层教育，利用党校教育阵地，开展专题培训和主题讲座，加强对各级党政领导干部的人口理论教育。

【优质服务】建立青春援助驿站，为上海财经大学金华分校、浙江贸易学校及区内高中、初中等学校的青春期少女提供教育咨询等服务，保护少女身心健康，帮助她们顺利度过青春期，健康进入成年期。青春援助驿站地址设在区计生指导站二楼咨询接待室，并开通了24小时爱心服务热线。自驿站建立以来，已有60名青少年咨询；积极推进“三优”（优孕、优生、优教）促进工作，区计生“三优”指导站和付村镇已分别建成面积400余平方米和100余平方米的“三优”指导中心。不定期组织人员到各乡镇（街道）中心幼儿园开展幼儿成长测评活动，并定期开展目标人群培训活动；启动“国家免费孕前优生健康检查项目”，2013年年报数据显示，共优生检测2810例，检测率为93.39%，婚前医学检查共4838例，检测率为100%，检测出指定性传染病29例、严重遗传病8例；继续实施计划生育/生殖健康促进工程，开展已婚育龄妇女生殖道感染干预工程，加强育龄群众的生殖保健服务。

【整改工作】5月，按照市调研督查组督查整改通知，全局召开全区计生人口计生系统会议，自我加压，查找问题根源，在思想上、行动上集中精力抓整改。加强领导，要求各乡镇(街道)制定考核办法，落实责任到每位干部，直至村计生服务员，确保计生工作责任到位，投入到位，确保村计生服务员的报酬达到省、市考核标准；加强调查和随访工作。加强统计工作，要求不仅要利用好出生实名制登记平台，到村到户了解出生情况，防止漏报，提高出生人口信息准确率和上报及时率。

【基础管理】抓好人口调查，在春节前就召开全区计生系统工作人员会议，部署外出流动人口调查摸底、计生政策宣传等工作。各乡镇(街道)都制定了考核办法，落实工作责任到每位干部，精心组织，周密部署；加快信息化建设，开展了全区计算机硬件设施情况调研，并更换了各乡镇(街道)部分计算机，部署全员人口信息库核查，推进全员人口信息管理，完善全员人口个案数据库，核查显示全员人口个案信息入库率达90%以上，信息准确率、完整率达90%以上；加强社会抚养费征收工作，集中人力，集中时间，开展社会抚养费集中征收专项行动，开展社会抚养费征收工作专项督查，邀请区人大常委会副主任金艳秀、副区长朱茂丹、区政协副主席施文进专门到傅村镇、曹宅镇、源东乡等征收任务较重的乡镇进行了督查；积极开展群众自治示范村(企)创建工作，在2012年创建市级群众示范村的基础上，2013年初，计生局又到各乡镇(街道)开展了基层基础调研，部署创建工作，到10月底，全区共创建示范村50个、示范企业4个；加强流动人口计生管理，充分发挥省级流动人口服务管理信息系统作用，每月将流动人口信息录入平台，及时反馈和接收信息，为流动人口计划生育实现“属地化管理、市民化服务”提供了有利的信息支持，切实做好全国流动人口动态监测工作，付村镇监测样本点的工作顺利完成。积极探索建立流动人口管理服务新机制，与江西省上饶县人口计生委签订《流动人口计划生育管理和服务双向协作协议书》，标志着金东区以流入地为主、流出地和流入地共同服务管理新机制的建立，是对流动人口计划生育管理服务的有益探索。

【性别比专项治理】全区2013年每月出生人口性别比虽然控制在正常范围，但因出生人口基数较小，出生人口性别比很不稳定，所以全区始终不放松对出生人口性别比的治理工作。加强生育全过程跟踪管理，开展深入开展“关爱女孩”慰问活动，在“5·29”计生协会会员日活动期间，组织计生协会会员走访慰问了73户计生困难户，给他们带去了生活用品和食品。联系了社会爱心人士捐款捐物折合6000余元，并与5户家庭的困难学生长期结对，资助到他们大学毕业。

【计生队伍作风建设】统一思想，提高认识区“双百双千”实践活动动员会议后，计生局立即召开会议传达学习会议精神，集中学习《深化“三解三促”开展“双百双千”实践活动的实施方案》，并制定开展“双百双千”活动方案和措施；健全组织，加强领导。成立以局长为组长、班子成员为副组长、局属各科室人员为成员的“双百双千”活动领导小组，同时组成5个走访组，分别由5名班子成员带队，科室人员参加，深入基层、企业，问计于民，问政于民，问需于民，征求社会各界对人口计生部门的意见和建议，了解服务对象的各种服务需求，宣传计生法律法规，为活动扎实有效开展提供了有力的组织保障；紧密结合计生工作，确保活动取得实效。结合“双百双千”实践活动，组织局机关干部在全区范围内开展计生基层基础工作督查和调研活动。督查和调研的内容包括出生人口信息核查，主要是通过将金华市出生实名制平台上登记的出生信息与公安部门户籍比对查询、进村入户调查等方式进行核查。查看村级资料及宣传设施，主要包括手册、报告单、药具档案及设施、流动人口已婚育龄妇女档案、村级人口学校和图书角、计划生育公开栏和宣传栏等。生育全过程跟踪管理情况，社会抚养费征收情况。通过扎实开展“双千双百”实践活动，使企业及百姓需求得到了满足，计生系统的对外形象得到了明显提升，收到了预期效果。

【免费孕前优生检查】2013年1月，金东区国家免费孕前优生健康检查工作启动实施。国家免费孕前优生健康检查项目以省免费婚前医学检查和免费孕前优生检测(以下简称“优生两免”)项目为基础,增加5项,共计19项。目标人群范围为符合生育政策、计划怀孕的农村夫妇和流动人口夫妇,以及广大城镇计划怀孕夫妇。定点服务机构为区计划生育宣传技术指导站和区妇幼保健院。凡登记对象,领取相关健康检查卡后,到区妇幼保健院进行检查;计划怀孕的育龄妇女(包括再生育妇女)的孕前优生检测在区计生指导站进行。为做好此项工作,该局做足基础“功课”。金东区于2009年1月率先在全省开展“优生两免”工作试点。截至2013年底,已累计免费婚检13063人,免费孕前优生检测10608例。2013年,免费孕前优生检测率和免费婚检率分别达到98.79%和91.03%。

【服务指导工作】从2010年开始,金东区全面启动计生服务“三优”指导工作,成立了优孕优生优育指导中心,以巡回讲座的形式向全区育龄妇女及家属普及“三优”知识,以减少出生缺陷发生,促进婴幼儿的健康成长,提高人口素质。截至2013年4月,作为主阵地,区“三优”指导中心抓紧建设。金东区按照科学孕育下一代的理念,引入“4+X”的功能设置,其中,“4”为互动培训室、亲子示范活动室、视频阅览室、成长测评室四大功能区;“X”为营养咨询和产后康复室。从2012年11月下旬开始,区计生指导站的工作人员先后到各乡镇(街道),开展孕前孕期保健讲座以及孕期营养膳食调查指导,受益群众1311余人。该中心还为广大孕妇提供“一对一”的咨询服务,进行个性化的营养指导。定期安排省、市、区的专家进行授课,以满足育龄群众对“三优”教育的多样化需求,使群众享受到就近、方便、实惠的专业服务。

【信息化操作培训】8月29日,金东区举办人口计生系统2013年信息化应用操作培训班。特别邀请市人口计生委信息管理中心主任应峻来授课。培训的主要内容为全员人口信息系统相关应用操作、出生信息数据核对、信息统计分析等。各乡镇(街道)计生干部近50人参加培训。区人口计生局局长张春跃做了动员讲话,要求全区各级人口计生干部认真学习基本操作,通过业务技能的提升,提高利用系统查找问题,分析问题,解决问题的水平。会议要求全区人口计生战线全体人员充分利用不到4个月的时间,加大对孕情、出生人口、流动人口的调查,对照目标找差距,在工作中查漏补缺,确保全年各项目标的完成。

【区计划生育协会第三次代表大会】8月30日,区计划生育协会第三次会员代表大会召开。市人口计生委主任石骁敏,区领导施美红、羊代平、金艳秀、黄锡新、朱茂丹、施文进出席会议。2013年,区计生协突出群众组织特色,积极引导乡、村、企业协会发挥职能作用和群体优势,先后开展了“少生快富”、“青春健康”、“微笑行动”、“村居自治”等项目,较好地完成了各项任务。协会为拥有521个乡、村(社区)协会,44个企事业单位协会,4.4万会员的全区最大的群众团体之一,并被评为“十一五”期间省级先进集体。会议听取并审议了二届理事会工作报告,讨论并确定了今后五年协会的工作任务,选举产生了新一届会长、副会长,理事、常务理事名单。

(张云仙)

供 电

【概述】金东供电局担负着金东区8个镇、1个乡、2个街道,661.8平方千米的电网规划、建设、运行、维护和供电服务工作,全区营业网点5个,供用电户数近16万户。220千伏变电站2座,变电容量660兆伏安;110千伏变电站8座,变电容量770兆伏安;共有10千伏线路126回,总长度1534.87千米;10千伏开闭所47座,户外环网站30座;配变共计3506台,总容量1101911千伏安。2013年,金东区全社会用电量16.19亿千瓦时,同比增长21.94%,供电量15.48亿千瓦时,同比增长22.95%,售电量14.88亿千瓦时,同比增长22.19%,综合线损率3.86%,

【特高压电网项目建设】坚持政府主导,积极承担电网建设属地化责任,敦促政府成立1000千伏浙北—福州特高压金东段建设指挥部,召开特高压建设动员大会,完成初设线路路径协议签订。加强政企沟通,主动与各级政府进行电网建设对接,引起区领导的高度重视,区委书记郑宇良、区长施美红多次召开特高压工程专项协调会议,并建立区级电网建设和政策处理领导小组,有效解决了电网建设过程中存在的困难。固化工作模式,形成政府机构、设计单位、施工单位、专业机构和属地公司五个部门联动工作机构,重点抓好机制建设、优化前期、统一放样、补偿量化、现场巡查和联合执法六步措施,有效控制大网建设站址、廊道内苗木抢栽现象,用时6个月完成了2年的政策处理工作。涉及农户412户,永久征地8.07公顷,临时用地32.47公顷。

【重点区块电网规划建设提速】在金华市"城市向东"发展战略的驱动下,金东区重点区块、重大项目逐步投入建设,局部用电卡脖子现象突显。供电局主动作为,加快电力建设项目进度,完成110千伏蒲塘变投运和雅湖变的扩建工作,确保岭下、江东、澧浦区块电力的充足供应,并使得金东范围内唯一一座35千伏变电所得以退出运行。做好重要区块对接,提供合理的电力规划方案。指导江东指挥部完成《江东区块低丘缓坡综合开发利用工业园电力专项规划》,使该区块电网建设与工业园建设步调一致,相互衔接。一期引入的9家企业用电方案全部完成,二、三期20家企业已完成9家。做好重要用户的配套电力服务。在110千伏燕尾变无法在万达广场开业前投运的情况,制定110千伏多湖变供电的过渡方案,确保万达广场全部负荷需求。

电力部门对孝顺11万伏变电所输入电源线路改道(包涵/摄)

【保障有序用电】面对金东用电突破历史高峰,供需形势趋紧的现状,依靠政府机构加强有序用电的领导,细化有序用电方案,制定《2013年金东区企业避峰让电安排表》,严格遵循"先生活、后生产""限得下、用得上"的有序用电基本原则,优先保障涉及公众利益和社会稳定的重要用电需求。促使政府对砖瓦、水泥等能源消耗大、环境影响大的52家企业安排集中停产检修,对189家能耗比较高的非归上企业、69家低效企业、13家未实施安全标准化的归上企业实行避峰让电。其间金东区每日压低高峰负荷2.5万千瓦,减少用电量260万余千瓦时。保障社会重要用电需求,联合金华汽车东站开展高危重要用户停电事故应急演练,提高停电事故的快速反应和应急处置能力。在政府、消防等9家重要用户中率先投入应急电源快速接入装置,减少了用户在紧急停电时发生生产事故的概率,降低了安全风险。抽调精兵强将,圆满完成余姚灾区应急抢险、中高考等保供电任务,全年累计完成各项保供电任务14次。

【电力设施保护】随着金义都市新区开发力度的持续加大,以及金东多湖区块大规模住建项目的持续开发,多次发生基建工地塔吊在施工过程中触碰导线引发停电的事件,给安全生产、优质服务等方面工作带来了挑战。针对这一现状,金东供电局采取综合治理的方式,将电力设施保护关口前移,在用户用电申请阶段,提前告知塔吊施工给电力线路造成的危害,签订安全保证书。同时鼓励具备条件的用户出资,将有关杆段的架空电路进行"上改下"工作,以彻底消除施工过程中塔吊对电力线路的危害。采取类似综合整治措施后,塔吊拉断导线的事件由1—5月的平均每月3起,下降到6—11月的每月平均不到1起,达到了降低50%的预定目标,减少电量损失15多万元。

【提升优质服务水平】结合供电服务"无投诉"劳动竞赛,增强全员忧患意识、责任意识、风险防范意识。加强客户诉求处理过程考核,定期通报、分析典型工单,降低投诉事件的发生。做好万达广场等重要用户的跟踪服务,转变服务模式,及时提供电力配套相关信息,上门服务,跟踪服务,让受电工程化被动施工为主动安排,帮助重点工程项目落地。加快"村级便民服务中心"对接、建设工作,通过农村便民服务站,开展走进农村(社区),上门办理送温暖送便利活动。安排台区经理、营业厅人员上门服务,使广大"两保户"(城乡"低保户,农村""五保户"家庭)能够在家门口享受到便利的服务。截至12月底,累计办理"两保户"免费用电1668户,办理率为56.56%,累计退费218659.43元(含转预存),为"两保户"进行表后线安全检查239户,开展表后特色服务76户。

【塘雅(鞋塘)变电站建设】10月30日,220千伏塘雅(鞋塘)变电站土建工程已基本完成。塘雅变电站核心区域占地约2.13公顷,高压塔用地约20公顷,涉及塘雅镇西京村76户农户。2013年3月征迁工作启动之后,变电站的辐射问题成了横在村民面前的一道坎。塘雅镇党委、镇政府与市供电局、电力公司等部门合作,协助村两委做好村民的思想工作,在政策制定过程中时刻注意保障农户的合法权益。经过3个多月的攻坚,变电站于4月进场,建设实现了无障碍施工,工程进度较快,预计2014年4月投入使用。

【农村"两保户"享受定额免费用电】为减轻城乡"低保户"和农村"五保户"(简称"两保户")家庭经济负担,落实上级"两保户"免费用电政策,自3月1日起,金东区各个乡镇(街道)的"两保户"家庭成员或代办人均可到当地供电营业窗口,办理免费用电登记手续。凡是由区民政部门登记在册的"两保户",办理登记后每户每月可享受15千瓦时的免费用电。对符合政策规定的用户,供电部门会直接从其当期电费中减免,当期用电量不足15千瓦时的,则无需缴纳费用,但不足部分不能结转到下个月。在2012年7月1日至2013年3月1日,由区民政部门登记在册的"两保户",还可以享受登记前的用电退费,营业厅将按用电基数一次性退还。为方便用户退费,该局已在全部站、所、营业厅开设了退费通道,并对无法联系或行动不便的"两保户"进行上门服务。"两保户"免费用电政策将惠及该区2948个"两保户"家庭,截至6月底,该局已登记办理785户,完成退费5万余元。

(王天祥)

电　信

【概述】2013年,金东区电信局加快主量业务规模发展,推动渠道转型,超额完成全年经营业务收入,同比增长率列全地区第三位。CDMA用户同比增长4%。全年累计投入150万元用于CDMA网络建设和优化。在运营商的3G和4G覆盖率方面遥遥领先。注重"光网城市"建设与投入,全年已完成光缆接入能力8715线。

【承办"智慧金华智慧家庭"论坛】6月26日,由金华市经信委主办,中国电信金华分公司承办的"智慧金华智慧家庭"论坛暨发布会召开。市经信委副主任叶梓余与公司总经理邹鹤海共同发布"爱城市—智慧金华"手机客户端,正式推出智慧家庭业务,双方还签署智慧城市体验馆共建协议。智慧城市体验馆位于金华市后街电信营业厅二楼。

【承建"8890"便民服务中心】2013年,公司承建了金华市"8890"便民服务中心项目,不仅提供了系统集成和语音、网络等,还提供了整体运营服务,"8890"便民服务中心将130多个党政部门职责、170多条服务热线等整合,审核签约加盟企业127家,涉及20个大类381个小类,基本涵盖市民日常生活服务需求。11月7日,市委副书记、代市长暨军民对"8890"便民服务平台试运行情况进行调研。市委常委、市纪委书记张建明,副市长邵国强,市政府秘书长祝伦根陪同调研。暨军民一行实地走访了"8890"便民服务中心,向工作人员详细了解市民诉求事项的类别、数量和处理反馈等情况,并寄语工作人员以热情周到的服务,积极帮助市民解决困难,树立良好形象。

【获得TD—LTE牌照开通4G基站】12月4日,工信部正式向三大运营商发布4G牌照,中国电信、中国移动、中国联通均获得TD—LTE牌照。到年末,公司开通4G基站1063个,覆盖区域包括市区、县城城区、郊区、乡镇、风景区、高铁高速,全网覆盖率为87.75%。

(何东鸿)

移动通信

【概述】中国移动通信集团浙江有限公司金东分公司(简称"中国移动金东分公司"),成立于2007年12月18日,公司在册员工136人,下设3个分局、10个自办营业厅,另有授权营业网点100多家。形成方便、快捷的服务营销网络服务区域,涵盖全区8个镇、1个乡、2个街道。

公司经营移动语音、数据、IP电话和多媒体业务,并提供互联网及社会信息化等相关服务,是金东区通信服务的主要提供者,并始终保持领先地位。金东移动公司以科学发展观为指导,秉承"正德厚生 臻于至善"的核心价值观,树立了"移动改变生活"的企业新愿景,明确提出"可持续发展战略",将"可持续发展"融入企业战略与经营。

金东公司自成立以来,坚持"追求客户满意"的服务宗旨,不断提升服务设施、服务水平、服务质量。深入贯彻落实"为民服务 创先争优"活动,践行"客户为根 服务为本"的理念,加强对网络质量、资费服务、透明消费、窗口服务、信息安全等五方面25项服务举措的有效落实。建立了"为民服务"总经理接待日、客户座谈会活动制度,拉近用户之间的关系,了解用户的真正需求,接受用户的建议和意见。坚持每月开展服务质量分析会,了解投诉用户诉求,制定整改举措,提高用户满意度。

【提升TD网络覆盖开展ADSL平移】持续开展无线网络基站建设攻坚,2013年共新建及改造完成TD站点172个,新开2G站点17个,新站建站51个。通过2013年的网络建设,大大提升了TD网络的覆盖范围和网络容量,TD网络从城区拓展至重点乡镇和部分发达村;重点解决部分2G弱覆盖区域。针对金东AD用户占比较多的情况,2013年开展FTTH(光纤接入)改造工作,同时安排专项平移队伍开展ADSL(猫,调制解调器)平移,有效提升客户感知。试点装维网格落地工作,提升属地服务客户感知,通过装维流程优化、电子工单责任到人,实现装机工单、投诉处理、指标考评从装维中心落地到网格,提升装维人员劳动积极性,提升装维效率。

【公司文化建设】积极开展各类活动，积极调动员工的参与性，营造公司“家”文化氛围。在“三八”妇女节来临之际，分公司为女员工送去节日慰问，让女员工感受到公司的浓浓关爱。为迎接“六一儿”童节的到来，金东分公司开展“庆六一，快乐DIY”亲子活动，活动通过家长及小朋友的共同努力一起完成蛋糕及饼干等的制作，通过开展这一活动为员工跟子女提供了一个非常好的沟通交流平台，促进员工家庭和谐。每年的盛夏，公司不忘辛勤工作的员工，定在炎炎夏日关怀员工，为员工送去一股清凉。

【惠民下乡活动】分公司在雷锋日开展“学雷锋、送温暖、大手拉小手”活动，前往澧浦敬老院探望孤寡老人，送慰问，打扫卫生。4月20日，雅安7.0级地震后，公司心系灾区，动员公司员工捐赠闲置手机，与渠道合作商合作开展义卖活动，将所得款项全部捐至灾区，为灾区解决燃眉之急献上绵薄之力。分公司以农村客户占主要客户群这一特点，结合家电下乡的契机，开展“惠民下乡 温暖金东行”的惠民活动，制定优惠的下乡终端活动，将实惠送至每家每户。在寒风凛冽的冬日为源东老人送去慰问品，并一一将慰问品送至老人家里，让老人感受移动公司的温暖。金东分公司在实践活动中真正践行“正德厚生、臻于至善”的企业文化，即要以“正身之德”而“厚民之生”，做兼济天下、善尽责任、不断进步的优秀企业。

【开展社会公益活动】党员在企业发展中起着先锋模范作用，金东分公司重视党员思想道德教育，积极响应党中央及金华移动党委的号召，积极开展各种党员活动。组织全体党员共同观看电影《周恩来的四个昼夜》，突出党员先进性和纯洁性的教育，推进群众路线实践活动扎实开展。借以“七一”契机，积极开展反腐倡廉教育学习会，学习党组书记奚国华的《做好三篇文章》、廉政从业若干准则，提高党员的党性修养。为积极营造“军爱民、民拥军、军民团结一家亲”的良好氛围，与金东区消防大队共同合作开展“八一”建军节慰问演出，促进军民情的凝聚。金东分公司还重视党团共建，金东团支部到澧浦镇下宅村居家养老中心开展一对一结对活动，以结对团员“每周一电话，每月一看望”的原则开展关爱老人行动，给孤寡老人带去了温暖。

（施敏）

金融 保险

中国银行金东支行

【**概述**】中国银行金华市金东支行(以下简称支行)面对复杂的宏观经济环境和日趋激烈的市场竞争,紧密围绕上级行提出的“存款惟先、清收惟大、利润惟上、内控惟要”工作思路,调整经营策略,坚持效益、质量、规模协调发展的方针,与时俱进,开拓创新,在注重业务发展的同时,强调风险防范和内控管理,倡导合规文化建设,推进人才队伍建设,使支行的各项业务均登上了一个新台阶。在全行员工的共同努力下,不管在业务的开拓上,还是在内部管理上都取得了一定的成绩。

2013年,全行本外币各项存款日均新增34699万元,其中公司存款日均新增13452万元,储蓄存款日均新增18139万元。本外币时点存款余额219418万元,较年初新增23290万元,其中公司时点存款新增13189万元,储蓄时点存款新增10101万元。支行在负债业务增幅良好的同时也保证了资产业务稳中有升,至年末,支行本外币各项贷款290147万元,较年初新增42413万元,其中本外币对公客户贷款较年初新增24034万元,本外币对私客户贷款较年初新增18379万元。

【**服务地方经济**】支行在为存量客户提供优质服务的同时,不忘积极走访营销新客户,以“助小微、强服务”为主线,主动为中小企业提供便捷、高效、宽松的金融服务,为地方小微企业的发展提供了适宜的发展土壤,做大中小企业客户群,正因为如此,客户不断相互介绍到支行办理业务。支行全年新增结算账户197户,新增额列全辖第一,其中基本账户新增124户,新增额列全辖第三。在有效服务中小企业的同时,支行主动为金东区的项目开发提供支持,金义都市新区低丘缓坡综合开发项目,被列为国土资源部低丘缓坡综合开发利用试点项目,是省、市两级政府重点项目,支行多次上门拜访表达诚挚的合作意愿,并为其精心设计项目融资方案,最终凭借良好的合作基础和领先同业的服务口碑,与金义都市新区管委会达成合作意向,成功叙做4亿元项目并实现贷款投放。在积极扶持小微企业以及区域项目开发建设的同时,支行不断拓展金融服务产品,满足地方经济的进一步发展,支行的经营规模和效益日益增长。

【**注重扬长补短**】支行努力克服国际结算大户迁户的不利因素,早部署,早行动,由分管行长带队高配营销、客户经理和业务前台齐营销的方式,积极向客户推荐支行的强项“T+1”、区间宝等资金业务产品,不仅带动资金业务交易量的稳步提升,也为客户增加了收益,实现了银企双赢,在带动资金业务交易量及国际结算份额提升的同时,支行中间业务收入也随之增加。通过叙做协议融资业务、商贴业务等国际结算业务外,还充分利用资金业务叙做窗口期,积极推荐跨境转收款I和II、出口通汇达等业务,全年共叙做24235万元资金业务,远超同类支行。

【**加强公私联动**】支行制定全员营销制度,强化责任意识,调动广大员工的积极性和潜力,每旬对各部门、网点、公司业务、个人金融业务、完成任务情况通报全行,并进行一次总结点评,大力营造竞赛氛围,极大地增强了全行员工的紧迫感和危机感，有力地促进了各项业务的持续发展。在一季度分行竞赛活动中，支行各网点比学赶超，全行共5家网点，有4家进入前十名，为2013年个人金融业务取得好成绩打下良好的基础。随着国家宏观形势的变化，加大了客户结构的调整力度，利用有限的信贷资源发展和维护好支行优质客户，特别注重公私交叉销售，尽量提高客户的整体效益。

【加快网点转型】支行辖属网点通汇支行以及浙师大支行，在年初被列为低产网点，为了两家支行能在年内摘掉低产网点的帽子，支行多次召开工作会，就如何提升网点整体效能提出建设性意见。由“一把手”亲自挂帅，结合网点周边区域市场环境，利用“网点透视图”，逐一分析情况，找出制约瓶颈，并明确转型任务和发展目标，有针对性地制定改进措施，配置必要的资源进行帮扶，大力发展资产业务，提高净息差，增加利息收入。通过一年的努力两支行终于成功摘掉低产网点的帽子，两支行从提供简单交易服务，转向产品销售、客户营销和客户关系管理，增强业务功能和服务能力，稳步提升网点效能。

【合规内控建设】支行加强内控制度建设，完善管理机制。基础管理工作是一个行依法合规经营、健康发展的保证，而依法合规经营要以完善的规章制度为基础。支行在认真学习上级行下发的各类规章制度的前提下，严格按市行“五个严禁”来要求员工，重新修订员工岗位责任制，进一步明确每位员工应负的职责，从源头上遏止业务风险的发生。定期组织员工观看自己上岗监控录像，寻找业务风险点和内控薄弱环节，及时发现和阻止有章不循、违规操作。努力提高员工对制度、流程的认知和理解，克服按习惯办事的弊端，实现业务操作和业务自查的质量控制，加强风险的过程控制，进而提高制度的执行力。完善支行各项内控管理措施和岗位责任制，全面提高员工的业务风险防范能力，进一步推动支行的全面、健康、可持续发展。建立严格的问责制度，加强内部管理，对违反规章的任何人都及时亮起红灯，按章处罚，对屡查屡犯的从重处罚，点名批评教育，从根本上解决长期以来重检查、轻整改的弊端，起到警示作用。使人人了解制度、人人合规操作，依法行事，对存在的问题进行自我剖析，分析根源，认真整改。

【内化企业文化】支行努力营造团结、紧张、严肃、活泼的良好氛围，进一步改善员工精神面貌。通过开展丰富多彩的业余活动活跃团队气氛，经常性地开展业余活动调节员工心情、改善工作环境、提高工作效率、促进全行工作的推动力。支行经常采集一些健康向上、引人入胜、符合员工需要、有实际意义的教材，教育员工加强修养、注重举止、提高境界。这些措施有力地推进了企业文化的内化，促进了员工为客户提供更加文明优质、高效便捷的服务工作。

（叶晓妮）

工商银行金东支行、金三角支行

【概述】工行金华金东支行、金三角支行紧抓金东新城区、金义大都市区开发建设的契机，坚持以科学发展观为统领，积极调整思路，一手抓效益，一手抓质量，攻坚克难，打造优质行风，进园区，进社区，进乡镇，加强银企合作共赢，大力推进各项业务可持续稳健发展。截至2014年底，金东支行各项存款余额5.04亿元，其中公司存款1.02亿元，机构存款1.56亿元，保证金存款0.11亿元，个人储蓄存款2.35亿元；各项贷款余额2.10亿元，其中个人贷款1.13亿元，比年初增1300万元，公司贷款9600万元，比年初增1100万元；个人客户42140户，比年初增3907户，个人有效客户32370户，比年初净增3057户，个人中高端客户7811户，比年初增1707户，信用卡新发卡3111张，商友卡客户增934户，对公开户442户，其中有贷户27户。金三角支行各项存款余额50120万元，其中对公存款余额27045万元，比年初增加7216万元，储蓄存款余额23075万元，比年初增4044万元；各项贷款比年初新增900万元；新开灵通卡415张，个人网上银行注册370户，个人客户证书355个，WAP手机银行350户，理财金卡新户58个，理财产品4100万。

【服务实体经济】金东支行、金三角支行分别地处金东开发新区和金义都市新区，不同的地方有不同的特色。因地制宜，为客户量身定制适合的营销途径和产品配置。组织营销小分队积极开展金融服务行,深入社区、村镇党政机关,为其员工办理工会卡、薪酬金卡、网银、电话银行业务等,并找准机会大力营销网上新金融产品。以支持地方经济建设为己任,时刻关注地方经济发展,不断优化信贷结构,将资金投向的重点与地方经济的支柱产业相结合。从市场中找潜力客户,继续转变经营理念,在拓户、打款结构调整、新业务推广、小微企业服务能力明显提升等方面都取得了较好成效,同时确保存量资产安全,提升信贷资产结构,逐步提升小企业综合贡献度,推进资产业务转型。积极发挥两家网点优势,抓好微小企业市场拓展,配备了负责营销的行长助理,通过小微企业市场拓展,带动个人业务的增长。深入开发区工业园,以网络融资为重点,营销一批较好的客户。以"工银聚"为抓手,积极拓展电子供应链融资。借助合适的平台作为与电商企业合作的落脚点,发展一批优质微小企业。作为中小企业专营银行,完善小企业专营机制,健全层次丰富、布局合理、覆盖面广的小企业专营机构体系,为小企业提供更为便捷的服务。同时大力营销重点项目,支持万达广场建设。拓展大项目,加快贷款投放体量。

【开设智能银行】为推进业务发展,金三角支行在重点集镇、大型专业市场和大型工业园区等区域有效延伸和扩展工行金融服务,积极建设"自助设备+人员驻点"孝顺智能银行,配备人员包括客户经理、大堂引导员、安全保卫人员各1名。孝顺智能银行,从2013年10月,发卡机已发卡数为1240张。工作人员凭借3G终端进行多次集中办理商友金卡、网银等业务,服务周边市场客户,吸收周边客户、居民资产近2000万,自助机器使用率日均200多笔。

【加强行风建设】以风险防控为重点,做好年信贷资产防劣变工作。内控案防工作以创建"平安金融"为主线,以积极开展"心防工程"活动为抓手,认真落实安保工作的"三防三保"的各项措施,进一步强化内控网格化管理,有效防范和控制风险。专项治理活动与案件防范、业务培训、检查监督、问题整改相结合,教育、激励、惩戒三管齐下,努力培养一支具有良好职业操守和职业行为的员工队伍,从根本上真正压降重点领域案件和风险事件。按照市分行和上级支行(铁岭头支行)统一部署,认真开展党的群众路线教育活动,以服务群众为重,坚持严肃认真、实事求是、民主团结,坚持边学边查边改,获得了良好的效果。从关爱员工着眼,从小处着手,既重视改善时间管理,又重视员工操作习惯养成,通过不断学习"朱志花一日工作法",逐步规范了每位员工的标准化操作流程,固化员工每天班前、班中、班后的标准操作,培养员工养成良好的工作习惯,有效缓解了延时下班现象。通过业务培训、情景模拟、跟班实践、定期评价等多种方式和手段加强对后备人才的能力培养和价值塑造。并实施后备人才名单的动态管理,通过周期性,全面性的培育,建立一支素质好、能力强、能营销、会营销的人才队伍。同时畅通员工集进入、退出机制,强化对员工的绩效考核,落实对绩效考核排名落后员工的帮扶。积极倡导员工的经营成本管理理念,合理支出经营性费用,员工积极行动起来,形成了团队合力。围绕创建"人民满意银行"的总要求,以进一步减少客户投诉、减少客户排队(简称"双减")为目标,以深化"星级网点,星级员工"争创工作为抓手,以内强素质、外树形象为导向。重在"提升",贵在"创新",细在"执行",严在"考核"。使以"客户为中心"的服务理念在全员中根深蒂固,自觉落实在行动中,确保工行品牌在金东区域口口相传,始终保持好口碑。

(寿增　郑波)

农业银行金东支行

【概述】2013年,农业银行金东支行在省、市分行的正确领导下,以建设一流商业银行为目标,始终坚持科学发展观,认真贯彻执行省、市分行工作会议精神,以网点转型为抓手,以机制建设为推手,内抓管理,外抓营销,狠抓各项措施的具体落实,各项业务持续保持平稳有序发展。2013年底,支行各项存款余额25.47亿元,比年初增加2.92亿元。其中,对公存款余额10.24亿元,比年初上升1.35亿元;个人存款余额15.23亿元,比年初增加1.57亿元。全行各项贷款余额20.31亿元,比年初增加

30761万元。其中,个人贷款余额71298万元,比年初增加15550万元;法人贷款余额131780万元,比年初上升15211万元。实现中间业务收入2505万元,同比上升613万元。在外部风险事件频发的复杂环境下,支行紧扣稳健经营总要求,深入开展全面风险排查,加强声誉风险控制,合规管理与案件防控工作取得新成效。

【客户拓展】支行始终坚持把有效发展放在支行工作的首位,进一步强化以市场为导向、以客户为中心、以效益为目标的经营管理理念,紧盯市场、紧盯客户,全力抓好营销工作。专门成立由行长任组长的旺季营销领导小组,深入市场调研,召开旺季营销动员会,认真传达省、市分行旺季营销会议精神,对旺季营销工作进行部署,及时分解落实各项经营指标,充分体现"收入凭贡献,增资靠效益"的分配原则,考核坚持"突出重点、分层考核、综合平衡、激励到位"的指导思想,充分发挥机关部门的管理和服务职能,调动每位员工的积极性和创造性。2013年底,个人贵宾客户新增837户,完成市分行计划的104.6%;第三方管存新增开户723户,完成市分行计划任务的195.4%;个人电子银行活跃客户新增39492,完成市分行计划任务的141%;信用卡新增发卡3605张,完成市分行计划任务的120.17%;信用卡有效活动客户新增780张,完成市分行计划任务的139.3%;信用卡有效收单商户新增53户,完成市分行计划任务的177.7%;智付通客户新增64户,完成市分行计划任务的128%;电子商务商户新增5户,完成市分行计划任务的100%。

【存款和中间业务】为实现存款和中间业务完成年度过半任务的目标,实施以"先进继续争先,后进追赶先进"为内容的劳动竞赛及发展全行小微企业战略要求,对各网点努力完成存款及中间业务做了具体和细致的要求。一是全力做好机构客户的营销维护工作。二是紧盯区域大项目、优质客户,重点营销事业单位存款,确保财政性事业单位存款的稳定性。三是提高大客户、大项目对支行对公存款业务的贡献度。四是以优势特色行业和企业为主,积极吸收中小客户资金。五是以公司客户提供信贷服务为切入口,与客户建立紧密的、全方位的合作关系。六是进一步加强新企业开户的营销拓展,不断扩大公司存款客户群。2013年底,支行各项存款增量2.92亿元,完成市分行指令性计划任务的112.3%;本外币各项存款增量14176万元,完成市分行计划的66.6%;各项贷款增量3.08亿元,控制在市分行规模内。实现中间业务收入2505万元,完成市分行计划的104.4%。

【客户基础建设】支行将客户基础建设摆在工作的突出位置,深入调研,制定金东支行客户基础建设实施纲要,明确目标,积极实施客户扩面工程,建立客户营销名单制管理,落实各项措施,深入推进优质大客户发起战略,加大力度拓展优质中小企业,大力推动零售业务发展;主动加强与区政府、区外经贸局等政府主管部门联系,及时获取信息,制定名单制管理的营销办法,各个击破。加强客户营销政策的支持。信贷资源优先满足重点客户营销需要,对核心客户加大专项费用配置力度,进一步优化支行的客户结构,提升客户营销维护能力,进一步夯实支行可持续发展基础。2013年底,现金管理客户新增22户,完成市分行计划的115.8%;对公人民币有效结算账户新增92户,完成市分行计划的131.4%;国际业务结算量7900万美元,完成市分行计划任务的113.8%。

【软转质效提升】为进一步提升营业网点市场竞争能力,加快营业网点软转型步伐,充分发挥支行的团队协作能力,提升网点软实力,为广大客户提供优质高效的服务,支行召开了网点软转启动大会,根据网点特点,量身定制网点软转项目推进方案,对多湖、营业部、孝顺三家网点实行转软,通过分层推进原则,对业务结构和窗口设置进行了重新划分和调整,并根据窗口设置进行人员定岗调配,同时根据大厅客户流量进行业务种类调整,确定分设的方案,优化调整人员结构,充实大堂营销力量,并对大堂行销流程进行了梳理、优化,使人员之间的配合更加流畅,柜员与其他岗位之间的配合也日益默契,大堂营销作用日益明显。营业部等网点自软转项目推广实施以来,实现了客户结构的优化和网点销售能力的不断增强,牢牢把握住了网点转型的核心,通过精细扎实的日常管理、公平到位的绩效激励,实现了转型成果的不断固化、业绩的不断提升,对调动网点员工提升服务营销质量、推进业务经营发展起到了较大促进作用。

【员工队伍建设】为进一步拓宽干部选拔渠道，完善培养、选拔和任用管理机制，完善竞争机制，搭建员工实现价值的平台，促进人尽其才、才尽其用。5月30日，召开以“青年员工如何更好地加快成长”为主题的青年员工座谈会。支行领导班子就支行发展与规划、产品创新和营销、员工培训等问题与青年员工进行了深入而热烈的讨论，并与大家分享有关做事与做人、理想与现实以及多年工作经验的感悟。青年员工各抒己见，都结合自身工作畅谈了体会和感悟，并针对新产品、新业务的推广和营销以及加强自身素质的提高方面提出了许多好的建议。会上，支行领导班子还对落实座谈会上青年员工代表反映的问题提出了明确要求。6月至7月，通过公开竞聘方式选拔中层副职、运营主管、大堂经理，坚持公开、公平、公正的干部选拔原则，严格执行民主推荐、公开竞聘、民主测评、组织考察、任前公示、报批报备等干部选拔任用的程序，干部队伍正朝着年轻化方向发展，为支行的发展注入了新的生命力。围绕重点业务，积极开展各项竞赛活动。为提升全员整体技能水平，按季认真开展业务技能培训及考试，通过广泛开展岗位练兵和技术比武活动，积极营造了“学业务、增知识、强技能”的良好氛围，有效提升全员整体技能水平。认真组织岗位资格考试、业务技术擂台赛，参赛员工都赛出了较好的成绩。根据岗位练兵的要求，对各项规章制度进行初步梳理，要求相关岗位人员进行学习，并组织集中训练，通过业务比赛进一步提高员工学习技能的积极性，达到以赛促学、以赛促合规的效果。

【企业文化建设】发挥工会和团组织作用，积极开展文体活动，进一步丰富员工的业余文化生活，增强队伍的凝聚力，营造稳定和谐的经营环境。深入开展“两项”教育活动。采取多种形式，广泛动员，并结合省、市分行活动方案，认真布置各个阶段的工作，通过一系列的工作安排和具体实施，抓好学习活动，不断提高金融服务水平，提升服务客户能力。分层组织座谈，运营主管、客户经理等分别组织座谈，听取各岗位对工作中的意见和建议，进一步增强员工的责任感、使命感，确保下一步工作的顺利进行。利用元旦、春节、中秋等各种节假日时机，一一走访退休老干部、老职工，通过聊天、开座谈会等形式了解他们的生活情况，给他们送上年画、挂历等慰问品；9月17日，组织退休职工到双龙进行疗养，并早早地送去节日的问候，不但丰富了退休职工的业余生活，增进了老同志的身心健康，还在全行营造了敬老爱老的良好氛围。对生活困难的职工给予一定帮助，进一步加强职工与领导层的沟通，职工提出的申请和要求全部依照实际情况进行分析探讨，落实到位，解决到位。以行风评议“回头看”为抓手，推进网点规范化建设，完善了辖下5个网点基础服务设施，切实加强网点硬件服务能力。在网点为客户提供签字笔、点钞机、验钞仪、填单模板，给等待和休息的客户提供报纸杂志、饮水设备和纯净水等便民服务的基础上，在营业厅统一配备医药箱、针线包、老花镜、计算器、回形针、垃圾桶、现金袋、报刊架、雨伞架等便民设施。

【经济风险防控】严格按照“谁主管、谁负责”的案防责任制，以自觉遵守各项操作规程，以严防道德风险为目标，以高度的责任心和认真的工作态度，加强领导，组织实施。认真落实贯彻上级行案防工作分析会精神，按季召开案防分析会，并能按照要求，会前由各职能部门做好自律监管检查工作及网点自查分析；会中由班子成员与各网点负责人共同听取汇报分析，共同研究风险防范措施，共同落实整改意见；会后综合管理部根据会议研究情况分专业发出整改意见，并将整改落实情况列入下次分析会进行汇报，从而有效提高了案防分析会的案防成效。通过相互测评、找员工谈话、平时行为观察等方式和渠道，获取有关信息，开展员工行为分析。按规定开展员工行为分析评价工作，注意员工行为分析规范和创新，多渠道掌握员工思想动态和行为状况，认真落实员工行为分析评价的“一人一档”制度，将每位干部员工的行为分析情况进行建档保管，明确责任分工，做到各项工作责任到人、任务到人、考核到人。严格落实“双四十严禁”，通过专题学习、组织考试等方式使员工熟知禁令，做到自我约束、自我控制，确保将员工行为管理细则、员工行为禁令落到实处。

(张洁)

中国建设银行金华金东支行

【概述】2013年，面对复杂的经济形势，中国建银行金华金东支行围绕市分行提出的总体思路和主要工作目标，组织学习“论群众路线”“厉行节约，反对浪费”等重要论述摘编。组织党员开展做好“学党章、守纪律、正品行”主题教育实践活动工作。以员工为本、渠道为基、发展为要，强化基础工作管理。支行根据市分行工作要求，结合“行风评议回头看”，制订“四合一”标杆网点培训计划，该计划旨在培养员工团队合作精神和推进员工在柜面营销服务能力建设。通过学习培训，该行领导重视全员营销积极投入，实现了支行学有所得、学有所获，促进业绩快速提升。

2013年，实现一般性存款87459.6万元，其中公司类存款38248.8万元，个人存款49210.8万元；各项贷款发放余额126250万元，其中对公贷款55445万元，个人贷款70805万元；实现中间业务收入1238.80万元，其中公司类768.79万元，个人类470.01万元，比去年同期增长7.98%。

对已核销不良资产的回收工作，经法院拍卖执行，支行回收不良资产1595694元；核销一笔公司类不良贷款12.24万元，核销3笔个人类不良贷款计本金50.75万元。加强对不良贷款的催收工作。年末支行不良贷款逾期贷款额分别为公司类355.58万元，不良率0.64%；个人类522万元，不良率0.74%。圆满实现上级行下达的控制目标。

【存款业务】2013年度，支行完成一般性存款87459.6万元，其中公司类存款38248.8万元，个人存款49210.8万元。产品及客户:信用卡。净增信用卡客户1017户，完成全年计划的107.20%，已完成全年发卡目标。分期业务。新增分期交易额1948万，其中信用担保分期交易额500万，安居分期845万，一般性分期603万。代发工资。完成了2258户，完成率110.15%。CTS客户。签约219户，完成率102.81%。电子银行。个人网银活跃客户4595户，完成率90%，手机银行活跃客户增量1778户，完成率81%，个人短信3295户，完成率95%，账务性交易70%，E动终端日均签约数7.94万元，账务性交易量占比提升8.1%。理财产品销售量（个金+私银）63974.9万元，其中非保本41353万元，保本22621万元。贵金属，实物金38416克，账户金154368克，美元账户246克。

【会计基础管理】继2012年支行会计等级达到动态一级后，支行注重会计基础质量提升工作。在日常管理中，着力于事前、事中监督，围绕以“风险防控”为中心的工作理念，扎实会计基础。

精心组织柜面人员学习柜面业务及产品知识，以分行督导中心下发的《快乐周周学》以及“个金”（个人贷款、信用卡、个人理财、个人网银）下发的《个金每周快线》《个人柜面业务每月问答》为主要学习内容，结合支行的产品信息、活动方案，利用周会、晨会时间开展有效学习。以点带面促进柜面人员的综合业务素质。

认真对待上级行组织的各类检查，每月有针对性地开展重要岗位、重要时段、重要环节、重要物品的合规性检查。对检查发现的问题，除进行认真整改外，一并追究责任人。上半年，支行在内部突击检查营业区域内重要物品的管理情况中共发现4个问题，主要集中在低柜区保险箱钥匙未随身携带、临时离柜未按规定保管重要印章方面，针对日常上级行及自行检查中发现的问题，共对9人次做出积分处理，共计积分15分，经济处罚750元。

加大对柜员合规操作意识及差错控制意识的培养，除加强现场授权监控业务操作合规性外，组织人员利用日终时间对柜员业务凭证质量进行抽查。并在晨会中进行通报，力求在第一时间将柜面存在的差错事项传达到每一位柜员，以起到举一反三的作用。进一步修订完善考核办法，有效降低凭证稽核差错率，1—12月，支行累计凭证张数为411295张，其中省行口径问题笔数为21笔，稽核差错率为5.1‰，全口径问题笔数为22笔，稽核差错率为5.3‰，较2012年呈明显下降趋势。

切实做好各类账务核对工作，其中2012年12月及2013年上半年纸质与网银二项对账回签率均达到100%，三季度有3笔对公逾期贷款不配合对账，致使该期对账未通100%回签。按期与业务部门做好抵质押物、表外账等账务核对工作；营业主管按月开展对现金、重空、贵金属的账实簿核对工作，确保各环节账务核算的准确性。

制订岗位交流计划，做好柜面人员重要岗位的轮岗工作，1—12月，共对14人次进行岗位轮换，其中包括现柜员、印鉴保管员、对公开销户岗、自助设备清机人员。做好岗位轮换工作的交接、监交工作，并及时修订岗位责任制，确保职责清晰、责任分明、风险可控。

【营销管理】柜面营销能力及营销氛围提升是支行2013年工作重心工作。根据岗位分工不同、员工个人能力不同合理分配营销任务，结合实际、广泛征求员工意见，及时修订、调整绩效考核办法，以营销业绩为基础，突出员工贡献度，运用好考核指挥棒，充分调动员工营销热情。充分发挥网点产品家长作用，由产品家长不定期组织柜面人员学习产品知识、传导营销政策，指导柜面开展专项产品营销。

投入“四合一”标杆网点塑造，通过辅导，柜面营销氛围浓厚，柜面人员乐于开口、勤于开口，日均开口率过78%。柜员间你追我赶，并在每日晨会业绩通报点评，以及每周一的班后会的业绩汇报、优秀案例分享、难点问题排解中共同进步，相互促进。支行领导班子更是注重对员工营销过程的鼓励，充分肯定员工取得的任何一点进步，员工们更是在欢快轻松的氛围中分享营销带来的成就感，在不断的分享鼓励中更添营销信心。

将营销人员及柜员工作记录表装订成册，人手一本，用于记录每天营销情况。由专人负责制作POP展示架，根据产品家长确认的每周重点营销产品制作精美、简洁、醒目的宣传页面，呈立于所有对外开放的柜台上，给客户形成强大的视觉冲击，对柜面销售起到很大的促进作用。

“四合一”标杆网点塑造辅导，不仅增强了柜面人员的营销信心，调动了全员营销热情，更是带动了柜面产品呈现技巧、柜面主动开口率、营销成功率的提升，销售业绩更是得到快速增长。其中新开账户网上银行同步率63.7%，较1月提升23个百分点；电话银行同步率79.26%，较1月提升23.69个百分点；短信银行同步率80.73%，较1月提升12.38个百分点；手机银行同步率72.09%，较1月提升6.1个百分点。阶段性产品销售更是取得显著业绩，如端午节前共出售银粽96枚，计2880克，中秋共销售金月饼8枚、银月饼59枚，销售业绩列市支行前茅。

账户拓展工作是支行的一块短板，上半年支行高度重视，运用好“工商验资通”营销平台，通过制定《对公客户拓展专项考核办法》，确定客户拓展买单力度，加大销户挽留，重点开展工商验资通拓展，通过设立工商验资通及账户产品联系人，建立工商验资通客户经理团队，轮流到区工商局进行驻点营销。截至12月，支行通过工商验资通开立账户共83户，完成率为148%，层级排名第三，验资额11447万元。截至12月，支行已按时间进度完成了单位结算业务收入及支付密码业务，其中现金管理系统完成24户、一户通7户，单位结算卡72张，除国内信用证仅完成全年任务的50%外，其余资金结算产品均已完成上半年任务目标。

2013年，支行加大了对柜面服务质量的管理，通过录像检查、完善考核办法、配备双大堂、及时通报三方检查情况、责任认定、大堂经理服务点评等一系列措施，使全员加强了对柜面服务重要性的认识，有效促进了服务质量的提升。三方检查得分89.95分，现场检查得分100分，监控检查得分98分，总体得分92.7分，三方检查得分呈逐月提升趋势。

【行风建设】2013年初，支行组织学习了建金党纪〔2013〕1号《关于严明工作纪律、改进机关作风的通知》精神，要求党员领导干部在元旦、春节期间，切实改进工作作风，加强廉洁自律，杜绝酒驾，远离“黄赌毒”，克服“慵、懒、散、奢、推、拖”以及“吃、拿、卡、要、报”等不良风气。会议还对2012年支行工作满意度进行民主评议，向全体员工征求意见。根据“行风评议回头看”工作要求，强调提高客户服务满意度和营销服务中需要关注的一些服务问题及处理方法。

9月，支行组织全体党员和客户经理认真学习《中纪委违反八项规定通报》《转发中央纪委关于落实中央八项规定精神 坚决刹住中秋国庆期间公款送礼等不正之风的通知》《从严治行加大问责工作力度十项要求》等内容。廉洁自律，克己奉公，做好自身建设。要认真学习贯彻党的群众路线教育实践活动精神，积极听取党内外人士意见、客户意见。

根据上级行的工作安排，组织党员开展做好“学党章、守纪律、正品行”主题教育实践活动工作。积极组织员工参加上级行“道德讲堂”的学习，提高员工职业道德修养。2013年，支行做到把贯彻执行建设银行内部各项规章制度作为重要内容来抓，坚持每月常规性检查制度。全年配合上级有关部门的专项检查10余次，发现隐患和违章及时提出整改措施。通报检查情况，研究决定违章处理方案，分析形势，提出下步工作意见。支行2013年度下发违章违规处罚，根据积分管理办法，共通报违章事件8件，对有关责任人按制度进行了不同程度的处理，积分和经济处罚9人次，共积分15分，处罚和扣款金额750元，既教育了当事人，也教育其他员工引以为戒，做到把事故隐患处理在苗头，杜绝重大责任事故和案件的发生。

【党建活动】加强组织建设、思想建设，抓好支行党组织各项活动，10月，支行组织部分党员和入党积极分子赴嘉兴南湖瞻仰党的一大会址，并参观南湖革命纪念馆，进行党的光荣历史教育，缅怀先烈，重温入党誓言活动。将培养提高支行员工素质，争取把优秀员工培养成为支行入党积极分子，作为党支部的年度工作重点。

在积极组织员工参加分行组织的各项活动的同时，支行还利用公休时间组织员工进行郊游活动，陶冶员工的情操，提高全行员工的凝聚力，为支行的各项业务发展起到良好作用。

（俞雨瑞）

金华银行金东支行

【概述】2013年，金华银行金东支行各项存款指标完成情况:各项存款绝对额247460万元，比基数（190000万元）上升5.746亿元，完成全年目标任务的119.71%，其中企业存款余额112413万元，比基数（78700万元）上升33713万元，完成全年目标任务的88.95%，个人存款余额135047万元，比基数（111300万元）上升23747万元，完成全年目标任务的235.12%；各项存款日均额213906万元，比基数上升23906万元，完成全年目标任务的83.01%，其中企业存款日均额94288万元，比基数上升15588万元，完成全年任务的68.55%，个人存款日均额119618万元，比基数上升8318万元，完成全年任务的137.26%。

各项贷款余额156660万元，比年初增加11936万元。其中，小微企业贷款新增额16336万元，完成率120%，列全行第四位；小微企业新增户数54户，完成率216%，列全行第四位。不良贷款余额1285万元，比年初下降420万元，完成率60%；收回历年不良贷款余额701万元，完成率89.87%；压缩一般类公司政府项目贷款620万元，存贷比控制在70.7%，不良占比0.8%。银票余额24668万元，比年初增加7360万元，商票余额12980万元，比年初增加5980万元。保证金(包含存单质押)余额28256万元，其中保证金存款925万元，存单质押存款27331万元。

2013年，支行零售业务考核排名全行第二。理财销售完成20115万元，完成全年任务的298%，排名全行第一位；中间业务收入完成247.09万元，完成全年任务的112.31%，其中国际业务收入完成32.27万元，完成率146.68%；信用卡完成865张，完成全年任务的108.13%，其中不良透支率0.64%，完成率130%，活卡率55.43%，完成率140%；代理保险完成519.98万元，完成全年任务的136.84%；基金代销完成629.44万元，完成全年任务的165.64%；储保乐销售完成279.03万元，完成全年任务的155.02%；网银新增有效户670户，完成全年任务的106.34%；网银交易量完成62.85亿元，完成全年任务的157.11%；国际结算量完成2983.97万美元，完成全年任务的104.7%；贷款综合收息率99.76%，实现账面经济利润4708万元。

2013年，支行班子通过全面调研和深入分析，对原先4个经营网点的负责人进行全面调整，增设了3个业务科室和1个营销小组，并对客户经理队伍进行重新整合，员工参与竞争、主动拓展的积极性和紧迫性明显提高，支行整体业务发展态势良好。2013年，考核办法与业绩匹配性更强，不断融合竞争理念而出台的体现“以业绩论英雄，以业绩取高酬”的核心理念，是对历年考核制度的一种冲击。通过考核办法的不断推进和完善，使员工进一步感受到业绩的重要性和竞争的激烈性，在全行上下的不懈努力下，共同推动支行整体业务的持续向前发展。由于2013年初有财政局、水务局、上浮桥村等不稳定性存款近1.2亿元，加上第四季度对商票、全额银票进行存款结构性调整，仅1家大客户存款就比年初下降了1.1亿元。面对存款大幅滑落的不利形势，支行全体员工克服畏难情绪，奋力拼搏，运用各种渠道吸存揽储，不仅填补了大额存款下降的缺口，至年末各项存款绝对额还比基数上升了57460万元。依托新设机构的辐射功能，加大区域份额拓展。都市新区网点的设立对整体大金东布局覆盖划上了圆满的印迹，服务触角得以延伸。通过全员人缘关系资源营销，完善以资产业务配套带动负债业务的营销策略，业务发展速度达到预期效果。截至年末，该网点各项存款余额达1.96亿元，超额完成支行年初下达的目标任务。

支行班子身先士卒，发挥表率作用，带头做好对系统性存款客户的维护工作，取得了较好的回报。特别是汽校存款的稳定、区财政存款的理顺、新区土地出让现金流流入和水务局、公路段资金的划拨款归行等。二级支行重点开展对代理中心和村级存款的维护和对接，土地出让款的转入、出售屋基款的存入等工作取得较好的成果。关注2013年的改选工作，特别是潜力大的村落，选准目标，提前沟通，达到了预期的结果，为后续业务的深入开展奠定了良好的基础。积极走访了解信息，及时做好旧村改造、联建房配套等改善民生的工程，为后续存款业务的增长打好基础。灵活走访对接，加大攻关力度，运用好乡镇新开户政策，开立新的拆迁账户，带动了新增长点。如2013年仙桥支行成功拓展金东区赤松镇会计核算中心征迁专户，新增存款2200余万元。加大对公存款户的拓展。以活动促进业务增长，开展金东支行2013年二季度对公客户营销竞赛和存款营销竞赛活动，有效地增加了对公客户，促进了一部分存款的归行。

【信贷结构调整】年内新增信贷投放11936万元，其中，小微企业新增信贷投放16336万元，完成年初总行下达目标任务的120%，增势明显。为了加强对小微企业的扶持力度，2013年支行从原有规模入手，着力压降效益低、回报少的客户，优化资源配置，提升规模效益。主要措施有收回存量存单质押贷款5160万元；商票持票占用规模减少1140万元；加大劣质企业客户退出步伐，年内共退出贷款金额3640万元；按计划压缩政府平台贷款。2013年初，即根据各科室、网点的客户资源和属地管理原则，明确对区域工业园区的“分片拓展”机制，通过以老带新的客户资源延伸、员工人脉关系扩展及区域“拉网式”走访营销等方式，提升了新的对公客户增长速度，特别是中小微企业的入行，也为后续客户储备的拓展积累了经验。化解历史遗留贷款取得重大成效。华都置业历年不良贷款680万元通过以时间换空间的形式得到了平移；“江信系”4800万元不良贷款绝大部分在风险下降的前提下得到转化(其中由保证人承担了3830万元，现金收回200万元)，大大降低了风险隐患。

【中小企业拓展】组织开展旺季营销竞赛活动，2013年3月，推出小微企业拓展专项营销活动，业务部门在小微企业拓展方面取得了一定的业绩。至年末，贷款余额156660万元，比年初增加11936万元。其中，小微企业贷款新增额16336万元，完成率120%，全行排名四位；小微企业新增户数54户，完成率216%，全行排第一名，其中“无贷户”小微企业39户，完成率170%，全行排名第一，个转企拓展8户，完成率160%，全行排名第三。2013年资金面呈现出较为复杂的局面，总行对支行的信贷计划管理的取数频率和上报要求更加严格，为此支行不断强化对计划管理的精细化要求，年度信贷计划管理质量排名第四位。信贷基础管理工作有所提高。一直以来，信贷档案管理质量受客户经理队伍年轻化影响，差错率居高不下，通过加强培训、组织学习、差错处罚考核等多项措施的陆续出台，整体档案管理质量有了一定程度的提高，排名从年初的倒数第二上升至年末的全行第九位。

【调整资产引导】从资产规模、执行利率、回报率、归行率等因素分析友行班子对资产情况进行了有序地调整，为银行竞争背景下的创益水平调整到良好状态打下坚实基础。作为可持续发展战略，必须是不断地增加客户群，通过对客户的不断更换，不断完善信贷客户结构，从而以客户的信任回报带动负债业务的稳定发展。关注到2013年市场层面资金趋紧态势十分突出，资金链条越来越紧，有针对性地召开了不良贷款(含预警)客户分析会议,并着重从四个层面上着手:注重新进信贷客户准入调查;强化对不良贷款的清理工作,重视存量贷款的信息掌控;继续做好风险排查工作,积极走访客户,确保让风险前移;对已经进入诉讼程序的贷款加大执行力度,对将要诉讼的贷款做好保全手续并加大执行效果。注重对接,加强交流,一方面争取在存款方面有一定的回流;另一方面,通过深入了解其经营情况,促进中间业务拓展和项目贷款的持续介入。

【抢占零售先机】从年初起,支行就紧紧围绕总行下达的各项零售目标任务,做到工作早动员、任务早布置、行动早落实、考核早到位,使各部门做到目标明确,抢抓先机。如一直以来都属"老大难"问题的贷记卡营销任务,支行在上半年就全面超额完成,成为市区首家完成全年任务的支行;再如2013年的"旺息宝"理财产品销售工作,通过转变营销理念、优化激励措施、做好跟踪服务等多项举措的推进,细抓每期销售进度,最终实现全年理财销售全行第一的佳绩。

【贷记卡提升工作】2013年支行从逾期户催收、有效卡占比、开卡准入关等多方面进一步细化对贷记卡工作的管理。通过开展专项的历年卡清理营销活动,集中对历年"睡眠卡"进行激活(销卡),活动期间将清单逐户分解,责任到人,并每日通报跟踪进度,在为期一个月内共实现销卡(激活)453张,全年活卡率从年初的47.36%提高到55.43%,达标率为140%,成效明显;狠抓逾期户的催收工作,年初即对逾期户进行逐户梳理、排查,制定一户一策,在总行零售部门的大力支持下,通过电话催收、上门催收、法律诉讼等多重手段,年内累计成功催收逾期360天以上客户4户,逾期180天以上客户4户,逾期120天以上客户1户,共计收回本息4.52万元,其余均已进入诉讼程序,贷记卡不良率由年初0.83%下降至0.64%,降幅0.19%,完成率达130%,卡质量有效提升。严把办卡准入关,从资料的收集审核,到资信的调查核实、再到额度的审定,均做到分级管理、责任到人,确保年内无新增贷记卡不良的产生。

【促进外汇业务】针对2013年总行下达的外汇业务目标任务,支行召集各业务科室开展专题会议,分析上年外汇业务的短板,总结经验教训,并对2013年的工作重点和目标要求进行布置落实。通过加强走访宣传,并邀请国际业务部人员共同参与走访有潜力、有需求的重点目标客户,做好现场解答。如对华牧公司细致入微的服务赢得了客户的认可,2013年,该公司提高了在银行的进口信用证和进口押汇业务,实现了银企的合作共赢。年内支行新增进口开证17笔,美元4535296.82元、欧元125.21万元;进口押汇9笔,美元2331080元、欧元28.26万元;增加外汇新开户18户;全年国际业务结算量2951万元,完成率103%,外汇结算收入32.27万元,完成率146.68%,排名全行第五位。

【充实内部督查】2013年,支行将信贷规范化管理归入业务管理科,将临柜综合条线的管理归入零售业务科,并设置了专职检辅员,旨在进一步加强支行的业务规范化管理,细化支行内部督查工作的执行。通过每月对网点开展专项检辅,对业务科室的信贷操作和管理,以及文明服务、安全保卫等各方面开展有效督查,以制度落实执行情况为着眼点,认真分析问题原因,明确整改要求,并对各类违规行为视情节轻重给予通报或处罚,将案例分析与宣传教育相结合,将奖优罚劣与考核机制相挂钩,使员工的合规意识不断得到增强,干部的管理水平不断得到促进,支行整体管理水平逐步得到提升。全年共发内部督查通报12份,通报表扬2人次,通报批评4人次,处罚36人次,金额5110元。

【严防结算风险】2013年,支行新进员工较多,对支行核算质量管理带来严峻考验。对此支行一方面通过每月开展的月度讲评通报,要求每个网点认真组织员工学习、消化,做到举一反三、引以为戒;另一方面,通过落实网点开展内部交叉复核、明确责任,最大限度降低差错产生。上半年支行整体会计核算质量排名全行第一,至年末,支行会计核算质量排名全行第二位,比2012年上升一位。剔除都市新区支行,整体业务结算量同比增加6126笔,核算质量再创佳绩。据初步统计,全年会计核算无差错的柜员有27名,占全部临柜人员的93%,总体素质明显提高。

【提高队伍素质】加强日常的业务知识学习,特别是对新员工的培养,采取师徒结对的形式,使其在理论和实践上共同提高；狠抓员工技能培训，网点每天充分利用班前、班后的半小时，以及日常工余空闲时间，积极开展岗位练兵，支行的星级员工达标考核频率也继续加大，由上年的每季开展更改为每月开展，对成绩突出和排名末位的员工分别给予奖励和处罚，有效的激励机制，使员工充分认识到自身业务的差距，激发员工“学先进、争先进”的良好竞技氛围，帮助员工成长成才。2013年，在总行的技能达标考试中，有3名员工达到四星标准(其中2名入行未到两年)，11名员工达到三星标准(其中3名入行未到两年)，支行整体对外服务形象进一步提升。

【安全保卫工作】安全保护工作一直以来都受到支行的高度重视。针对支行员工特别是新进行员工对安保意识普遍薄弱的现状，支行一方面积极开展各类形式的安保培训来加强对员工风险意识的培养，如召开专题会议进行理论学习，邀请专业消防人员现场培训指导，组织开展行内安保知识测试和消防演练等；另一方面，通过定期、不定期地开展安保检查，发生问题及时处理，及时解决，从根本上杜绝各类安全隐患的产生。把员工八小时外动态管理与家访、谈心、谈话相结合，及时了解员工的思想变化，由于2013年支行的人员调整频繁，特别是支行中层管理人员的调整涉及面大，支行及时开展谈心谈话，了解干部的思想变化，督促做好各项离岗审计和工作交接，确保业务的平稳过渡。全年开展各类谈心谈话累计85人次。在年初即根据支行实际制定了员工强制休假、轮岗计划，年内共实施强制休假8人次，轮岗57人次(含调离支行9人)，均形成详细的内部稽核报告。年内实现无重大案件、无重大差错事故、无刑事案件的“三无目标”，确保实现安全经营。

(张建军)

金华成泰农村合作银行金东支行

【概述】浙江金华成泰农村合作银行在金华市金东区共设有10家支行，分别为金东支行、岭下支行、赤松支行、澧浦支行、曹宅支行、孝顺支行、鞋塘支行、塘雅支行、傅村支行、低田支行。

2013年，浙江金华成泰农村合作银行围绕省联社和金华办事处各项工作部署，围绕打造精细化管理、实现又好又快发展这一总目标，突出提升市场竞争力、提升风险防控力两项重点，紧抓业务经营，严密风险防控，努力加快转型升级步伐，各项业务保持稳健发展。截至年末，金东区的十家支行各项存款余额447902万元，比年初增加80910万元，增幅22.04%；各项贷款余额268175万元，比年初增加41491万元，增幅18.3%；12月末，五级不良贷款余额比年初下降2354万元，不良占比1.74%，比年初下降0.65个百分点，不良贷款绝对额和不良占比都有了较大幅度的下降。全年共实现利润总额16905万元，增幅7.03%，上缴各项税费8799万元，为推动地方经济做出了积极贡献。

【信贷服务】扶持青年创业，继续办好成泰农村青年创业学院，深入推动“导师、团干、信贷员、农村青年”四位一体帮扶模式，支持农村青年创业就业。农村青年创业贷款获选浙江省银行业首届服务小微企业和服务“三农双十佳”产品，是金华市金融机构唯一的获奖产品；拓展战略业务，金东区各村级代理中心在银行开户率达到93%，代理金东区乡镇国库集中支付进展顺利，争取到金东区江东镇试点代理资格；实施普惠金融，根据金东区政府对银行普惠金融三年行动计划进行转发文，明确将银行普惠金融工程建设纳入新农村建设考核体系中，充分体现了银行的对接力度和政府部门对普惠金融工程的重视。11月，在金东区曹宅支行拉开了阳光普惠授信试点工作，通过设立支农联络点，完善支农联络员机制，实施客户经理联村制度，推行“一块牌子、一本操作手册、二项制度”，按照“先评级、后授信、再用信”原则抓好落实。至试点结束，在全镇63个行政村确定了71位支农联络员，授信216户，金额4886万元。建设“微型”银行，逐步提高辖内行政村“丰收卡(折)+电子机具+村级便民服务中心(农家店)+支农联络员+管村信贷员”五位一体覆盖面，已达38%。强化渠道建设，加大电子支付机具的布放力度，优化刷卡环境。全年新增布放ATM机22台、POS机164台、便农自助金融机具10台、助农POS使用率达73%。

【廉政建设】抓好党建提升。党委书记带头宣讲十八大精神，开展了"切实推进中国特色社会主义和'中国梦'"主题宣传教育活动；组织信贷从业人员98人分二批到金华监狱警示教育基地接受现身说法教育，并结合自身撰写学习心得进行交流；深化"5+3+1"廉政风险防控机制建设，作为省联社廉政风险防控示范点之一，该项工作于6月25号在省联社纪检监察工作会议上做了经验交流，得到大会表扬。抓好作风建设。把贯彻落实中央八项规定、省委"六个严禁"和"28条办法"、浙江农信改进作风"三十条细则"和银行改进作风"25条细则"作为2013年党风廉政建设和反腐败工作的重要任务，建立领导干部联系支行工作制度，量化考核，并建立督查机制。2013年，全行共减少"三公"经费43.04万元，各类会议费用也是围绕"简朴、效率、效果"的原则，简化程序，降低标准，提高效能。抓好警示教育。开展客户经理职业风险主题教育活动，全行166名客户经理接受了客户、员工、机关三级考核评价；结合岗位职责和相关规章制度，认真开展风险点查找，共计排查上报岗位履职风险点56个、业务操作风险点59个、制度执行风险点46个，明确防控措施100条。抓好品牌争创。2013年度各支行党组织切实发挥共产党员的先锋模范作用，积极开展争先创优活动，品牌创建工作有实效、有成果，岭下支行党支部荣获"扶小助微、服务三农"工作品牌、金东支行党支部荣获"学习型党支部"荣誉称号。

【金融创新】信贷产品创新。先后开办丰收创业卡、年审制贷款、养老"安心贷"、"'1+N'农业产业链"、排污权抵押、丰收"税银通"贷款等7个贷款品种，拓宽担保方式，满足不同客户的金融需求。国际业务创新。先后开办了出口商票融资、短期出口信保融资、个人外汇现金业务和速汇金业务，全年累计完成国际结算量4170万美元，结售汇量4060万美元。中间业务创新。做好贵金属代理业务前期准备工作，经人民银行批复取得代理资格；代理发行4期"丰收信福"理财产品，销售金额1.2亿元。资金业务创新。加强与金融同业间的合作，在确保资金的流动性基础上，提高资金收益率，全年累计完成资金市场交易273.16亿元，实现金融机构往来收入11856万元。

【文化振兴】组织开展全省存款超万亿、全市存款超千亿、合行存款超百亿、普及金融知识万里行等专题宣传；积极参加省联社金华办事处"六最"文化活动，承办"金华农信系统最佳摄影采风大赛"；组建金华成泰农村合作银行支持青年创业课题组，对银行支持农村青年创业进行专题记录；充分发挥工会、共青团作用，开设道德讲堂，组织趣味运动会，举办成泰之声歌咏比赛，组建篮球等三个运动队等，凝聚员工合力。此外，2013年银行共在国家、省、市级各类主流媒体和刊物发表各类报道442篇，并通过举办文艺晚会、播放广告片等多种形式，做到形象宣传电视有影、电台有声、报刊有文、墙上有字，全面提升银行社会知名度。

（童学伟）

中国人民财产保险股份有限公司金华市金东支公司

【概述】中国人民财产保险股份有限公司金华市金东支公司（以下简称公司）是中国人保财险公司的下属分支机构，以"人民保险，服务人民"为使命，围绕"转观念、盯市场、勇担当、争一流"的工作目标，坚持科学发展，强管理，抓落实，创新服务举措，提升客户满意度，加强队伍建设，践行"分担与共享"企业文化，营造"心齐、风正、干事"良好氛围，实现较好较快跨越式发展。

【经营管理】公司以市场为标杆，坚持专业化经营、精细化管理、差异化竞争，资源整合最优化，持续创新发展之路。全年实现保费收入7500万元，同比增长20%以上，增速高于全市系统的平均增长水平，累计处理各类赔案2017件，发挥了社会保障和经济补偿功能。在公司业绩较好较快发展的同时，强化风险管控和内部管理，合规经营。严把业务进口关，实施业务分级分类审核管理，提高业务质量，推动效益发展，各项工作按月、按季度定期开展自查和整改，从源头上管控风险。完善绩效管理考评体系，调动员工积极性，坚持合规经营，以贯彻执行监管部门和行业协会的要求为抓手，开展反洗钱培训，规范行为。

【机构建设】2013年，公司移址到李渔路122号，并对营业大厅进行了全面装修布局,顺利实现柜面升级工作,为客户提供全新服务。新建成的营业大厅内业务区、休息区、客户体验区均有指示牌指引,宣传资料架摆放井然有序,为客户营造了良好的服务环境。在优化各项硬件设施的同时,门口还安装彩色LED显示屏播放宣传视频,增加人员配置,各部门分工明确、职责到人,确保日常各项工作有序开展。

加强农村网点建设,在辖区内建立"三农"保险营销服务部3个、服务站4个,形成较全面的"三农"保险服务体系,为客户提供方便、快捷的保险服务,推进全区政策性农业保险工作的顺利开展,为加快社会主义和谐新农村建设做出了贡献。

【服务客户】以客户为中心,做到"人无我有、人有我优",延续人保"金牌服务"称号,提升客户满意度,争做"人民满意的保险公司",提高市场竞争力。以系统内"2012服务标准化深化年"为契机,提高服务标准化建设水平。加强对服务窗口的监督管理,定期开展"神秘人服务检查"增强服务意识,切实让标准化服务制度化、常态化。强化出单员服务技能,每日对出单时效进行监控,有效提升出单速度。加强对车险理赔周期和各环节服务时效的考核,以高效、便捷、人性化的理赔服务和过硬的理赔质量作为公司最好代言。

开展创新服务,增设"车险理赔联络专员",客户出险后,由理赔联络专员担任引导职责,及时同客户联系,给予客户安抚、关心和慰问,协助客户做好各项索赔工作。同时,配合查勘员理赔查勘,做好后续的客户信息反馈工作,减少客户后顾之忧。

推进增值服务,提升服务品质,增强市场竞争力,为客户提供服务车辆道路救援、车辆代办年检、续保短信提醒、组织俱乐部活动、VIP客户专享免费洗车、酒后代驾、加油优惠等特色服务,让客户享受优质服务。

组织客户自驾游,开展互动交流。2013年,时值人保公司成立64周年,5月18日,公司组织大型客户节活动,以系统内各项优惠活动回馈客户的支持和信赖,拉近了公司与客户间的距离。

【"三农"保险】扩大农业保险及险种覆盖面,建立健全农业保险体系,推动全区农村农业发展。公司首次启动针对性较强的电动车三者险、小额意外险、家财险等保险服务项目,是推进农村保险的又一新举措。作为金东区政策性农村住房保险的首席承保公司,全年政策性农村住房保险统保全区508个村,农村住房10.48万户,参保率达97.1%,承担风险20多亿元,基本实现应保尽保,为广大农村居民提供住房财产安全保障,有效提高因灾倒塌住房的重建能力。此外,公司还承保能繁母猪7732头,生猪171441头,主要养殖大户7户,公益林8568.73公顷,充分发挥农业风险转移的作用。

【企业文化】公司始终践行"分担与共享"的企业文化理念,实施"提升员工幸福感"工程,关爱员工,组织文体和户外活动,提升公司凝聚力和向心力。6月,公司特邀110急救中心人员为全体员工上了一堂逃生急救知识培训课,增强了员工自我保护意识,提高员工急救应变能力;7月,公司为每位员工发放防暑药品,关心基层员工,保障员工在高温条件下工作的安全和健康;9月,工会以"每天锻炼1小时,健康工作30年"为口号,掀起广播操健身热潮,并引导全员参与。各项活动的广泛开展为员工爱司敬业起到积极的推动作用。

(付　惠)

中国人寿保险金东支公司

【概述】中国人寿保险股份有限公司金东支公司(以下简称公司)学习贯彻中共十八大精神,以科学发展观为指导,加强队伍建设,创新发展思路,提高市场竞争力,加强经营管理,实现业务平稳健康发展。拥有由保险营销员、团险销售人员,以及专业和兼业代理机构组成的中国最广泛的分销网络。

【提升专业素质】公司在寿险行业始终保持专业领先的竞争优势。拥有强大的产品研发与创新能力,不断丰富保险产品和服务的内涵。公司的投资运作高度专业化,致力于构建新一代信息技术体系,依托先进IT技术培育公司一流的经营管理能力,拥有由保险营销员、团险销售人员,以及专业和兼业代理机构组成的中国最广泛的分销网络。

【客户服务】按照业务集中管理方案的部署,公司设立了客户服务机构，配备了专职的客户服务人员，建立了一整套服务制度与规范，开通了“9519”客户服务专用电话，方便了客户，强化了文明优质的服务，建立了自己专业服务品牌和形象，把公司的客户服务工作提高到了一个新的水平，有效地改善了业务发展环境。

【安全管理】规范管理遵循“分级管理，逐级授权、权岗对应、依权操作”的管理原则。划分权限。制定操作权限管理制度，严格划分各个部门和人员的操作权限。确保办理同一笔经办业务的不同环节必须经由二人以上相互制约操作完成，前台操作和后台审核分开。强化安全。建立信息系统灾难安全防范机制，定期对数据安全管理情况进行检查。

【风险管控】中国人寿遵循最为严格的监管规则，努力提升公司治理和风险防范水平。积极推进外树形象、内塑精神的企业文化，全面塑造厚重诚信、自强致远的企业品格。公司着力防范销售风险，在员工内部普及和推广风险管控意识，组织诚信合规的展业氛围，组织内控标准知识培训和考试，开展各项检查和自查。做好数据真实性自查工作，加强理赔、调查业务知识的学习培训，提高理赔管理的能力。

【提升服务】理赔服务。提供定点医院联网结报及网点受理结报服务，确保快速、准确、高效地为参保群体进行理赔。“95519”和短信服务，通过公司全国性、24小时的“95519”客服热线，提供保险查询、咨询等相关服务。参保人满意度评价。出台参保人满意度考核管理办法，确保服务质量，提升参保人服务满意度。

【队伍建设】公司党委结合业务发展，规范党组织建设，创新党建工作。把创先争优与业务发展紧密结合，在党员中设立党员先锋岗，强化教育管理，促进党员先锋模范作用的发挥，增强科学发展的能力，推进创新创先争优活动，有效调动干部员工的工作激情，组织员工培训班，提高员工和营销人员的职业技能和服务能力，为公司业务发展和服务优化提供保障。

【企业文化】公司组织篮球、羽毛球、乒乓球等多个项目的比赛，丰富了职工的业余生活，公司团委组织青年开展学习、拓展训练活动，组织员工开展慈善捐款，无偿献血、捐赠衣物等活动，坚持开展结对扶贫工作、营造关爱社会、关照社会、奉献爱心的良好氛围。

（童金波）

多湖街道

【概述】多湖街道位于东经119° 39′ 34.8″ —119° 44′ 12.57″ ，北纬29° 02′ 22.18″ —29° 06′ 50.19″ 。地处金东区西南部，东、东南与澧浦镇、江东镇连接，南、西南、西与婺城区的雅畈镇、苏孟乡、三江街道、江南街道、城东街道毗连，北与东孝街道隔江相望。

政区沿革 清光绪元年(1875年)分属赤松乡、庆云乡、文星乡、惠日乡。1938年分属多湖乡、东关乡，隶属二仙桥乡镇联合办事处。1950年分属多湖乡、东湄乡，隶属雅畈区公所。1958年10月称雅畈人民公社多湖管理处、东湄管理处。1961年9月改称多湖人民公社、东湄人民公社，分别隶属县直属、雅畈区。1983年9月复称多湖、东湄乡。1985年2月划归婺城区。1992年多湖乡、东湄乡合并，改称多湖镇。2000年划归金东区。2002年改设多湖街道。

面积人口 辖区东西最大距离7.5千米，南北最大距离8.5千米，总面积32.7平方千米。2013年末，辖35个村(居)，2个城市社区，总户数为10784户，人口总数26545人。总人口中，男性人口12932人，占总人口的48.7%；女性13613人，占51.3%。城镇常住人口11320人。城镇化率42.6%。另有流动人口6924人。2013年人口出生率1.50%，人口死亡率0.56%，人口自然增长率0.94%。

2013年，多湖街道完成工业总产值15.6亿元，其中规模以上企业产值6.47亿元，同比增长14.63%；实现新产品产值6160万元，同比增长19.15%，完成工业投入1040万元，自营出口完成1.05亿元，同比增长186.3%；完成财政总收入34667.7万元，其中区级财政收入12421.5万元，比上年增长172%。多湖街道是金华市生态街道、金华市无邪教乡镇、金华市文明单位。

【多湖重点工程建设】2013年，多湖中央商务区开发建设顺利推进。东市街南延等6条道路建设完成政策处理，进场施工；横塘沿安置小区绿城·金都美地开工建设；李渔路以南区块征迁工作全面启动，市人民医院征地已确定用地红线并完成用地指标的报批和地界勘察工作；万达广场建设有序推进。金东新城区道路及配套基础设施建设大幅提升。大堰河街李渔路至光南路建成通车；艾青公园内完成房屋拆迁；丽泽公园开工建设；城防工程、污水管道工程、金外初中等项目完成土地征用并开工建设。金东新城区紫金湾、广天商务写字楼、联建楼供销社等项目顺利推进。驿头、大项、泉源等村居启动城中村改造工作。东湄蔬菜基地内路网、水利设施等已列入国家农综项目，并已进场施工；9000平方米的玻璃温室大棚和22亩连栋及单体大棚已基本建设完成。

【多湖社会事业保障】2013年，完成上古井等14个农村居家养老服务中心建设，让老年人在家门口就能享受养老服务。认真抓好国卫复审迎检工作，切实加强垃圾清理、污水治理、绿化、环卫设施建设等整改，强化监督考核，完善长效管理机制，厅上、新屋通过了洁美村庄的验收，积极争创省级“生态街道”“森林城镇”，推进美丽乡村建设。狠抓落实“三改一拆”工作，共拆除违法建房60185.78平方米，完成任务数2.6万平方米的231.5%,并加强违建监管,严格做到拆旧控新;进一步抓好生态治理,结合"五城四边三化""水环境综合治理""采砂、制砂整治"等行动,共拆除养殖场12家,计3500平方米,关停治沙企业9家,投入150万元用于村居环境卫生治理工作。做好劳动保障各项工作,2326名失地农民参加了社会养老保险,发放"一卡通"医疗保障卡9800张,新增城镇就业人员210人,农村劳动力转移320人,创建创业型社区16个、充分就业村(居)3个,建立创业品牌5个,完成城镇居民医疗保险13680人,参保人数12715人,不断加快农村服务体系建设。

【多湖平安社区建设】2013年,多湖街道多举措推进平安创建维稳工作,认真组织开展矛盾纠纷排查调处,共排查调处纠纷442起;扎实开展社会治安综合治理,重点抓好老上访户、特殊利益群体和重大矛盾纠纷的协调处理,4起重大矛盾纠结得到化解;切实加强平安创建和消防知识宣传活动,组织开展两次大型团队服务进社区,共发放平安倡议书2.3万份;组织35个村居开展"平安家庭"评比活动,评选出近8000个"平安家庭"进行挂牌;加强社区矫正人员、吸毒人员及精神病患者等群体的管理,及时掌握有关动态信息。2013年,在七里畈社区和潭头村开展"网格化管理,组团式服务"宣传实践活动。进一步加强安全生产网格化管理,强化校园安全措施,抓好流动人口和各类出租房的管理。

【多湖基层党建工作】以科学发展观为指导,以开展"正风提效促赶超"系列活动为契机,全面落实基层组织建设年活动,抓基层打基础,抓班子带队伍,抓亮点求突破。扎实履职,积极带头落实党建工作责任制,努力抓好班子自身建设;夯实执政基础,强化基层组织建设。完成34个村(居)村级组织换届选举工作,村级班子结构得到优化,产生支委126名,其中女性16名,大专以上21人;村委139名,其中女性33名,大专以上14人;实行"一肩挑"的村3个。严把党员发展质量关,严格按照发展党员"控制总量、优化结构、提高质量、发挥作用"的十六字方针,做到成熟一个发展一个,并在转预备党员之前都报区委组织部进行结构预审,2013年共发展新党员27人,按期转正49人。以"党员公益日"活动开展为抓手,积极发挥党员模范带头作用开展公益活动;强化服务,推动"两新"(新经济组织和新社会组织党建)党建工作的开展。高度重视企业党建工作,在"两新"组织中深入开展"五星争创"活动,狠抓"两新"党建"双强双覆盖"。2013年,街道新成立两个区域党委,分别为高教园区党委和东湄区域党委。两个区域党委的成立,形成农村社区党建、"两新"党建互联、互补、互动的基层党建工作新格局;认真落实党风廉政建设责任制,与各村居、部门、企业党支部及全体机关干部签订党风廉政建设目标责任书,注重加强廉洁从政教育。

规范对重大事项的决策制度,实行班子会议联审。规范财务管理制度,健全监督机制。坚决纠正不良的党员风气,制定并完善街道财务管理、车辆管理、公务接待、重大事项请示报告等一系列规章制度,规范村级"三资"(资金、资产、资源)管理,发挥村级监委会监督村级干部的职责。

【多湖"三改一拆"行动】4月12日,多湖街道办事处联合行政执法、国土、公安、供电等部门200余名工作人员,对潭头村10处违法建筑进行强制拆除,共拆除面积3000平方米,加上自行拆除的28户,共计6000平方米。自开展"三改一拆"行动以来,多湖街道紧紧围绕"控新拆旧"的目标,以"六类"违法建筑拆除为重点,发挥党员干部带头作用,以樟新村和潭头滩村等为重点区域、重点村落,周密部署,攻坚克难,开展大规模拆违行动。为了遏制违章搭建、违法建设的势头,多湖街道下发《关于进一步规范多湖街道村(居)民建房审批监管工作的通知》,建立巡查组织,严格实行先拆旧后批新政策,坚决防止超面积占用宅基地和一户多宅现象。截至4月18日,街道共组织大规模的集中拆违活动3次,共完成拆违1.25万平方米,城中村改造完成200户,拆除面积约5.06万平方米。

【多湖社区安置房建设】12月28日,金华市区城中村改造暨横塘沿社区安置房建设现场会在多湖街道横塘沿社区安置小区项目地块内召开。市委常委、常务副市长金中梁,金华市人大常委会副主任钱世贸,金华市政协副主席张跃进,金华市人民政府副秘书长、多湖中央商务区管委会主任程天云,金华市建设局局长,市城改办主任潜高星等领导出席了开工典礼。绿城·金都美地横塘沿社区安置房项目是市区城中村改造示范建设项目,一直以来都受到市委、市政府的高度重视,副市长金中梁更是在现场会上为社区居民答疑解惑,承诺安置房建设会严把质量关,确保工程按时竣工,公平公开公正分配,让广大征迁户住上称心如意的好房子。

【多湖街道区域党委成立】2013年,为打破了单一的村居单位、驻区单位、非公企业的分隔,街道将上海财经大学浙江学院党委及周边8个党组织、东湄工业园区的部分"两新"组织及相邻的18个党组织整合在一起,分别建立了多湖街道高教园区党委和东湄区域党委。高教园区党委下辖2个党委,7个支部,672名党员。东湄区域党委下辖1个党委,18个支部,235名党员(含流动党员27名)。形成农村社区党建、"两新"党建互联、互补、互动的基层党建工作新格局,实现了区域内党建资源和社会资源的集约利用。

多湖街道区域党委成立

【多湖城市创卫工作】为打好创卫攻坚战,多湖街道根据实际情况,自9月1日起,聘请专人对二环线以内的27个村(居)进行卫生巡查,对发现的卫生问题一一登记在册,并当即联系各村(居)负责人,现场解决问题。对于存在卫生问题的村(居),巡查员会根据前一日检查登记的情况进行整改复查。一旦发现整改不到位的,街道将督促村(居)主要负责人整改。整改情况和迎检资金下拨相挂钩。建立村(居)每日巡查制度,问题当天整改,旨在实现长效管理。多湖街道还对各村(居)的健康教育宣传栏进行重新安装,共张贴宣传标语120余块、横幅50多条,营造人人参与、人人有责的创卫氛围。

(柳灵娟)

东孝街道

【概述】东孝街道位于东经119° 39′ 37.57″—119° 45′ 00.61″,北纬29° 06′ 03.2″—29° 08′ 36.88″。地处金东区西部偏南,东与塘雅镇为邻,东南、南与澧浦镇、多湖街道隔江相望,西与婺城区城东街道、新狮街道毗连,北与赤松镇接壤,东北与曹宅镇相接。办事处驻戴店社区金瓯路381号。

政区沿革 清光绪元年(1875年)分属赤松乡、东阳乡。1938年置东关乡,隶属二仙桥乡镇联合办事处。1950年称旌孝乡。1951年分设东孝、东藕两乡,隶属芙塘区公所。1955年东孝、东藕两乡合并,称东孝乡。1958年称郊区人民公社东孝管理处。1961年改称东孝人民公社,隶属罗店区公所。1983年9月复称东孝乡。1985年属婺城区。2000年划归金东区。2002年改置东孝街道。

面积人口 辖区东西最大距离8.73千米,南北最大距离4.72千米,总面积24平方千米。2013年末,辖17个村民委员会,共23个群众自治组织,下设40个居民小组、139个村民小组。辖区总人口20885人,其中城镇常住人口20885人,城镇化率100%。另有流动人口13787人。总人口中,男性10146人,占48.6%;女性10739人,占51.4%。2013年人口出生率1.30%,人口死亡率0.56%,人口自然增长率0.73%。

2013年,全镇实现工农业总产值21.84亿元,完成财政总收入21154.9万元,完成年计划的124%,同比增长41%。其中,区级财政收入5332.4万元,完成年计划的115%,同比增长29%。代征个人出租房屋税收23万元。财政总收入列全区乡镇第四位,区级财政收入列第五位。

2013年,完成工业总产值21.2亿元,同比增长2.4%。其中,规模以上企业完成产值17.2亿元,同比增长8.1%;完成新产品产值4.78亿元,同比增长19%;新增工业投入1.6亿元,同比减幅20.7%;引进区外资金4039万元,同比减幅38%。2013年工业经济工作被区委、区政府评为二等奖。辖区内共有各类企业128家，其中年产值500万元以上企业33家，产值超2000万元企业22家，产值超5000万元企业8家，产值超亿元企业4家。产品涵盖电动工具、电动自行车、五金、日用化工、水轮机电、人造水晶等十多个门类。

【东孝工业建设项目】2013年，完成枫禾、亚泰斯2个企业建设工作，完成中豪三期、友谊二期2个工业项目的落地工作。完成技改工业项目2个。完成充电站项目建设和特高压工程的政策处理工作。杭长客专和金温扩能工程征迁进入扫尾阶段，杭长客专项目涉及6个村(社区)的征地工作已全部完成。杭长客专主线和南北两条连接线已全线贯通，施工正常进行。金温扩能项目涉及8个村的征地工作已全部完成。

中共金东区东孝工业园区党群服务中心成立仪式

【东孝新城区建设项目】保集外滩房产项目正常施工，一期、二期已开盘销售；欧源二期、中宁房产、正方置业、现代房产项目已进场施工；东兴路、中轴线路、横四路、规划路4条道路施工正常。省、市、区重点工程稳步推进。铁路南站货场扩改工程，已完成前期准备工作，并启动征地程序。金丽温天然气管道工程，已基本完成政策处理并进场施工。农批市场迁建项目一期工程，土地征用和房屋拆迁等征迁政策处理工作已有序开展。

【东孝农房改造工程】2013年，陶朱路、金东、戴店、经堂头、凤凰庵、下于、东关、施村等村(社区)累计拆除旧房3万多平方米；戴店(西山头)、陶朱路等社区完成配套设施建设，东关社区老街改造方案通过规划评审，配套设施正在施工，山垅头村完成旧房评估，王牌社区内道路完成招投标，下王社区完成液化气管道建设，下于、金东、经堂头等村完成安置地块平整工作；施村确定安置地块红线，土方工程进场施工；凤凰庵村基本完成一期基础设施建设，并完成第二期报名工作。“三改一拆”任务超额完成。全年共拆除违法建筑4.84万平方米，完成率186%。完成旧住宅改造1.09万平方米，城中村改造3.44万平方米。居家养老服务照料中心建设成效明显。完成东景、陶朱路、下于、金东、黄山塘、叶明、杨溪、毛竹园等8个居家养老服务照料中心的建设并运营。环境卫生整治取得实效。结合“四边三化”和“双清”行动，新建垃圾房16个，建立和完善村(居)环境卫生保洁长效管理机制，各村(居)环境卫生整治工作扎实开展，并顺利通过国卫城市复评验收和国家园林城市创建工作。罗塘水库灌区渠道改造工程立项并开工建设。2013年，街道办事处被评为区级宜居社区创建先进单位，下于村被评为2013年度区级“物质富裕、精神富有”示范村和市级中心社区。

【东孝民生保障工程】建成街道用工信息平台，城乡居民医疗保险年度参保人数9426人，被征地农民转社保人数3750人，“4050”人员办理再就业社保补贴409人，发放“4050”人员补贴115万元，政策性农房保险参保率达100%，低保农户应保尽保，发放救济金68万元。大力发展来料加工业，完成年加工费收入1767万元。

【东孝素质教育提升】实验小学“爱的教育”办学特色的社会影响力越来越大，2013年被评为全国德育特色学校和浙江省首批数字校园示范性学校。实验小学多名学生为新加坡学校教材配音，获得新加坡方高度好评。实验中学2013年被评为省级文明单位和市级首批数字校园示范性学校，中考成绩优良，东孝小学“‘学案导学’提升小学课堂教学效率的行动研究”和“家庭对话记录小学幸福作文之教学的研究”课题被市级立项研究，快乐中队被评为省、市级“美德好少年”集体和全国优秀少先队集体。

【东孝群众文化创建】组织文艺骨干多次参加市、区各种文化活动，并获得成绩，乡村大舞台PK

赛获二等奖,婺剧演出获优秀奖,开展星级农家书屋和优秀农家书屋管理员评比活动。开展计划生育优质服务和出生婴儿性别比专项整治活动,当年出生人口203人,年度计生率96%,性别比109,三查率99%,2013年计划生育工作获区级先进单位。人武工作全面落实,征兵任务圆满完成。此外,工青妇、关心下一代、商会、老年体协、老龄、残疾人等各项工作也取得了明显成效。

【东孝社会综合治理】深入开展"两排查一促进"、信访"三无"社区创建活动和出租房消防整治工作,全面深化"网格化管理、组团式服务"模式,全面排查矛盾纠纷和安全隐患。全年共排查和受理各类矛盾纠纷514起,矛盾纠纷调处率100%,调处成功率100%。及时化解、稳妥处理不稳定因素,如紫御苑开设通道问题得到妥善处理,通道已开设,正在积极做好东景社区居民的思想引导工作和小区提档改造各项工作。解决一批历史遗留和重大矛盾纠纷,如东关社区卢某等2户的安置问题得到妥善解决,全街道的信访维稳形势有较大好转,社会保持和谐稳定。禁毒工作被评为市级先进单位,社会管理综合治理工作被评为区级先进单位。高度重视安全生产监管,全面推行网格化监管模式和企业安全生产标准化建设,全年无安全责任事故发生,安全生产工作获区级先进单位。

【东孝劳动保障监察】加大对农民工工资和劳动合同专项检查力度,发现问题督促整改,劳动合同签订率达到95%以上,对各类劳动合同纠纷及时调处,受理劳动者投诉29件,已调处29件,追发劳动工资32.2万元,调解工伤事故3次,调解伤残补偿金额4.5万元,做到调解有记录、处理结果有协议。

【东孝基层组织换届】围绕"选出好班子、绘就好蓝图、换出好风气"的工作目标,坚持"依法依规、平稳有序"的原则,严厉打击贿选,营造风清气正的选举环境,平稳有序开展村级组织换届。除东景社区外的22个村(居)已完成村级组织换届工作,共产生村两委委员189名,其中女委员31名,大学生"村官"进村两委3名。实现村村都有妇女委员,较好实现了优秀大学生进村两委的目标要求。

【东孝干部作风建设】围绕打造街道"全科干部"活动,以月度联村工作完成情况和重点工作攻坚情况为主要内容,出台评选标准。每月对干部工作业绩进行打分,并评选"全科型""狮子型""黄牛型"三型干部,通过典型引领促干部作风转变。结合全区开展的"双百双千"实践活动,以服务群众、服务企业为重点,全面开展察民意、解民困的大走访活动。一年来,街道干部共走访农户7205户,走访困难户75户,发放慰问金36940元。

【被命名为"省级示范镇乡(街道)行政服务中心"】6月9日,金东区东孝街道行政服务中心被命名为省级示范镇乡(街道)行政服务中心。东孝街道行政服务中心规范服务设施,统一办公设备,明确办事制度,精细服务事项,"零距离""家门口"的服务模式,方便了群众办事,优化了农村基层经济社会发展环境。

(舒跃成 王双玲)

孝顺镇

【概述】孝顺镇位于东经119° 48′ 02.08″ —119° 56′ 40.6″ ,北纬29° 06′ 04.89″ —29° 15′ 47.04″ 。地处金东区东部,东、东南与义乌市义亭镇、佛堂镇、赤岸镇为邻,南、西南与澧浦镇相接,西与塘雅镇、曹宅镇毗连,北与源东乡、傅村镇接壤。人民政府驻后项金山大道1号。

政区沿革 宋时置孝顺镇。元时设孝顺驿。明万历元年(1573年)称孝顺市。清光绪元年(1875年)分属孝顺乡、就日乡。1930年分属孝顺镇、苍龙乡、葛家乡、林环乡、清松乡、鞋塘镇。1938年为孝顺镇,属孝顺乡镇联合办事处。1947年分属孝顺乡、灵峰乡。1951年称孝顺乡,属孝顺区。1958年称孝顺人民公社孝顺管理处、新建管理处。1961年改称孝顺人民公社。1983年复名孝顺乡。1985年改设孝顺镇。1992年江沿、低田、金轮3个乡并入孝顺镇。2001年属金东区,7月,鞋塘镇并入孝顺镇。

面积人口 辖区东西最大距离14.01千米,南北最大距离17.97千米,总面积130平方千米。2013年末,辖115个村民委员会;下设887个村民小组。辖区总户数为27220户,人口总数65984人。总人口中,男性人口33019人,占总人口的50.04%;女性

32965人，占49.96%。城镇常住人口46377人。

2013年，孝顺镇推进“活力孝顺”“崛起孝顺”“美丽孝顺”“幸福孝顺”“平安孝顺”建设，抓项目征迁、促新区发展，抓现代农业建设、促农业增效，抓集镇整治、促品位提升，抓美丽乡村建设、促民生改善。全镇实现（以下数据和条目内容不包括鞋塘管理处）工农业总产值74.04亿元，其中工业总产值72.36亿元，同比增长18.48%；农业总产值1.68亿元，同比增长1.8%；农民人均纯收入达到13166元；财政总收入2.39亿元，同比增长23%。2013年人口出生率1.02%，人口死亡率0.63%，人口自然增长率0.38%。

孝顺镇是全国小城镇综合改革试点镇、全国小城镇经济综合开发示范镇、浙江省百强乡镇、浙江省农业农村现代化示范镇、浙江省中心镇、浙江省文明镇、浙江省生态镇、浙江省卫生镇。

【孝顺工业】2013年，实现工业总产值72.36亿元，比上年同期增长18.48%，其中2000万元以上规模企业完成工业总产值29.55亿元，比上年同期增长35.12%；外贸出口交货值25.44亿元，比上年同期增长28.74%；工业固定资产投资10.61亿，比上年同期增长24.82%。有产值2000万元以上规模企业51家，其中5000万元以上规模企业25家，超亿元企业15家。新建续建项目35个，完成场地平整35处，开工21个，竣工5个，投产10个。

【孝顺农业】2013年，全镇实现农业生产稳步增长，农林牧平稳发展的经济格局。农作物播种面积1600公顷，其中粮食种植面积626.6公顷，总产量达3595.5吨。全镇农业生产总值1.68亿元，比2012年增长了1.8%。

近年来，孝顺镇加强农业基础设施建设，实施农业综合开发和土地流转，加大农业产业化建设力度，大力推广“两区”建设，成效显著。江南畈粮食功能区基础设施维护工程通过验收，完成新叶店、余店村地力提升工程；完成东上叶、东下叶、下范村530亩葡萄避雨棚项目和中二莲藕基地100亩钢架大棚通过验收。形成了葡萄种植、家禽养殖两个农业主导产业，“孝川”牌葡萄，获无公害产品标志，建成粮食生产功能区1个、葡萄种植精品园区2个。

【孝顺工业功能区建设】低田工业区块纬八路延伸段已完工，养源街完成工程量的70%；区域内14家企业完成场地平整6家，5家企业已进场施工；园区主干道路绿化工程完工，路灯工程正在实施中。镇北工业功能区域内35个工业项目，完成投产10个，竣工5个，在建6个，场地平整14个；主干道绿化、自来水、电力等配套设施完成。集镇都市化改造有序推进。累计投入2000万元加快孝顺集镇范围路网框架建设及集镇洁化、亮化、美化改造提升工程，其中青龙头东路、孝川路西延、镇南2号路至溪边金路已建成并通车；完成镇北垃圾中转站提升改造；完成公厕改造1座；孝顺公园提升改造、4个集镇进出口美观改造正在实施中。启动镇北综合市场建设，占地33亩，2013年底举行开工仪式。

【金义新区开发工程】低丘缓坡一期8900亩土地征迁后续工作有效开展，二期征迁涉及胡思、仁村共2800亩，征地协议签订、特殊苗木评估和土地征用款发放都已完成。完成余宅1000亩土地清表，为新区总部中心、四条主干道路等大型项目建设创造条件。超额完成“三改一拆”工作任务。改造旧住宅区62户，面积5095平方米，改造城中村18户，面积2700平方米，改造旧厂区2700平方米，拆除违法建房面积95586平方米。明确镇政府西侧0.53公顷土地为产权房安置地块，已完成规划设计方案评审。深入开展水环境综合治理和环境卫生整治专项行动。结合“三整治”、“四边三化”、“双清”行动等，开展六大专项行动。全镇共取缔关停小电镀、小印（漂）等“六小”加工点200余家；拆除畜禽养殖88户，面积2.7万平方米；关停制砂加工点17家；开展集镇、工业园区和农村等环境卫生综合整治，共改造提升垃圾收集点8个。完成垦造耕地任务。2013年共完成造地改田项目11个，总面积1391.79亩，占全区的30%。截污干管、东阳江干堤加固工程进展顺利。低田工业园区至金东污水处理厂截污干管总长8.49千米，总投资3100万元，与总长5.5千米、投资4000万元的东阳江干堤加固工程，在2013年11月一并进场施工，工程进展顺利。

【孝顺民生实事工程】市政府十大民生实事之一（山区群众异地搬迁）进展顺利。启动龙潭下的岩上和让二的千坑2个自然村的异地搬迁安置，政策处理基本完成。让河小学迁建一期主体工程已完成并投入使用，二期工程已经动工。完成低田卫生院危房改造和孝顺卫生院修缮工程。完成南山公墓新扩容3000穴。农业产业化水平不断提升。江南畈粮食功能区基础设施维护工程通过验收，新叶店、余店村地力提升工程完成；东上叶、东下叶、下范葡萄避雨棚项目和中二莲藕基地通过验收；2013年度农田水利、山塘整治等工作全部完成。美丽乡村建设深入推进。创建精品村、秀美村、示范中心村、洁美村等21个；建成白溪湾农家乐特色项目2个。建成农村联网公路6条，总长9.7千米。完成低田大桥的拓宽改造工程。完成低田园区老管网改造和镇北工业区块自来水管网建设。社会事业长足发展。完善弱势群体的帮扶救助机制，建成农村居家养老照料中心28家，为老年人的晚年生活提供了保障。扎实推进“安居工程”建设，完成困难群众住房改善70户。孝顺敬老院荣获“浙江省敬老文明号”称号。积极开展全国文明镇创建活动，开展村歌比赛等一系列活动，新建3个村的文化礼堂。社会稳定进一步巩固。深化“网格化管理、组团式服务”，重点解决一批遗留问题，化解一批重大矛盾纠纷和信访问题。严格执行每月信访接待，定期开展矛盾纠纷集中排查及镇村干部联动接访。高度重视安全生产、消防安全、“六五”普法教育等工作。

【孝顺镇政府效能提升】结合当前发展形势以及区镇重点工程、民生实事，出台重点工作指挥长负责制，细化干部月度考核细则，干部执行力得到进一步提升，各项工作取得明显成效。圆满完成乡镇公共服务平台标准化建设，规范镇行政服务中心、镇招投标中心、农村集体“三资”代理服务中心建设。全面推进依法行政，着力完善行政决策、执行和监督机制。自觉接受人大的法律监督、工作监督，高度重视并认真做好人大代表建议、意见的办理工作。人武、老龄、民政、残联等工作得到进一步加强，工青妇、统战、档案等工作也取得了新成绩。

【获“全国人口和计划生育依法行政示范乡镇”(街道)称号】4月26日，孝顺镇被国家卫生和计划生育委员会授予“第二批全国人口和计划生育依法行政示范乡镇(街道)”称号，孝顺镇是金东区此次唯一获此殊荣的乡镇。2010年来，孝顺镇紧紧围绕稳定低生育水平，提高出生人口素质，优化人口结构，促进人口与经济、社会、资源、环境的协调可持续发展为目标，不断建立和完善人口与计划生育依法管理工作机制。通过制定政策层层落实责任，扩大宣传深入宣传教育，便民服务增强群众基础，奖励扶助促进执法氛围，依法行政强化规范管理。力求全面提高人口与计划生育依法办事能力和服务群众能力，依法行政工作得到明显加强，有力推动了人口计生事业稳定、健康、可持续发展。全镇计划生育率一直保持在95%以上，出生人口性别比保持在正常范围，连续七年被区委、区政府评为人口计生工作先进单位。

【孝顺群众文化工作】2013年，孝顺镇新建下范、车客、南仓等3个文化礼堂，深入挖掘村庄文化，形成各自的文化特色，努力把文化礼堂打造成为基层群众的精神家园。广泛开展公益性文化活动，大力推进村落文化、社区文化、企业文化和校园文化建设，开展各种形式的“送戏、送电影、送图书”“进村入企”活动，共举办2场大型文艺演出。完成1个市级文化示范村创建、8个小康体育村创建；申报3个省级农家书屋、5个市级农家书屋。做好非物质文化遗产传承人申报工作，引导村民积极参与主流文化宣传活动。创新开展“文明细胞”评选、“志愿者服务月”及百首孝顺儿歌大赛等一系列活动，定期开展“春泥计划”活动，加强爱国主义主题教育活动。注重农民文化宣传活动，组织开展由孝顺文化园组建的民间文娱活动，筹备拍摄《孝德慈爱之歌》宣传片，举办了以“中国梦”为主题的书画交流会。车客村、下范村的文化活动中心的软硬件建设都走在了全省前列。至2013年底，全镇有广播电视站1个、村级文化活动中心83个、文化礼堂3个、各类文化专业户30户，各类图书馆90个，藏书17万册。

【孝顺集镇提升改造】2013年，孝顺镇累计投入2000万元加快孝顺集镇范围路网框架建设及集镇洁化、亮化、美化改造提升工程，其中青龙头东路、孝川路西延、镇南2号路至溪边金路建成并通车；完成镇北垃圾中转站提升改造、1座公厕改造、孝顺公园提升改造和4个集镇进出口美观改造。启动占地33亩的镇北综合市场建设。2013年，镇区园林绿地面积931000平方米，绿化覆盖率15.1%。5月8日，省政府顾问、省政府党组副书记王建满到孝顺检查督导小城镇建设，听取有关城镇化建设工作的汇报，充分肯定孝顺中心镇建设取得的成绩，要求下一步结合小城镇的目标强化管理。

【“文明细胞”评选拉开“国创”序幕】5月22日，孝顺镇全国文明城镇创建的一项内容，“文明细胞”评选启动。孝顺镇近年来先后开展了“婆媳榜”评比、“孝顺镇里话孝顺”价值观大讨论、“大手拉小手，最美在金东”宣传推广等活动。所形成的孝德文化已逐步深入人心，集镇文明创建具有较雄厚的社会基础。开展全国文明镇创建是孝顺镇党委、镇政府于2013年确定的一项中心工作。活动开展以来，镇党委建立领导小组，召开动员会，在全镇范围拉横幅100余条，发放文明创建倡议书2万余份，组织志愿者走上街头为商铺和来往群众宣传文明礼仪，以孝顺文化园为主阵地开展丰富多彩的民间文化活动，营造了浓厚的创建氛围。创建工作将安排每个月开展一项主题教育活动，除“文明细胞”评选外，还安排了“志愿者服务月”、百首孝顺儿歌大赛等活动。

【车客村民严光飞出资建镇农村文化交流中心】1月18日，孝顺镇车客村村民严光飞出资35万元建的面积400余平方米的孝顺镇农村文化交流中心暨外来民工文化活动中心，正式对外开放。整个交流中心分为八婺文化展厅和多功能厅，其中八婺文化厅陈列着7架老式电影放映机、600余张老电影海报，及一些婺剧文化、金华县志等书籍；多功能厅主要为村民及外来民工活动提供休闲场所，可欣赏老电影、观看电视节目以及其他娱乐项目。

【首届“孝德慈爱之星”评选活动】2013年，孝顺镇在“孝顺榜”“婆媳榜”等评选活动的基础上，开展

车客村村民严光飞出资修建的孝顺镇农村文化交流中心对外开放（邵勤旦/摄）

孝顺镇首届“孝德慈爱之星”评选活动。活动由镇党委、镇政府主办，政协孝顺工委和龙盘寺慈善互助会承办，活动通过邻里推荐、学生自荐、班级评议、校园公示、师生投票等程序，在全镇中小学校开展“孝德慈爱奖”和“孝德慈爱之星”评选，将孝文化向青少年群体延伸。评选活动进一步弘扬了孝文化，营造一种全社会尊老敬老的社会风尚，促进了孝顺镇的精神文明建设。

（范莉）

孝顺镇第二届“孝德慈爱奖”表彰大会

傅村镇

【概述】傅村镇位于东经119° 49′ 39.22″ —119° 54′ 37.74″ ，北纬29° 11′ 52.53″ —29° 18′ 16.85″ 。地处金东区东北部，东、东南与义乌市上溪镇、义亭镇为邻，南、西南、西与孝顺镇毗连，西北与源东乡接壤，北、东北仍接义乌市上溪镇。人民政府驻傅村府前街1号。

政区沿革 清光绪元年（1875年）属金华乡、东阳乡。1930年，分属潜溪乡、金峰乡、祝湖镇、东山镇、大同乡。1938年，分属傅村镇、潜溪乡，隶属孝顺乡镇联合办事处。1940年，分属傅村镇、畈田乡。1947年，分属傅村乡、灵峰乡。1950年，分属傅村、田溪两乡，隶属孝顺区公所。1955年，田溪乡并入傅村乡。1958年，称孝顺人民公社傅村管理处。1961年称傅村人民公社。1983年复称傅村乡。1986年，改置傅村镇。1992年，寿昌乡并入傅村镇。2001年属金东区。

面积人口　辖区东西最大距离8.08千米，南北最大距离11.87千米，总面积35.5平方千米。2013年末，辖35个村民委员会，下设265个村民小组。辖区总户数为10078户，人口总数24955人。总人口中，男性人口12456人，占总人口的49.91%；女性12499人，占50.09%。城镇常住人口890人。城镇化率3.57%。另有流动人口44013人。2013年，全镇出生452人，人口出生率为1.16%，死亡171人，人口死亡率为0.69%，人口自然增长率0.47%。

2013年，全镇完成工业总产值83.1亿元，增长11.24%，其中完成规上企业产值38.73亿元，增长14.78%；完成农业总产值1.96亿元；完成财政收入1.18亿元，增长15.6%，其中区级财政收入7495万元，增长20%。完成出口交货值36.1亿元，增长34.64%，其中自营出口3.18亿美元，增长43.7%；完成工业固定资产投资2.5亿元，增长近3倍；完成区外引资18.16亿元，增长48倍。农民人均纯收入12100元，增长23.88%。

【傅村重点项目建设】2013年，是傅村镇重点、难点工作推进最多也是成效最明显的一年，实现“三个率先”“两个最多”“一个超额”。即率先在新区“两镇一办”中完成土地征迁任务，于2013年8月底全面完成16个村6619亩土地征迁任务，为新区总部中心、城市综合体、金满湖文化创意中心等大型项目建设创造条件。率先完成采砂制砂点清理整治任务，9月集中开展非法采砂制砂场专项整治行动，在全区率先取缔8家非法采砂制砂场。通过水务、环保等部门联合审批，在九里岗选点招标一家规划选址合规、环保设施到位、生产设备先进的新砂场。旧村改造和农民建房审批，完成六石、叶家2个村整体搬迁，涉及农户173户，拆迁面积2.8万平方米。完成凤塘村旧村改造127户1.1万平方米的旧房拆除工作，落实159户农民建房，已全部在建，十多年未批的农民建房问题得到有效缓解。“三改一拆”任务完成最多，全年共拆除12.16万平方米违法建筑，完成率为145.6%，占全区总量的1/5。其中完成旧住宅区改造341户，4万多平方米，完成旧厂区改造2个，用地面积3000平方米，完成城中村改造250户，3.89万平方米；自我加压，超额完成面源污染专项整治任务，按照畜禽污染“零排放”“零污染”的要求，全面排摸畜禽养殖情况，总计整治205户，签订关停协议203户，共计6.42万平方米，签订率为99%；拆除113户，涉及面积3.97万平方米，完成率为55.12%，超出区任务3万平方米的132.4%。

【傅村环境综合治理】集镇范围内，重点围绕市场改造、违章拆除、卫生整治三大工作，开展集镇综合整治。集中对集镇范围违章建筑进行拆除，累计拆除了省道103线等主要路段乱搭建钢棚60余处，清理卫生死角40余处。整治规范摊位120余个，拆除违章广告牌300余块，清除“牛皮癣”5万余张。35个村全面开展卫生整治专项行动，全镇共投入机械442辆，人员4200多人，清运垃圾350余车，3150吨，各个村的卫生死角、陈年垃圾点、河道淤泥等都得到了一次较为彻底的清理整治。

【傅村旅游开发规划】委托市旅游部门科学规划，制定了傅村镇总体旅游规划，集镇古建筑群古街恢复规划，畈田蒋、山头下历史文化名村旅游规划，玄都山道教文化中心等4个旅游发展规划。铁门厅古建筑修缮前期准备及周边农房拆迁摸底工作已完成。山头下村累计投入700多万元完成14栋近3000平方米的古建筑修缮。畈田蒋村累计投入近千万元完成7栋近5000平方米的古建筑修缮，并于10月启动名人文化、古村落游，接待游客6万多人次，其中千人团6个，门票收入30万余元。双尖山景区完成立项规划方案设计和施工道路建设，玄都山道教文化中心完成项目报批。上荷塘寨春农业园打造国家AAA级农业主题教育园区工作稳步推进。

国家级古村落山头下村又添新景

【傅村民生实事建设】充分利用金义都市新区开发带来的政策和资金优势，大力推进民生事业，积极推进失地农民社会保障工作。失地农民实现农保转社保，享受城市居民同等待遇，即在男满60周岁以上、女满50周岁以上可每月领取养老金，全镇有20个村近1.1万失地农民办理了转社保手续，有2303名领取了养老金。充分利用村空闲房子，突出文化特色，完成山头下、畈田蒋、溪口、东后徐等16个村的居家养老照料服务中心建设，为近500名老人提供用餐、洗衣、医疗保健、文体娱乐等基本养老服务。傅村镇中心小学新校区投入使用，中心幼儿园建设工程启动；卫生院迁建工作完成前期选址、规划等工作；来料加工实现全覆盖，加工户达3620户，经纪人135名，加工费收入达3845万元；计生工作各项指标均达考核要求，被列为2013年国家流动人口动态监测样本点，建立全区唯一一个乡镇级"三优"指导中心，并在苏家爱华傅村总部成立流动人口协作点，创建2个市级计生宣传示范村。

【傅村社会平安创建】在面临本地人口只有2.4万、外来人口登记近5万的情况下，通过组成35个村级网格包干管理、警民联动组团服务的模式，开展"排查整治、强基促稳"专项行动，圆满完成平安创建各项任务，实现社会秩序安定平稳。成功化解清源街道路工程意外中毒、上荷塘水库意外溺水、稻花香职工跳楼等3起涉及4名人员死亡的重大事故。全年共排查化解矛盾纠纷476起，提供法律咨询925人次，创建"平安家庭"8269户，发放倡议书1万余张。开展企业安全生产检查4000余家次，关闭取缔企业66家。2013年被评为省级调解先进单位、市级社会管理服务中心规范化建设乡镇、市级"无邪乡镇"，司法所被评为省级三星级司法所。

【傅村村级组织换届】围绕"选出好班子、绘就好蓝图、换出好风气"的工作目标，完成35个村的党支部换届工作，通过"两推一选"（党员推荐、群众推荐，党内选举），产生各村支委115名，其中女委员7名，女书记2名，大学生"村官"进支委2名。在当选支委中，"70后"25名，"80后"8名，"90后"1名，实现年龄结构呈梯队形，平均年龄43.8岁。基本完成村民代表推选，产生村民代表672名，其中女代表227名，占村民代表总数的33.7%，115名党支部委员通过法定程序全部当选为村民代表。依法选举产生35个村的村委会成员119名，其中女主任3名，女委员36名，实行"一肩挑"的村有山头下、江沿山、叶家、上柳家4个村。

【傅村政府作风建设】以联村干部责任制为抓手，全面推进干部作风建设，提高政府服务效能。围绕干部"联村联什么、如何联"问题，明确联村干部四大权利、七项职责、四个"一票否决"，从安全生产、人口计生等7大块24个方面对联村工作实行月考核、月公示，并根据考评业绩评选"全科型""狮子型""黄牛型"等三型干部。结合全区开展的"双百双千"实践活动，强化联村干部进村入户意识，提升服务实效。以服务群众、服务企业为重点，全面开展察民意、解民困的大走访活动。一年来，解决农村发展难题55个，帮扶困难群众103户，解决企业发展难题43个。圆满完成乡镇公共服务平台标准化建设，规范镇行政服务中心、镇招投标中心、村财务代理中心建设。全面推进依法行政，着力完善行政决策、执行和监督机制。自觉接受人大的法律监督、工作监督，高度重视并认真做好人大代表建议、意见的办理工作。

【傅村居家养老建设】傅村镇在居家养老中心建设过程中，充分结合村庄实际，依托当地慈善文化、村落文化、敬老文化"三大文化"，盘活闲置校舍、旧办公室和老年人活动室"三大资源"，全面实施个性化建设。4月7日，镇商会就在上荷塘水库管理处召开了一次特殊的会议，与会人员纷纷为居家养老中心建设慷慨解囊。当日共筹集到资金140余万元。傅村镇7个居家养老中心建设5月份建成并投入使用。

【傅村干部联村"四个一"活动】全区"双百双千"活动开展以来，傅村镇共有33名"两富"局级指导员到联系村开展"四个一"活动，走访农户125户，梳理问题21个，破解7个。40名联村干部走访农户812户，排摸信访矛盾纠纷12起，化解6起；开展村级班子建设分析会52次；梳理发展壮大村级集体经济思路对策15条；参与或领衔化解联系村难题21个，已破解10个。18名区领导、局长通过部门会办难题、领导现场办公、一线协调落实等解决企业发展难题12个。46名机关党员走访联系户，发放慰问金8000元，帮助办理实事13件，指导专业户抓提升发展3次。

【傅村生态环境治理】9月23日，该镇部署“关系母亲河溪，查找水污染源，恪尽代表职责”活动，按照“就近、就地和便于活动”的原则，把辖区内的溪口水库、上荷塘水库、垦溪、潜溪、航慈溪等山塘水库和河溪，划分为五个网格，每个网格不少于3名区、镇人大代表负责巡查和监督，准确摸清联系点的畜禽养殖、生产生活、小作坊等水污染源情况。认真当好水资源环境保护的宣传员、巡查员、联络员和监督员，梳理存在的问题，分析症结原因，针对工业污水违法排放、畜禽养殖业污水排放、生产生活垃圾倾倒河道、非法采砂制砂等问题进行监督，并跟踪督促治理。

【傅村党员理论培训班】中共傅村镇党校2013年度第一期理论培训班于8月7日正式开班。参加培训班的有18个单建党组织非公企业和35个行政村的入党积极分子、2013年发展对象及部分警示型党员共计150余人。培训除了培养发展对象，把好党员“进口关”，还结合当前“三改一拆”、维稳信访等重点工作，把存在违章建房、不配合村工作、违反计划生育等问题的党员都请到党校进行教育学习，就如何做一名合格党员等内容进行重点培训。

【大堰河农牧场成为省级标准化示范场】1月6日，省畜牧兽医局公布了2012年度62家省级畜禽标准化示范场名单，金东区大堰河农牧场名列其中，成为全区唯一一家省级畜禽标准化示范场。大堰河农牧场占地12.67公顷，建有猪舍18幢，常年存栏生猪3200头。养殖场采用科学合理的设计，首家引进荷兰Nedap velos智能化育肥猪饲养管理系统。遵循“全进全出”的淘汰更新饲养原则，配备离地高床产床等机械设施，实现设施化生产。

【畈田蒋村“百廉主题文化馆”】把旅游与廉政教育相结合，是傅村镇畈田蒋村的一大特色。参观过傅村镇畈田蒋村“百廉主题文化馆”的游客对设在村中的百廉文化馆印象深刻。2013年累计接待参观人员6万余人次。

（杜颖）

曹宅镇

【概述】曹宅镇位于东经119° 41′ 38.36″，北纬29° 08′ 21.97″—29° 15′ 32.85″。地处金东区西北部，东与孝顺镇为邻，东南与塘雅镇相连，南接东孝街道，西南、西与赤松镇毗连，西北与婺城区罗店镇、兰溪市梅江镇相接，北临源东乡。人民政府驻曹宅村金汇路288号，距金东城区11.2千米。

政区沿革　清光绪元年(1875年)属东阳乡、赤松乡。1930年分属曹宅镇鹤山乡、北麓乡、双泉乡、岩溪乡。1938年分属大佛乡、岩屏乡，隶属塘雅乡镇联合办事处。1947年分属双岩乡、岩溪乡、塘雅乡。1951年分属双岩乡、岩溪乡、双桥乡，隶属塘雅区公所。1956年三乡合并陈双岩乡。1958年称塘

曹宅镇风貌

雅人民公社曹宅管理处。1961年改称曹宅人民公社。1983年称曹宅乡，隶属曹宅区公所。1986年改称曹宅镇。1992年潘村乡、官田乡、小黄村三乡并入曹宅镇。2001年属金东区。

面积人口 辖区东西最大距离12.48千米，南北最大距离13.28千米，总面积93平方千米。2013年末，辖63个村民委员会，下设520个村民小组。辖区总人口42079人，其中城镇常住人口7590人，城镇化率18.3%。另有流动人口4586人。总人口中，男性21400人，占50.86%；女性20679人，占49.14%。2013年人口出生率0.99%，人口死亡率0.65%，人口自然增长率0.34%。

曹宅镇是全国千强镇、省级教育强镇、省级东海文化明珠镇、省级体育强镇、省级科普示范镇、市级中心镇、市级卫生镇、市级绿化示范镇、市级整镇整治示范镇。

2013年，工农业总产值42.62亿元，同比增长14.66%，计划生育率95.40%，人口自然增长率1.62‰。2013年，荣获区党政机关岗位目标责任制综合考核先进单位、工业先进单位、党风廉政建设先进单位、新农村建设先进单位、信访维稳工作先进单位等荣誉。

【曹宅工业经济】2013年获得全区工业经济综合考核第一名，实现工业投资2.07亿元；工业总产值37.2亿元，增长15.64%；实现销售收入36.37亿元，销售产值率达到97.76%。年纳税超千万元企业3家，超五百万元企业达到5家，超百万元企业达到14家。浙江开尔新材料股份有限公司被确定为2013年度浙江省创新型示范企业。市重点项目汇丰工贸公司竣工投产，4个供地项目、2个项目投产，2个项目开工建设。深化清闲促产，完成全镇145宗供地企业的摸底排查，补缴税收近70万元，消化转而未供土地53亩，完成“个转企”36家、小上规3家，新增销售亿元企业1家。关停“低小散”加工作坊14家。

【曹宅农业经济】完成官田畈粮食功能区1500亩验收。平山农场设施栽培连栋大棚20亩完成申报。农业科技项目市级立项2个，市级农业成果转化项目1个，金华市苏香现代农业科技有限公司被评定为省级农业科技企业，被评定为市级农业科技企业研发中心。水利方面，完成七星岩塘、葛鱼塘除险加固工程，山坞垅、东陈后垅水库除险加固工程通过验收。荣获市级“防汛抗旱先进单位”荣誉称号。投资达10亿元的龙头殿生态沟景区完成总体方案设计。鹤岩山景区吸引投资3000万元，完成投入600万元。盆景文化艺术园17家业主参与景观设计。

【曹宅村镇建设】出台《曹宅镇镇容和环境卫生管理办法》《曹宅镇集镇车辆停放管理暂行办法》。启动1个精品村（黄鹤山）、1个示范中心村（小黄村）、6个秀美村（杜宅村等）、29个洁美村建设，完成30座标准化垃圾房、8个公厕的建设，治理村庄池塘10余口，绿化面积4万多平方米，完成黄鹤山的村东公园及老年公寓、大黄村的酥饼街等亮点工程建设。新建村级居家养老服务中心43家。6个市级绿化示范村通过验收，成功创建浙江省森林城镇。申报12个区级生态村。省级卫生镇顺利通过复查。镇域范围内芗溪、坦溪、黄金畈溪、小黄村溪等4条河道分段包干，专人管理。污水处理厂及管网工程建设全面完成并投入试运行。拆除主要河道两侧100米内的57家养殖场，共1.8万平方米。关停境内仅有的2个制砂点。镇村公路养护工作考核名列全区第一。新增联网公路2.8千米，增设港湾式停靠站12个。争取资金150多万元，完成胡宅—横腊等镇村公路的大中修工作。11个“一事一议”项目通过区级验收，争取上级补助300余万元。对自供水的6个村进行水质监测，对沙畈水的供给实行合理调配。完成曹宅、胡宅、下山、枧头4个村的电气化改造。

【曹宅社会民生实事】在全区率先成立乡镇教育基金，举行首次颁奖仪式，奖励170余名师生30万元。2013年中考金华一中上线18人，省一级重点中学录取共计40人。新创建5所省级标准化学校，实现小学、初中省级标准化学校全覆盖。曹宅小学被批准为金华市第二批非物质文化遗产传承教学基地（岳家拳）。由黄伯康老师倡导的健身气功运动在各村全面开展，中央四套国际频道和《中国体育报》对此进行专门报道。黄鹤山通过市级文化示范村验收，黄鹤山、龙一村完成文化大礼堂创建。新增小康体育村10个。金东区中医院成为金华市中医院金东分院。建立城乡居民健康档案39074份，建档率94%。城乡居民社会养老保险参保率96%，城镇居民医疗保险参保率92%(不含学生和已参加城镇职工医疗保险人员)。全镇被征地农民3269人纳入市社保。企业退休社会化管理人员达到1420人。发放低保金、重度残疾金、救灾救济款、优抚金共362万元。列入空巢老人帮扶服务活动共358户。完成“安居工程”20户。创建上目宋、花厅、横腊、桥西等4个市级宜居农村社区。荣获市级“扶残助残爱心乡镇”荣誉称号。开展以电子商务、月嫂、老人护理方面的技能培训，受训人数475人。来料加工费收入达到2577.2万元。完成省级村级组织换届选举试点工作，试点经验在全省进行推广。向部队输送兵员26名。

【曹宅居家养老中心建设】2013年，曹宅镇因村制宜，合理安排服务内容，合力营造“家”的温馨。截至年底，20个居家养老服务中心全部投入运行，全镇80周岁以上老人入中心就餐率在95%以上。龙一村居家养老服务中心设在张氏宗祠内，该村配置了简单典雅的仿古桌椅，并特意铺上了防滑地毯，装上了安全扶手；上目宋村将原本独立的活动室和餐厅打通，方便老人用餐前后活动；桥西村、黄鹤山村建立保健室，由保健医生定期为老人检查身体。曹宅镇从制度、管理、细节上规范并提升，力争人口1000人以上的村实现居家养老全覆盖，探索分餐配送方式，推动中心服务向周边村庄辐射。

【曹宅“四小行业”整治】8月15日，曹宅镇会同区环保分局在工业园区、重点和敏感点区域加大“回头看”力度，通过群众举报参与和日常排查，关停水晶加工点2处、废塑料加工点3处。在排查的同时，还对部分有闲置厂房的业主进行告知，预防类似“低、小、散”企业进入，始终保持对高耗能高污染行业的高压态势，发现一处，取缔一处，还老百姓一个优美洁净的生态环境。2013年，曹宅镇严格按照金东区关于“低、小、散”行业整治的通知要求，主动跟进“四小行业”整治，通过自查自纠以及与上级环保部门的联合督查，结合“三改一拆”行动，强化措施，加强重点区域巡查，共清理整治废塑料加工点3处、涂料厂1处，关停水晶加工点4处。

【曹宅公共服务管理中心建设】3月25日，曹宅镇公共服务管理中心投入使用,该中心整合了社会服务管理中心、行政服务中心、乡镇公共服务平台等窗口资源，涵盖社会保险、公共财政、人口计生等10项服务职能，实现群众办事“一个窗口”受理、“一站式”服务。在服务管理中心大厅内，电视机不间断地播放动态公告、便民信息、民情播报、气象预报等栏目，每一个栏目又被细化成多个服务项目，仅“便民信息”一栏，就包含农产品出售信息、教育培训、就业招聘等内容。村级财务公示内容以往都是以纸张的形式张贴在村里的公告栏中，后通过该数字平台公开，能够方便群众查询监督。该数字平台是曹宅镇公共服务管理中心的一大特色，依托广电广播数字平台，将服务管理中心带进每家每户。数字平台涵盖了动态公告、公共支出、便民服务等信息，村民在家中的电视机上，就能看到镇、村各项在建重点工程的进度，同时可以查询到自己所办事项的进展情况。

【曹宅镇企业教育奖励基金成立】9月23日，金东区首个乡镇教育基金——曹宅镇企业教育奖励基金成立暨首届颁奖活动在曹宅初中举行。该基金由企业每年筹资30万元、镇政府每年拨付专项经费10万元，目的在于促进教育事业优质均衡发展，吸引更多优秀教师，留住更多优质生源，鼓励帮助品学兼优但家庭困难的学生更好地完成学业，完善必要的教学设施，推动全社会关心和支持教育，弘扬重教重学的社会风尚。此次活动设学校集体奖、教师个人奖、学生个人奖，共发放奖励基金23.7万

9月18日，曹宅镇企业教育奖励基金成立暨颁奖仪式
(邵勤旦/摄)

余元，受奖师生共199名。

【曹宅推行干部全员“首问责任制”】2013年以来，曹宅镇在“全科干部，全心服务”活动中，推行了全员“首问责任制”，要求干部对群众提出的问题或要求，无论是否属于自己责权范围内的，都要做出答复，或亲自解答办理，或引导群众至相关业务人员处，并记录下联系方式，密切跟踪业务办理动态及结果。从4月初开始，该镇进一步优化服务，推出“阳光服务台”制度，在每个工作日落实一名值班人员“坐镇”，全天候接待群众来访，并负责提供政策咨询、联系相关人员、处理紧急情况等。“阳光服务台”开设近两个月，接待群众来访300余次，化解群众矛盾12起。截至目前，已登记办结各类事项50余件。

【曹宅村委会换届选举】10月15日，随着雅里村新一届村委成员正式产生，曹宅镇村委会换届选举工作全面结束，全镇63个行政村共选出262名村委会成员。10月13日至15日是曹宅镇村委会换届选举日。为确保选举顺利，镇党委对选举日程做了精心安排，为每个选举地点加派了工作人员，并制定详尽的选情分析情况汇总表，方便选举工作人员指导及操作。在选举过程中，该镇对每个村进行跟踪指导，派专人监督重点环节。在投票环节，该镇实行自荐人先集中投票，再集体回避到一个固定地点的做法，保证投票的井然有序。在曹宅换届期间，金东区专门成立村级组织换届试点选风选纪巡视组，抽调区纪委、区委组织部、金东公安分局、区民政局等骨干人员，到重点、难点村开展选风选纪巡视工作。

【中共曹宅镇机关委员会选举产生】6月28日下午，中共曹宅镇机关第一次代表大会召开，选举产生了中共曹宅镇机关委员会和纪律检查委员会。作为全区第一个乡镇（街道）机关党委，曹宅镇机关党委下辖支部共有党员296名，其中正式党员293名。全镇按支部共划分为12个单位，这些单位分别召开党员大会，选举产生了机关党员代表大会代表共计48名，占正式党员数的16.38%。

【首家“两新”妇联组织成立】4月27日，开尔新材料股份有限公司召开第一次妇女代表大会，并产生第一届执委会，标志曹宅镇首家“两新”妇联组织成立。组织建立后，企业内妇女职工生产生活得到更多的关心和照顾，权益的维护更到位。曹宅镇计划将在全镇15家妇女职工在30人以上的“两新”组织建立妇联组织，在43家妇女职工数为10至30人之间的成立妇代会，妇女职工数少于10人的100多家“两新”组织，按照行业和企业区域建立7个联合妇工委，实现妇女组织在“两新”组织的全覆盖。

【曹宅查处一起村级组织换届贿选事件】9月4日，曹宅镇纪委接到该镇花厅村村干部张某拉票贿选的举报。区纪委、区委组织部、镇党委迅速成立调查小组，金东公安分局、区人民检察院配合参与，对张某进行隔离审查和调查取证，查实有赠送现金、提供吃请等贿选情形，区纪委研究决定给予张某留党察看1年处分，对其他涉案人员进行了警示约谈。此次贿选案件的及时查处，对试图以身试水的少数人形成了一种有效震慑。

【建立“安全管理QQ群”】2013年，曹宅镇安监所在互联网上申请建立了“安全管理QQ群”。建立QQ群后，曹宅镇安监所安排了专门管理员，及时发布政策信息，提醒企业做好消防安全、设备检修、危化品隐患排查整治等工作。在线接受咨询，解答企业在生产经营中遇到的困难和问题，并以此为平台，充分发挥电子信息快捷、方便的优势，进行安全生产知识宣传，强化安全生产意识。此外，相关文件、常用表格也被放在群共享空间，方便企业随时查阅使用。建立安全生产QQ群是曹宅镇重视安全生产工作的又一项创新举措。根据“安全生产网格化管理”要求，明确分管各线的班子成员、办事处主任为主要责任领导，各部门、企业为主要责任主体，安监所分管各线的副所长及办事处联村干部为主要责任人，实行定责定岗长效管理。安全生产，预防当先。为保证全镇群众能过上一个平安祥和的新年，曹宅镇召开了两次安全生产专题会议，部署春节前后安全生产大检查工作，要求各线、各部门、各办事处横向到边，纵向到底，不留死角进行检查。

【金华首个酥饼博物馆开馆】8月27日，首家酥饼博物馆——金华酥饼博物馆正式在曹宅镇大黄村开馆。大黄村是金华酥饼专业村，迄今已培育出了“黄家春莲”“苏香”“黄仕兄弟”等众多知名品牌，年产值达6千万元左右。博物馆形象地展示了酥饼生产的历史和酥饼制作的全景图。其中不但有酥饼各个发展阶段的图文资料,更有酥饼制作14道传统工艺的人偶展示。在黄家春莲酥饼创始人黄坤龙、汪春莲夫妇看来,酥饼行业经过这么多年的发展,已经形成了自己独特的产业文化。建立博物馆,就是对酥饼文化进行一次全面的梳理,并进行一次集中的展示。

(阙　建)

赤松镇

【概述】赤松镇位于东经119° 38′ 55.11″ —119° 44′ 27.26″ ,北纬29° 07′ 34.86″ —29° 13′ 53.86″ 。地处金东区西部,东与曹宅镇为邻,南与东孝街道相连,西、西北、北与婺城区新狮街道和罗店镇接壤,东北仍连曹宅镇。人民政府驻仙桥村仙镇街24号。

政区沿革　清光绪元年(1875年)属赤松乡。1938年分属羊石乡、方六乡,隶属二仙桥乡镇联合办事处。1950年分属龙山、仙桥、桥塘三乡,隶属芙塘区公所。1955年龙山乡、仙桥、桥塘三乡合并为山桥、仙桥两乡,隶属塘雅区公所。1956年改由县直属。1958年称郊区人民公社山桥管理处、仙桥管理处。1961年改称山桥、仙桥人民公社,隶属罗店区公所。1983年复称山桥乡、仙桥乡。1985年仙桥乡划归婺城区,山桥乡属金华县。1988年山桥乡改称赤松乡。2000年仙桥乡、赤松乡划归金东区。2002年两乡合并称赤松镇。

面积人口　辖区东西最大距离8.95千米,南北最大距离11.69千米,总面积56平方千米。2013年末,辖40个村民委员会,下设361个村民小组。辖区户口11828户,总人口29369人。总人口中,男性14745人,占50.21%;女性14624人,占49.79%。2013年人口出生率1.12%,人口死亡率0.72%,人口自然增长率0.40%。

2013年,全镇完成工农业总产值19.2亿元,同比增长5.67%,其中完成农业产值3.3亿元,增长3.12%,完成工业总产值15.9亿元,增长1.6%;全年完成工业固定资产投入2.1亿元,完成引进内资1亿元;实现财政总收入1.65亿元,地方财政收入4180.1万元。

赤松镇是"浙江省生态镇"。

【赤松工业】全镇有工业企业93家,完成工业总产值159420万元,比上年增长1.6%。其中规模以上工业企业14家,职工1824人,实现工业增加值114675万元,比上年增长12%。出口交货值6.6亿元,营业收入14.7亿元,其中规上企业收入10.5亿元;利润4556万元,其中规上企业利润3306万元;缴纳税收3906万元,其中规上企业缴纳税收3421万元。销售收入达亿元以上的企业有4家。完善镇东工业区基础设施配套建设,推进园区扩容,强力推进清闲促产,狠抓企业产出率,提高土地利用率。

【赤松农业】全镇耕地面积17236亩,林地面积30767亩。2013年,全镇农业总产值28419万元,其中农业产值18514万元,林业产值172万元,畜牧业产值6431万元,渔业产值3292万元,农林牧渔服务业产值10万元。至年底,全镇有无公害蔬菜基地3个、专业合作社25家、农业龙头企业2家。新建北山口村金大母特色油桃基地150亩,巩固发展城郊型蔬菜基地,下潘村的木耳菜基地扩建50亩,山口冯村的冷水胶白基地扩建100亩。

【赤松重点工程建设】全面完成杭长客专、金温扩能项目政策处理,确保无障碍施工;浙北—福州1000千伏特高压输变电工程全部完成政策处理;市农批市场迁建项目基本完成苗木清点及土地丈量;油气管道南网新线工程,除因涉及线路优化石下和石牌未启动外,其余4个村(棉塘、西前路、下陈、高塘)完成管道铺设;"三改一拆"工作,累计拆除各类违章建筑4万余平方米,完成旧厂房改造10000平方米,农房改造1400平方米;在全区率先完成畜禽养殖污染治理工作,共拆除36户畜禽养殖户,共10583平方米,退养能繁母猪201头,奶牛54头。改田造地,下陈、高塘通过区级初验;杭金衢拓宽,完成线路放样、苗木清点和评估;锦林佛手园完成产品交易展示大厅、游客接待中心等基础设施建设,新修智能钢架大棚6000平方米,并成功申报全国休闲农业与乡村旅游示范点。

【赤松镇村建设】加大集镇改造力度,对集镇主干道进行亮化工程,完成市场北路的路灯安装。着重实施集镇环境综合整治，建立综合市场卫生保洁队伍，负责每日集镇范围内的保洁工作，并与集镇共建单位签定环境卫生“门前三包”责任书，对“脏乱差”等卫生死角进行清理、铺设黄泥和绿化；同时结合“双清”工作对集镇河道进行清理；成立自行车巡逻队，巡查集镇环境卫生状况。扎实推进美丽乡村建设，2012年确定一个秀美村的争创、两个秀美村的培育，其中潘村作为赤松首个秀美村，基本完成绿化提档等各项工作，石下、王宅两个培育村在有序推进中；农房改造持续推进，双门村的自然村邵村启动建设，东塘村安置地块完成征地和政策处理、土石方平整、地基放样，同时有序推进旧村改造工作；山口冯作为中心村，对西边村道口实行绿化提档。

【赤松平安社会建设】在巩固全镇上年平安建设成果的基础上，深入开展平安建设活动。层层落实责任制，共签订综治、消防、安全生产责任书385份；每月开展二次矛盾纠纷排查，对排查出的矛盾纠纷进行分类、化解和稳控，全年共开展矛盾纠纷排查活动24次，排查矛盾纠纷187件，召开矛盾纠纷排查调处会18次，共化解矛盾168起，并对重点矛盾纠纷实行“三定一包”制度。开展消防安全隐患重点单位整治排查工作，对不符合消防要求的单位集中进行整治；扎实做好社区矫正工作，未出现矫正对象脱管、漏管和再次犯罪；注重安全生产防范，通过开展“安全生产月”等活动，加大安全生产监督管理和宣传力度。

【赤松社会民生事业】2013年，居家养老照料中心第一期、第二期建设全面开展，王宅、下新屋等13个村的居家养老服务中心建设全面完成并投入使用，同时对2012年建设的山口冯村居家养老服务中心实行提档升级；城乡居民医保缴费实现社会化征收，参保率达99%，认真落实金政发〔2013〕11号文件精神，被征地农民转入社保3100多人，转保率达85%，城乡居民社保养老保险参保率达95%，其中60岁以上参保率达到100%；全镇新增“低保对象”22户33人，注销38户52人，到年底，共有农村最低生活保障户354户，517人，发放低保救助金1527906元。重度残疾人补助对象48人，发放补助金196458元。共发放民政救助款4417849元。计划生育。2013年全镇出生人口252人，计划生育率97.62%，社会抚养费征收率100%，自然增长率2.1‰。加强对流动人口计生工作管理，是年，域内有外来流动人口2305名、外出育龄妇女283名。2013年被金华市评为市级计划生育先进单位。

【赤松基层党建工作】赤松镇“两代表一委员”工作室自成立以来，作为发挥“两代表一委员”作用的“主阵地”“主平台”“主渠道”，共接待党员群众来访126余人次，收集各种问题包括宅基地审批、集体土地纠纷、交通事故调解、重点项目工程资金等7类55个，参与调处矛盾纠纷23起；深化“星级帮带”机制和“1+10”工作模式，进一步巩固提高、树立全镇基层组织典型，充分发挥“五星”党组织的示范带动作用，促进“一星”党组织的整顿转化。开展“双百双千”实践活动，2013年，40名“两富”局级指导员共走访农户1847户，梳理问题196个，已破解163个；赤松镇44名联村干部共走访农户5923户，摸排信访矛盾205起，已化解182起；214名机关干部到联系户走访，帮助办理实事58件，42名代表委员走访选民，梳理热点、难点问题，累计走访650户。积极探索区域化党建新模式，按照区域统筹的理念，以赤松山景区为中心，成立以山口冯党总支为龙头，覆盖周边双门、钟头、桥里方、王宅、东塘、下新屋6个党支部的景区联合党委，初步构建以区域性党组织为核心，广大党员为骨干，区域党群服务中心为依托，区域内各类组织共同参与的区域化党建新格局。

赤松镇党员服务队

【山口冯获省“十佳群众最满意的平安村”称号】8月29日，赤松镇山口冯村获得省“十佳群众最满意的平安村”称号，也是金华市唯一的一家。该村在全区率先推行“绘制一张民情示意图、制作一本民情家底册、建立一本民情档案”，及时了解社情民意，化解矛盾纠纷，维护社会和谐稳定。投入资金5万余元，安装10个治安监控探头，调处民间纠纷28起，调处成功率为100%。近几年全村未发生群体性上访事件，未发生重大刑事、治安案件。村干部每天坐班服务群众，在全区率先建立便民服务中心、农村居家养老照料中心，探索出解决农村老年人养老问题的新模式。

【第十一届中国苗木交易会】10月18日，第十一届中国苗木交易会在仙桥花木城隆重开幕。省人大常委会副主任程渭山宣布开幕。市委副书记、代市长暨军民，省林业厅厅长林云举致辞。该届苗交会由市政府、省林业厅、中国花卉报社主办，金东区政府、婺城区政府、市林业局、北京中花园艺公司承办，共设展位600多个，吸引了来自北京、上海、广东等20多个省、市、自治区及韩国等地的500多家企业参展。同时，举办全国苗木经纪人大会、最具发展潜力苗木品种评选、新产品新技术推介等一系列活动。开幕式上还举行了2013年度全国十大苗木经纪人、全国十大苗圃、中国罗汉松之乡、金华市十大苗木经纪人等授牌仪式。

【全国休闲农业与乡村旅游示范点创建】锦林佛手有限公司是国家林业特色种苗基地，浙江省农业科技企业、农业创业创新十佳典范、农机化示范基地、金华市农业龙头企业。公司拥有1000亩现代化农业精品园示范基地，其中现代玻璃温室2500平方米、标准化大棚250亩，露天喷灌设施150亩，农业休闲观光游乐设施面积100亩。2013年，在锦林佛手原有的基础上建造休闲观光园，完成产品交易展示大厅、游客接待中心等基础设施建设，新修智能钢架大棚6000平方米，并成功申报全国休闲农业与乡村旅游示范点。

（张锡俊）

塘雅镇

【概述】塘雅镇位于东经119° 44′ 31.04″ —119° 50′ 01.45″ ，北纬29° 06′ 08.34″ —29° 11′ 59.59″ 。地处金东区中部，东与孝顺镇为邻，东南、南与澧浦镇隔江相望，西南与东孝街道毗连，西北、北与曹宅镇接壤，东北仍与孝顺镇为邻。人民政府驻塘四村前街17号。

政区沿革 清光绪元年（1875年）属东阳乡、孝顺乡。1938年分属塘雅乡、横塘乡、塘丘乡，隶属塘雅乡镇联合办事处。1940年分属塘雅乡、横塘乡。1947年分属塘雅、芗溪、双岩三乡。1951年分属塘雅乡、双桥乡，隶属塘雅区公所。1958年称塘雅人民公社塘雅管理处、马溪管理处。1961年改称塘雅人民公社。1983年9月复称塘雅乡，隶属曹宅区公所。1992年含香乡并入，改称塘雅镇。2001年属金东区。

面积人口 辖区东西最大距离8.87千米，南北最大距离10.8千米，总面积53.15平方千米。2013年末，辖48个村民委员会，下设409个村民小组。辖区总人口29978人。总人口中，男性15153人，占50.55%；女性14825人，占49.45%。2013年人口出生率1.18%，人口死亡率0.67%，人口自然增长率0.50%。

2013年，全镇实现工农业生产总值10.71亿元，其中工业总产值8.64亿元；规上企业产值3.21亿元，同比增长10.3%；出口交货值1.97亿元；新产品产值9679万元，比上年同期增长260%；实现公共财政预算收入和区级公共财政预算收入分别为2833.3万元和846.3万元，为年初预算的135.1%和181.5%，完成情况和增长幅度均排全区前列。

塘雅镇是金华市食品安全大整治百日行动先进单位、金华市药品安全建设达标乡镇、杭长客专金华段征迁工作先进集体、金东区武装工作先进单位、金东区社会综合治理工作先进单位。

【塘雅工业基础建设】积极开展招商引资工作，引进内资0.51亿元，浙婺商回归引资0.25亿元，工业新增投入1亿元。深化清闲促产、低效企业的清理整顿工作，淘汰落后产能，圆满完成2家砖瓦厂的拆除。累计完成转而未供土地188亩出让，完成区下达任务的126%，盘活存量建设用地45.6亩，成功出让塘雅30亩商住区块。完成“个转企”18家。积极稳妥化解工业园区遗留问题，完善园区内基础设施建设。顺利完成全国第三次经济普查第一阶段规范单位基础信息工作，共调查摸底单位1261家，其中法人194家，产业活动单位24家，个体户1043家。

【塘雅现代农业建设】农业“两区”建设有序推进，完成粮食生产7400亩。完成含香畈1671亩粮食功能区一期建设，启动二期建设；完成含香畈土壤示范方的土壤监测与推广。完成天鹅畈蔬菜基地扩建工程，在原有基地的基础上扩展竹村、竹溪塘、王山下等村。组织农业技术讲座6次，培训350人次，发放资料1500份。开展经济薄弱村提升工作，启动10个村的异地物业联建。

【国家、省市重点工程建设】2013年，是塘雅镇承担国家及省、市重点建设项目最多、任务最重的一年，全年区级重点建设项目7项，省市及国家级重点项目9项。扎实推进垦造耕地工作，完成造地项目2个，新增耕地面积约411亩，超额完成区下达300亩新增耕地任务。快速推进6400亩低丘缓坡试点范围征地工作，实施分组竞赛，挂图作战，一周内完成相关协议签订，征地工作平稳推进。加大重点工程、重点项目政策处理和工作保障力度，确保杭长客专、金温扩能、天然气输气管道、浙北—福州特高压等国家、省、市重点项目稳步实施。完成塘雅变电所主体工程，完成中心粮库土地平整和主体工程招投标。

【塘雅生态环境整治】坚持铁腕治水，清理疏通河道15000余米，落实5条主要支流河长和河段长责任制；控制溪流污染源，拆除猪舍0.65万平方米，关停制砂加工点7家。加大“三改一拆”力度，全年拆除违法建筑4.36万平方米，完成区下达任务的131.95%；旧住宅改造7794平方，完成区下达任务的155.9%。加快集镇提档升级，拆除镇中路等集镇道路两侧违章搭建物4000平方米以上，完成东口塘亮化绿化综合整治工程，更换集镇老旧破损路灯29盏，新增绿化8000平方米以上。深化美丽乡村建设，完成前溪边精品村、13个洁美村创建，做好洁美村的村庄绿化、河塘沟渠水体治理工作。强化卫生长效管理，通报各村卫生检查督察情况5次，全镇48个行政村的卫生面貌得到全面的改善。

【塘雅民生社会事业】按照“保基本、广覆盖、可持续”的思路，探索统分结合的新型农村养老模式，建成农村居家养老服务中心17家。社会保障水平不断增强，扎实开展城乡居民医疗保险征缴工作，参保人数21630人，超额完成市、区下达的指标数；全面做好被征地农民保障工作，全年完成被征地农民转社保1819人。重视农村基层文化建设，创建竹村市级文化示范村、前蒋市级农村文化礼堂建议示范基地、桥头陆省级体育活动中心、溪干省级文明村；农民文化生活不断丰富，前蒋文化礼堂坚持每月15日“票友戏场”，并适时开展“成人礼仪”、“敬老礼仪”等其独俱特色的软活动，得到了省、市、县的推广和肯定。

【塘雅机关作风建设】自觉接受人大监督，及时报告和通报重大事项、重要工作，人大代表建议、意见办结率100%。“村情民意”直通箱实现48个行政村全覆盖，每月15日、30日由联村干部开箱收集群众建议、意见，减少传声环节，发挥直通优势。投入30余万元，打造覆盖全镇的会议数字视频系统，各村通过数字电视参与会议，强化镇村纽带。严格执行中央八项规定和省委“六个严禁”，规范公务接待和公车管理，压缩一般性经费和“三公”经费支出。深化干部队伍作风建设，周一夜学雷打不动，干部轮值讲学常态化开展，夜访夜办提高进村入户效率，“千分制”考核量化干部实绩。提高机关作风与效能监察，全年刊发《督查通报》10期，通报批评5人次，促进机关效能提高，干部作风转变。

【塘雅“双百双千”活动】塘雅镇党委、镇政府以“四解”为抓手，全力推进“双百双千”活动出现的积极变化。2013年4月起，塘雅镇把解决矛盾、加快农村经济社会发展放在突出的位置，推出了“四解”活动，即解放农民观念，解释法律政策，解答农民疑惑，解决发展矛盾。要求全体镇干部充分发挥基层优势，改进工作方法，突出帮扶重点，深入开展走村入户，切实掌握农民生产生活情况。在大力推进“双百双千”活动过程中，镇党委以夜学夜读，记录民情手记、驻村档案及村情民情工作手册等多种形式，督促干部第一时间了解村民生产生活情况，抓住发展过程中的突出问题，合理利用政策，帮助村民解决了一批资金、土地、技术、人员等制约发展的问题。

【塘雅居家养老照料中心建设】2013年，塘雅镇多方齐力推进居家养老照料中心建设，成效显著。明确责任，倒排时间。镇主要领导负总责，村书记、主任承担具体建设任务，保质保量完成养老中心标准化建设。开源节流，监督到位。除政府划拨的专项建设资金外，发动社会力量捐款50余万元；各照料中心菜谱由专人负责采购和监督，定期公布。志愿服务，夕阳添彩。不定期组织青少年、儿童、妇女志愿者服务老人，送上歌舞表演等文艺节目。截至12月，全镇已建成居家养老照料中心17家，服务老年人350余人。

【塘雅率先试行党代会年会试点】镇党代表大会由每五年召开一次改为每年至少召开一次，明确镇党代表的权利和职责，健全党代表开展工作的主要制度，规范党代会年会具体实施要求。引入党代表询问环节。针对美丽乡村建设、党建工作、集镇建设、重点工程等群众关心的热点问题，党代表现场质询，党委委员现场逐一回答，充分调动党代表参政议政的积极性。引入民主测评环节。对党委委员、纪委委员、区党代表分别进行民主评议和测评，并将结果作为干部激励奖惩的重要依据，增强党内生活规范性和透明性。邀请普通党员列席旁听。采取党员自愿报名和组织推荐相结合的方式，邀请通过审核的对象全程参与党代会，进一步扩大党代会在党员中的影响力。

【塘雅"三措并举"助力青年创业】2013年，塘雅镇"三措并举"为青年创业保驾护航。两大平台，助力青年创业。依托优惠政策平台，结合本地实际和青年创业需求，挖掘成泰银行创业贷款低门槛、低利率优惠等创业优惠政策，为青年创业缓解资金压力。依托市场驱动平台，重视现代化农业、服务业发展，增加产品附加值，培育本地品牌，拓宽销售渠道，合理结合虚拟销售，利用好网络购物、微博等新型销售途径，提升青年创业竞争力。三级联动，打造服务型团组织。区、镇、村三级团组织发挥各自的职能优势，举办青年创业论坛，以座谈会、实地观

党代会年会试点

摩、QQ群、微博等形式举行创业交流活动，共享创业经验。结合当前"双百双千"活动，及时了解青年的创业意向和需求，协同有关部门帮助创业青年共同创业。四体帮扶，助力创业青年成长。对创业青年进行青年党员帮扶、团干帮扶、专业帮扶和互帮互扶，增强创业队伍的总体实力。针对创业过程中普遍关注的技术问题，利用农业服务中心、种养殖专业户等的技术优势为创业青年提供帮助，已建成一对一帮扶青年创业20余对。

【天鹅畈蔬果基地"公司+农户"模式】2007年以前，塘雅镇楼下徐村、石板堰村和金村等地的菜农基本上处于自产自销的状态，技术落后。2008年，由市科技特派员胡繁荣引进的市农业龙头企业金华天元食品有限公司正式与楼下徐村联姻，"公司+农户"的模式顺利促成了天鹅畈青刀豆出口蔬菜基地的诞生。基地实行统一供种、统一技术、统一收购。基地通过引进新品种、新技术与推广创新农作制度和科技特派员平台，与农户结对，共推广"红颊"草莓等新品种12个、"苦瓜套种生姜"等新技术15项，村民的收入也较基地创建前翻了一番。石板堰村村两委成立"绿天使"蔬果专业合作社，并注册了"含香"商标。2013年，天鹅畈基地成为市重点蔬菜基地、省主导产业金东区城郊蔬菜产业示范区建设点。该基地共有蔬菜种植面积1500亩，年产量过万吨，产值近2500万元。

【前蒋文化礼堂建设】前蒋村是金东区首批启动文化礼堂建设的4个样板村之一，把传统文化的传承作为礼堂建设的特色。将分散在各村的传统文化汇集到文化礼堂，形成了塘雅的"文化根据地"。前蒋村作为中心村，文化礼堂将建设"两堂七廊"。"两堂"面积400平方米，观众席位250个，围绕

凸显传统文化特色，服务传统文化表演进行布置已布置完毕。“七廊”（村史沿革廊、务实成就廊、守信民风廊、崇学励志廊、向善仁爱廊、艺术才能廊、孝悌友爱廊）长26米，主要展示村史及家族史，宣传村民身边的榜样人物，展示村民创作的书画作品。

【全市首座“特高压”平原铁塔开工】2013年9月4日，1000千伏“浙北—福州特高压”金东段67号塔基在该区塘雅镇进场施工，该塔基为金华全市范围内首座在平原地带开工建设的塔基。“浙北—福州特高压”交流输变电工程为国家重点工程项目，在全区共需架设塔基86个。塘雅镇范围内共有塔基10座，涉及6个村。特高压建设工程是国家重点工程，镇政府及相关部门为此做了大量的前期工作。除了及时召开政策处理动员会，做好补偿协调工作外，还通过联合执法，打击了一批抢栽抢种违法行为。在工程建设方面，镇里还主动做好与设计、施工、评估等相关单位的对接。

【塘雅村级组织换届】作为全市村级组织换届试点乡镇，2013年8月底，塘雅镇启动村级组织换届试点工作，坚持“高度重视、精心组织、周密部署、分级动员、依法运作”二十字方针，严格按照“先议发展,后绘蓝图,再选班子”模式，选出48个行政村新一届的村级组织班子。通过换届，全镇共选出村两委成员326名,其中妇女干部62人，达到村村都有妇女干部进班子的工作要求，书记、主任“一肩挑”的村有9个(报组织部)，占全镇行政村总数的1/5。顺利完成村监会、村经济合作社等村级配套组织换届工作。

【施塘头以绿化践行党员公益日】4月23日，塘雅镇施塘头村以绿化践行党员公益日。施塘头村开展党员公益日活动，全体党员在村书记的带领下，沿环村道路两侧开展植树绿化活动，经过一天义务劳动，施塘头村绿化景观得到极大的改善，道路两侧郁郁葱葱，获得群众一致好评。作为基层党组织建设的一项重要内容，党员公益日受到广大基层党员的重视，其中不乏常年在外工作生活及身体欠佳的党员积极参与其中。通过党员公益日活动，极大地促进了党员凝聚力，突出了党员先锋表率作用，对改善党员形象，树立榜样作用具有积极意义。

（游剑秀）

澧浦镇

【概述】澧浦镇位于东经119° 43′ 21.83″—119° 54′ 41.44″，北纬29° 03′ 02.13″—29° 08′ 44.12″。地处金东区东南部，东与义乌市赤岸镇为邻，东南与武义县莖道镇连接，南连岭下镇，西与江东镇、多湖街道毗连，西北与东孝街道、塘雅镇隔江相望，东北与孝顺镇接壤。人民政府驻澧浦村前章南路31号。

政区沿革　清光绪元年（1875年）属惠日乡、文星乡。1930年分属澧浦镇、麒麟乡、外溪乡、方山乡、蒲塘乡、洪业乡、岩溪乡。1938年属澧浦乡，隶属岭下乡镇联合办事处。1951年分属澧浦、蒲洪、西溪三乡，隶属澧浦区公所。1955年西溪、蒲洪两乡并入澧浦乡。1958年称澧浦人民公社澧浦管理处。1961年改称澧浦人民公社。1983年复称澧浦乡。1986年改名澧浦镇。1992年灵岳、长庚、东湖三乡并入。2001年属金东区。

面积人口　辖区东西最大距离18.37千米，南北最大距离10.56千米，总面积98.5平方千米。2013年末，辖63个村民委员会，下设324个村民小组。辖区总人口34784人。总人口中，男性17837人，占51.28%；女性16947人，占48.72%。2013年人口出生率1.04%，人口死亡率0.42%，人口自然增长率0.61%。

2013年，全镇实现工农业总产值14.77亿元，同比增长16.3%。全镇农民人均纯收入达到11184元，同比增长19%。计划生育率保持在95%以上，人口自然增长率控制在3‰以下。

澧浦镇主导产业以花卉苗木为主，是中国著名的苗木之乡和浙江省十强花卉乡镇。先后获得的“浙江十大最美乡镇”“金华市十大优秀乡镇”“省老龄工作先进单位”“金华市学前教育先进乡镇”等荣誉称号。

【澧浦基础工程建设】全镇累计完成工业总产值11.12亿元，完成年计划的103%，同比增长20%以上。其中规模以上企业实现产值2.7亿元，为年计划的180%；累计完成工业固定资产投资5.87亿元，为年计划的293.7%；累计引进内资1600万元，完成年计划的320.3%。清闲促产工作扎实推进。全年共盘活存量土地30亩，消化世纪星幼儿园、永兴塑粉、澧浦苗木市场转而未供土地220亩。顺利启动200亩洪村、蒲塘工业区块土地征迁政策处理。企业转型升级进一步加快，全年共完成“个转企”66家，“小上规”4家。农业方面，投资1698万元，圆满完成以里垅、东溪垅、琐元畈为中心的省级万亩绿化苗木产业示范区建设。全面完成大平地生猪精品园和省级标准化养殖场建设，顺利通过三星级规模猪场评定；冠宝生态农业公司生态循环项目顺利建成并通过验收；圆满完成农产品质量检测站建设，顺利通过省级验收。顺利完成里郑、山南省级森林村庄和上金、毛里市级绿化示范村创建。澧浦苗木城成功举办首届金华花木采购节，市场开发效果进一步显现，全年累计实现销售额近16亿元。

【澧浦生态环境建设】投入资金5000多万元，圆满完成35个“洁美村庄”、11个“秀美村庄”、2个“精品村庄”和2个“示范中心村”的创建任务。通过大力实施环境整治、产业融合、文化提升和生态保护四大工程，基本形成了一村一品、一村一韵、一村一景的澧浦“美丽乡村”建设大格局，建成以“画意绿廊、悟道南山”为主题的“美丽乡村”南线风景线。全面完成总长43.7千米的市本级首条样板绿道建设，成为金华市民节假日休闲运动的首选目的地/积道山生态旅游开发进一步深入，环积道山绿道建设及积道山旅游配套基础设施建设圆满完成，大本营建设顺利启动。铁腕推进水环境综合整治。畜禽养殖污染整治取得阶段性成果，全镇总计拆除各类养殖场22000多平方米。其中东溪、西溪沿线21家畜禽养殖点全部完成搬迁拆除，实现“零养殖”。关停取缔非法采砂、制砂、洗砂点6家；清理整治“四小”及高耗能高污染企业15家；完成违法建筑拆除61100多平方米，为年任务的191.1%；完成旧厂房改造12250平方米，为年任务的102%；完成农村住房拆迁改造125户，拆迁改造面积达14000多平方米。

8月4日，金华市本级首条绿道——澧浦绿道开通。

【澧浦宜居集镇改造】启动澧浦集镇改造提升“二、三、四”工程。暨中心休闲广场和泉山公园2个公园的新建与改造，澧兴路、浣纱路、澧浦新街3条集镇主要道路的“三化”改造，东、南、西、北4个进镇路口的景观改造提升。先后投入资金5000多万元，完成集镇3条主要道路的“三化”改造和东、南、西、北4个进镇路口的景观改造提升，完成总长12千米的集镇污水管网续建项目。探索打造集镇改造新样板，在全区率先开展集镇环境综合大整治，拆除各类违章建筑，面积7000多平方米，进一步为集镇建设腾出了发展空间，使集镇面貌得到脱胎换骨的变化，成功承办金东区集镇综合整治现场会，为澧浦全面打造“花木风情小镇”奠定了基础。

【澧浦重点项目建设】金温扩能改造工程实现扫尾，众旺养殖场顺利拆除，王柴头村拆迁户完成宅基地安置。蒲塘110千伏变电所于9月份顺利建成投运。浙北—福州1000千伏特高压13个塔基政策处理圆满完成，塔基施工进展顺利。西气东输金温天然气管道工程政策处理基本结束。中小河流域治理成效初显。毛里、铁店两个节点改造工程顺利完成。西溪毛里至湖北段中小河流域治理施工进展顺利。截至10月底，已完成1.8千米河道疏浚、基础开挖及挡墙砌筑。东阳江洪村至南王埠段2.5千米干堤加固工程政策处理基本到位，施工进展顺利。里蒋村山垅塘水库、湾塘村湾塘水库和敬老院石头塘水库除险加固顺利完成。顺利完成蒲塘司湖塘畈和山口深塘里壁土地开发整理，新增耕地42公顷。完成高标准农田建设233.33公顷。

【澧浦民生实事建设】居家养老服务中心建设成为全区样板。按照“统分结合”的新型农村养老模式，先后投入资金364万元，顺利建成27家居家养老照料服务中心点和12个居家养老服务中心配送站。圆满完成全省及全市居家养老现场会承办任务，走在了全区前列。顺利完成下宅、长庚、口溪坑

3个区级样板农村文化礼堂建设，使农村文化礼堂建设成为农民群众精神文化的新领地和追梦寻根的新殿堂。圆满完成下宅、琐元、蒲塘、长庚4个中心社区暨“两富示范村”创建，通过资源有效整合，加快推进农村便捷高效公共服务体系建设，实现城乡统筹发展。教育投入不断加大，教学质量明显提升，澧浦初中中考再创佳绩。澧浦小学被评为金华市学校体育工作先进集体；澧浦中心小学幼儿园顺利通过省二级验收；学前教育工作顺利通过上级考核，被评为金华市学前教育先进乡镇。公共医疗卫生水平进一步提高。扎实做好一年两次的查灭螺工作，累计灭螺面积达284万平方米。城乡医保参保人数2.3万人，参保率达到99.5%。低保对象实现应保尽保，全年发放各类低保困难补助资金近145万元，完成“安居工程”21户。全年共组织各类劳动力就业转移培训5期，培训转移1000多人次。来料加工进一步发展，全年共发放各类来料加工费2950万元。顺利完成港湾式公交停靠站建设，群众出行更加便捷。“平安家庭”创建评选活动深入开展。矛盾纠纷排查化解取得显著成效。全年共排查各类矛盾纠纷174起，涉及金额178万余元。重大信访积案化解取得突破。切实维护公共安全，高度重视安全生产工作，食品安全、校园安全、消防安全、交通安全等工作扎实推进。

【澧浦机关作风建设】全面贯彻落实区委“践行群众路线、全员一线攻坚”工作部署，创新工作推进方式，设立“点将台”，推行“组阁”制；扎实开展“季度之星”评比活动，推动重点项目、重点工程攻坚克难。继续大力推进干部队伍作风建设，全力打造全科型干部队伍，努力提升为民办事能力和办事效率。澧浦镇行政服务中心全年共受理各类行政审批事项5796项，办结5789项，办结率达到99.9%。全面落实廉政建设责任制，严格执行廉洁自律各项规定。村级组织建设不断加强，顺利完成63个行政村的村委会换届选举工作。乡镇公共服务平台标准化建设得到省领导高度肯定，农村集体三资管理全面加强。

【澧浦“三改一拆”专项行动】2013年，全镇共完成农村住房拆迁改造125户，共计14059平方米，完成任务的93.7%；完成旧厂房改造12250平方米，完成任务的102%；完成违法建筑拆除61142.62平方米，完成年任务的191.1%。通过“三改一拆”行动，有力地遏制了违建行为的蔓延，推进了社会公平，促进了社会和谐，进一步优化了全镇的经济社会发展环境。

【澧浦集镇改造工程】2013年，澧浦镇围绕“一个公厕、两个公园、三条道路、四个路口”，按计划、分步骤开展集镇改造。公厕改造工作完成。泉山公园在原有基础上进行改造，中心休闲广场则是一大看点，以“配套居住”为理念，围绕居民生活需求和人文需求，设计有健身区、亲子区、休闲娱乐区。基础设施提档工作中，道路建设也是重要一环。新街、浣纱路、澧兴路在改造中，绿化、污水管网等配套工作同步跟进。

【澧浦污水治理项目】国家发改委下达了2013年第二批城镇污水处理设施及污水管网工程项目中央预算内投资计划，澧浦镇污水处理收集管网项目被列入投资计划，争取到中央预算内资金1000万元。澧浦污水处理管网项目于2012年启动，铺设污水收集管网23.03千米，项目总投资4340万元，计划于2015年建成。

【澧浦卫生院打造特色医院】2013年，澧浦镇中心卫生院肛肠外科推出的优惠活动，在看病费用上，医院实行限价政策，在每周五上午，邀请广福医院的肛肠外科专家坐诊，使老百姓不出澧浦镇就能享受市级专家的服务。澧浦镇中心卫生院通过与金华市广福医院肛肠外科协作的方式，开设了肛肠外科门诊，开设痔疮切除、肛瘘切开挂线、肛裂切除等肛肠外科手术。短短一个多月时间，就先后治愈了几十名肛肠疾病的农村患者。群众不出镇就能享受到优质的医疗服务。提供方便优质的一站式服务，让百姓方便看病、看得起病，打造金东名专科，是澧浦镇中心卫生院的办院方针。

（项佳蓓）

岭下镇

【概述】岭下镇位于东经119° 44′ 20.13″ —119° 53′ 01.43″ ，北纬29° 00′ 32.87″ —29°

04′53.22″。地处金东区南部,东、东南、南与武义县菱道镇、白洋街道相连,西南、西与江东镇毗邻,北与澧浦镇接壤。人民政府驻岭下朱诗翁东路28号。

政区沿革　清光绪元年(1875年)属惠日乡。1930年分属岭下镇、溪岩乡、曲水乡、方山乡、八素乡。1938年分属岭下镇、港东乡。1940年分属岭下镇、积道乡,隶属岭下乡镇联合办事处。1947年分属釜阳乡、澧浦乡。1951年分属岭下乡、石桥乡,隶属澧浦区公所。1955年石桥、江东二乡并入岭下乡。1958年改称澧浦人民公社岭下管理处,石桥、江东二乡析出。1961年改为岭下人民公社。1983年复称岭下乡。1991年改设岭下镇。1992年石桥乡并入岭下镇。2001年属金东区。

面积人口　辖区东西最大距离14.1千米,南北最大距离8.04千米,总面积为58.0平方千米。2013年末,辖34个村民委员会;下设179个村民小组。辖区人口总数15497人,其中,男性7939人,占51.23%;女性7558人,占48.77%。其中城镇常住人口379人。2013年,全镇出生149人,男性74人,女性75人,人口出生率为1.04%,人口死亡率为0.67%,人口自然增长率0.37%。

岭下镇是中国著名的毛芋之乡,是浙江省生态镇、金华市生态镇。被评为2011—2013年度全市森林消防先进单位、2013年度金东区新农村建设先进单位和2013年度市区企业退休人员社会化管理工作先进单位。

【岭下工业】2013年,全镇实现工业总产值11.9亿元,其中规上产值7.05亿元。完成新建技改投入1.02亿元,引进市外资金5000万元,完成出口交货值3.5亿元。38家工业功能区企业实现工业总产值84739万元,占全镇工业总产值的71.19%,对全镇经济的带动越来越明显。但是受复杂严峻的宏观经济形势影响,工业产值有所下降。基础设施和配套设施逐步完善。完成园区1号路、4号路地下管网疏通工程,10号路基修复工程,10号路延伸段路基工程。企业项目落地扎实推进。完成“波鹰”“欧通达”“沃克”“家琦”“铭泰”等地块挂牌出让;“特畅”基本完成土方平整建设;“金标”主体厂房基本完成;“波鹰”基本完成厂房和主体工程建设;“宁远”地块2号、6号厂房,宿舍楼开工建设。服务管理不断加强,完成“小上规”1家、“个转企”12家。

【岭下农业】2013年,完成粮食播种面积193.33公顷,总产量0.11万吨;完成河口等村1060.12亩标准农田地力提升年度任务。推进精品农业建设。重点创建岭下布朗李精品园,完成精品园区道路、水利、分级场所等设施建设;完成畈田村50亩钢架大棚改造工程。完善农田水利基础设施。完成黄坞口水库电站、水厂建设工程,完成八仙溪二期工程以及堰坝工程,完成中央财政追加项目长夫塘、洋埠塘除险加固工程。全面启动中小流域治理工程,完成上坎溪、下坎溪、石垅坞溪、杨梅峡溪的清淤及加固工程。落实农田改造工程。完成汪宅等4个村共计20公顷造地改田项目和日辉路农村土地综合整治项目。完成汪宅、摩诃等6个村的森林村庄创建工作。

【岭下生态环境整治】以“美化市区南大门,塑造岭下新形象”为目标,以“四清三化”(清垃圾、清污水、清路障、清乱堆乱放乱建;美化、亮化、净化)为抓手,全民动员,突出重点,落实责任,以局部治理带动综合治理,以集中整治促进长效管理,进一步转变和提升镇村环境面貌。投资1000余万元对新、老国道330线集镇段、高速出口、农贸市场周边区域、工业园区等重点区域进行道路拓宽、硬化、绿化、美化。实施“三整治”及水环境整治行动,关停制砂、洗砂企业11家;开展“四边三化”绿化、清理行动,提升绿化景观;调减存栏猪1800头,关停退养猪舍面积3366平方米;完成中小河道治理8千米,河道保洁36.5千米;每月定期排查非法电镀、冶炼等加工点,加强污染排放监管;整顿“六小”行业,查处取缔炼铝加工厂1家、塑料加工厂6家。

【岭下“三改一拆”行动】全镇实施集中行动拆违15次,共出动人员895人次。一是拆除违法建房。全镇共拆除违法建筑28105平方米,完成区目标的140.5%。二是实施旧住宅区改造。全镇旧住宅区改造共涉及5个村(岭五、新亭、桥头、釜章、汤村)66户,共计4230平方米,完成目标的114.3%。成立镇行政执法中队,加强日常巡查监管力度,防止新的乱搭乱建产生。

【岭下重点项目施工】工业园区、金丽温天然气管道工程、“浙北—福州”1000千伏特高压工程、市垃圾填埋场地征用、市餐厨废弃物处理中心等一批重点工程和攻坚项目的政策处理等工作提前顺利完成。全国中小河流治理重点县综合整治和水系连通试点项目，涉及全镇辖区20千米河道防洪堤坝建设，除险加固、清淤疏浚等工程全部进场施工。

【岭下集镇改造工程】岭下朱新区建设初步完成规划设计；集镇污水管网完成规划并上报；商住地块顺利出让；集镇老国道330线路灯二期亮化工程完成；安置小区道路绿化工程完成招投标。投资500多万元，完成新、老国道330线连接线实施拓宽改造工程，金岭东路、诗翁东路实施“白改黑”工程，以及两侧绿化进行改造提档。投资300万元，完成诗后山至河口的道路路面改造工程，集镇面貌焕然一新。

【岭下美丽乡村创建】完成创建岭五村、新亭村2个精品村，山南头、桥头2个秀美村，下包、下辽2个洁美村并通过验收；完成王山、王溪、新村等3个村的污水处理工程并通过验收；完成新村、包村、山南头、岭四等4个村的“一事一议”工程并通过验收。

【岭下社会民生保障】投资80万元，完成建筑面积500平方米敬老院食堂扩建工程；完成日辉路、岭五等村联网公路建设并通过验收；国道330线新增规范化公交站点6个，进一步方便村民出行；城乡居民医疗保险率达到100%，城乡居民养老保险率达到90%，农村政策性住房保险率达到100%。计划生育工作扎实推进，2013年计生率95.3%，性别比98.67。全年实现来料加工费960万元，经纪人57名，从业人员达1880户2481人。全面落实民政优抚工作。全年共发放低保金696470元、五保金270384元、各类优抚款512181元、其他救灾救济款173421元，有效缓解低收入人群的生活困境。做好弱势群众的关心关爱工作，为残疾人士提供各类服务共计223人次。

【岭下平安社会创建】认真做好安全保卫、治安防范工作和矛盾纠纷、信访问题的化解工作。全年共排查出矛盾纠纷231起，已调处229起，做到早排查、早发现、早处理，把矛盾问题解决在萌芽状态。加大社会治安投入，新装治安监控24个，进一步完善治安监控系统。高度重视安全生产工作，签订安全生产责任书284份、消防安全工作责任书138份，组织安全培训535人次、参观图片展览506人次，组织企业安全检查170多家次，对发现的50个安全隐患逐一整改到位。认真组织专项整治活动，打击关闭非法、违法企业7家，落实安全生产标准化建设的规上企业12家。注重森林消防宣传及森防队伍建设，森林消防队2013年到外县市参与灭火行动4次并多次在专业比赛中夺得好名次，得到省、市、区各级领导的高度好评。

【岭下阳光政务建设】坚持重大事项充分酝酿、会议决定，实现事权、财权、人权的阳光化操作。全面推进依法行政，自觉接受人大法律监督、政协民主监督和社会监督。认真落实党风廉政建设责任制，注重从源头上预防腐败。深入开展机关干部廉政教育，切实增强反腐拒变和抵御风险的能力。开展村务监督委员会规范化建设，落实《村干部目标责任制考核和问责办法》，指导村级严格执行“零招待”和“三务”公开制度。拓宽社情民意反映渠道，进一步完善联村工作机制。

【岭下居家养老服务中心建设】5月2日，岭下镇商会举行支持居家养老中心动员座谈会，区政协副主席、统战部部长胡则鸣，镇有关领导，24家企业负责人参加会议。2013年，岭下镇先后启动6个村的居家养老中心建设，虽然硬件配套设施和前期运行准备工作已基本完成，但长期运行，资金缺口相当大。因此，商会本着社会责任感和村企和谐共发展的理念，与广大企业主召开此次大会。会议发放《关于支持岭下镇居家养老服务照料中心的倡议书》，倡议书将当前存在的资金问题向各位企业主做一个说明，各企业根据实际情况自愿认捐金额，认捐方式分为现场一次性认捐、分期进行认捐两种。成立岭下镇商会居家养老慈善基金，由财政所设立专门基金账户，由专人负责管理，镇政府每年向捐赠者公布一次基金收支情况，接受人大、审计、民政等部门，以及社会各界和捐赠者的监督。各企业主现场慷慨解囊，捐助一到十几万不等的数额，当天共计收到60余万元捐款。

【金丽温输气管道工程建设】金丽温输气管道工程是国家重点工程西气东输二线的配套工程，被列入2012年省重点建设项目。镇党委、镇政府高度重视，成立金丽温西气东输项目领导小组，由镇长任组长，分管领导任副组长，下设成员办公室，召开涉及村书记、主任动员会议，要求由村书记、主任负责，联村干部督促落实，层层推进；发动群众的积极性，通过张贴公告和多次上门宣传的方式，将借地范围和赔偿标准明确告知，使村民能够有理性认识；领导小组出台各项奖罚措施，对于在限期之前完工的村进行相应的奖励，对在公告发出之后抢建抢种的村民按相关法律政策严肃处理。该项目于2013年4月启动，预定线路总长4.2公里，借地面积100.8亩，截至5月28日，工程进展情况顺利，岭下镇共涉及农户161户，已签约148户，签约率达到92%，款项兑现139户，兑现率达到86%。剩下的农户，通过评估公司再核实苗木品种、数量、单价，进行再次定价和上门做思想工作，争取在限期内能够圆满完工。

【岭下村级组织换届】 2013年10月开展换届选举工作，岭下镇坚持“把好政策关、把紧组织关、把牢程序关、把握实效关”，截至12月4日，完成34个村的支部换届工作，共选出支委成员114名，其中女支委14名。

【新亭村“生育文化”长廊亮相】 2013年，由区计生局和岭下镇新亭村结合当地的孝道文化联合设计并制作的“生育文化”长廊亮相新亭。该长廊长70米，由20幅“生育文化”图组成，涵盖了计生相关政策、优生优育、“二十四孝”等丰富多彩的内容，图文并茂，内容丰富，不仅在视觉感官上给村民以享受，也在生育观念方面给村民以潜移默化的影响。既宣传了计生知识，又美化了农村环境。

【岭下拆除非法庙宇基地】 12月，岭下镇在金东区民宗局、公安、国土、行政执法等部门的共同配合下，在前期下发了停建通知书后部分村民仍违法抢建的情况下，强制拆除了面积达3300多平方米的上保村非法庙宇基地。此次拆除，在源头上肃清了农村违法宗教的蔓延。

【岭下群众文化活动】 2013年，岭下镇文化站联合各个部门开展形式多样的文化活动。大学生实践队送文化下乡。2013年暑假，浙江师范大学经济与管理学院赴岭下暑期社会实践队到新亭村和山南头村，20多名大学生在村里为暑期在家学生提供各科教学。文艺演出接连不断。为了丰富村民夜间文娱生活，7月18日至7月23日，文化站先后联合区文化馆文化下乡剧组，大学生实践队举办多场“与村民同欢”文艺晚会。体育运动强身健体，7月20日，岭下镇老年体协承办的金东区南片老年人气排球比赛如期在岭下镇举行。岭下镇文化站希望通过形式多样的文化活动充分满足群众日益提高的精神文化需求，全力打造物质和精神双文明的岭下镇。

中共金华市委书记陈一新到新亭村视察工作

（王晓蓉　郑巧英　戚雪萍）

江东镇

【概述】 江东镇位于东经119° 41′ 48.1″ —119° 47′ 07.06″ ，北纬28° 59′ 31.68″ —29° 05′ 11.68″ 。地处金东区西南部，东与岭下镇为邻，南与武义县白洋街道、履坦镇相接，西与婺城区雅畈镇毗连，西北与多湖街道接壤，东北连澧浦镇。人民政府驻横店村文尚街75号。

政区沿革　清光绪元年(1875年)分属惠日乡、文星乡。1930年分属曲水乡、八素乡、震一乡、蕉湖乡。1938年分属港东乡、松溪乡，隶属岭下乡镇联合办事处。1940年分属岭下镇、积道乡。1947年分属釜阳乡。1951年称江东乡，隶属澧浦区公所。1955年并入岭下乡。1958年称澧浦人民公社江东管理处。1961年改称江东人民公社。1983年复称江东乡。1989年改称江东镇。2001年属金东区。

面积人口　辖区东西最大距离10.05千米，南北最大距离8.63千米，总面积34平方千米。2013年末，辖24个村民委员会，下设108个村民小组。辖区总人口11796人，其中城镇常住人口6000人，城镇化率52.0%。另有流动人口798人。总人口中，男性

5956人，占50.49%；女性5840人，占49.51%。2013年人口出生率1.29%，人口死亡率0.56%，人口自然增长率0.73%。

【江东区块征迁扫尾】为加快政策处理扫尾工作，镇党委、镇政府分别就存在遗留问题的几个村成立两个工作组，进一步做细致认真的部署，同时果断决定采取“三个一次、四个结合”保障举措，即“一次保障性清表”“一次保障性拆除附着物”“一次保障性搬迁坟墓”及“与两代表一委员发挥作用相结合”“与三改一拆工作相结合”“与村级换届前的测评考核相结合”“与约谈不配合工作的党员干部相结合”，从而推动遗留问题的解决处理进度。年底，江东区块低丘缓坡开发试点全面转入建设阶段，征迁扫尾基本完成，基础设施配套加快推进，首批、第二批企业有14家开工建设。

【江东重点工程（工作）建设】金武公路建设工程。一期工程（2.5千米）建成通车；二期拓宽工程（7.9千米）涉及8个村，征地政策兑现和清表完成，涉及40户房屋及附属物完成签约并基本拆除到位，路基完成95%，路面完成90%。武义江、八仙溪小流域治理工程。工程全线拉开并正在加紧施工，武义江江堤改造完成政策处理4.55千米，按工程量计算，其中一标完成85%，二标完成主体工程，三标完成主体工程。八仙溪治理工程江东段完成工程量的95%。金丽温天然气管道建设工程。该工程在江东镇境内建设管道总长约6千米，行经8个村，政策处理除个别户外基本完成，于5月20日进场全面施工，管线和三个隧道口的施工较顺利。“三改一拆”工作。成立由镇党委书记为组长、镇长和分管领导为副组长、有关人员为成员的工作领导小组，设立专门的办公室，建立健全由党委领导，政府负责，镇、村党员干部协同的机制。对全镇范围内违章建筑，在调查摸底的基础上进行拆除。截至12月12日，完成旧住宅区改造20户，面积1450平方米。拆违28994平方米。改造旧厂区，拆迁改造9000平方米。万亩城郊蔬菜基地建设。全面完善正在申报省级主导产业区项目的金刚屯畈2400亩特色农业基地的基础设施建设。投资500余万元的农综项目完成招投标，正在施工中。蔬菜分解中心建成并投入使用，农业服务中心主体工程结顶。6000平方米连栋大棚建成，12月续建4000平方米连栋大棚正在建设中。

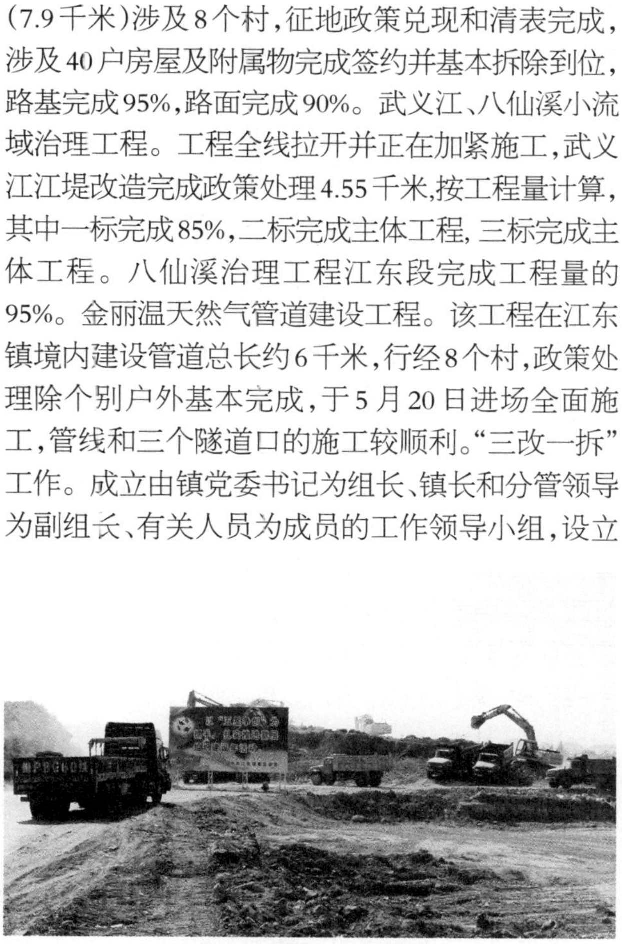

江东低丘缓坡开发区块

【江东“美丽乡村”建设】围绕“美丽乡村的典型、基层组织的先进、社区服务的示范、现代农业的样板”工作要求，整合便民服务、农村居家养老服务中心、文化广场等公共资源，培育创建横店、雅金、雅湖等3个“两富示范村”。镇东大门至横店农贸市场道路已打通并完成硬化。金武公路经成泰信用合作社至农贸市场及市场周边集镇主要道路完工并投入使用。结合“浙中水乡”建设，提前施工的镇政府东侧“大湖”的清淤及护砌提档工程完成。10月，完成“浙中水乡”项目规划、立项、设计，项目总投资700万元，12月完成招投标并开工建设。江东科技文化楼至雅畈桥段的绿化工程完成设计，12月下旬开工建设，投资80万元。

【江东社会民生事业发展】江东镇以“保基本、广覆盖、可持续”的总体思路，实现了全镇24个行政村居家养老服务照料中心全覆盖，其中在17个村建设居家养老服务中心点，另外7个村建为配送点。创建由“一画二堂五廊”组成的国湖村文化礼堂。新建雅湖、十八里村2个示范型便民服务中心。2013年，计生率达97.62%，性别比107.2∶100。城镇居民养老保险参保率达到70%，城镇居民医疗保险参保率达到98%。

【江东“双百双千”活动】根据每个村的创业承诺、当前各村在实施工作中存在的困难，以及结合各联系部门、联系领导职能进行“匹配”，同时建立“代表进农家疏民意”和“党员帮千户解民困”两种工作台账，提高活动的针对性和成效。百名干部联百村破百题活动。有24名“两富”（所有副科级以上党员领导干部包括县处级党员领导干部，为实现村民群众“物质富裕、精神富有”的目标开展工作）局级指导员已到联系村开展“四个一”活动。共走访农户240户，梳理问题18个，已破解14个。全镇35名联村干部，共走访农户429户，排摸信访矛盾纠纷25起，已化解20起。百名局长进百企助发展活动。江东镇共有9名局长联系34家企业，了解到企业发展相关问题8件，已帮助协调处理2件。千名党员帮千户解民困活动。联系户共涉及贫困户、重点信访户、种养殖专业户102户，其中，贫困户79个，信访重点户4户，种养殖专业户19户。到年底，有35名机关党员到联系户走访，共发放慰问金1.5万元，帮助办理实事18件，指导专业户抓提升发展14次。千名代表（委员）进千家疏民意活动。21名人大代表、政协委员分别联系24个行政村，走访农户45户，梳理热点、难点问题15个；落实难题包案21个，完成15个。充分发挥“两代表一委员”作用，做好周二到周五上午的轮值接访工作，保障重点工作、工程顺利推进。

【江东干部作风建设】从年初开始，江东镇扎实开展“全科干部、全心服务”活动，实行干部分组包村；依托“周一夜学”、党支部活动等开办“干部轮值讲堂”，鼓励镇干部轮流讲课，交流联村工作思路和实践；发挥退二线老干部作用，开展师徒结对、导师帮带，以全科知识的掌握为基础，推动镇干部进一步转变作风，密切联系群众，形成“联村、联户、联心”的良好工作面貌。同时，江东镇党委狠抓支部“五星争创”和党员“五星”管理工作。全镇35个支部中“五星支部”2个、“四星支部”8个、“三星支部”11个、“二星支部”12个、“一星支部”2个，各支部党员每季度开展评星，针对低星或无星党员，江东镇结合实际，出台《江东镇关于农村黄牌警示型党员教育转化和组织处理工作方案》，通过低星级党员在镇党校接受教育，保持党内纯洁性，激励广大党员增强党员意识和先进性意识。

【江东特色农业建设】2013年，全镇开发2800亩的“草莓、网纹瓜、蜜梨”省级无公害基地、5000亩的农业综合开发项目。在金华市雅苑蔬果专业合作社、金华市婺州蜜梨专业合作社、金华市江芦蔬菜专业合作社、金华市惠群粉干专业合作社4个专业合作社的基础上，积极引进新品种、新技术，逐步提高农产品的品质、品位，不断增加农民的收入，促进江东农业经济的发展。在农业观光休闲方面，建成家庭农场连栋大棚1座，面积6000平方米，投资15万元；建成雅金农产品采摘观光点1处，投资17万元。完成镇农产品检测中心建设，实现及时快速地对蔬果等进行检测，确保农产品安全。完成农业综合项目的基地基础设施建设、路渠配套整改，投入720万元。完成金东区城郊蔬菜服务心建设，总投资165万元。

【江东环境污染治理】11月1日，江东镇组织乡镇干部分成7个调查小组，下村突击排摸，用3天时间进行养殖场面积丈量及母公猪存栏数清点，共清查21个养殖户，养殖场建筑面积18119平方米，母公猪存栏数653头。截至11月8日，江东镇已签定拆除协议14户，面积15050平方米，已动拆2户650平方米。

【江东居家养老服务全覆盖】2013年，江东镇按照“保基本、广覆盖、可持续”的总体思路，科学谋划、因地制宜，在试点村建设的基础上，实行“中心较大村布点、边缘较小村饭餐配送”的“16+8”模式，率先实现居家养老服务全覆盖。此外，该镇还建立党员公益日、“七个一”医疗保健、巾帼志愿者、文艺下乡等服务制度，为老年人送上无微不至的关爱，以满足老年人“老有所养、老有所医、老有所为、老有所乐”的需求。

【江东被征地农民养老保险工作】2013年，江东镇被征地农民养老保险工作稳步推进，成立失地农民保险工作领导小组，直接负责被征地农民养老保险的经办管理工作，由相关部门牵头负责，各村联村干部具体办理，镇政府多次召开失地农民保险政策宣传会议，组织联村干部积极走访群众，帮助群众了解政策，消除疑虑，动员参保；认真调查摸底，准确确定参保对象。至10月14日，江东镇已有8个行政村完成参保、缴费、进账工作，参保人数近1400人。

（刘　畅）

源东乡

【概述】源东乡位于东经119° 44′ 23.84″ —

119° 51′ 37.24″ ，北纬 29° 14′ 31.74″ —29° 18′ 32.75″ 。地处金东区北部，东与傅村镇为邻，南与孝顺镇、曹宅镇相连，西、西北、北与兰溪市梅江镇、横溪镇毗连，东北连接义乌市上溪镇。人民政府驻山下施府前街80号。

政区沿革 清光绪元年(1875年)分属金华乡、东阳乡。1930年分属华峰乡、灵北乡、双门乡、金凤乡、桐琴乡、屏峰乡。1938年设源东乡、源西乡，隶属孝顺乡镇联合办事处。1940年改称洞源乡。1951年复名源东乡、源西乡，隶属鞋塘区公所。1955年源东乡、源西乡合并称源东乡，隶属孝顺区公所。1958年改称孝顺人民公社源东管理处。1961年改称源东人民公社。1983年9月复称源东乡。2001年属金东区。

面积人口 辖区东西最大距离11.7千米，南北最大距离7.41千米，总面积46.76平方千米。2013年末，辖28个村民委员会，下设120个村民小组。辖区总户数6545户，总人口16513人。其中，男性8638人，占52.31%；女性7875人，占47.69%。2013年人口出生率0.90%，人口死亡率0.74%，人口自然增长率0.16%。

2013年，全乡实现生产总值2.61亿，同比增长38.09%，其中农业总产值为2.33亿，同比增长42.07%。财政总收入超额完成区下达任务。农村居民人均纯收入9317元，比上一年增长14.06%。

源东乡是著名社会活动家施复亮、人民音乐家施光南的故乡。2001年10月源东乡被农业部中国特产之乡命名活动委员会命名为“中国源东白桃之乡”，“洞源”牌源东白桃先后荣获省“著名商标”、省“绿色产品”称号。源东乡是省级教育强乡、省级生态乡、省级体育强乡。

【源东特色产业创新】面对新形势下市场、环境等困难因素的制约，全乡在做好“稳”字前提下，始终坚定特色产业发展的信心，千方百计推动全乡经济稳步发展、快步提升。一是水果产业焕发新的活力。源东白桃栽培标准化示范基地通过国家验收。桃的品种结构进一步完善，红桃形成标准化生产模式，优质桃品种如蟠桃、晚黄桃产量产值进一步提升，突破了源东白桃“一枝独秀”的产业结构，抗市场风险能力大大增强。2013年源东桃子总产量约为5200吨，实现产值5000余万元。二是旅游产业发展提质加速。顺利承办金东区第三届桃花节，社会效益和品牌效应不断扩大。2013年全乡共接待游客7万余人，实现农家乐经营收入约80万元。加快推进丁村丁阳岭、东叶村两个核心区块的建设。完成丁村水库坝底桃花节主会场沥青硬化、丁阳岭游步道、景观台、停车场等景区基础设施建设和省级特色农家乐村的创建工作。加大名人故里游开发力度，借助先辈名人资源，有力推进东叶村历史文化区块建设，完成文化广场、文化礼堂等建设。

【源东重点项目推进】始终把做好做优项目作为推进全乡整体规划提升、全面协调发展的重点，高起点谋划，高效率推进，重协调、重服务、重落实。水环境整治工作成效显著。面对畜禽养殖面源污染日趋加重的严峻形势，2013年下半年以来，乡党委政府以壮士断腕的决心，强势推进水环境整治工作，得到干部群众积极支持和配合，上级领导给予充分肯定。全乡共拆除养殖场近23万平方米，支付畜禽处置、养殖场拆除等费用共计7000余万元。在拆除的同时，做好转产文章，与农办、妇联衔接，开展雷竹笋、猕猴桃种植等技术培训和妇女家政培训。中小河流治理项目全面启动。总投入2000余万元对乡域范围内约28千米的紫溪、芗溪等数条溪流分批进行筑堤、加固、清淤以及堤岸绿化。新梅村段基本完成清淤，开始挡墙护砌，东溪段开始进场施工，王安溪、东溪开始清淤，已完成整个清淤量的70%。希望通过2—3年的治理，真正实现水清、岸绿、景美的目标，建一处工程，造一个景点，保一方平安。土地开发整理项目顺利推进。顺利完成2012年度3个村(洞井、施堰头、丁阳岭)造地项目，并通过验收，新增耕地335亩，超额完成区里下达任务数。2013年度20.67公顷任务数全部落实，4个项目(5个标段)顺利立项，完成设计评审和招投标。邢村桑叶山项目完成60%的工程量，王安高塘、江山、俩头塘茶叶山三个项目进场并进行清表工作。

【源东基础设施完善】着眼“生态之乡”建设，以改善人居环境为目标，将全乡基础设施配套建设摆上更加突出的位置，重规划，强功能，求实效。居家养老建设亮点鲜明。乡党委明确“简单实在，惠而不费”的工作要求，创新开展“六统一”建设模式，高效率推进居家养老建设。全年共建成长塘徐等12家居家养老服务照料中心，总体运行平稳，社会反响良好。乡域交通路网进一步完善。后施至山下施段公路、东叶村至上京公路、丁村至丁阳岭道路白改黑工程顺利完工，改善了源东乡域内的交通状况，同时，缓解了旅游旺季所带来的交通压力，提升了旅游景区的交通承载能力。美丽乡村建设不断深化。立足“诗歌桃源，美丽源东”的建设高度，根据各村特色，扎实推进美丽乡村各项建设，做好村庄绿化、污水处理、生活垃圾处理、赤膊墙粉刷、村标设计等工作，积极创建东叶中心示范村、丁阳岭等3个秀美村，山下施等13个洁美村。结合“四边三化”整治工作，加大卫生综合治理力度，重点做好村内、门前屋后、进村道路、村周边河流的环境保洁工作，建立卫生考核机制，开展村与村交叉巡查评分，大力改善环境卫生。5个村（大塘、阳郑、洞井、东叶和施堰头）新建太阳能垃圾减量化处理站，有效促进村庄的垃圾分解。

【源东社会民生事业】为了更好地把发展经济与保障和改善民生统一起来，统筹社会各项事业建设，构建和谐稳定的发展环境。民生事业投入力度加大。积极向上争取政策和资金，5个村被列为“一事一议”财政奖补对象，争取资金约150万元，17个村被列为区美丽乡村建设村，12个村建成居家养老服务照料中心，创建3个市级示范社区。进一步加强乡卫生院和村卫生室建设，完善城乡居民基本医疗保障体系建设，满足群众就近就医的需求。坚持以人为本，开展计划生育服务，坚持“稳定、提高、统筹”的工作方针，严格落实计划生育管理目标责任，做好优生优育和生殖健康服务工作，全乡优生检测率为100%。与区妇保院共同对全乡4500余名育龄妇女开展生殖健康体检。召开计生专题工作会议，对全乡未征对象进行全面盘点，做到底子清，情况明。启动征收月，强化征收力度。完成社会抚养费征收16例，合计80余万元。社会保障工作有效开展。以提高“三个群体”即困难群体、优抚群体、孤老孤残孤儿群体的生活保障水平为着力点，全年累计向213户低保户共计263人发放低保金80.4万元；向符合政策规定的乡、村重度残疾人共30人发放补助款12.1万元。发放救灾救济款4.2万元，发放优扶定补52.9万元，义务兵优待金25.3万元，优扶“三难”补助5万元和60周岁以上农村退役士兵老年生活补助7.7万元。顺利完成全年城乡居民医疗保险工作任务，全乡参保率在95%以上。积极做好城乡居民社会养老保险工作，做好1953年人员的一次性补缴和转保工作，全乡2013年城乡居民社会养老保险完成率达98.72%。

【“平安源东”创建】平安稳定是基础和第一责任，是实现经济和社会发展的必要保障。社会治安总体平稳有序。积极深入开展“排查整治、强基促稳”“矛盾纠纷和信访问题集中排查”等专项活动，对治安形势进行分析研究，清楚掌握矛盾纠纷特点以及演变趋势。实行重大矛盾领导包案制、一般矛盾纠纷联村干部包村制和乡村联动接访制度，使矛盾纠纷在基层化解，促进社会和谐稳定。2013年全年共完成上级交办的信访案件65件，其中国家信访局和省信访局共16件，办结率100%，市级交办信访案件和区级交办信访案件49件，办结率100%；通过专项活动共排查出矛盾纠纷61起，刑满解教人员57人，社区矫正人员14人，均已落实责任领导和责任人，研究制定针对性方案，并严格落实信访维稳情况日报制度。全乡社会治安平稳有序，内部环境安定祥和。安全生产工作紧抓不懈。年初与28个行政村签订安全生产责任书，结合全国第12个安全生产月活动和全区的“打非治违”行动，主要深入开展“月查、季报、年评”“百日安全生产督查”和“安全生产月”活动，对全乡28个行政村的所有来料加工点和临时用房进行安全排查，对不符合规定的“低、小、散”企业下达责令整改通知书，限期整改，同时配合公安、工商、环保联合执法，共排查取缔9家，拆除消防安全不达标的清洁用品厂1家。开展食品安全整治活动，建立全乡食品监管网络。结合“三改一拆”，关停拆除食品安全不达标的豆腐厂2家。实现“个转企”年度目标任务。法律安全教育深入开展。着重提高对平安创建、社会服务管理、维护稳定工作的认识，以倡议书、横幅、年画、标语等形式开展平安双月宣传活动；以发放宣传资料、组织学习等形式广泛开展反邪教警示教育活动；以挂图、发放《平安浙江倡议书》等形式宣传平安建设及法律知识；开展以《中华人民共和国村民委员会组织法》为重点的法律法规宣传教育。全年全乡发放各类资料9000余份、宣传画150余张。在此基础上，司法所设立专职律师坐班制度，每周二、周四定期解决各类涉法问题，方便群众的就近申请和获得法律援助。充分发挥基层人民调解委员会的作用，到2013年底，司法所调处成功各类矛盾纠纷60余起。

【源东机关作风建设】始终不断提高政府为发展服务、为基层服务、为群众服务的能力和水平，进一步促进政府职能转变，创新管理方式，改进机关作风，更好地实现人民群众的愿望、满足人民群众的需要、维护人民群众的权益。严格落实干部作风纪律。重新完善机关干部作风建设的各项规章制度，严格执行各项纪律规定。成立督查考核组，每月两期督查通报。全面严肃整顿工作纪律，提升干部在工作时段内的工作效能。加强干部廉政教育，组织观看反腐警示教育影片，使廉洁勤政观念深入每个干部。乡纪委加大对机关干部上下班考勤、挂牌上岗、服务态度的督查，与干部年度考核相挂钩，使全体机关干部在上班时段内做到工作规范、服务耐心，从而提升工作质量和效能。不断增强依法行政意识。完善乡政府议事规则，坚持重大事项充分酝酿、会议决定，实现事权、财权、人权的阳光化操作。全面推进依法行政，自觉接受人大法律监督、政协民主监督和社会监督。严格落实党风廉政建设责任制，注重从源头上预防腐败。深入开展机关干部廉政教育，切实增强反腐拒变和抵御风险的能力。开展村务监督委员会规范化建设，落实《村干部问责办法》，指导村级严格执行“零招待”和“三务”公开制度。

【第三届源东桃花节开幕】2013年3月22日，金东区第三届源东桃花节在源东乡丁村水库大坝隆重开幕。浙江省旅游局局长赵金勇，金华市委常委、常务副市长、金义都市新区管委会党工委书记金中梁，金华市人民政府副市长林丹军，浙江省农办副主任严杰，金东区委书记郑余良，区长施美红，区人大常委会主任赵庆，区政协主席楼科进，区委常委、宣传部部长羊代平等领导，市、区有关部门负责人出席开幕式。副市长林丹军宣布本届桃花节开游，区委副书记、区长施美红致辞。市民政局局长夏刚、市林业局局长吴国平、市旅游局局长朱红等出席开游式。2013年桃花节期间，组团游数量大幅增加，农家乐经营性收入稳步提高，全年共接待游客7万余人，实现农家乐经营收入80多万元。加快推进丁村、丁阳岭和东叶村两个核心区块的建设。总投入277万元，完成丁村水库坝底桃花节主会场沥青硬化、丁阳岭游步道、景观台、停车场等景区基础设施和省级特色农家乐村的创建工作。继续深入挖掘施复亮、施光南名人文化，完成东叶村文化广场、文化礼堂。

【源东环境面源污染整治】2013年，源东乡政府立足实际，继续全力实施“生态兴乡，旅游富乡”发展战略。水环境面源污染整治打响了发展新模式的“第一枪”。该乡借助市、区水环境重点整治之势，重磅出击，开展全方位、解剖式污染源排查，限期整改通告到户。推出的五大措施直击要害，包括压缩畜禽养殖规模，暂停审批新建畜禽养殖场；加强排泄物治理；加大对已建沼气池的日常管理和沼渣清运；加大病死畜禽无害化处理的监管力度；强化联合执法整治。为形成高压态势，乡政府成立了流动车巡查组，定期开展清查、督查、曝光；设置24小时举报电话；污染整治情况列入村干部岗位目标考核等。在控“猪”截污的同时，源东乡政府还积极引导产业转型升级。据了解，该乡将由政府搭建平台，利用原有猪舍，鼓励村民试种菌菇类。同时引导养殖户向减量精养发展。

【源东居家养老服务中心建设】2013年，源东乡根据村两委意愿、区域分布及场地条件等，在半垅村试点的基础上，实行图标统一设计、立面统一规整、厨具统一定制、设备统一采购、制度统一上墙、环境统一布置“六统一”标准，确定8个居家养老服务照料中心建设方案。为加速提效，区民政局及乡主要领导多次下村开展业务指导，现场指导选址，并组织相关村的村支书、主任到区内其他居家养老服务照料中心示范点考察；为掌握进度，每周召开两次例会，交流建设情况。截至4月1日，源东乡9家居家养老服务照料中心建设已全面完成并投入运行，老人可在其中用中晚餐，进行日间休息，并可享受洗衣、文化娱乐、卫生保健等各项服务。

【源东乡党员公益日】源东乡在党员公益日形

成常态的基础上,为了更加促进青年党员的成长,凝聚青年党员力量,绽放青春光彩,形成以青年党员、大学生"村官"为主体的"青春党建,滴水公益"活动,提升青年党员以及大学生"村官"服务群众的能力。凝聚青年,集聚力量。以电话联络,建群号召,网上交流的模式,使大部分党员服务中心的青年党员、大学生"村官"聚集在群里,以公益为心愿,以服务为手段,凝聚在一起。使青年党员在群里献计献策,集思广益,最后升华形成源东乡独特的公益活动主题。积极实践,点滴成流。对形成的活动主题,进行具体的活动安排,每个公益活动都安排不同的负责人,能让更多的青年党员以主人翁的意识参与到公益活动中来。青年党员也在已开展的"河道治污有我""驻岗服务"等公益活动的实践中吸取经验,继续不断完善公益活动,使源东乡的滴水公益细水长流。

【太阳能垃圾处理房建设】4月15日,源东乡丁阳岭村垃圾减量化处理房正式运行。该减量化垃圾处理设施是利用食物性垃圾自身携带菌种或外加菌种进行消化反应,应用太阳能作为消化反应过程中所需能量来源,对食物性垃圾进行卫生、无害化生物处理。垃圾的处理流程为,分拣完的垃圾从屋顶一侧的入口倒入,阳光经另一侧玻璃屋顶晒入,让垃圾进行消化反应。屋顶处的活性炭吸附颗粒,将反应中产生的有毒有害气体吸附,反应产生的水经地下管道统一收集,保障周围环境不受污染和村民的生活不受影响。与传统的垃圾站相比,太阳能垃圾可以作为土壤改良剂,或作为生物肥与复合肥混合成为复合肥,施于农田。对丁阳岭村这样的山区村,因位置偏远,转运不便,村民常常将垃圾随意倾倒。太阳能垃圾减量化处理房建立后,可消化全村80%以上的垃圾,大大解决了生活垃圾的处理问题。2013年,源东乡共计在5个行政村建立太阳能垃圾减量化处理房。

9月1日,源东乡施堰头村沼气池顺利完工(杨晨微/摄)

【蟠桃获"2013年浙江农业吉尼斯桃擂台赛"三等奖】在7月25日举办的"2013年浙江农业吉尼斯桃擂台赛"上,源东乡金华市希望果业专业合作社选送的蟠桃以平均糖度16.6度、单果重250克获大赛三等奖。这是金东区农产品第10次破该纪录,也是桃类农产品第一次获得该荣誉。

(王妙丽)

鞋塘办事处

【概述】鞋塘办事处位于金东区东部、金义都市新区核心,东邻傅村,南邻孝顺镇,西邻塘雅镇、曹宅镇,北邻源东乡。

2013年,鞋塘办事处以金义都市新区建设"田园智城、都市新区"为契机,健全机制,强化项目,务求实效,服务民生,大力推进鞋塘"两富"建设。全年完成区级财政收入5086万元,实现农业生产总额2860万元,同比增长6%。工业经济实现平稳发展,1至11月,实现工业生产总值369197万元,同比增长34.4%,完成年计划50亿元的73.84%。其中,2000万元以上规模企业工业产值228537万元,同比增长12.74%,完成年计划36亿元的63.5%;2000万元以下企业完成工业产值140660万元,同比增长28.13%,完成年计划14亿元的100.05%。完成工业投资20.17亿元,同比增长50.60%。完成自营出口96011万元,同比增长6.32%。

【鞋塘土地征迁工作】2013年,鞋塘办事处根据新区部署和工作需要,9月开始开展"正风提效促落实、建设提速促发展"重点项目百日攻坚活动,通过全体干部夜以继日的全天候攻坚,全面完成西南高新产业园区、支家综合区块(包括阿里巴巴地块、都市新社区地块)、人才公寓项目等526.67公顷土地的征迁任务。一是高新产业园区块。完成"清表"交地446.67公顷,涉及完成上明堂、金家、张宅、前屋、前楼下、后田、上大路、张家、黄泥塘、大头畈等

10个村1900余户4800余人。此区域内共完成坟墓搬迁2162穴，特殊苗木搬迁59.3公顷，水面征迁29.8公顷，葡萄柱补偿58684根，拆除构(建)筑物30000余平方米，发放征迁款17485万元。同时，高新产业园区块内涉及正涵街、广顺街、希望路、明丽街、兴盛街、王里源东路、履湖路7条道路，确保实现工程无障碍施工。二是支家综合区块。完成清表交地73.33公顷，其中完成阿里巴巴区块清表交地47公顷，新区新社区安置地块7.13公顷，其他完成张宅20公顷山地的清表。此区块涉及完成前楼下、张宅、石泄、支家4个村1170余户2900余人的征地政策的处理，完成49户68宗25000平方米的房屋和18处650余平方米的简易房的拆除、4.93公顷石泄塘的回填，搬迁坟墓339穴、特殊苗木4公顷，征迁水面8公顷，发放征地款9300万元。三是人才公寓项目。完成清表交地6.47公顷，涉及胡塘、畈二、畈三3个村，拆迁房屋70平方米，搬迁特殊苗木0.2公顷、水面2.51公顷，同时解决了畈二村、畈三3个村的留地问题。四是黄泥塘村整村搬迁工作。涉及114户308人，完成房屋评估103户，达总量的90%以上。

【鞋塘重点项目推进】通过全体干部攻坚破难，垦造耕地项目、初中搬迁项目、公墓扩建项目、杭金衢高速拓宽征迁项目、“三改一拆”工作、水环境治理、低效企业整治等省、市、区重点项目建设顺利推进。一是垦造耕地项目。涉及东张店、车门塘、杨村、上下王、上下季、大堰河6个村7个项目，新增耕地83公顷，总投资4000余万元。二是初中搬迁地块征迁项目。完成清表交地4.33公顷土地，搬迁坟墓191穴、特殊苗木0.27公顷，征迁水面1.33公顷。三是北山公墓扩建项目。投资200万元左右，征用曹村19个农户1.2公顷土地，完成新增坟墓1200穴。四是杭金衢高速公路拓宽区域，涉及10个村，总长12.8千米，征地8公顷，实行分村包干、联村干部负责制。已全面完成征迁土地的放样、沟边、特殊苗木的评估、地面附着物、坟墓的登记造册等前期工作。五是“三改一拆”专项行动。结合土地征迁、集镇改造、美丽乡村建设等重点工程、项目建设，对辖区内的违章建房进行集中拆除，对旧住宅、旧厂区进行改造提升。自3月开始开展此工作累计拆除违章建筑97450平方米；完成改造旧住宅90户，11973平方米；完成旧厂区改造2户，3320平方米；完成城中村改造13900平方米。

12月，新区新社区107亩地块清表

【鞋塘生态环境治理】相继开展了“双清”行动、“四小”企业专项整治行动、治砂专项行动、畜牧业污染综合治理行动。在“双清”行动中，各行政村、单位部门实行分区域包干制，对孝顺溪、畈田洪溪、王里源水库、洞源水库的水域内、沿线、浅滩等重点区域进行卫生大整治，共清理生活垃圾、漂浮物、家畜尸体150余吨，其中打捞填埋死猪200余头，死鸡、死鸭1000多羽。在“四小”行业专项整治中，共排查高污染高耗能“四小企业”21家，其中小电镀企业10家、小水晶企业2家、小印染企业1家、废旧塑料颗粒加工厂8家，取缔14家，其他企业作相应的整改。在制砂专项行动中，拆除辖区内的8家违法制砂厂。在畜牧业污染整治行动中，摸底登记镇北17个村及上市基村的养殖户318户，养殖场面积12.89万余平方，母猪3921头，已签订协议293户，开始拆除21户，全部拆除4户，1700余平方米。前期则结合高新产业园区征迁工作拆除黄泥塘等村养殖场24000余平方米。七是低效企业整顿工作。根据金东区、金义都市新区统一安排部署，对辖区内的12家低效企业进行调查整改。

【鞋塘民生事业建设】按照年初制定的目标建设，快抓落实居家养老工作、集镇五化建设、路北“美丽乡村”建设等工作，美化居住环境，提高群众的生活质量。一是开展居家养老工作。截至年底共完成27个村的居家养老服务照料中心建设。累计就餐人员640余人，列入整村搬迁的村，已实现全覆盖。此项工作得到了老年人的肯定。二是集镇都市化改造项目。主要包括镇中路、学士街、钟金路3条道路的人行道及沿街店面改造,钟金路、镇中街、学士街、校南路、校北路、华发街6条道路的路灯亮化,集镇4个村的污水管网改造,省道103线市政化改造,以及金家、胡塘、华丰三大农贸市场建设。年底,集镇都市化改造整体规划设计已通过评审,进入招投标报名阶段。省道103线改造项目全力做好沿线土地征用的政策处理。金家老农贸市场有望春节前建设完成,胡塘马路市场已建设完成,华丰农贸市场于8月开工建设,计划明年完成。开展集镇卫生综合治理行动,完成拆除简易大棚6处500余平米,并于10月底完成了垃圾清扫和清运的对外承包,建立监督工作机制,改善集镇卫生环境。三是美丽乡村建设。全年完成吴宅口、山早2个秀美村和9个洁美村的建设,以及曹村市级绿色示范村的建设,并按时通过验收。四是落实一事一议项目。完成王家池塘修缮工程、山头下村道路硬化、胡塘莲塘工程,张下陈的道路和广场建设、畈三议事中心大楼规划设计等5个"一事一议"项目。

【鞋塘农业设施改造工程】完成王家村350亩喷滴灌设施的建设,渠网改造600米,以及4口山塘的除险加固工程。孝顺溪鞋塘集镇段改造项目。完成河道环境治理,清理淤泥;堤坝设施2800米总投资1480余万元,已完成改造1700米,占总工程量的60.7%。各项社会事业发展。劳动保障、民政优抚、计划生育、教文卫体等各项社会事业的发展都有较大进步。

【鞋塘平安社会创建】重视信访维稳工作。坚持每月开展"两排查一促进"活动、周一至周五班子成员轮流坐班制、周二处村干部联动接访等矛盾纠纷排查调查工作,发挥代表委员老干部信访接待室的桥梁作用;重视十八大三中全会期间矛盾纠纷排查、化解、稳控。截至12月底共排查化解矛盾纠纷和不稳定因素94件,调处成功94件,调处成功率达100%,接收信访件51件,答复51件。加强安全生产监管。全年开展安全生产检查26次,共检查企业240多家,检查出各种安全隐患问题21处。

【鞋塘"三改一拆"工作】自"三改一拆"行动开展以来,鞋塘办事处行政执法大队加强巡逻,制定了一套巡逻制度,每位队员实行签到制,做好每天的巡逻情况记录,对新区建设开发区域的非法抢建行为,力争发现一起处理一起。强化巡查,是鞋塘办事处制定的系列制度之一。在办事处制定的《机关干部月考核制度》中,国土管理占据了20分,联村干部的年终考核与违章密切相关。通过对干部实行国土管理月考核,让联村干部更加关注村上的建房情况,从而将违章建房遏止在萌芽状态。办事处严把各村的农房审批制度关,规范村民建房。到4月18日为止,通过巡逻查处的非法抢建行为达10余起,拆除违法建筑5738平方米,超额完成区下达的拆违任务

【鞋塘"百日攻坚"活动】2013年,鞋塘办事处着手"三个全"开展百日攻坚活动,成绩显著,主要方法是:统筹兼顾,全面攻坚,结合年初制定的工作目标,对40个攻坚项目进行问题再分析,任务再细化,责任再明确,实施密切跟踪,一对一解决项目推进过程中遇到的征迁、拆迁、政策处理等问题,实行各个突破;转变作风,全员攻坚,在开发面积大、建设项目多、时间要求紧、任务重、困难多、人员少的现实面前,充分发挥干部效能,根据不同特长和能力安排攻坚项目,实现人人有事做、人人会做事、人人做成事;落实责任,全天候攻坚,在"周承诺月考核季淘汰"活动的基础上,严格落实干部工作承诺制度,每周制定攻坚内容和目标,倒排攻坚时间,实现难题逐一销号。

【鞋塘办事处作风建设】自"双百双千"开展以来,鞋塘办事处在推出三个"一对一"举措,结合"全科干部、全心服务"要求升级相关服务,每月开办"全科干部知识课堂",让全体机关干部进一步积累农村工作知识,了解和掌握各线的业务常识,增强解决农村问题的信心和能力。要求联村干部结合办事处重点工程项目和联系村创业承诺,梳理进度,分析存在问题,帮助村两委解决难题。截至7月11日,32名联村干部共走访农户2700余户,摸排矛盾纠纷40余起,成功化解30起,召开村级班子建设分析会议70多次,指导专业户抓提升谋发展1次,解决村建设难题27个,接受群众咨询日平均量近10人次,解决率在98%以上。

(郑玲)

中共浙江省、金华市党代表名单

表13

序号	姓名	工作单位	称号
1	郑余良	中共金华市金东区委员会	省党代表
2	朱炳跃	金东区多湖街道泉源社区	省党代表
3	丁丰田	中共金华市金东区纪律检查委员会	市党代表
4	王国强	金华市人大常委会	市党代表
5	王瑞海	金东区政法委	市党代表
6	羊代平	中共金华市金东区委宣传部	市党代表
7	李春瑞	金东区经济商务局	市党代表
8	何　斌	金东区曹宅镇	市党代表
9	张远平	中共金华市金东区委组织部	市党代表
10	陈　倩	金东区妇联	市党代表
11	周　斌	金东区江东镇	市党代表
12	郑金平	金华市政协	市党代表
13	胡　杰	中共金华市金东区委员会	市党代表
14	施美红	中共金华市金东区人民政府	市党代表
15	姚激扬	中共金华市委组织部、市委“两新”工委	市党代表
16	夏　刚	中共金华市委宣传部、金华市社科联	市党代表
17	徐步进	金东区傅村镇	市党代表
18	厉　真	浙江金厦控股集团有限公司	市党代表
19	邢翰科	浙江开尔新材料股份有限公司	市党代表

续表13

20	沈寨春	金东区傅村镇山下头村	市党代表
21	金法成	金东区孝顺镇下范村	市党代表
22	郑寿贵	金东区疾控中心	市党代表
23	郑潭映	金东区文化馆	市党代表
24	徐宇光	浙江八咏建设工程有限公司	市党代表
25	戚海东	金东公安分局法制大队	市党代表

全国、浙江省、金华市人民代表大会代表名单

表14

序号	姓 名	工 作 单 位	称 号
1	方 青	金华市金东区实验小学	全国、市人大代表
2	施美红	金东区区长	省人大代表
3	施金仙	金华市和丰禽业合作社技术员	省人大代表
4	张锦林	金华市锦林佛手有限公司董事长	省人大代表
5	马际堂	原金华市委副书记、市政协主席	市人大代表
6	王国进	金华市人大常委会法制工作委员会主任	市人大代表
7	王国强	金华市人大常委会副主任	市人大代表
8	王建中	金东区人民政府副区长	市人大代表
9	方锦华	金华市金东区赤松镇山口冯村党支部书记、村委会主任	市人大代表
10	庄建昌	金东区澧浦镇中心卫生院院长、主治医师	市人大代表
11	孙伟飞	金华市金东区孝顺镇中一村党支部书记	市人大代表
12	李苗中	武警金华市支队支队长	市人大代表
13	吴东明	浙江东精集团董事长	市人大代表
14	何志锋	浙江大禹建设有限公司董事长	市人大代表
15	张文星	金东区人大常委会副主任	市人大代表
16	张志明	金华市人大常委会副秘书长、城建环保工作委员会主任	市人大代表
17	张春夏	金东区多湖街道驿头社区党支部委员	市人大代表
18	陈援朝	金华市程宏克伦生葡萄园艺场场长、农艺师	市人大代表
19	林 琳	中国工商银行股份有限公司金华分公司业务部总经理	市人大代表

续表 14

序号	姓 名	工 作 单 位	称 号
20	金纪春	金华金岭造纸有限公司董事长	市人大代表
21	郑宇良	中共金华市金东区委书记	市人大代表
22	郑金平	金华市政协主席、党组书记	市人大代表
23	赵　庆	金东区人大常委会主任、党组书记	市人大代表
24	赵　坚	浙江金利华电气股份有限公司董事长	市人大代表
25	胡　杰	金华市政府副秘书长、市府办党组成员	市人大代表
26	施金仙	浙江和丰禽业专业合作社理事长	市人大代表
27	施欣辉	金华市公安局党委副书记、副局长	市人大代表
28	施美红	中共金东区委副书记、区长	市人大代表
29	钱毓峰	金华市城市规划设计院院长	市人大代表
30	徐益平	浙江开元机电工程有限公司办公室主任、工会主席、党支部书记	市人大代表
31	曹文蔚	金东区委常委、区人民政府常务副区长	市人大代表
32	戚根顺	金华市金东区曹宅镇五石堰村党支部书记	市人大代表
33	蒋国富	金华市金东区傅村镇畈田蒋村党支部书记	市人大代表
34	舒美群	金华市金东区中医院副院长、副主任医师	市人大代表
35	暨军民	中共金华市委副书记、市长	市人大代表
36	熊德华	金东区孝顺镇中心小学校长、中学高级教师	市人大代表

政协浙江省、金华市委员名单

表15

序号	姓名	工　作　单　位	称　号
1	王灵美	金华双泰车业有限公司	省政协委员
2	楼科进	金东区政协	市政协委员
3	朱茂丹	金东区政府	市政协常委
4	辛永良	金东区政协浙江华丰电动工具有限公司	市政协常委
5	胡则鸣	金东区政协	市政协委员
6	吴兰燕	浙江金利华电气股份有限公司	市政协委员
7	孙伟华	浙江华通纺织科技有限公司	市政协委员
8	邢翰学	浙江开尔新材料股份有限公司	市政协委员
9	贾林荣	金华凌龙化工有限公司	市政协委员
10	吴　华	金华市天华网络有限公司	市政协委员
11	余志军	金东区人民检察院	市政协委员
12	叶日新	金华市诚融园艺有限公司	市政协委员
13	郑守乾	金华市大坪地珍稀苗木场养殖场	市政协委员
14	郭文洁	金东区教育局	市政协委员
15	邵金生	金东教育中心	市政协委员
16	释昌乐	金东区孝顺龙盘寺	市政协委员
17	罗美玉	金东区赤松黄大仙道院	市政协委员
18	孙黎明	金华市天地广告有限公司	市政协委员
19	邵　丹	金东区岭下镇政府	市政协委员
20	邵康为	金华市旭源生态农牧业养殖场	市政协委员
21	王积锋	金华比德弗国际学校	市政协委员
22	王会明	金华市浙中建筑装饰材料市场公司	市政协委员
23	杜剑平	金东区残联	市政协委员
24	朱　进	金华市电业局	市政协委员
25	胡雪飞	金华凌丰雷克萨斯汽车销售服务公司	市政协委员

2013年度获国家、省级、市级、区级表彰的先进集体

表16

序号	获表彰集体	荣誉称号	表彰单位	表彰时间
国家级				
1	金东区教文体局	全国体育先进单位	国家体育总局	201305
2	金东区东孝小学快乐中队	全国优秀少先队集体	共青团中央、教育部	201310
3	金东区教文体局	2012年度查处侵权盗版案件有功单位	国家版权局	201306
4	金东区教文体局	2012年度全国群众体育工作先进单位	国家体育局	201307
省级				
5	金华市金义都市新区综合执法局	浙江省城建城管行政执法工作先进集体	浙江省城建城管协会	201312
6	澧浦镇	浙江最美乡镇	浙江省新农村建设促进会、浙江广播电视集团	2013
7	区人民法院	全省法院商事审判工作先进集体	浙江省高级人民法院	2013
8	区人民法院	全省法院标准化羁押场所	浙江省高级人民法院	2013
9	执行局	浙江省高院“二等功”	浙江省高级人民法院	2013
10	金东区疾控中心	2012年度浙江省疾病预防控制工作先进集体	浙江省卫生厅	201305
11	金东区疾控中心	2013年浙江省医药卫生科技三等奖	浙江省卫生厅	201305
12	金东区疾控中心	2013年浙江省医药卫生科技三等奖	共青团浙江省委员会	201402
13	金东区教育工会	教育系统工会工作先进集体	浙江省教育工会	201304
14	金东区教文体局	全省农家书屋工程建设先进单位	浙江省农家书屋工程建设协调小组	201301
15	金东区教文体局	省基层公共服务建设绩效考核一等奖	浙江省文化厅	201309
16	金东区文化市场行政执法大队	省文化市场综合行政执法考评优秀单位	浙江省文化厅	201301
17	金东区实验小学	省首批数字校园示范建设学校	浙江省教育厅	201302
18	金东区曙光小学	省阳光体育后备人才基地	浙江省体育局、浙江省教育厅	201303
19	金东区财政局	《浙江财政年鉴(2013卷)》组稿三等奖	省财政厅	20140122
20	金东区财政局	2013年度全省基层财政管理工作优秀单位	省财政厅	20140625
21	金华市金东区政协学习和文史工作办公室	全省政协系统2008—2012年优秀文史资料图书三等奖	浙江省政协办公厅	20130410

续表16

序号	获表彰集体	荣誉称号	表彰单位	表彰时间
市级				
1	金东经济开发区	金华市劳动关系和谐园区	金华市人民政府	201304
2	金华市金东区行政服务中心	市级劳模集体	—	
3	浙江金东经济开发区总工会女职工委员会	先进女职工组织	金华市总工会	201302
4	澧浦镇人民政府	2013年度金华市社会管理综合治理先进集体	中共金华市委、金华市人民政府	2013
5	澧浦镇人民政府	金华市学前教育先进乡镇	金华市人民政府教育督导室、金华市教育局	201312
6	岭下镇人民政府	2011—2013年森林消防先进单位	金华市人民政府	201312
7	岭下镇人民政府	2013年度市区企业退休人员社会化管理工作先进单位	金华市社会保险事业管理局	201312
8	塘雅镇人民政府	金华市药品安全建设达标乡镇	金华市药品安全示范县(乡镇)创建工作领导小组	201312
9	源东乡人民政府	金华市药品安全建设达标乡镇	金华市药品安全示范县(乡镇)创建工作领导小组	201312
10	区人民法院	2013年“浙江省规范化数字档案室”	金市档(2013)51号	2013
11	区人民法院民二庭	金华市中院“三等功”	金中法〔2014〕7号	2013
12	区人民法院离退休支部	金华市第三批“五好”离退休干部党支部	金市老干〔2013〕30号	2013
13	金东区疾控中心	2013年金华市科学技术二等奖	金华市人民政府	201308
14	金东区疾控中心	2013年度金华市艾滋病防制工作先进单位	金华市疾病预防控制中心	201401
15	金东区疾控中心	2013年度金华市免疫规划工作先进单位	金华市疾病预防控制中心	201401
16	金东区疾控中心	2013年度金华市血吸虫病防制工作先进单位	金华市疾病预防控制中心	201401
17	金东区财政局	2013年度全市财政系统会计工作先进单位一等奖	市财政局	201401
18	金东区财政局	2013年度全市财政(地税)系统目标责任制考核优秀单位	市财政局	201403
19	金东区发改局	全市发改(物价)部门2013年度工作先进单位	金华市发展和改革委员会	201401
20	金东区司法局	2013年度档案工作先进单位	金华市档案局	201312

续表 16

序号	获表彰集体	荣誉称号	表彰单位	表彰时间
21	金东区司法局	金华市优秀学习型党组织	中共金华市委组织部、宣传部、直属工作委员会、新经济与新社会组织工作委员会	201312
22	金东区区政府	人口和计划生育目标管理责任制考核先进单位	中共金华市委、市政府	201303
区级				
1	澧浦镇	人口和计划生育目标管理先进集体	区委办、区府办	201403
2	赤松镇	人口和计划生育目标管理先进集体	区委办、区府办	201403
3	东孝街道	人口和计划生育目标管理先进集体	区委办、区府办	201403
4	江东镇	人口和计划生育目标管理先进集体	区委办、区府办	201403
5	区卫生局	人口和计划生育目标管理先进集体	区委办、区府办	201403
6	金东公安分局	人口和计划生育目标管理先进集体	区委办、区府办	201403
7	区财政局	人口和计划生育目标管理先进集体	区委办、区府办	201403
8	区人事劳动保障局	人口和计划生育目标管理先进集体	区委办、区府办	201403
9	区委组织部	信息工作先进单位(一等奖)	区委办、区府办	201406
10	区民政局	信息工作先进单位(一等奖)	区委办、区府办	201406
11	金东公安分局	信息工作先进单位(一等奖)	区委办、区府办	201406
12	区农林局	信息工作先进单位(二等奖)	区委办、区府办	201406
13	塘雅镇	信息工作先进单位(二等奖)	区委办、区府办	201406
14	区发改局	信息工作先进单位(二等奖)	区委办、区府办	201406
15	区人民检察院	信息工作先进单位(二等奖)	区委办、区府办	201406
16	区交通运输局	信息工作先进单位(三等奖)	区委办、区府办	201406
17	澧浦镇	信息工作先进单位(三等奖)	区委办、区府办	201406
18	区水务局	信息工作先进单位(三等奖)	区委办、区府办	201406
19	曹宅镇	信息工作先进单位(三等奖)	区委办、区府办	201406
20	区卫生局	信息工作先进单位(三等奖)	区委办、区府办	201406
21	区财政局	信息工作先进单位(三等奖)	区委办、区府办	201406
22	源东乡	信息工作先进单位(三等奖)	区委办、区府办	201406
23	区教育局	信息工作先进单位(三等奖)	区委办、区府办	201406
24	金东区人民法院	文明单位	区委、区政府	201404

续表 16

序号	获表彰集体	荣誉称号	表彰单位	表彰时间
25	金东区发展和改革局	文明单位	区委、区政府	201404
26	金华市佳隆日化有限公司	文明单位	区委、区政府	201404
27	金华市恒飞电工材料有限公司	文明单位	区委、区政府	201404
28	中国电信股份有限公司金华分公司曹宅支局	文明单位	区委、区政府	201404
29	金华市邮政局曹宅邮政支局	文明单位	区委、区政府	201404
30	多湖街道下渎口村	文明村	区委、区政府	201404
31	多湖街道十二里村	文明村	区委、区政府	201404
32	傅村镇山头下村	文明村	区委、区政府	201404
33	傅村镇上何村	文明村	区委、区政府	201404
34	曹宅镇金溪村	文明村	区委、区政府	201404
35	曹宅镇枧头村	文明村	区委、区政府	201404
36	曹宅镇黄鹤山村	文明村	区委、区政府	201404
37	赤松镇下塔山村	文明村	区委、区政府	201404
38	赤松镇东塘村	文明村	区委、区政府	201404
39	赤松镇官沿头村	文明村	区委、区政府	201404
40	塘雅镇上庄村	文明村	区委、区政府	201404
41	澧浦镇上屋村	文明村	区委、区政府	201404
42	江东镇方塘村	文明村	区委、区政府	201404
43	鞋塘办事处山早村	文明村	区委、区政府	201404
44	澧浦镇	党政机关岗位目标责任制综合考核先进单位	区委、区政府	201402
45	曹宅镇	党政机关岗位目标责任制综合考核先进单位	区委、区政府	201402
46	孝顺镇	党政机关岗位目标责任制综合考核先进单位	区委、区政府	201402
47	区政法委	党政机关岗位目标责任制综合考核先进单位	区委、区政府	201402
48	区委组织部	党政机关岗位目标责任制综合考核先进单位	区委、区政府	201402
49	区人民法院	党政机关岗位目标责任制综合考核先进单位	区委、区政府	201402
50	区民政局	党政机关岗位目标责任制综合考核先进单位	区委、区政府	201402
51	区卫生局	党政机关岗位目标责任制综合考核先进单位	区委、区政府	201402
52	区农林局	党政机关岗位目标责任制综合考核先进单位	区委、区政府	201402

续表 16

序号	获表彰集体	荣誉称号	表彰单位	表彰时间
53	区财政局	党政机关岗位目标责任制综合考核先进单位	区委、区政府	201402
54	区发改局	党政机关岗位目标责任制综合考核先进单位	区委、区政府	201402
55	金东区公安分局	党政机关岗位目标责任制综合考核先进单位	区委、区政府	201402
56	赤松镇	党政机关岗位目标责任制考核表扬单位	区委、区政府	201402
57	源东乡	党政机关岗位目标责任制考核表扬单位	区委、区政府	201402
58	鞋塘办事处	党政机关岗位目标责任制考核表扬单位	区委、区政府	201402
59	曹宅镇	工业先进单位(一等奖)	区委、区政府	201402
60	孝顺镇	工业先进单位(二等奖)	区委、区政府	201402
61	东孝街道	工业先进单位(二等奖)	区委、区政府	201402
62	傅村镇	工业先进单位(三等奖)	区委、区政府	201402
63	赤松镇	工业先进单位(三等奖)	区委、区政府	201402
64	澧浦镇	工业先进单位(三等奖)	区委、区政府	201402
65	澧浦镇	党风廉政建设先进单位	区委、区政府	201402
66	曹宅镇	党风廉政建设先进单位	区委、区政府	201402
67	傅村镇	党风廉政建设先进单位	区委、区政府	201402
68	多湖街道	党风廉政建设先进单位	区委、区政府	201402
69	区卫生局	党风廉政建设先进单位	区委、区政府	201402
70	金东区人民法院	党风廉政建设先进单位	区委、区政府	201402
71	区财政局	党风廉政建设先进单位	区委、区政府	201402
72	区水务局	党风廉政建设先进单位	区委、区政府	201402
73	澧浦镇	新农村建设先进单位	区委、区政府	201402
74	曹宅镇	新农村建设先进单位	区委、区政府	201402
75	岭下镇	新农村建设先进单位	区委、区政府	201402
76	孝顺镇	新农村建设先进单位	区委、区政府	201402
77	区交通局	新农村建设先进单位	区委、区政府	201402
78	区住建局(旅游局)	新农村建设先进单位	区委、区政府	201402
79	区水务局	新农村建设先进单位	区委、区政府	201402
80	区民政局	新农村建设先进单位	区委、区政府	201402
81	东孝街道	社会综合治理工作先进单位	区委、区政府	201402

续表 16

序号	获表彰集体	荣誉称号	表彰单位	表彰时间
82	傅村镇	社会综合治理工作先进单位	区委、区政府	201402
83	塘雅镇	社会综合治理工作先进单位	区委、区政府	201402
84	金东区检察院	社会综合治理工作先进单位	区委、区政府	201402
85	区发改局	社会综合治理工作先进单位	区委、区政府	201402
86	区卫生局	社会综合治理工作先进单位	区委、区政府	201402
87	区司法局	社会综合治理工作先进单位	区委、区政府	201402
88	区交通局	社会综合治理工作先进单位	区委、区政府	201402
89	曹宅镇	信访维稳工作先进单位	区委、区政府	201402
90	赤松镇	信访维稳工作先进单位	区委、区政府	201402
91	澧浦镇	信访维稳工作先进单位	区委、区政府	201402
92	江东镇	信访维稳工作先进单位	区委、区政府	201402
93	金东区公安分局	信访维稳工作先进单位	区委、区政府	201402
94	区人社局	信访维稳工作先进单位	区委、区政府	201402
95	区司法局	信访维稳工作先进单位	区委、区政府	201402
96	区教育局	信访维稳工作先进单位	区委、区政府	201402
97	金华市工商行政管理局金东分局	优胜单位(垂直管理部门及金融机构)	区委、区政府	201402
98	金东区国家税务局	优胜单位(垂直管理部门及金融机构)	区委、区政府	201402
99	金华市国土资源局金东分局	优胜单位(垂直管理部门及金融机构)	区委、区政府	201402
100	金华市环境保护局金东分局	优胜单位(垂直管理部门及金融机构)	区委、区政府	201402
101	多湖街道潭头滩村	“物质富裕、精神富有”示范村	区委、区政府	201402
102	东孝街道下于村	“物质富裕、精神富有”示范村	区委、区政府	201402
103	孝顺镇新叶店村	“物质富裕、精神富有”示范村	区委、区政府	201402
104	孝顺镇东下叶村	“物质富裕、精神富有”示范村	区委、区政府	201402
105	傅村镇畈田蒋村	“物质富裕、精神富有”示范村	区委、区政府	201402
106	傅村镇山头下村	“物质富裕、精神富有”示范村	区委、区政府	201402
107	源东乡东叶村	“物质富裕、精神富有”示范村	区委、区政府	201402
108	曹宅镇桥西村	“物质富裕、精神富有”示范村	区委、区政府	201402
109	曹宅镇黄鹤山村	“物质富裕、精神富有”示范村	区委、区政府	201402

续表16

序号	获表彰集体	荣誉称号	表彰单位	表彰时间
110	赤松镇山口冯村	“物质富裕、精神富有”示范村	区委、区政府	201402
111	塘雅镇前蒋村	“物质富裕、精神富有”示范村	区委、区政府	201402
112	塘雅镇前溪边村	“物质富裕、精神富有”示范村	区委、区政府	201402
113	澧浦镇下宅村	“物质富裕、精神富有”示范村	区委、区政府	201402
114	澧浦镇长庚村	“物质富裕、精神富有”示范村	区委、区政府	201402
115	澧浦镇琐园村	“物质富裕、精神富有”示范村	区委、区政府	201402
116	岭下镇新亭村	“物质富裕、精神富有”示范村	区委、区政府	201402
117	江东镇横店村	“物质富裕、精神富有”示范村	区委、区政府	201402
118	鞋塘办事处山早村	“物质富裕、精神富有”示范村	区委、区政府	201402
119	多湖街道七里畈社区	宜居社区创建工作先进社区	区政府	201401
120	多湖街道近宅社区	宜居社区创建工作先进社区	区政府	201401
121	多湖街道黄泥山村	宜居社区创建工作先进社区	区政府	201401
122	多湖街道林头社区	宜居社区创建工作先进社区	区政府	201401
123	多湖街道十二里社区	宜居社区创建工作先进社区	区政府	201401
124	多湖街道泉源社区	宜居社区创建工作先进社区	区政府	201401
125	东孝街道东景社区	宜居社区创建工作先进社区	区政府	201401
126	东孝街道下王社区	宜居社区创建工作先进社区	区政府	201401
127	东孝街道王牌社区	宜居社区创建工作先进社区	区政府	201401
128	多湖街道上古井社区	宜居社区创建工作先进社区	区政府	201401
129	多湖街道	宜居社区创建工作先进单位	区政府	201401
130	东孝街道	宜居社区创建工作先进单位	区政府	201401
131	区行政执法分局	宜居社区创建工作先进单位	区政府	201401
132	区工商分局	宜居社区创建工作先进单位	区政府	201401
133	新区重点办	宜居社区创建工作先进单位	区政府	201401
134	澧浦镇	武装工作先进	区政府、人武部	201401
135	塘雅镇	武装工作先进	区政府、人武部	201401
136	区水务局	武装工作先进	区政府、人武部	201401
137	多湖街道办事处	安全生产工作先进	区政府	201402
138	东孝街道办事处	安全生产工作先进	区政府	201402

续表16

序号	获表彰集体	荣誉称号	表彰单位	表彰时间
139	塘雅镇政府	安全生产工作先进	区政府	201402
140	澧浦镇	2013年度水利建设先进	区政府	201403
141	孝顺镇	2013年度水利建设先进	区政府	201403
142	曹宅镇	2013年度水利建设先进	区政府	201403
143	江东镇人民政府	血防先进	区府办	201404
144	曹宅镇人民政府	血防先进	区府办	201404
145	东孝街道办事处	2013年度夏季征兵工作	区政府、人武部	201407
146	曹宅镇人民政府	2013年度夏季征兵工作	区政府、人武部	201407
147	赤松镇人民政府	2013年度夏季征兵工作	区政府、人武部	201407
148	澧浦镇人民政府	2013年度夏季征兵工作	区政府、人武部	201407
149	多湖街道	2013年度“三改一拆”行动先进(一等奖)	区府办	201408
150	傅村镇	2013年度“三改一拆”行动先进(二等奖)	区府办	201408
151	澧浦镇	2013年度“三改一拆”行动先进(二等奖)	区府办	201408
152	东孝街道	2013年度“三改一拆”行动先进(三等奖)	区府办	201408
153	源东乡	2013年度“三改一拆”行动先进(三等奖)	区府办	201408
154	江东镇	2013年度“三改一拆”行动先进(三等奖)	区府办	201408
155	鞋塘办事处	2013年度“三改一拆”行动先进(三等奖)	区府办	201408

宜居社区创建工作先进个人(26名)

王中伟、龚乔、金荣军、樊路明、赵雪梅、毕建新、朱国强、王晓武、吕路平、李晨、王乐寒、周岳通、杜炳亮、王福忠、赵根烈、钱建光、贾彩虹、金庆安、林元木、周小明、柯荣银、朱慧花、吴海军、朱月仙、张庆余、颜晓刚

2013年度获国家、省级、市级、区级表彰的先进个人

表17

序号	姓名	工作单位	荣誉称号	表彰单位	表彰时间
国家级					
1	陆春芳	金东区教育(文体)局文化执法大队	2012年度查处侵权盗版案件有功个人	国家版权局	201306
省级					
1	叶晓东	金东区疾控中心	2013年度浙江省麻风病防治工作先进个人	浙江省皮肤病防治研究所	201403
2	郑寿贵	金东区疾控中心	浙江省疾病预防控制系统优秀思想政治工作者	浙江省卫生系统政促会疾控专业委员会	201307
3	李伟平	金东区疾控中心	2012年度浙江省疾病预防控制工作先进个人	浙江省卫生厅	201305
4	陆海碧	金东区人民法院	全省法院民事审判工作先进个人	浙江省高级人民法院	2013
5	方　林	金东区人民法院	全省法院调研工作先进个人	浙江省高级人民法院	2013
6	曹兆满	源东乡人民政府	贴心为民服务标兵	浙江省民政厅	2013
7	余淑胜	金义都市新区管委会综合执法局	浙江省城建城管行政执法工作优秀队员	浙江省城建城管协会	201312
8	赵　辉	金义都市新区管委会综合执法局	浙江省城建城管行政执法工作优秀队员	浙江省城建城管协会	201312
9	吴伟黎	金东区财政局	2013年度全省财政系统国有资产管理工作先进个人	浙江省财政厅	201404
市级					
1	陈永刚	浙江真爱时尚家居有限公司	市级劳模	中共金华市委、市政府	——
2	许芬芳	金东区多湖小学	市级劳模	中共金华市委、市政府	——
3	张明忠	金东区源东乡人民政府	市级劳模	中共金华市委、市政府	——
4	况明亮	金东区疾控中心	2013年金华市慢性病综合防治竞赛个人理论三等奖	金华市卫生局	201308
5	余瑾玫	金东区人民法院	金华市中院“三等功”	金华市中级人民法院	2013
6	杨　旻	金东区人民法院	金华市中院“三等功”	金华市中级人民法院	2013

续表17

序号	姓名	工作单位	荣誉称号	表彰单位	表彰时间
7	唐华敏	区人民法院	金华市中院“三等功”	金华市中级人民法院	2013
8	范荣芳	区人民法院	金华市中院“三等功”	金华市中级人民法院	2013
9	方　林	区人民法院	“三进三促”专项活动先进个人	金华市中级人民法院	2013
10	王　画	区人民法院	全市法院系统第二十三届暨法官协会第十八界学术讨论会三等奖	金华市中级人民法院	2013
11	荆笑言	区人民法院	全市法院系统第二十三届暨法官协会第十八界学术讨论会三等奖	金华市中级人民法院	2013
12	方　林	区人民法院	全市法院系统第二十三届暨法官协会第十八界学术讨论会优秀奖	金华市中级人民法院	2013
13	蒋攀云	区人民法院	全市法院系统第二十三届暨法官协会第十八界学术讨论会优秀奖	金华市中级人民法院	2013
14	丁丽娜	区人民法院	全市法院系统第二十三届暨法官协会第十八界学术讨论会优秀奖	金华市中级人民法院	2013
15	罗建斌	区人民法院	全市法院系统第二十三届暨法官协会第十八界学术讨论会优秀奖	金华市中级人民法院	2013
16	金季香	区人民法院	2013年度档案工作表扬个人	金华市中级人民法院	2013
17	孙金能	金义都市新区管委会规划建设部部长	金华市机关“十大中层干部标兵”	中共金华市委	201309
18	洪　俊	金东区财政局	2013年度信息与新闻宣传工作先进个人	金华市财政局	201401
19	傅卫贞	金东区财政局	2013年度全市财政系统会计工作先进个人	金华市财政局	201401
20	范月红	金东区发改局	金东区直机关优秀共产党员	中共金华市金东区直属机关工作委员会	201403
21	张红岩	金东区发改局	金东区直机关优秀共产党员	中共金华市金东区直属机关工作委员会	201403
22	范月红	金东区发改局	2013年度档案工作表扬个人	金华市档案局	201312
23	廖新明	东孝司法所	金华市优秀司法所所长	金华市司法局	201301
24	孙　健	澧浦司法所	金华市社区矫正工作先进个人	金华市司法局	201301
25	胡　炯	金东区司法局	金华市法律援助工作先进个人	金华市司法局	201301
26	金子堂	浙江金万里律师事务所	金华市法律服务先进个人	金华市司法局	201301
27	楼慧英	金东区司法局	金华市法制宣传教育先进个人	金华市司法局	201301

续表 17

序号	姓名	工作单位	荣誉称号	表彰单位	表彰时间
区级					
1	古锦红	金东区人口计生局	人口和计划生育目标管理先进个人	区委办、区府办	201403
2	方中英	金东区计生指导站	人口和计划生育目标管理先进个人	区委办、区府办	201403
3	祝　勰	多湖街道办事处	人口和计划生育目标管理先进个人	区委办、区府办	201403
4	吴惠娟	东孝街道办事处	人口和计划生育目标管理先进个人	区委办、区府办	201403
5	傅雅萍	孝顺镇人民政府	人口和计划生育目标管理先进个人	区委办、区府办	201403
6	范晨曲	傅村镇人民政府	人口和计划生育目标管理先进个人	区委办、区府办	201403
7	徐　玲	源东乡人民政府	人口和计划生育目标管理先进个人	区委办、区府办	201403
8	盛文群	曹宅镇人民政府	人口和计划生育目标管理先进个人	区委办、区府办	201403
9	汪旭芳	赤松镇人民政府	人口和计划生育目标管理先进个人	区委办、区府办	201403
10	唐旭红	塘雅镇人民政府	人口和计划生育目标管理先进个人	区委办、区府办	201403
11	徐小丽	澧浦镇人民政府	人口和计划生育目标管理先进个人	区委办、区府办	201403
12	戚雪萍	岭下镇人民政府	人口和计划生育目标管理先进个人	区委办、区府办	201403
13	肖　彪	江东镇人民政府	人口和计划生育目标管理先进个人	区委办、区府办	201403
14	毛燕仙	鞋塘办事处	人口和计划生育目标管理先进个人	区委办、区府办	201403
15	邵三琴	多湖街道大项村	人口和计划生育目标管理先进个人	区委办、区府办	201403
16	盛军平	东孝街道杨溪村	人口和计划生育目标管理先进个人	区委办、区府办	201403
17	傅彩仙	孝顺镇白溪村	人口和计划生育目标管理先进个人	区委办、区府办	201403
18	李春琴	傅村镇傅三村	人口和计划生育目标管理先进个人	区委办、区府办	201403
19	葛彩云	源东乡分水岗村	人口和计划生育目标管理先进个人	区委办、区府办	201403
20	曹艳珠	曹宅镇千人安村	人口和计划生育目标管理先进个人	区委办、区府办	201403

续表 17

序号	姓名	工作单位	荣誉称号	表彰单位	表彰时间
21	邢丽庆	赤松镇山口村	人口和计划生育目标管理先进个人	区委办、区府办	201403
22	黄美巧	塘雅镇下吴村	人口和计划生育目标管理先进个人	区委办、区府办	201403
23	方巧飞	澧浦镇宅山村	人口和计划生育目标管理先进个人	区委办、区府办	201403
24	贾巧娥	岭下镇新亭村	人口和计划生育目标管理先进个人	区委办、区府办	201403
25	朱金燕	江东镇南下王村	人口和计划生育目标管理先进个人	区委办、区府办	201403
26	施丽霞	鞋塘办事处上明堂村	人口和计划生育目标管理先进个人	区委办、区府办	201403
27	唐　柯	区委组织部	信息工作先进个人	区委办、区府办	201406
28	伊胜阳	区民政局	信息工作先进个人	区委办、区府办	201406
29	范　莉	孝顺镇	信息工作先进个人	区委办、区府办	201406
30	陈　璐	区人民公安分局	信息工作先进个人	区委办、区府办	201406
31	金佳鸣	区农林局	信息工作先进个人	区委办、区府办	201406
32	余思究	塘雅镇	信息工作先进个人	区委办、区府办	201406
33	李发来	区发改局	信息工作先进个人	区委办、区府办	201406
34	胡美巧	区人民检察院	信息工作先进个人	区委办、区府办	201406
35	金　诚	区交通运输局	信息工作先进个人	区委办、区府办	201406
36	李文伟	澧浦镇	信息工作先进个人	区委办、区府办	201406
37	陈小兵	区水务局	信息工作先进个人	区委办、区府办	201406
38	潘明英	曹宅镇	信息工作先进个人	区委办、区府办	201406
39	陆安娜	区卫计局	信息工作先进个人	区委办、区府办	201406
40	洪　俊	区财政局	信息工作先进个人	区委办、区府办	201406

续表 17

序号	姓名	工作单位	荣誉称号	表彰单位	表彰时间
41	沈　琦	源东乡	信息工作先进个人	区委办、区府办	201406
42	吴连根	教育局	信息工作先进个人	区委办、区府办	201406
43	张卫平	澧浦镇党委书记	金东区“五型党员干部”（“狮子型”干部、“老黄牛型”干部、“全科型”干部）	区委	201404
44	方拥军	区水务局党组成员、纪检组组长	金东区“五型党员干部”（“狮子型”干部、“老黄牛型”干部、“全科型”干部）	区委	201404
45	严加根	曹宅镇人大主席	金东区“五型党员干部”（“狮子型”干部、“老黄牛型”干部、“全科型”干部）	区委	201404
46	吴瑞平	区发改局党组成员、副局长	金东区“五型党员干部”（“狮子型”干部、“老黄牛型”干部、“全科型”干部）	区委	201404
47	周彩玲	东孝街道人大工委主任	金东区“五型党员干部”（“狮子型”干部、“老黄牛型”干部、“全科型”干部）	区委	201404
48	徐攀磊	多湖街道人武部副部长、新丰管理处副主任	金东区“五型党员干部”（“狮子型”干部、“老黄牛型”干部、“全科型”干部）	区委	201404
49	余浦迁	孝顺镇农业服务中心主任、镇南办事处主任	金东区“五型党员干部”（“狮子型”干部、“老黄牛型”干部、“全科型”干部）	区委	201404
50	潘　捷	赤松镇农业服务中心主任	金东区“五型党员干部”（“狮子型”干部、“老黄牛型”干部、“全科型”干部）	区委	201404
51	吴　胜	江东镇组织员、社会事业服务中心主任	金东区“五型党员干部”（“狮子型”干部、“老黄牛型”干部、“全科型”干部）	区委	201404
52	余孝斌	鞋塘办事处副主任	金东区“五型党员干部”（“狮子型”干部、“老黄牛型”干部、“全科型”干部）	区委	201404
53	朱炳跃	多湖街道泉源社区党支部书记、居委会主任	金东区“五型党员干部”（“双强型”村干部）	区委	201404
54	于惠丰	东孝街道下于村党支部书记	金东区“五型党员干部”（“双强型”村干部）	区委	201404
55	王根强	孝顺镇金三村党支部书记、村委会主任	金东区“五型党员干部”（“双强型”村干部）	区委	201404
56	沈锦禄	傅村镇山头下村村委会主任	金东区“五型党员干部”（“双强型”村干部）	区委	201404
57	陈国清	源东乡雅高村村委会主任	金东区“五型党员干部”（“双强型”村干部）	区委	201404
58	杜跃春	曹宅镇杜宅村党支部书记	金东区“五型党员干部”（“双强型”村干部）	区委	201404

续表17

序号	姓名	工作单位	荣誉称号	表彰单位	表彰时间
59	方锦华	赤松镇山口冯村党总支书记、村委会主任	金东区“五型党员干部”(“双强型”村干部)	区委	201404
60	陈国成	塘雅镇竹村党支部书记	金东区“五型党员干部”(“双强型”村干部)	区委	201404
61	王根俏	澧浦镇下宅村党支部书记	金东区“五型党员干部”(“双强型”村干部)	区委	201404
62	宋延昌	岭下镇岭五村党支部书记	金东区“五型党员干部”(“双强型”村干部)	区委	201404
63	范建勇	区住建局房地产管理所所长	金东区“五型党员干部”(“先锋型”党员)	区委	201404
64	范德虎	孝顺镇浦口中心小学教师	金东区“五型党员干部”(“先锋型”党员)	区委	201404
65	盛梦尚	区第二人民医院五官科主任	金东区“五型党员干部”(“先锋型”党员)	区委	201404
66	邢红娟	源东乡尖岭脚村党员	金东区“五型党员干部”(“先锋型”党员)	区委	201404
67	黄昌迪	塘雅镇塘一村党员	金东区“五型党员干部”(“先锋型”党员)	区委	201404
68	严桂仙	澧浦镇琐园村党支部委员、妇女主任	金东区“五型党员干部”(“先锋型”党员)	区委	201404
69	丁金林	岭下镇新亭村党支部委员	金东区“五型党员干部”(“先锋型”党员)	区委	201404
70	贾昌日	江东镇雅金村村民代表	金东区“五型党员干部”(“先锋型”党员)	区委	201404
71	邢俊慧	鞋塘办事处上市基村大学生“村官”	金东区“五型党员干部”(“先锋型”党员)	区委	201404
72	蒋美珍	浙江真爱时尚家居有限公司化验员	金东区“五型党员干部”(“先锋型”党员)	区委	201404
73	何　斌	曹宅镇党委书记	抓基层党建优秀乡镇党委书记	区委	201402
74	韩金钢	交通运输局局长、赤松镇党委书记	抓基层党建优秀乡镇党委书记	区委	201402
75	方兴木	傅村镇党委书记	抓基层党建优秀乡镇党委书记	区委	201402
76	方道立	东孝街道党工委书记	武装工作先进	区政府、区人武部	201401
77	方兴木	傅村镇党委书记	武装工作先进	区政府、区人武部	201401
78	何　斌	曹宅镇党委书记	武装工作先进	区政府、区人武部	201401

续表 17

序号	姓名	工作单位	荣誉称号	表彰单位	表彰时间
79	吴 飞	区委办室务会议成员	武装工作先进	区政府、区人武部	201401
80	吴 瓒	区府办党组成员	武装工作先进	区政府、区人武部	201401
81	王来强	源东乡人武部部长	武装工作先进	区政府、区人武部	201401
82	杜顺侠	鞋塘办事处人武部部长	武装工作先进	区政府、区人武部	201401
83	徐攀磊	多湖街道人武部副部长	武装工作先进	区政府、区人武部	201401
84	卜慧煜	孝顺镇人武部副部长	武装工作先进	区政府、区人武部	201401
85	邵江伟	赤松镇人武部副部长	武装工作先进	区政府、区人武部	201401
86	鲁献中	区防汛办主任	武装工作先进	区政府、区人武部	201401
87	金 成	区交通局办公室主任	武装工作先进	区政府、区人武部	201401
88	高晓军	区公安局治安大队大队长	武装工作先进	区政府、区人武部	201401
89	胡旭荣	孝顺镇	安全生产工作先进个人	区政府	201402
90	陶晓斌	东孝街道	安全生产工作先进个人	区政府	201402
91	陈建福	曹宅镇	安全生产工作先进个人	区政府	201402
92	王 焰	岭下镇	安全生产工作先进个人	区政府	201402
93	朱素青	多湖街道	安全生产工作先进个人	区政府	201402
94	王 政	交警二大队	安全生产工作先进个人	区政府	201402
95	高晓军	金东公安分局	安全生产工作先进个人	区政府	201402
96	许永强	金东区人民检察院	安全生产工作先进个人	区政府	201402
97	何 梅	区安监局	安全生产工作先进个人	区政府	201402
98	郭根福	区水务局	安全生产工作先进个人	区政府	201402

续表 17

序号	姓名	工作单位	荣誉称号	表彰单位	表彰时间
99	施长征	澧浦镇人民政府	血防先进工作者	区政府	201404
100	赵　骏	曹宅镇人民政府	血防先进工作者	区政府	201404
101	周岳通	东孝街道办事处	血防先进工作者	区政府	201404
102	汤文静	金东区中医院	血防先进工作者	区政府	201404
103	朱军民	澧浦镇中心卫生院	血防先进工作者	区政府	201404
104	陈翠桃	东孝街道卫生院	血防先进工作者	区政府	201404
105	朱庆群	赤松镇中心卫生院	血防先进工作者	区政府	201404
106	叶高华	江东镇卫生院	血防先进工作者	区政府	201404
107	黄礼兰	金东区疾控中心	血防先进工作者	区政府	201404
108	俞素芬	岭下镇卫生院	血防先进工作者	区政府	201404
109	李国民	澧浦镇灭螺骨干	血防先进工作者	区政府	201404
110	严美玲	澧浦镇灭螺骨干	血防先进工作者	区政府	201404
111	程志娟	曹宅镇灭螺骨干	血防先进工作者	区政府	201404
112	陈芳金	江东镇灭螺骨干	血防先进工作者	区政府	201404
113	王春洪	赤松镇灭螺骨干	血防先进工作者	区政府	201404
114	叶孝华	区人武部	2013年度夏季征兵工作先进	区政府、人武部	201407
115	戴向阳	多湖街道办事处	2013年度夏季征兵工作先进	区政府、人武部	201407
116	夏志坚	孝顺镇人民政府	2013年度夏季征兵工作先进	区政府、人武部	201407
117	王新永	塘雅镇人民政府	2013年度夏季征兵工作先进	区政府、人武部	201407
118	周岳通	东孝街道武装部	2013年度夏季征兵工作先进	区政府、人武部	201407

续表17

序号	姓名	工作单位	荣誉称号	表彰单位	表彰时间
119	叶金卫	傅村镇武装部	2013年度夏季征兵工作先进	区政府、人武部	201407
120	王来强	源东乡武装部	2013年度夏季征兵工作先进	区政府、人武部	201407
121	施长征	澧浦镇武装部	2013年度夏季征兵工作先进	区政府、人武部	201407
122	邱 萌	岭下镇武装部	2013年度夏季征兵工作先进	区政府、人武部	201407
123	杜顺侠	鞋塘办事处武装部	2013年度夏季征兵工作先进	区政府、人武部	201407
124	张 毅	岭下派出所	2013年度夏季征兵工作先进	区政府、人武部	201407
125	杜顺利	东关派出所	2013年度夏季征兵工作先进	区政府、人武部	201407
126	钟忆周	区征兵办	2013年度夏季征兵工作先进	区政府、人武部	201407
127	杜红星	市第二中医院	2013年度夏季征兵工作先进	区政府、人武部	201407
128	吴雪全	江东镇六角塘村	2013年度夏季征兵工作先进	区政府、人武部	201407

2013年晋升高级专业技术资格知识分子名单

表18

序号	单位名称	姓名	专业技术名称	
中学高级教师				
1	金东区多湖初中	程航	教师	中学高级
2	金东区孝顺小学	方国云	教师	中学高级
3	金东区澧浦初中	王秀凤	教师	中学高级
4	金东区实验中学	沈民	教师	中学高级
5	金东区民办教育发展中心	钭淑玲	教师	中学高级
6	金东区孝顺初中	蒋大宝	教师	中学高级
7	金东区江东小学	朱小龙	教师	中学高级

续表18

序号	单位名称	姓名	专业技术名称	
副主任医师				
1	金华市第二中医院	施世伟	卫生	副主任医师
2	金华市第二中医院	傅慧群	卫生	副主任医师
3	金华市第二中医院	应业杰	卫生	副主任医师
4	金东区傅村卫生院	何金晓	卫生	副主任医师
5	金东区傅村卫生院	王振宝	卫生	副主任医师
6	金东区赤松卫生院	朱庆群	卫生	副主任医师
7	金东区江东卫生院	郑 健	卫生	副主任医师
8	金东区东孝卫生院	王文令	卫生	副主任医师
9	金东区东孝卫生院	何雪怀	卫生	副主任医师
10	金东区第二人民医院	李 梦	卫生	副主任医师
高级经济师				
1	金华宁远房产开发有限公司	冯桂花	经济	高级经济师
交通工程高级工程师				
1	浙江八咏交通工程公司	杨柳京	交通工程	交通工程高级工程师
2	浙江八咏交通工程公司	陈尚兵	交通工程	交通工程高级工程师
3	浙江八咏交通工程公司	颜云清	交通工程	交通工程高级工程师
建筑工程高级工程师				
1	金华市婺江建筑装璜有限公司	李志军	建筑工程	建筑工程高级工程师
2	金华天乙机环保科技有限公司	倪露	建筑工程	建筑工程高级工程师
3	金华天乙机环保科技有限公司	李国飞	建筑工程	建筑工程高级工程师
4	金华天乙机环保科技有限公司	叶竹兰	建筑工程	建筑工程高级工程师
5	浙江诚骏建设工程有限公司	杨志航	建筑工程	建筑工程高级工程师
6	浙江诚骏建设工程有限公司	王建伟	建筑工程	建筑工程高级工程师
7	浙江诚骏建设工程有限公司	李新伟	建筑工程	建筑工程高级工程师
8	浙江诚骏建设工程有限公司	李峰	建筑工程	建筑工程高级工程师
9	浙江诚骏建设工程有限公司	高玉军	建筑工程	建筑工程高级工程师
10	浙江大自然园艺有限公司	徐晓梅	建筑工程	建筑工程高级工程师
11	浙江东宇建设有限公司	陈国亮	建筑工程	建筑工程高级工程师
12	浙江裕华装饰工程有限公司	金裕强	建筑工程	建筑工程高级工程师

金华市第三次经济普查主要数据公报

第一号

按照全国统一部署和《金华市人民政府关于在全市开展第三次经济普查的通知》(金政发〔2013〕25号)要求，我市进行了第三次全国经济普查。这次普查的标准时点为2013年12月31日，普查时期资料为2013年年度资料。普查对象是在我市境内从事第二产业和第三产业的全部法人单位、产业活动单位和个体经营户。通过这次普查，摸清了我市第二产业和第三产业的发展规模及布局，摸清了我市产业组织、产业结构、产业技术的现状以及各生产要素的构成，查实了服务业、战略性新兴产业、小微企业和高技术产业(制造业)的发展状况。通过对9个县(市、区)的数据质量抽查，普查数据质量达到预期目标要求。

根据《全国经济普查条例》规定，金华市统计局和金华市第三次经济普查领导小组办公室现分三个公报，将第三次经济普查的主要综合数据公布如下。其他普查数据将随着普查资料开发应用的进度，以不同方式陆续公布。

一、基本单位和从业人员

2013年末，全市共有从事第二产业和第三产业活动的法人单位9.76万个，比2008年末(2008年是第二次经济普查年份，下同)增加4.90万个，增长100.8%；产业活动单位10.80万个，增加5.05万个，增长87.8%；有证照个体经营户32.91万个，增加10.13万个，增长25.4%。

2013年末，在第二产业和第三产业法人单位中，位居前三位的行业是：制造业3.61万个，占37.0%；批发和零售业2.95万个，占30.2%；公共管理、社会保障和社会组织0.91万个，占9.3%。在有证照个体经营户中，位居前三位的行业是：批发和零售业17.18万个，占52.2%；交通运输、仓储和邮政业7.00万个，占21.3%；制造业5.34万个，占16.2%。

2013年末，全市第二产业和第三产业法人单位从业人员279.85万人，比2008年末增加87.03万人，增长45.1%。有证照个体经营户从业人员103.16万人，比2008年末增加23.07万人，增长28.8%。

在法人单位从业人员中，位居前三位的行业是：制造业110.76万人，占39.6%；建筑业98.83万人，占35.3%；批发和零售业17.52万人，占6.3%。在有证照个体经营户从业人员中，位居前三位的行业是：批发和零售业39.55万人，占38.3%；制造业38.32万人，占37.1%；交通运输、仓储和邮政业11.58万人，占11.2%。

2013年末，全市共有第二产业和第三产业的企业法人单位8.29万个，比2008年末增加4.66万个，增长128.4%。其中，内资企业占97.1%，港、澳、台商投资企业占0.8%，外商投资企业占2.1%。内资企业中，国有企业占全部企业法人单位的0.2%，私营企业占88.4%。

二、企业资产总计

2013年末，全市第二产业和第三产业企业资产总计15824.50亿元。其中，第二产业企业资产总计占全部企业资产总计的45.9%，第三产业企业资产总计占54.1%。

三、小微企业

2013年末，全市共有第二产业和第三产业的小微企业法人单位7.98万个，占全部企业法人单位96.3%。其中，位居前三位的行业是：制造业3.57万个，占全部企业法人单位的43.1%；批发和零售业2.92万个，占35.2%；租赁和商务服务业0.39万个，占4.7%。

小微企业从业人员122.02万人，占全部法人单位从业人员43.6%。其中，位居前三位的行业是：制造业82.21万人，占全部法人单位从业人员的32.7%；批发和零售业14.21万人，占5.6%；建筑业11.55万人，占4.6%。

小微企业法人单位资产总计7428.04亿元，占全部企业法人单位资产总计的46.9%。其中，位居前三位的行业是：制造业3713.52亿元，占全部企业法人单位资产总计的23.5%；房地产业1207.14亿元，占7.6%；租赁和商务服务业1018.26亿元，占6.4%(详见表1—4)。

四、战略性新兴产业

2013年末，在第二产业和第三产业企业法人单位中，有战略性新兴产业活动的企业法人单位2476个，占全部企业法人单位的3.0%。其中，节能环保产业905个，占全部企业法人单位的1.1%；新材料产业1204个，占1.5%。

战略性新兴产业的企业法人单位从业人员10.32万人，占全部企业法人单位从业人员的4.1%。其中，节能环保产业3.79万人，占全部企业法人单位从业人员的1.5%；新材料产业4.99万人，占2.0%。

战略性新兴产业的企业法人单位资产总计759.04亿元，占全部企业法人单位资产总计4.8%。

五、主要经济结构

2013年末，在全市第二产业和第三产业法人单位中，企业法人单位占85.0%，比2008年末提高了10.3个百分点；机关、事业法人单位占3.6%，下降了3.3个百分点；社会团体和其他法人占11.4%，下降了6.6个百分点。企业法人单位从业人员占全部法人单位从业人员的89.9%，提高了1.0个百分点；机关、事业法人单位占6.4%，下降了1.4个百分点；社会团体和其他法人占3.7%，提高了0.2个百分点。

在法人单位中，第二产业占39.2%，比2008年末下降了6.7个百分点；第三产业占60.8%，提高了6.7个百分点。第二产业法人单位从业人员占全部法人单位从业人员的75.3%，比2008年末下降了2.2个百分点；第三产业法人单位从业人员占24.6%，提高了2.1个百分点。

在有证照个体经营户中，第二产业占16.4%，比重比2008年末上升了1.2个百分点；第三产业占83.6%，下降了1.2个百分点。有证照个体经营户从业人员中，第二产业占37.4%，比2008年末下降1.5个百分点；第三产业占62.6%，上升了1.5个百分点。

第二号

根据第三次经济普查结果，现将我市第二产业的主要数据公布如下：

一、工业

（一）法人单位和从业人员

2013年末，全市共有工业法人单位3.66万个，从业人员111.97万人，分别比2008年末增长71.0%和24.5%。

在工业法人单位中，国有50个，占0.1%；集体187个，占0.5%；私营3.4万个，占93.9%。

在工业法人单位从业人员中，国有占0.5%，集体占0.3%，私营占82.7%。

在工业法人单位中，采矿业106个，制造业3.61万个，电力、热力、燃气及水生产和供应业315个，分别占0.3%、98.8%和0.9%。

在工业法人单位的从业人员中，采矿业占0.2%，制造业占98.9%，电力、热力、燃气及水生产和供应业占0.9%。在工业行业大类中，金属制品业、纺织服装服饰业、纺织业从业人员数位居前三位，分别占15.2%、11.5%和10.0%。

（二）资产总计和总资产贡献率

2013年末，工业企业法人单位资产总计5953.59亿元，比2008年末增长109.3%。2013年，规模以上工业企业法人单位总资产贡献率为10.6%，比2008年提高1.8个百分点。

（三）企业研发活动

2013年，在规模以上工业企业法人单位中开展研究与试验发展（简称R&D，下同）活动的企业法人单位955个，比2008年增长121.6%，占全部规模以上工业企业法人单位的24.7%。

2013年，规模以上工业企业法人单位R&D人员折合全时当量17016人年，比2008年增长64.9%。

2013年，规模以上工业企业法人单位R&D经费支出47.9亿元，比2008年增长160.3%；R&D经费投入强度为1.18%，比2008年提高0.42个百分点。

2013年，规模以上工业企业法人单位全年专利申请量4635件，其中发明专利申请791件，分别比2008年增长78.1%、110.4%；发明专利申请所占比重为17.1%，比2008年提高2.7个百分点。

（四）高技术产业（制造业）

2013年末，全市共有规模以上高技术产业（制造业）企业法人单位187个，占规模以上制造业的比重为4.9%。

2013年，规模以上高技术产业（制造业）企业法人单位R&D经费支出8.88亿元，占规模以上制造业的比重为18.9%；R&D经费投入强度为2.91%，比规模以上工业平均水平高1.73个百分点。

2013年，规模以上高技术产业（制造业）企业法人单位全年专利申请量376件，其中发明专利申请168件；发明专利申请所占比重为44.7%，比规模以上制造业平均水平高27.6个百分点。

二、建筑业

2013年末，全市共有建筑业法人单位1731个，从业人员98.83万人，分别比2008年末增长82.0%和66.3%。

建筑业法人单位中，按登记注册类型分：国有4个，占全部建筑业法人单位的0.2%；集体14个，占0.8%；有限责任公司180个，占10.4%；股份有限公司12个，占0.7%；私营1508个，占87.1%。按行业分：房屋建筑业占31.3%，土木工程建筑业占26.1%，建筑安装业占8.7%，建筑装饰和其他建筑业占34.0%。

建筑业法人单位从业人员中，按登记注册类型分：国有占全部建筑业法人单位从业人员的0.3%，集体占0.4%，有限责任公司占41.3%，股份有限公司占1.8%，私营占55.4%。按行业分：房屋建筑业占80.6%，土木工程建筑业占15.9%，建筑安装业占0.5%，建筑装饰和其他建筑业占3.0%。

2013年末，建筑业法人单位资产总计1304.91亿元，比2008年末增长171.7%。

第三号

根据金华市第三次经济普查结果，现将我市第三产业主要数据公布如下：

一、批发和零售业

2013年末，全市共有批发和零售业法人单位29475个，从业人员17.52万人，分别比2008年末增长304. 8%和142.3 %。

在批发和零售业法人单位中，批发业占65.5 %，零售业占34.5 %。在批发和零售业法人单位从业人员中，批发业占59.5%，零售业占40.5%。

在批发和零售业法人单位中，私营单位数占85.5%；私营从业人员占76.3%。

2013年末，批发和零售业法人单位资产总计1171.53亿元，比2008年末增长186.5%。其中，批发业法人单位资产总计775.91亿元，零售业法人单位资产总计395.63亿元，分别比2008年末增长169.9%和225.8%。

二、交通运输、仓储和邮政业

2013年末，全市共有交通运输、仓储和邮政业企业法人单位1308个，从业人员3.75万人，资产总计168.58亿元，分别比2008年末增长139.6%、67.4%和210.2%。

在交通运输、仓储和邮政业企业法人单位中，私营企业单位数占87.9%；私营企业从业人员占47.2%。

三、住宿和餐饮业

2013年末，全市共有住宿和餐饮业法人单位1225个，从业人员2.98万人，分别比2008年末增长81.5%和25.5%。

在住宿和餐饮业法人单位中，住宿业占51.6%，餐饮业占48.4%。在住宿和餐饮业法人单位从业人员中，住宿业占56.0%，餐饮业占44.0%。

在住宿和餐饮业法人单位中，私营单位数占88.3%；私营从业人员占69.5%。

2013年末，住宿和餐饮业法人单位资产总计为114.62亿元，比2008年末增长60.6%。其中，住宿业法人单位资产总计86.48亿元，餐饮业法人单位资产总计28.14亿元，分别比2008年末增长50.3%和

103.5%。

四、信息传输、软件和信息技术服务业

2013年末,全市共有信息传输、软件和信息技术服务业企业法人单位820个,从业人员1.29万人,资产总计181.95亿元。

在信息传输、软件和信息技术服务业企业法人单位中,私营单位数占90.9%;私营从业人员占51.9%。

五、金融业

2013年末,全市共有金融业法人单位547个,从业人员2.39万人。

六、房地产业

2013年末,全市共有房地产业法人单位2498个。其中,房地产开发547个,物业管理361个,中介服务736个。

房地产业法人单位从业人员为2.63万人。其中,房地产开发经营业0.93万人,物业管理1.00万人,中介服务0.34万人。

房地产业法人单位资产总计为2067.53亿元。其中,房地产开发1936.59亿元,物业管理28.35亿元,中介服务业18.38亿元。

七、租赁和商务服务业

2013年末,全市共有租赁和商务服务业企业法人单位3952个,从业人员4.14万人,资产总计1393.44亿元,分别比2008年末增长115.5%、68.2%和104.3%。

在租赁和商务服务业企业法人单位中,私营单位数占84.6%;私营从业人员占58.7%。

八、科学研究和技术服务业

2013年末,全市共有科学研究和技术服务业企业法人单位1599个,从业人员1.74万人,资产总计55.71亿元,分别比2008年末增长279.8%、170.7%和204.8%。

在科学研究和技术服务业企业法人单位中,私营单位数占50.5%;私营从业人员占48.3%。

九、居民服务、修理和其他服务业

2013年末,全市共有居民服务、修理和其他服务业企业法人单位933个,从业人员0.93万人,资产总计11.67亿元,分别比2008年末增长130.4%、77.3%和139.1%。

在居民服务、修理和其他服务业企业法人单位中,私营单位数占91.4%,私营从业人员占89.2%。

十、水利、环境和公共设施管理业

2013年末,全市共有水利、环境和公共设施管理业法人单位470个。其中,行政事业及非企业法人单位157个。

水利、环境和公共设施管理业法人单位从业人员1.82万人。其中,行政事业及非企业法人单位从业人员1.07万人。

水利、环境和公共设施管理业企业法人单位资产总计113.12亿元;行政事业及非企业法人单位年末资产20.52亿元。

十一、教育

2013年末,全市共有教育法人单位2673个。其中,行政事业及非企业法人单位2228个。

教育法人单位从业人员8.61万人。其中,行政事业及非企业法人单位从业人员7.88万人。

教育企业法人单位资产总计38.26亿元;行政事业及非企业法人单位年末资产185.56亿元。

十二、卫生和社会工作

2013年末,全市共有卫生和社会工作法人单位771个。其中,行政事业及非企业法人单位671个。

卫生和社会工作法人单位从业人员4.1万人。其中,行政事业及非企业法人单位从业人员3.89万人。

卫生和社会工作企业法人单位资产总计4.63亿元,行政事业及非企业法人单位年末资产122.80亿元。

十三、文化、体育和娱乐业

2013年末,全市共有文化、体育和娱乐业法人单位1785个。其中,行政事业及非企业法人单位210个。

文化、体育和娱乐业法人单位从业人员2.86万人。其中,行政事业及非企业法人单位从业人员0.58万人。

文化、体育和娱乐业企业法人单位资产总计315.22亿元;行政事业及非企业法人单位年末资产39.02亿元。

十四、公共管理、社会保障和社会组织

2013年末,全市共有公共管理、社会保障和社会组织法人单位9135个。其中,群众团体、社会团体和其他成员组织法人单位2245个;基层群众自治组织法人单位5161个。

公共管理、社会保障和社会组织法人单位从业人员12.23万人。其中,群众团体、社会团体和其他成员组织法人单位从业人员2.14万人;基层群众自治组织法人单位从业人员3.49万人。

2013年金东区国民经济和社会发展统计公报

2013年,是全面贯彻落实中共十八大精神的开局之年,是实施“十二五”规划承前启后的关键一年。一年来,面对复杂严峻的外部环境和自身转型发展的双重挑战,全区人民在区委、区政府的正确领导下,牢牢把握“稳中求进、赶超发展”的工作总基调,坚定不移地实施“工业强区、商贸兴区、城乡统筹、开放带动”四大战略,克难攻坚抓落实,全力以赴促发展。经济运行稳中有进,产业结构继续优化,转型升级步伐加快,文化实力不断提升,民生保障稳步改善。

一、综合

地区生产总值。据初步核算,2013年全区实现地区生产总值(GDP)141.5亿元,按可比价计算,比上年增长9.1%(见注2)。其中:第一产业增加值13.75亿元,增长1.2%;第二产业增加值75.46亿元,增长8.3%;第三产业增加值52.29亿元,增长12.9%。按户籍人口计算,全区人均地区生产总值达到44642元(按年平均汇率折算为7209美元),增长8.1%。第三产业比重稳步提高,第一、二、三产业增加值占地区生产总值的比重由上年的11.0∶53.9∶35.1调整为9.7∶53.3∶37.0,第三产业比重比上年上升1.9个百分点。

图1：2008—2013年地区生产总值及增速

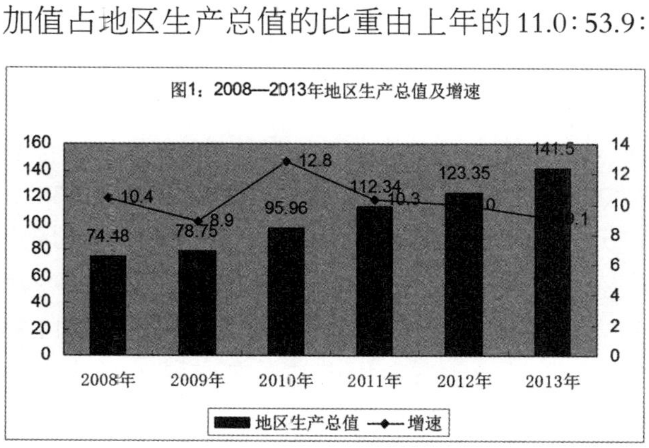

财政收支。2013年全区实现财政总收入15.69亿元,增长27.2%,其中区级财政收入6.17亿元,增长24%,财政收入和区级收入创近年来最好水平。从税种看,四大税种引领增收,增值税56189万元,增长23.1%;营业税35137万元,增长25.5%;企业所得税25817万元,增长50.2%;个人所得税10336万元,增长12%;全区财政总支出29.32亿元,增长52%。财政支出更加关注民生,教育、公共安全、社会保障和就业、医疗卫生、农林水事务等民生工程的投入,累计实现各类民生支出13.5亿元,增长41.6%,占财政支出比重的46%。

就业和再就业。2013年新增城镇就业人数3136人,其中城镇失业人员实现再就业521人,困难人员实现再就业107人。年末城镇登记失业率为2.0%,远低于我市年度失业率4%的控制目标。

二、农业

2013年,全区实现农林牧渔业总产值25.81亿元,比上年增长5.2%,按可比价计算增长1.4%。农业增加值13.75亿元,按可比价计算增长1.2%。

农业。全区农作物总播种面积25.97万亩,下降2%。其中粮食种植面积为7.55万亩,产量2.93万吨,分别比上年下降4.8%和下降11.5%;果用瓜种植面积2.04万亩,产量3.39万吨,下降1.4%和增长1.2%;油料播种面积2.05万亩,产量0.32万吨,分别下降0.5%和与去年持平;蔬菜播种面积6.82万亩,产量11.82万吨,增长0.7%和4.2%;花卉苗木种植面积6.15万亩,增长1.2%。

创建省级主导产业示范区3个、特色农业精品园4个、市级现代农业示范基地45个,新增设施农业1800亩。年末拥有农业机械总动力252553千瓦,增长1.6%;全年化肥施用量(折纯)18653万吨,增长3%;农村用电量28979千瓦时,增长2.6%。

林业。全年完成绿化造林面积1531亩,迹地更新面积1337亩。幼林抚育作业面积4500亩;封山育林面积16.42万亩。

畜牧业。全年肉类总产量4.03万吨,增长13.8%,其中猪肉3.43万吨,增长17.5%。牛奶产量3.02万吨,增长2%。全年生猪出栏49.12万头,增长

21.6%;家禽出栏326万羽,下降11.9%。

三、工业和建筑业

工业经济。2013年,全区完成工业增加值56.72亿元,增长9.2%,工业增加值占GDP比重的40.1%,对GDP贡献率42.8%。全区215家规模以上工业企业实现规上工业总产值161.66亿元,增长10.1%;销售产值145.25亿元,增长7.5%。规模以上工业企业完成出口交货值58.24亿元,下降0.5%,占销售产值的比重为40.1%。全区产值超亿元的企业达45家。全区规模以上工业实现利税总额7.9亿元,增长4.3%,其中利润3.5亿元,增长2.5%。

工业创新转型。2013年,全社会科技活动经费支出2.47亿元,增长29.6%。全年规模以上工业企业新产品产值61.6亿元,增长27.2%,新产品产值率为38.1%,比上年提高3.5个百分点。

图1：2008—2013年地区生产总值及增速

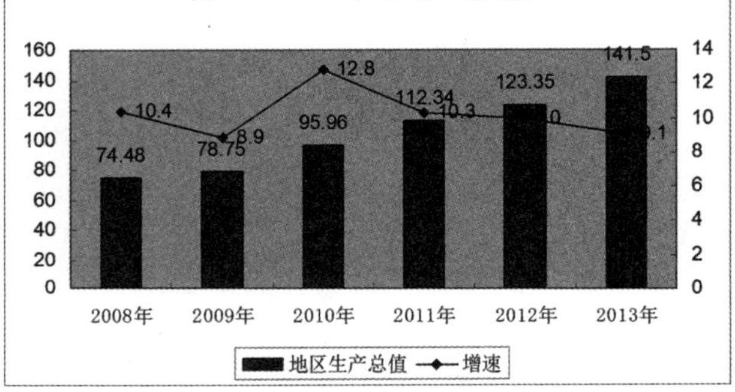

建筑业。全区完成建筑业总产值75.7亿元,增长16.1%。房屋施工面积309.8万平方米,增长7.6%;房屋竣工面积176.9万平方米,下降12.3%。资质以上建筑企业实现利润总额36820万元,增长29%;利税总额60585万元,增长7%。

四、固定资产投资和房地产

固定资产投资。2013年,全区完成固定资产投资104.4亿元,增长21.1%。按城乡分,城镇投资58.74亿元,增长108.3%;农村投资45.66亿元,下降21.3%。按产业分,第一产业投资0.09亿元,下降95.9%;第二产业投资55.86亿元,增长20.1%;第三产业投资48.45亿元,增长25.2%。按登记注册类型分,国有投资10亿元,增长22.9%;非国有投资94.4亿元,增长20.9%。民间投资活力进一步增强,投资额占全社会投资总额的89.1%。全区共有重点项目40项,全年计划投资66.26亿元,完成投资88.45亿元,为年度计划133.5%,计划完成率比同期增加32.4个百分点。

房地产业。2013年全区完成房地产开发投资40.98亿元,增长177.6%。商品房新开工面积54.3万平方米,增长150.3%。商品房销售面积46.58万平方米,增长81.5%,其中住宅销售面积27.01万平方米,增长41.3%。

图3：2008—2013年固定资产投资额及增速

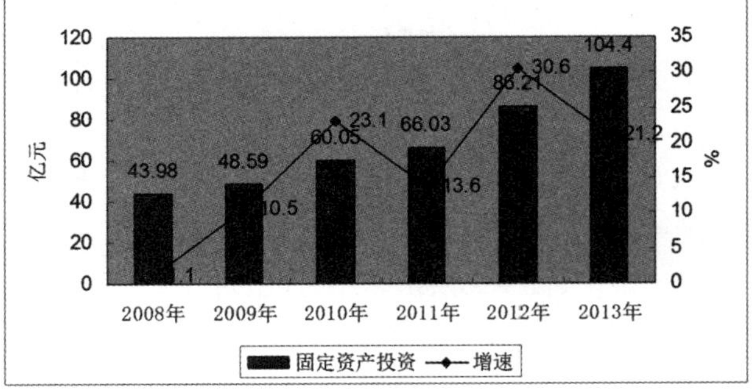

五、国内贸易和对外经济

贸易业。2013年全区实现社会消费品零售总额90.96亿元,增长15.4%。城乡消费市场同步增长,城镇消费品零售总额71.15亿元,增长15.3%;农村消费品零售总额19.81亿元,增长15.5%。分行业看,批发业7.82亿元,增长112.7%;零售业80.55亿元,增长10.3%;住宿餐饮业2.59亿元,增长19.3%。

图4：2008-2013年社会消费品零售总额及增速

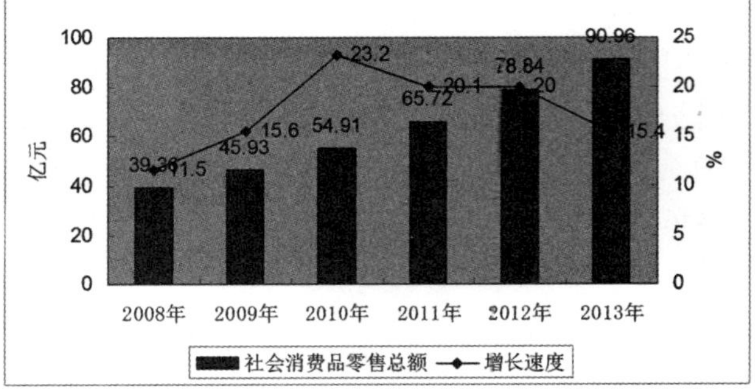

交易市场。2013年全区共有成交额超亿元市场6个。其中,金华农产品批发市场实现成交额61.26亿元,增长13.9%;金华市汽车城成交额38.21亿元,下降1.4%;金华市浙中建筑装饰材料市场成交额46.58亿元,增长17.9%;金华市汽配城成交额25.7亿元,增长42.8%;金华澧浦苗木城成交额14.34亿元,增长33.4%;金华市二手车交易市场成交额8.53亿元,增长55.1%。

对外贸易。2013年全区完成外贸出口交货值98.92亿元，增长18.1%。完成外贸进出口总额10.73亿美元，增长23.8%。其中，自营出口10.52亿美元(含市场采购1.9亿美元)，增长23.4%；进口2125万美元，增长46%。从出口产品看，传统及新兴出口产品增幅全面上升，机电产品、纺织品、箱包分别实现出口22883万美元、25176万美元和2347万美元，分别增长21.8%、31.7%和255.7%。从出口市场看，呈现“二高二稳”，对亚洲和新兴市场出口保持高增长，对亚洲、非洲、拉丁美洲和大洋洲分别出口32668万美元、13383万美元、9868万美元和2164万美元，分别增长30.7%、51.8%、24.8%、43%；对北美和欧洲出口增幅稳定，出口额19911万美元和27204万美元，分别增长7.6%和15.7%。

招商引资。全年审批外商投资项目3个，总投资额5155万美元。合同利用外资2467万元，下降31.2%；实际利用外资3418万元，增长11.1%。2013年，全区引进内资项目138个，其中工业项目130个，非工业项目8个。5000万元以上的项目65个，占引进内资项目比重达47.1%，其中1亿元以上项目39个，5亿元以上项目13个。当年实际到位资金42.58亿元，增长9.9%。全年新引进浙商回归项目27个，总投资275亿元，增长100%，实际到位浙(婺)商回归投资34.8亿元，增长127%。其中新引进重大产业项目22个，占新引进项目的81%，增长144.4%；重大科技人才项目5个，占新引进项目的19%，增长66.7%。新引进重大产业项目税收贡献额19600万元，浙商回归公益捐赠额7611万元。

六、交通和旅游

交通设施。2013年，全区交通建设共完成投资5.13亿元。国省、县道建设项目完成投资5593.9万元，大中修工程完成投资7219万元，农村联网公路完成投资2241.2万元，安保工程完成投资331.3万元，病旧桥隧加固改造工程完成投资102万元。曹塘澧公路除跨杭金衢立交(列入杭金衢拓宽一起实施)外，其余工程已经全部完工，全线通车。金华至武义公路(金东区段)工程已经基本完工。投资3787万元，完成国道330线路面大中修工程5417千米；投资1241万元，完成103省道路面5.66千米的大修工程；投资2100万元，完成16条农村公路大中修工程26.83千米。投资102万元，完成对梁梅西塘桥和金尚塘桥2座危桥的改造。投资312.7万元，完成对32条农村公路的安保工程(临水临崖)，实施里程76.854千米，安装钢质波形护栏12154米。总投资1811.85万元，完成对公路“三化”整治，绿化面积116035平方米。投入260多万元，在区内主要道路增设84个公交停靠站棚。全区等级公路达到1057.6千米。

旅游业。2013年，全区共接待海内外游客145.6万人次，增长33.1%，实现旅游总收入1.97亿元，增长10.7%。其中接待国内旅游者144.85万人次，同比增长33.2%，实现国内旅游收入1.95亿元，同比增长10.3%，接待入境旅游者0.75万人次，同比增长8.8%。

七、环境保护和水利建设

环境保护。2013年，全年城市环境空气优良天数达到310天，空气质量优良率达到84.8 %。主要河流水质有效改善，达到或优于三类水质标准的占10%，满足功能区要求的占10%；全区35个地表水交接断面，达到或者优于三类水质标准的断面占11.4%；2个出境断面，达到或者优于三类水质标准的断面占50 %。全年实施减排项目40个，其中城镇污水处理厂项目1个，农村连片整治项目2个，工业结构调整减排项目8个，农业减排项目7个。在2012年的基础上，削减化学需氧量226吨，削减率为3.2 %；氨氮20吨，削减率为2.8 %；二氧化硫26吨，削减率为1.4 %；氮氧化物8吨，削减率为0.8 %。基本完成2013年度减排目标。全区共建成省级生态镇8个、市级生态村394个、市级森林村庄157个，累计建成生态公益林12.86万亩，完成平原绿化扩面6200亩。

水利建设。2013年全区完成水库除险加固工程1座，山塘整治16座，新增固定式喷微灌面积2530亩，灌区渠道改造86.9千米，新增旱涝保收面积4305亩，扩大灌溉面积6755亩。金东区2013年度中小河流治理重点县建设4个项目片区均已开工建设，完成赤松、澧浦东溪、傅村3个项目区的审查；完成金东区金华江治理工程8.3千米；开展农村河道综合整治，完成万里清水河道整治33千米(亩)。实施农村饮水安全提升工程，总受益人口1.2万人。完成金东区省级百库洁水渔业产业示范区建设并通过验收和挂牌。完成东阳江流域管理站省级管理单位创建,是金华市第一家。

八、教育和科学技术

教育业。2013年,全区拥有各级各类全日制学校51所,其中公办42所,民办9所,在校学生5.12万人。其中小学23所,在校学生22052人,小学适龄儿童入学率达到100%。初中18所,在校学生9799人,初中适龄少年入学率达到100%。初中毕业生升入高中段学校比例98.36%,升入优质高中占高中段招生比例达到89.54%。高中8所(含3所民办高中),在校学生12434人。高等院校2所,在校学生6873人。全区学前儿童入园率超过99.4%。城乡免费义务教育全面实行,各级各类学校政府财政经费投入不断加大。

科技创新。2013年全区列入市级以上科技项目58项,其中国家级3项,省级29项,市级26项;新到位省级以上科技资金140万元。新立市级科技计划项目26项,其中工业类9项,农业类14项,社会发展类1项,农业科技成果转化项目2项。列入2013年度评选市科学技术奖3项。新认定创新型企业13家,其中省级1家,市级2家,区级10家;高新技术企业8家,其中国家级1家,市级7家;省级科技型中小企业12家;农业科技企业4家,其中省级2家,市级2家;专利示范企业6家,其中省级2家,市级4家。申请专利1037件,增长13.7%,其中发明专利158件,增长143%;授权专利616件。全区新认定省级高新技术研发中心3家、市级2家,省级农业科技研发中心2家、市级2家。

九、文化、体育和卫生

文化建设。2013年,成功举办了全区第四届农民文化艺术节和乡镇婺剧联谊赛等大型文化活动;全年送戏下乡200余场,送电影3910场,培训农村文艺骨干10000多人次。新建孝顺镇南仓村等农村文化礼堂16个,孝顺镇下范村等浙江省五星,四星级农家书屋6个,鞋塘办事处山早村等农家书屋电子阅览室11个;新创建塘雅镇前蒋村等省、市级文化示范村5个。摄影美术书法作品有袁修广、潘志余、王芳等20余人次获得国家、省、市级最高奖项。“金华说书”“迎大蜡烛”等5个项目被评为市级第五批非遗项目。

体育事业。2013年,全区已创建省级体育强镇8个,市级体育强镇1个,国家级、省级青少年体育俱乐部4个,小康体育村432个。体育竞技比赛战果累累,金东区代表队参加“2013年全国气排球比赛”,勇夺男子中青年组全国冠军。区少体校组队参加浙江省青少年沙滩排球赛,一举夺得男子甲组金牌、男子乙组银牌、女子甲组第四名,男子乙组第五名的好成绩。嗒嗒球队代表金华市参加省二体会嗒嗒球比赛,夺得男团、女团两枚铜牌,女单第五名,女双第六名,男双第八名。成功举办浙江省第二次体育大会健美操、健身排舞、羽毛球三项赛事,提升金东体育知名度。

卫生事业。截至2013年底,全区共设医疗卫生机构268家,其中疾控中心1家、卫生监督所1家、妇幼保健院1家、医院(社区卫生服务中心增挂)1家、社区卫生服务中心13家、社区卫生服务站60家、村卫生室191家,卫生服务网络进一步完善。全区实际开放床位数247张,拥有卫生技术人员646人。全区所有基层医疗机构全部实施国家基本药物制度,零差率销售药品直接让利就医群众累计约12294.20万元。全面开展参保城乡居民健康体检工作,60周岁以上老人体检率为80.5%,儿童100%,中小学生100%。城乡居民规范化电子健康档案建档率达90%。2013年全区产妇数2417人,孕产妇系统管理率98.23%,住院分娩率100%,产前筛查率84.44%,2013年婚检率100%,农村妇女住院分娩补助1976人,补助经费98.8万元,农村孕产妇住院分娩补助100%。

十、人口、人民生活和社会保障

人口增长。2013年全区出生人口3529人,出生率10.3‰;死亡人口1973人,死亡率6.2‰;人口自然增长率4.1‰。年末总户数127946户,总人口31.84万人,其中非农人口3.42万人。平均每户家庭人口2.49人。

居民收入。2013年全区城市居民人均可支配收入30482元,城市居民人均消费支出16353元。农村居民人均纯收入14270元,增长11%;农村居民人均生活消费支出12840元,增长7.8%。农村居民家庭恩格尔系数(居民家庭食品消费支出占生活消费支出的比重)为29.6%,比上年下降2.6个百分点。

图5：2008-2013年农村居民人均纯收入及增速

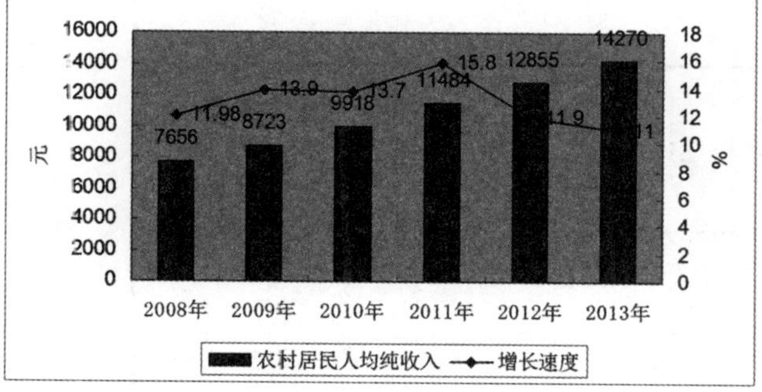

民生保障。2013年末,全区拥有各类社会福利单位11所,床位1304张。五保对象683人,已全部实行集中供养,其中在院667人,户院挂钩16人,集中供养率100%。城乡居民最低生活保障实现全覆盖,全区共有农村低保对象2822户3881人,城镇低保对象112户140人,全年发放低保救助金1225.56万元,发放困难群众物价补贴104.96万元。对1448户2033人低保边缘户发放救助金43.93万元。实施困难群众的"安居工程",全年竣工189户,总建筑面积9278平方米,投入资金209.9万元。实施困难群众医疗救助1789人次,补助医疗费312.9万元。建成农村居家养老服务照料中心226家,实现一个乡镇全覆盖,服务覆盖全区2/3以上农村老人。

社会保障。2013年,城乡居民养老保险参保人数16.9万人,城乡居民医疗保险参保人数23.25万人,被征地农民基本生活保障参保人数4.5万人。失地农民保障得到加强,被征地农民参加基本生活保障的村达到165个(未含金东经济开发区),参保人数2.04万人。累计发放养老金1566人,共计金额9335.58万元;发放生活补助1011人,共计金额3325.44万元。

注:1. 本公报所列各项数据为年度初步统计数据;

2.公报中生产总值和各产业增加值绝对数按现价计算,增长速度按可比价计算,人均生产总值按户籍人口计算;

3.本公报所列人口数为公安部门统计年报数;

4.规模以上工业指年主营业务收入2000万元及以上的工业企业;

5.本公报部分指标数据由相关主管部门提供及摘自市统计局、调查队相关统计报告。

主要社会经济指标（一）

表19

指标名称	年末总人口*（万人）	#农业人口*（万人）	年平均人口*（万人）	人口自然增长率（%）	土地面积（平方公里）	生产总值（亿元）	#①第一产业（亿元）	②第二产业（亿元）	其中:工业增加值（亿元）	③第三产业（亿元）	第三产业占比（%）	人均生产总值（元/人）
2001年	29.79	28.21	29.84	2.08	661.8	28.81	6.05	15.38	13.41	7.38	25.6	9656
2002年	29.73	28.14	29.76	1.89	661.8	32.55	6.42	17.72	15.55	8.41	25.8	10937
2003年	29.83	8.12	29.78	1.95	661.8	36.92	6.47	20.45	17.45	10	27.1	12400
2004年	29.97	27.55	29.9	5.27	661.8	43.72	6.76	24.81	20.99	12.15	27.8	14624
2005年	30.12	27.5	30.05	4.45	661.8	47.05	6.8	26.79	20.3	13.46	28.6	15660
2006年	30.25	27.55	30.19	2.80	661.8	54.47	7.46	31.74	24.37	15.27	28.0	18046
2007年	30.49	27.6	30.37	3.20	661.8	64.8	7.7	38.86	30.57	18.24	28.1	21338
2008年	30.7	27.65	30.6	2.75	661.8	74.48	8.36	43.68	34.76	22.44	30.1	24344
2009年	30.89	27.69	30.8	2.27	661.8	80.76	8.67	45.6	34.85	26.49	32.8	25516
2010年	31.09	27.76	30.99	3.01	661.8	96.96	10.65	54.41	40.39	31.90	32.9	30605
2011年	31.21	27.77	31.15	1.32	661.8	112.72	12.34	61.57	45.03	38.81	34.4	35637
2012年	31.56	28.13	31.39	4.5	661.8	125.2	13.07	66.75	48.69	45.45	36.3	39399
2013年	31.84	28.38	31.70	4.1	661.8	141.5	13.75	75.46	56.72	52.29	37.0	44642

注：*人口数为公安户籍人口数。

主要社会经济指标（二）

表20

指标名称	农业总产值(亿元)	规模以上工业总产值(亿元)	全社会固定资产投资额(亿元)	#重点项目完成投资额(亿元)	社会消费品零售总额(亿元)	外贸出口交货值(亿元)	# 自营出口额(万美元)	财政总收入(万元)	区级财政收入(万元)	财政总支出(万元)
2001年	10.95	14.34	7.65			10	2824	11828	6004	12555
2002年	11.6	20.35	14.83	7.8	9.5	12.8	4995	15777	4246	18068
2003年	12.0	27.98	30.5	18.02	11.00	17.8	6720	22865	7749	28581
2004年	12.5	39.5	31.47	19.2	12.55	20.73	11570	27584	8472	31314
2005年	13.3	49.1	37.5	19.81	17.5	26.3	15558	33868	10736	41242
2006年	14.2	67.77	38.8	8.1	23.36	31.7	22189	42732	13261	45608
2007年	15.39	85.12	43.5	8.55	28.38	44.05	37061	52983	18918	48340
2008年	16.23	95.82	44.0	16.9	47.24	45.4	38007	61185	23181	94342
2009年	16.95	96.14	48.59	12.1	45.93	50.18	35978	66194	25450	129699
2010年	19.52	126.85	60.05	13.86	54.91	57.71	51966	83020	32489	258006
2011年	23.10	128.68	66.03	21.59	65.72	76.11	64349	106773	40638	248961
2012年	24.54	150.6	86.21	21.1	78.84	86.83	88345	123366	49768	193336
2013年	25.81	161.66	104.40	88.45	90.96	98.92	105198	156885	61696	293185

注：2001年—2010年规模以上工业总产值统计范围为年主营业务收入500万元及以上工业企业，2011年开始规模以上工业总产值统计范围提高到年主营业务收入2000万元及以上工业企业。

主要社会经济指标（三）

表21

指标名称	城镇居民人均可支配收入(元)	城镇居民人均消费性支出(元)	农村居民人均纯收入(元)	用电量(万千瓦时)	工业用电量(万千瓦时)	工业二氧化硫去除量(吨)	各类学校数(所)	各类学校在校学生(万人)	各类学校专任教师(人)	卫生机构(个)	卫生技术人员(人)	床位数(张)	计划生育率(%)
2001年	10385	8287	3846				94	3.63	2033	13	461	245	98.59
2002年	11264	8348	4080				85	3.47	2045	17	481	260	98.73
2003年	12445	9211	4380			58.46	68	3.33	2054	18	504	244	98.96
2004年	13910	9879	4856	43567	33220	38	63	3.20	2045	18	533	227	99.08
2005年	15387	11552	5380	51845	38569	108	58	3.13	2061	18	569	267	99.01
2006年	17806	13641	6013	60241	45744	226	53	2.56	1611	18	585	267	97.46
2007年	19855	11828	6837	51845	38569	99.39	47	2.70	1664	18	587	267	98.27
2008年	21408	13713	7656	81382	58778	95.98	48	2.80	1741	18	589	267	98.38
2009年	22915	15849	8723	84765	60884	90.59	48	2.79	1707	18	633	267	98.50
2010年	25029	17386	9918	102589	72303	65.88	46	2.89	1675	18	597	312	97.58
2011年	28593	20810	11484	119531	84016	26.00	52	4.24	2410	18	607	312	96.87
2012年	32280	22198	12855	132787	92933	56.97	48	4.33	2548	18	784	322	95.93
2013年	30482	16353	14270	161914	114495	85.87	49	4.43	2642	18	646	333	94.75

注：2001年—2012年城镇居民人均可支配收入和城镇居民人均消费性支出采用市统计局提供数,2013年开始采用我区住户调查数据。

注：2001年—2012年各类学校数、各类学校在校学生和各类学校专任教师指标均未含金东区辖区内高校数据，2013年起三个指标包含辖区内高校数据。

国民经济产业结构

表22

项目	绝对值（亿元）		构成（%）	
	2013年	2012年	2013年	2012年
生产总值	141.50	125.27	100.0	100.0
第一产业	13.75	13.07	9.7	10.4
第二产业	75.46	66.75	53.3	53.3
第三产业	52.29	45.45	37.0	36.3

市区物价指数（2013年）

表23

物价指数	单位	同比	累计同比
(一)居民消费价格总指数	%	103.5	103.1
# 服务项目价格指数	%	105.7	104.6
消费品价格指数	%	102.4	102.5
1 食品类	%	104.9	104.1
#粮食	%	100.6	104.0
2 烟酒类	%	98.5	99.1
3 衣着类	%	102.5	112.0
4 家庭设备用品及维修服务	%	103.6	102.9
5 医疗保健和个人用品	%	102.4	100.6
6 交通与通讯	%	98.1	97.4
7 娱乐教育文化用品及服务	%	104.1	101.4
8 居住	%	105.5	101.4
(二)商品零售价格指数	%	101.6	101.2
(三)新建商品住宅价格指数	%	107.7	
(四)二手住宅价格指数	%	104.8	

农林牧渔业总产值

表24　　单位：万元

指标名称	2013年	2012年
合计	258100	245383
一、农业	125162	120187
1.粮食作物	12628	13002
2.油料作物	1887	1801
3.棉花	1626	1763
4.麻类		
5.甘蔗	1462	1658
6.烟叶		
7.药材	50	
8.蔬菜	39839	37428
9.食用菌	1258	144
10.花卉园艺	26467	23781
（1）花卉苗木	24002	22018
（2）盆栽类园艺	2465	1763
11.茶、桑、水果、坚果	38896	39996
(1)茶叶	279	259
(2)桑叶	5	5
(3)水果	38597	39718
(4)坚果	15	14
12.其他农作物	1049	614
二、林业	1796	1794
三、牧业	114238	107077
（一）牲畜	82724	70601
（二）家禽的饲养	8452	11407
（三）活畜禽的产品	22298	24055
（四）捕猎野兽野禽	14	15
（五）其他动物饲养	750	999
四、渔业	14383	14629
五、农林牧渔服务业	2521	1696

现价农林牧渔业总产值(2013年)

表25　　单位：万元

单位名称	合　计	农业产值	林业产值	牧业产值	渔业产值	农林牧渔服务业
全区合计	258100	125162	1796	114238	14383	2521
多湖街道	13679	4930		8365	384	
东孝街道	8960	6595		2079	286	
赤松镇	28419	18514	172	6431	3292	10
曹宅镇	48509	17991	231	27594	1585	1108
塘雅镇	20660	10898		7281	2481	
澧浦镇	33295	23788	91	8642	774	
岭下镇	10959	6914	628	3111	254	52
江东镇	11900	9106		2639	155	
源东乡	26779	7111	97	19282	289	
孝顺镇	19729	10166	529	5256	3527	251
鞋塘办事处	10458	2741	10	6103	504	1100
傅村镇	24753	6408	38	17455	852	

现价农林牧渔业增加值（2013年）

表26

单位：万元

指标名称	合 计	农业	林业	牧业	渔业	农林牧渔服务业
一、总产值	258100	125162	1796	114238	14383	2521
二、中间消耗	120517	56673	1057	54240	7489	1058
（一）物质消耗	69787	28728	938	38090	1656	375
1、用种量	834	644	7	183		
2、饲料	33180	31		32654	495	
3、肥料	6350	5794	556			
4、燃料	1514	1124	156		234	
5、农药	1037	949	88			
6、电	5124	4277	106	287	454	
7、农用塑料薄膜	3662	3662				
8、小农具	686	416	25	64	181	
9、其他	17025	11831		4902	292	
（二）劳务支出	50730	27945	119	16150	5833	683
三、增加值	137583	68489	739	59998	4894	1463
（一）固定资产折旧	12444	7514	97	3907	819	107
（二）劳动者报酬	125825	61352	642	56400	6075	1356
（三）生产税						
（四）生产补贴	686	377		309		
四、按可比价计算的增加值	134255	67918	747	57696	6475	1419

规模以上工业企业分类型主要经济指标(一)(2013年)

表27

单位：万元

指标名称	企业单位数(个)	亏损企业	工业总产值(当年价格)	新产品产值	工业销售产值(当年价格)	出口交货值
总计	233	46	1673577	344545	1516483	548512
一、按登记注册类型分组						
内资企业	223	42	1631470	344545	1476873	527109
港、澳、台商投资公司	6	3	29282		27121	15882
外商投资企业公司	4	1	12826		12489	5521
二、按企业规模分						
2000-3000万	74	19	181963	3006	176219	41997
3000-5000万	61	10	254708	5213	244940	87627
5000-1亿	48	8	365966	62921	326510	103968
1亿-5亿	37	5	673720	195890	630607	240570
5亿-10亿	2		182573	76152	125684	72469
三、按轻重工业分						
轻工业	134	23	786185	106869	742802	299002
重工业	99	23	887392	237676	773681	249510
四、按大中小型企业分						
大型企业	1		50118	29640	43097	43097
中型企业	15	2	389879	170092	336441	164853
小型企业	207	42	1206689	144813	1110331	335713
微型企业	10	2	26891		26613	4848

规模以上工业企业分类型主要经济指标(二)(2013年)

表28 单位：万元

指标名称	年初存货		资产总计	资产总计								
				流动资产合计	流动资产合计				固定资产合计	固定资产原价	累计折旧	
		产成品			应收账款	存货	产成品	在产品				本年折旧
总计	179078	67642	1641354	1059740	263825	223952	95420	41064	416872	561760	189655	36446
一、按登记注册类型分组												
内资企业	172457	65320	1576793	1013556	256094	216153	92279	38743	403820	543777	182426	35470
港、澳、台商投资公司	4485	1813	48105	36203	5152	4849	2131	1753	8484	12534	5683	682
外商投资企业公司	2136	508	16455	9981	2580	2950	1010	568	4668	5449	1546	294
二、按企业规模分												
2000-3000万	19299	7516	172746	110118	28629	23431	9328	3657	46449	62650	18910	4631
3000-5000万	25549	11078	239722	154744	38322	30943	15755	3690	65952	87578	25853	5714
5000-1亿	43044	17338	303226	185047	63158	52389	23379	4417	82357	115866	38114	7069
1亿-5亿	81113	28163	792034	522948	116516	104502	41340	25218	182055	247543	94307	14901
5亿-10亿	7272	2494	115816	74217	11382	9406	4096	3515	36100	41695	9891	3624
三、按轻重工业分												
轻工业	83853	34518	739973	454154	110627	107284	48174	12811	212618	278796	90118	18695
重工业	95224	33124	901380	605586	153199	116668	47247	28253	204354	282965	99537	17751
四、按大中小型企业分												
大型企业	8606	4072	57903	42105	6544	7069	3105	1032	8044	16231	8244	998
中型企业	43698	16071	392668	263608	68072	63870	31710	17529	88630	115135	42923	8389
小型企业	125751	47427	1173021	741900	182605	151763	59771	22502	317643	424920	135670	26719
微型企业	1023	73	17762	12127	6306	1250	834	2	2656	5473	2818	339

规模以上工业企业分类型主要经济指标(三)(2013年)

表29

单位：万元

指标名称	负债合计	流动负债合计	应收账款	非流动负债合计	所有者权益合计	实收资本	法人资本	个人资本
总计	1109975	1019105	169955	35403	523122	283701	62588	208553
一、按登记注册类型分组								
内资企业	1070028	979158	164244	35403	498706	264945	56603	208112
港、澳、台商投资公司	30130	30130	5015		17976	11083	5297	
外商投资企业公司	9817	9817	696		6440	7673	688	421
二、按企业规模分								
2000-3000万	133000	131563	16696	598	39073	34885	5155	23796
3000-5000万	188202	181383	34481	4467	50988	43569	11525	28357
5000-1亿	210430	204410	32104	2177	91747	52385	10079	40048
1亿-5亿	477604	464143	72199	13301	311601	127893	13016	114177
5亿-10亿	88600	29542	12963	12059	27215	22688	22688	
三、按轻重工业分								
轻工业	534106	515763	72829	15074	201893	113614	26113	82425
重工业	575868	503341	97126	20328	321229	170087	36475	126108
四、按大中小型企业分								
大型企业	28828	28828	16087		29075	3200		3200
中型企业	248777	183232	39662	18544	143891	59985	24454	34831
小型企业	825421	801528	112663	16858	345307	219208	37614	169715
微型企业	6948	5515	1543		4849	1308	520	788

规模以上工业企业分类型主要经济指标(四)(2013年)

表30 单位：万元

指标名称	营业收入	主营业务收入	营业成本	主营业务成本	营业税金及附加	主营业务税金及附加	销售费用	管理费用	税金	财务费用	利息支出	营业利润
总计	1489303	1473996	1276786	1269260	7188	7085	46059	83056	3626	34861	34568	37976
一、按登记注册类型分组												
内资企业	1449900	1434802	1244496	1237105	6917	6826	44536	80242	3430	33542	33501	36825
港、澳、台商投资公司	27117	26982	21726	21590	208	208	1344	2306	149	882	678	657
外商投资企业公司	12286	12213	10564	10564	63	52	178	507	47	437	388	494
二、按企业规模分												
2000-3000万	172681	172019	151229	151175	862	841	4458	10463	344	4497	4117	1069
3000-5000万	240008	238750	209864	208718	1252	1208	6512	11166	536	7203	6647	4625
5000-1亿	318082	314680	278054	275322	1691	1691	8115	18543	735	7982	7524	4528
1亿-5亿	614505	605135	506512	503337	3170	3170	24077	37788	1411	13139	13727	25087
5亿-10亿	131196	131105	120020	119993	111	111	2397	3948	566	1701	2271	3033
三、按轻重工业分												
轻工业	731915	728391	637229	633783	3466	3399	24316	34342	1761	19862	17728	14987
重工业	757388	745606	639558	635477	3722	3686	21743	48713	1865	14999	16840	22989
四、按大中小型企业分												
大型企业	44339	43097	36697	35843	402	398	1093	2954	37	488	592	3744
中型企业	335974	328872	276422	276000	1166	1166	11849	21489	923	6809	6782	12007
小型企业	1081765	1074801	940324	934074	5520	5421	32146	56662	2605	28011	26812	21392
微型企业	27226	27226	23342	23342	100	100	970	1951	61	529	382	834

规模以上工业企业分类型主要经济指标(五)(2013年)

表31

单位：万元

指标名称	利润总额	应交所得税	亏损企业亏顺总额	利税总额	应交税金及附加	本年应付职工薪酬	本年应交增值税	银行贷款余额	全部从业人员年平均人数(人)
总计	44887	5999	5455	103393	68131	107373	51318	539632	27604
一、按登记注册类型分组									
内资企业	43748	5675	5181	100194	65552	103865	49529	518154	26590
港、澳、台商投资公司	653	184	196	2468	2148	2866	1608	14267	794
外商投资企业公司	487	140	79	731	431	643	181	7211	220
二、按企业规模分									
2000-3000万	1801	291	1172	7511	6345	13881	4848	63147	4394
3000-5000万	4749	1061	763	13722	10571	19521	7722	90086	5691
5000-1亿	6710	495	2014	17796	12315	23907	9395	99508	6721
1亿-5亿	28431	4002	1024	53912	30894	34682	22306	228211	9012
5亿-10亿	3540	124		10330	7480	14125	6680	55400	1321
三、按轻重工业分									
轻工业	18662	2221	2215	43557	28877	50384	21430	266582	15239
重工业	26226	3778	3240	59836	39253	56988	29888	273050	12365
四、按大中小型企业分									
大型企业	3672	551		5387	2303	4404	1313	11500	1215
中型企业	14026	1429	191	30883	19209	31360	15691	119009	5800
小型企业	26348	3943	5117	65491	45691	71024	33623	406024	20472
微型企业	841	76	148	1632	928	586	691	3100	117

规模以上工业企业分类型主要经济指标(六)(2013年)

表32

单位：%

指 标 名 称	产销率	资产负债率	成本费用利润率	每百元固定资产原值实现利税(元)	每百元销售收入实现利税(元)	流动比率	速动比率	企业亏损面	亏损率	出口交货值占工业销售	利润总额占利税比重	存货周转次数(次)	新产品产值率
总计	90.61	67.63	3.13	18.41	7.01	1.04	0.82	19.74	10.84	36.17	43.41	5.67	20.59
一、按登记注册类型分组													
内资企业	90.52	67.86	3.14	18.43	6.98	1.04	0.81	18.83	10.59	35.69	43.66	5.72	21.12
港、澳、台商投资公司	92.62	62.63	2.5	19.69	9.15	1.2	1.04	50	23.05	58.56	26.44	4.45	
外商投资企业公司	97.37	59.66	4.17	13.42	5.99	1.02	0.72	25	13.91	44.21	66.61	3.58	
二、按企业规模分													
2000-3000万	96.84	76.99	1.06	11.99	4.37	0.84	0.66	25368	39.42	23.83	23.97	6.45	1.65
3000-5000万	96.17	78.51	2.03	15.67	5.75	0.85	0.68	16.39	13.85	35.77	34.61	6.75	2.05
5000-1亿	89.22	69.4	2.16	15.36	5.66	0.91	0.65	16.67	23.08	31.84	37.71	5.26	17.19
1亿-5亿	93.6	60.3	4.92	21.78	8.91	1.13	0.9	13.51	3.48	38.15	52.74	4.82	29.08
5亿-10亿	68.84	76.5	2.76	24.77	7.88	2.51	2.19			57.66	34.27	12.76	41.71
三、按轻重工业分													
轻工业	94.48	72.18	2.62	15.62	5.98	0.88	0.67	17.16	10.61	40.25	42.84	5.91	13.59
重工业	87.19	63.89	3.64	21.15	8.03	1.2	0.97	23.23	11	32.25	43.83	5.45	26.78
四、按大中小型企业分													
大型企业	85.99	49.79	9.32	33.19	12.5	1.46	1.22			100	68.17	5.07	59.14
中型企业	86.29	63.36	4.44	26.82	9.39	1.44	1.09	13.33	1.34	49	45.42	4.32	43.63
小型企业	92.01	70.37	2.51	15.41	6.09	0.93	0.74	20.29	16.26	30.24	40.23	6.15	12
微型企业	98.97	39.12	3.14	29.82	5.99	2.2	1.97	20	14.93	18.22	51.56	18.68	

工业企业能源购进、消费与库存情况（2013年）

表33

能源名称	计量单位	企业个数	年初库存量	购进量		消费量					年末库存量
				实物量	金额(千元)	合计	工业生产	用于原材料	非工业生产	运输工具消费	
原煤	吨	44	4182.42	80874.66	73937.35	78998.96	78850.6	93.30	148.36		7018.00
1. 无烟煤	吨	4	30.26	1338.41	1583.35	1370.06	1370.06				42.91
2. 炼焦烟煤	吨										
3. 一般烟煤	吨	40	4152.16	79536.25	72354	77628.9	77480.54	93.30	148.36		6975.09
4. 褐煤	吨										
洗精煤	吨										
其他洗煤	吨										
煤制品	吨	1		650	871.37	650	650				
焦炭	吨	1		40	120	40	40	40			
其它焦化产品	吨										
焦炉煤气	万立方米										
高炉煤气	万立方米										
转炉煤气	万立方米										
发生炉煤气	万立方米										
天然气（气态）	万立方米	3		80.8	359.3	71.35	71.35	51			4.45
液化天然气(液态)	吨										
煤层气（煤田）	万立方米										
原油	吨										
汽油	吨	69	31.21	1014.66	9089.71	1017.23	107.47	13.36	909.49	578.51	2.38
煤油	吨	1		2.77	24.57	2.77	2.77				

工业企业能源购进、消费与库存情况(2013年)(续)

表34

能源名称	计量单位	企业个数	年初库存量	购进量		消费量					年末库存量
				实物量	金额(千元)	合计	工业生产	用于原材料	非工业生产	运输工具消费	
柴油	吨	74	39.15	4538.52	36332.59	4509.14	940.99	86.93	3568.16	3585.28	53.07
燃料油	吨	3	173.12	5800.63	22179.70	4856.74	4809.99		46.75		117.00
液化石油气	吨	3	25	1819.58	10840.86	1631.58	1631.58				213
炼厂干气	吨										
石脑油	吨										
润滑油	吨	2		24.9	372	24.9	24.9	1.9			
石蜡	吨										
溶济油	吨										
石油焦	吨										
石油沥青	吨										
其它石油制品	吨	1		28.16	320.58	28.16	28.16				
热力	百万千焦										
电力	万千瓦时	213		46958.20	377783.00	46958.20	45390.84		1567.36		
煤矸石用于燃料	吨										
城市垃圾用于燃料	吨										
生物质废料用于燃料	吨	4		7882.01	3907.66	7706.01	7706.01				
余热余压	百万千焦										
其它工业废料用于燃料	吨										
其他燃料	吨标准煤										
能源合计	吨标准煤	213				137071.61	128435.22		8636.51		

固定资产投资完成情况（一）

表35

指标名称	计量单位	2013年	2012年
一、施工项目个数	个	257	258
#本年新开工	个	127	241
#竣工投产项目	个	63	14
二、投资额			
1.计划总投资	万元	3003100	2135353
2.自开始建设累计完成投资	万元	1746197	1396025
3.本年完成投资	万元	1044030	862113
#房地产开发投资	万元	409777	147618
#制造业	万元	525554	448637
#基础设施投资	万元	94066	146893
电力、燃气及水的生产	万元	33100	16550
交通运输、仓储和物流业	万元	51345	89109
三、本年资金来源	万元	1465089	945139
1.上年末结余资金	万元	159478	66517
2.本年资金来源	万元	1305611	878622
(1)国家预算内资金	万元	9450	
(2)国内贷款	万元	236233	88569
(3)债券			
(4)自筹资金	万元	701234	665883
其中：企事业单位自有资金	万元	120842	599738
(5)其他资金来源	万元	358694	123988
四、各项应付款	万元	148067	66643
其中：工程款	万元	91567	56130

固定资产投资完成情况(二)

表36

指标名称	计量单位	2013年	2012年	指标名称	计量单位	2013年	2012年
总计	万元	1044030	862113	四、按构成分			
一、按三次产业分				1、建筑工程	万元	794485	704616
1、第一产业	万元	900	10100	2、安装工程	万元	60536	7570
2、第二产业	万元	558654	465187	3、设备工器具购置	万元	96127	55167
3、第三产业	万元	484476	386826	4、其他费用	万元	92882	94760
二、按投资单位注册类型分				#土地购置费	万元	77741	86081
1、国有单位	万元	99973	81329	五、按国民经济行业分组			
2、集体企业	万元		6801	1、农林牧渔业	万元	900	10100
3、其他有限责任公司	万元	55568	98688	2、制造业	万元	525554	448637
4、私营企业	万元	874389	622685	3、水利、环境和公共设施管理业	万元	4050	31429
5、外商投资企业	万元	14100	21710	4、批发和零售业	万元		15938
三、按国有控股情况分				5、租赁和商务服务业	万元	4700	64823
1、国有企业	万元	99973	81329	6、教育	万元	5571	9805
2、非国有投资	万元	944057	780784	7、公共管理和社会组织	万元	5467	6654
#民间投资	万元	929957	759074				

社会消费品零售总额

表37　　　　计量单位：万元

指　标　名　称	2013年	2012年
社会消费品零售总额	909599	788371
其中：限额以上	710458	581281
一、按销售单位所在地分		
1、城镇	711462	602317
2、乡村	198137	186054
二、按行业分组		
1、**批发业**	78233	36779
限额以上	66922	18666
限额以下	11311	18113
2、**零售业**	805441	729901
限额以上	641885	560837
限额以下	163556	169064
3、**住宿业**	193	160
限额以上		
限额以下	193	160
4、**餐饮业**	25732	21531
限额以上	1651	1778
限额以下	24081	19753

亿元以上商品市场成交情况（2013年）

表38

单位名称	年末出租摊位数（个）	成交额（万元）
金华农产品批发市场	836	612610
金华市浙中建筑装饰材料市场	640	465828
金华汽车城	54	392040
金华汽配城	1268	257000
金华澧浦苗木城	466	143400
金华市二手车交易市场	70	85273

单位从业人员和劳动报酬情况（2013年）

表39

（不含私营）

指标名称	年末人数（人）		平均人数（人）		劳动报酬（万元）		年平均工资（元）	
	单位从业人员	在岗职工	单位从业人员	在岗职工	单位从业人员劳动报酬	在岗职工工资总额	单位从业人员年平均劳动报酬	在岗职工平均工资
总计	24563	21350	23977	20629	125180	110305	52208	53471
按企、事业、机关分组								
1、企业	16308	14179	15776	13526	69219	58724	43876	43416
2、事业	4176	3987	4174	3979	30470	29899	73000	75141
3、机关	3413	2581	3401	2547	21851	18177	64250	71366
4、民间非营利组织	410	387	391	371	2290	2244	58581	60499
5、其他	256	216	235	206	1348	1260	57357	61189
按国民经济行业分组								
1、农林牧渔业	6	6	6	6	40	40	66667	6667
2、采矿业	19	19	19	19	47	47	24947	24947
3、制造业	5863	5700	5916	5712	23724	22790	40102	39899
4、电力、热力燃气、水生产供应业	90	89	90	89	580	575	64411	64596
5、建筑业	3149	3118	2704	2664	6734	6666	24902	25023
6、批发和零售业	2171	1951	2047	1862	9044	8600	44185	46188
7、交通运输、仓储和邮政业	244	241	247	243	1138	1126	46069	46350
8、信息传输软件和信息技术服务业	2245	740	2275	689	14438	6275	63465	91075
9、金融业	1046	861	1044	839	9098	8292	87145	98830
10、房地产产业	325	316	279	270	1172	1123	42007	41585
11、租赁与商务服务业	837	835	844	842	2350	.2345	27845	27857
12、科研、技术服务业	113	82	115	86	753	686	65461	79837
13、水利、环境和公共设施管理营	456	397	447	388	2395	2237	53584	57655
14、居民服务和其他服务业	30	30	30	30	297	297	98967	98967
15、教育	3678	3528	3654	3510	26200	25796	71704	73492
16、卫生和社会工作	751	688	729	661	4351	4130	59683	62477
17、文化、体育与娱乐业	17	17	17	17	49	49	28824	28824
18、公共管理、社会保障和社会组织	3523	2732	3514	2702	22768	19229	64793	71167

单位从业人员和劳动报酬情况（2013年）

表40

（全部单位含私营）

指标名称	年末人数（人）		平均人数（人）		劳动报酬（万元）		年平均工资（元）	
	单位从业人员	在岗职工	单位从业人员	在岗职工	单位从业人员劳动报酬	在岗职工工资总额	单位从业人员年平均劳动报酬	在岗职工平均工资
总计（含私营企业）	80209	64069	78110	64610	337896	283636	43259	43900
国民经济行业分组								
1、农林牧渔业	6	6	6	6	40	40	66667	66667
2、采矿业	19	19	19	19	47	47	24947	24947
3、制造业	27989	27571	27584	26963	97261	95344	35260	35361
4、电力、燃气及水的生产和供应业	90	89	90	89	580	575	64411	64596
5、建筑业	33542	20898	32075	22356	130430	92094	40664	41194
6、批发与零售业	4094	3856	3974	3773	16803	16284	42284	43159
7、交通运输、仓储和邮政业	355	352	358	354	1534	1523	42860	43017
8、住宿和餐饮业	40	40	46	46	210	210	45630	45630
9、信息传输、计算机服务和软件业	2245	740	2275	689	14438	6275	63465	91075
10、金融业	1046	861	1044	839	9098	8292	87145	98830
11、房地产业	962	919	879	836	6336	6236	72084	74591
12、租赁和商务服务业	892	890	898	896	2573	2568	28653	28666
13、科学研究、技术服务业	374	343	374	345	2198	2131	58762	61783
14、水利、环境和公共设施管理业	456	397	447	388	2395	2237	53584	57655
15、居民服务和其他服务业	42	42	42	42	325	325	77500	77500
16、教育	3766	3609	3739	3589	26458	26046	70762	72572
17、卫生和社会工作	751	688	729	661	4351	4130	59683	62477
18、文化、体育与娱乐业	17	17	17	17	49	49	28824	28824
19、公共管理与社会组织	3523	2732	3514	2702	22768	19229	64793	71167

著名商标

2013年度金东区国家级驰名商标

表41

序号	企业名称	商标	日期
1	浙江李子园牛奶食品有限公司	李子园	2004年11月11日
2	东精集团有限公司	司法认定	2007年
3	浙江金一电动工具有限公司	司法认定	2008年

2013年度金东区省级著名商标

表42

序号	企业名称	商标	日期
1	浙江李子园牛奶食品有限公司	李子园	2001年确认,2004.2007、2010年延续、2013延续
2	浙江东精工量具有限公司	EPRECT	2003年确认,2006、2009、2012延续
3	金华市源东大白桃研究所	洞源	2003年确认,2006、2009、2012延续
4	浙江华丰电动工具有限公司	百达	2005年确认,2008、2011延续 2014延续
5	金华市锦林佛手开发有限公司	金华山	2006年确认,2009、2012延续
6	浙江金一电动工具有限公司	金一	2006年确认,2009、2012延续
7	浙江金轮机电实业有限公司	金轮	2007年确认,2010、2013延续
8	金华长弓清洁用品有限公司	新长弓	2007年确认,2010、2013年延续
9	金华市浙中建筑装饰材料市场有限公司	图形商标	2009年确认,2012年延续
10	金华洁灵家居用品有限公司	洁仕特	2010、2013年确认
11	金华市婺州蜜梨专业合作社	婺州	2010、2013年确认
12	金华市金东区许建康蛋鸡养殖场	许建康	2011年确认 2014年延续
13	金华市八仙溪禽蛋专业合作社	八仙溪	2011年确认 2014年延续
14	浙江开尔新材料股份有限公司	开尔	2012年确认
15	浙江金厦控股集团有限公司	金厦集团	2012年确认
16	金华市金东区程宏克伦生葡萄园艺场	程宏	2013年确认
17	金华市一品鲜葡萄专业合作社	绿茵	2013年确认
18	浙江真爱时尚家居有限公司	心爱	2014年确认
19	浙江艾兰洁洗衣连锁有限公司	艾兰洁	2012年确认

2013年度金东区市级著名商标

表43

序号	企业名称	商标	日期
1	浙江李子园牛奶牛奶有限公司	李子园	2001年2004 2007 2013延续
2	浙江东精工量具有限公司	EPRECT	2002年 2014年延续
3	金华市源东大白桃研究所	洞源	2002年 2014年延续
4	浙江华丰电动工具有限公司	百达、博达(算2个)	2004年、2013延续
5	金华帅达毛纺织品有限公司	帅达	2005 2014延续
6	浙江金一电动工具有限公司	HUANG	2005 2014延续
7	金华市金太阳砂轮厂	太阳砂轮	2006确认,2009、2012年延续
8	浙江金轮机电实业有限公司	金轮	2006确认,2009、2012年延续
9	金华市日普电动车有限公司	日普	2006确认,2009、2012年延续
10	浙江雪健洗涤用品有限公司	雪健	2007确认,2010延续 2013延续
11	金华市婺州蜜梨合作社	婺州蜜梨	2007确认,2010延续 2013延续
12	金华市浙中建筑装饰材料市场有限公司	图形商标	2007确认,2010延续 2013延续
13	金华市双星铝圈有限公司	STARSCirle	2008确认,2011延续 2014延续
14	浙江金华友谊实业有限公司	友谊	2008确认,2011延续 2014延续
15	浙江尼康电动车业有限公司	2009该商标被国家商标局撤销、2011年延续为尼佳	2014延续
16	浙江金厦控股集团有限公司	金厦	2009确认,2012年延续
17	金华市八仙溪禽蛋专业合作社	八仙溪	2010确认,2013延续
18	浙江伟兴水晶有限公司	伟兴	2013延续
19	金华市顺博影像器材有限公司	Digipod	2010确认2013延续
20	金华市一品鲜葡萄专业合作社	绿茵	2010确认 2013延续
21	金华市金顺工具有限公司	JINSHUN	2011确认 2014延续
22	金华市毓薇饰品有限公司	好饰莱	2011确认 2014延续
23	金华易元食品有限公司	易 元	2011确认 2014延续
24	金华金岭造纸有限公司	金 人	2011确认 2014延续
25	金华市金山油脂有限公司	利 多	2011确认 2014延续
26	金华市固德地板制造有限公司	固德地板	2012延续
27	浙江想一想食品有限公司	想一想	2012确认
28	浙江开尔新材料有限公司	开 尔	2012确认
29	金华洁灵家居用品有限公司	我爱生活	2012确认

续表43

序号	企业名称	商标	日期
30	浙江阿诗玛针织有限公司	阿诗玛	2012确认
31	金华金年火腿有限公司	金年蒋	2012确认
32	浙江金锅锅炉有限公司	金 锅	2012确认
33	金华市金东区程宏克伦生葡萄园艺场	程 宏	2012确认
34	金华市金东区晓玉火龙果种植园	晓 玉	2012确认
35	浙江通达电器有限公司	TD	2012确认
36	金华市环宇塑料制品有限公司	贝贝猫	2012确认
37	浙江普莱得电器有限公司	普莱得	2012确认
38	浙江真爱时尚家居有限公司	心爱	2013 确认
39	金华市金清蔬果专业合作社	蜂花	2013 确认
40	金华市康德针织厂	款款秀	2013 确认
41	浙江龙富来纺织品有限公司	龙富来	2013 确认
42	金华市寨春农业开发有限公司	上荷塘	2013 确认
43	浙江易顺工贸有限公司	手指图片	2013 确认
44	金华市忠信五金工具有限公司	忠信五金	2013 确认
45	金华市金东区东山鸡场	东山黄	2013 确认
46	金华市常乐布朗李基地	阿侬	2013 确认
47	金华市鸿泰文具有限公司	鸿泰	2013 确认
48	金华市亚虎工具有限公司	YAHU	2013 确认
49	浙江金氟隆化工装备有限公司	金氟隆	2013 确认
50	金华市老辉头养殖场	老辉头	2013 确认
51	金华市真彩服饰有限公司	真彩	2014确认
52	金华市景迪医疗用品有限公司	恒迪	2014确认
53	浙江金华文瑞机电有限公司	文瑞机电	2014确认
54	浙江龙翔门业有限公司	lonboss	2014确认
55	金华市古婺窑火陶瓷文化有限公司	古婺窑火	2014确认
56	金华金力士泵业有限公司	lisnibr	2014确认
57	金华市佳隆日化有限公司	FCC	2014确认
58	金华市广明生态农业综合开发有限公司	广明	2014确认
59	金华寿生酒业有限公司	寿生	2014确认

2013度浙江省名牌企业、名牌产品名称

表44

序号	企业名称	产品名称	商标	行业	确认时间
1	浙江华丰电动工具有限公司	电动工具	百達	通用设备制造业	09年12月　12年11月
2	浙江金轮机电实业有限公司	水轮机	金轮	机械	08年、11年11月
3	东精集团有限公司	水平尺	EPRECT	工量具	08年、11年11月
4	浙江稻花香食品有限公司	过桥米线	稻花香	食品	08年、11年11月
5	金华长弓清洁用品有限公司	环保型家居清洁用品	长弓	工艺品及其他制造业	06年、10年、13年
6	金华市大白桃研究所	源东白桃	洞源牌	农业	06年、10年、13年
7	浙江李子园牛奶食品有限公司	含乳饮料	李子园	食品	05年、10年
8	金华洁灵家居用品有限公司	螺旋纺材家居用品	洁仕特牌	工艺品及其他制造业	10年、13年
9	浙江开尔新材料股份有限公司	建筑装饰用搪瓷钢板	开尔	金属制品业	2011年11月
10	浙江金利华电气股份有限公司	玻璃绝缘子	金利华电气	电气机械及器材制造业	2014年12月
11	浙江真爱时尚家居有限公司	毛毯	心爱	纺织业	2014年12月

2013度金华市名牌企业、名牌产品名称

表45

序号	企业名称	产品名称	商标	行业	确认时间
1	金华婺州蜜梨合作社	婺州蜜梨	婺州	农业	2009年12月22日 2012年12月31日
2	许建康蛋鸡养殖场	鲜鸡蛋	许建康	畜牧业	09年、12年
3	金华市龙凤禽果专业合作社	金华本地土鸡	春喜凤	畜牧业	09年、12年
4	浙江金一电动工具有限公司	角向磨光机	HUANG牌	通用设备制造业	09年、12年
5	浙江金华友谊实业有限公司	钢木家具	友谊	家具制造业	09年、12年
6	浙江雪健洗涤用品有限公司	肥皂、皂粒	玛瑙	日用化学产品制造	09年、12年
7	金华市八仙溪禽蛋专业合作社	蛋制品(再制蛋类)	八仙溪	农副食品加工业	09年、12年
8	金华市雅地蔬菜专业合作社	新鲜蔬菜	雅地	农业	09年、12年
9	浙江尖峰国际贸易有限公司	物流服务	尖峰	交通运输、仓储业	09年、12年
10	浙江华丰电动工具有限公司	电动工具	百達	通用设备制造业	09年12.12年11月
11	金华市荣顺工具有限公司	水平尺	RONGSHUNTOOLS	工量具	08年
12	浙江金锅锅炉有限公司	锅炉	金锅	通用设备制造业	08年、11年
13	浙江飞亚电梯有限公司	电梯	飞亚	通用设备制造业	08年、11年
14	金华市恒飞电工材料有限公司	铜包铝漆包线	恒飞	电气机械及器材制造业	08年、11年
15	浙江金利华电气股份有限公司	钢化玻璃绝缘子	jinlihua	电气机械及器材制造业	08年、11年12月
16	金华市日普电动车有限公司	电动代步车	日普	其他车辆制造	08年、11年12月
17	浙江通达电器有限公司	电动工具	TD	通用设备制造业	08年、11年12月
18	金华市婺南脐橙试验场有限公司	脐橙	齐圣	农业	08年、11年12月

续表45

序号	企业名称	产品名称	商标	行业	确认时间
19	金华市一品鲜葡萄合作社	鲜葡萄	绿茵	农业	08年、11年12月
20	金华市金东区大平地养植场	鲜鸡蛋	大平地	畜牧业	08年、11年12月
21	金华市金东区黄家春莲酥饼坊	酥饼	黄家春莲	食品	08年、11年12月
22	浙江金轮机电实业有限公司	水轮机	金轮	机械	08年、11年11月
23	东精集团有限公司	水平尺	EPRECT	工量具	08年、11年11月
24	浙江稻花香食品有限公司	过桥米线	稻花香	食品	08年、11年11月
25	浙江太阳砂轮有限公司	树脂砂轮	sun—flex	磨料磨具	07年、10年12月、13年12月
26	金华市双星铝圈有限公司	铝圈	双星铝圈	其他车辆制造	07年、10年12月、13年12月
27	金华长弓清洁用品有限公司	环保型家居清洁用品	长弓	工艺品及其他制造业	06年、10年、13年
28	金华市大白桃研究所	源东白桃	洞源牌	农业	06年、10年、13年
29	浙江李子园牛奶食品有限公司	含乳饮料	李子园	食品	05年、10年
30	金华洁灵家居用品有限公司	螺旋纺材家居用品	洁仕特牌	工艺品及其他制造业	10年、13年
31	浙江强广剑工贸有限公司	浙江强广剑工贸有限公司	强广剑	摩托车零部件及配件制造	2010/12/6、13年12月
32	金华金年火腿有限公司	金年蒋火腿	金年蒋	农副食品加工业	2010/12/1.13年12月
33	金华市旭源生态农牧业养殖场	生猪	旭源	畜牧业	2010/12/1.13年12月
34	金华市金东区天苏酥饼店	金华酥饼	天苏	食品制造业	2010/12/1.13年12月
35	浙江开尔新材料股份有限公司	建筑装饰用搪瓷钢板	开尔	金属制品业	2011年11月
36	金华市亚虎工具有限公司	五金工具	YAHU	金属制品制造	2011年12月
37	浙江真爱时尚家居有限公司	毛毯	心爱	纺织业	2011年12月
38	金华市金东区程宏克伦生葡萄园艺场	鲜葡萄	程宏	农业	2011年12月

续表45

序号	企业名称	产品名称	商标	行业	确认时间
39	金华市绿之洋水产有限公司	中华鳖	绿之洋	渔业	2011年12月
40	金华万得福日用品有限公司	塑料餐具	Festiual	塑料制品业	2012年12月
41	浙江普莱得电器	电动工具	普莱得	通用设备制造业	2012年12月
42	浙江昀丰新能源科技有限公司	光电设备	昀丰	专用设备制造业	2012年12月
43	金华常乐布朗李基地	布朗李	阿侬	农业	2012年12月
44	金华市金东区百库生态渔业专业合作社	鲢、鳙鱼	百库	渔业	2012年12月
45	金华市金东区东山鸡场	东山黄鸡	东山黄	畜牧业	2012年12月
46	金华市金顺工具有限公司	喷涂工具	JS	通用设备制造业	2013年12月
47	浙江中美日化有限公司	卫生用品(纸尿裤)	快乐贝贝	造纸及纸制品业	2013年12月
48	浙江东正工艺制品有限公司	针线包	D&D	其它制造业	2013年12月
49	金华市金清蔬果专业合作社	源东红桃	蜂花	农业	2013年12月
50	金华市上荷塘蔬果专业合作社	菱角	潜溪	农业	2013年12月
51	金华市寨春农业开发有限公司	新鲜蔬菜	上荷塘	农业	2013年12月
52	金华市泰来生态农牧有限公司	生猪	泰来	畜牧业	2013年12月
53	金华市广明生态农业综合开发有限公司	鹌鹑蛋	广明	畜牧业	2013年12月
54	浙江枫禾生物工程有限公司	铁皮石斛	枫 禾FENGHE	农业	2013年12月

2013年度金东区工业产值超亿元企业

浙江今飞摩轮有限公司
浙江祥冠包装材料有限公司
浙江非凡电子科技有限公司
金华市铭格光电有限公司
金华飞翔针织服饰有限公司
浙江东正工艺制品有限公司
金华市瑞城商品混凝土有限公司
金华五龙塑料制品有限公司
金华市东方秀日化有限公司
金华市真彩服饰有限公司
金华市舒达文具印业有限公司
浙江耐思特无纺布有限公司
金华市托普光学仪器有限公司
金华市江芸针织服饰有限公司
金华市宏鹰针织服饰有限公司
金华市英明纸业有限公司
金华市毓薇饰品制造有限公司
金华市天富箱包有限公司
金华市大明汽车销售服务有限公司
浙江澳托美克船业有限公司
金华市宝姿袜业有限公司
金华欧宇服饰有限公司
浙江依之婷针织有限公司
金华市卓越针织服饰有限公司
金华金紫利锦纶有限公司
浙江虎跃包装材料有限公司
金华市华业经编有限公司
金华市蓝箭针织厂
金华佳泓照明有限公司
浙江诺达信汽车配件有限公司
浙江美希娜服饰有限公司
浙江恒升光伏科技有限公司
金华华裕纺织有限公司
金华市华发五金塑料厂
金华万德福日用品有限公司
浙江亚孙砂轮有限公司
金华市金顺工具有限公司
浙江鸿牛工贸有限公司
浙江易顺工贸有限公司
金华市致厚服装有限公司
金华荣胜工具厂
浙江荣胜工具有限公司

2013年度工业纳税大户企业名录

【实现税收超2000万元企业1家】

浙江开尔新材料股份有限公司

【实现税收超1000万元企业7家】

浙江金轮机电实业有限公司
浙江真爱时尚家居有限公司
浙江华丰电动工具有限公司
浙江亚孙砂轮有限公司
金华市金岭造纸有限公司
浙江森宇药业有限公司
浙江金华托派特工具有限公司

【实现税收超500万元企业16家】

浙江正锋实业有限公司
金华市瑞城商品混凝土有限公司
金华市金厦商品混凝土有限公司
浙江太阳砂轮有限公司
浙江海川计算机网络技术有限公司
金华洁灵家居用品有限公司
浙江普莱得电器有限公司
金华市金顺工具有限公司
浙江金利华电气股份有限公司
金华市龙鼎混凝土有限公司
金华市方灏商品混凝土有限公司
浙江金华友谊实业有限公司
浙江美佳机电科技有限公司
金华市恒飞电工材料有限公司
浙江今飞摩轮有限公司
浙江飞亚电梯有限公司

【实现税收超300万元企业6家】

浙江通达电器有限公司
金华大维电子科技有限公司
金华市江晨商品混凝土有限公司
金华帅达毛纺织品有限公司
浙江金一电动工具有限公司
浙江伟兴水晶有限公司

【实现税收增幅获奖企业8家】

浙江开尔新材料股份有限公司
浙江真爱时尚家居有限公司
浙江太阳砂轮有限公司
金华市金厦商品混凝土有限公司
金华凌石玻璃纤维制品有限公司
金华市方灏商品混凝土有限公司
金华金砂设备制造有限公司
金华市赛格五金注塑有限公司

【自营出口先进企业24家】

金华市顺舟进出口有限公司
金华市祥瑞进出口有限公司
浙江今飞摩轮有限公司
浙江华丰电动工具有限公司
浙江真爱时尚家居有限公司
金华市极波进出口有限公司
浙江科力创贸易有限公司
金华市亚虎工具有限公司
金华市同盟工贸有限公司
浙江美佳机电科技有限公司
金华洁灵家居用品有限公司
金华市金丰塑料厂
浙江金轮机电实业有限公司
浙江尖峰国际贸易有限公司
浙江亚孙砂轮有限公司
浙江普莱得电器有限公司
金华市金顺工具有限公司
浙江金华托派特工具有限公司
金华市致厚服装有限公司
金华市精益健身休闲用品有限公司
金华长弓清洁用品有限公司
金华市亚美进出口贸易有限公司
浙江金利华电气股份有限公司
金华永乐工艺品有限公司

【主营业务收入首超亿元以上企业2家】

浙江开尔新材料股份有限公司(首超3亿元)
浙江亚孙砂轮有限公司(首超1亿元)

【循环经济优秀企业4家】

金华市亚虎工具有限公司(清洁生产企业)
金华市今飞零部件制造有限公司(清洁生产企业)
金华市今飞摩轮有限公司(清洁生产企业)
金华市金顺工具有限公司(省成长型中小企业)

2013年度服务业实现税收超千万元企业

金华万达广场投资有限公司
金华市金报置业有限公司
金华市江晨房地产有限公司
浙江欧源置业有限公司
金华市广天房地产开发有限公司
金华市申标房地产开发有限公司
浙江金益医药有限公司
中国移动通信集团浙江有限公司金华分公司
金华市银海纺织信息有限公司
浙江万达食品商贸有限公司

二、金东区信息软件创业园先进企业

(一)税收超千万元企业(1家)

金华市银海纺织信息有限公司

(二)税收超百万元企业(2家)

浙江银泰电子商务有限公司金华分公司
浙江海川计算机网络技术有限公司

(三)离岸服务外包执行额超500万美元企业(2家)

金华易通进出口贸易有限公司
浙江德瑞物流有限公司

三、区服务业重点企业(16家)

金华市银海纺织信息有限公司
浙江海川计算机网络技术有限公司
银泰电子商务有限公司金华分公司
金华市天华网络科技有限公司
浙江金益医药有限公司
浙江万达食品商贸有限公司
金华凌丰雷克萨斯汽车销售服务有限公司
浙中建筑装饰材料市场有限公司
金华农产品批发市场有限公司
金华汽配城经营管理有限公司
金华澧浦苗木城有限公司
金华中外运国际物流有限公司
浙江近远达物流有限公司
金华市华视传媒有限公司
金华市天地广告有限公司
金华市广天房地产开发有限公司

重要文件选编

2013年区委重要文件目录

关于印发《金东区国家卫生城市复审迎检工作实施方案》的通知

关于印发2013年度金东区重点建设项目和民生十件实事的通知

关于印发金东区推进“四边三化”行动实施方案的通知

关于表彰2012年度工业先进单位的通报

关于举办金东区第四届农民文化艺术节的通知

关于调整区信访工作领导小组(区处理信访突出问题及群体性事件联席会议)组成人员的通知

关于下达2013年度全区招商引资工作目标任务的通知

关于表彰2012年度人口和计划生育目标管理先进单位和先进工作者的通报

关于进一步加强区领导和机关部门联系服务镇乡(街道)工作的通知

关于印发《金东区2013年巡察工作方案》的通知

关于实施“富村五年计划”发展经济薄弱村集体经济的实施意见

关于政法干警组团服务镇乡(街道)平安建设和重点项目的实施意见

关于全面推进金东区城乡社区居家养老服务照料中心建设的实施意见

关于调整各镇乡人民政府、街道办事处经济社会发展部分排序通报指标的通知

转发中共金华市纪律检查委员会、中共金华市委组织部《关于严明纪律充分发挥党员干部带头示范作用全力推动我市“三改一拆”工作顺利开展的通知》的通知

关于开展新一轮低收入农户调查认定工作的通知

关于表彰2012年度招商引资工作先进单位的

通报

关于印发2013年度区领导包案化解信访问题和信访接待及下访活动安排的通知

关于印发《2013年全区招才引智工作目标任务分解和责任表》的通知

关于开展基层公共服务平台建设的实施方案

关于建立区领导联系“三改一拆”工作制度的通知

关于调整“三改一拆”工作制度的通知

转发《中共金华市委办公室、金华市人民政府办公室关于印发〈金华市涉密文件信息资料保密管理办法〉的通知》的通知

关于印发《金东区2013年党政机关岗位目标责任制考核办法》的通知

关于进一步加强党管人才工作的实施意见

关于印发《金东区2013—2014年规范化数字档案室创建计划》、《金东区档案工作考核细则》的通知

关于区领导联系服务业建筑业企业的通知

关于推进金东区农村文化礼堂建设实施意见

关于表彰2012年度信息工作先进单位和先进个人的通知

关于印发2013年度金东区“三改一拆”行动违法建筑拆除工作考核办法的通知

关于推进行政执法与刑事司法信息共享平台建设的实施意见

关于印发金华市金东区征地拆迁阳光工程建设考核办法的通知

关于转发金华市四套班子领导联系督查“三改一拆”工作制度的通知

关于印发《金东区2013年反腐倡廉建设组织领导及责任分工》的通知

关于印发金东区2013年人口和计划生育目标管理责任制考核办法的通知

关于转发区委人才工作领导小组《2013年全区人才工作要点》的通知

关于印发《金东区重大决策社会稳定风险评估实施细则(试行)》的通知

关于加快推进重点工程项目建设的通知

印发《关于“改进工作作风密切联系群众”有关规定执行情况督促检查工作机制》的通知

关于成立村级组织换届选举观察团的通知

关于成立村级组织换届试点工作领导小组的通知

关于印发金东区水环境综合治理三年行动方案的通知

关于开展第3批金东区拔尖人才、首届乡土名家选拔和现有批次拔尖人才考核调整工作的通知

关于加强审计整改工作的通知

关于调整区领导和机关部门联系服务镇乡(街道)安排的通知

关于金东区2013年营及营以下军队转业干部(含随调家属)安置方案的通知

关于建立健全金东区乡镇(街道)“全科干部、全心服务”活动长效机制的意见

关于认真做好红十字会基层组织建设的通知

关于重申作风建设有关纪律规定的通知

关于印发《金东区镇乡(街道)考核奖发放办法(试行)》的通知

关于明确金东区主要支流河长、河段长及考核断面设置的通知

关于邱伟迎等同志职务任免的通知

关于印发《金东区“两富”示范村(社区)创建考核办法》的通知

关于选派领导干部到村级组织换届重点村担任指导员的通知

关于切实做好2014年度党报党刊发行工作的通知

关于填报《重点建设项目档案管理登记表》的通知

关于转发《关于认真学习贯彻〈档案管理违法违纪行为处分规定〉的通知》的通知

转发区社会管理综合治理委员会办公室、金东公安分局《关于进一步健全和完善社会治安防控体系的意见》的通知

关于印发《区委、区政府领导联系重点高层次人才制度》的通知

关于印发《金东区区管领导干部履职尽责全程监督办法(试行)》的通知

关于印发《金东区领导干部谈心谈话实施办

法》的通知

关于印发《开展“无邪教区”创建活动的意见》的通　知

关于李映雪同志任职的通知

关于进一步规范公务用车使用管理的通知

关于开展金东区“狮子型干部”、“全科型干部”、“老黄牛型干部”评选活动的通知

2013年区政府重要文件目录

关于印发2013年政府工作报告的通知

关于要求批准金华市鹏飞车圈厂等4家电镀企业继续生产的请示

关于请求协调市财政局先行垫付有关款项的请示

关于保集·外滩项目土石方工程先行施工的请示

关于要求协调解决辖区内上跨铁路桥梁安全问题的请示

关于表彰2012年度武装工作先进单位和个人的通报

关于紫御苑小区通道出口问题的请示

关于表彰宜居社区创建工作先进集体和个人的通知

关于开展金华市金东区信通小额贷款股份有限公司试点工作的请示

关于印发金东区实施浙江省知识产权示范区工作方案的通知

关于公布2012年度安全生产目标管理考核结果的通知

关于申请小型病险水库除险加固工程资金补助的请示

关于表彰2012年度水利建设先进单位的通知

关于下发《金东区政府2013年重点工作任务分解方案》的通知

关于表彰2012年度安全生产工作先进单位和个人的通知

关于印发金东区电镀企业停产整治和过渡性生产监管暂行办法的通知

关于要求增加征占用林地定额的请示

关于下达2013年度土地开发整理、农村土地综合整治项目和节约集约用地任务的通知

关于印发金东区开展“三改一拆”行动实施方案的通知

关于印发金东区2013年行政监察工作安排的通知

关于要求调整金华农产品批发市场迁建项目选址范围内绿化用地的请示

关于扶持建筑业快速健康发展的实施意见

关于表彰金东区劳动模范和模范集体的通报

关于聘任第三届金东区人民政府督学的通知

关于化解基层医疗卫生机构债务的实施意见

关于在全区开展第三次经济普查的通知

关于要求赤松镇享受金东新城区土地出让金有关政策的请示

关于进一步加快发展商贸服务业的若干意见

关于对金华市金东区华斌砖瓦厂等6家违法生产单位依法取缔的通知

关于要求对我区进行义务教育发展基本均衡区评估验收的请示

关于要求对我区创建浙江省电子商务示范区进行认定的请示

关于追加申报病死动物无害化集中处理厂项目的请示

关于印发金东区印染造纸化工等行业整治提升实施方案的通知

关于要求增加征占用林地定额的请示

关于撤销金华市金东区东溪水库扩建工程项目的请示

关于调整金东新城区局部地块规划的请示

关于要求解决横塘沿安置小区开发建设相关问题的请示

关于要求批准实施《金东区岭下镇城镇总体规划(修改)》的请示

关于开展征地拆迁阳光工程建设的实施意见

关于申请省美丽乡村创建先进县(市)考核验收的请示

关于公布第五批金东区非物质文化遗产代表作名录的通知

关于提请顾凯锋任职的议案

关于要求继续出让王坦社区部分集体留地的请示

关于表彰2012年度冬季征兵工作先进单位和个人的通报

关于撤销金华市金东区东溪水库扩建工程项目的请示

关于有关副区长分工调整的通知

关于要求提高集体土地征收包干经费的请示

关于在全区开展第一次全国可移动文物普查的通知

关于要求解决横塘沿安置小区开发建设相关问题的请示

关于印发金东区重大项目建设责任制考核办法(试行)的通知

关于要求将金义都市新区供水管道工程纳入城市供水管道改造项目的请示

关于要求撤销金华市金东区东溪水库扩建工程项目的请示

关于提请张志连等职务任免的议案

关于要求转批金丽温省级天然气管道金衢段配套管道工程义乌支线建设项目用地的请示

关于印发金东区印染产业转型升级专项规划的通知

关于印发金东区预算绩效管理办法的通知

关于要求下达2013年城市建设圈外乡镇经营性用地出让计划指标的请示

关于同意给予施金沅行政开除处分的批复

关于要求调整市区水质交接断面设置的请示

关于印发金东区制砂、洗砂企业联合审批暂行办法的通知

关于要求协调解决杭长客专、金温扩能工程金东区段被征地农民养老保险有关问题的请示

关于要求将金东区曹宅镇树桩盆景特色园推荐列入2014年浙江省农业综合开发特色园项目的请示

关于推荐两家医疗单位申报国家第二批县级公立医院综合改革试点的请示

关于开展曹宅塘雅低丘缓坡试点范围征地工作的通知

关于提请钟术清任职的议案

关于要求报请省政府解决冬令期间粮食经费补助的请示

关于要求同意实施金东区2013年标准农田质量提升土壤培肥项目的请示

关于提请叶春成等职务任免的议案

关于要求调整消防事业十二五规划内容的请示

转发金华市人民政府关于印发金华市本级行政事业单位国有资产配置管理暂行办法的通知

关于横塘沿安置小区建设相关问题的请示

关于推行镇乡财政国库集中支付制度改革指导意见(试行)的通知

关于要求协调解决金义南线项目资金问题的请示

关于区长、副区长分工的通知

关于提请黄斌等职务任免的议案

关于要求下拨东景小区提档改造工作经费的请示

关于同意设立金瓯和滨江社区居民委员会的批复

关于同意设立东华、万江社区居民委员会及调整七里畈社区居民委员会行政区域的批复

关于请求预支普洛斯物流园区项目用地指标的请示

关于要求对金东区电镀行业整治提升工作进行验收的请示

关于下达印染行业企业能源消费总量指标的通知

关于要求购买能源消费总量指标的请示

关于印发杭金衢高速(金东段)拓宽改造工程征迁工作实施办法的通知

关于给予王忠、喻阳春两位同志记三等功奖励的决定

关于金东新城区主要路段实行路长负责制的通知

关于2013年金东区消防工作自查情况报告

关于许天英等职务任免的通知

关于甘露任职的通知

关于童作勇等职务任免的通知

关于杨炳军等免职的通知

关于戴向阳等职务任免的通知
关于黄亚平免职的通知
关于朱卫良免职的通知
关于王立军等职务任免的通知
关于刘俊等职务任免的通知

要目索引

一画

二画

三画

四画

五画

六画

七画

八画

九画

十画

十一画

十二画

十三画

十四画

十五画

十六画及以上

表格索引